D1573546

Die Truhe meines Großvaters

ZOSSENER HERRSCHAFTLICHES AMTSSIEGEL (1827)
(vgl. S 41) und

Wappen des ritterlichen Geschlechtes von Frobel

(Original 3,5 cm Durchmesser)

Ein Andenken aus der Truhe: Türkischer Gebetsteppich aus Bursa-Seide
(62,5 cm x 107 cm; Fransen an den Schmalseiten je 19 cm; 14 x 14 Knoten auf 1 cm²)

Hans-Norbert Frimmel

Die Truhe meines Großvaters

Lebensspuren des Kulturingenieurs Gustav Weyrich (1881–1957)

Mosaiksteine zur bäuerlichen Familien-, zur Sozial-, Wirtschafts- und Militärgeschichte des ehemaligen Kronlandes Österreichisch Schlesien

Heimdall Verlag • 48431 Rheine
ISBN 978-3-946537-96-0

© 2024 Hans-Norbert Frimmel

Alle Rechte vorbehalten.

Nachsatz: Stammbaum „Vor- und Nachfahren von Gustav und Hermine Weyrich"

Gedruckt auf säurefreiem und alterungsbeständigem Papier.
∞ Printed on acid-free paper which falls within the guidelines of the ANSI to ensure permanence and durability.

Inhaltsverzeichnis

 Einleitung: Die Truhe meines Großvaters *11*

1. Gustav Weyrich, ein schlesischer Bauernsohn *15*
   - a) Geburt in Zossen, Haus Nr. 28 *15*
   - b) Die Heimat meines Großvaters *17*
   - c) Familienkonstellation und Geschwister *18*
   - d) Die Dämmerung der Familiengeschichte in der Grafschaft Glatz *25*
   - e) Das Geschlecht derer von Frobel und die Weyriche im 17. und 18. Jahrhundert *27*

   Exkurs: Hans George und Marianne Weyrich *27*

   Exkurs: Pfarrer Wolf, der erste katholische Priester in der Familie, und seine Nachfolger *31*

   - f) Die historische Quellenlage zur Biographie des Großvaters *34*

   Exkurs: Eine Urkunde der letzten Grundherrin von Zossen *39*

2. Bildungsgang und Ausbildung *43*
   - a) Volksschule in Zossen und höhere Schule in Troppau (k.k. Oberrealschule) *43*
   - b) K.k. Hochschule für Bodenkultur in Wien *48*
   - c) Burschenschafter (Wiener akademische Burschenschaft Silesia) *50*
   - d) Assistentenzeit bei Professor Tapla in Wien *57*
   - e) Die Handbibliothek meines Großvaters „aus der Truhe" *59*

3. Erste berufliche Schritte *65*
   - a. Tätigkeit als Sektionschef in Bosnien und Herzegowina: Bodenmelioration und Hochwasserschutz *65*

   Exkurs: Erste zarte Bande? *69*

   - b. Tätigkeit als Sekretär beim Deutschen Meliorationsverband für Böhmen in Prag / Königliche Weinberge *73*
   - c. Die Habilitationsschrift meines Großvaters *76*
   - d. Tätigkeit als Privatdozent an der deutschen Königlich böhmischen Landwirtschaftsakademie Tetschen-Liebwerd *78*

4. Familiengründung und Lehrtätigkeit in Oberhermsdorf *85*
   - a. Supplent und Professor *85*
   - b. Brautschau und Heirat *89*
   - c. Junger Familienvater *90*

5. Mein Großvater und das Militär *97*
   - a) Der Einjährig-Freiwillige beim k.u.k. Infanterieregiment Kaiser Nr. 1 in Troppau *97*

b) Mein Großvater im 1. Weltkrieg 1914–1918   *105*

c) Ein „Vetter" als Vorbild in schwerer Kriegszeit   *118*

Exkurs: Allschlaraffia und das österreichische Offizierskorps   *140*

6. Familienvater in Oberhermsdorf und Aufgaben als Direktor   *145*

   a) Die Schulentwicklung nach dem Kriege   *145*

   Exkurs: Das „Neisser Bistumsland"   *146*

   b) Schulleben und „Geselligkeit der Oberhermsdorfer"   *153*

   c) Kindererziehung im Oberhermsdorfer Milieu   *157*

   d) Ing. Gustav Weyrich als Direktor   *162*

   e) Die „Frau Direktor"   *169*

   f) Ehrenämter G. Weyrichs und die Drainage-Genossenschaften   *171*

   g) Ehrenvorsitzender des Absolventenvereins der Oberhermsdorfer   *172*

7. Mein Großvater im Ruhestand in Troppau und Zossen   *179*

   Exkurs: Großvaters Schwester Marie („Müki") Weyrich   *181*

8. Die Weyrich-Familie während des 2. Weltkrieges – Heiraten, Geburten, Militärdienst   *189*

9. Die Großeltern Gustav und Hermine Weyrich, ihre Kinder und Schwiegerkinder unmittelbar nach dem 2. Weltkrieg   *199*

10. Die Vertreibung der Familie Weyrich im Jahre 1946 und Hennhofen als Zufluchtsort bis 1949   *207*

11. Hameln an der Weser: Die letzte Lebensstation des Schwiegersohnes Dr. jur. utr. Johann Frimmel   *213*

12. Der Lebensabend Gustav Weyrichs im Exil im Weserbergland   *221*

13. Opa Gustav Weyrich als Ersatzvater   *247*

14. Generationen und Altersgruppen der Familie Gustav Weyrichs   *267*

    Beifügung: Übersicht über Gustav Weyrichs Lebensstationen   *272*

    Nachwort des Verfassers   *275*

    Literaturverzeichnis   *277*

Anhang   *281*

   A. Zweihundert Jahre des k.u.k. Infanterie-Regimentes Humbert I., König von Italien Nr. 28   *283*

   B. Habilitationsschrift „Über die Bewegung des Geschiebes"   *303*

   C. Deutsche königlich böhmische landwirtschaftliche Akademie Tetschen-Liebwerd. A. Programm. B. Personalverzeichnis. C. Studienplan. D. und E. Vorlesungen für das Studienjahr 1912/13   *339*

D. Über die Bedeutung des Wassers für unsere Kulturpflanzen und die Dürre des Jahres 1911 unter besonderer Berücksichtigung Böhmens   *355*

E. Denkschrift aus Anlaß des 60-jährigen Bestandes der Schlesischen landwirtschaftlichen Landesmittelschule in Oberhermsdorf und ihrer Auflösung   *377*

    a. Über die Entwicklung der landw. Schulen in Oberhermsdorf [6-21]

    b. Die Einrichtungen der landwirtschaftlichen Schule Oberhermsdorf [56-62]

    c. Der Lehrkörper der landw. Schulen in Oberhermsdorf [70-83]

F. Das Goldene Buch der Gemeinde Zossen 1933   *421*

G. Namensverzeichnis zum Stammbaum   *427*

    1. Namen der Personen, die den Namen W e y r i c h infolge Geburt führen oder führten   *428*

    2. Mädchennamen der Frauen, die infolge Verheiratung den Namen W e y r i c h erhalten haben   *444*

    3. Namen der Männer, die gebürtige W e y r i c h geheiratet haben   *452*

    4. Nachfahren der unter 3. angeführten Personen, deren Ehepartner und eventl. Kinder   *457*

H. Auszüge aus der schlaraffischen Stammrolle 1913/14   *469*

I. Die Jahreszeiten in der Gemeinde Zossen – gesehen mit den Augen des akademischen Malers Paul Gebauer   *473*

J. Vermischtes zu Land und Leuten der Heimat der Großeltern   *478*

K. Die Alterskohorte Ing. Gustav Weyrichs in Lebensberichten   *487*

L. Bericht der Tochter Gertrud über ihre Lagerhaft 1945/46   *490*

Gustav Weyrich im mittleren Lebensalter als Schuldirektor. Das wiedergegebene Photo wurde ihm zur Weihnacht 1947 von meinen Eltern Hans und Mimi Frimmel „in aufrichtiger Dankbarkeit" gewidmet. Die Zigarre in der linken Hand Gustav Weyrichs wurde hier als unpassend nicht wiedergegeben.

Einleitung

Die Truhe meines Großvaters

Nachdem meine Großeltern am Ausgang der 1950iger-Jahre in Hameln an der Weser verstorben waren, fand sich auf dem Dachboden eine große, elfenbeinfarbig gestrichene Holztruhe, die wohl früher als Futterkiste gedient haben mochte. Darin befand sich ein Sammelsurium von Büchern, Gebetbüchern, Kreuzen, alten Fotos, Postkarten, Erinnerungsstücken und kleineren Gegenständen, die für das Leben meiner Großeltern eine Bedeutung gehabt haben.

Diese Kiste hat meinen Großeltern bei der sogenannten Aussiedlung im Jahr 1946 sicherlich auf dem Eisenbahntransport als eher unbequeme Sitzbank gedient, und man hatte vor dem Beginn des Transports alles dort hineinverstaut, was einem lieb und teuer war.

Im Juli 1946 ging eine Fahrt aus der alten Heimat gen Westen. Meine Großeltern reisten nicht ohne Familienmitglieder. Meine Mutter, Hermine Frimmel, geb. Weyrich, in der Familie Mimi gerufen, und meine Tante Gertrud Wölfel, geb. Weyrich, für die Familie „Trude", und ihre anderthalbjährige Tochter Astrid begleiteten meinen 65 Jahre alten Großvater und die 54 Jahre alte Großmutter auf der für alle beschwerlichen Reise.

Drei lange und entbehrungsreiche Jahre im kleinen Ort Hennhofen, dessen Namen mein Großvater in der Aufregung der Vertreibung noch nicht einmal genau erfasst hatte – er hatte den Ortsnamen Hennhausen verstanden – sollten meinen Großeltern bevorstehen.

Die elfenbeinfarbige Truhe, die ich nur aus meiner Erinnerung kenne, begleitete meine Großeltern bei ihrem Umzug aus dem bayerischen Schwaben in das niedersächsische Weserstädtchen Hameln und wurde zunächst als Möbelstück in der Zweizimmerwohnung in der Prinzenstraße 12 in Hameln aufgestellt und genutzt. Nach dem Umzug in eine große, helle und schöne Dreizimmer-Neubauwohnung im Hamelner Klütviertel fand die recht sperrige Truhe ab 1952 ihren Platz auf dem Dachboden des Hauses Breiter Weg 50.

Mein Großvater Gustav Weyrich ging im März 1957 „zu seinen bäuerlichen Vätern" heim, und meine Großmutter Hermine verstarb im April 1959. Damit endete für meine kleine Familie in Hameln ein Kapitel und für meine Mutter und mich ein Lebensabschnitt. Familienbesuche der drei Geschwister meiner Mutter in Hameln wurden spärlicher, denn der bisherige Familienmittelpunkt für die verstreuten Geschwister mit Wohnsitzen in Frankfurt/Main, Münster/Westfalen und Rosenheim/Oberbayern entfiel.

Für mich als zehnjährigen Jungen brachte das Jahr 1959 den Schulwechsel von der katholischen Volksschule in der Hamelner Wilhelmstraße auf das alt-ehrwürdige, von Efeu umrankte Schiller-Gymnasium in Hameln. Der Schulweg führte weiterhin über die – damals einzige – Weserbrücke und über das beeindruckende Fließgewässer, das zwei Wehre, eine alte und eine neue Schleuse sowie eine Lachstreppe als anregende Objekte einer Ingenieurskunst bot. Das Ingenieurwesen war eine Leidenschaft Gustav Weyrichs Als studierter „Kulturingenieur" hatte mein Großvater sich intensiv mit Fragen des „Wasserbaus" auseinandergesetzt, allerdings hauptsächlich mit der Wildbachverbauung und dem Aspekt der Bewässerung landwirtschaftlicher Flächen.

Über diese Tätigkeiten und das Interesse meines Großvaters an der „Bodenmelioration" hatte ich bis dahin wenig erfahren. Die Entdeckerneugier des zehnjährigen Jungen fand natürlich im Inhalt der Truhe ein weites Betätigungsfeld. Vieles darin war und blieb sehr fremd und fast unverständlich für den Knaben, der zwar vielen Erzählungen der Großeltern und der Verwandten gelauscht hatte, dem sich aber die geschichtlichen, kulturellen, sozialen und politischen Zusammenhänge des Gehörten nicht leicht erschließen konnten. Der Inhalt der Truhe blieb etwas

Exotisches, Merkwürdiges, Fremdes. Die Truhe samt ihrer Beladung kam aus einer fremden, anderen, scheinbar „heileren" Welt.

Ab und zu wühlte ich in der Truhe, versuchte die Briefe und Kartengrüße mit ihren ungewohnten Buchstaben zu entziffern, las in einer Orts- und Familienchronik, staunte über vergilbende Photographien. Manches blieb unbeachtet, so die Fachbücher zu Landwirtschaft, Gartenbau, Wasserbau und Meliorationswesen. Die spielerische Beschäftigung mit dem, was meine Großeltern für bewahrenswert erachtet hatten, setzte sich mein weiteres Leben hindurch fort.

Als meine Mutter 1984 in Hameln an der Weser starb, blieb die leere Truhe bei der erforderlichen Haushaltsauflösung zurück. Der Inhalt der Truhe begleitete mich an verschiedene Wohnsitze und wurde teilweise durch Hochwasserschäden dezimiert, was gleichsam eine Ironie des Schicksals darstellt, da mein Großvater zur Zähmung des Wassers angetreten war.

Zu meinen schönen Kindheitserinnerungen gehören die vielen Stunden, in denen ich – im Kinderbett liegend und behaglich auf das Einschlummern wartend – den Gesprächen der Erwachsenen lauschen konnte, die in demselben Raum geführt wurden.

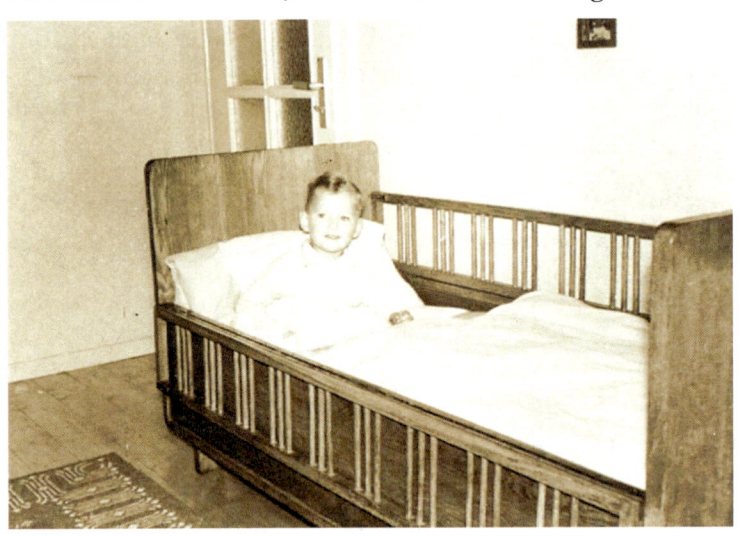

Der Verfasser als Kind an einem Orte der Geborgenheit. Von dort aus drang das Raunen der Großeltern über die guten alten Zeiten zu ihm …

Neben den Familienmitgliedern gab es auch Besuch aus der alten Heimat, der dann aber in dem Nachbarzimmer stattfand, ohne dass ich hätte lauschen können.

Im intimeren Kinderbett schwirrten Ortsnamen, Familiennamen, Anekdoten durch den Raum, und der Grundtenor der Gespräche war, dass man ein kleines Paradies verloren hatte. Das alte Österreich samt seinem Kronland Schlesien sowie seine Menschen wurden verklärt. Die Zeit der Zugehörigkeit zu dem nach dem Anschluss der Sudetenländer geschaffenen Regierungsbezirk Troppau rechnete man weniger zur „guten alten Zeit". Mein Großvater war habsburgisch-dynastisch eingestellt, und er ist dies im Herzen wohl auch nach zwei Weltkriegen und der Vertreibung geblieben.

Das Rätselhafte aus dem Truheninhalt erschloss sich dem stöbernden Jungen durch die Erinnerung an das, was er bei den Gesprächen der Großeltern mit anderen Erwachsenen aufgeschnappt hatte.

Beim Spielen auf dem Dachboden am „Breiten Weg" ergab es sich, dass man auch auf die stabil gearbeitete Holztruhe kletterte. Über der Truhe des Großvaters war eine Dachluke. Auf den Zehenspitzen stehend konnte man den Blick nach Norden über das weite Wesertal schweifen lassen. Bei gutem Wetter konnte man die Schaumburg mit ihren roten Ziegeldächern auf ihrem Burghügel sehen. Bei diesem Anblick konnte mit ein wenig Phantasie leicht ein Bezug zwischen der Stammburg der Schaumburger und den abenteuerbereiten mittelalterlichen eigenen Vorfahren hergestellt werden.

Bekanntlich hat der Bischof von Olmütz, Bruno von Schaumburg (um 1205–1281), Siedler aus seiner alten Heimat im Westen zur Urbarmachung von Land im Osten nach Mähren geworben. Auch Hamelner Stadtkinder hätten sich auf ein „Siedlungsabenteuer" im Osten einlassen können.

Heinrich Spanuth (1873–1958) hat als möglichen Hintergrund der Rattenfängersage die Ostkolonisation in Betracht gezogen.

Von der „hohen Warte" aus, auf der Kiste stehend, mochte der Blick vom Wesertal über tausend Kilometer weit in die „alte Heimat" meines Großvaters schweifen. Eintausend Kilometer sind heute schnell zu überwinden. Es ist leicht möglich, Örtlichkeiten und Plätze selbst in Augenschein zu nehmen und sich ein eigenes Urteil zu bilden.

Die Entfernung zwischen Hameln und der alten Heimat schien aber in der Zeit des Eisernen Vorhangs noch bis zum Ende meiner Jugendzeit unüberwindbar. Der „Kalte Krieg" und der sogenannte Eiserne Vorhang hatten die „Alte Heimat" gleichsam auf einen fernen Planeten verlagert.

Vor seinem Tode 1957 hat mein Großvater oft davon gesprochen, er wolle „zurück in die Heimat fahren". Er wusste, dass er seine geliebte „irdische Heimat" nicht wiedersehen würde und dass er sich auf die Reise in unsere eigentliche Heimat, die himmlische Heimat, begeben würde.

Der Bahnhofsvorplatz in Hameln in den 1950er-Jahren. Letzte Eisenbahnstation auf dem Lebensweg des Großvaters, für den Enkelsohn das „Tor zur Welt".

Vage, romantische Vorstellungen von mittelalterlichem Leben und einem abenteuerreichen und spannenden Zug nach Osten und einem idyllischen bäuerlichen Leben dort „auf eigener Scholle", in angenehmer Gemeinschaft mit herzlichen und großzügigen Menschen, mag der kindlich unbedarfte Enkelsohn Norbert gehegt haben. Der inzwischen selbst alt gewordene, reife Enkelsohn hat nun die Möglichkeit, tiefere Zusammenhänge des damals in der großartigen und geheimnisumwitterten Truhe aufbewahrten Materials zu erkennen und mit der gebotenen Nüchternheit, aber nicht ohne Wohlwollen zu betrachten.

Mein Großvater hat mir eine glückliche und – fast – unbeschwerte Kindheit – trotz des Verlustes und der Entbehrung meines Vaters – ermöglicht. Jetzt habe ich noch die Muße und die Mittel, die Hinterlassenschaft mit wohlwollendem und dankbarem Blick zu sichten und zu ordnen.

Vielleicht können spätere Generationen, wenn unsere dann auch gealterte Welt gleichfalls zum „Märchen aus alten Zeiten" geworden sein wird, nachdenkenswerte Anregungen aus dem hier Geschilderten entnehmen und den Altvorderen und ihrem Lebenskampf Gerechtigkeit widerfahren lassen. Allzu leicht ist das törichte Verdammen früherer Zeit, weil man sich von den Vorurteilen der eigenen Zeit zu leichtfertigen Urteilen hinreißen lässt …

Mein Großvater würde sicherlich schmunzeln und sich freuen, dass er doch nicht ganz vergessen ist. Die Mühe, die er sich bei der Befüllung der Truhe gegeben hat, war für ihn dann nicht ganz vergeblich.

Der „Altösterreicher" unterwegs mit dem Schaufelraddampfer „Kronprinz Wilhelm" auf der Weser bei Hameln. Mit kühn geschwungenem Hut, der unvermeidlichen Zigarre und einem zufriedenen Lächeln

Kapitel 1

Gustav Weyrich, ein schlesischer Bauernsohn

a) Geburt in Zossen, Haus Nr. 28

Im Bauernhaus Nr. 28 des kleinen Dorfes Zossen erblickte mein Großvater am 24. Feber (Februar) 1881 das Licht der Welt. In seinem Notizbüchlein schreibt er: Meine Eltern, Adolf und Marie Weyrich, bewirtschafteten einen etwa 36 ha großen landwirtschaftlichen Betrieb." Wie sein Vater Adolf kam er wohl im „alten" Wohnhaus Nr. 28 zur Welt. Das neue „stattliche" Haus ließ Adolf Weyrich erst 1885 errichten.

Zum Zeitpunkt der Geburt wird der Ort Zossen, gelegen im damalig kleinsten Kronland der k.u.k. Monarchie, in Österreichisch Schlesien, vermutlich verschneit gewesen sein. Der kleine Ort, dem man die Gründung als mittelalterliche Waldhufensiedlung noch heute ansieht, liegt etwa 400 m über NN. Ich erinnere mich an die Gespräche der Erwachsenen im Hamelner Wohnzimmer, in denen meine Mutter von langen, schönen und kalten Wintern mit durchgehender Schneedecke schwärmte. Auch die anderen drei Jahreszeiten seien schöner als in der neuen Heimat. Das Dorf Zossen liegt etwas abseits vom Verkehr in einer Art sanfter Mulde, die vom Dorfbach durchflossen wird; die Landschaft gehört zum „Niederen Gesenke", denn vom Altvatergebirge (1.491 m hoch) senkt sich das Land gen Osten.

Pater Gregor Wolný gibt 1862 in seiner „Topographie von Mähren, I. Abteilung, IV. Band Erzdiözese Olmütz"[1] (S. 392 bis 394) über Zossen folgende Auskünfte:

„16. Zossen, nicht „Zosen" (Sosnova, nicht Cosnova).

Dieses Dorf, welches dem kleinen Gute den Namen gibt, liegt 1½ Ml. [Meilen, d. Verf.], OSÖ [ost-südöstlich, d. Verf.] von Jägerndorf im Thale zwischen bewaldeten Anhöhen. Eingepfarrt ist nur noch die Ansiedlung Frobelhof, ½ Stunde südlich. Bequeme Seelsorge [sic!]. Seelenzahl: 987 Katholiken, 1 Akatholik [Nicht-Katholik, Anm. d. Verf.]. Deutsche Sprache und 10 Juden, bei 124 Schulkindern."

Die ersten Siedler hatten nördlich des späteren Dorfbaches eine Straße angelegt, die in ost-westlicher Richtung verläuft. Nördlich der Straße liegen nebeneinander die etwa 30 Bauerngehöfte, die wohl den Kern der mittelalterlichen Rodungssiedlung bildeten. Die Hauszählung begann im Westen und endete im östlichen Bereich des Ortes, so dass die Nummer 28 dem östlichen Dorfrand zuzurechnen ist. Damit ist der Bereich des alten Rustikalgrundes (des Bauerngrundes) beschrieben.

Der Anwerber der Erstsiedler, der Lokator (Ortsgründer) erhielt wohl einen größeren eigenen Hof, der mit verschiedenen Privilegien ausgestattet war, darunter die in Schlesien sogenannte Erbrichterei (regional auch Scholtisei), eventuell auch mit Schankerlaubnis. Im Gegensatz zum Erbrecht des ältesten Sohnes (Majorat), das in den westlichen Heimatregionen der Siedler die Regel war, galt in Gebieten der Ostkolonisation oftmals das Jüngsten-Erbrecht (Minorat).

Eine lange „Kette" von Bauerngeschlechtern auf demselben Hofe und in demselben Orte dürfte eine irrige Vorstellung sein. Es wird durch Kriege und Umbruchszeiten (Seuchen, Hungersnöte

---

[1] Gregor Wolný. Kirchliche Topographie von Mähren, meist nach Urkunden und Handschriften. I. Abtheilung Olmützer Erzdiözese. IV. Band. Brünn 1862.

und Ähnliches) auch im Bereich der alteingesessenen Familien mehr Wandel als Dauer gegeben haben.

Für die Zossener Gegend muss der Dreißigjährige Krieg einen gewaltigen Umbruch bedeutet haben. Verwüstete Felder, zerstörte Höfe, verwaiste Dörfer waren durch neue Siedler wiederzubeleben.

Das Jahr 1688 ist für die Geschichte der Sippe Weyrich ein entscheidendes Jahr. Ein neuer Grundherr hatte das Dorf und die Grundherrschaft erworben und nahm davon Besitz. Von seinem Stammgut brachte er Arbeitskräfte mit. Zossen gehörte – wie Bennisch und Aubeln – zum Herzogtum Jägerndorf, der südlich gelegene Nachbarort Klein Herrlitz zum Herzogtum Troppau. Beide Herzogtümer waren im Besitz der fürstlichen Familie Liechtenstein.

Als 1688 der erste Weyrich im Ort Zossen anlangte, lag der Dominikalgrund (Herrschaftsgrund) südlich der Hauptstraße. Zwischen der Hauptstraße und den Feldern der „Herrschaft" fließt der Dorfbach und bildet sozusagen eine natürliche Grenze.

Als der erste Weyrich etwa 350 Jahre nach den ersten Siedlern im Ort Zossen als Neusiedler anlangte, war der Ort „die Herrschaft Zossen". Der Grundherr bestimmte Wohl und Wehe der ihm untergebenen Bauern, die in starker Abhängigkeit zur jeweiligen Herrschaft standen.

Ein Rusticus, ein robotpflichtiger Bauer, musste Naturalabgaben leisten. Er hatte Hand- und Spanndienste zu erbringen, und es bestand wohl damals eine „Schollenpflicht", d.h. die Bauern hatten kein Abzugsrecht und mussten sich auf Gedeih und Verderb mit dem Grundherrn einigen und sich ihm anpassen.

Der 15-jährige Hans George Weyrich wird kein freier Mann, sondern ein Leibeigener des Grundherrn gewesen sein, den der Grundherr nach dem Erwerb einer neuen Grundherrschaft aus seiner alten Heimat neben zahlreichen anderen Personen mitbrachte.

Zossen, Blick vom Niedergarten aus auf Haus Nr. 28

Der Grundherr wohnte – oder residierte – auf dem Dominikalgrund. Dieser lag in Zossen – getrennt vom Rustikalgrund durch den Ortsbach – südlich des Baches, ebenso wie das Kirchlein mit dem Patrozinium der hl. Katharina. Dies könnte auch auf den ursprünglich fränkischen Charakter der Erstsiedler hindeuten, gehört die Katharina mit dem Radl doch zu den „drei fränkischen Madeln" (die anderen beiden sind die Barbara mit dem Turm und die Margaretha mit dem Wurm).

Die Dorfanlage, in die mein Großvater 1881 – gut 200 Jahre nach der Ankunft seines Ahnen – hineingeboren wurde, hatte sich nicht sehr verändert.

Erwähnenswert ist noch der „Niedergarten", der sich zwischen dem Haus Nr. 28 und der Obermühle (Haus Nr. 49) erstreckt. An diesem 1,25 ha großen Fleckchen Erde hat mein Großvater sehr gehangen.

Von Süden her kommend erreicht ein stärkeres Bächlein – Hořina genannt (gesprochen Horschina mit stimmhaftem „sch") – den östlichen Ortsrand Zossens und fließt mit dem Dorfbächlein in den Mühlteich der Obermühle. Die Obermühle war gleichfalls in Familienbesitz und meinem Großvater sicherlich vertraut. Ostwärts der Obermühle (flussabwärts) lagen die Mittelmühle und die Untermühle, jeweils auch mit einem Mühlteich versehen.

Das Quellgebiet der Hořina, die ein rechter Zufluss der Oppa ist, liegt nicht weit von der Zossener Gemarkung. Berühmt unter Botanikern ist das Bächlein wegen eines Pflanzenvorkommens: Die Bachwiesen waren Standort des Frühlingskrokus' (*Crocus vernus* L.), der im März und April blass-violette Blüten zeigt.

Adolf Oborny gibt als Ort für die „Krokuswiesen" am Hořina-Bach an:[2]

> „In Schlesien: zwischen Gross-Herrlitz und Braunsdorf bei Troppau, am Horzina-Bache [sic], eine kleine Stunde vor der Einmündung derselben (Wk.)."

Die „Blütenteppiche", die durch die vielen Pflanzen gebildet wurden, werden die Zossener bei kleineren Ausflügen sicher oft erfreut haben. Auch der Knabe Gustav Weyrich durfte über das Wunder der Krokuswiesen staunen. Das Botanikerherz meines Großvaters wird beim Anblick des *Crocus vernus* L. vermutlich höher geschlagen haben.

b) Die Heimat meines Großvaters

Zur Mitte seines Lebens fand sich mein Großvater Gustav, zwar körperlich verletzt aber ungebrochen aus dem 1. Weltkrieg zurückgekehrt, plötzlich und wohl kaum erwartet als tschechischer Staatsbürger wieder. Die tschechisch-slowakische Nationalhymne antwortet auf die fiktive Frage „Wo ist mein Haus / meine Heimat?" mit einer Landschaftsbeschreibung. Die Hymne ist ein Zeugnis der Liebe zur heimatlichen Landschaft. Zweifelsohne wurde mein Großvater von seiner Heimat-Landschaft geprägt. Aber Landschaften wie in Zossen findet man in Mitteleuropa nicht selten. Die Landschaft allein macht nicht das Heimatgefühl aus, hierzu sind Menschen erforderlich. Zur Zeit der Abfassung dieses Buches besteht eine Internetseite[3], die Auskünfte über die Mundart der Heimat der Großeltern gibt und Hörbeispiele von Gedichten, Erzählungen und Anekdoten aus dem Alltag bietet.

Es hat sich eine Fotografie im Postkartenformat erhalten, die vor dem 1. Weltkrieg entstanden sein dürfte, die das Haus Nr. 28 und davor aufgereihte Personen zeigt. Im Mittelpunkt steht der Hausvater Adolf Weyrich, mein Urgroßvater, mit der Urgroßmutter Marie Weyrich. Beide sind dunkel gekleidet. Ganz links im Bild dürfte sich die jüngere Schwester meines Großvaters aufgestellt haben, Marie Weyrich (Müki genannt), die das Ende des 1. Weltkrieges nicht mehr erleben sollte. Dasselbe Bild nutzte übrigens mein Großvater – vielleicht zu „Brautwerbungszwecken" — als Postkartenbild auf einer Grußkarte an eine junge Wiener Dame, die seine Aufmerksamkeit erregt hatte (siehe S. 69/70).

---

[2] Adolf Oborny. Flora von Mähren und österreichisch Schlesien enthaltend die wildwachsenden, verwilderten und häufig angebauten Gefässpflanzen. III. Teil. Brünn 1885.
[3] www.heimatlandschaft-altvater.eu (letzter Zugriff 28.1.2024)

Das Haus Nr. 28 mit davor aufgereihten Bewohnern, die aber nicht zu erkennen sind (um 1900) und die somit für die Nachwelt anonym bleiben müssen.

Zur Bewirtschaftung des Hofes waren Arbeitskräfte nötig. Wir sehen sieben Männer und zwei Frauen, die alle für die Bewirtschaftung des Hofes notwendig waren. Über die „Hausangehörigkeit" kann nur spekuliert werden. Wer mit den Urgroßeltern als „Dienstherren" unter einem Dach hauste und den Tisch teilte, ist nicht zu ermitteln. Vor der vermehrten Einführung landwirtschaftlicher Maschinen brauchte der Bauer auch viele Erntearbeiter. Bäuerliche Dienstboten und das Gesinde waren von den Bauersleuten abhängig, und in der damaligen Gesellschaft achtete man auf den sozialen Stand. Wie alle größeren Bauern im Dorf dürften mein Großvater Gustav und seine jüngere Schwester Miki ein ausgeprägtes Standesbewusstsein besessen haben, das sich auf die familiäre Herkunft und den Besitz gründete.

Als mein Großvater die damals zweiklassige Zossener Volksschule besuchte (1888–1895), lernte er die Dorfkinder vermutlich gut kennen. Dass die Zossener Volksschule zwei Klassen hatte, geht aus der Lebensbeschreibung seines fast gleichaltrigen Freundes und Vetters Alois Gebauer (geb. 1880) hervor. (vgl. Goldenes Buch[4], S. 20) Das Heimatgefühl speist sich sicherlich aus persönlicher Begegnung, gemeinsamen Erlebnissen; und vor allem aus der deutschen Muttersprache; aus heimatlichen Lauten wie der Mundart, aus Gerüchen, die man dort wahrgenommen hat. Die bäuerliche Lebenswelt, die von einem festgelegten Jahresrhythmus geprägt war (Zeit der Aussaat, Zeit der Ernte, Brauchtum, Feiern), war ihm bestens vertraut. Die Vertrautheit mit dem Land und mit seinen Menschen hat bei meinem Großvater eine große Heimatliebe hervorgebracht.

c) Familienkonstellation und Geschwister

Zu Beginn des 19. Jahrhunderts hatte Florian Weyrich, der zur fünften Generation der „Zossener Weyriche" gehört, den Bauernhof Nr. 28 durch Heirat mit Maria Theresia Januschke (am 24. Januar

---

[4] Julius Weyrich. Das Goldene Buch der Gemeinde Zossen. Aubeln 1933.

1809) erlangt. Es war die Zeit der Napoleonischen Kriege, die auch im abgelegenen Zossen nicht spurlos für das Leben der Menschen gewesen sein dürften.

Als erstes Kind der Eheleute und als Stammhalter kam am 19. März 1810 Josef Weyrich im Hause Nr. 28 zur Welt, der mein Ur-Urgroßvater war. Mit der Nachbarstochter aus der Nr. 26, Theresia Gebauer, hatte er sechs gemeinsame Kinder – vier Söhne und zwei Töchter, die alle das Erwachsenenalter erreichten. Der letzte Sohn, der mein Urgroßvater Adolf Weyrich werden sollte, kam am 24. Juni 1840 zur Welt, er wurde auch der Hoferbe. (siehe Urkunde nächste Seite)

Einen Monat zuvor war am 24. Mai 1840 sein Vater Josef Weyrich plötzlich und unerwartet verstorben. In der Familie munkelt man, er sei an einer Lungenentzündung gestorben, die er sich im Übereifer bei der Feldarbeit zugezogen habe. Die Mutter Theresia Weyrich musste allein die sechs Kinder aufziehen – das älteste Kind, ein Sohn, war gerade zehn Jahre alt geworden. Auch musste sie für die Bewirtschaftung des Bauernhofes Sorge tragen.

Die vaterlos gewordene Familie muss kein einfaches Leben gehabt haben, was besonders die beiden letzten kleinen Söhne betrifft. Über die Lebensumstände der Kinder und Theresias ist mir nichts bekannt. Es ist jedenfalls bemerkenswert, dass die Witwe sich nicht wieder verheiratete.

Als sie am 28. Februar 1869 in Zossen verstarb, wurde der jüngste Sohn, Adolf, als Alleinerbe des Hofes anerkannt. Ein Schreiben vom 31. Juli 1869 des Amtes Bennisch, das seit 1848 für den Ort Zossen zuständig war, hält die Zahlungen fest, die Adolf nach dem Wunsch der Mutter Theresia an seine älteren Geschwister zu leisten hatte (Josefa *1836, Josef *1830, Johann *1838, Alois *1831). Es fällt auf, dass die Schwester Karolina (3. Kind, *1833), die nach Alt-Erbersdorf geheiratet hatte, nicht aufgeführt wird.

Johann Weyrich (geb. 16. Mai 1838) war katholischer Priester und starb am 14. Oktober 1887 als Pfarrer in Rautenberg. Vielleicht erhielt er deshalb den höchsten Betrag. Er galt als Original. Johann Weyrich, der nur zwei Jahre ältere Bruder meines Großvaters Adolf Weyrich, feierte 1862 seine Primiz [erste Heilige Messe] in der heimatlichen Pfarrkirche in Zossen (siehe S. 423; im Goldenen Buch S. 40). Dies geschah zwei Jahre vor der Eheschließung Gustav Weyrichs im Jahre 1864 (siehe S. 22/23).

Der spätere Pfarrer von Rautenberg zeichnete sich durch die Fähigkeit aus, Stegreif- oder Gelegenheitsgedichte verfassen zu können. Neben der Seelsorge beschäftigte ihn – vielleicht zu sehr – das körperliche Wohl seiner Schäflein. Er betätigte sich als Homöopath, was ihm prompt auch eine Klage der ärztlichen Konkurrenz eintrug (vgl. S. 424).

In dem Briefwechsel zwischen Gustav Weyrich und seinem Großcousin Julius Weyrich entsinnt sich der greise Feldmarschlallleutnant seines priesterlichen Vetters Johann Weyrich (damals Kooperator in Jägerndorf) und bezeichnet ihn sogar als Freund (vgl. S. 124).

Mein Urgroßvater Adolf Weyrich dürfte es – als Halbwaise aufwachsend – in Kindheit und Jugend nicht leicht gehabt haben. Daraus resultiert vermutlich eine Zähigkeit trotz widriger Lebensumstände, aber auch eine Lebenstüchtigkeit, die sich ebenfalls in seinen geschäftlichen Unternehmungen zeigte.

Im Wonnemonat des Jahres 1864, am 10. Mai, heiratete mein 24-jähriger Urgroßvater Adolf Weyrich die aus dem Nachbarort Braunsdorf stammende Bauerntochter Marie Habel, die drei Jahre jünger als ihr Ehemann war. (siehe Urkunde S. 20)

Faksimile der Abschrift des „Geburts- und Taufscheins", die am 9. April 1863 für Urgroßvater Adolf Weyrich aus Anlass seines Heiratsaufgebotes erstellt wurde.

[Transkription]

Kronland: Schlesien
Kreis: Troppau
Bezirksamt: Bennisch

Geburts- und Taufschein

No. 26
Diöcese: Olmütz
Decanat: Jägerndorf
Pfarre: Zossen.

Aus dem diespfarrlichen Geburts- und Taufbuche Tom. [tomus, Band] III. Pag. [pagina, Seite] 106, wird hiermit amtlich bezeuget,

daß im Jahre des Heils:

Eintausend Acht hundert und Vierzig (1840)
am ein und zwanzigsten Juni in der Gemeinde Zossen, Haus-Nr. 28, im Beisein der geprüften Hebamme Josefa Beyerin aus Zossen aus Nr. 5, geboren und am 25sten Juni vom dortmaligen Herrn Ortsseelsorger Michael Scharabatka nach römisch-katholischem Ritus getauft worden sei.

Name des Täuflings	Vater	Mutter	Der Pathen Namen, Stand und Ort
Adolf /:ehelich:/	Josef Weyrich Anbauer in Zossen, Sohn des Florian Weyrich, Gärtlers in Zossen und dessen Ehegattin Theresia	Theresia, Tochter des Anton Gebauer, Anbauers in Zossen und dessen Ehegattin Theresia	Johann Heinz, Müllermeister in Zossen. Klara Gebauer, Ehegattin des Josef Gebauer, Anbauer in Zossen.

/: katholischer Religion :/

Urkund dessen ist des Gefertigten eigenhändige Namensunterschrift und das beigedruckte Amtssiegel.

Seelsorgsamt Zossen, am 9. April 1863

[Siegel] gez. Ant[on] Kaminke
Ortsseelsorger

Nro 32.

Verkündigungschein.

Endesgefertigter bezeuget hiermit, daß die Braut-
personen: Adolf Weyrich, Anbauer sub
N.C. 28. in Zossen, lediger Sohn des verstorbenen
Johann Weyrich, Anbauers in Zossen, und dessen
Ehegattin Theresia, katholischer Religion, — und
Maria Habel, ledige Tochter des Lorenz
Habel, Anbauers sub N.C. 145 in Lemmersdorf
und dessen Ehegattin Magdalena, gleichfalls katholischer Religion, Behufs ihrer Verehelichung in
der hiesigen Pfarrkirche beim öffentlichen
Gottesdienste dreymal, und zwar am IV. u. V.
Sonntage nach Ostern und am Feste der Himmelfahrt des Herrn, nämlich: am 24. April, 1. und
5. May 1864 verkündigt wurden, und daß
bei dieser Ehe nachgewiesenes Hindernis nicht
überhaupt mitgeteilt worden sey.
Urkund dessen die nachstehende Namensfertigung
mit beygedrücktem Kirchensiegel.

Pfarramt Zossen am 6. May. 1864.

Sponsus praes. praestitit;
sponsa digna introducatur.

Ant. Kummer
Ortspfarrer.

Verkündigungsschein der Brautleute Adolf Weyrich und Marie Habel vom 6. März 1864

[Transkription]

Verkündigungsschein No. 32

(25 Kreuzer)   (25 Kreuzer)

Endausgefertigter bezeuget hiermit, daß die Brautpersonen: Adolf Weÿrich, Anbauer sub No. 28, in Zossen, lediger Sohn des verstorbenen Josef Weyrich, Anbauer in Zossen, und dessen Ehegattin Theresia, katholischer Religion, – und Maria Habel, ledige Tochter des Franz Habel, Anbauers sub No. 145 in Braunsdorf und dessen Ehegattin Magdalena, gleichfalls der katholischen Region, behufs ihrer Verehelichung in der hiesigen Seelsorgskirche beim öffentlichen Gottesdienste dreymal, und zwar vom 24. April, 1. und 5. May 1864 angekündigt wurden, und daß kein dieser Ehe entgegenstehendes Hindernis oder Verbot entdeckt worden sey.

Urkund dessen die nachstehende Namensfertigung mit beygedrücktem Kirchsiegel.

Seelsorgsamt Zossen, am 6. May 1864.

gez.
Anton Kaminke
Ortsseelsorger.

Sponsus praest. prästitit.
Sponsa digna introducatus

[Übersetzung: Der Bräutigam hat seine Verpflichtung erfüllt;
                  die würdige Braut vorgestellt.]

Aus der Ehe ging als erstes Kind 1866 ein Sohn namens Alois hervor, der – wie alle Kinder mit dem Beistand einer Hebamme – im Hause Zossen Nr. 28 zur Welt kam und nur zwei Wochen lebte (22.3.1866–7.4.1866). Dies war ein schwerer Schlag für das junge Ehepaar.

Die Lage des bäuerlichen Standes hatte sich nach der Bauernbefreiung 1848 in der österreichischen Monarchie sehr verbessert. Mein Urgroßvater Adolf Weyrich (* 24.6.1840, † in Zossen Nr. 28 am 15.6.1922) erwies sich als tüchtiger Bauer, und er muss auch eine kaufmännische Begabung gehabt haben. Nach dem Tode seiner Mutter Theresia, aus dem Nachbarhause Nr. 26 stammend, übernahm er im selben Jahr als Alleinerbe den väterlichen Betrieb. Seine Geschwister zahlte er aus. Geschäftlich hatte Adolf Weyrich viel Erfolg, denn er konnte vier Jahre nach der Betriebsübernahme (1869) im Jahre 1873 die Obermühle kaufen, in die er 1891 ein damals hochmodernes „Cylinderwerk" einbauen ließ. Er muss für den Fortschritt aufgeschlossen gewesen sein. Über den Zukauf des Niedergartens und über das 1885 fertiggestellte neue Wohnhaus wurde bereits berichtet; nach dem „Goldenen Buch der Gemeinde Zossen" verbesserte er den Besitz durch den Tausch von Grundstücken und Zukauf des sogenannten Hoferbes.

Zwei Jahre vor der Übernahme des „Bauerngutes Nr. 28" war meinen Urgroßeltern ein zweiter Sohn und damit der ersehnte Stammhalter geboren worden. Als zweiter Sohn erblickte am 20.5.1867 Johann Weyrich das Zossener Licht der Welt, der später als Mühl- und Grundbesitzer in seinem Geburtsort blieb und im Haus Nr. 49 lebte. Er war 14 Jahre älter als mein Großvater. Er hatte einen Sohn, der mit 50 Jahren starb und der vermutlich untauglich für das eigenständige Bewirtschaften eines Besitzes und sehr kränklich war. Hierüber weiß ich nicht Bescheid, denn in unangenehmen Dingen „schwieg die Familie eisern", wie meine Tante Ruth aus Frankfurt zu berichten wusste. Eine zweite Ehe mit Sophie Weyrich, geb. Januschke, blieb kinderlos, so dass er eine Tochter adoptierte. Der dritte Sohn, Karl, geb. 31.5.1870, verstarb als Realschüler am 5.7.1887 in Zossen.

Die Urgroßmutter Marie schenkte am 26.4.1872 einem vierten Sohn, Rudolf Weyrich, das Leben. Dieser war neun Jahre älter als mein Großvater. Über das Leben Rudolf Weyrichs geben die Seiten 33 und 34 des „Goldenen Buches der Gemeinde Zossen" Auskunft (siehe Anhang F, S. 419 ff.).

Bemerkenswert ist, dass die spätere schulische Wirkungsstätte meines Großvaters Gustav in Oberhermsdorf bereits von seinem älteren Bruder besucht worden war. Ferner fällt dessen Aufgeschlossenheit für Neuerungen in der Landwirtschaft auf.

Der fünfte Sohn, Julius Weyrich, erblickte am 12.4.1874 das Licht der Welt. Er war sieben Jahre älter als mein Großvater und war ein vielseitig interessierter Mann, der sich insbesondere für Geschichte und Kultur seiner Heimat und für den Stammbaum der Familie Weyrich begeistern konnte. Er sollte als Erbrichtereibesitzer in dem Örtchen Aubeln dem Hobby der Familienforschung nachgehen. Er durchstöberte die einschlägigen Kirchbücher wie Tauf-, Sterbe- und Heiratsmatrikel und erstellte so einen Stammbaum, der bis zur Ankunft des ersten Namensträgers Weyrich im Dorfe Zossen zurückreicht. Die Kirchenmatrikeln für Zossen sind übrigens erst mit dem Jahre 1679 beginnend erhalten.

Im Dezember 1933, zu Weihnachten, veröffentlichte er das „Goldene Buch der Gemeinde Zossen". Dies bietet zwei Teile: Die Geschichte des Ortes, seiner Gebäude und Grundstücke, sowie den Überblick über das Leben und Treiben der Menschen, die Zossen als Heimatdorf angeben konnten.

Das Goldene Buch ist ein eigenartiges Büchlein. Es fiel mir als Kind in der Truhe auf dem Dachboden in die Hände, und ich habe oftmals darin geschmökert. Das Werk setzt aber Ortskenntnisse sowie Kenntnisse der damaligen bäuerlichen Lebenswelt voraus, die mir als heranwachsendem Knaben und ohne die heutigen Zugriffsmöglichkeiten auf digitalisierte Informationen nicht erreichbar waren.

Der sechste Sohn meiner Urgroßeltern Weyrich kam am 17.12.1877 zur Welt und verstarb am darauffolgenden Tag. Im 14. Jahr ihres Ehebundes mussten die Urgroßeltern also den Tod dreier ihrer sechs Kinder beklagen.

Drei Jahre und zwei Monate nach dem Tod des sechsten Sohnes konnten sich die Urgroßeltern über die Geburt des siebten Sohnes freuen, der mein Großvater und „mein Opi/Opapa" werden sollte. Gustav Weyrich wurde am 24.2.1881 in Zossen im Haus Nr. 28 geboren und war wohl wie alle Kinder der Urgroßeltern eine Hausgeburt. Der Kindersegen meiner Urgroßeltern wurde am 21.5.1883 durch die Geburt der Tochter Marie gekrönt, der einzigen Tochter nach der Geburt von sieben Söhnen.

Somit hatte mein Großvater eine Spielgefährtin und Vertraute für die Kinderjahre und zugleich die Möglichkeit, sich an das andere Geschlecht zu gewöhnen. Doch sollte der Familie Weyrich ein weiterer Schicksalsschlag durch den frühzeitigen Tod der Tochter Marie (Müki), am 24.12.1917, ausgerechnet am Heiligabend, bevorstehen. Der Tod ereilte sie im 35sten Lebensjahr. Den Urgroßvater Adolf Weyrich muss der Tod seiner unverheirateten Tochter, die in seinem Haushalt lebte, sehr getroffen haben. Der Urgroßmutter blieb dieses Leid erspart, da sie fünf Jahre vor dem tragischen Tod ihrer Tochter selbst verstorben war. Mein Großvater muss unter dem Verlust sehr gelitten haben, da die Geschwister einander nahestanden (siehe S. 93 und S. 181 ff.).

Besaß man einen Hof, so bedurfte es mit Notwendigkeit einer Ehefrau. Bauer und Bäuerin waren nicht nur eine Ehe-, sondern vor allem eine Erwerbsgemeinschaft. Die im Vergleich zur heutigen Zeit sehr harten Lebensbedingungen erforderten einen engen Zusammenhalt der Familienmitglieder und besonders der Eheleute.

Schwangerschaften und Geburten stellten für die Frau ein Risiko dar – auch und gerade für das eigene Leben. Die Hausgeburt mit der Unterstützung einer Hebamme ist mit der heute üblichen Geburt im Kreißsaal und der ausgeklügelten ärztlichen Betreuung wenig vergleichbar. Eine gewisse „heroische Grundhaltung" kann man den vielen Müttern und Vormüttern nicht absprechen, die das Dasein der jetzigen Generation ermöglicht haben. Ohne einen gewissen Stoizismus und eine starke religiöse Bindung ist die Bewältigung des Lebensalltags durch diese tapferen Frauen kaum denkbar.

In Zossen war es die katholische Religion, die hier den bäuerlichen Menschen Halt und Stütze war. Nicht zuletzt Maria als Gottesmutter kannte die intimen Nöte der Frauen aus eigenem Erleben. Mit aufrichtigem Vertrauen wird man über Generationen hinweg gebetet haben: „Unter Deinem Schutz und Schirm fliehen wir, oh heilige Gottesgebärerin." Die Marienfrömmigkeit meiner Großmutter Hermine wird hier ihre tiefen Wurzeln haben.

Wie es um die Religiosität der männlichen Dorfbevölkerung stand, ist aus heutigen Gegebenheiten dörflicher Gemeinden zu erahnen. Die Männer gaben sich nach außen weniger fromm, und mancherorts galt das öffentliche, demütige Beten in Gemeinschaft sogar als eher unmännlich. Mein Großvater Gustav Weyrich wird vermutlich in seiner Kinder- und Jugendzeit solche Beobachtungen gemacht haben.

Mehrere männliche Mitglieder der Sippe Weyrich haben nach dem Tod der ersten Ehefrau ein zweites Mal geheiratet und aus beiden Verbindungen Nachkommen gehabt. Im Orte Zossen gab es natürlich auch Fälle von verwaisten Kindern. Ein Fall betraf die Urgroßeltern Adolf und Marie Weyrich. 1896 nahmen sie das damals neunjährige Mädchen Leokadia Schreiber in ihren Haushalt in der Nr. 28 auf. Adolf Weyrich war Vormund der Vollwaise, und sie wurde von den Urgroßeltern fast 10 Jahre lang (bis 1905) erzogen und betreut. Die Erziehung kann nicht areligiös gewesen sein, denn Leokadia Schreiber trat nach ihrer Volljährigkeit in das Marienstift in Branitz ein. (Goldenes Buch, a.a.O., S. 29:)

„Geboren 1887 im Hause Nr. 57. Als sie 9 Jahre alt war, starben ihre Eltern, und sie kam als Vollwaise zu ihrem Vormunde Adolf Weyrich, wo sie erzogen wurde und daselbst bis zum Jahre 1905 verblieb. Hernach trat Leokadia Schreiber in das Marienstift in Branitz ein, woselbst sie sich als Lehrerin ausbildete, kam dann als Lehrerin nach Breslau und ist gegenwärtig Oberin in Tempelhof bei Berlin."

Mein Großvater muss Leokadia gut gekannt haben; Leokadia gehörte ja zur Familie.

d) Die Dämmerung der Familiengeschichte in der Grafschaft Glatz

Mit Spürsinn und Forscherglück hatte Großvaters Bruder Julius Weyrich in Alt-Waltersdorf (gemeint ist Neu-Waltersdorf) im Glatzer Kreise einen überraschenden Fund gemacht. Er stieß auf zwei Eintragungen in den Kirchenbüchern der Pfarrei. Der erste lautet:

„Anno 1672 den 24. Aprilius ist George Weyrich, ein Soldat gebürtig außen großglogäuischen Fürstenthum unter dem Sporckischen Regiment Herrn Rittmeister Drawalts Compagny mit Melichar Zellertes Gärtnerstochter allda eheliche Tochter Maria ehelich copuliert worden."[5]

---
[5] Anm.: Melichar ist die tschechische Version des Namens Melchior.

Dieses nüchterne Dokument kann die Vorstellungskraft dennoch beflügeln. Die Grafschaft Glatz gehörte im 17. Jh. und noch bis zur Mitte des 18. Jh. zu den (habsburgischen) Ländern der böhmischen Krone.

Im Dreißigjährigen Krieg und zur Zeit der Türkenkriege war die Grafschaft oftmals als Durchmarschgebiet und Sammlungsraum von Truppen stark belastet worden (Verwüstung, Plünderung, Entvölkerung). Auch nutzten die Truppen die Orte, Häuser und Gehöfte der Grafschaft als Winterquartier. Die Landbevölkerung musste – wie man sich denken kann –vieles aushalten, denn die rauen Krieger waren vermutlich recht roh und keine angenehmen und rücksichtsvollen Gäste.

Es ist zu vermuten, dass George mit Teilen des Reiter-Regimentes des Reichsgrafen Johann von Sporck in Neu-Waltersdorf im Winterquartier gelegen hat, wo man die Männer, die Pferde und den Tross bei Bauern untergebracht hatte. Es ist unerheblich für die Unterbringungsfrage, wie viele Reiter eine „Kompanie" umfasst haben mochte. Mehr als 40 Reiter mit Pferden, Wagen und Tross sowie die Begleitpersonen (Soldatenfrauen, Marketenderinnen) dürfte eine einzelne Dorfgemeinde nicht versorgt haben können.

In den langen Wintertagen 1671/1672 muss George Gefallen an der Gärtnerstochter Marie Zellerte gefunden haben. Zu vermuten ist eine ernsthafte Liebesgeschichte, denn die kirchliche Heirat im Frühjahr 1672 deutet auf mehr als eine Liebelei hin.

Aus der Beziehung entspross der Stammvater der Zossener Weyriche, wie die Taufmatrikel desselben Pfarramtes Neu-Waltersdorf belegt: „Anno 1673 den 13. III. ist dem George Weyrich, einem Soldaten unterm Sporckischen Regiment von seinem Weibe ein Söhnlein getauft Hans George genannt worden."

Der neue Erdenbürger Hans George Weyrich war ein eheliches Kind und entstammte keiner flüchtigen Affäre, denn die katholische Trauung war damals wie heute auf Dauer angelegt. „Bis dass der Tod euch scheidet", lautet die Formal des Eheversprechens.

Von Hans George wissen wir, dass er als 15-Jähriger ohne elterliche Begleitung nach Zossen kam. Das Schicksal der Eltern bleibt im Dunkeln. Es ist reine Spekulation, wenn man sich deren Lebensläufe ausmalt:

a) Der Vater könnte seinen Abschied vom Regiment genommen haben, um in der Grafschaft Glatz sesshaft zu werden.

b) Er könnte mit dem Sporckischen Regiment weitergezogen sein, das Aufgaben in Ungarn und am Niederrhein wahrnahm und 1674 wohl Winterquartier in Brilon, in der Nähe der Heimat des Grafen Sporck, bezog.

c) Seine Ehefrau Maria Weyrich hätte ihm mit dem Tross folgen können; dann wäre es nötig gewesen, das Kleinkind Hans George in der Obhut des Großvaters in Neu-Waltersdorf zu belassen.

d) Reichsgraf Johann von Sporck zog sich 1675 auf seine Güter zurück und löste vermutlich seine Regimenter auf. Er verstarb 1679. Nach der Regimentsauflösung wäre George völlig frei gewesen, sich der kleinen Familie zu widmen.

Es ist nicht undenkbar, dass Hans George früh Halbwaise oder gar ein Waisenkind wurde. Als er dem Ruf seiner Herrschaft nach Zossen folgte, geschah dies ohne die Begleitung seiner Eltern, denn diese werden nirgendwo erwähnt.

Zum Reichsgrafen Johann von Sporck noch eine Anmerkung: Er hat es bekanntlich vom Bauernburschen aus dem Paderbornischen zu einem bedeutenden und anerkannten militärischen Führer gebracht, der sogar durch eine überlebensgroße Statue in der Ehrenhalle des Heeresgeschichtlichen Museum in Wien geehrt wurde. Die bäuerliche Abstammung Sporcks, der militärische Erfolg, der soziale Aufstieg dürften meinen Großvater beeindruckt haben und eine gewisse Bestätigung seines Bauernstolzes gewesen sein.

Die Gestalt Sporcks kann meinem Großvater bei seinen Wiener Studienjahren kaum verborgengeblieben sein. Das Andenken an den tapferen und lebensklugen westfälischen Bauernsohn wird heute noch vom Schützenverein St. Sebastianus in Geseke gepflegt. In Delbrück sorgt ein Heimatverein dafür, dass Sporck und seine Taten unvergessen bleiben.

e) Das Geschlecht derer von Frobel und die Weyriche im 17. und 18. Jh.

Zu George und Maria Weyrich geb. Zellerte, den „Stammeltern" haben mein Großvater und sein Bruder Julius keine Spekulationen angestellt. Wohl aber für die ersten Jahre der „Neubesiedlung" und der „Besitzergreifung" durch die neue Grundherrschaft des vermutlich verödeten und verwahrlosten Ortes.

Zu den Lebensbedingungen und -umständen der zweiten Generation Weyrich, der ersten Generation mit dem Namen Weyrich in Zossen, haben sie die folgenden Zusammenhänge für plausibel gehalten: [vgl. Stammbaum, angelegt von Julius Weyrich, unveröffentlicht]

Anmerkung: Der Vorname des Großvaters des Hans George wird als „Molichar" gelesen. Dies ist die tschechische Version von „Melchior".

Exkurs: Hans George und Marianne Weyrich

„H a n s G e o r g e W e y r i c h, der bei seinem Großvater mütterlicherseits Melichar Zellerte in Alt-Waltersdorf die Gärtnerei gelernt hatte, kam im Jahre 1688 in einem Alter von 15 Jahren nach Zossen, und zwar als Siedler mit Johann Julius Ritter v o n F r o b e l, der in Alt-Waltersdorf begütert gewesen war. Dieser hatte die Zossener Herrschaft, zu welcher der Meierhof und der Waldhof in Zossen sowie die landwirtschaftlichen Großbetriebe in Lodnitz und Neplachowitz bei Troppau gehörten, vom Herrschaftsbesitzer T a r o u l käuflich erworben und brachte aus seiner Heimat einige arbeitsfreudige und verlässliche Siedler mit, darunter den Schlossgärtner Schindler, die Bauern Brems, Kott, Thiel, den Junggärtner Hans George Weyrich u.a. Weyrich war anfangs bei der Instandsetzung des verwahrlosten Schlossgartens sowie bei Neuanlage des Ziergartens beschäftigt. Im Jahre 1692 wurde Hans George (18 Jahre alt) mit dem Bauerngute Nr. 4 in Zossen belehnt. Dieses war während des Dreißigjährigen Krieges zu einem ‚wüsten Hof' geworden. Der letzte Besitzer sowie dessen Erben waren während des grausamen Krieges verschollen, und der Hof war als ‚Heimfall' wieder an die Gutsherrschaft zurückgefallen, und so konnte der Gutsherr über denselben wieder frei verfügen. Die Felder, Wiesen und Wälder des Bauernguts Nr. 4 waren völlig verwahrlost und die Gebäude niedergebrannt worden. Zum Wiederaufbau dieses Bauerngutes aber waren namhafte Kapitalien erforderlich, über die Hans George kaum verfügte. (Landwirtschaftliche Kreditinstitute gab es damals noch nicht.) Deshalb verkaufte Weyrich im folgenden Jahr 1693 mit Zustimmung des Gutsherren den ‚wüsten Hof' – wie es im Kaufvertrag hieß – an Wenzel Unger um 200 Schlesische Taler und bekam von der Herrschaft die Freigärtlerstelle Nr. 85 in Zossen zugewiesen.

Ein Freigärtler war zwar noch mit Leibeigenschaft und Frondienst belastet, konnte aber über sein Eigentum frei verfügen, d.h. verkaufen, vererben usw. Das Freigärtlerhaus Nr. 85 in Zossen ist also unser S t a m m h a u s. Klein, aber nicht unansehnlich, nährte es den Mann. Das Anwesen Nr. 85 hatten die Weyrichs etwas bis zum Jahre 1825 inne und ging dann in den Besitz der verwandten Familie Gödrich über, die das Anwesen durch den Zubau eines Gasthauses erweiterte.

Hans George vermählte sich mit Marianne, deren Familiennamen und Geburtsdaten wir nicht ermitteln konnten.

Hans George muss bei dem Rittergeschlechte von Frobel in großer Gunst gestanden haben, weil nach den Zossener Kirchenbüchern Gertrude Freiin von Frobel mit dem Zossener Erbrichter Thiel (aus Waltersdorf) bei allen Kindern Georges Taufpatin gewesen ist.

Julius und Gustav Weyrich"

Anmerkung zu Alt-Waltersdorf: Mein Großvater und sein älterer Bruder Julius waren der irrigen Meinung, die Familie von Frobel sei in Alt-Waltersdorf begütert gewesen. Dies kann nicht stimmen; der fragliche Ort muss Neu-Waltersdorf sein, denn der Internet-Artikel zu Neu-Waltersdorf[6] (heutiger polnischer Name Nowy Waliszów) erwähnt ausführlich den Kauf der Herrschaft Neu-Waltersdorf durch die Familie von Frobel. Um im Text keine Verwirrung anzustellen, wird bei der Erwähnung des Herkunftsortes des Neusiedlers Hans George Weyrich weiterhin von Alt-Waltersdorf gesprochen. Beide Orte liegen in der Nähe von Habelschwerdt in der ehemaligen Grafschaft Glatz, etwa 4 km voneinander entfernt. Beide Orte liegen an einer Nebenstraße; die Hauptstraße ist die alte Handelsstraße von Brünn nach Breslau.

Zum ersten Grundherrn Zossens, Johann Julius von Frobel (1647–1706) und dessen Verbindung zu Neu-Waltersdorf schreibt der oben genannte Internet-Artikel:

„Es nicht bekannt, wann Neuwaltersdorf als erledigtes Lehen durch Heimfall an den böhmischen Landesherrn zurückfiel. 1684 verkaufte es die Böhmische Kammer zusammen mit dem Bierverlag, dem Jagdrecht und den Obergerichten sowie dem Kirchenlehen dem Johann Julius von Frobel, dem bereits das Freirichtergut gehörte, das er mit dem neu erworbenen Dominialanteil [sic, muss heißen Domanialanteil] verband, so dass das ganze Dorf unter einem Besitzer vereint war. Beim Verkauf bestand es aus 31 Bauern, 7 Feldgärtnern, 43 Auenhäuslern und vier robotfreien Häuslern."

Mein Großvater gehörte zur 8. Generation der Zossener „Weyriche", die auf die Stammeltern George und Maria Weyrich zurückgehen. Sein Vater, mein Urgroßvater Adolf, gehörte somit zur 7. Generation. Er wurde im Wohnhaus des „Bauerngutes" Nr. 28 geboren; die Geburtsurkunde, unterschrieben von dem Ortsseelsorger Anton Kaminke, findet sich auf S. 20.

Das Leben des Urgroßvaters wurde häufig durch Todesfälle verdüstert. Er wurde posthum, nach dem Tode seiner Vaters Josef, der mit 30 Jahren früh verstorben war, als vierter und letzter Sohn geboren Seinen ersten beiden (älteren) Brüdern Josef (*1830) und Alois (*1831) folgten zwei Schwestern (Karolina 1833 und Josefa 1838).

Durch die Auswertung der Daten der genealogischen Tafeln kann man zwar Zusammenhänge zwischen Personen der Familie erkennen, diese Personen bleiben aber sozusagen gesichtslos und hinterlassen keinen „Persönlichkeitseindruck". Dies gilt zur Gänze für das 17. und 18. Jh. Im 19. Jh. wird die Familiengeschichte dadurch belebter und beseelter, dass sich zu einzelnen Mitgliedern charakterisierende Hinweise, Anekdoten, ja sogar Fotos und Briefe finden. Die menschlichen Züge werden schemenhaft erahnbar.

Um die recht verwirrenden Daten zur Familiengeschichte im 18. Jh. besser erfassen und überschauen zu können, möge das folgende Schema dienen:

---

[6] Letzter Zugriff 12.5.2024

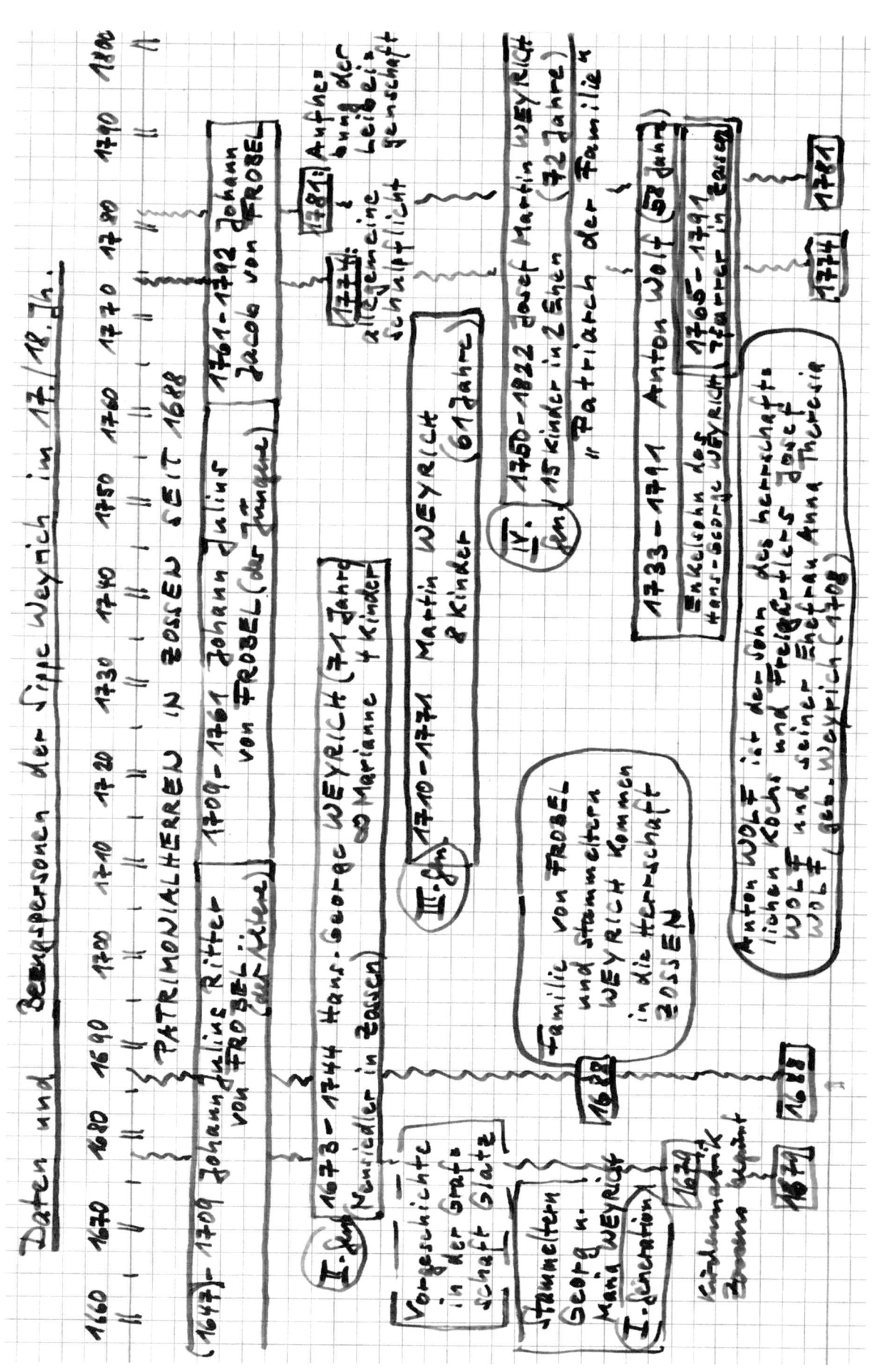

Daten und Bezugspersonen der Sippe Weyrich im 17./18. Jahrhundert

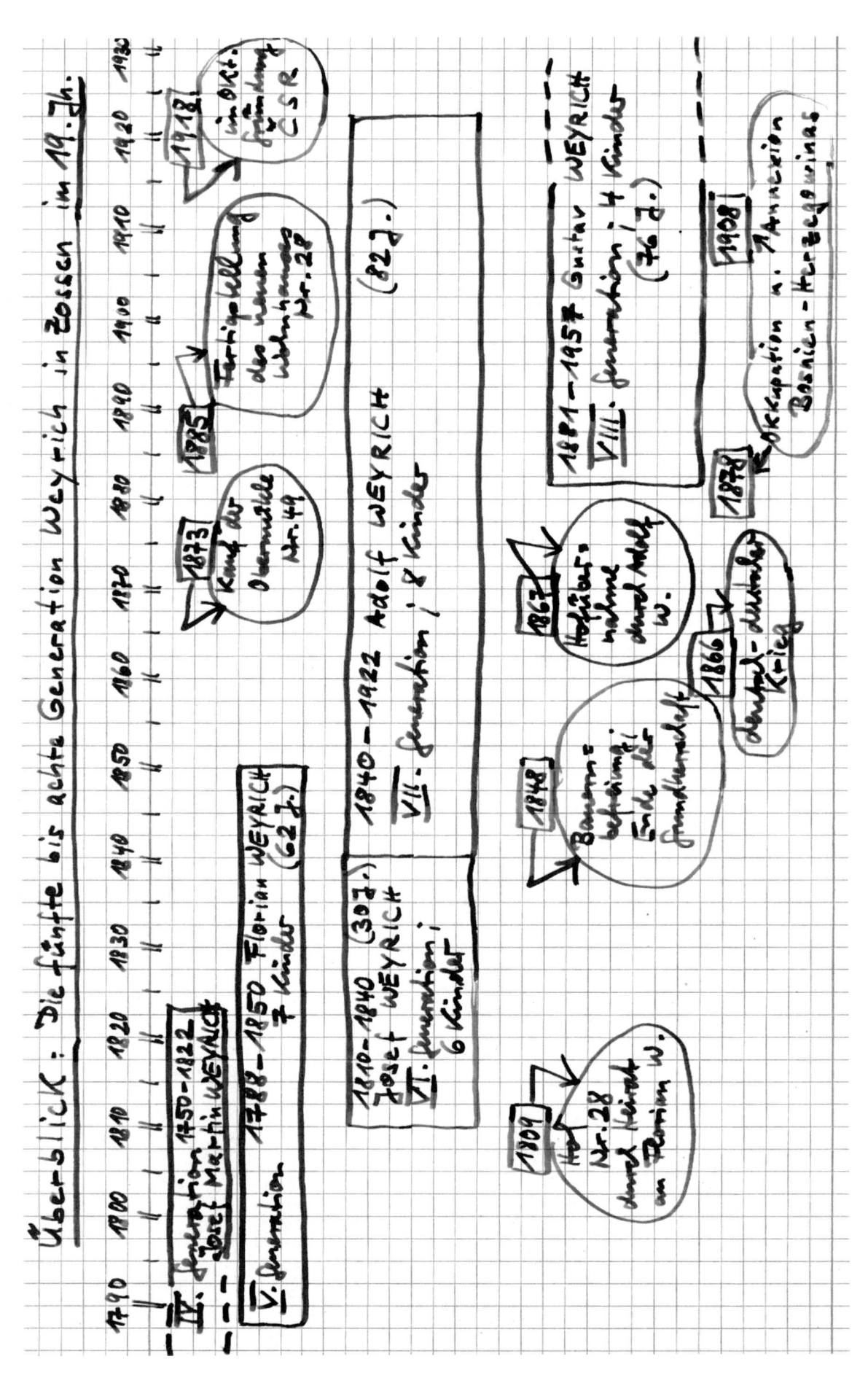

Überblick: Die fünfte bis achte Generation Weyrich in Zossen im 19. Jahrhundert

Durch den Überblick über die Lebenszeiten von Personen (durch „Zeitbalken" dargestellt) erkennt man leicht Zusammenhänge und Verbindungen, die sonst nicht ins Bewusstsein kämen. Die Daten der Familie von Frobel habe ich dem Internet entnommen, denn ohne das Geschlecht derer von Frobel sind die Weyriche in Zossen nicht zu denken, und vieles müsste noch rätselhafter bleiben, als es schon ist. Konrad Blažek schreibt über das Geschlecht Frobel[7]:

S. 18/19 „Oesterr. erbländ. Adelsstand und Incolat in sämmtlichen Erblanden 1647. 20.02., Bestätigung des Adels und Incolates 1656. 16.11., Aufnahme in den alten Ritterstand des Königreiches Böhmen nebst den incorporirten Landen und Wappenverbesserung 1700. 5.8., Incolat im Ritterstande des Herzogtums Schlesien 1727. 21.05.

In Schlesien seit Ende des 16. Jh. vorkommendes Geschlecht aus welchem die beiden Brüder Friedrich und Heinrich die Auszeichnungen der Jahre 1647 und 1656 erhielten. Heinrichs Sohn Johann Julius erhielt im Jahre 1700 den böhmischen alten Ritterstand. Von diesem stammen zwei Söhne: Johann Hinrich (Stifter der noch blühenden Linie in der Grafschaft Glatz und Preussisch-Schlesien) und Johann Julius (Stifter der erloschenen Linie Oesterr. Schlesien), Herr auf Zossen im Fürstenthume Jägerndorf, welcher 1727 das Incolat im schlesischen Ritterstande erhielt. Mit dem letzteren Enkel Johann Julius erlosch 1809 der österreichische Zweig; in Preuss.-Schlesien blüht das Geschlecht noch. (Blažek, a.a.O., S. 18/19)

Am 21. März 1647, also noch während des Dreißigjährigen Krieges, wurde der Obristwachtmeister Heinrich Frobel (1613–1672) aus der Grafschaft Glatz in den Adelsstand erhoben.

Ein Sohn, Johann Julius Ritter von Frobel, wurde in Glatz am 11. Juli 1647 geboren und starb auf dem Gut Zossen am 8. April 1709. Die Herrschaft Zossen hatte er im Lebensalter von 41 Jahren erworben. Die Zossener Bauern sollten 21 Jahre lang von seinen Weisungen und Entscheidungen abhängig sein.

Hans George Weyrich wurde am 13. Feber 1673 geboren – noch in der Heimat der Mutter in Neu-Waltersdorf im Distrikt Habelschwerdt. Er und seine Ehefrau Marianne, deren Lebensdaten nicht zu ermitteln waren, wie Julius und Gustav Weyrich betonen, bewirtschafteten das Freigärtlergut Nr. 85. Sie werden in den genealogischen Tafeln als „zweite Generation" geführt. Ihnen wurden vier Kinder geschenkt, zwei Mädchen und zwei Jungen. Maria Elisabeth, geb. 13.4.1704, Anna Theresia, geb. 25.3.1708, die 1733 die Mutter des späteren Pfarrers von Zossen, Anton Wolf, wurde.

Das dritte Kind, Martin Weyrich, erreichte das Alter von 61 Jahren, ein viertes Kind – der zweite Sohn – namens Anton Weyrich, wurde 1717 geboren und starb nach wenigen Monaten (geb. 23.3.1717, verst. 7.5.1717).

Für die Herrschaft Zossen im ausgehenden 18. Jh. war der Sohn der Anna Theresia, Anton Wolf, eine wichtige Bezugsperson, denn er betreute als Seelsorger die Zossener Haushalte, deren Zahl nach den Gehöften und Häusern vermutlich nicht höher als 60 war.

Exkurs: Pfarrer Wolf, der erste katholische Priester in der Familie, und seine Nachfolger

Anton Wolf war in der zweiten Hälfte des 18. Jh. Pfarrer an St. Katharina in Zossen. Anton Wolf wurde 1733 als Sohn des herrschaftlichen Kochs und Freigärtlers Josef Wolf und der Anna Theresia Wolf, geb. Weyrich, geboren. Wahrscheinlich hatte die Gutsherrschaft – in Gestalt von Joh.

---

[7] Konrad Blažek. Der Adel von Österreich-Schlesien (= J. Siebmacher's grosses und allgemeines Wappenbuch. Vierter Band. Elfte Abtheilung.) Nürnberg 1885.

Julius von Frobel dem Jüngeren – den Enkel des Hans George Weyrich zum künftigen Pfarrer bestimmt.

Als katholischer Pfarrer vermittelte Anton Wolf gut 25 Jahre lang (von 1765 bis 19.2.1791) den Menschen in Zossen die Grundlagen des katholischen Glaubens.

Er taufte die Kinder, er segnete den Ehebund. Er hörte die Beichte und erteilte die Lossprechung. Er feierte mit der Grundherrschaft und den anderen Dorfbewohnern die heilige Messe. Er trug die Zossener zu Grabe und hielt die Totenmesse. Wie die genealogischen Tafeln zeigen, war die Kindersterblichkeit über Generationen hinweg hoch.

In die Zeit des Anton Wolf fiel auch 1774 die Einführung der allgemeinen Schulpflicht durch die Kaiserin Maria Theresia, und Pfarrer Wolf ermahnte „seine Schäfchen" in Zossen, die sechsjährige Schulpflichtzeit nur ja brav zu befolgen. (vgl. Goldenes Buch, S. 39)

Als er mit 58 ½ Jahren in Zossen verstarb, hatte er zwei Gutsherren und ihr Wirken begleitet, denn ab 1761 entschied Johann Jakob von Frobel über Wohl und Wehe der „Herrschaft Zossen".

Auf Pfarrer Wolf folgten lt. Pater Gregor Wolný[8] folgende Curate:

„Curate: Seit September 1765 Anton Wolf, geb. von Zossen, † 58 ½ jährig 19. Februar 1791; 7. Mai des Jahres Ignaz Demel, geb. v. Troppau † 57 jährig 7. Juni 1804; 2. Aug. d.J. Anton Cebulka, geb. von Deutsch-Neukirch in Preuß. Schlesien, pensioniert im Februar 1817; 21. April des Jahres Michael Scharabatka, geb. von Katscher in Preuß. Schles., † 7. April 1848; seitdem der Gegenwärtige." [Anm.: M. Scharabatka taufte meinen Urgroßvater Adolf Weyrich (vgl. S. 20/21)].

Der Curat bei der Abfassung des Artikels Wolnýs über Zossen war „seit dem 21. Juni 1848 Herr Anton Kaminke, vordem Administrator daselbst, geb. von Lichten in Schles. 1809, ord. 1834." (vgl. Wolný, a.a.O., S. 392 bis 394) [Anm. A. Kaminke traute die Urgroßeltern (vgl. S. 22/23)]

Martin Weyrich (1717–1771), der jüngere Bruder der Pfarrersmutter, war der Onkel Pfarrer Anton Wolfs. Vermutlich wurden Martin († 1771) und dessen Ehefrau Marina († 1777) von ihrem eigenen Onkel jeweils in Zossen zu Grabe geleitet.

Martin Weyrich hatte für den 14.11.1734 von seinem Patrimonialherrn die Heiratserlaubnis mit Marina, Tochter des Bauern Strack aus Aubeln bekommen. Der Ehe entsprossen acht gemeinsame Kinder, wobei der Erstgeborene (2.2.1736–28.2.1737) in Zossen früh verstarb. Vier Jungen erreichten das Erwachsenenalter. Martin Weyrich übernahm das Freigärtlergut Nr. 18 und übte den Beruf des Fleischhauers aus. Martin war der einzig überlebende Sohn „der dritten Generation".

Das sechste Kind des Martin Weyrich, zur vierten Generation gehörend, erhielt den Taufnamen Josef Martin Weyrich. Er muss ein sehr vitaler Mann gewesen sein. Er wurde zur Jahrhundertmitte am 24.11.1750 in Zossen Nr. 85 geboren und war mein Vorfahre. Im Jahrzehnt vor seiner Geburt waren die zwei Schlesischen Kriege zwischen Friedrich II. und Maria Theresia ausgefochten worden. Preußen hatte Schlesien annektiert, und nur das Gebiet Österreichisch Schlesien verblieb der Kaiserin (1742).

---

8   Gregor Wolný. Kirchliche Topographie von Mähren. I. Abtheilung, IV. Bd. Erzdiözese Olmütz. Brünn 1862.

Sein Nachfahre Julius Weyrich, geb. 1845, skizziert diese Zeit in einer von ihm herausgegebenen k.u.k. Regimentsgeschichte wie folgt[9] (S. 18):

„1740   Nach dem Tode Kaiser Karls VI., der keinen Sohn hinterliess, folgte im Jahr 1740 dessen hohe Tochter Maria Theresia auf dem Throne ihrer Väter.

Die junge Fürstin lernte sofort eine bewegte Zeit kennen, denn Preussen, Baiern und Sachsen, von Frankreich unterstützt, erhoben Ansprüche auf die österreichischen Länder und nur England und Holland standen auf ihrer Seite.

Die grosse Kaiserin verzagte nicht. In ihrem eigenen muthvollen Geiste, in der freudigen Opferwilligkeit ihrer Völker und in der Tapferkeit ihres für die Herrscherin begeisterten Heeres fand sie die festen Stützen in dem Kampf gegen die zahlreichen Feinde und in der Vertheidigung ihres guten Rechtes.

Im Jahre 1740 drang Friedrich II., König von Preussen, ohne Kriegserklärung in das schutzlose Schlesien ein und nahm es, bis auf einige Festungen, in Besitz.

1742   Der nun beginnende Krieg endete mit dem Verluste Schlesiens, das an Preussen abgetreten werden musste und mit Ausnahme der Herzogthümer Jägerndorf, Troppau und Teschen nie mehr an das Haus Habsburg kommen sollte."

Der Siebenjährige Krieg (1756–1763) wird zur Jugendzeit Josef Martin Weyrichs noch im allgemeinen Bewusstsein gewesen sein. In seine 72 Lebensjahre († 28.4.1822) fielen die Jahre der Französischen Revolution, die Zeit der Napoleonischen Kriege und die Restaurationszeit.

Er führte zwei Ehen, aus denen insgesamt 15 Kinder hervorgingen. Mit seiner ersten Frau Maria Theresia Kolbe hatte er 11 Kinder: 6 Söhne und 5 Töchter. In der Zeitspanne von 20 Jahren kam in der ersten Ehe alle zwei Jahre ein Kind zur Welt. Bis auf den letzten Sohn dürften alle Kinder aus der Ehe mit Maria Theresia durch seinen Großonkel Pfarrer Anton Wolf (siehe oben) getauft worden sein.

Darunter war auch das fünfte Kind, Karl Daniel Weyrich (geb. 27.7.1780), sowie das neunte Kind, Florian Weyrich (geb. 23.8.1788). Diese beiden Söhne sollten es schaffen, in die Zossener Riege der alteingesessenen Bauern aufzusteigen, die auch größere und ertragreichere Besitzungen hatten, als es bei einem „Gärtler" der Fall war.

Florian Weyrich erheiratete am 24.1.1809 den Bauernhof Nr. 28 durch die Ehe mit der Hoferbin Maria Theresia Januschke, und Karl Daniel erwarb 1810 käuflich das Bauerngut Nr. 23.

Aus den genealogischen Tafeln ist zu ersehen, dass es ein Ziel der Bauern war, eine möglichst große Familie zu haben! Durch die Kinder hatte man eine Absicherung für das Alter; man konnte aber auch – wie das Herrscherhaus Habsburg es vorgemacht hatte – eine kluge Heiratspolitik betreiben. Einen Bauernhof konnte man käuflich erwerben, ererben und vererben, aber man konnte ihn auch erheiraten.

Als gleichsam „patriarchalische Gestalt" mutet der bereits oben genannte Josef Martin Weyrich an, der als Vater von elf Kindern nach dem Tode seiner ersten Frau Maria Theresia († 1810) mit 62 Jahren nochmals „in den heiligen Stand der Ehe" trat. Am 10.2.1812 ehelichte er die Schullehrerstochter Cäcilia Holik, mit der er vier Söhne hatte.

Josef Martin und seine zweite Frau müssen – vielleicht unter dem Einfluss des Schwiegervaters, des Schullehrers Holik – die wachsende Bedeutung der Bildung für ihre Kinder erkannt haben. Bei Josef Martin Weyrichs Söhnen und Enkeln finden sich die ersten „Studierten" der Familie Weyrich.

---

[9] Zweihundert Jahre des k.u.k. Infanterie-Regimentes Humbert I., König von Italien Nr. 28. Prag 1898.

Der Sohn Josef Weyrich (geb. 11.1.1813) studierte in Wien Rechtswissenschaften und wurde Landesregierungsrat in Troppau. Er starb kinderlos (siehe Anhang F S. 424 f.).

Schon der Zossener Pfarrer Anton Wolf hatte die Pfarrkinder auf die Wichtigkeit der (Volks-)Bildung hingewiesen, „indem er auf die Eltern unausgesetzt dahin einwirkte, die Kinder fleißig in die Schule zu schicken und an den Schulunterricht ihrer Kinder zu denken." (Goldenes Buch, S. 39) Der Geist der Aufklärungszeit war also bis nach Zossen zu spüren.

Der aufgeklärte Kaiser Josef II. hatte 1781 die Leibeigenschaft aufgehoben. Josef Martin Weyrich hatte das Glück, dies im mittleren Lebensalter zu erleben.

Die Besserung der wirtschaftlichen Lage der Landbevölkerung – nicht zuletzt durch eine solide Volksschulgrundbildung – erlaubte es den Bauernfamilien, begabten Familienmitgliedern den Zugang zur „höheren Bildung" zu verschaffen. So konnten die – männlichen – Nachkommen die vom „Berechtigungswesen" geforderten Nachweise für den Hochschulzugang oder auch für den Offiziersberuf erbringen. Auch der Status eines Reserveoffiziers war für einen Bauernsohn erreichbar geworden.

Ein Enkelsohn des Josef Martin Weyrich wurde Advokat und Notar und Vater zweier tüchtiger k.u.k. Offiziere.

Karl Daniel Weyrich, Josef Martins fünftes Kind aus erster Ehe, wurde 1811 „in der Nr. 23" ein Sohn namens Josef geboren. Dieser Sohn, Dr. Josef Weyrich, mährisch-schlesischer Landesadvokat und Notar in Jauernig und in Jägerndorf war Vater des k.u.k. Majors Walter Weyrich und des k.u.k. Feldmarschallleutnants Julius Weyrich von Trubenburg (siehe Anhang F, S. 423).

f) Die historische Quellenlage zur Biographie des Großvaters

Die Truhe des Großvaters enthielt ein Sammelsurium von Erinnerungsstücken an sein Leben. Stapel von Briefen und Postkarten, zum Teil vergilbte Fotografien, auf denen nicht mehr viel zu erkennen war; alte Fachbücher und sogar ein bosnischer Gebetsteppich waren in der Truhe verstaut. „Rätselhafte" Briefmarken, k.u.k. Siegelmarken und Siegelabdrucke, die auf meinen Großvater einen gewissen Reiz ausgeübt haben müssen, fanden sich in großer Zahl. Sogar ein an ihn gerichteter Brief aus der Stadt Elbasan in Albanien mit fünf Siegeln auf der Rückseite war darunter (siehe unten Kap. 6, S. 164/165).

Einige der häufig in kaiserlichem Gelb-Schwarz gehaltenen Marken habe ich in der Mitte meiner Lebenszeit auf Tafeln befestigt, diese gerahmt und als Wandschmuck in meinem Arbeitszimmer verwendet.

All diese anziehenden Überreste aus einem reichen Leben, das unerwartet im letzten Drittel mit einem großen Bruch, nämlich mit der Vertreibung endete, müssten stummbleiben, gäbe es nicht das „Goldene Buch der Gemeinde Zossen". Der Bruder meines Großvaters, Julius, hat es im Dezember 1933 veröffentlicht.

Bevor das Goldene Buch näher betrachtet wird, sei eine weitere Arbeit des Bruders Julius Weyrich erwähnt, eine Hauptquelle zur Heimat meines Großvaters:

Im Winter 1934/35 arbeitete Julius an einem weiteren Vorhaben: Er erstellte genealogische Tafeln zur Familiengeschichte der Sippe Weyrich. Die mühevolle Arbeit setzte Interesse und viel Muße voraus: Er musste die Unterlagen (Taufmatrikel, Sterbematrikel, Heiratsmatrikel) persönlich im Pfarramt in Augenschein nehmen und die Daten heraussuchen.

Es wurden handschriftlich einzelne DIN A4-Blätter erstellt, auf denen die Daten der Eltern und Kinder festgehalten wurden. Für jedes Kind wurde ein neues Blatt angelegt, um dessen Familienverhältnisse zu dokumentieren.

Eine vollständige Blättersammlung mag sich hier oder dort bei versprengten Familienangehörigen finden. Meine eigene Blättersammlung ist durch die Wirren der Zeit zwar unvollständig (unter anderem durch einen Hochwasserschaden), aber dennoch als Quelle für den Nachvollzug der Abstammung und der verwandtschaftlichen Beziehungen des Großvaters geeignet.

Die genealogischen Tafeln gingen zum Teil im Jahre 1946 verlustig. Vier Jahre nach der Vertreibung, zum Osterfest 1950, war es dem Verfasser Julius Weyrich gelungen, eine brauchbare Fassung seiner Forschungen wieder zu erstellen.

Er schreibt:

[handschriftlicher Text mit der Überschrift „Stammbaum"]

[Julius Weyrich schreibt:]

„Aus vielen kleinen, mühsam zusammengetragenen Blättern und Zweigen entstand der

Stammbaum

der Familie Weyrich, den ich dieser Familie in Ehren widme. Nur das Familiengefühl, dieses stete Besinnen, was man der Familie, dem Geschlechte, der Heimat und dem Volk schuldig ist, waren die Beweggründe, die mich veranlassten, dieses Werk zu schaffen. Wohl hatte ich in den Wintertagen 1934/35 bereits einen Stammbaum dieser Familie ausgearbeitet, der aber 1945 bei wiederholter Plünderung meines Bauernhofes durch böse Menschen mit vielen anderen heimat- und familienkundlichen Aufzeichnungen in andere Hände überging, ohne Einspruch dagegen erheben zu dürfen, da man mir sofortige Einlieferung in ein Konzentrationslager androhte. Damit aber eine derartige, für die ganze Familie gewiss wertvolle Arbeit nicht verlorengeht, habe ich mich trotz meines hohen Alters entschlossen, noch einmal den Stammbaum, aufgrund mitgebrachter Aufzeichnungen, neu entstehen zu lassen. Leider konnte ich bis heute die im Auslande lebenden Geschlechter noch nicht erfassen, hoffe aber, dass es mir im Laufe der Zeit gelingen wird, auch diese zu erreichen und dadurch die Möglichkeit gegeben wird, auch diese meiner Arbeit einzugliedern.

So möge dieses Werk bei den Familienangehörigen geneigte Aufnahme und günstige Beurteilung finden, es möge hauptsächlich der kommenden Jugend der Jungbrunnen sein, aus welchem sie immer neue Lebenskraft, Schaffensfreude, Mut, Entschlossenheit und Ausdauer schöpfen möge und ich mich dadurch für die der Familie geleistete und gewidmete Arbeit vollauf entschädigt fühle.

In Getreuem
Julius Weyrich

Geschrieben im Exil zu Halsberg im
Kreise Mainburg in Niederbayern an
meinem 76sten Geburtstag"

Ihm sollten bis zu seinem Tode am 28. März 1954 noch vier Jahre beschieden sein. Ohne die sehr aufopferungsvollen und sicher mühseligen Nachforschungen des Julius Weyrich könnte es nicht gelingen, die einzelnen Spuren und Hinweise zum Leben des Großvaters zu einem sinnvollen Gesamtbild zusammenzusetzen. Hier einige Anmerkungen zur Quellenlage – wie der Fachhistoriker es nennen würde – der Großvater-Biographie.

Manche Abschnitte des Lebens meines Großvaters sind durch „Quellenmangel" verdunkelt (Volksschulzeit in Zossen, Realschulzeit in Troppau). Gar manches ist nur indirekt zu erschließen. Manche Phasen seiner Entwicklung kann man nur erahnen (Zeit an der Hochschule für Bodenkultur in Wien, Leben als Burschenschafter).

Die beeindruckende und integre Persönlichkeit meines Großvaters – wie ich ihn als Kind in seinem „Hamelner Exil" kennengelernt habe – hat sich durch die „Stürme der Zeit" geformt. Meine Mutter Mimi, die jüngste Tochter des Gustav Weyrich, zitierte oft Goethe: „Es bildet ein Talent sich in der Stille, Sich ein Charakter in dem Strom der Welt." Beides hat Gustav Weyrich gekannt, das stille Ringen um Bildung und den Gegenwind der Zeitläufte.

Für seine Unterrichtstätigkeit im Schul- und Hochschulbereich finden sich Lehrpläne, aus denen man sich ein eigenes Bild über das Schulprogramm machen kann.

Für den unbedarften Enkelsohn, der in der Hinterlassenschaft des Großvaters stöberte, hätte das Allermeiste im Dunkeln bleiben müssen, wenn sich nicht ein kleines Büchlein (von 45 Seiten im DIN A4-Format) in der Truhe gefunden hätte: Das „Goldene Buch der Gemeinde Zossen". Es umfasst zwei Teile: Der erste betrachtet die 30 „alteingesessenen" Bauernhöfe und die dazugehörigen Familien, der zweite Teil besteht aus Lebensbeschreibungen Zossener Menschen, die der Autor Julius Weyrich für bedeutende Vertreter des Ortes hielt und die er in den überwiegenden Fällen wohl persönlich kannte.

Die Biographien stützen sich auf die Befragung der betroffenen Person und deren mündliche und schriftliche Selbstauskunft oder auch – wenn dies nicht möglich war – auf die Erinnerung anderer. Bewusst stützt sich Julius Weyrich auch auf „eigene Beobachtungen und Erfahrungen" als Bauer sowie die „natürliche eigene Empfindung". Im Vorwort richtet er sich an seine „Landsleute und Heimatgenossen", zu deren Nutz und Frommen das Werkchen dienen soll.

Viele Bücher bieten einführende Bemerkungen, die dem „geneigten Leser" den Einstieg in die behandelten Themen erleichtern und die das Buch in einen größeren Zusammenhang stellen möchten. So sucht der Erbrichtereibesitzer aus Aubeln aus seinem fühlbaren Bauernstolz heraus nach bedeutungsschweren Formulierungen über das Bauerntum (siehe Seiten 3 und 4 des Goldenen Buches), die für den heutigen Leser sicher ungewohnt pathetisch wirken. Er orientiert sich am Stil von Festreden, wie er in der ersten Hälfte des 20. Jh. wohl nicht unüblich war.

Ein sachlicher Widerspruch, der sich in der Anlage des Buches widerspiegelt, fällt besonders nach seinen Ausführungen über den Bauernstand auf: Er wirbt für den „Bodenständigkeitsgedanken" und glaubt, das Bauerntum sei entscheidend für die Zukunft der Nation. Indem er mehr als die Hälfte seines Buches den Zossenern widmet, die „in die große weite Welt" zogen und dort erfolgreich „ihrer Heimat vollste Ehre" antaten, erkennt und beschreibt er ja bereits den sozialen und gesellschaftlichen Wandel, der auch seine eigene ländliche Heimat betroffen hat und den man auch als „Landflucht" deuten kann.

Ob die „hervorragenden Personen aus der Gemeinde Zossen" in der Mehrzahl sich die Heimatliebe eines der Scholle verbundenen Bauern bewahrt haben, sei dahingestellt. Es bleibt auch fraglich, ob viele Menschen mit „Zossener Wurzeln" die folgenden Aussagen teilten und teilen (Zitat von Seite 4):

„Beinahe drei Jahrhunderte haben die in diesem Werkchen verzeichneten Bauerngeschlechter die Scholle heiliger Heimaterde bestellt, durch Kriegs- und Friedenszeit, durch Teuerung und Jahre der Wohlfahrt verbessert und vermehrt, in treuer bäuerlicher Arbeit und festem Gottvertrauen vom Vater zum Leibeserben übertragen und erhalten.

Um alle die Familien unserer engeren Heimat aufzuzeichnen und der Zukunft festzuhalten, die durch Jahrhunderte in unentwegter Müh' und Plag' die heimatliche Scholle alljährlich zu neuer Fruchtbarkeit zwingen und damit dem Bodenständigkeitsgedanken in dieser ideallosen Zeit ein bleibendes Denkmal zu setzen, ist der Zweck dieses Werkchens."

Julius Weyrich schließt mit der Widmung „Dem Vorfahr zum Dank, dem Eigner zur Ehr, dem Enkel zu Nutz und Vorbild." (a.a.O., S. 4)

Eine quellenkritische Anmerkung ist noch zu machen. Der kurze Abschnitt über Fmlt. Julius Weyrich von Trubenburg (Goldenes Buch, S. 31) enthält mehrere Fehler, die darauf zurückgehen, dass der Feldmarschallleutnant nicht persönlich befragt hatte werden können, da er 16 Jahre vor der Veröffentlichung des Goldenen Buches verstorben war. Sein Vater, Dr. Josef Weyrich, war zwar Zossener, der spätere k.u.k.-Offizier im Generalsrang ist aber nicht in Zossen geboren (entgegen der Behauptung auf S. 89 der Festschrift[10]). Die Behauptung, Weyrich habe „den Feldzug gegen Preußen als Hauptmann" mitgemacht (S. 31 des Goldenen Buches), ist nur teilweise richtig – er war damals Oberleutnant. Die Behauptung, er sei „Corpskommandant von Graz" gewesen, ist ein kaum verzeihlicher Irrtum, denn Weyrich beendete seine Offizierslaufbahn als Generalmajor und Kommandant einer k.u.k. Brigade in Kronstadt/Siebenbürgen. Dass der Begriff „Exzellenz" zweimal auf Seite 31 ohne „z" geschrieben wird, regt nur zum Schmunzeln an. Eigenartig ist, dass das Resultat einer fehlerhaften mündlichen Überlieferung – nachdem es schwarz auf weiß gedruckt ist – zur nicht mehr hinterfragten Tatsache wird.

Wir Heutigen sind verwöhnt durch die vielen Möglichkeiten, fast mühelos im Internet Informationen zu sammeln und zu überprüfen. Anders war es in der Generation meiner Großeltern. Sie mussten entweder persönlich oder schriftlich nachfragen, wenn ihnen etwas zweifelhaft erschien. Ohne Zugang zu Nachschlagewerken einer größeren Bibliothek hatte es der Chronist Julius Weyrich nicht leicht, Nachrichten zu überprüfen. Wie schön wär es gewesen, wenn er auf einen Verlagslektor hätte zurückgreifen können – wie es jetzt bei mir der Fall ist. Unverdrossen hat er trotz aller Widrigkeiten mit der Schreibmaschine das Büchlein getippt, wobei sich auch Schreibfehler nicht vermeiden ließen.

Ich stelle mir vor, wie er im Herbst 1933 das maschinenschriftliche Exemplar endlich vervielfältigen konnte, um es wahrscheinlich schon zu Weihnachten verschenken zu können. Mein Onkel Fred hat jedenfalls ein Exemplar mit persönlicher Widmung erhalten.

„Meinem lieben Neffen Alfred Josef Weyrich in Getreuen gewidmet."

Im Lebenslauf meines Großvaters (Goldenes Buch, S. 32) wird erläutert, Gustav Weyrich habe die Sektion Býclina und Zwornik geleitet. Briefe meines Großvaters aus dieser Zeit sind nach Bijeljina in Bosnien adressiert. Julius Weyrich muss den ihm nicht geläufigen Ortsnamen verballhornt haben, zumal sich kein Ortsname mit „B" ausmachen lässt, der irgendwie sinnvoll wäre und der sich im Nordosten Bosniens befindet. Ein Dorf Bistrik oder Bistrica umfasste die Fläche des

---

[10] Festschrift aus Anlaß des 10-jährigen Jubiläums der Patenschaft des „Absolventenverbandes der Oberhermsdorfer" mit dem „Absolventenverband der Landwirtschaftlichen Lehranstalten in Landsberg/Lech", 17. Juni 1978.

späteren Bijeljina. Die korrekte Bezeichnung der Sektion müsste also „Bijeljina und Zwornik" heißen.

Das Goldene Buch enthält offen oder versteckt auch Wertungen, die aktuell nur noch von wenigen Menschen geteilt werden dürften. Das Gold Zossens sind die „alten Bauerngeschlechter" und die erfolgreichen Mitglieder einer (neuen) bürgerlichen Gesellschaft. Eine gottgegebene patriarchalische Gesellschaft, die ständisch gegliedert ist, wird vorausgesetzt. Die „Vollbauern" entscheiden hauptsächlich über die Geschicke des Dorfes; die weniger Besitzenden oder gar Besitzlosen werden keiner Erwähnung im Goldenen Buch gewürdigt. Der Aufstieg von „Häuslerskindern" wie des Julius Dittel (Goldenes Buch, S. 44), wird mit einem gewissen Erstaunen aufgenommen.

Der Hoferbe hat mit allen Kräften für die Erhaltung des Hofes zu sorgen, den Besitz gut zu verwalten und möglichst zu vermehren, um ihn endlich der nachfolgenden Generation zu übergeben, der dieselbe Verpflichtung obliegt.

In der dörflichen Rangordnung konnte der wohlhabende Bauer ein hohes Selbstwertgefühl entwickeln. Wie in allen Fällen eines hohen Selbstwertgefühls bliebe natürlich zu hoffen, dass die Persönlichkeit und die Charaktereigenschaften seines Trägers auch in den Augen der Mitwelt dieses rechtfertigen konnten. Zur patriarchalischen Grundeinstellung gehört sicher auch die Fürsorge für die Schwächeren der Dorfgemeinschaft. Ob der Blick des Patriarchen auf die Dorfbewohner und auf ihr Lebensschicksal immer unvoreingenommen blieb und ob immer unnötige Härten für die abhängigen Menschen vermieden wurden, bleibt dahingestellt. Der Bauernstolz und der Besitzerstolz bargen für manchen Charakter sicher auch die Gefahr der Dünkelhaftigkeit und der Hartherzigkeit.

Schwer zu verstehen wäre ein „Überlegenheitsgefühl" der sesshaft im Dorf Verbliebenen gegenüber denen, die mutig ihren Weg in einem neuen Umfeld – ob ländlich oder städtisch – gegangen sind. Der „Erbrichtereibesitzer von Aubeln", Julius Weyrich, hatte ein großes und wohlwollendes Interesse an seinen Mitmenschen, sonst wären die Beweggründe für sein „Zossen-Buch" und die gleichsam „journalistische Recherche" durch persönliche Kontaktaufnahme nicht zu verstehen.

Das Überdauern des „Stammbaumes" und des „Goldenen Buches" des vor nunmehr 70 Jahren verblichenen Bruders meines Großvaters sind für mich trotz ihrer Zeitgebundenheit ein großes Glück. Das Milieu, in dem mein Großvater aufgewachsen ist, sowie „sein Zossen" werden mir dadurch nähergebracht. Ohne die beiden Werke bliebe Vieles ganz dunkel und rätselhaft, was den Enkelsohn doch brennend interessiert. Julius Weyrich gilt mein aufrichtiger Dank.

Exkurs: Eine Urkunde der letzten Grundherrin von Zossen

In der Truhe meines Großvaters, deren Inhalt mich als Kind so sehr beeindruckte, fand sich die großformatige Abschrift eines Pachtvertrages. Unter der Urkunde stand die Jahreszahl 1828 und ein Siegelaufdruck in Rotlack. Ob mein Großvater über dieses Dokument viel zu erzählen gehabt hätte, bleibt ungewiss.

Die altertümliche schöne Schrift, das leuchtende Siegel und das angegilbte Papier haben mich bewogen, das Schriftstück als Wandschmuck zu verwenden. Der Inhalt blieb mir aber über Jahrzehnte verborgen. Nach den Recherchen zur Biografie meines Großvaters kann ich den geneigten Leser an den kleinen sozial-historischen Entdeckungen teilhaben lassen, die sich auf das dekorative Schriftstück beziehen.

20 Jahre vor der Bauernbefreiung (1848) sind die damaligen Zossener noch von der Obrigkeit in Gestalt der Herrin der Grundherrschaft Zossen, Antonia [Anm. Schreibweise der Quelle] von Eickstedt, geb. Freiin von Wittorf, abhängig.

Die Besitzerin der Herrschaft Zossen war zum Zeitpunkt der Vertragsaufsetzung vom Schicksal schwer getroffen worden. Geboren in Zossen am 6. Juni 1796, hatte sie ihren ersten Mann nach nur vierjähriger Ehe 1826 verloren. Die junge Witwe vermählte sich in zweiter Ehe am 13. Juni 1827 mit dem königlich preußischen Major von Eickstedt (geb. 1794 auf dem Rittergut Silberkopf bei Ratibor, verst. daselbst 1858). Durch diese Heirat wurde die Herrin von Zossen ihrem Geburtsort entfremdet. Fern ihrer Grundherrschaft lebte sie mit ihrem Mann 1827 in Halberstadt. Da sie fern von Zossen weilte, konnte die notwendige „obrigkeitliche Genehmigung" des Vertrages erst zwei Monate später in Zossen eintreffen. Die neue Familie der letzten Herrin von Zossen orientierte sich ganz an Preußen. 1861 wurde das Gut Zossen verkauft, und die Familie von Eickstedt zog sich ganz auf ihre preußischen Güter zurück. 1865, ein Jahr vor dem deutsch-deutschen Krieg von 1866, verstarb Antonia von Eickstedt in Ratibor. Loyalitätskonflikte sind ihr somit wohl erspart geblieben.

Der Sohn Hugo von Eickstedt (geb. Mai 1832 in Silberkopf, verst. 1897) war durch und durch Preuße. Während der Studienzeit (Jura) in Breslau und Bonn trat er 1853 dem berühmten und exklusiven Corps Borussia Bonn bei.[11] Das Corps Borussia hatte damals in seinen Reihen viele Rittergutsbesitzer, vor allem aber Angehörige regierender Häuser. So finden sich auch zahlreiche Prinzen von Preußen und sogar der spätere deutsche Kaiser Wilhelm II. unter den Mitgliedern.[12]

Mein Großvater Gustav Weyrich hätte sich bestimmt brennend für die Geschichte des Corps interessiert. Vermutlich war zu seiner Kinderzeit die Erinnerung an die letzte Herrin der Herrschaft Zossen bei den Bauern schon verblasst. Befreit von den Fesseln der Grundherrschaft konnten sie sich ganz ihren eigenen wirtschaftlichen Interessen widmen.

Um wirtschaftliche Interessen geht es im Pachtvertrag, geschlossen am 20. Okt. 1827: Die vorhandenen Brennereigebäude sowie die vorhandenen Requisiten sollen zur Branntweinherstellung von neuen Pächtern genutzt werden. Der „obrigkeitliche Wirtschaftsbeamte" des Gutes Zossen, Amtsverwalter Johann Unger, hat im Beisein des Erbrichterei-Gutsbesitzers Florian Schreiber den Vertrag im Namen der Grundherrschaft ausgehandelt

In Böhmen, Mähren und Österreichisch Schlesien war es an der Wende vom 18. zum 19. Jh. nicht unüblich, dass Habsburger Untertanen „mosaischen Glaubens" Brennereien und Mühlenbetriebe pachteten und bewirtschaften.

Durch die Reformen und durch die Religionspolitik Josefs II. wurde die jüdische Bevölkerung im Habsburgerreich allmählich zu vollberechtigten Staatsbürgern.

Der neue (Haupt-)Pächter Hierschel Herrmann war vermutlich „mosaischen Glaubens". Darauf deutet der Vorname Hierschel hin. Auch die Vornamen der auf Pächterseite genannten Jakob Herrmann, Michael Herrmann und Salomon Walter legen eine Nähe zur Talmud-Tradition nahe. Es sei daran erinnert, dass Pater Gregor Wolný bei seiner Beschreibung der Pfarrei Zossen neben den fast 1.000 Seelen der Gemeinde die Zahl von zehn Juden nennt. (vgl. Wolný, a.a.O., S. 392 bis 394)

Eine weitere Anmerkung sei gestattet. Aus Siebmachers Wappenbuch (a.a.O., Band 6, S. 145) geht hervor, dass das Geschlecht der Freiherrn von Wittorf, dem die letzte Herrin von Zossen entstammte, ursprünglich aus Holstein stammt. Der Urgroßvater Antonias war in kaiserliche Dienste getreten und hatte das böhmische „Incolat" erhalten. Der Großvater, Wilhelm Raimund von Wittorf, wurde Landeshauptmann des Fürstentums Troppau. In Österreichisch Schlesien besaß das Geschlecht von Wittorf die Rittergüter Neplachowitz und Zossen; im Kreis Leobschütz

---

[11] Wikipedia-Artikel Hugo von Eickstedt (letzter Zugriff 21.4.2024)
[12] Wikipedia-Artikel Corps Borussia Bonn (letzter Zugriff 21.4.2024)

[preuß.] das Rittergut Badewitz. Wie das Rittergut Zossen von der Familie Frobel an die Familie Wittorf gelangte, vermag der Verfasser nicht festzustellen.

Der Pachtvertrag von 1827 bzw. die Abschrift von 1828 trägt erstaunlicherweise das Wappen der Familie von Frobel auf dem herrschaftlichen Amtssiegel. Das (farbige) Wappen ist zu finden im Dorstschen Wappenbuch, III. Band, S. 178[13].

Das Frobelsche Wappen wird von Konrad Blažek, einem katholischen Pfarrer, wie folgt beschrieben:[14]

„Wappen von Frobel

quadriert:

1. und 4. von Roth u. Blau gespalten; in der unteren Hälfte zwei, etwas nach aufwärts gebogene schwarze Balken; darüber drei mit den Hörnern aufwärts gekehrte schwarze Monde und über diesen drei nebeneinander gestellte vierblättrige silberne Rosen;

2. und 3. in Schwarz eine bis zum oberen Schildesrand aufsteigende Spitze, in jedem dadurch entstandenen Theile eine Lilie verwechselter Farbe. Kleinod: [Hervorhebung im Original] aus der Helmkrone von den Schenkeln wachsender bärtiger Mann in Lederkollet und mit Stulphandschuhen, mit rothen, an der Seite mit goldenen Knöpfen besetzten Beinkleidern und um den Hals einen grossen weissen mit einem silbernen Ringe unterlegten Kragen; in der Rechten eine eiserne Partisane mit goldener Quaste an roter Stange, während die Linke in die Seite gestemmt ist.

Decken: blau-schwarz und schwarz-golden." (vgl. Blažek, a.a.O. S. 19)

Dass sich der Pachtvertrag aus dem Jahre 1827 bzw. die Abschrift aus dem Jahre 1828 erhalten hat, ist ein glücklicher Umstand. Vor allem gibt diese Primärquelle eindeutige Auskunft über den Namen der letzten Herrin auf Zossen und damit auch der Patronatsherrin der Zossener Kirche. Das monumentale Werk Pater Gregor Wolnýs[15] zur kirchlichen Topographie Mährens ist beeindruckend und sehr verdienstvoll. Allerdings kann das Werk des gelehrten Benediktinerpaters aus der Abtei Raigern bei Brünn nur als Sekundärquelle angesehen werden. Beim Notieren des Namens der Patronatsherrin Zossens (a.a.O. Artikel Zossen S. 392) ist ihm ein Fehler unterlaufen. Als kirchengeschichtlich vorgebildeter Gelehrter hat er den Namen „Antonia von Eickstedt" zu „Antonia von Eichstätt" gemacht, wohl, weil, er bei der Nennung des Nachnamens an den bekannten bayerischen Bischofssitz gedacht hat. Der von Pater Wolný ungewollt in Umlauf gebrachte falsche Name wird im Internetartikel zu Sosnová unkritisch übernommen, obwohl in der Gemeinde Schriftstücke mit dem korrekten Namen vorhanden sein müssten.

---

[13] Leonhard Dorst von Schatzberg. Schlesisches Wappenbuch oder die Wappen des Adels im Souverainen Herzogthum Schlesien der Grafschaft Glatz und der Oberlausitz. Görlitz 1842. III: Band, S. 178.
[14] Konrad Blažek, a.a.O., S. 19.
[15] * 1793 in Freiberg/Mähren, † 1871 in der Abtei Raigern bei Brünn.

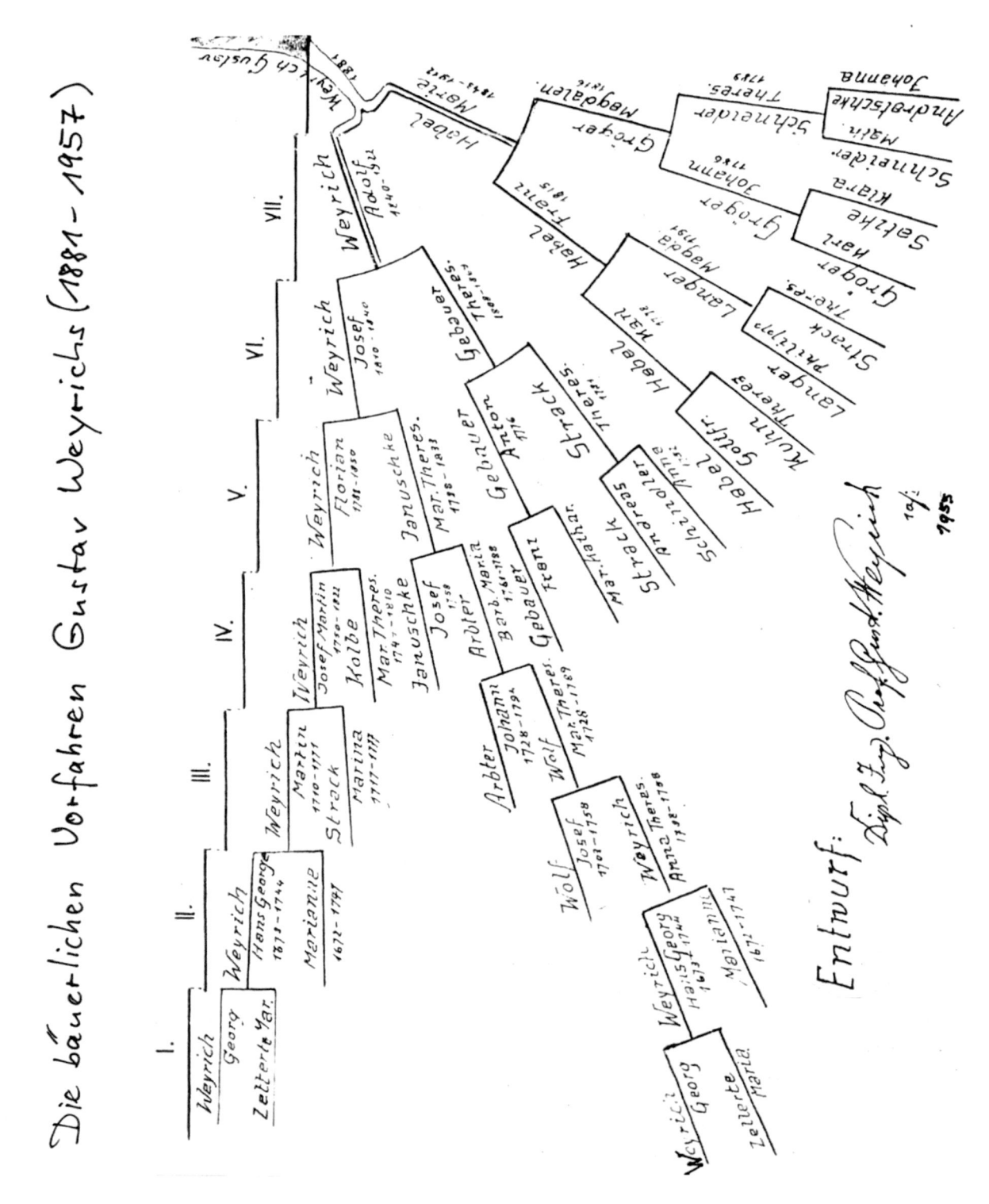

Die bäuerlichen Vorfahren Gustav Weyrichs (1881–1957)

Kapitel 2

Bildungsgang und Ausbildung

a) Volksschule in Zossen und höhere Schule in Troppau

Seit 1869 galt für alle Kinder im österreichischen Reichsteil der k.u.k. Monarchie vom vollendeten 6. Lebensjahr bis zum vollendeten 14. Lebensjahr die Schulpflicht. Mein Großvater wurde nach Vollendung seines 6. Lebensjahres (dies war im Februar 1887) in Zossen vermutlich im Herbst 1887 eingeschult. In der Zossener Volksschule sollte er alle acht Schuljahre fleißig lernen. Seine Schulpflicht endete 1895, nachdem er das 14. Lebensjahr vollendet hatte, und er hätte damit seine Schullaufbahn beenden können. Die aufgeweckten Eltern meines Großvaters entschieden sich aber für einen weitergehenden schulischen Bildungsweg. Der Weg ins „eigentliche Leben" des Berufes und der Familiengründung ließ damit noch auf sich warten. Dieser Entschluss war für das bäuerliche Umfeld gewiss nicht selbstverständlich. Ein 1967 erschienener Sammelband hat „Die Deutsche Schule in den Sudetenländern. Form und Inhalt des Bildungswesens" zum Thema. Darin findet sich auf S. 379 ff. ein Beitrag Kurt Jessers über die Dorfschulen[1]. Er schildert das Grundproblem von Schulen im ländlichen Raum: (a.a.O., S. 379)

> „So einfach es verhältnismäßig war, in den bürgerlichen Kreisen der Städte die Schule, und hier besonders die Grundtypen Volks- und Bürgerschule, populär, anziehend, ja beliebt zu machen, so schwer war dieser Vorgang in der ersten Zeit besonders in den kleinen Bauerndörfern. Dort sah man wohl durchaus ein, daß eine Grundausbildung unerläßlich sei. Aber in der Tradition des altüberkommenen Hofes war die gewohnte Arbeitsteilung und damit die traditionsgebundene Erziehung so fest verwurzelt, daß man der ‚eingedrungenen, von oben angeordneten und somit fremden Schule' nur zögernd, ja unwillig einen Platz im herkömmlichen Lebensraume einzuräumen bereit war. Das Bauernkind sollte in die Aufgaben des Hofes vom frühesten Kindesalter an hineinwachsen, alle nötigen Arbeiten verrichten lernen. Damit wurde es zur wertvollen Arbeitskraft, auf die der Bauer nicht verzichten wollte."

Unter dem Stichwort „Landkind" findet sich im vierbändigen (Herder-)Lexikon der Pädagogik[2], das in den 1950er-Jahren erschienen ist, folgender Hinweis zum Einsatz der Bauernsöhne in der Landwirtschaft (Band III, Spalte 153):

> „Bei betont wirtschaftlicher Einstellung des Bauern wird das Landkind alsbald mit eingespannt. Schon mit sechs Jahren erfüllt es kleine Aufträge, mit acht Jahren kann es Heuwenden und Fruchtlesen, mit zehn Jahren den Vater beim Pflügen ablösen, und mit zwölf bis dreizehn Jahren schafft es wie ein Erwachsener. Das Landkind will mitarbeiten, weil es nur so etwas gilt. Die Entwicklung führt zu rasch zur Erwachsenheit. Sie fördert Fleiß, Verantwortlichkeit und stärkt die Willenskraft, aber sie überfordert das Kind." (Verfasser: R. Schaal)

Auch in Zossen gab es nach Gesetz und Vorschrift eine Dorfschule mit einem Lehrer, der die schwierige Aufgabe bewältigen musste, „nebeneinander und gleichzeitig die verschiedenen Jahr-

---

[1] Kurt Jesser. Mühen um die Dorfschule, in Theo Keil (Hrsg.): Die Deutsche Schule in den Sudetenländern. Form und Inhalt des Bildungswesens. München 1967.
[2] Lexikon der Pädagogik in vier Bänden. III. Band. Freiburg 1954.

gänge (1-8) und Reihenstufen" (Jesser, a.a.O., S. 379) zu unterrichten. Das Dorf Zossen hatte für die äußeren Voraussetzungen zum Betrieb dieser „Zwergschule" zu sorgen.

„Für den sogenannten Sachaufwand, also für Errichtung und Erhaltung des Schulhauses, für die Einrichtung des Schulsaales, für Lehr- und Unterrichtsbehelfe und Lebensmittel war allein das Dorf zuständig. Das Dorf sollte, und das war wieder sicher eine sehr wertvolle Absicht, seiner Schule selbst diese Voraussetzungen schaffen, die verständnisvolle Bewohnerschaft sollte zu Opfern für ihre Schule bereit sein." (Jesser, a.a.O., S. 379)

Gruß aus Zossen: Blick auf den langgestreckten Ort von Süden.
Rechts erkennbar das Haus Nr. 28, links die Dorfkirche St. Katharina

Zossen 1931, von den Feldern des Gutes aus gesehen

Wie man sich denken kann, kam es nach der Lage der Dinge vor allem auf den Dorfschullehrer an, aus den gegebenen äußeren Umständen das Beste zu machen. Mein Großvater Weyrich, der ein lernbegieriges und intelligentes Kind gewesen sein muss, scheint mit der Zossener Schule und seinem Lehrer (oder seinen Lehrern) Glück gehabt zu haben: Die Grundlagen für eine weiterführende „höhere" Schulbildung waren offensichtlich gelegt worden.

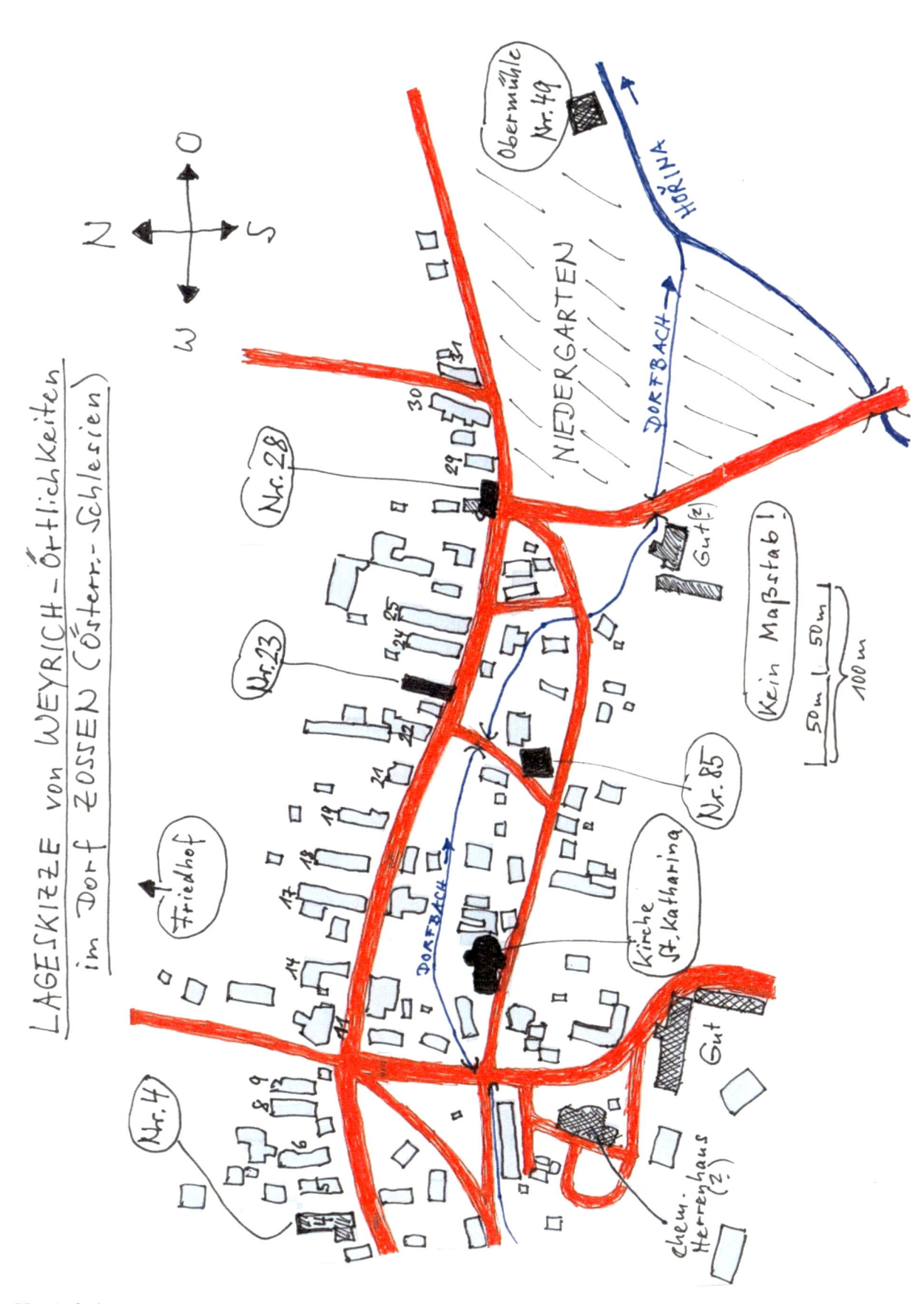

Vereinfachter Ortsplan von Zossen

Was es für den Menschen vor anderthalb Jahrhunderten bedeutet haben muss, ein Landkind zu sein, will der Artikel „Landkind" (Lexikon der Pädagogik, a.a.O., Spalte 152) dem Lexikonnutzer erläutern:

> „Damit ist ein Milieutypus gemeint, der im Gegensatz zum Stadtkind steht. Genau ist diese Bezeichnung nicht. Denn die geistige Haltung eines Menschen wird zwar auch von Ort und Siedlungsform beeinflusst, mehr aber vom Beruf- und Arbeitsleben und von der Familie. Insofern gibt es keinen einheitlichen Typus „Landkind". Bei Kindern, die in ländlichen Verhältnissen aufwachsen, unterscheiden wir besser zwischen Bauern-, Handwerker-, Beamten- und neuerdings in wachsender Zahl Fabrikarbeiterkindern. Auch die letzteren zeigen Züge des Landkindes, am stärksten ist das Bauernkind vom bäuerlichen Lebenskreis geprägt."

Durch den Besuch der höheren Schule in Troppau musste mein Großvater äußerlich durch den Ortswechsel vom Landkind zum Stadtkind werden. Sicherlich wird er auch einen inneren Wandel von der Mentalität des Landkindes zur Mentalität des Stadtkindes erlebt haben. Dem ländlichen Milieu musste er sich damit zu einem gewissen Grade entfremden.

Im doch schon etwas reiferem Alter von 14 Jahren wechselte dann der Bauernsohn Gustav Weyrich 1895 auf die höhere Schule über, auf die k.k. Ober-Realschule Troppau, wo er 1902 die Reifeprüfung mit gutem Erfolg ablegte. Sieben lange Jahre musste mein Großvater während der Schulzeit an den Schultagen entfernt von den Eltern und den Geschwistern im Schulort Troppau wohnen, bei fremden Leuten in Pension. Zossen hatte keinen eigenen Eisenbahnanschluss und zu Besuchen daheim wird mein Großvater mit dem Pferdewagen gefahren sein. Für seine Schulbildung und für das Erlangen der Matura haben mein Großvater Gustav und seine Eltern große Opfer an Zeit, Kraft und Geld erbracht. Mein Urgroßvater Adolf Weyrich muss selbst auch die Wichtigkeit der Schule erkannt haben. Seinen dritten Sohn, Karl Weyrich, geboren am 31.5.1870, hatte er bereits auf die k.k. Ober-Realschule Troppau geschickt. Tragischerweise starb dieser elf Jahre ältere Bruder meines Großvaters als 17-jähriger Ober-Realschüler am 5.7.1887 in Zossen. Mein Großvater war damals acht Jahre alt.

Über die Umstände des Todes, die sicher neugierig machen, kann ich mit meinen Mitteln nichts herausfinden, und vielleicht wird eine Antwort auf diese Frage heutzutage nicht mehr zu erhalten sein. Mein Urgroßvater Adolf Weyrich hatte jedenfalls den Mut, sein siebtes Kind, meinen Großvater Gustav Weyrich, auf einen Weg zu schicken, der für den dritten Sohn unvollendet bleiben musste. Mein Großvater wird mit der etwas beunruhigenden Familiengeschichte im Hintergrund das Gebäude der k.k. Ober-Realschule Troppau wahrscheinlich mit einem eigenartigen Gefühl zum ersten Mal betreten haben. Als Maturant 1902 sollte er sie stolz verlassen. Der damals 21-jährige wird zu den älteren Absolventen gehört haben.

Die Wirkung der Schule auf die Charakterbildung und das Wertesystem des einzelnen Schülers adäquat zu beschreiben, ist für den heutigen außenstehenden Beurteilenden sicherlich etwas vermessen. Der aus Österreich (Vorarlberg) stammende Wissenschaftler Helmut Fend (geb. 1940) hat in seiner „Theorie der Schule", erschienen 1980 (München, Wien, Baltimore), dazu sehr lichtvolle Überlegungen angestellt.

Ein zusätzlicher „Mosaikstein" zur Lebensgeschichte von Ing. Gustav Weyrich wäre die Anwendung der Analyseinstrumente Fends auf den Schulbetrieb zu den Zeiten meines Großvaters, was aber den Rahmen dieses Werkes sprengt.

Der Maturantenjahrgang 1902 der k.k. Oberrealschule Troppau. Gustav Weyrich in der letzten oberen Reihe rechts vom Betrachter, bereits mit leichtem Oberlippenbart, den der 21-Jährige sich wachsen ließ.

Die schulische Erziehung war damals streng und autoritär und durch die Lebensumstände des Oberschülers Weyrich wird dieser auch eine gewisse Härte gegen sich selbst und eine frühe Eigenständigkeit erworben haben, weil ihm wohl nichts anderes übrigblieb. Auf der Ober-Realschule wurden mathematisch-naturwissenschaftliche Fächer unterrichtet, was den Interessen meines Großvaters entgegenkam. Geometrie, Algebra, Infinitesimalrechnung bildeten die Grundlage für ein folgendes „Ingenieurwissenschaftliches Studium". Mein Großvater entdeckte, dass er über zeichnerisches Talent verfügte, davon zeugt das Bild einer Palmette (angefertigt in der Klasse 3B am 19. Januar 1898, wie die Signatur des Bildes ausweist, siehe folgende Seite) sowie eine große Zeichnung eines Knabenkopfes im Profil, das im Besitz meiner Cousine Astrid in Münster/Westfalen ist.

Die Wandelbarkeit der Schulsysteme wurde vom Verfasser in seinem eigenen Schul- und späteren Berufsleben ausgiebig und auch schmerzvoll erlebt. Die schnell aufeinanderfolgenden Schülergenerationen reagieren unterschiedlich auf die von ihnen erlebten gesellschaftlichen und schulischen Zwänge.

Im Hochschulbereich sind diese Wandlungen verstärkt und schneller wahrnehmbar. Begabungen und Talente haben sich vermutlich zu allen Zeiten nicht wegen, sondern trotz der institutionellen Erziehungsmaßnahmen ihrer Zeit entfaltet bzw. durchgesetzt.

Die zeichnerische Begabung muss im Ort Zossen häufiger anzutreffen gewesen sein. Der „Vetter" meines Großvaters aus Salzburg (vgl. S. 120/121) war nicht nur zeitweise Lehrer für Freihandzeichnen gewesen, sondern er hatte auch die Schlaraffenburg der Juvavia mit Wandgemälden geschmückt. Und auch an seiner ehemaligen Wirkungsstätte in Mährisch-Weißkirchen hat er künstlerische Spuren hinterlassen. Ein Nachbarskind und weitläufig Verwandter aus der Nr. 21 war der spätere akademische Maler Paul Gebauer, ein anerkannter Künstler (siehe S. 230). Neben dem Zeichenunterricht auf der k.k. Ober-Realschule Troppau gab es auch Musikunterricht. Mein Großvater lernte die Violine zu spielen, hatte daran aber keine allzu große Freude. Mit seiner Frau Hermine, die sehr gut Klavier spielen konnte, geriet er bei gemeinsamer Hausmusik in Streit, was von meinen Großeltern nicht verheimlicht wurde. Gemeinsames Musizieren wurde vermieden. In der Volksschule und auf der Ober-Realschule wird man viel und oft gesungen haben. Daran hatte mein Großvater Freude, und ich erinnere mich lebhaft, dass er mir alte Studentenlieder vorgesungen und vorgepfiffen hat.

Griechische Palmette, von Gustav Weyrich im Zeichenunterricht der Klasse 3 B in Troppau am 19.1.1898 vollendet.

b) K.k. Hochschule für Bodenkultur in Wien

Unmittelbar nach dem Schulabschluss 1902 leistete mein Großvater Dienst als Einjährig-Freiwilliger (siehe Kapitel 5 a), S. 97 f.). Mit welchem Hochgefühl muss der schlesische Bauernsohn und Reserveoffiziers-Aspirant im Oktober 1903 das repräsentative Gebäude der k.k. Hochschule für Bodenkultur in Wien erstmalig betreten haben. Die Architektur hatte – wie zu jener Zeit beabsichtigt – eine erhebende Wirkung auf den Eintretenden und vermittelte das Gefühl, an etwas Bedeutendem teilhaben zu können. Vom Unterricht in einem solchen Gebäude musste sich neben der Gemütserhöhung auch für die eigene Persönlichkeit eine prägende Wirkung ergeben.

Im Baedeker-Reiseführer Österreich-Ungarn[3] ist auf S. 104 über die gediegene Umgebung der k.k. Hochschule für Bodenkultur zu lesen:

„An den Bezirk Alsergrund schließt sich, jenseits der Gürtelstraße (S. 20, Währinger Gürtel), der Bezirk Währing an, dessen nördlichen Teil das seit 1870 entstandene Villenviertel der Cottage-Anlagen [...] einnimmt. Südwestlich von diesem, Türkenschanzstraße 17, die 1878 von Fellner und Helmer erbaute Sternwarte (9-11 Uhr vormittags zugänglich) nordwestlich, im Stadtbezirk Döbling (S. 20), der hügelige Türkenschanzpark [...] mit Restaurant (Konzerte s. S. 15) und Aussichtsturm, der einen prächtigen Blick auf Wien, den Wiener Wald und den Schneeberg gewährt (Zutritt wochentags 4-8, im Winter 2-4 Uhr nachmittags, Sonntag jederzeit; 10h); hier soll auch ein Brunnendenkmal für Prießnitz (S. 354), von Fernkorn, errichtet werden.

An der Nordseite des Parks liegt die k.k. Hochschule für Bodenkultur [...] mit einem Museum für Land- und Forstwirtschaft, davor die Marmorstandbilder der Forstgelehrten Müglitz und Wessely, von Weyr (1908). Unweit der Erzherzog-Karl-Ludwig-Brunnen von Hofmann von Aspernburg (1906)."

Die seit 30 Jahren bestehende Hochschule hatte einen ausgezeichneten Ruf, gute Professoren, und war modern ausgestattet.

Sicherlich freute sich mein Großvater auf all das, was ihn an geistigen und seelischen Erlebnissen erwartete. Dass er einen „gesunden Ehrgeiz" besaß, hatte er in seiner Schulzeit und in seiner Militärzeit zweifelsohne bewiesen. Mit demselben Ehrgeiz und Eifer wird er nun im Oktober 1903 an seine neue, selbstgestellte und gewünschte Aufgabe herangegangen sein.

Der Student Gustav Weyrich hatte ein Zimmer in der Weitlofgasse 10 angemietet. Von dort konnte er die Hochschule, die etwas abgelegen am Türkenschanzpark den bereits beschriebenen, eigens für ihre Zwecke errichteten Bau besaß, in einer Viertelstunde zu Fuß erreichen. Die nicht weit entfernten gepflegten Villenviertel und Parks konnten meinem Großvater ein herrschaftliches Lebensgefühl vermitteln.

Nach der beschaulichen Provinzstadt Troppau mit ihren unaufgeregten schlesischen Bewohnern, Beamten und älteren Pensionären – Troppau wurde ja auch scherzhaft „Pensionopolis" genannt – muss meinen Großvater die Stadt Wien der Jahrhundertwende zunächst überwältigt haben. Das „echt Wienerische" und die wienerische Lebensart müssen dem schlesischen Bauernsohn aber etwas fremd vorgekommen sein. Von Hause aus war er vermutlich so bieder, dass ihn die Verlockungen der Großstadt nicht ernsthaft gefährdeten. Seine Pflicht und Schuldigkeit gegenüber dem Elternhaus, dem er auf der Tasche lag, wollte er unbedingt erfüllen, und er strebte einen schnellen und guten Abschluss des Studiums an.

Das Studium der Kulturtechnik hatte für meinen Großvater den besonderen Reiz, dass er beruflich später in einem ihm bekannten bäuerlichen Milieu wirken konnte. Der Studiengang und die Ausbildung zum Kulturingenieur hatte sich in der zweiten Hälfte des 19. Jh. etabliert. Auch die Wortschöpfung „Kulturtechnik" im Sinne der Bodenkultur stammt wohl aus dieser Zeit. Eine heutige Entsprechung zum Begriff „Kulturingenieur" wäre wohl der Begriff „Umweltingenieur", obgleich die Studienschwerpunkte sich verändert haben.

Kulturtechnische Fachgebiete meines Großvaters waren:

a) Die Bodenmelioration; ein Gebiet, auf dem er später auch mehrere Jahre eigene Praxis vorweisen konnte;

---

[3] Karl Baedeker. Österreich-Ungarn nebst Cetinje, Belgrad, Bukarest. Handbuch für Reisende. Leipzig 1910.

b) Wildbachverbauungen und Hochwasserschutz;

c) Geodäsie/Vermessungskunde, die für ihn zu einem wichtigen Schwerpunkt seiner späteren Unterrichtstätigkeit wurde;

d) Landwirtschaftlicher Wegebau.

Es ist erstaunlich, dass ich trotz des Vertreibungsschicksals meines Großvaters heute noch die Bücher seiner damaligen kleinen Fachbibliothek in Händen halte, die den Wissensstand der Zeit um 1900 dokumentieren. Viele dieser offensichtlich von den Verfassern mit Herzblut geschriebenen und gut ausgestatteten Werke habe ich als Knabe nur bewundernd bestaunen können. Mehr als oberflächliche Eindrücke konnte ich damals natürlich nicht gewinnen.

Die Generation heutiger „Umweltingenieure" sieht sich anderen Fragestellungen und neuen Herausforderungen gegenüber als die damalige jugendliche Generation meines Großvaters: Naturschutz, Landschaftsschutz, Umweltschutz sowie das Abfallproblem stellen neue Schwerpunkte des Studiums dar, die der Großvatergeneration noch fremd waren.

Aus der k.k. Hochschule für Bodenkultur ist inzwischen die „Universität für Bodenkultur" geworden. Heutzutage könnte mein Großvater über die Entwicklung seiner „Alma mater" nur staunen und sich freuen. Besonders beeindruckt wäre er vermutlich von dem grandiosen Wasserbaulabor der Universität.

Auch für das Gebiet des Wasserbaus hatte er in Theorie und Praxis eine besondere Leidenschaft entwickelt, wie seine Fachbibliothek bekundet. Schmökert man in den Veröffentlichungen von Hochschullehrern der k.k. Hochschule für Bodenkultur, ist man überrascht von der sprachlichen Kraft und Klarheit der deutschsprachigen Texte. Leider ist in vielen Wissenschaftsbereichen die Unsitte eines Fachjargons und einer nachlässigen Sprache eingerissen, die mehr verdunkelt als erhellt. Das fachliche Niveau der k.k. Hochschule, ihrer Professoren und ihrer Studenten ist allein ob ihrer Sprachgewalt und ihrem Ausdrucksvermögen beeindruckend und herzerwärmend. Die Fähigkeit, Probleme geistig zu durchdringen und die Ergebnisse verständlich und klar zu formulieren, ist staunenswert. So muss das Studium der Kulturwissenschaft für meinen Großvater ein Hochgefühl und eine Art Lust erzeugt haben, sich mit Fragen vieler Fachgebiete eingehender zu beschäftigen.

Im Sommer 1906, also nach dreijähriger Studienzeit, legte mein Großvater im Alter von 25 Jahren die vorgeschriebenen Staatsprüfungen mit dem Gesamtkalkül „sehr befähigt" ab (vgl. Goldenes Buch, S. 31), und er wurde Assistent an einer Lehrkanzel der k.k. Hochschule für Bodenkultur in Wien.

Für ihn und seine Eltern wird dies eine große Erleichterung bedeutet haben, denn Adolf und Marie Weyrich hatten für den Unterhalt zunächst des Realschülers und später des Studenten gesorgt und trugen alle finanziellen Belastungen ohne Murren. Allerdings wird die Assistentenzeit kaum eine große Änderung seiner wirtschaftlichen Abhängigkeit vom Elternhaus bewirkt haben, was für den Stolz meines Großvaters ein wunder Punkt gewesen sein dürfte.

c) Burschenschafter (Wiener akademische Burschenschaft Silesia)

Mitglied in einer studentischen Verbindung oder Burschenschaft zu sein, war zur Studienzeit meines Großvaters durchaus üblich und überdies eine Ehre.

Um der Anonymität der Großstadt zu entrinnen und um einen Kreis von Freunden zu gewinnen, schloss sich mein Großvater der Wiener akademischen Burschenschaft Silesia an. Das Verbindungshaus war von seiner eigenen Wohnung in der Weitlofgasse 10 aus etwa zwei Kilometer entfernt. Die Silesia (Schlesien) hatte ihre landsmannschaftlichen Wurzeln in der Heimat meines Großvaters, und sie war von Troppauer Studenten in Wien gegründet worden. Da sie viele Mitglieder an der k.k. Hochschule für Bodenkultur hatte, wird der „mulus"[4] Gustav Weyrich sehr schnell den Weg zu ihr gefunden haben. Vielleicht hatte er während seiner Schulzeit auch bereits Kontakt zu einer im k.u.k. Österreich nicht unüblichen „pennalen"[5] Verbindung: Ich hoffe sehr, dass ich mich nicht irre, wenn ich meinen Großvater den Silesen zuordne. Alle Indizien, die die Lichtbilder aus seiner Studentenzeit bieten, weisen auf diese „schlagende Verbindung" bzw. Burschenschaft hin. Ein Bild zeigt die Pauk- und Kneipriege 1905.

Die Teilnehmer der Pauk- und Kneipriege, Drittes Semester 1905. Gustav Weyrich, sitzend vorn rechts, mit Schnurrbart. (Zirkel und Band weisen m.E. auf die Wiener akademische Burschenschaft Silesia hin)

Mein Großvater musste als Fuchs und später als Bursche täglich frühmorgens eine Zeitstunde als „Paukstunde" aufbringen, um das Fechten zu erlernen und zu vervollkommnen, denn er musste sich auf Mensuren vorbereiten. Da mein Großvater ein eifriger und sehr interessierter Student war, wird er eine straffe Zeiteinteilung befolgt haben müssen. Zum Bummeln in der Großstadt wird er wenig Freiheit gehabt haben. Den Verlockungen des „süßen Lebens" in Wien konnte er aus Zeitmangel also leichter widerstehen. Die Burschenschaft Silesia hat das Motto „Freiheit, Ehre, Vaterland" und wie alle Burschenschaften ihren Ursprung in den Freiheits-Kriegen. Die Studenten strebten sehnsüchtig nach der Einheit des Deutschen Vaterlandes, das ja in viele Staaten „zersplittert" war. Die vielen Hochschulen und Universitäten im deutschen Sprachraum machten für die Studenten die deutsche Kleinstaaterei besonders fühlbar, und der Wunsch nach einem Nationalstaat wurde verstärkt. Ziel der Erziehung und Selbsterziehung in der als „Lebensbund"

---

[4] Studienanfänger
[5] Verbindung an einer höheren, weiterführenden Schule

gedachten studentischen Verbindung war ein edler, ritterlicher, männlicher Charakter. Das Fechten stärkt nach Ansicht der „schlagenden" Studenten das Selbstbewusstsein und die Selbstbeherrschung, ohne die ein „gestandener Mann" nicht vorstellbar war.

Bereits viele höhere Schüler wollten zu den „führenden Kreisen" gehören und entwickelten ein elitäres Bewusstsein. Auf Klassenfotos oder Maturantenfotos stellen sie sich in Haltung und Kleidung als Herren dar. Auch mein Großvater und seine Bundesbrüder und Kommilitonen nehmen eine „herrenmäßige Haltung" an, was die Erinnerungsfotos zeigen.

Bundesbrüder Gustav Weyrichs (3. von links unten)

Ihnen und meinem Großvater war bewusst, dass die schöne Zeit des Studiums und des Studentenlebens nur eine Übergangszeit sein konnte. Sich „Erinnerungen zu schaffen" für die harten Zeiten des Berufslebens, wurde ihnen von den „alten Herren" der Verbindung angeraten. Das Lied „Rückblick" (Allgemeines Deutsches Commersbuch[6], Nr. 207, S. 234/235) gibt diese Haltung wieder; eine Haltung, die auch meinen Großvater geprägt haben wird:

1. „O alte Burschenherrlichkeit! wohin bist du verschwunden? Nie kehrst du wieder, goldne Zeit, so froh und ungebunden! Vergebens spähe ich umher, ich finde deine Spur nicht mehr.

    O jerum, jerum, jerum, o quae mutatio rerum!

    [...]

4. Da schreibt mit finsterm Amtsgesicht der eine Relationen, der andere seufzt beim Unterricht, und der macht Recensionen, der schilt die sünd'ge Seele aus und der flickt ihr verfall'nes Haus.

    O jerum, jerum, jerum, o quae mutatio rerum!"

Mein Großvater hatte einen ruhigen, vielleicht bedächtigen Charakter, und ein aufbrausendes Wesen war ihm fremd. Durch seinen Lebensweg bis zur Burschenschaft nach Wien hatte er bereits vielseitige Erfahrungen mit Menschen unterschiedlichen Milieus und unterschiedlicher Mentalität in Zossen und Troppau machen können., so dass er wohl geringe Schwierigkeiten hatte, sich in den Wiener Männerbund einzupassen. Vor allem wird er sich vor unnötigen Händeln gehütet haben: Er war kein Raufbold. Obwohl mein Großvater sicherlich keine Händel suchte, musste er sich doch im Zweikampf mit anderen Burschenschaftern messen; er musste Pflichtmensuren bzw.

---

[6] Allgemeines Deutsches Commersbuch. 25. Auflage, Jubiläumsausgabe. Lahr 1884.

Bestimmungsmensuren fechten. Darüber wird es im Archiv der Silesia vermutlich Aufzeichnungen geben, worüber ich aber nichts Näheres weiß.

Jeder Betrachter der alten Bilder aus der Studentenzeit wird seine eigenen, persönlichen und auch zeitgebundenen Einschätzungen der Abgebildeten vornehmen. Vielleicht bin ich bei der Betrachtung meines Großvaters parteiisch: Auf den Bildern wirkt mein Großvater ruhig, selbstbewusst, entspannt, vielleicht auch etwas müde und übernächtigt, aber keineswegs dünkelhaft. Auf dem Abschlussbild der Maturanten in Troppau zeigt sich mein Großvater zum ersten Mal mit Oberlippenbart. Der Einjährig-Freiwillige behielt ihn bei. Der Schnurrbart sollte ihn durch die Militär- und Studentenzeit hinweg über Jahrzehnte begleiten, und der Schnurrbart blieb bis ins höhere Alter gleichsam sein Markenzeichen.

Mut und Standhaftigkeit wird mein Großvater vermutlich schon mitgebracht haben. Er hatte meines Wissens keinen „Schmiss", und so muss er wohl ein guter Fechter gewesen sein oder Glück gehabt haben. Der rechte Arm, den er beim Fechten benutzte und der damit wohl gut bewegt und gebraucht werden konnte, erhielt später eine Kriegsverletzung, die aber zum Glück ausheilte.

Als Bauernjunge aufgewachsen, dürfte mein Großvater nicht zimperlich gewesen sein. In seiner Troppauer Realschulzeit war er – wie geschildert – auf sich allein gestellt und musste sich in einer Jungenschule behaupten. Durch seinen Militärdienst wurden Männlichkeitsvorstellungen verstärkt. Die Ehrauffassungen der Offiziere des k.u.k. Militärs waren ihm gut vertraut, sowohl durch eigene Beobachtung als auch durch Handbücher (vgl. Menzel[7]). Seine Ehrvorstellungen passten durchaus zu dem Ehrbegriff der Burschenschafter, in deren Freundeskreis er eingetreten war.

Zum besseren Verständnis der Einstellung des Studenten und künftigen Reserveoffiziers Gustav Weyrich zum Ehrbegriff und zum „Duellwesen" will ich auf einen Zeitgenossen meines Großvaters, den Berliner Universitätsprofessor Friedrich Paulsen, zurückgreifen. Er hat ein bekanntes „System der Ethik mit einem Umriß der Staats- und Gesellschaftslehre" verfasst, das 1913 erschienen ist.[8] Er ist also „Zeitgenosse" meines Großvaters und kennt die Fragen und Nöte der Zeit um die Jahrhundertwende. Im dritten Buch des zweiten Bandes (S. 94 ff.) bietet er eine „Tugend- und Pflichtlehre". Das sechste Kapitel darin ist der „Ehre und Ehrliebe" gewidmet, und er berücksichtigt das zu seiner Zeit noch häufiger vorkommende Duell. Auch die studentische Mensur wird beleuchtet. Auf S. 109 schreibt er über das „Duellwesen" im damaligen deutschen Kaiserreich:

„In jüngster Zeit scheint das Duellwesen hier sogar einen merklichen Aufschwung zu nehmen. Es hängt das [sic] ohne Zweifel auch mit der vorhin angedeuteten Wendung im Empfinden der oberen Gesellschaftsklassen zusammen: die ‚Schneidigkeit' ist zur ersten Tugend des Mannes geworden, d.h. des ‚gebildeten' Mannes, der Wert darauf legt zur bevorzugten Gesellschaft gezählt zu werden. Durch den Reserveoffizier wird die kavaliersmäßige Ansicht von Ehre und Ehrenpflichten in die Schichten des höheren Bürgertums, namentlich auch des ganzen Staatsbeamtentums getragen." (Paulsen, a.a.O., S. 109)

Für die österreichischen Verhältnisse wird sich Ähnliches feststellen lassen. Zur Geschichte des Duells weist Paulsen auf die Entstehung des Duells im Zeitalter des Absolutismus hin:

„Das Duell in seiner heutigen Gestalt ist erst in der Neuzeit entstanden. Der Boden, auf dem es gewachsen ist, ist das Hof- und Kavalierwesen, das mit dem modernen Staat und den stehenden

---

[7] Max Menzel. Der Einjährig-Freiwillige und Offizier des Beurlaubtenstandes der Infanterie. Seine Ausbildung und Doppelstellung im Heer und Staat. Berlin 1895.
[8] Friedrich Paulsen. System der Ethik mit einem Umriß der Staats- und Gesellschaftslehre. Zweiter Band. Stuttgart und Berlin 1913.

Heeren aufkam und im Zeitalter des Absolutismus ein allumfassendes Übergewicht über die bürgerliche Gesellschaft erlangte. Aus der vornehmen Welt hat es sich dann, wie alle Sitten und Unsitten, über die akademische Welt ausgebreitet. Seit dem 17. Jahrhundert spielt der Student sich auf den Kavalier aus [sic] und im 19. Jahrhundert hat es sich endlich, mit der Rezeption des Bürgertums in die „Gesellschaft" und den Offizierstand, über die ganze breite Schicht der ‚Besitzenden und Gebildeten' ausgedehnt". (Paulsen, a.a.O., S. 108)

Somit verstieß Gustav Weyrich bewusst gegen die Lehre und Vorschriften der katholischen Kirche. Die katholische Kirche verbot ihren Mitgliedern den Zweikampf (vgl. Lexikon für Theologie und Kirche[9], Band 10, Spalte 1426–1428) Für kirchlich orientierte Studenten gab es nichtschlagende katholische Verbindungen. Somit ist der Beitritt zu einer schlagenden Verbindung auch ein „weltanschauliches Bekenntnis". In den Burschenschaften wurden deutsch-nationale Einstellungen gepflegt und das Deutschtum betont. Hier liegt eine gewisse Spannung zu der politischen Haltung des künftigen k.u.k. Reserveoffiziers, der ja dynastisch-konservativ eingestellt sein sollte und dem Herrscherhaus der Habsburger im Vielvölkerstaat besondere Treue entgegenzubringen hatte. Die Tendenz der Burschenschafter, das Deutschtum über die anderen Nationalitäten im Vielvölkerstaat zu stellen, musste für die k.u.k. Monarchie letztlich bedrohlich wirken. Wie die Geschichte gezeigt hat, ist die Idee eines übernationalen habsburgischen Reiches unter großen Leiden gescheitert.

Mein Großvater neigte als Kind vom Lande sicher einer politisch konservativen Grundhaltung zu. Mit der Industriegesellschaft und ihren sozialen Problemen dürfte er bis zu seinem Großstadtaufenthalt nicht in Berührung gekommen sein. Besitz – auch erebten und nicht nur selbst erwirtschafteten – hielt er für legitim und für wirtschaftlich notwendig. An einer „ständisch aufgebauten" Gesellschaft nahm er keinen Anstoß.

Gustav Weyrich, als Bursche, 1. von rechts; möglicherweise als „Chargierter" seiner Verbindung, ca. 1906/1907. Lässig werden die „Bierzipfel" der Weste enthüllt.

Dem Sozialismus und auch der Sozialdemokratie stand er ablehnend gegenüber, das wurde mir noch in meiner Kinderzeit aus Bemerkungen klar. Als Spruch zum Kommunismus ist mir noch der Satz in Erinnerung: „Und willst Du nicht mein Bruder sein, so schlag' ich Dir den Schädel ein."

---

[9] Lexikon für Theologie und Kirche. 2. Auflage. Band 10, Spalte 1426–1428, Freiburg 1965.

Der Student der k.k. Hochschule für Bodenkultur unter seinen Silesen. Gustav Weyrich, sitzend, 2. sitzend von rechts, mit Schnurrbart und charakteristischer Haltung des rechten Armes, ca. 1906/1907.

Zum fröhlichen Studentenleben des Burschenschafters gehören auch die vielen Gelegenheiten, zu denen gemeinsam gesungen wird. Mein „Opapa" hat mir als Kind häufig Studentenlieder vorgesungen, um mir Unterhaltung zu bieten. Ein phantasievolles Lied ist mir besonders in Erinnerung geblieben, da der Text mir so schaurig-schön erschien: (Nr. 493 im Commersbuch, a.a.O., S. 504/505)

[Lob der edlen Musika]

„Ein lust'ger Musikante marschierte am Nil, o tempora, o mores!

Da kroch aus dem Wasser ein großes Krokodil, o tempora, o mores!

Das wollt' ihn gar verschlucken, wer weiß wie das geschah?

Jucheirassassa, o tempora o tempora!

Gelobet seist du jederzeit, Frau Musika!" *Dichter: Emanuel Geibel*

Vor etwa vierzig Jahren erhielt ich von einem Bekannten ein etwas merkwürdiges Buch zum Geschenk. Ein dunkelgrüner Einband, acht „Biernägel" – je vier auf der Vorder- und der Rückseite – ließen den Beschenkten rätseln. Der Buchrücken trägt diagonal ausgerichtet die goldene Aufschrift „Commersbuch". Die Biernägel schützen das Buch davor, im Bier zu schwimmen zu müssen, wenn es feucht-fröhlich hergegangen sein sollte. Das Buch galt mir als Kuriosität, der Inhalt der Lieder mutete fremd an, und ich fand aber die Texte von „Großvaterliedern" auf, die ich dann mit Erstaunen vollständig lesen konnte.

Das „Allgemeine Deutsche Commersbuch", das unter „musikalischer Redaktion" von Friedrich Silcher und Friedrich Erk entstanden ist, wurde von mir nur „angeschmökert". Eine Auseinandersetzung mit dem Liederbuch unterblieb. Dass das Commersbuch mir einmal Auskünfte über meinen Großvater würde geben können, kam mir lange nicht in den Sinn. Jetzt, wo ich mir vorgenommen habe, das Leben meines Großvaters darzustellen, kam mir die Erkenntnis, dass die Lieder und ihr Inhalt auch Aufschluss über die Seele des Großvaters geben könnten. Die Lieder werden für ihn damals Teil seiner Vorstellungs- und Empfindungswelt geworden sein. Die oft und gerne gesungenen Klänge werden das Innenleben meines Großvaters doch beeinflusst und vielleicht geprägt haben, wie es z.B. auch Kinderlieder, Kirchenlieder, Volkslieder tun.

Das Commersbuch ordnet sich in vier Abteilungen: 1.) Vaterlandslieder, 2.) Die eigentlichen Studentenlieder (S. 133 ff.), 3.) Volkslieder (S. 287 ff.), 4.) Humoristische Lieder (S. 441 ff.), die den größten Anteil besitzen.

In dem Commersbuch spiegelt sich der gesamte Bildungshorizont des Absolventen eines humanistischen Gymnasiums des 19. Jahrhunderts wider. Es finden sich Anspielungen auf historische Gestalten und Orte des Altertums, der Bibel, der deutschen und der europäischen Geschichte, die ohne Kenntnisse der Zusammenhänge, die dem damaligen Studenten geläufig gewesen sein dürften, nur schwerlich eine heitere Stimmung beim Leser bzw. Sänger auszulösen vermögen. Das erste Lied der „humoristischen Reihe ist Klang Nr. 413 „Teutoburger Schlacht", mit dem heute bekannten Beginn „Als die Römer frech geworden ..." Über den Text und über die musikalische Untermalung kann auch ein Mensch des 21. Jahrhunderts schmunzeln und sich freuen. Es werden sich aber viele Zeitgenossen finden, die weder die humoristischen Deutungen der Varusschlacht im Jahre 9 n.Chr. aufnehmen können noch überhaupt den Humor besitzen, der das Singen des Liedes angenehm macht.

Mein Großvater Weyrich besaß diesen Humor, wie aus seinen brieflichen Äußerungen zu erkennen ist. Er hatte Freude und Gefallen am Singen, an der Gemeinschaft und am Verbindungsleben.

Die Studentenlieder zeigen die Lebensform der „alten Burschenherrlichkeit" auf, und dem schlesischen Bauernsohn Gustav Weyrich wird sich hier eine ganz neue Welt erschlossen haben. Betrachtet man die Abteilung „Volkslieder" des Commersbuches, so wird man daran erinnert, dass im 19. Jahrhundert sehr viel gesungen wurde. Aus dem Dorfleben und Volksschulleben werden meinem Großvater die gemütvollen Volkslieder bekannt gewesen sein. Ich denke, dass mein Großvater auch eine gemütvolle Seite besaß (vgl. die „musikalische Ecke" des „Echos aus Hameln", S. 237 ff.).

Die „Vaterländischen Lieder" stehen in der Tradition der Urburschenschaft und spiegeln den nationalen Gedanken ihrer Entstehungszeit wider. Mein Großvater hat sich – wie die meisten Menschen im Kronland Österreichisch Schlesien und besonders in Troppau – als Österreicher gefühlt, aber auch seine Identität als Deutscher stark betont. Dies hat er auch beibehalten, als er Schulleiter in einem republikanischen Staate war, der seine staatlich tschechische Identität besonders hervorzuheben bestrebt war.

Mein Großvater hatte die kulturtechnische Abteilung der k.k. Hochschule erfolgreich absolviert. Das Gesamtkalkül „sehr befähigt" der Staatsprüfungen ermöglichte ihm, Assistent an einer Lehrkanzel seiner Alma Mater zu werden. (vgl. Goldenes Buch, S. 31 f.). Zum Glück hatte das Studentenleben ihn nicht zum „verbummelten Studenten" gemacht, und er konnte ohne Verzögerung weitere Schritte planen.

d) Assistentenzeit bei Professor Tapla

> GUSTAV WEYRICH
> ASSISTENT DER LEHRKANZEL FÜR DARSTELLENDE GEOMETRIE UND
> NIEDERE GEODÄSIE AN DER K. K. HOCHSCHULE FÜR BODENKULTUR
>
> WIEN.

Von September 1906 bis März 1907 war Gustav Weyrich Assistent an der Lehrkanzel für darstellende Geometrie und niedere Geodäsie an der Hochschule für Bodenkultur in Wien.

Im Goldenen Buch ist über das Ende der Assistentenzeit zu lesen:

„Professor Tapla, Vorstand der genannten Lehrkanzel, wollte ihn aus diesem Dienstposten nicht entlassen. Schließlich konnte Weyrich doch sein Dienstverhältnis mit der Lehrkanzel lösen und ging nach Bosnien, wo er drei Jahre in der ‚Meliorationsabteilung der Landesregierung für Bosnien und Herzegowina' zubrachte."

Die Universität für Bodenkultur hat auf ihren Internetseiten das heutige Institut für Erdvermessung und Luftbildmessung (heißt dort: Institut für Geomatik) dargestellt.[10]

An der heutigen Universität für Bodenkunde in Wien gibt es eine Einrichtung „Institut für Vermessungswesen, Fernerkundung und Landinformation" mit der etwas rätselhaften Abkürzung IVFL. Diese steht in der Tradition der Lehrkanzel für darstellende Geometrie und niedere Geodäsie aus der Studien- und Assistentenzeit Gustav Weyrichs. Das IVFL stellt die heutige wissenschaftliche Antwort dar auf die schon von der Generation meines Großvaters vor nunmehr mehr als 100 Jahren gestellten Forschungsfragen. Dem umfangreichen und höchst informativen Artikel „Geschichte der IVFL" entnehme ich Angaben zu Professor Theodor Tapla, die ich hier kurz zusammenfassen will. Prof. Tapla war Assistent bei o.ö. Prof. Josef Schlesinger, Professor der praktischen Geometrie an der 1872 gegründeten k.k. „Hochschule für Bodenkultur". Prof. Schlesinger kam von der k.k. Forstakademie Mariabrunn, die 1875 in die „Hochschule für Bodenkultur" überführt wurde.

„Nach dem Tod Prof. Schlesingers 1901 wurde Theodor Tapla als o.ö. Professor für darstellende Geometrie und niedere Geodäsie berufen. Er übernahm im wesentlichen Schlesingers Lehrverpflichtungen, nur die Vorlesung ‚Höhere Geodäsie' wurde dem o.ö. Prof. an der Universität Wien, Oberst des Ruhestandes Heinrich Hartl übertragen. Hartl war in den Jahren 1889–1896 der Leiter der österreich-ungarischen geodätischen Kommission für die Kataster- und Landesaufnahme Griechenlands gewesen, bei der schon teilweise das neue Verfahren der Photogrammetrie eingesetzt worden war."

---

[10] https://boku.ac.at/rali/geomatics/themenfelder/organisation/geschichte (letzter Zugriff am 12.9.2023)

Prof. Tapla starb 1913, und es wurde „der schon seit der Jahrhundertwende als Assistent und als Konstrukteur an der Lehrkanzel tätige und 1910 zum ao. Professor ernannte Dr. Emil Hellebrand zum o.ö. Prof. für Mathematik und Elemente des Feldmessens berufen. In seine Zeit fällt eine wesentliche Modernisierung der Vermessungsinstrumente: Sie wurden durch neue Bauteile kleiner und handlicher."

Prof. Tapla hielt an der Hochschule „Vorlesungen über darstellende Geometrie, Konstruktions-übungen in darstellender Geometrie, Geodätische Praktika und Feldarbeiten, Forstliches Plan- und Terrainzeichnen sowie Übungen im Gebrauch geodätischer Apparate."

Dies ist also eine Skizze der Aufgaben und des Themenkreises, die einen Assistenten erwarteten. Im Bericht über die Geschichte des heutigen IVFL wird erwähnt, dass Prof. Josef Schlesinger auch der „Lehrmittelsammlung für Geodäsie und darstellende Geometrie" vorgestanden habe. Die Betreuung dieser Sammlung wird auch im Aufgabenbereich der Lehrkanzel Prof. Theodor Taplas verblieben sein – eine zusätzliche Aufgabe.

Die Lehrveranstaltungen Prof. Taplas wurden von Hörern aller drei an der damaligen Hochschule eingerichteten Studienrichtungen besucht bzw. genutzt. Die Studienrichtungen hießen „Landwirtschaft", „Forstwirtschaft", „Culturtechnik" (vgl. Text der Universität für Bodenkunde) – die letztere wurde schon als Studienwahl Gustav Weyrichs beschrieben.

Diejenigen Studenten der „Culturtechnik", die sich als „Zivilgeometer autorisieren lassen wollten", mussten zusätzlich die Vorlesung „Höhere Geodäsie" belegen. Der als „sehr befähigt" eingestufte frischgebackene Assistent beendete nach sieben Monaten die vertrauensvolle und herausfordernde Tätigkeit in einem Fachgebiet, das ihn sehr interessierte, und trotz der Anleitung durch einen Hochschullehrer, den er vermutlich bewunderte und verehrte. Der Inhaber der Lehrkanzel war 53 Jahre alt, mein Großvater 26 Jahre.

Im Internet kann man den Grabstein der Familie Tapla-Salvadori sehen[11], auf dem die Lebensdaten des kurz vor der Vollendung seines 60sten Lebensjahres verstorbenen Prof. Tapla zu lesen sind:

> „Theodor Tapla — o.ö. Professor an der k.k. Hochschule für Bodenkultur in Wien. K.k. Hauptmann a.D., geb. 23. April 1853 gest. 20. Febr. 1913"

Im Dezember 1907 hat Prof. Tapla in Wien den 2. Teil seines Werkes „Grundzüge der niederen Geodäsie" abgeschlossen, wie dem Vorwort zu entnehmen ist. Der sehr schön ausgestattete Band nennt sich „Instrumentenkunde" und ist 1908 bei Franz Deuticke (Leipzig und Wien) erschienen. Kurioserweise schreibt der Buchdrucker den Namen Tapla fälschlicherweise mit zwei „P"s. Der Autor wird ihm verziehen haben.

Prof. Tapla hat „in erster Linie die praktischen Bedürfnisse" der Höher der Hochschule für Bodenkultur im Sinn, wendet sich an Anfänger im Fach und betont, dass die Geodäsie eine „Hilfsdisziplin" für diese ist (vgl. Vorwort).

Die Ausführungen Taplas sind für den Leser ausgezeichnet verständlich. Der dritte Teil von Taplas Geodäsie erschien bereits 1905, zwei Jahre vor dem zweiten Teil, Thema: Kartierung. Dem recht umfangreichen Band 2 sind „25 lithographische Tafeln" beigegeben, die auszuklappen sind.

Als ich als „kleiner Junge" – wie in der Einleitung erzählt – in Opas Truhe solche Bücher fand, war ich natürlich fasziniert, obwohl ich die eigentliche Bedeutung dieser Werke nicht einschätzen konnte.

---

[11] Letzter Zugriff 25.3.2024

Im Vorwort von 1907, das also zur Assistentenzeit meines Großvaters geschrieben ist, findet sich ein Dank Prof. Taplas an die Mitarbeiter, der Rückschlüsse auf deren vielfältige Aufgaben zulässt:

„[...] und spreche ich endlich den oben genannten Herren Mitarbeitern meinen verbindlichen Dank aus, ebenso auch meinem Assistenten Herrn Friedr. Weigl, der die Güte hatte, die Tafel 20 herzustellen und für die Tafeln 23, 24 und 25 jene Figuren zu zeichnen, für welche keine Klischees vorhanden waren."

Interessant für den heutigen Betrachter ist, dass Prof. Tapla, der die Grundlagen der herkömmlichen Vermessungskunde so anschaulich und gut fasslich schildert, auch für neue, fortschrittlichere Methoden wie die der Photogrammetrie oder „Bildmesskunst" aufgeschlossen ist.

In seinem genannten Werk lässt er auf S. 265 bis 279 einen Kollegen zu Wort kommen, der die neue Möglichkeit des Fotografierens nutzt, um z.B. in für Menschen unzugänglichen Gebieten für die Vermessung notwendige Daten zu erhalten.

Der Verfasser dieser 14 Seiten wird von Tapla im Vorwort (S. I) als der „langjährige Honorarprofessor für Wildbachverbauung und Photogrammetrie an der Hochschule für Bodenkultur, Oberforstrat Prof. Ferdinand Wang" genannt. Die Hochschule für Bodenkultur ist Neuerungen in der Forschung aufgeschlossen und nutzt Anregungen, die von Hochschulfreunden in Forschung und Lehre eingebracht werden können. Prof. Wang führt zur Bildmesskunst aus: (a.a.O., S. 265)

„Die Situationsphotogrammetrie, welche den Gegenstand dieser Abhandlung bilden soll, eignet sich zu Aufnahmen unter schwierigen Terrainverhältnissen im Hochgebirge, von Terrainbrüchen im Dienste der Wildbachverbauung, von Vegetationsgrenzen, behufs Trassierung von Wegen und Bahnen in kahlem, felsigem Gebiete u. dgl. m. [und dergleichen mehr]."

e) Die Handbibliothek meines Großvaters „aus der Truhe"

Für die Mitnahme seiner geliebten kleinen Fachbibliothek hatte mein Großvater eine Sondergenehmigung erhalten (vgl. Opas Schreiben S. 207). Die Bücher, in denen ich als Kind – wie mehrfach erzählt –, gern geblättert habe, geben den fachlichen Horizont und die fachlichen Interessen meines Großvaters wieder. Kleinere Schriften aus „philosophischen Reihen" lassen Schlüsse auf die weltanschaulichen Fragen zu, mit denen sich mein Großvater auseinandergesetzt hat.

1. Zur Fachliteratur: Der oben erwähnte Professor Ferdinand Wang hat bei Salomon Hirzel in Leipzig ein sehr schön ausgestattetes Buch erscheinen lassen: „Der Grundriss der Wildbachverbauung", erster Teil, erschien 1901. Der zweite Teil erschien 1903. Die Buchausgabe meines Großvaters enthält beide Teile. Wie die 25 Abbildungen und die 25 Figuren im Texte zeigen, greifen die Darstellungen der Wildbachverbauung auf den alpinen Raum zurück. Da wir heute in einer Epoche verstärkter und häufigerer Naturkatastrophen (Überschwemmungen) leben, sind die Überlegungen Ferdinand Wangs aktueller denn je.

Auf meinen Großvater haben Wangs Überlegungen zum „Geschiebe" einen nachhaltigen Eindruck gemacht, denn der examinierte Kulturingenieur Gustav Weyrich widmete sich der „Bewegung des Geschiebes" in seiner Habilitationsschrift. Auf den Seiten 26 ff. des Wang-Buches wird das „Herkommen des Geschiebes" dargestellt, und auf den Seiten 161 bis 207 werden die Gesetze der Bewegung des Geschiebes betrachtet. In diesem umfangreichen Buch hat mein Großvater Anstreichungen mit Bleistift vorgenommen, die zeigen, dass die jeweilige Textstelle für ihn von besonderem Interesse war.

Das Buch von Wang hat mein Großvater unter „Verwendete literarische Behelfe" in seiner Habilitationsschrift angegeben. Nach einigem Nachsinnen gehe ich so weit zu sagen, dass die Anregung zu seiner Habilitationsschrift an der k.k. Böhmischen Landwirtschaftlichen Akademie Tetschen-Liebwerd unmittelbar auf Professor F. Wang und sein Buch „Wildbachverbauung" zurückgeht, zumal er diesem Kenner von Flussgewässern persönlich begegnet sein musste.

Siegel der Königlich Böhmischen Landwirtschaftlichen Akademie Tetschen-Liebwerd

Meine Kindheitseindrücke von der Weser im Hamelner Stadtgebiet sind mir sehr gegenwärtig. Das rauschende Weserwehr, die Schleusenbauten, Anlegestellen und die alte und neue Weserbrücke haben mich immer in ihren Bann geschlagen. Wasserbauingenieure haben sich seit zwei Jahrhunderten damit beschäftigt, den Fluss für die Menschen nutzbarer zu machen. Das Erleben von Flusslandschaften war mir immer eine Anregung, ein Genuss und ein Bedürfnis. Die Hafenmole von Köln am Rhein habe ich in meiner Kölner Zeit (1979–1982) oft besucht, damals noch gemeinsam mit meiner Frau Marianne, meiner Mutter und meiner dreijährigen Tochter.

Ein heute noch anregendes Buch zum Flussbau (das Titelblatt fehlt, ca. 1910, Professor Franz Kreuter von der Technischen Hochschule München als Herausgeber), beschäftigt sich auf den Seiten 11 ff. mit der „Theorie der Geschiebeführung" und mit dem Schleppkraftgesetz. Auch hier hat mein Großvater mit Bleistift Wörter unterstrichen oder Randbemerkungen gemacht.

Das ungelöste Rätsel um die Bewegung des Geschiebes hat meinen Großvater offenbar beschäftigt und fasziniert. Mehr darüber steht im Kapitel 3 c) (S. 76/77), in dem auch ein weiteres Buch aus der Handbibliothek Gustav Weyrichs vorgestellt wird: „Der Flussbau" von Franz Kreuter, 1910. Das dreibändige Werk seines Lehrers Professor Tapla „Grundzüge der niederen Geodäsie" hatte in der alten Heimat sicher einen Ehrenplatz im Arbeitszimmer des Großvaters.

Prof. Taplas Werk ist im Verlag Franz Deuticke, Leipzig und Wien, erschienen. Die Aufmachung ist dezent und würdig. Die dunkelgrünen Einbände haben jeweils einen schwarzen Buchrücken mit goldener Beschriftung und goldene Querstreifen. Sie wirken im Bücherschrank recht gediegen und kostbar. Die Fachbücher anderer Verlage sind recht ähnlich gestaltet. Der Kulturingenieur Weyrich hat sich damit eine kleine Handbibliothek zusammengestellt.

Julius Marchet, Waldwegebau, 1898, mit 15 ausklappbaren Tafeln (dürfte zur Planung sehr hilfreich gewesen sein).

R. Lauenstein: Die graphische Statik, Elementares Lehrbuch, Leipzig 1908, Kröner Verlag (für den Schul- und Selbstunterricht sowie zum Gebrauch in der Praxis).

Von R. Lauenstein besaß er auch das Lehrbuch der Mechanik, Stuttgart 1907, sowie dessen Lehrbuch der Festigkeitslehre, Stuttgart 1907, Alfred Kröner Verlag.

S. Deutsch: Der Wasserbau, II. Teil, Leipzig 1906, Verlag von Bernhard Friedrich Voigt. Das Buch enthält eine Vielzahl von Abbildungen (135) und Tafeln (37), es dürfte für meinen Großvater aber keine Bedeutung für die Praxis im Alltag besessen haben.

Richard Hermann Blochmann: Licht und Wärme, Leipzig 1920, Verlag von Carl Ernst Poeschel. Die erhellenden Ausführungen dürften auch für die Praxis des Ingenieurs hilfreich sein.

Hermann Daub: Hochbaukunde, Teil I 1905, Teil II 1909, Teil III 1909, Teil IV 1905, Verlag Franz Deuticke. (Die umfangreichen Bände dürften für den Bauingenieur unerlässlichen gewesen sein; der vierte kleinere Band „Bauführung" ist wichtig bei der Verwirklichung von Bauprojekten)

Besonders fasziniert scheint Ing. Gustav Weyrich vom Moor und seiner wirtschaftlichen Erschließung gewesen zu sein. Ein kleines Heftchen, das reich bebildert ist, beschreibt das Bourtanger Moor im Emsland:

Eduard Schoeningh, Gutsbesitzer in Meppen: Das Bourtanger Moor. Seine Besiedlung und wirtschaftliche Erschließung, Verlag für Bodenkultur, Berlin 1911.

Im Jahr 1907, also zur Assistentenzeit meines Großvaters, fand in Wien der VIII. Internationale Landwirtschaftliche Kongress statt, an dem mein Großvater sicherlich teilgenommen haben wird.

Die Zeitschrift für Moorkultur und Torfverwertung hat 1907 ein Sonderheft herausgegeben, Wien, Hofbuchhandlung Wilhelm Frick.

Für das „Moorversuchswesen" in Österreich muss sich mein Großvater besonders begeistert haben. Sein Hang zum Gartenbau hat wohl das Interesse an Versuchsgärten und an der zu erprobenden Moorwirtschaft befeuert. So erwarb er 1914 die etwa 300 Seiten umfassende 2. Auflage des Werkes von

Wilhelm Bersch: Handbuch der Moorkultur. Für Landwirte, Kulturtechniker, Studierende. Verlag von Wilhelm Frick, Wien und Leipzig 1912.

1911 erwarb er das Werk:

Fr. Sitensky: Über die Torfmoore Böhmens in naturwissenschaftlicher und nationalökonomischer Beziehung, Prag 1891.

Mein Großvater ergänzte nach dem 1. Weltkrieg seine Bibliothek zum Thema „Moore und Torf" um das umfangreiche „Handbuch der Torfgewinnung und Torfverwertung mit besonderer Berücksichtigung der erforderlichen Maschinen und Geräte" von Ing. Alfred Hausding, Berlin 1921, Paul Parey Verlag.

Das spannende Buch des Wiener Hochschullehrers Wang, das für meinen Großvater offensichtlich sehr anregend war (siehe oben), hat sein Interesse für die Wildbachverbauung geweckt.

Im Handbuch der Ingenieurwissenschaften, „Der Wasserbau", findet sich ein eigens gebundenes II. Kapitel „Verbauung der Wildbäche". Die Seiten 272 bis 378 aus diesem Werk sind zu einem eigenen Buch zusammengefasst, dem auch zahlreiche aufschlussreiche Fotografien im hinteren Teil beigegeben sind.

Schließlich findet sich ein Sonderdruck aus den „Wasserwirtschaftlichen Mitteilungen des Deutschen Meliorationsverbandes für Böhmen", verfasst von dessen Geschäftsleiter Andreas Meisner, dem Landeskulturrats-Vizesekretär. Titel: Wildbachverbauungen, 32 Seiten, Prag (ohne Jahr). Verlag des Deutschen Meliorationsverbandes für Böhmen in Prag II., Mariengasse 2. Die Mariengasse liegt östlich des Prager Stadtparks, der vor dem ehemaligen Franz-Josefs-Bahnhof angelegt ist.)

Ein Buch aus der Handbibliothek meines Großvaters passt überraschenderweise in die heutige Zeit der Nutzung der Windkraft:

Otto Sterz: „Moderne Windturbinen, Leipzig 1912, Verlag von Bernhard Friedrich Voigt. (Mit 150 Textabbildungen und zahlreichen Tabellen. Der Kauf des Buches durch Gustav Weyrich (signiert 1912) zeigt, dass er als Ingenieur dem technischen Fortschritt gegenüber aufgeschlossen war, und der heutige Zeitgenosse staunt, mit welchen fortschrittlichen Fragen sich unsere Altvorderen vor 110 Jahren bereits auseinandergesetzt haben. Der Untertitel des Buches lautet: „Die Entwicklungsgeschichte, Konstruktion, Berechnung und Ausführung der Windturbinen sowie ihre Anwendung in gewerblichen, industriellen, gärtnerischen und landwirtschaftlichen Betrieben unter besonderer Berücksichtigung der Windelektrizitätswerke für die Praxis dargestellt." Die Fortschrittsidee wird im Folgenden noch zu betrachten sein.

Kleinere Bändchen aus der Sammlung Göschen, die man gut mit sich führen kann, sind gleichfalls aufschlussreich für die Interessen des Großvaters.

- Photogrammetrie und Stereophotogrammetrie von Prof. Hans Dock, 1913.
- Geschichte der Mathematik bis zum Ausgang des 18. Jahrhunderts von Prof. Ambros Sturm, 1917.
- Praktisches Maschinenzeichnen von Richard Schiffner (zwei Bände), 1917 (gekauft 1917)
- Die Maschinenelemente von Friedrich Barth, 1917.
- Die Preßluftwerkzeuge von P. Iltis, 1910 (gekauft 1917 in Troppau)
- Projektive Geometrie in synthetischer Behandlung von Karl Doehlemann, 1898.
- Stilkunde von K.O. Hartmann, 1914 (gekauft 1917 bei Bucholz und Diebel, Troppau)
- Niedere Analysis von Benedikt Sporer, 1908 (gekauft 1908)
- Astronomie von A.F. Möbius, 1906 (gekauft 1909)
- Der menschliche Körper von E. Rebmann, 1908 (gekauft 1909), enthält Gesundheitslehre von H. Seiler.
- Hydraulik von W. Hauber, 1920.
- Wasserkraftanlagen, Teil III, Bau und Betrieb, von Th. Rümelin, 1913.
- Technische Tabellen und Formeln von W. Müller, 1912.

Etwas aus dem Rahmen fällt der Reclam-Band von Adolf Pahde, Meereskunde (vermutlich 1914 erschienen).

- Die Dampfturbinen von Hermann Wilde, 1908.
- Zentral-Perspektive von Hans Freiberger, 1913.
- Die zweckmäßige Betriebskraft von Friedrich Barth, 2 Bände, 1910.
- Pumpen von Rudolf Vogdt, 1911.

2. Philosophisch-weltanschauliche Literatur: (Titel der Handbibliothek, die Rückschlüsse auf die Weltanschauung Gustav Weyrichs zulassen)

Bei Reclam erschienen:

- Tacitus: Germania, Vorwort von Dr. Max Oberbreyer, 1910.
- Wilhelm Ostwald: Grundriß der Naturphilosophie, mit Vorwort von S. Günther, 1908.
- Schopenhauer: Aphorismen zur Lebensweisheit, mit Vorwort von M.F. Damm, 1908.
- O.F. Damm: Schopenhauer-Biographie, mit Vorwort 1911.

- Immanuel Kant: Prolegomena zu einer jeden künftigen Metaphysik, die als Wissenschaft wird auftreten können. Hrsg. von Karl Schulz, ohne Jahr.
- G. von Leibniz: Kleinere philosophische Schriften, „Verdeutschung" und mit Vorwort von Robert Habs, 1883.
- Xenophons Erinnerungen an Sokrates, übersetzt von Otto Güthling mit Vorwort, 1883.
- Immanuel Kant: Streit der Fakultäten, Hrsg. Karl Kehrbach, 1880.
- Immanuel Kant: Kritik der praktischen Vernunft, Hrsg. Karl Kehrbach, 1878.
- Immanuel Kant: Kritik der Urteilskraft, Hrsg. Karl Kehrbach, 1878.
- Blaise Pascal: Gedanken, nebst den Anmerkungen Voltaires, hrsg. und übersetzt aus dem Französischen von Heinrich Hesse, 1881.
- Natur und Mensch. Sechs Abschnitte aus Werken von Ernst Haeckel, Hrsg. Carl W. Neumann, 1912.

Als Kröners Taschenbuchausgabe:

- Ernst Haeckel: Die Welträtsel. Gemeinverständliche Studien über Monistische Philosophie. Leipzig, Alfred Kröner Verlag, 1908.

Kröners Taschenausgabe:

- Wilhelm Wundt: Die Nationen und ihre Philosophie. Ein Kapitel zum Weltkrieg. Leipzig 1917.

Brief v. 5. Mai 1920 meines 80-jährigen Urgroßvaters Adolf Weyrich (sitzt auf dem Altenteil) an seinen jüngsten Sohn, meinen Großvater, den Erben von Haus und Hof.

Kapitel 3

Erste berufliche Schritte

a) Tätigkeit als Sektionschef in Bosnien und Herzegowina: Bodenmelioration und Hochwasserschutz

Zum Frühjahr 1907 wird mein Großvater die lange Reise von Wien nach Mostar angetreten haben, um dort bei der „Meliorationsabteilung" der Landesregierung für Bosnien und Herzegowina Dienst als Kulturingenieur zu tun. (Siehe Postkartenanschrift S. 70)

Bosnien war drei Jahre vor der Geburt meines Großvaters von den Truppen der k.u.k. Monarchie besetzt worden – mit größeren Menschenverlusten als erwartet. Nach dem 30. Juli 1878 dauerte es noch monatelang bis zur endgültigen Unterwerfung der Widerständler gegen die Besatzer. Der spätere k.u.k. General der Infanterie Josef Graf Stürgkh zeichnet in seinem Buch „Politische und militärische Erinnerungen aus meinem Leben"[1], erschienen 1922 im Paul List Verlag in Leipzig, u.a. die Eindrücke und Beobachtungen auf, die er als junger Jägerleutnant auf dem Balkan gesammelt hatte. Zehn Jahre nach der Okkupation verbrachte er zwei Jahre in der Garnison Mostar. Er kann als Gewährsmann für die örtlichen Lebensverhältnisse herangezogen werden. Als 26-jähriger frischgebackener Kulturingenieur kam mein Großvater freiwillig und wohl mit hochgespannten Erwartungen ins Land.

Eine große Portion Abenteuerlust muss in dem schlesischen Bauerskinde Gustav Weyrich doch wohl gesteckt haben, denn die Assistentenstelle in Wien eröffnete ja gute Perspektiven für den weiteren Weg als Kulturingenieur. Wie bei vielen menschlichen Entscheidungen wird es ein ganzes Bündel an Beweggründen gegeben haben, und das letztlich ausschlaggebende Motiv muss den Nachgeborenen verborgen bleiben. Es ist nicht undenkbar, dass unter den Absolventen der k.k. Hochschule für Bodenkultur in Wien über einen Bosnien-Einsatz sinniert wurde, denn ein Freund meines Großvaters, Max Görlich, entschied sich gleichfalls dazu. Die Annexion des Landes lag 1907 bereits in der Luft. Von Max Görlich wird noch die Rede sein müssen, denn mein Großvater ehelichte dessen Schwester, Hermine Görlich.

An der Okkupation von Bosnien und der Herzegowina war auch das Troppauer k.u.k. Infanterieregiment Kaiser Nr. 1 beteiligt. Ob mein Großvater bei seinem Reiseantritt ins unbekannte Land bereits wusste, dass der später von ihm verehrte „Vetter" Julius Weyrich daran teilgenommen hat (Goldenes Buch, S. 31) ist fraglich. (vgl. Kapitel 5 c)

General Stürgkh hat nach dem 1. Weltkrieg die Erkenntnis formuliert (vgl. a.a.O., S. 44), dass ohne militärisch nutzbare Straßen und Wege im neu besetzten Lande dessen vollständige militärische Kontrolle unmöglich gewesen sei. Eine vordringliche Aufgabe der Österreicher war also der Bau von Straßen, um schnell Truppen verschieben zu können und um schwere Waffen zu transportieren. Schlupfwinkel und Rückzugsorte möglicher Aufständischer konnten durch schnelles Eingreifen besser bekämpft und beseitigt werden. (vgl. Stürgkh, S. 44)

„Die Tätigkeit, welche in der Herstellung von Straßen, Fahr- und Reitwegen von unseren Truppen seit der Okkupation des Landes entfaltet worden war, ist wiederholt und mit Recht anerkannt worden. Sie war der unerlässliche Grundstein der zivilisatorischen Mission, welche wir in diesem Lande übernommen hatten …"

---

[1] Josef Stürgkh. Politische und militärische Erinnerungen. Leipzig 1922.

Bosnien und die Herzegowina hatten Jahrhunderte lang zum osmanischen Reich gehört, und während der Türkenherrschaft gab es immer wieder Aufstände. Aufstände gegen die Österreicher entzündeten sich an der Einführung der allgemeinen Wehrpflicht für die neuen Untertanen der Habsburger Krone; sie konnten aber durch die verbesserten Verkehrsverhältnisse bald niedergeschlagen werden. Die k.u.k. Offiziere der bosnischen Infanterieregimenter trugen übrigens den Fez; muslimische Geistliche betreuten die Truppen in religiöser Hinsicht.

Stürgkh beschreibt an vielen Stellen die Strapazen der Reisen auf den Balkan, und für meinen Großvater wird die Reise 1907 an seine Einsatzorte im Lande gar nicht bequem gewesen sein. Ein dichtes Eisenbahnnetz wie in Mitteleuropa fehlte, was bei der Betrachtung der Karte im bereits zitierten Baedeker-Reiseführer (zwischen S. 398 und S. 399) sofort augenfällig ist. Auf Seite 399 schreibt der Baedeker (a.a.O., 1910) als Einleitung zum Abschnitt VIII „Bosnien und die Herzegowina":

„Das früher türkische Land wurde 1878 von Österreich-Ungarn besetzt und am 5. Oktober 1908 der Monarchie als gemeinsamer Besitz einverleibt. Für die Hebung des Landes und der Bevölkerung ist seit der Besetzung außerordentlich viel geschehen; alle größeren Ortschaften wurden durch gute Fahrstraßen verbunden, die Länge der (schmalspurigen) Eisenbahnen beträgt 1.260 km. Der orientalische Charakter der Ortschaften ist vortrefflich erhalten geblieben."

An der „Hebung des Landes" wollte mein Großvater sicher gerne mitwirken. Den Begriff des „Entwicklungshelfers" gab es damals noch nicht; der Sache nach war Gustav Weyrich aber als solcher zur betrachten. Die Verkehrsverhältnisse im Land müssen zu Großvaters Zeit jedenfalls „abenteuerlich" für heutige Betrachter gewesen sein. Der Baedeker-Reiseführer gibt auf der Seite 400 folgende Reisehinweise:

„Die Motorpost von Banjaluka [heute Banja Luka] nach Jajce hat zwölf Plätze; die Postwagen auf den übrigen Strecken haben gewöhnlich nur zwei Plätze. [...] Ein gut organisiertes Gendarmerie-Korps sorgt für die Sicherheit des Landes." (a.a.O., S. 400) Zu Unterbringungsmöglichkeiten auf dem Lande heißt es (S. 400): „Abseits der Poststraßen ist man auf die einfachen aber sauberen Gendarmerie-Kasernen angewiesen."

In der Garnisonsstadt Mostar wird mein Großvater genug Anschluss gefunden haben: Bei den Offizieren der Garnison, bei Beamten der Landesregierung, bei Kaufleuten. Der serbokroatischen Landessprache war mein Großvater nicht mächtig; für die Zusammenarbeit mit Einheimischen bei Meliorationsprojekten wird er einen Dolmetscher gebraucht haben. Vermutlich fand sich bei der Gruppe der Österreicher auch das Bedürfnis nach geistigem Austausch und nach Geselligkeit, so dass ein recht großer Wille zum Zusammenhalt bestanden haben wird, wie man es von Gruppen eigener Landsleute im Ausland kennt.

Graf Stürgkh schildert das Leben in der Garnisonsstadt Mostar wie folgt (a.a.O., S. 74):

„In Bezug auf Komfort, allgemeine Lebensbedingungen und gesellschaftliche Zerstreuungen bot Mostar damals schon ungefähr dasselbe, wie eine kleine, vom Zentrum entfernte Inlandsgarnison. Das Leben war billig, halbwegs gute Wohnungen fand man unschwer, und verheiratete Offiziere und beamte lebten dort mindestens ebenso leicht, ja vielfach leichter und zweifellos angenehmer, als in vielen Inlandsorten. Denn meiner Meinung nach mußte man zu den größten hier bestehenden Annehmlichkeiten die rechnen, daß es hier keine nationalpolitischen, das soziale Leben zersetzenden Fragen gab, und daß der Offizier und seine Familie unbestritten den ersten gesellschaftlichen Rang einnahmen ..."

Der junge Kulturingenieur Weyrich wird sich hier als Reserveoffizier schnell eingefunden und wohlgefühlt haben. Mein Großvater war bis in sein Alter ein geselliger Mensch, und er gehörte häufig zu den letzten Gästen, die ein Fest oder eine Veranstaltung verließen. Dies hat mir eine Freundin meiner Mutter nach deren Tod erzählt.

Über Mostar liest man im Baedeker-Reiseführer von 1910:

> „Mostar (59 m), mit 17.000 Einwohnern (die Hälfte Moslems) und einer 3.500 Mann starken Garnison, die Haupt- und wichtigste Handelsstadt der Herzegowina, Sitz eines römisch-katholischen, eines serbisch-orthodoxen Bischofs und eines Mufti …" (a.a.O., S. 408)

Gustav Weyrich dürfte als Ingenieur von der alten Narenta-Brücke sehr beeindruckt gewesen sein. Betrachtet man den Stadtplan Mostars bzw. den Plan der Umgebung der Stadt (a.a.O., zwischen S. 408 und S. 409) aus der Zeit der Jahrhundertwende, sieht man zahlreiche Spuren der k.u.k. „Entwicklungshilfe" und Bauten, die dem Neuankömmling Gustav Weyrich vielleicht ein Heimatgefühl beschert haben. Es gibt einen Bahnhof, eine (neue) eiserne Franz-Joseph-Brücke über die Narenta, ein Gymnasium, ein Militär-Nordlager, ein Militär-Südlager, ein Offizierskasino, ein Militärschwimmbad, ein Militäramtsgebäude, eine Kreisbehörde, ein Kreisgericht, eine Landesbank, eine Post, ein Telegraphenamt und nicht zuletzt südlich etwas außerhalb die Weinbauschule und eine Weinkellerei. Ein Franziskanerkloster fehlt nicht, und es gibt ein Stadtspital. Nach Seite 409 gibt es im Süden der Stadt eine „ärarische Tabaksfabrik" sowie eine „landesärarische Obst- und Weinbauschule". Das Militärspital ist beim Südlager. Die Trägerschaft von Schule und Fabrik ist interessant, denn sie erinnert daran, dass Bosnien und Herzegowina vom k.u.k. Finanzministerium verwaltet wurde.

Siegelmarken der Festungen in Bosnien-Herzegowina

Zwar war Bosnien-Herzegowina nach der Einverleibung durch Österreich-Ungarn nicht mehr Ausland, aber sicher ein sehr fremdländisch wirkendes Gebiet. Das Zusammentreffen von Orient und Okzident hatte eine reizvolle Mischung vieler kultureller Einflüsse ergeben. Mein Großvater erblickte Gebäude, die er aus Mitteleuropa nur von kunstvollen Bildern her kannte. Neben serbisch-orthodoxen Kirchen mit goldglänzenden Kuppeln standen beeindruckende türkische Moscheen mit schlanken Minaretten, von denen Gebetsrufe erklangen, die er noch nie vernommen hatte. Die lebhaften Bazare mit ihren „orientalischen Gerüchen und Düften" schlagen ja heute noch den Mitteleuropäer in ihren Bann. Menschen in einer unbekannten Tracht schritten umher; der Fez als Kopfbedeckung war noch üblich. Das Zusammenleben der Einheimischen mit ihren vielen unterschiedlichen und kaum zu vereinbarenden Traditionen erforderte Toleranz.

Das friedliche Miteinander der slawischen Bevölkerung, die durch unterschiedliche Religionen getrennt war., verlief nicht immer friedlich. Die politischen, gesellschaftlichen und religiösen Spannungen können Ing. Gustav Weyrich nicht verborgen geblieben sein.

Josef Graf Stürgkh äußert sich zum sozialen Aufbau des neuen Gebietes wie folgt (a.a.O., S. 59):

„Auffallend auf den ersten Blick war es jedenfalls, wie absolut das Türkische, was Nationalität und Konfession betrifft, dominierte. Den ersten Rang nehmen unstreitig die eingeborenen Osmanen ein, die Nachkommen der einstigen Eroberer dieses Landes. Man erkannte sie sofort an dem orientalischen Schnitt ihrer Gesichtszüge. Ihnen zunächst standen die zum Islam übergetretenen Slaven beziehungsweise deren Nachkommen. Unter ihnen fand man vielfach reiche Grundbesitzer oder Handelsleute.

Dies waren die eigentlich und ausschließlich herrschenden Klassen. Wo der Christ begann, hörte Recht und Gesetz auf und trat schrankenlose Willkür und Bedrückung an deren Stelle."

Die Haltung der so gekennzeichneten Gruppen gegenüber den Österreichern war nach Josef Graf Stürgkh (a.a.O., S. 59) wie folgt:

„Dieser sozialen Stellung entsprachen auch ungefähr die Gefühle, welche die Einwohnerschaft uns fremden Eindringlingen entgegenbrachte. Der richtige Osmane haßte und verabscheute uns und machte daraus kein Hehl, der serbische Renegat sah uns gleichfalls nicht gerne im Lande …"

Stürgkh fällt über die einfache Bevölkerung ein recht erschreckendes, schonungsloses Urteil (vgl. S. 59/60):

„Nicht zu verwundern war es demnach, wenn bei diesem seit Jahrhunderten geknechteten Volke sich gerade jene unschönen Eigenschaften am kräftigsten entwickelten, durch deren Entfaltung allein es ihm möglich war, gegen seine Tyrannen halbwegs aufzukommen: Feigheit, Hinterlist, Hang zur Lüge und Betrug, Schlauheit und Gewinnsucht, während hingegen die Abkömmlinge der Eroberrasse sich ritterliche Eigenschaften wie Wahrhaftigkeit, Ehrlichkeit und Vertrauen in weit höherem Maße zu bewahren gewußt hatten, auch wenn sie Handel und Gewerbe betrieben. Ich selbst [i.e. Stürgkh] konnte dies einmal an einem Beispiel klar erkennen." [Das Beispiel bezieht sich auf Erfahrungen beim Goldumtausch.]

Durch Stürgkhs Einschätzungen der sozialen Gruppen wird auch deutlich, dass sich die österreichische Besatzungsmacht an die muslimische Oberschicht hielt und diese bevorzugte.

Auch deswegen mögen die christlich-orthodoxen, bäuerlichen Einwohner des Landes sich immer mehr „großserbischen" Ideen zugeneigt haben. Stürgkh schildert die sich ihm darbietende Lage der Zeit um 1890. Im Offizierskasino dürfte die obige Thematik sicher Gegenstand häufiger Gespräche und vielleicht Anekdoten gewesen sein, auch noch zur Zeit des Aufenthaltes meines Großvaters.

In meiner Mainzer Mietwohnung hängt ein alter bosnischer Gebetsteppich, den mein Großvater bei seinem beruflichen Aufenthalt erworben hatte. Als Wandbehang hatte dieser Teppich bereits mehrere Wohnungen geziert: Die Schulwohnung meines Großvaters in Oberhermsdorf, nach der Pensionierung die Wohnungen in Troppau, Aspernstraße 5, sowie im Haus Nr. 28 in Zossen.

Dann schlummerte der Gebetsteppich (siehe unten Kap. 7, S. 2 und 185) in der Truhe des Großvaters, blieb dort bis zum Tode seines Erwerbers und kam dann in den Besitz von meinem Onkel Fred in Frankfurt, wo er in der Fahrgasse 23 – ein wenig versteckt – wieder als Wandbehang das Licht erblicken durfte. Wenn dieser Teppich erzählen könnte, wären manche Lücken in der Lebensbeschreibung meines Großvaters leicht zu schließen. Doch der Teppich bleibt stumm.

Der Baedeker-Reiseführer schreibt (S. 399) zur Bevölkerung, ihrer Religion und zu ihren Erwerbsquellen: „Die Bevölkerung von Bosnien und der Herzegowina betrug 1908 1.828.000 Seelen, die ihrer Nationalität nach fast durchweg Slawen (Serbokroaten) sind. Dem Glaubensbekenntnis nach zerfällt die Bevölkerung in 795.000 serbisch-orthodoxe Christen, 610.000 Moslems, 407.000 römisch-katholische Christen, 4.900 Lutheraner und 11.000 Israeliten (meist Spaniolen). Haupterwerbsquelle sind Ackerbau (Mais, Weizen) und Viehzucht (Schafe, Schweine), ausgeführt werden Vieh, Holz, gedörrte Pflaumen, Tabak u.a."

Dass sich der sachlich nüchterne Kulturingenieur Gustav Weyrich für die Fragen des Hochwasserschutzes, der Bodenverbesserung und für Bewässerungsfragen interessierte, ist bisher durch Kapitel 2 recht deutlich geworden. Der Fluss Drina dürfte ihn in fachliches Entzücken versetzt haben.

An der ihn umgebenden fremden Kultur war er auch interessiert. Ich erinnere mich an Postkarten mit Balkanmotiven und Postkarten, die muslimische Gebetshaltungen illustrieren und erläutern. Leider sind diese und andere Mitbringsel durch das Hochwasser der Volme im Hagener Stadtgebiet verlorengegangen.

Die Ironie des Schicksals zeigt sich darin, dass ausgerechnet ungenügender Hochwasserschutz Ursache für den Verlust wurde. Den Wasserfluten im Keller widerstand ein metallenes Mokka-Service, das mein Großvater in besonderen Ehren gehalten hatte. In seiner Wiener Zeit wird er den „türkischen Mokka" kennengelernt haben, und der Bosnienaufenthalt wird die Liebe dazu verstärkt haben.

Für meinen Großvater muss die Bosnienzeit einen mehrfachen Nutzen erbracht haben: in fachlicher, menschlicher, materieller und kulinarischer Hinsicht.

Das „Goldene Buch" berichtet auf S. 32:

„[er] ging nach Bosnien, wo er 3 Jahre in der ‚Meliorationsabteilung der Landesregierung für Bosnien und Herzegowina' zubrachte. Während der letzten 1½ Jahre arbeitete er als selbständiger Sektions-Ingenieur und Leiter der ‚kulturtechnischen Sektion' Býclina [sic!] und Zwornik auf dem Gebiete des Hochwasserschutzes."

Dass mit Býclina der Ort Bijeljina gemeint sein muss, wurde bereits im Kapitel 1 f) (S. 38/39) festgestellt und erläutert.

Exkurs: Erste zarte Bande?

Postkarte an Maria Grengg von Gustav Weyrich vom 26. Febr. 1907

Die Jahre 1907 / 1908 müssen für Gustav Weyrich Jahre voller Entscheidungen und vielleicht auch voller Umbrüche gewesen sein.

Durch eine Fügung ist mir kürzlich auf der eBay-Plattform eine „gelaufene Postkarte" aufgefallen, die auf der Bildseite das Weyrich-Haus zeigt (s. Seite 18). Ganz erstaunt war ich, als ich den Text der Karte las:

„Ihrer Wohlgeb.
Frl. Lilli Grengg
Wien VI / 2
Webgasse Nr. 38.

Herzliche Grüße aus der Heimat erlaubt sich zu entsenden
G. Weyrich

Zossen, den 26. Febr. 1907"

Das Schreiben ist deswegen bedeutsam, weil mein zurückhaltender Großvater der damals etwa 19-jährigen Maria Grengg einen Kartengruß geschickt hat, auf dem sein Elternhaus abgebildet ist. Die spätere Malerin und Schriftstellerin (1888–1963) war die älteste der drei Schwestern des österreichischen Geologen Roman Grengg (1884–1914), der meinem Großvater durch die Burschenschaft gut bekannt gewesen sein muss. Die Schwester seines Freundes kann meinem Großvater nicht ganz gleichgültig gewesen sein. Familie Grengg wohnte im Stadtviertel Mariahilf in der Webgasse 38, und über den Meldezettel der Gemeinde (von 1902) lässt sich die Familienkonstellation erschließen.

Beeindruckend für meinen Großvater muss das Familienoberhaupt Roman Grengg gewesen sein, der in Stein an der Donau (heute Stadtteil von Krems) die dortige Donaubrücke als k.k. Ingenieur entworfen und erbaut hatte. Die Familie muss sehr deutsch-national eingestellt gewesen sein, wie die Lebensläufe des Roman Grengg jun. und seiner Schwester Maria, die zu einer „Heimatschriftstellerin" wurde, bekunden. Maria Grengg muss von ihren Freunden „Lilli" gerufen worden sein; so konnte sie sich von ihrer Mutter Maria unterscheiden.

Maria (die „Lilli meines Großvaters") stammte aus Stein an der Donau und wurde wegen ihrer künstlerischen Begabung wohl zur Zeit der Bekanntschaft mit meinem Großvater Meisterschülerin des Koloman Moser (1868–1918), des berühmten Grafikers, Malers und Professors an der Wiener Kunstgewerbeschule. Die hier im Text wiedergegebene Postkarte ist von Koloman Moser gestaltet worden (und von Ferdinand Schirnböck gestochen worden). Als Absenderin ist oben M. Grengg, Wien VI, Webgasse 38 angegeben. Die untere Grußzeile – in der Schrift Maria Grenggs – ist mit „Ihre Lilli" unterschrieben.

Die Jubiläums-Illumination zum 60. Regierungsjubiläum Kaiser Franz Josephs I. fand am Vorabend des 2. Dezember 1908 statt. [Anmerkung: Der zweite Dezember war das Datum seines Regierungsantritts 1848.]

„Gegenüber dem Burgtor, auf dem Maria-Theresien-Platz entstand durch das Gedränge eine Massenpanik, bei der drei Menschen erdrückt und zertreten, gegen 100 verletzt wurden."[2]

Vorderseite der „gelaufenen Postkarte an Gustl W." (gestaltet von Koloman Moser)

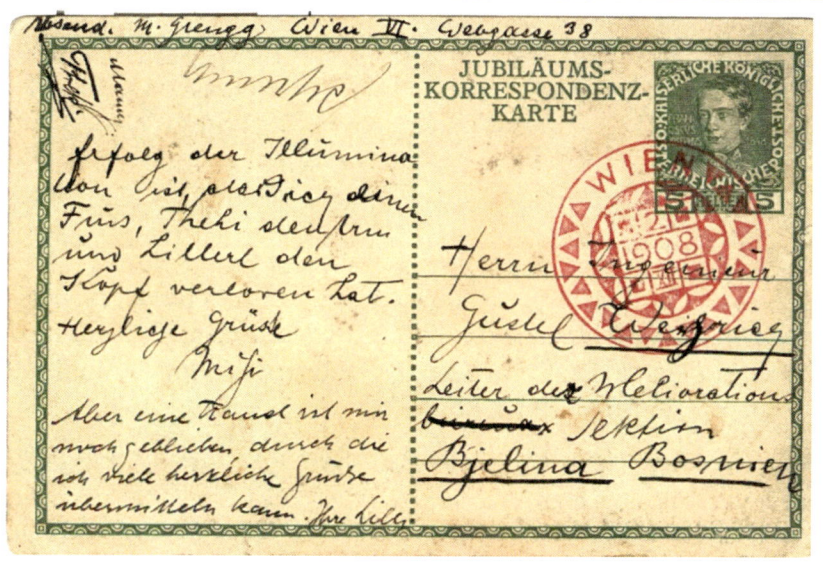

Gruß aus Wien an den in der Fremde Weilenden, im Jubiläumsjahr 1908 (Kaiser Franz Joseph I. – 60. Thronjubiläum)

Der Text der Jubiläums-Korrespondenz-Karte bezieht sich auf die Massenpanik!

„Erfolg der Illumination ist, dass ich einen Fuss, Theki den Arm und Lillerl den Kopf verloren hat.

Herzliche Grüße Mizi

[Hinzufügung von Maria Grengg:]

„Aber eine Hand ist mir noch geblieben, durch die ich viele herzliche Grüße übermitteln kann. Ihre Lilli"

Der Lehrer Maria Grenggs ist übrigens auch Schöpfer einer Briefmarkenserie „Bosnien-Herzegowina", die vermutlich als Anlass der Annexion 1908 gedruckt wurde. Außerdem schuf Koloman Moser eine Briefmarkenserie „60. Regierungsjubiläum Kaiser Franz Joseph I.".

---

[2] Weltrundschau zu Reclams Universum (30. Nov. bis 6. Dez. 1908, S. 585). [Bildunterschrift zum Foto des erleuchteten Burgtors am Burgring in Wien]

Von Mostar aus kam Ing. Gustav Weyrich in den Nordosten Bosniens, der zum Dreiländereck zwischen Bosnien, Serbien und Kroatien gehört. Ob mein Großvater je 1945 den historischen Roman Ivo Andićs „Die Brücke über die Drina" in die Hände bekommen hat, ist ungewiss. Er hätte aber seine Eindrücke und Beobachtungen von Land und Leuten gut vergleichen können. Zuständig für den Hochwasserschutz in den beiden Gemeindebezirken Bijeljina und Zwornik, arbeitete er am Fluss Drina, einem jahrhundertealten Grenzfluss.

Auf S. 401 beschreibt der Baedeker-Reiseführer (a.a.O.) das Städtchen Zwornik, das meinem Großvater sehr bekannt war:

„Zwornik (135 m; Gasthaus: Stadt Wien, Z. 2-3 K), langgestrecktes Städtchen mit 3.200 Einwohnern in hübscher Lage an der Drina, dem Grenzfluss zwischen Bosnien und Serbien. Am Süd-Ende des Ortes die alte Zitadelle."

Zunächst Grenzfluss zwischen dem oströmischen und dem weströmischen Reich, zwischen Byzanz und Rom, zwischen dem griechischen Osten und dem lateinischen Westen, bildete die Drina im 19. und 20. Jahrhundert die Grenze zwischen Serbien und Österreich-Ungarn. Der Stadtpatron Bijeljinas ist der Heilige Pantaleon, der durch die Kaiserin Theophanu auch im Westen bekannt wurde, so zum Beispiel durch eine romanische Kirche in Köln und eine spätgotische Kirche in Unkel am Rhein. Von Bijeljina sind es nur etwa 100 km Luftlinie Richtung Osten nach Belgrad, der serbischen Hauptstadt. Groß-Serbische Nationalisten stellten sich gegen die Österreicher.

Kaiser Franz Joseph hatte in Bosnien-Herzegowina einen Statthalter, der gleichzeitig „Landeschef" und kommandierender General des 15. Armeekorps in Sarajewo war.

Zur Aufenthaltszeit meines Großvaters in Bosnien und Herzegowina war dies der k.u.k. Feldmarschallleutnant Anton von Winzor (geb. 7.6.1844, gest. 30.4.1910), Statthalter vom 30. Juni 1907 bis 7. März 1909. Ihm folgte im Statthalteramt ein k.u.k. Offizier im Generalsrang, der im Juni 1910 ein Revolver-Attentat überlebte, das von einem serbischen Studenten verübt worden war.

Der unglückliche Statthalter heißt Marian Freiherr Varešanin von Vareš (1847–1917). Der Aufenthalt in Bosnien und Herzegowina war für die Repräsentanten der österreichischen Staatsmacht offensichtlich nicht ganz ungefährlich. Das Attentat auf den Statthalter von 1910 soll auch den Attentäter von Sarajewo 1914 inspiriert haben. Mein Großvater wird Mitte 1910 bereits den Ort seiner weiteren Tätigkeit, Prag, erreicht haben und die Ereignisse auf dem Balkan in der Zeitung verfolgt haben. Mitten im 1. Weltkrieg wird auf den Bruder des Generals der Infanterie Josef Graf Stürgkh, Karl Graf Stürgkh, 1916 ein Attentat mit tödlichem Ausgang ausgeführt, das die Presse und die öffentliche politische Meinung sehr stark bewegte.

Durch den Freund Max Görlich, der wie mein Großvater gebürtiger Bauernsohn war und aus Röwersdorf in Österreichisch Schlesien stammte, wurde mein Großvater auf dessen Schwester Hermine Görlich aufmerksam. Nach der Rückkehr des Großvaters in seine alte Heimat vertiefte sich das Interesse für Hermine so, dass er sie als geeignete Ehefrau ansah und etwa drei Jahre nach seiner Rückkehr vom Balkan heiratete (siehe Kapitel 4, S. 89 ff. und S. 90 f.).

Meine Mutter Mimi Weyrich sowie ihre Schwester Trude Weyrich konnten in den 1930er-Jahren eine seinerzeit spektakuläre Rundreise nach Mostar, Split, Dubrovnik, Agram machen und ihren Oberhermsdorfer Horizont erweitern. Von dieser Reise wurde im familiären Kreis noch lange geschwärmt. Als nette junge Damen wurden sie auch von der Männerwelt beachtet, was ihnen sehr gefallen haben muss.

Der Bosnien-Aufenthalt hat bei meinem Großvater einen prägenden Eindruck hinterlassen, denn sonst hätte er die Souvenirs, von denen berichtet wurde, nicht so sorgfältig gehütet und sogar bei der Vertreibung mitgeführt. Land und Leute müssen auf meinen Großvater faszinierend gewirkt haben. Der Freund Max Görlich, der Ähnliches empfunden haben muss, ist dieser Faszination erlegen. Er gründete eine Familie und blieb als Kulturingenieur im Lande, trotz allen politischen Wandels.

Meines Wissens fand Kulturingenieur Gustav Weyrich später nie mehr die Zeit, seinen ehemaligen Wirkungsstätten auf dem Balkan einen Besuch abzustatten. Möglicherweise erlaubten es auch die politischen Umstände nicht.

b) Tätigkeit als Sekretär beim Deutschen Meliorationsverband für Böhmen in Prag / Königliche Weinberge

Drei Monate vor der Vollendung des 29sten Lebensjahres trat der nunmehr mit Praxiserfahrung aufwartende Kulturingenieur Gustav Weyrich eine Stelle als Sekretär beim Deutschen Meliorationsverband für Böhmen an. Vom 1. Januar 1910 bis zum 12. November 1912 blieb er in dieser Stellung, wo er mit Fragen der Bodenmelioration und des Hochwasserschutzes wohl eher in beratender und verwaltender Funktion zu tun gehabt haben dürfte. Der merkwürdig klingende Verbandsname wird verstehbar, wenn man den geschichtlichen Hintergrund der Körperschaft betrachtet.

Angeregt vom K.k. Ackerbauministerium in Wien hatte das Königreich Böhmen 1873 einen „Landeskulturrat" errichtet. Dessen Aufgabe war die „Pflege der Landeskultur" sowie die Vertretung der berufsständischen Interessen der Landwirte. Im 19. Jahrhundert hatte sich der Begriff „Landeskultur" herausgebildet, nicht zuletzt durch den Weitblick von Agrarfachleuten, die die Herausforderungen ihrer Zeit erkannten. Zum Begriff „Landeskultur" schreibt die „Brockhaus-Enzyklopädie"[3], Bd. 13, S. 36:

„Oberbegriff für die Maßnahmen der Bodenerhaltung, Bodenverbesserung (→ Melioration), Neulandgewinnung und Flurbereinigung. Unter Landeskultur-Politik werden die entsprechenden Maßnahmen des Staates verstanden. […]"

Zum Begriff der Melioration verweist die Brockhaus-Enzyklopädie (a.a.O., Bd. 14, S. 436) auf die spätlateinische Ableitung des Begriffes für „Verbesserung", und der letzte Satz zum Stichwort ist aufschlussreich für die Aufgaben, die meinen Großvater 1910 erwarteten: „Die Melioration gehört zu den Aufgaben der Landeskulturbehörden."

Durch die Initiative von Agrarfachleuten hatte sich allmählich die Erkenntnis in den mitteleuro-päischen Staaten durchgesetzt, dass sich die Regierungen durch unabhängige, wissenschaftlich geschulte Fachgremien beraten lassen sollten.

Diese „technisch-landwirtschaftlichen Kollegien" waren an die jeweilige Landesverwaltung angebunden. Das Land stellte das Personal und sorgte für die Ausstattung. Der Sitz des Landeskulturrats für das Königreich Böhmen war in Prag, Königliche Weinberge. Ob die königlichen Weinberge zur Verweilzeit meines Großvaters eine rechtlich eigenständige Stadt waren oder ein Stadtteil der böhmischen Stadt Prag, ist für die Rekonstruktion dieser Lebensstation meines Großvaters von geringer Bedeutung.

Der böhmische Landeskulturrat hatte eine deutsche und eine tschechische Abteilung. Der 1873 gegründete Rat wurde zunächst von Tschechen und Deutschen gemeinsam betrieben. 1892 fand

---

[3] Brockhaus-Enzyklopädie in vierundzwanzig Bänden, 19. Auflage. München 1986.

wegen eines Streites mit tschechischen Agrariern eine Zweiteilung des Landeskulturrates für Böhmen in eine tschechische und eine deutsche Sektion statt.

Auf Seite 281 des Baedeker-Reiseführers Österreich-Ungarn von 1910 findet sich im einleitenden Text zu den Kronländern Böhmen, Mähren und Schlesien die folgende Aussage zum Sprachenproblem zwischen „Deutschböhmen" und Tschechen, wie es sich nach der Schlacht am Weißen Berge 1619 entwickelt hatte: „Das auch von den in Böhmen und Mähren bald allmächtigen Jesuiten geförderte Bestreben der Habsburger, die tschechischen Landesteile für die deutsche Kultur und Sprache zurückzugewinnen, erreichte seinen Höhepunkt mit der Einführung der deutschen Volksschule unter Joseph II. Demgegenüber hat seit dem Ende des 18. Jahrhunderts allmählich eine neutschechische Bewegung eingesetzt und, seit 1861 unter heftigen parlamentarischen Kämpfen, zur Zurückdrängung der deutschen Sprache und zu scharfen Fehden zwischen Deutschböhmen und Tschechen geführt."

Mein Großvater lebte zwar in der Hauptstadt des Königreiches Böhmen, hatte aber nur ein geringes Interesse am Erwerb der tschechischen Sprache, da tschechische Sprachkenntnisse in seinem Umfeld nicht erforderlich waren. Diese fehlenden Sprachkenntnisse sollten sich im Laufe seines Berufslebens als nachteilig erweisen.

Der Baedeker-Reiseführer von 1910 richtet – den damaligen Verkehrsbedingungen gemäß – sein Augenmerk auf den mit der Eisenbahn Reisenden. Auch der Kulturingenieur Gustav Weyrich war auf dieses Verkehrsmittel angewiesen. Auf S. 282 findet der Reisende drei Prager Bahnhöfe aufgelistet, die für meinen Großvater sehr wichtig waren. Vom damals „Staatsbahnhof" genannten Bahnhof konnte mein Großvater nach Tetschen reisen und dann – nach der Überquerung der Elbe – über Bodenbach nach Dresden. Während seiner Prager Jahre war der Tetschener Ortsteil „Liebwerd" für meinen Großvater von besonderer Bedeutung, was noch in den nächsten Kapiteln deutlich werden wird. Auch die Zugreise über Brünn nach Wien begann vom Staatsbahnhof aus.

Nach Wien konnte man auf einer anderen Strecke auch die Abfahrt vom damaligen „Franz-Josephs-Bahnhof" wählen, und als dritten Prager Bahnhof gab es den „Nordwestbahnhof". Die Bahnhöfe dürften für meinen Großvater von den Königlichen Weinbergen zu Fuß in einer halben Stunde erreichbar gewesen sein, ein Umstand, der ihm sicher sehr gelegen kam.

Nach der praxisorientierten Tätigkeit als Kulturingenieur und Sektionschef für Bodenmelioration im neuen Kronland Bosnien-Herzegowina bot seine neue verwaltende und beratende Tätigkeit offenbar auch Zeit und Muße für die wissenschaftliche Reflexion von Themen seiner kulturtechnischen Fachgebiete.

Der Deutsche Meliorationsverband für Böhmen gab eine renommierte wissenschaftliche Zeitschrift heraus, die „Wasserwirtschaftlichen Mitteilungen des Deutschen Meliorationsverbandes für Böhmen". Sie erschienen in einem eigenen Verlag in „Prag II, Mariengasse 2". Gedruckt wurden die Mitteilungen in der Deutschen agrarischen Druckerei in Prag-Weinberge.

Wo genau die Büroräume des Verbandes und wo genau sich die Wohnung meines Großvaters befand, kann trotz vorhandener Neugierde nur mit unverhältnismäßig großem Aufwand geklärt werden, und diese Details sind für die Betrachtung des Berufslebens meines Großvaters auch unerheblich. Eine Postkarte an Kulturingenieur Gustav Weyrich trägt die Anschrift:

„Prag – Königliche Weinberge, Bravotlova ulica 3, I. Stock"

Die ausgezeichnete Verkehrsanbindung seiner Arbeits- und Wohnstätte boten ihm große Vorteile bei der Verwirklichung seiner beruflichen Träume, weil er die für ihn wichtigen Orte gut erreichen konnte.

In der Truhe des Großvaters hat sich ein Sonderdruck – 31 Seiten stark – über Wildbachverbauungen erhalten (s. nächste Seite). Er weist kein Erscheinungsdatum auf; der Terminus *post quem*

(Erwähnung einer Meliorationsgesetznovelle vom 4. Jänner 1909) ist das Jahr 1909. Als Verfasser ist der Landeskulturratssekretär Andreas Meisner benannt, der als „Geschäftsleiter des Deutschen Meliorationsverbandes für Böhmen und Prag" bezeichnet wird.

Herr A. Meisner dürfte einer der Vorgesetzten meines Großvaters gewesen sein, und der Sonderdruck gibt Aufschluss über die Tätigkeit des Meliorationsverbandes. In allgemeinverständlicher Form – für ein interessiertes Publikum gedacht – werden sowohl die technischen als auch die rechtlichen Rahmenbedingungen erläutert. Der Sonderdruck ist anschaulich bebildert, und der aufmerksame Leser hat nach der Lektüre tatsächlich eine große Hilfe zum Verständnis der einschlägigen staatlichen Regelungen und Gesetze erhalten.

In Bezug auf Wildbäche und deren Verbauung hatte der Gesetzgeber versäumt, die Arten von Bächen hinreichend klar zu definieren (Wildbach und Gebirgsbach). Bei der Bewilligung öffentlicher Mittel für Hochwasserschutzmaßnahmen ist die Klassifizierung eines Baches für die „Lokalinteressenten" [Ausdruck aus dieser Zeit] von entscheidender Bedeutung (vgl. Schrift, S. 5). A. Meisner fasst eine längere Abgrenzung auf S. 5 so zusammen: „Das plötzliche Auftreten gefährlicher Hochwässer und die Schotterbildung und Schotterführung sind also die charakteristischen Merkmale des Wildbaches." Der „wildbachartige Charakter des Baches" ist vom k.k. Ackerbauministerium, also der staatlichen Verwaltung festzustellen und zu bearbeiten. Für Böhmen war die „k.k. forsttechnische Abteilung für Wildbachverbauung, Sektion in Königliche Weinberge" zuständig (vgl. S. 10 der Schrift). Der Autor gibt Hinweise zur Durchführung der Bauvorhaben, auch über Zwangsmaßnahmen des Staates bei uneinsichtigen Betroffenen. Der Autor Andreas Meisner schließt seine Schrift mit den Worten (vgl. S. 32): „In Böhmen sind auf dem Gebiete der Wildbachverbauung noch große Aufgaben zu lösen. Mögen die vorstehenden Ausführungen dazu beitragen, durch Aufklärung der Lokalinteressenten diese Aufgaben ihrer Lösung näherzubringen." Auf S. 16 der Schrift findet sich eine Empfehlung, die auf die Art der Tätigkeit des Kulturingenieurs Weyrich in seinem Prager Büro schließen lässt:

„Empfehlenswert ist es, eine Abschrift dieses Gesuches [d.i. ein Gesuch, vor den eigentlichen Flussregulierungsarbeiten eine „informative Lokalerhebung" durchzuführen] auch dem Landeskulturrate und zwar, wenn es sich um eine Verbauung im deutschen Teile Böhmens handelt, der Deutschen Sektion des Landeskulturrates sowie dem Deutschen Meliorationsverbande für Böhmen zu übermitteln, damit diese Körperschaften in die Lage kommen, sich für eine günstige Erledigung des Gesuches zu verwenden. Diese informativen Erhebungen werden auf Kosten des Flußregulierungsfondes durchgeführt, verursachen also den Lokalinteressenten keine Auslagen." (Meisner, a.a.O., S. 16)

Mein Großvater, Kulturingenieur Gustav Weyrich, hat – vermutlich als Auftragsarbeit des Verbandes – eine kleine Schrift herausgegeben: „Über die Bedeutung des Wassers für unsere Kulturpflanzen und die Dürre des Jahres 1911 mit besonderer Berücksichtigung Böhmens." Diese Schrift soll als Beispiel für die beratende Tätigkeit des Verbandes wiedergegeben werden, und sie ist für einen heutigen Zeitungsleser, der viel über Dürrezeiten, Überschwemmungen, Waldbrände u.a.m. zu lesen hat, von einer überraschenden Aktualität (s. Anhang D, S. 355–375).

Im Jahre 1913, dem Erscheinen des Sonderdruckes, hatte sich mein Großvater bereits ein neues Betätigungsfeld im landwirtschaftlichen Schuldienst gesucht. So findet sich auf dem Umschlag der etwa 20-seitigen Schrift der Hinweis: „verfaßt von Kulturingenieur Gustav Weyrich, Supplenten[4] an der Schlesischen Landwirtschaftlichen Landesmittelschule in Ober-Hermsdorf."

c) Die Habilitationsschrift meines Großvaters

Als Kind habe ich über ein grünes Buch mit goldenen Buchstaben gestaunt, auf dem stand: „Habilitationsschrift – Über die Bewegung des Geschiebes". Das serviertablettgroße Buch war voller Flecken, die Einbandfarbe an großen Stellen verblasst (siehe S. 303). Gewundert habe ich mich über den mir völlig unbekannten Ausdruck „Geschiebe", der im Folgenden betrachtet werden soll. Ferdinand Wang gibt eine Vorstellung dessen, was in einem Flusslauf als Geschiebe verstanden wurde., indem er in seinem Buch über die Wildbäche (a.a.O., 1901, S. 26 ff.) aufzählt, was alles zum Geschiebe in Fließgewässern gehört und woher es stammt.

Die tosenden Wildbäche des Gebirgsraumes sind aber eher ein Sonderfall eines fließenden Gewässers. Der französische lautmalerische Ausdruck „le torrent" lässt unwillkürlich an das Getöse des Baches und an das Geröll denken, das er zum Tale mit sich reißt.

Ein Anstoß zum Fortschritt des Wissens über Flussbau hin zu einer „Flussbauwissenschaft" kam nach den Ausführungen von Franz Kreuter (a.a.O., S. 11) aus Frankreich. Vielleicht nach dem Motto „ce qui n'est pas clair, n'est pas français" hatte der französische Wissenschaftler Pierre du Boys einen Begriff geprägt, der für das Verständnis der Bewegung des Geschiebes Klarheit brachte. Er prägte 1879 den anschaulichen Begriff „force d'entraînement", zu Deutsch „Schleppkraft".

Franz Kreuter (a.a.O., S. 12) fasst die Leistung du Boys[5] zusammen:

> „Als dieser verzögernden Kraft [gemeint ist der Reibungswiderstand] oder dem Widerstande des Flußbettes gleich und entgegengesetzt, tritt eine Kraftwirkung auf, welche du Boys „force d'en-traînement" genannt hat. Diese treffende Bezeichnung lässt sich wörtlich durch „Schleppkraft des Wassers verdeutschen. Denn, fasst man das bewegliche Grundbett sowohl als den gesamten darüber hinstreichenden Wasserkörper als Ganzes ins Auge und sieht man zu, was in der Natur vorgeht, so erkennt man, dass die Wassermasse sich weit schneller bewegt als das Geschiebe, dass also das Geschiebe dem Strom ganz langsam folgt, gleichsam als würde eine endlose, schmiegsame, beschwerte Decke auf dem „Flussgrunde dahingeschleppt".

Die damalige Forschungslage beim Flussbauingenieurwesen beschreibt Franz Kreuter wie folgt (a.a.O., S. 11):

„3. Theorie der Geschiebeführung 5. Das Schleppkraftgesetz

Durch Beobachtungen der Vorgänge am Rhône ist du Boys zu theoretischen Untersuchungen

---

[4] Anm.: ein Supplent ist ein Hilfslehrer.
[5] Pierre du Boys (1879). Le Rhône et les riviers a lit affouillable, Annales des Ponts et Chaussées, Sér. 5, Tome XVIII, pp. 141-195.
Affouiller: unterspülen, unterwaschen, wegspülen.

über die Wirkungsweise und Größe der Kräfte angeregt worden, welche die Bewegung der Geschiebe aus dem Flussbette hervorbringen.

Ohne Theorie, ohne Erforschung der Gesetze, nach welchen die Vorgänge sich vollziehen, denen der Ingenieur begegnen oder die er benutzen will, sind alle seine Maßnahmen dem Zufalle preisgegeben. Auf keinem Gebiete der Ingenieurkunst hat die Theorie, die Führerin der Praxis, noch so wenig Fuß gefasst wie auf dem Gebiete des Flussbaues, so dass bis jetzt von einer Flussbauwissenschaft kaum die Rede sein konnte.

Die Forschungen von du Boys fußen auf einer bereits durch du Buat angestellten Betrachtung, verfolgten aber zielbewusst eine neue Richtung und legten Grund zu einer einfachen Theorie, welche die ungezwungene Erklärung mancher bis dahin rätselhaften Erscheinung ermöglicht und die Lösung praktischer Aufgabe von großer Tragweite einer wissenschaftlichen Behandlung zugänglich gemacht hat."

Die Gesetzmäßigkeiten des Geschiebetransportes haben Generationen von Forschern beschäftigt, die versucht haben, eine mathematische „Geschiebetransportformel" zu finden. Die Frage nach exakten Beschreibungsmöglichkeiten der Bewegung des Geschiebes ist in einer Zeit zunehmender Naturkatastrophen brennender denn je.

Mein Großvater wäre sicher begeistert, könnte er die heutigen Forschergruppen, die seine Leidenschaft für die Lösung der „Geschiebefrage" teilen, in ihren großangelegten Wasserbau-Laboratorien besuchen und mit ihnen fachsimpeln.

Das IJHW, das Institut für Wasserwirtschaft, Hydrologie und konstruktiven Wasserbau der Universität für Bodenkultur wäre sicher seine bevorzugte Adresse, und er wäre stolz auf die wissenschaftlichen Fortschritte seiner Alma Mater.

Auch ein Besuch in Zürich bei der Eidgenössischen Technischen Hochschule stünde ganz oben auf seiner Wunschliste, besonders ihre „Versuchsanstalt für Wasserbau, Hydrologie und Glaziologie".

Es ist wohl in Zürich, wo die Anekdote über Albert Einstein ihren Ursprung hat. Dieser soll seinem Sohn, der Wasserbau studierte, dringend abgeraten haben, sich mit einer Geschiebetransportformel abzuquälen. Weil die beobachteten Geschiebebewegungen nach dem damaligen Stand der technischen Möglichkeiten nach Ansicht Einsteins kaum zu einer adäquaten mathematischen Beschreibung ausgereicht hätten, soll er seinem Sohn gesagt haben: „Lass die Hände vom Geschiebe"!

So ist das, was mein Großvater damals „als Einzelkämpfer" mit einem mathematischen Modell zu beschreiben suchte, Lebensaufgabe von Generationen von Ingenieuren geworden. Großangelegte Versuchsreihen in Laboratorien, Computermodelle und überhaupt der Einsatz der heutigen digitalen Werkzeuge würden meinen Großvater vielleicht zum Staunen bringen. Die Modellierung ganzer Flusssysteme müsste ihn verblüffen.

Als Praktiker, der er dann im Laufe seines Lebens wurde, hätte er sich wahrscheinlich mit Formeln begnügt, die hinreichend brauchbar für das Handeln eines Ingenieurs sind. Dieses Handeln war auf Beherrschung der Natur gerichtet. Die heutigen Anliegen des „naturnahen Wasserbaus" und das Renaturieren von Gewässern und Flüssen wären ihm vielleicht fremd.

Aus Gründen der besseren Lesbarkeit findet sich der Text dieses Werkes im Anhang B, S. 303–338. Diese Schrift ist ein forschungsgeschichtliches Dokument, das den Stand der Wissenschaft um die Jahrhundertwende widerspiegelt.

d) *Tätigkeit als Privatdozent an der deutschen Königlich böhmischen Landwirtschaftsakademie Tetschen-Liebwerd*

Während der fast zwei Jahre seiner Bürotätigkeit in Prag konnte mein Großvater die bereits besprochene Habilitationsschrift abschließen. Die Unterschrift unter dem Werk ist datiert mit „Prag, im Juni1911". Nach Auskunft des „Goldenen Buches" habilitierte er sich in Tetschen-Liebwerd „als Privatdozent für das gesamte Gebiet der Kulturtechnik." (a.a.O., S. 32) Nach erfolgter Habilitation – über die mir keine Einzelheiten zugänglich sind – unterrichtete er als Privatdozent in Tetschen-Liebwerd (siehe Anhang C, S. 342).

Der Böhmische Landtag hat durch Beschlüsse die Institutionsziele und Unterrichtsziele festgelegt. Der „Studienführer" (a.a.O., S. 3) verkündet:

„Der Zweck der landwirtschaftlichen Akademie ist, ihren Hörern eine höhere wissenschaftlich-praktische Ausbildung auf dem Gebiete der Landwirtschaft zu bieten. Auch soll die Akademie durch Veranstaltung von Spezialkursen den Interessenten Gelegenheit geben, die erforderlichen Kenntnisse und Fähigkeiten für besondere Betriebsoperationen, wie z.B. für Bodenmeliorationen sowie für verschiedene Zweige der Landwirtschaft, z.B. Obstbau, Flachsbau, Molkerei und andere, sich zu erwerben. Es ist ferner Aufgabe der Akademie, die Landwirtschaftswissenschaft in allen ihren Richtungen sowie das landwirtschaftliche Versuchswesen zu pflegen."

Die Dauer des Unterrichts war ursprünglich auf zwei Jahre, d.h. vier Semester begrenzt; zur Zeit meines Großvaters waren daraus drei Jahre bzw. 6 Semester geworden. „Die Unterrichtssprache ist die deutsche." heißt es auf Seite 3 (a.a.O.).

Den Ort Tetschen konnte Gustav Weyrich von seiner Dienststelle in Prag aus gut erreichen. Der zeitgenössische Baedeker-Reiseführer gibt zu Tetschen die folgenden Auskünfte (a.a.O., S. 302):

„..., Stadt von 11.600 deutschen Einwohnern, am r.[echten] Elbufer, mit großem schlichtem Schloß (unzugänglich) des Grafen Thun auf einer Anhöhe s. oberhalb der Kettenbrücke, ist einer der anmutigsten Punkte des ganzen Elbtals. Ö. vom Markt der Schulplatz, mit einem Bronzestandbild des Kaisers Joseph II. von Rassau. Im Polzental die landwirtschaftliche Akademie Liebwerd."

Erwähnt wird neben dem Bahnhofe, der sich 15 Minuten Fußweg vom Marktplatz befindet, die „Dampfbootlandestelle" bei der Kettenbrücke.

Vom gegenüberliegenden Ort Bodenbach (linkes Elbufer) aus gelangt man mit der Eisenbahn nach Dresden. Die Kunstschätze Dresdens müssen meinen Großvater sehr und nachhaltig beeindruckt haben.

Wie ich aus schwärmerischen Erzählungen meiner Tante Trude, der ältesten Tochter meines Großvaters, weiß, durfte sie mit ihrem damals bereits pensionierten Vater eine ausgiebige Kunstreise per Bahn nach Dresden unternehmen.

Zwischen den Seiten 300 und 301 des Baedeker-Reiseführers findet sich ein Plan der Orte Tetschen und Bodenbach. Neben der Kettenbrücke (Straßenbrücke) verbindet eine Eisenbahnbrücke Tetschen und Bodenbach, und es sind sogar zwei Fähren eingezeichnet. Unter Umgehung Bodenbachs gibt es auch nördlich von Tetschen eine Eisenbahnbrücke über die Elbe. Der Ortsteil Liebwerd, am Flüsschen Polzen gelegen, ist eingezeichnet, und er bestand nur aus wenigen Bauten. Auf Seite 21 des Studienführers, der später näher betrachtet werden soll, wird angegeben, die Stadt Tetschen sei 20 Minuten entfernt. Laut Baedeker-Reiseführer ist Bodenbach „Sitz der österreichischen und sächsischen Zollbehörden" (a.a.O., S.302). Sachsen bzw. das Deutsche Reich liegen also vor der Haustüre.

In dieser landschaftlich reizvollen Gegend mit prächtigen Ausblicksmöglichkeiten ins Elbtal hatten weitsichtige Männer mit Tatkraft 1855 eine landwirtschaftliche Lehranstalt gegründet, die sehr segensreiche Wirkungen für die Landwirtschaft in Böhmen und darüber hinaus entfalten sollte. Alle beruflich von der Landwirtschaft Abhängigen sind den „Gründungsvätern" zu großem Dank verpflichtet.

Ein hervorragender Agrarfachmann (geb. 1814 in Humpoletz/Böhmen) ist Anton Emanuel von Komers (gest. 1893 in Iglau/Mähren). Er hat nicht nur das Verdienst der Schulgründung in Tetschen, sondern er diente vor allem mit großem Geschick als Präsident des Landeskulturrates im Königreich Böhmen. Seit 1877 war er der zweite Präsident des Gremiums.

Mein Großvater muss diesem herausragenden Manne also in doppelter Hinsicht dankbar sein: Dem Pionier des landwirtschaftlichen Schulwesens, das meinem Großvater sehr am Herzen lag, und dem Inspirator für Meliorationsvorhaben, für die mein Großvater eine gewisse Leidenschaft entwickelt hatte. Nicht wegzudenken bei der Schulgründung ist der Besitzer der Herrschaft Tetschen, Franz Anton Graf von Thun-Hohenstein. Dieser hatte Komers ein Studium an der damals einzigartigen Landwirtschaftsschule in Hohenheim bei Stuttgart ermöglicht, wodurch Komers zum Verbreiter fortschrittlicher Ideen in der Landwirtschaft werden konnte.

König Wilhelm I. von Württemberg hatte 1818 nach einer Hungersnot eine „landwirtschaftliche Unterrichts-, Versuchs- und Musteranstalt" gegründet, die 1847 von demselben Monarchen zur Landwirtschaftlichen Akademie erhoben werden konnte, mit Ausstrahlung auf den ganzen deutschen Sprachraum.

Ein bedeutendes Beispiel eines segensreichen Mäzenatentums ist der bereits erwähnte Franz Anton der Ältere Graf von Thun und Hohenstein (1786–1873). Im Alter von 12 Jahren hatte er die Verwaltung des Fideicommisses Tetschen nach dem Tod des Vaters und des älteren Bruders übernehmen müssen. Aus den ererbten Besitzungen machte er z.T. Musterwirtschaften. Für seine Mitmenschen wurde er in vieler Hinsicht zum Segen. Er förderte die ihm anvertrauten Menschen durch die Verbesserung von Schulen. Eine herausragende Tat ist die Gründung einer Ackerbauschule in Tetschen-Liebwerd. Als Graf Thun im damals hohen Alter von 87 Jahren verstarb, hatte er das unaufhaltsame Aufblühen seiner Gründung miterleben dürfen.

Ohne Geldmittel bleibt auch die schönste Schulplanung im Wunschdenken stecken. Emil Hanke[6] schreibt über die finanzielle Seite der Schul-Neugründung:

> „Bereits am 12. November 1850 wurde die ‚Ackerbauschule Liebwerd' feierlich eröffnet. Graf Franz Anton von Thun-Hohenstein stellte den 1788 neu-erbauten Meierhof Liebwerd für diese Zwecke zur Verfügung. Zur Adaptierung desselben gab der österreichische Kaiser Franz Joseph I. als Spende 1.500 fl. CM (Gulden Conventionsmünze), die Patriotisch-ökonomische Gesellschaft 1.630 Gulden. Der Graf, als Protektor der Schule, gab den Rest der benötigten Summe, dazu auch die Mittel für Anschaffungen und Instandhaltungen des Instituts. […]
>
> Das Gesamtausmaß des als Schulwirtschaft zur Verfügung gestellten Meierhofes mit Feld, Wiese, Hutweide, Obstbaum- und Gehölzschulen, Gemüse- und Hopfengarten betrug 779 Metzen = 149,41 Hektar. […]
>
> Direktor der landwirtschaftlichen Lehranstalten war von 1850 bis 1885 E. Ritter von Komers. Als Unterrichtsmethode galt die freie Rede mit Arbeitsschule. Die Zöglinge trugen als Uniform einen schwarzgrauen Rock mit blauem Kragen, daran als Symbol eine gestickte Kornähre." (Hanke, a.a.O., S. 309)

---

[6] Emil Hanke. Die Landwirtschaftliche Hochschule in Tetschen-Liebwerd, in Theo Keil (Hrsg.): Die Deutsche Schule in den Sudetenländern. Form und Inhalt des Bildungswesens. München 1967, S. 309.

Siegelmarke der Akademie

Ein von der landwirtschaftlichen Akademie herausgegebener Studienführer lässt einen Einblick in die Organisation und in die Unterrichtsgegenstände, insbesondere für das Studienjahr 1912/ 1913 zu. Dieses 55 Seiten umfassende Heftchen gestattet auch Einblicke in das Leben und Treiben der Akademieangehörigen. Die Studierenden mussten sich an einen ausgeklügelten Studienplan halten. Sie müssen jeweils durch sogenannte Semestralprüfungen, die zu Ende des Semesters durch die Lehrenden durchgeführt werden, den Studienerfolg nachweisen. Auch das akademische Verhalten wird beurteilt. Die Diplom-Prüfungsordnung lässt erkennen, dass „Tetschen-Liebwerd" einen hohen fachlichen Anspruch erhob.

Aufnahmevoraussetzung für die ordentlichen Hörer der landwirtschaftlichen Akademie sind die Maturitätsprüfung eines Gymnasiums, einer Realschule oder einer landwirtschaftlichen Mittelschule. Alle Hörer verpflichten sich, die bestehende Disziplinarordnung zu befolgen. Der Studierende darf Fach- und Geselligkeitsvereinigungen angehören, muss dies aber der Direktion anzeigen. „Die Gründung politischer Vereine, sowie der Eintritt in solche Vereine ist untersagt. (vgl. Studienführer, S. 26)

Der Studienführer, der zum rätselhaften Inhalt der Truhe meines Großvaters gehörte, wurde von mir als Kind überhaupt nicht beachtet und mit einem flüchtigen Blick wieder aus der Hand gelegt. Tetschen-Liebwerd war für den Knaben tatsächlich ein „böhmisches Dorf". Jetzt erscheint es als glückliche Fügung, dass dieses unbeachtete Heftlein recht detaillierte Einblicke in die Tätigkeit meines Großvaters im Wintersemester 1912/13 gestattet. Der besagte Studienführer mit dem „Programm der Hochschule, dem Personalverzeichnis, dem Studienplan und den Vorlesungen für das Studienjahr 1912/13" hat alle Umsiedlungs- und Hochwasserturbulenzen überdauert. Nunmehr, da häufiger in ihm geblättert wird, lösen sich langsam einzelne Seiten, und es hat „ausgedient", nachdem es noch einige Auskünfte über meinen Großvater preisgegeben hat.

Im Personalverzeichnis ist mein Großvater mit folgender Eintragung erwähnt: „Nr. 14: Gustav Weyrich, Kulturingenieur, Sekretär des deutschen Meliorationsverbandes für Böhmen, Privatdozent für Kulturtechnik (wohnt in Prag)." (Studienführer, S. 34; hier Anhang C, S. 342)

Die Landwirtschaftliche Akademie legte neben dem theoretischen Unterricht, der in Vortragsform gehalten wurde, großes Gewicht auf praktische Übungen (Seite 5 im Studienführer), vorgesehen sind so u.a. „Kulturtechnische Übungen" und „Geodätische Praxis". Als Vortragsthemen sind genannt „Enzyklopädie der Kulturtechnik" und „Geodäsie" (S. 4 im Studienführer).

Das gesamte Gebiet der Kulturtechnik dürfte in Tetschen-Liebwerd aber nur eine geringe Rolle gespielt haben. Vielleicht war auch dies ein Grund für meinen Großvater, sich nach einer anderen Lehrtätigkeit umzuschauen.

Schüler und Lehrer aller Zeiten werden munter, wenn sie von Ferien reden hören. So schlägt der schulerfahrene Leser mit nicht geringem Interesse die Seite 31 des Studienführers auf:

„XVII. Ferien.

Als Ferien während der Dauer des Studienjahres gelten:

a) der Namenstag Sr. Majestät des Kaisers und der Kaiserin;

b) der zweite November (Allerseelen);

c) die Weihnachtsferien (vom 23. Dezember bis inklusive 6. Jänner)

d) der Aschermittwoch;

e) die Osterferien (vom Palmsonntag bis inklusive Mittwoch nach dem Ostersonntag);

f) die Pfingstferien (4 Tage)."

Die katholische Religion der habsburgischen Monarchie wird in dieser Feiertagsregelung deutlich. Bemerkenswert ist auch die Feier des Namenstages statt des Geburtstages. Im benachbarten „protestantischen Deutschen Reich" wurde der Geburtstag des Kaisers gefeiert (Wilhelm II., 27. Januar). Kaiser Franz Joseph I. feierte seinen Namenstag am 4. Oktober eines jeden Jahres; die Kaiserin war bereits verstorben.

Kaiser Franz Joseph I. wurde in Tetschen-Liebwerd zu Recht gefeiert. Zwei Jahre nach seinem Regierungsantritt 1848 hatte er – wie zitiert – einen ansehnlichen Geldbetrag für die Gründung der Ackerbauschule bereitgestellt.

Im Studienführer, S. 29/30, erfährt man, dass an begabte und leistungswillige „ordentliche Hörer" vier „Stipendien der Akademie" vergeben werden konnten. Die Stipendien verfügten über eine Ausstattung, die von der Hörerschaft, Mitgliedern des Lehrkörpers, vor allem aber durch „hochherzige" Spenden „weiland Sr. Exzellenz des hochgeborenen Herrn Friedrich Grafen von Thun-Hohenstein, des ehemaligen Oberdirektors A. Ritter von Komers" bereitgestellt wurden.

Herr Oberdirektor Ritter von Komers stiftete 6.000 Kronen aus „Anlaß der Feier der 30-jährigen Wirksamkeit".

Kaiser Franz Joseph stiftete aus Anlass seines 25-jährigen Regierungsjubiläums und aus Anlass des 50-jährigen Regierungsjubiläums.

„Aus Anlaß der Vermählung Sr. Kaiserlichen Hoheit des durchlauchtigsten Herrn Erzherzog Kronprinz Rudolph" erfolgte eine weitere namhafte Zuwendung.

Von höchster Stelle war über viele Jahre hin also ein Interesse am Fortbestand der landwirtschaftlichen Schuleinrichtung gegeben.

Während der österreichischen Monarchie stand die Akademie Tetschen-Liebwerd in Konkurrenz zur k.k. Hochschule für Bodenkultur in Wien und konnte deswegen nicht zur Hochschule ausgebaut werden. (vgl. Hanke, a.a.O., S. 310) Das minderte natürlich die Berufsaussichten des „akademischen Nachwuchses". Da mein Großvater eine gesicherte Lebensexistenz anstrebte und offensichtlich an die Gründung einer Familie dachte – seine Heirat erfolgte im ersten Jahr seiner Tätigkeit in Oberhermsdorf –, kamen einige gute Gründe zusammen, sich im heimatlichen Kronland Schlesien, aus dem auch seine spätere Frau stammte, endgültig niederzulassen.

Vorderseite einer „Brautwerbungskarte" Gustavs Weyrichs mit einer zusätzlichen Anmerkung: „eine Sehenswürdigkeit Prags"

Motiv: Jüdischer Friedhof in Prag um 1910

Ing. Weyrich bei der Brautwerbung
„An das liebwerte Fräulein Hermine Görlich
Röwersdorf
Österr. Schles.

Prag, 21.VII 19
Nach Prag zurückgekehrt sendet herzinnigliche Grüße
Gustav

Herzliche Grüße an die werten Eltern und an das Brüderchen.

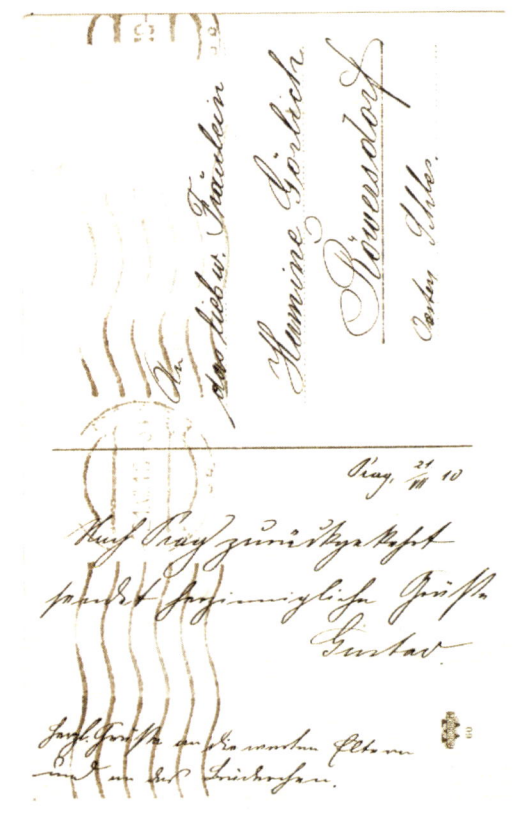

Die Lebensstationen meines Großvaters, der nunmehr dabei war, die Dreißig zu überschreiten, konnten ihm viele Anregungen bieten. Die großartigen Städte Wien und Prag waren und sind voller kultureller Schätze. Mein Großvater fand sich in landschaftlich schönen Umgebungen wieder, und so hatte er bereits einiges von der „Fülle des Lebens" kosten dürfen. Der erfolgreiche Abschluss der Habilitationsschrift wird ihn mit Genugtuung erfüllt haben; er wird aber dennoch einen Mangel in seinem Leben empfunden haben, denn er strebte die Gründung einer Familie an. Mit der Familiengründung schloss er dann auch den Lebensabschnitt „Prag und Tetschen" ab, und er ließ sich weiterhin mutig – wie gewohnt – auf ein neues Leben als Ehemann und Familienvater ein.

Mit der Königlich Böhmischen Landwirtschaftlichen Akademie Tetschen-Liebwerd hatte mein Großvater bereits einen institutionellen Rahmen vorgefunden, der sich in der Höheren Landwirtschaftlichen Schule in Oberhermsdorf in verkleinertem Maße wiederfinden ließ. Dies betrifft die

Abgelegenheit der Schule und ihrer Gebäude und Einrichtungen sowie deren Lehrplan, der an einer landwirtschaftlichen Mittelschule gegenüber dem Lehrplan einer größeren Akademie recht eingeschränkt sein musste.

Mein Großvater hatte große Freude an der Weitergabe seiner Kenntnisse und Einsichten in Theorie und Praxis, und so war die neue Stelle dazu geeignet, ihn auf lange Sicht hin zufriedenzustellen. Das Goldene Buch gibt als Beweggrund für den Verzicht auf eine Karriere als „ordentlicher Professor" an einer Hochschule an (a.a.O., S. 32):

„Die ‚akademische Laufbahn' war damals aber eine ‚Schneckenlaufbahn' und veranlasste Ing. Weyrich, diese Stellung zu verlassen und eine Lehrstelle für die mathematisch-technischen Fächer an der landwirtschaftlichen Landesmittelschule in Ober-Hermsdorf anzunehmen und am 12. November 1912 anzutreten."

Wie es der Zufall es wollte, war dies auf den Tag genau 62 Jahre nach der Gründung der Schule in Tetschen-Liebwerd.

Ein fröhlicher Messtrupp beim Unterricht im Freien, Professor Gustav Weyrich vierter von rechts mit Hut

Einladung zum Feuerwehrfest durch den Bruder meines Großvaters, Rudolf Weyrich, an meine Urgroßeltern Adolf u. Marie Weyrich

Transskription: Freihermersdorf 26. Juni 1907
Liebe Eltern! Kommenden Sonntag wird bei uns das Feuerwehrfest mit Militärmusik abgehalten, wo wir Euch ganz bestimmt erwarten. Tant Müki [Schwester der Brüder Weyrich] soll auch mit kommen. Bitte auch Onkel Johann u. Sofia zu sagen sie mögen sich auch einfinden. Herzliche Grüße an Alle von Allen u. Großmutter

Kapitel 4

Familiengründung und Lehrtätigkeit in Oberhermsdorf

a) Supplent und Professor

Zum 1. November 1912 trat mein Großvater den Dienst in Oberhermsdorf an. Das Schulareal war abgelegen, besaß aber eine eigene Bahnstation. Das neue berufliche Umfeld des Kulturingenieurs Weyrich hatte – wie bereits dargestellt – eine recht große Ähnlichkeit zu seinem Tetschener Wirkungskreis. Wie Tetschen-Liebwerd auf einem ursprünglichen Meierhof eines gräflichen Gutsbetriebes aufbaute, wurde das Areal der Oberhermsdorfer Schule durch einen Rittergutsbesitzer überlassen. Die Akademie konnte auch von Internatsschülern besucht werden; dem abgelegeneren Oberhermsdorf war ein „Pflichtinternat" angeschlossen. Es gab jeweils eine Restauration und Wirtschaftsräume. Für die praktische Tätigkeit der Studierenden bestanden landwirtschaftliche Betriebe in Schulnähe.

Kult. Ing. Gustav Weyrich
Professor

Ober-Hermsdorf

Als mein Großvater etwa 45 Jahre nach Gründung der Oberhermsdorfer Schule dort sein neues Wirkungsfeld suchte, war die Schule im westlichen Bereich des Kronlandes Schlesien eine bekannte Einrichtung. Das vor 1900 erschienene Werk „Mähren und Schlesien in Wort und Bild"[1] hat auf S. 653 eine Zeichnung von Oberhermsdorf dem Kapitel „Volkswirtschaftliches Leben" vorangestellt. Das Unterkapitel „Landwirtschaft und Viehzucht" behandelt auf S. 656 recht ausführlich die Lehranstalt Oberhermsdorf, die Notwendigkeit der Bodenmelioration sowie die Verbreitung landwirtschaftlicher Geräte:

„Der Großgrundbesitz bewirtschaftet seine Güter zumeist selbst, nur in der Nähe der Zuckerfabriken sind größere Pachtungen üblich. Zur Melioration des Bodens wird reichlich Kunstdünger verwendet, auch Kalkungen werden in ausgiebigem Maße vorgenommen, insbesondere seit der Kalkstein, der sich in vorzüglicher Qualität und großer Menge im nordwestlichen Theile des Landes vorfindet, durch die in den letzten Jahren neu entstandenen Schienenwege der Landwirtschaft billig geliefert werden kann.

---

[1] Mähren und Schlesien in Wort und Bild. Herausgegeben unter Mitwirkung der hervorragendsten einheimischen Gelehrten und Künstler. Wien (ohne Jahr).

Auch die Drainage wird mehr und mehr gepflegt; die Pläne für die Durchführung der Entwässerung werden durch einen Landesculturingenieur den Genossenschaften und dem kleinen Grundbesitze unentgeltlich geliefert."

Hier findet sich also ein Hinweis auf die bisher von meinem Großvater ausgeübte Tätigkeit! Dann folgt die Erwähnung des neuen „Einsatzortes" meines Großvaters:

„Für die Vermittlung und Verbreitung landwirtschaftlichen Fachwissens ist durch zwei landwirtschaftliche Landeslehranstalten, die Mittelschule in Ober-Hermsdorf und die Winterschule in Troppau gesorgt."

Zur maschinellen Ausstattung der bäuerlichen Betriebe und damit zur Fortschrittlichkeit der Bauern des Kronlandes Schlesien erfährt man (weiterhin auf S. 656, a.a.O.):

„Allgemein findet man gut construierte Ackerwerkzeuge und Culturgeräthe; neben den schon lange verbreiteten Häcksel- und Dreschmaschinen mehren sich in neuerer Zeit auch Drillmaschinen und Getreidemäher beim bäuerlichen Grundbesitze."

Die Ziele der Akademie Tetschen-Liebwerd und der landwirtschaftlichen Schule Oberhermsdorf decken sich zum großen Teil. Die Absolventen sollen in der Lage sein, mit wissenschaftlich fundiertem Urteilsvermögen landwirtschaftliche Betriebe und Großbetriebe zu leiten. Sie sollen den Fortschritt der Wissenschaft für die Landwirtschaft nutzbar machen. Eine verständnisvolle und aufgeschlossene Haltung der „diplomierten Landwirte" für die Weiterentwicklung des ländlichen Raumes und für alles, was damit zusammenhängt, versprechen sich die Veranstalter durch die Breite des Unterrichtsstoffes und nicht zuletzt durch die Unterrichtsmethode, die auch die Selbständigkeit des Studierenden fördern will.

Mein Großvater hatte sich didaktisch und methodisch bestimmten Forderungen anzupassen. Noch 1955 schreibt das Herder-Lexikon der Pädagogik (a.a.O., Band III, Spalte 162 und 163, zum „Lehrverfahren" der landwirtschaftlichen Fachschulen:

„Der Unterricht an Landwirtschaftsschulen soll leicht faßlich vorwiegend als Lehrgespräch gehalten werden. Dabei ist das Lehrgut auf wissenschaftlicher Grundlage mit reichlichem Einsatze von Hilfs- und Anschauungsmitteln darzubieten. An örtliche Gegebenheiten soll angeknüpft und überall die praktische Anwendungsmöglichkeit betont werden. Eine Überfülle an Unterrichtsstoff ist gerade an der Landwirtschaftsschule zu vermeiden, dafür aber Zeit für Gründlichkeit und Vertiefung zu gewinnen, um das selbständige Denken der Schüler zu fördern."

Mein Großvater schreibt in der Denkschrift von 1930[2] über die Ziele der zu diesem Zeitpunkt von ihm geleiteten schulischen Einrichtung in Oberhermsdorf:

„Die landwirtschaftliche Landesmittelschule in Oberhermsdorf hatte den Zweck, ihre Zöglinge, welche die unteren vier Klassen einer allgemeinen Mittelschule absolviert haben mußten, in allgemeiner und fachlicher Richtung soweit auszubilden, daß dieselben befähigt waren, als selbständige Besitzer, Pächter oder Beamte des großen Grundbesitzes ihren Beruf und ihre gesellschaftliche Stellung zu erfüllen. Später wurden auch Absolventen einer vollständigen Bürgerschule aufgenommen." (Denkschrift, a.a.O., S. 13)

Als die Schule in Oberhermsdorf zur schlesischen Landesmittelschule wurde (Schuljahr 1878/1879), wurden die Lehrer „in die Kategorie der schlesischen Landesbeamten übernommen."

---

[2] Denkschrift aus Anlaß des 60jährigen Bestandes der Schlesischen landwirtschaftlichen Landesmittelschule in Oberhermsdorf und ihrer Auflösung. Oberhermsdorf 1930.

(Denkschrift, S. 13). Für meinen Großvater mit Familiengründungsgedanken scheint der Beamtenstatus („Professor an einer staatlichen Mittelschule") sicher auch als Anreiz für die Wahl des neuen Berufsumfeldes gewirkt zu haben. Vor der endgültigen Verbeamtung musste allerdings eine „Lehramtsprüfung" abgelegt werden.

Der Kulturingenieur Gustav Weyrich, der zunächst als Supplent/Hilfslehrer sein Wirken in Oberhermsdorf begonnen hatte, begeisterte sich offenkundig immer mehr für die Aufgabe als Lehrer und auch als Erzieher. Der Anspruch, erzieherisch auf die Zöglinge zu wirken, wurde sowohl von der Höheren Schule in Oberhermsdorf, welche die Maturaprüfung abnahm, als auch von der einer heutigen Fachhochschule vergleichbaren Akademie in Tetschen erhoben. In Tetschen-Liebwerd (Denkschrift, S. 11) wurde das „akademische Verhalten" beobachtet und folgendermaßen bewertet: „vorzüglich", „sehr gut", „gut", „genügend" und „ungenügend". Diese „Kopfnoten" bekunden gleichzeitig die Erziehungsabsicht der Schule.

Neben den fachlichen Unterrichtszielen wurde eine Allgemeinbildung angestrebt. Beide schulische Einrichtungen brachten es mit sich, dass ein „Schulleben" entstehen musste und dass sich alle auf Gedeih und Verderb darin einfinden mussten. Die beteiligten Personen lernten einander recht gut kennen. Sie wiesen aber im Hinblick auf die ihnen anvertrauten Auszubildenden eine weitere Besonderheit auf, die sich im allgemeinbildenden Schulwesen selten finden wird: Die Hörer waren in der Regel durch die eigene Anschauung und die eigenen Erfahrungen im ländlichen Raume davor gefeit, sich ein X für ein U vormachen zu lassen. Der Lehrer als reiner Theoretiker seines Unterrichtsfaches musste wahrscheinlich sehr bald erkennen, dass er in den Studierenden kritische und hellwache fachkundige Zuhörer hatte, wenn es um die Landwirtschaft ging. Als Bauernsohn und Dörfler hatte mein Großvater hier von seinem Publikum nichts Nachteiliges oder Böswilliges zu erwarten. Er besaß eine natürliche Autorität und ein Achtung gebietendes Auftreten, das er sich bis in seine letzten Lebensjahre bewahrt hat. Durch seinen ruhigen und sachlichen Grundcharakter war er vor den Fehlern gefeit, die ein impulsiver Charakter als Lehrer begehen könnte. Später sollte ihm dieser Charakterzug auch die Leitung der Schule in Oberhermsdorf erleichtern.

Im Goldenen Buch heißt es, dass mein Großvater eine Stelle für die „mathematisch-technischen" Fächer angetreten habe. (a.a.O., S. 32) Was er als Supplent an Unterricht erteilt hat, ist mit hiesigen Mitteln nicht feststellbar. Infrage kommen aus dem üblichen Fächerkanon einer landwirtschaftlichen Mittelschule

- Mathematik und Algebra
- Geometrie (Planimetrie)
- Geodäsie.

Gustav Weyrich besaß beim Unterrichten auch Humor, und zur Festigung des Pythagoräischen Lehrsatzes brachte er seinen Schülern z.B. das folgende Lied bei (Klang Nr. 700, S. 694 aus seinem Commersbuch, a.a.O.). [zu singen nach der Melodie „Ich weiß nicht, was soll es bedeuten …"]

> 694
>
> **700. Der Pythagoreische Lehrsatz.**
>
> 1. Ich weiß nicht, was soll es bedeuten, daß ich so traurig bin; ein Lehrsatz aus alten Zeiten, der kommt mir nicht aus dem Sinn. Drei Winkel, wovon ein rechter, sind mit drei Seiten verwandt, und diese noblen Geschlechter regieren Leut' und Land!
>
> 2. Die schönste der Hypotenusen thront oben wunderbar, es schlummert an ihrem Busen ein holdes Kathetenpaar! Sie thronet auf hohem Quadrate und singt ein Lied dabei, das hat eine pythagorate gewaltige Melodei!
>
> 3. Der Welt unendlich Getriebe ergreift es mit wildem Weh, sie schwärmt in glühender Liebe für a quadrat, b quadrat c! Sogar die kühlen Kometen erfaßt ein feuriger Wahn, — und das hat mit ihren Katheten Hypotenuse gethan!   G. Weber.

Praktische Übungen im Vermessen sowie die Abhaltung von Meliorationskursen (Drainage-Arbeitstechniken) sind gleichfalls möglich. Durch den Unterricht in kleinen Gruppen konnte sicherlich ein guter und anhaltender Wissenserwerb erreicht werden. Die eigenen Tätigkeiten und Erfahrungen bei der praktischen Arbeit im Freien prägten sich den Studierenden wie alle „Selbsttätigkeit" eines Lernenden besonders ein. Mit den „fortschrittlichen" Unterrichtsmethoden wurde der Lernstoff eher zum „geistigen Besitz" des Lernenden, als es ein Unterricht nur vom Katheder aus vermocht hätte. Hier wurden bereits Ansätze einer „Arbeitsschule" verwirklicht, die in der später Reformpädagogik genannten Bewegung grundlegende Bedeutung erlangen sollten.

Vermessungsübung in kleiner Gruppe. Prof. Ing. Gustav Weyrich mit Hut, Weste und Uhrkette bei der Anleitung seiner recht gereift wirkenden Schüler (vermutlich nach dem 1. Weltkrieg).

b) Brautschau und Heirat

Wie bereits angedeutet, hatte mein Großvater im Alter von etwa 30 Jahren Heiratsabsichten entwickelt. Als geeignete Heiratskandidatin muss meinem Großvater die Schwester seines Freundes Max Görlich aufgefallen sein. Hermine Görlich wurde am 19. April 1892 in Röwersdorf geboren. Sie war elf Jahre jünger als mein Großvater. Wie impulsiv oder stürmisch mein Großvater bei der Brautwerbung war, wird das Geheimnis seiner späteren Ehefrau Hermine, geb. Görlich, bleiben müssen. Wann und wie es bei beiden „gefunkt" hat, wie es zur Verlobung kam und in welchem Rahmen geheiratet wurde – darüber äußerten sich die Großeltern weder gegenüber ihren Kindern noch gegenüber ihren Enkelkindern. Es wird auch „romantische Momente" in ihrer Beziehung gegeben haben; hier schweigt die Familientradition.

Bis in die letzten Lebenstage meines Großvaters herrschte – wie ich als Kind untrüglich erspüren konnte – ein herzliches Einvernehmen zwischen den gealterten Ehepartnern „Gustl" – wie mein Großvater von seiner Frau gerufen wurde – und Hermine. Böse Worte oder Streit gab es nicht; ein gegenseitiges Wohlwollen war spürbar. Meine Großmutter war ihrem Mann nur dann lästig, wenn sie gegen das viele Zigarrenrauchen meines Großvaters ab und zu Einwände zu erheben versuchte oder wenn der Großvater einen neuen Hut oder Kleidung brauchte. Im Haushalt herrschte die Großmutter unumschränkt.

Der Vater meiner Großmutter Hermine Görlich war Bauer und „Handelstreibender" in dem Ort Röwersdorf in Österreichisch Schlesien, der eine Bahnverbindung über Jägerndorf nach Troppau hatte. So konnte meine Großmutter in Troppau Klavierunterricht bei einem bekannteren Professor erhalten. Der Bruder ihrer Mutter, Dr. med. Max Daumann, war Landarzt in Österreichisch Schlesien. Meine Großmutter fühlte sich ein wenig als „höhere Tochter" und hatte auch ein gewisses Standesbewusstsein entwickelt. Das gemeinsame römisch-katholische Religionsbekenntnis der künftigen Ehepartner war besonders für meine Großmutter von Bedeutung, da sie eine fromme Katholikin war. Mein Großvater war in religiöser Hinsicht recht liberal.

Vermutlich war der Röwersdorfer Görlich-Familie der künftige Schwiegersohn Kulturingenieur Professor Gustav Weyrich nicht unwillkommen. Einerseits konnte dieser eine gesicherte und aussichtsreiche Berufsstellung in nicht allzu großer Entfernung von Röwersdorf vorweisen, und sicherlich konnte ihr Sohn Max Görlich – Kulturingenieur wie mein Großvater – für seinen Freund Gustav Weyrich ein werbendes Wort einlegen. Da Max Görlich im fernen Bosnien berufstätig bleiben und sesshaft werden sollte, war es für die Schwiegereltern Görlich in Röwersdorf sicher angenehm und beruhigend, die Tochter nicht allzu weit entfernt im heimatlichen Kronland Österreichisch Schlesien zu wissen.

Das Herkunftsmilieu der künftigen Eheleute war ähnlich, und auch die gesellschaftlichen Erfahrungen und Erwartungen. Die allgemeine Rollenverteilung von Mann und Frau hielten beide für das natürlichste der Welt; die damit gegebene Arbeitsteilung blieb bis zu ihrem Lebensende bestehen. Mein Großvater mied die Küche und die Hausarbeit.

Am 9. August 1913 wurde also nach katholischem Ritus geheiratet, vermutlich in Röwersdorf. Unvernünftig war die Eheschließung auch nicht: Meine Großmutter war nicht ohne Mitgift – worüber sogar noch nach dem materiellen Verlust durch die Vertreibung gesprochen wurde –, und mein Großvater war auch keine „schlechte Partie". Meine Großmutter war in der Lage zu repräsentieren, und sie konnte eigenständig ein großes Haus führen. Die Großeltern teilten die Wertvorstellungen einer damaligen gutbürgerlichen Familie. Das Eheband der beiden hielt vierundvierzig Jahre bis zum Tode meines Großvaters, der zwei Jahre vor seiner Hermine verstarb. Die beiden haben durch „dick und dünn" zusammengehalten. Die Beziehung hat zwei Weltkriegen, vier politischen Umwälzungen, dem Verlust des Vermögens, von Haus und Hof, und der Zwangsaussiedlung aus der geliebten Heimat in eine neue, fremde Umgebung und dem Krankenlager des Großvaters standgehalten.

Eben erst hatte das junge Ehepaar Weyrich den „Ehealltag" begonnen, sich gemeinsam auf das erste Kind gefreut und sich die Rollenverteilung der Ehepartner etwas eingespielt, so wurde 1914 durch den Kriegsausbruch das Ehe- und Familienleben jäh unterbrochen. Es muss für die junge Ehefrau und Mutter Hermine nicht leicht gewesen sein, den Ehemann und Haushaltsvorstand nach dem ersten Ehejahr durch dessen Kriegseinsatz entbehren zu müssen. So stellte die „große Politik" die von ihr betroffenen Menschen vor harte Lebensprobleme.

Kaum hatte mein Großvater in seiner neuen Stellung Fuß fassen können, so wurde er durch die Ereignisse zu einer fast vierjährigen beruflichen Unterbrechung gezwungen. Hätte er alle körperliche, geistige und seelische Energie, die der Krieg ihm abforderte, nur zum Teil in sein berufliches Fortkommen stecken können, wäre ihm vielleicht auch die Rückkehr an eine landwirtschaftliche Hochschule möglich gewesen, und sein Leben hätte einen anderen Verlauf genommen.

Die Versorgung der Familie während des Krieges war gesichert. Zur Ableistung des aktiven Wehrdienstes wurden die Lehrer beurlaubt, und die Bezüge wurden fortgezahlt. In materieller Hinsicht konnte die junge Familie nicht klagen. Das Bangen und Hoffen, die Ungewissheit über den Kriegsausgang und die Sorge um das Überleben ihres Mannes werden meine Großmutter sehr belastet haben. So war die Kriegszeit für meine Großmutter durch Kummer geprägt. Die beruflichen Sorgen waren geringer: Mein Großvater konnte beruhigt sein, dass seine Professorenstelle an der Höheren Landwirtschaftsschule „freigehalten" wurde, und er wusste, wo er beruflich nach dem Kriege wieder anknüpfen konnte.

Sehr viele Subalternoffiziere (Leutnant, Oberleutnant, Hauptmann), die für das Kriegshandwerk im Felde gebraucht wurden, übten ja im Zivilberuf eine Lehrtätigkeit aus. Etwas zugespitzt kann man sagen, dass die Reserveoffiziere – und dabei besonders die Lehrer – das Funktionieren der Kriegsmaschinerie ermöglichten. Die Lehrer führten sozusagen den blutigen, eigentlichen Krieg im Felde und führten aus, was die höheren Offiziere, die Berufsoffiziere waren, planten. Diese waren im Fortgang des Krieges den subalternen Rängen entwachsen und entschieden über Wohl und Wehe der Truppe.

Der 1. Weltkrieg hatte nicht nur für meinen Großvater und seine junge Familie einschränkende und belastende Wirkungen, sondern vor allem auf die Oberhermsdorfer Schule. Dazu schreibt mein Großvater in der Denkschrift: „Während des Weltkrieges, der auch unter den Oberhermsdorfer Lehrern, Schülern und Absolventen schwere Opfer forderte, gab es Zeiten, da an der landwirtschaftlichen Landesmittelschule zu Oberhermsdorf nur 3 ordentliche Lehrer unterrichteten, während die anderen im Felde vor dem Feinde standen. Zu dem Kräftemangel gesellte sich bald der Mangel an Lebensmitteln, der sich besonders bei der Verpflegung der Zöglinge im Internat bemerkbar machte. Die Schüler des dritten Jahrganges, die zur Kriegsdienstleistung herangezogen worden waren, legten während des Sommersemesters schon die Maturitätsprüfung ab." (Denkschrift, S. 16)

Ein schwacher Trost für die eingezogenen Studenten wird die Zusicherung gewesen sein, dass sie ihre Studien nach Kriegsschluss in Oberhermsdorf fortsetzen durften. (vgl. Denkschrift, S. 17)

c) *Junger Familienvater*

Nach der Hochzeit im Sommer 1913 (9. August) war den Eheleuten nur ein glückliches, volles gemeinsamen Jahr beschieden, denn im darauffolgenden Jahr 1914 war der 1. Weltkrieg bereits ausgebrochen, und am ersten Hochzeitstage war mein Großvater auf dem Wege zur Front. Zwei Monate vor Kriegsbeginn wurde der erste Sohn und Stammhalter geboren. Er erblickte in Troppau (vermutlich auf einer Entbindungsstation) das Licht der Welt am 25. Mai 1914, und er wurde auf den Namen „Gustav Adolf" getauft. Die Namensgebung wird nicht aus einer historischen Anhänglichkeit für den protestantischen schwedischen König und Heerführer des Dreißigjährigen Krieges gewählt worden sein, sondern eine Verbeugung vor dem Ehemann Gustav und dessen Vater Adolf Weyrich, dem Großvater des Kindes. Da verheiratete Töchter ihre junge Familie mitsamt dem Schwiegersohn früher oft an die Familie der eigenen Eltern banden, war dadurch der Großvater Adolf Weyrich für vielleicht seltenere Besuche des jungen Paares entschädigt.

Die Geburt eines Stammhalters wird für meinen Großvater eine besondere Freude gewesen sein. Der Ausbruch des 1. Weltkrieges trübte das Leben der neugegründeten, jungen Familie, da die Eheleute durch die Einberufung des Großvaters zum Militär getrennt wurden. Am Standort Oberhermsdorf wird sich meine Großmutter mit ihrem ersten Kind vermutlich recht einsam gefühlt haben, und die tatkräftige Hilfe ihrer Mutter Marie Görlich war nicht täglich verfügbar. So vermute ich, dass die Großmutter Hermine während der Kriegszeit oft bei ihren Eltern in Röwersdorf mit dem Kleinkind gewesen sein wird. Durch glückliche Fügungen konnte ihr Ehemann die schwere Kriegszeit, die sicher keine willkomme Unterbrechung seiner neuen Berufstätigkeit gewesen sein wird, überleben, und das Ehepaar war so zuversichtlich und lebensbejahend, dass während der vier Kriegsjahre noch eine Tochter und ein Sohn zur Welt kamen. Beide haben als Geburtsort Röwersdorf eingetragen. Nach der Geburt des ersten Kindes in Troppau wird meine Großmutter sich die „Hausgeburten" in Röwersdorf zugetraut haben. Vielleicht konnte auch ihr Onkel, Dr. med. Max Daumann, bei der Geburt neben der Hebamme anwesend sein.

Als zweites Kind kam meine „Tante Trude", getauft auf den Namen Gertrud Maria, am 31. Januar 1916 zur Welt. Pünktlich nachdem der 1. Weltkrieg geendet hatte, wurde mein „Onkel Fred", getauft auf den Namen Alfred Josef, am 7. Dezember 1918 gleichfalls in Röwersdorf geboren. Der zweite Taufname „Josef" geht auf den Vornamen seines Großvaters Josef Görlich zurück, der sich diese Ehrung wohlverdient hatte, nachdem er die Kinder seine Tochter und die Enkelkinder in den schweren Kriegstagen unterstützt hatte.

Briefumschlag adressiert an die Professorsgattin Hermine Weyrich in Oberhermsdorf, 19. Oktober 1918 von ihrer Mutter aus Röwersdorf. Der Status des Ehemannes übertrug sich auf die Ehefrau. Die 20-Heller-Briefmarke zeigt den jungen Kaiser Karl I.

Während sein Sohn Gustav Weyrich im Felde stand, mühte sich mein Urgroßvater Adolf Weyrich ebenso wie die Familie der Schwiegertochter, meine Großmutter Hermine Weyrich zu unterstützen. Als Beispiel mag die nachfolgende Mitteilung auf einer Postkarte dienen:

Transkription:

Zossen, 12.9.1918

Liebste Hermine! Teile Dir mit, daß ich eine Wenigkeit von Äpfeln, Birnen und Pflaumen für die Kleinen, Bubi und Trudi, reserviert habe u.z. [und zwar] gratis. Ersuche wenn möglich den Dienstboten anher zu schicken zu wollen, selbes abholen zu lassen.

Besten Gruß

Großvater

Postkarte des Urgroßvaters Adolf Weyrich vom 12. Sept. 1918 an die Professors-Gattin Hermine Weyrich. Karte zeigt ebenfalls den neuen Kaiser Karl. Absender: Schwiegervater Adolf Weyrich, Zossen, 12.9.1918.

Wie oben erkenntlich, hatte sich mein Urgroßvater Adolf Weyrich 1918 redlich bemüht, seine Schwiegertochter Hermine tatkräftig zu unterstützen. Ein vermutlich am 5. Mai 1920 abgeschicktes Brieflein (der Zossener Poststempel ist nicht gut lesbar) rührt mich als inzwischen gealterten Urenkel sehr an. Die Briefmarken zeigen nicht mehr den Habsburger Landesherren aus Wien, sondern den Hradschin, die altehrwürdige Burg der neuen Hauptstadt der Tschechoslowakei, Prag. Dies muss für den 80-jährigen Zossener Bauern Adolf Weyrich eine Kümmernis gewesen sein. Kummer bereitete ihm immer noch der Tod der Tochter Marie (genannt Müki) am Heiligen Abend des Jahres 1917 (siehe Exkurs S. 181), die ihm im Alter eine Stütze gewesen wäre. Vermutlich kurz nach dem I. Weltkrieg war Adolf Weyrich auf das Altenteil des Hofes gezogen, und sein Sohn Gustav Weyrich hatte als jüngster Bauernsohn – wie in Schlesien üblich – das Erbe von Haus und Hof Nr. 28 angetreten.

Der älteste Sohn Adolf Weyrichs, Großvaters Bruder Johann, lebte in der Nähe seines Vaters auf dem Anwesen Nr. 49 (der Obermühle), und er bemühte sich, nach dem Rechten zu schauen. Altersgebrechen hatten sich bei Adolf Weyrich zunehmend eingestellt, und er scheint mit seinem Schicksal etwas gehadert zu haben.

Ein leicht melancholischer Brief des greisen Adolf Weyrich an meinen Großvater Gustav Weyrich, den neuen Hofbesitzer, lautet: (vgl. Faksimile des Briefes auf S. 64)

„Liebster Gustl!

Ich komme erst [jetzt] dazu, Dein wertes Schreiben zu beantworten, welches mich sehr gefreut hat und daß Ihr alle gesund und munter seid. Ich war dieser Tage etwas angestrengt, nicht etwa wegen Arbeit, sondern nur vom Zuschauen und etwas anschaffen, weil Johann seinen Knecht meinen Ausgeding-Acker düngen und bearbeiten läßt. – Wohl fühle ich [mich] nicht sehr schwer krank, sondern nur ist bei etwaiger Bewegung der Atem etwas kürzer und die Füße wollen nicht weit spazieren gehen. Schlafen kann ich etwas besser. Es kam noch etwas unerwartetes dazu. Die gute Kuh bekam ein Milchfieber, so daß [ich] einen Tierarzt rufen mußte. Dieses dauerte 14 Tage an und verursachte viel Zeitversäumnis. Was den kleinen Baumzieher anbelangt, ist seine Baumschule in bester Ordnung; alle Bäumchen sind schön grün belaubt und zeigen Lust zum Wachsen. Die Witterung ist ziemlich günstig. Was mich betrifft habe ich wohl viele bange Stunden und bedauere das Ableben der Müki, mit der ich zufrieden hätte leben können. Ich bedaure, daß ich als alter Mann allein dastehe und ich blos [sic] fremde Gesichter zu sehen bekomme. Es kommen mich zuweilen Verwandte besuchen, jedoch gehen sie wieder ihren Geschäften nach. Nur der Hund, welcher noch aufrichtig ist, bleibt. An alle herzliche Grüße

Großvater

Fast 33 Jahre lebten meine Großeltern Gustav und Hermine Weyrich als Eheleute im landwirtschaftlich ausgerichteten Teil Österreichisch Schlesiens. Die dörfliche Wohnumgebung der Großeltern sowie die Stadt Troppau als Altersruhesitz befanden sich seit 1742 in einem Grenzland, das durch die Trennung historisch zusammenhängender Gebiete durch Fürstenwillkür zustande gekommen war. Die betroffenen Menschen waren nicht gehört worden. Sie fühlten sich aber weiterhin als Schlesier und bewahrten eine „schlesische Mentalität".

Mentalitätsunterschiede, die zwischen einzelnen Regionen der Heimat meiner Großeltern bestanden, sind durch unterschiedliche historisch-politische Einflüsse zu erklären. Einen beträchtlichen Mentalitätsunterschied in Österreichisch Schlesien gab es zwischen „West" und „Ost" (Gebiet um Teschen). Die Kartenskizze auf S. 95 soll Territorien und Einflussbereiche veranschaulichen, die in der „weiteren Heimat" der Großeltern prägend auf die Einwohner wirkten.

Manche Einflüsse sind erahnbar, und sie werden noch im 18. und 19. Jh. wirksam gewesen sein. Der Handel innerhalb des Kronlandes blühte im 19. Jh. Zum Beispiel erhielt mein Urgroßvater Adolf Weyrich am 12. Juni 1881 (laut Frachtbrief) eine Lieferung von gewalzten Eisenträgern, die ihm das heute noch bestehende Witkowitzer Eisenwerk für den Neubau der Nr. 28 gefertigt hatte. Das 1881 erbaute Zossener Wohnhaus steht noch heute.

Die Karte auf S. 95 zeigt vier Orte, welche die Lebensregion der Großeltern darstellen. Die Entfernungen zwischen ihnen betragen in grober Schätzung:

Oberhermsdorf (Nr. 3)	– Röwersdorf (Nr. 4):	45 km
Troppau (Nr. 2)	– Röwersdorf (Nr. 4):	40 km
Zossen (Nr. 1)	– Röwersdorf (Nr. 4):	45 km
Zossen (Nr. 1)	– Troppau (Nr. 2):	20 km

Die Wohnsitze der jeweiligen Schwiegereltern lagen also nicht aus der Welt. Die Görlich-Familie in Röwersdorf half meiner Großmutter während ihrer Schwangerschaften, und so wurde Röwersdorf zum Geburtsort des zweiten Kindes (Tante Trude) und des dritten Kindes (Onkel Fred).

Die tatkräftige Unterstützung durch den „Großvater" Adolf Weyrich während des I. Weltkrieges erstreckte sich auch auf die Obstlieferung für die Enkelkinder (vgl. Postkarte S. 92). Meine Mutter Hermine, das vierte und letzte Kind meiner Großeltern, kam 1920 in Oberhermsdorf zur Welt.

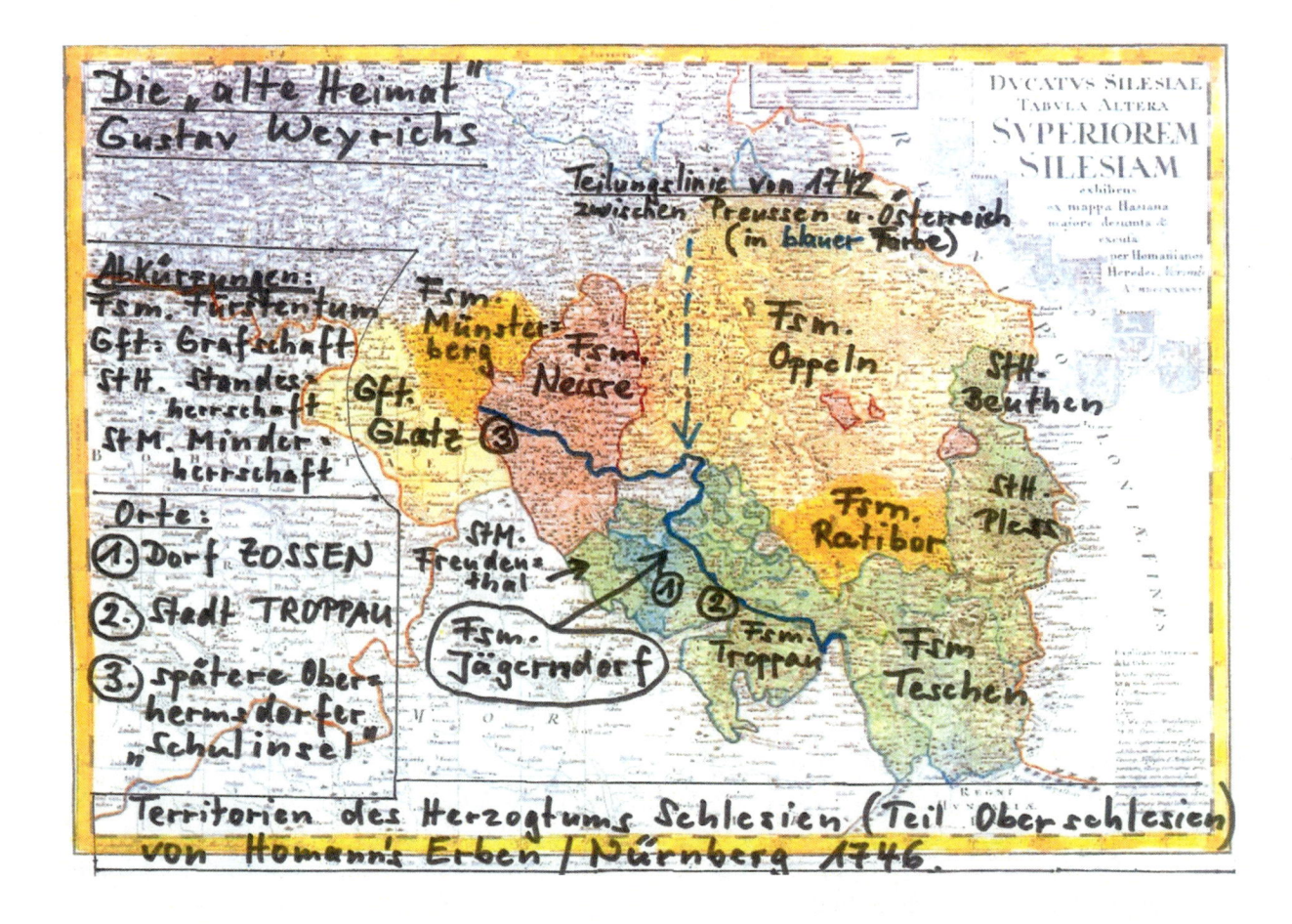

Wohnorte der Großeltern WEYRICH

Landkarte (1746) Ducatus Silesiae Homann's Erben/Nürnberg

▬ Teilungslinie der oberschlesischen Fürstentümer Neisse (A), Jägerndorf (B), Troppau (C) von 1742

① Dorf ZOSSEN
② Stadt TROPPAU
③ Bereich der späteren Landw. Schule Oberhermsdorf bei Barzdorf
④ Röwersdorf (in der mährischen Enklave Hotzenplotz)

Skizze zur weiteren Heimat der Großeltern

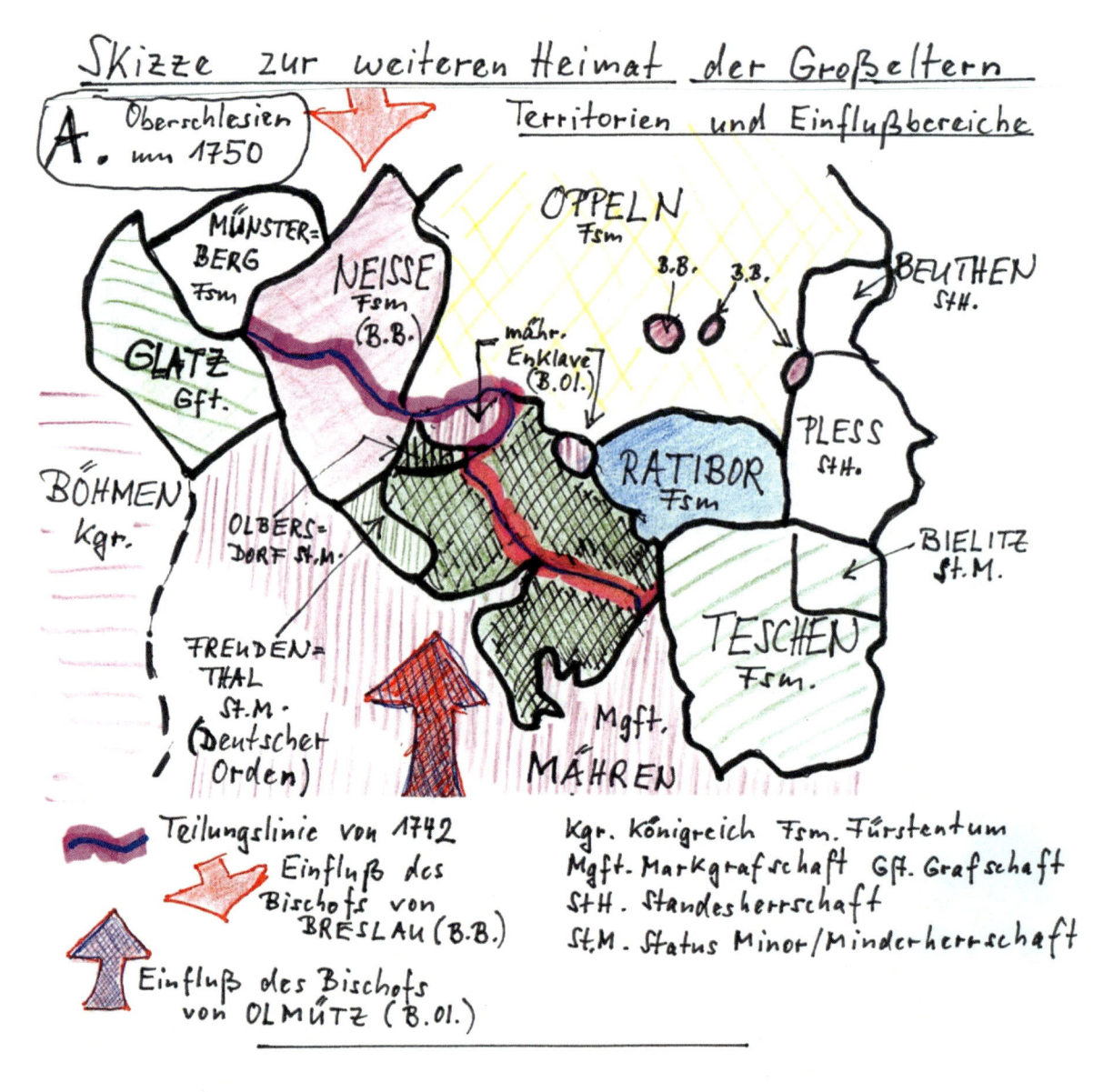

A. Oberschlesien um 1750 — Territorien und Einflußbereiche

- MÜNSTERBERG Fsm
- NEISSE Fsm (B.B.)
- OPPELN Fsm
- BEUTHEN StH.
- GLATZ Gft.
- mähr. Enklave (B.Ol.)
- RATIBOR Fsm
- PLESS StH.
- BÖHMEN Kgr.
- OLBERSDORF St.M.
- BIELITZ St.M.
- FREUDENTHAL St.M. (Deutscher Orden)
- TESCHEN Fsm.
- Mgft. MÄHREN

Legende:
- ～ Teilungslinie von 1742
- ⬇ Einfluß des Bischofs von BRESLAU (B.B.)
- ⬆ Einfluß des Bischofs von OLMÜTZ (B.Ol.)

Kgr. Königreich Fsm. Fürstentum
Mgft. Markgrafschaft Gft. Grafschaft
StH. Standesherrschaft
St.M. Status Minor / Minderherrschaft

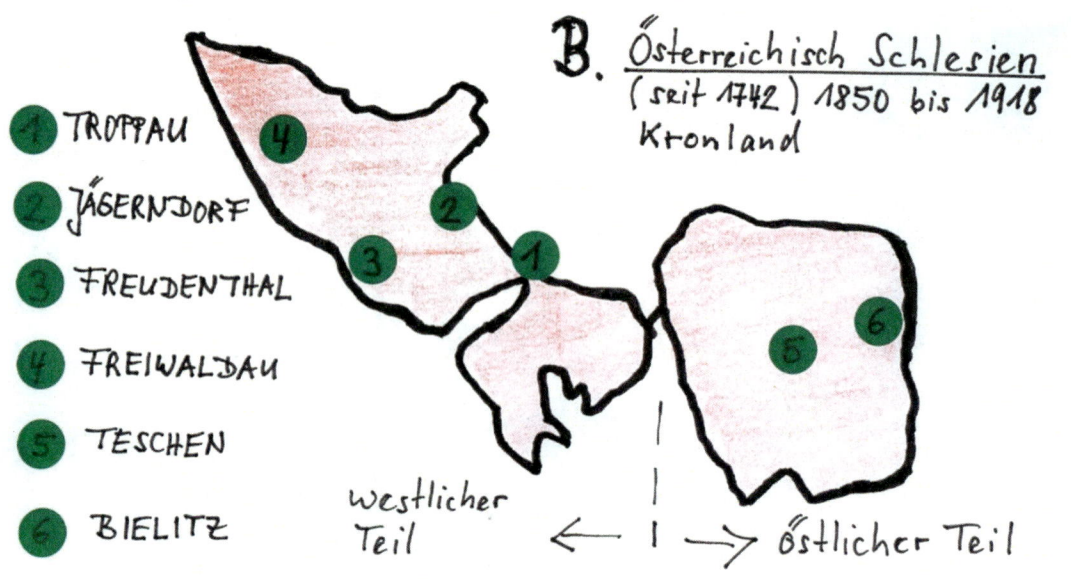

B. Österreichisch Schlesien (seit 1742) 1850 bis 1918 Kronland

1. TROPPAU
2. JÄGERNDORF
3. FREUDENTHAL
4. FREIWALDAU
5. TESCHEN
6. BIELITZ

westlicher Teil ← | → östlicher Teil

Kapitel 5

Mein Großvater und das Militär

a) Der Einjährig-Freiwillige beim k.u.k. Infanterieregiment Kaiser Nr. 1 in Troppau

Mein Großvater war nicht nur ein Kind Zossens, sondern auch ein Kind seiner Zeit. Nach der „mit gutem Erfolg" abgelegten Matura-Prüfung nutzte er diese Berechtigung, um als Einjährig-Freiwilliger beim Militär zu dienen. Dieser Präsenzdienst vom 1. Oktober 1902 bis 30. September 1903 erfolgte auf eigene Kosten und bot die Möglichkeit, nach erfolgter Offiziersprüfung zum Leutnant „in der Reserve" ernannt zu werden. Dies gelang meinem Großvater.

Aus seiner Troppauer Schülerzeit war ihm das dort „garnisonierende" k.u.k. Infanterieregiment Kaiser Nr. 1 (Uniform: dunkelblau, dunkelrote Aufschläge, Goldknöpfe) ein Begriff, nicht zuletzt durch die Regimentskapelle, die Teil des städtischen Lebens war. Regimentsmarsch war der „Trautenauer Gefechtsmarsch" (aus dem Jahre 1866; komponiert von J. Preis). Der Schematismus von 1905[1] schreibt auf S. 1288: „Zur Erinnerung an den Sturm auf den Kapellenberg bei Trautenau 1866, bei welchem dieser Marsch gespielt wurde." Diesen Militärmarsch wird mein Großvater nicht selten gehört haben. Das Rekrutierungsgebiet des Troppauer Regiments lag im Kronland Österreichisch Schlesien, und so waren seine Soldaten schlesischer Herkunft. Um Troppau herum gab es auch Gebiete, in denen Tschechisch die Muttersprache der Bewohner war. Ein hoher Anteil der Regimentsangehörigen war aber deutschsprachig (82% Deutsche, 15% Tschechen, 3% andere im Jahre 1914), und so könnte man die Einser als „deutsches Regiment" betrachten.

Zur Zeit des Präsenzdienstes des Maturanten Gustav Weyrich waren alle vier Bataillone sowie der Regimentsstab in Troppau stationiert. Mein Großvater entschied sich aus verständlichen Gründen für die Ableistung des Freiwilligenjahres in Troppau, und so erlernte er dort die Grundlagen des infanteristischen Einsatzes. Durch Ehrgeiz und Ausdauer war ihm letztlich Erfolg beschieden, und er wurde Korporal-

Einjährig-freiwilliger Korporal; vermutlich 1. Jahreshälfte 1903. Der Oberlippenbart sollte später als „Schnauzer" zum Erkennungszeichen Gustav Weyrichs werden.

---

[1] Schematismus für das kaiserliche und königliche Heer und für die kaiserliche und königliche Kriegsmarine für 1905. Amtliche Ausgabe. Wien (ohne Jahr).

Kadett. Im Schematismus von 1905 (a.a.O.) ist – wie es der Brauch war – auch mein Großvater unter den Kadetten in der Reserve des Infanterieregimentes Nr. 1 verzeichnet (auf S. 411). Unter dem Datum 1. Jänner 1904 ist er als Reservekadett (auf. S. 405) vermerkt.

Der Schematismus von 1909 nennt ihn noch bei den Fähnrichen; 1910 gehörte er zu den Leutnanten in der Reserve des Troppauer Hausregimentes. (Ernennung zum Leutnant am 1. Jänner 1909.) Die Leutnants-Charge war für meinen Großvater Grund für Freude und Stolz, hob sie ihn doch aus dem Kreis der Familie, der Zossener und der Freunde etwas heraus.

Den an republikanische Staatsverhältnisse gewöhnten Leser erstaunt und befremdet ein wenig ein Kapitel von 16 Seiten des Schematismus, das dem „militärischen" Teil vorangestellt ist. Die Genealogie des „Allerhöchsten Herrscherhauses" umfasst mehr als 200 Namen von lebenden und verstorbenen Mitgliedern der Familie Habsburg-Lothringen. Die Verflochtenheit des Herrscherhauses mit der bewaffneten Macht wird sehr deutlich. Der k.u.k. Offizier sollte in seinem Herzen Bindungen an die Habsburger entwickeln, und die Kenntnis der Familienzusammenhänge war dafür eine Voraussetzung.

Die Ranglisten der jährlich neu erscheinenden Schematismen geben auch einen gewissen Aufschluss über den Werdegang der einzelnen Offiziere. Es finden sich auch Hinweise zu historischen Personen, die überraschen. Im Schematismus von 1905 z.B. taucht auf Seite 14 Erzherzog Carl Franz Joseph auf, der später als Kaiser Karl I. der oberste Kriegsherr meines Großvaters werden sollte, und zwar als „Leutnant im Ulanenregimente Erzherzog Otto Nr. 1", dessen Regimentsinhaber sein eigener Vater war. Der Vater des späteren Kaisers Karl, Erzherzog Otto Franz Joseph, ist auf S. 158 noch als Feldmarschallleutnant und Generalkavallerieinspektor aufgeführt. Er wurde 1905 vorzeitig pensioniert, weil er bereits unheilbar erkrankt war. Unter den verstorbenen Mitgliedern des Hauses Habsburg-Lothringen (deren Namen sind eingeklammert) ist auf Seite 12 Erzherzog Rudolf noch als „Kronprinz und Thronfolger" aufgeführt. Erzherzog Franz Ferdinand von Österreich-Este wird nicht als „Thronfolger" bezeichnet; er steht „zur Disposition des Allerhöchsten Oberbefehles".

Nur knapp 10 Jahre nach dem Redaktionsschluss für den Schematismus 1905 löste die Ermordung Franz Ferdinands in Sarajewo den 1. Weltkrieg aus und damit die Mobilisierung des Leutnants Weyrich.

Ein herausragender Kenner der k.u.k. Armee, der ehemalige Direktor des Heeresgeschichtlichen Museums in Wien, Johann Christoph Freiherr von Allmayer-Beck, erläutert auf S. 189 seines Werkes[2] über die k.(u.)k. Armee 1848–1914 das Schlagwort: „Das goldene Portepee nivelliert" wie folgt:

„Für den k.u.k. Offizier bedeutete dies nicht mehr und nicht weniger, als daß die Kameradschaft und die Standesehre unteilbar und damit für jeden verpflichtend war. Der älteste Feldmarschall wie der Erzherzog im Waffenrock hatten sich diesen Formen und Anschauungen ebenso zu unterwerfen wie der jüngste Leutnant."

Allmayer-Beck stellt eine „Nivellierung von unten nach oben fest" und erläutert dies: Danach

„… handelte es sich hier um eine wirkliche Nivellierung, nur mit dem Unterschied, daß sie nicht wie gewöhnlich nach unten, sondern – und darin lag das Außerordentliche – nach oben erfolgte. Nicht der Kaiser stieg zu seinen Offizieren hinunter und stellte sich mit ihnen gewissermaßen

---

[2] Johann Christoph Allmayer-Beck und Erich Lessing. Die K.(u.)K.-Armee 1848–1914. München, Gütersloh, Wien 1974.

in ‚Reih und Glied', sondern das Offizierskorps zog seinen, des ‚Kaisers Rock' an und stieg damit zu seinem obersten Kriegsherrn empor." (a.a.O., S. 189)

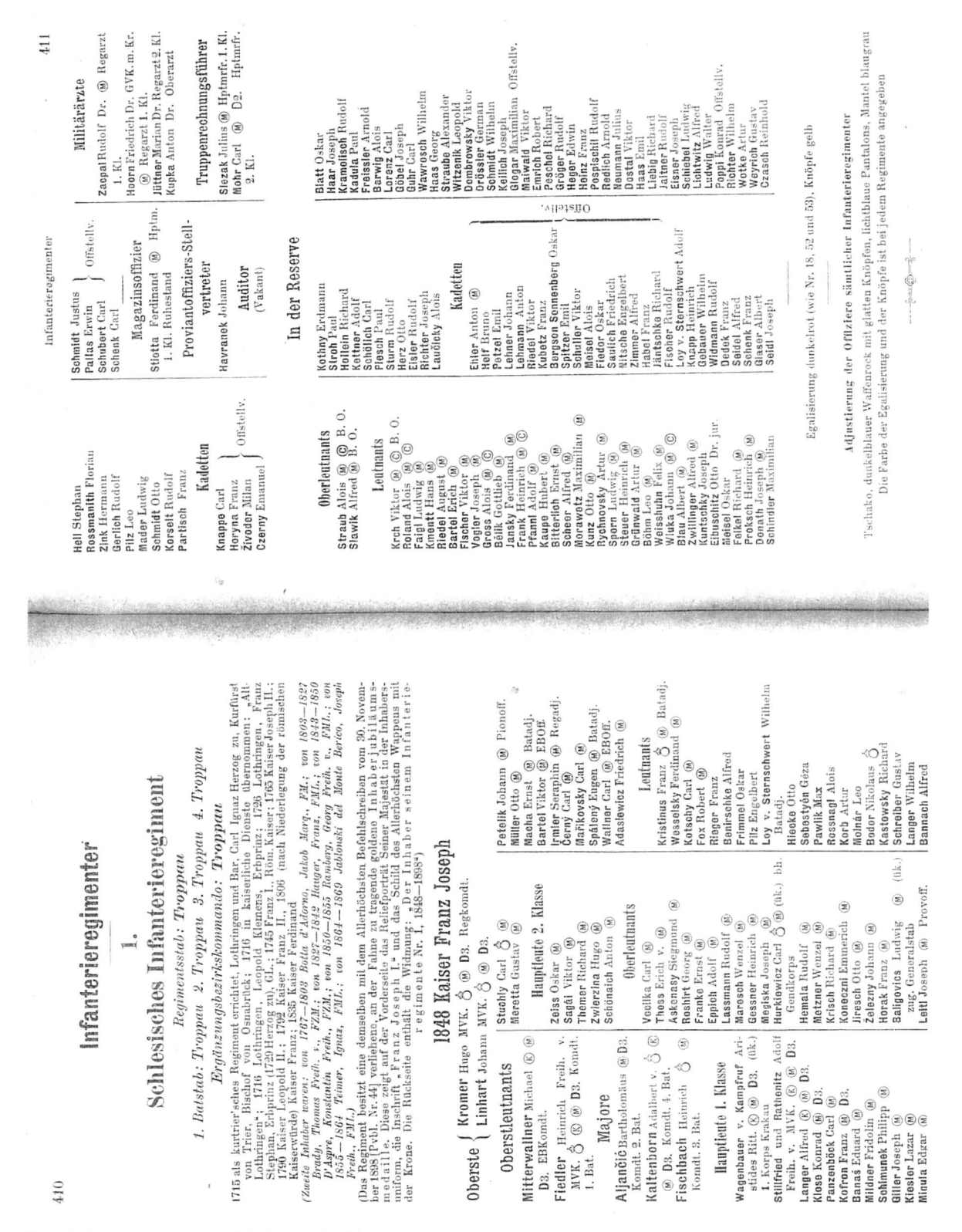

Der Schematismus von 1905, S. 410/411

Jährlich druckte die k.k. Hof- und Staatsdruckerei in Wien den „Schematismus für das kaiserliche und königliche Heer und die kaiserliche und königliche Kriegsmarine". Am 1. Dezember des vorangehenden Jahres wurden die Listen abgeschlossen, ein Personenverzeichnis, das die Namen aller Offiziere und Offiziersanwärter sowie Rang und zum Teil die Dienststellung enthält.

99

Die Einheit des Offiziersstandes vom Leutnant bis in die Generalsränge ging einher mit einer sehr scharfen Abgrenzung zum Unteroffizierscorps, egal ob mit oder ohne Portepee.

Der Einjährig-Freiwillige Gustav Weyrich war fleißig, strebsam und ehrgeizig. Er hatte „bürgerliche Ideale", wie sein späterer Lebensweg zeigt. Er schätzte eine solide Schulbildung, strebte eine gesicherte Berufsstellung an, gründete eine Familie, war vierfacher Vater und mühte sich in seinem selbst gewählten Berufe redlich und pflichtbewusst.

Diese bürgerlichen Ideale stehen in einer gewissen Spannung zur Lebensstimmung, wie sie nach Allmayer-Beck bei vielen „k.u.k. Offizierstypen" anzutreffen war. Ganz gewiss hat mein Großvater das „Fluidum" erlebt, „das den Offizieren alten Schlages anhaftet, nämlich dieses unnachahmliche Gemisch aus knabenhaft heiterer Lebenskunst, hintergründig-sehnsüchtiger Schwermut und einem vielleicht etwas weltfremdem, aber alles mitreißenden Idealismus." (Allmayer-Beck, a.a.O., S. 192)

Das von Allmayer-Beck skizzierte „Fluidum" hatte sich bei k.u.k. Berufsoffizieren herausgebildet. Der erdverbundene schlesische Bauernsohn Gustav Weyrich hat wenig von diesen Haltungen – bis auf den Idealismus – übernommen, da sie nicht zu seinem Werdegang und zu seinem Lebensumfeld passten. Mit dem Offiziersstatus übernahm er – ob er wollte oder nicht – auch den damals für Offiziere (auch des „Beurlaubtenstandes") geltenden Ehrenkodex sowie politische Grundeinstellungen, die im Offizierskorps selbstverständlich und für alle verpflichtend galten.

Als 120 Jahre nach der Ableistung des einjährig-freiwilligen Dienstes durch meinen Großvater der Enkelsohn sich an die Abfassung der Biographie Gustav Weyrichs begab, war die Wehrpflicht in Deutschland ausgesetzt. Die Menschen der heutigen „offenen" Gesellschaft der ersten Jahre des 21. Jahrhunderts vermögen vieles nicht mehr einzuschätzen, was mit der allgemeinen Wehrpflicht zu tun hat. Die Vorstellungswelt der Menschen, die von einer noch ständisch aufgebauten Gesellschaft geprägt waren, erscheint sehr fremd. Um in die Vorstellungswelt eines Einjährig-Freiwilligen eindringen zu können, ist das Studium eines 1895 in Berlin erschienenen einschlägigen Werkes hilfreich. Adressat des Buches, verfasst vom Hauptmann und Kompaniechef Max Menzel, ist der künftige „Officier des Beurlaubtenstandes", in späteren Zeiten Reserveoffizier genannt. Im Begriff der Reserve kann etwas Abwertendes mitschwingen, sodass – gewollt oder ungewollt – bei dessen Gebrauch eine Zweitklassigkeit suggeriert wird.

Max Menzel erläutert in seinem 254 Seiten starken Werk[3] den Zusammenhang der Einführung der allgemeinen Wehrpflicht in Preußen 1813 mit der Notwendigkeit, „tüchtige Offiziere des Beurlaubtenstandes heranzubilden (vgl. S. 14–16, a.a.O.). Mit Tüchtigkeit ist hier durchaus „Kriegstüchtigkeit" gemeint, und der Offizier des Beurlaubtenstandes wird als Krieger verstanden, und er soll auch lernen, sich als solcher zu verstehen.

„Der Mangel an aktiven Offizieren veranlasste die preußische Heeresleitung, einen außerordentlich glücklichen Gedanken zur Ausführung zu bringen, nämlich Offiziere zu ernennen, welche für gewöhnlich ihrem bürgerlichen Beruf nachgehen konnten, und die nur ausnahmsweise Militärdienst verrichten sollten.

Diese Offiziere sollten gerade nur soviel ihrem bürgerlichen Berufe entzogen werden, als es notwendig erschien, ihnen militärische Dienstkenntnis für den Fall eines Krieges beizubringen." (a.a.O., S. 15/16)

Hauptmann Menzel erklärt das „Institut der Einjährig-Freiwilligen" folgendermaßen:

---

[3] Max Menzel. Der Einjährig-Freiwillige und Offizier des Beurlaubtenstandes der Infanterie. Seine Ausbildung und Doppelstellung im Heer und Staat. Berlin 1895.

„Um nun schon von Hause aus diejenigen Männer von Bildung in der Armee, denen man solche Offiziersstellen anzuvertrauen gedachte, auf jene Stellen hin zu erziehen, schuf man die Einrichtung der ‚Einjährig-Freiwilligen'. Es gebührt Preußen der Ruhm und die Ehre, zuerst das Institut der Einjährig-Freiwilligen geschaffen zu haben, welches den Ersatz für die Reserve- und Landwehr-Offiziere heranbildet; bald fanden sich Nachahmer, und heutzutage haben die meisten europäischen Staaten – selbst Rußland – diese bewährte Einrichtung auch bei sich eingeführt." (a.a.O., S. 16)

Oberst Julius Weyrich schreibt in der Regimentsgeschichte der 28er[4] (a.a.O., S. 144/145) zu den Änderungen im österreichischen Heerwesen:

„In diese ersten Jahre nach 1866 fallen noch verschiedene mehr oder minder einschneidende Änderungen in unserem Heereswesen, so die Einführung der allgemeinen Wehrpflicht mit nur dreijähriger Präsenz-Dienstpflicht, die Schöpfung der Landwehr, der Einjährig-Freiwilligen und Reserve-Officiere, die Bewaffnung der Armee mit Hinterladern, die Abschaffung der körperlichen Züchtigung und die Einführung des jetzigen blauen Waffenrockes anstatt des altehrwürdigen weissen Rockes.

Die Soldaten ohne Charge werden seit jener Zeit auch nicht mehr Gemeine, sondern Infanteristen genannt."

Das gesellschaftliche Ansehen der Offiziere des Beurlaubtenstandes mag im deutschen Kaiserreich höher als in der Habsburgermonarchie gewesen sein. Die Ausgestaltung der Präsenzzeit des Einjährig-Freiwilligen war sicherlich sehr ähnlich.

Das Buch des Hauptmanns Menzel enthält den militärischen Lernstoff, der unerlässlich für die Ausübung des Dienstes als Offizier ist, und stellt heute eine Fundgrube auch kurioser Gebräuche und Gepflogenheiten dar.

Nicht kurios und sehr ernst gemeint ist der Abschnitt über *Kriegerehre* (a.a.O., S. 30–33). Nach einer Definition des Ehrbegriffs, insbesondere der *Standesehre*, wird eine ganze Seite dem Begriff und der Vorstellung von Soldatenehre gewidmet. Noch ausführlicher wird die *Offiziersehre* dargestellt. Die von Hauptmann Menzel zusammengestellten Aussagen über die Ehre eines preußisch-deutschen Offiziers dürften im „alten Europa" vor und um 1900 in allen Armeen Gültigkeit besessen haben.

Auf die „Officier-Standesehre" ist nach Hauptmann Menzel (a.a.O., S. 32) besonders zu achten:

„Verlangt man beim Soldaten schon Mut bei Verteidigung seiner Ehre, so ist die genannte Tugend vom Offizier doppelt zu fordern. Wer nicht die Fähigkeit besitzt, seine Ehre mit außerordentlichem Mut zu verteidigen, der darf nicht länger Offizier bleiben; denn dessen soldatische Eigenschaften dürften der Armee nur herzlich wenig Nutzen bringen." (a.a.O., S. 32)

Das Duell wird zur Wahrung der Ehre durch Menzel als letztes Mittel im äußersten Falle anerkannt. Zur Gewinnung und „Erhaltung der großen Offiziersautorität im Volke" (a.a.O., S. 32) muss der Offizier als Krieger seine Ehre auch gegenüber Zivilisten wahren. Menzel fasst zusammen:

„Der Offizier, der mit Revolver und Säbel in der Hand dem Feinde rücksichtslos auf den Leib rücken soll, der bei inneren Unruhen, bei denen die Polizei des Militärs bedarf, eine segensreiche, unter Umständen vermittelnde, stets aber mutige Rolle spielen wird, braucht eine hohe

---

[4] Zweihundert Jahre des k.u.k. Infanterie-Regimentes Humbert I., König von Italien Nr. 28. Prag 1898.

Autoritätsstellung nicht nur vor seinen Untergebenen, sondern auch vor dem Civilpublikum." (a.a.O., S. 32)

Der Untertitel von Menzels Buch spricht die „Doppelstellung" des Offiziers des Beurlaubtenstandes „im Heer und Staat" an. Die Seiten 219 ff. handeln von der Verordnung über die Ehrengerichte und die Wahrung der Standesehre des deutschen Offiziers. Ganze drei Seiten werden dem standesgemäßen Auftreten gewidmet (Anzug, Lebenswandel, gesellschaftlicher Aufwand, guter Leumund und Vermeiden von Klagen.) Das Duell wird breit abgehandelt; die Grundpositionen dazu sind bekannt und brauchen hier nicht wiederholt zu werden. Eine sehr deutliche Aussage über das Verhältnis des deutschen Reserveoffiziers zum Staat und zur Politik macht Menzel auf S. 232 (a.a.O.):

„Daß der Reserve-Offizier zu den staatserhaltenden, königstreuen Parteien gehört, ist wohl selbstverständlich; denn ein anderer Standpunkt verträgt sich schlechterdings nicht mit dem Fahneneide.

Ein Reserve-Offizier, der die Kühnheit besäße, als Führer oder Mitglied einer Partei aufzutreten, die die Königstreue ableugnet, muß seiner Offizierswürde entkleidet werden."

Soweit die Aussagen über den Reserveoffizier im deutschen Kaiserreich.

Allmayer-Beck trifft auf Seite 183 (a.a.O.) die folgende klare Feststellung zur politischen Grundeinstellung der meisten k.u.k. Offiziere. Es

„… vertrat das Offizierskorps, bewußt oder unbewußt, eine sehr ausgeprägte politische Richtung, nämlich – wie nach dem bisher gesagten, nicht anders zu erwarten – die dynastisch-konservative Linie des Kaiserhauses oder, wie man es damals nannte, einen Reichspatriotismus."

Es gibt das Schlagwort vom „unpolitischen" k.u.k. Offizierskorps. Allmayer-Beck untersucht nüchtern dieses Schlagwort und kommt zum Schluss, dass ein „politisch indifferentes Offizierskorps" schwer vorstellbar sei (vgl. S. 183). In welchem Grade mein Großvater die politische Stimmung des Offiziersmilieus übernommen hat und wie die Infanterieoffiziere wirklich gefühlt und gedacht haben, muss dahingestellt bleiben. Sicherlich wird seine eigene politische Einstellung nicht unbeeinflusst von dem geblieben sein, was sich ihm durch seine militärische Umgebung mitgeteilt hat.

Der für Offiziere geltende Ehrenkodex hatte seinen Ursprung in einer Adelsethik. Das alte Ideal der Ritterlichkeit und der damit verknüpfte Begriff der ritterlichen Ehre beanspruchte im k.u.k. Offizierskorps des ausgehenden 19. Jh. und der Jahrhundertwende weiterhin seine Gültigkeit. Mit einer „bürgerlichen" Lebenseinstellung war dieses Ideal wenig vereinbar. Die Vorstellung von „ritterlicher Ehre" muss mein Großvater sehr verinnerlicht haben. In seiner Zeit an der Wiener Hochschule für Bodenkultur hatte er sich einer schlagenden Verbindung angeschlossen, die gleichfalls einen strengen Ehrenkodex beachtete.

Der Reserveoffiziersstatus meines Großvaters brachte ihm somit nicht nur ein gewisses soziales Ansehen ein; er musste sich freiwillig Verhaltensregeln und Zwängen unterwerfen, die seine persönliche Freiheit einengten und die u.U. auch zur Lebenslast werden konnten.

In der k.u.k. Armee herrschte bekanntlich der „Duz-Comment", man sprach sich vertraulich mit „Du" an, wodurch eine kameradschaftliche und freundschaftliche Haltung im „Offiziercorps" gefördert wurde. Ein Lichtbild zeigt meine Großmutter inmitten von Offizieren, und durch die Aufnahme teilt sich dem Betrachter Vieles der Atmosphäre mit, die zwischen den „Herren Officieren" herrschte. Meine Großmutter strahlt ob des Charmes der Kameraden ihres Mannes.

Freundschaftliche Gesten unter den „Standesgenossen" und die heiteren Mienen wirken nicht gespielt.

Meine Großmutter Hermine Weyrich im heiteren Kreise der Offizierskameraden ihres Mannes, 1915?

Selten dürfte meine Großmutter auf Bildern so befreit gelächelt haben. Sie war „nicht fotogen" und setzte oft eine gequälte Miene auf, wenn sie wusste, dass ein Augenblick „für die Ewigkeit" festgehalten werden sollte. Auf dem obigen Foto hat meine Großmutter den Fotografen offensichtlich ganz vergessen. Menschlich war die Zugehörigkeit zum engeren und weiteren Kreis des österreichischen Offizierskorps nicht nur keine Last, sondern ein zusätzlicher Gewinn an Lebensfreude.

Die verantwortungsvolle Stellung des Offiziers im Beurlaubtenstande Gustav Weyrich wurde von seiner Ehefrau „mitgetragen". Ohne diese Unterstützung wären die schweren Jahre des Kriegseinsatzes nicht durchzustehen gewesen. Die Ernsthaftigkeit zeigt sich am untenstehenden Foto.

Die Großeltern Hermine und Gustav Weyrich 1914, am Vorabend des 1. Weltkrieges im zweiten Ehejahr. Die Arme des Großvaters sind charakteristisch verschränkt, wie auf zwei Gruppenfotos mit seinen Bundesbrüdern. Das sichtbare rechte Handgelenk wäre beinahe dem Weltkriege zum Opfer geworden.

Der 29-jährige Ingenieur Gustav Weyrich als Leutnant der Reserve, 1910 [Jahreszahl unten rechts eingedruckt]. Angefertigt wurde das Foto vom Atelier „Kaiserlicher Rat J.F. Langhans K.u.k. Hof- und Kammerphotograph, Prag, Wassergasse 37". Das Foto entstand in der „Goldenen Stadt" an der Moldau.

b) Mein Großvater im 1. Weltkrieg 1914–1918

Bei der Mobilisierung 1914 gehörte mein Großvater zu den ersten Einberufenen des Infanterieregimentes Kaiser Nr. 1. Der Band V der Ausgabe „Der große Krieg 1914–1918. In zehn Bänden herausgegeben von Max Schwarte"[5], 1922, ist dem Verbündeten des Deutschen Reiches, Österreich-Ungarn, gewidmet. Der Band trägt den etwas eigenartig anmutenden Titel „Der österreichisch-ungarische Krieg", die Autoren sind höhere österreichische Offiziere, denen man das K.u.k. und eventuell den Adelstitel vor ihrem Dienstgrad abgenommen hat. Sie erläutern die kriegerischen Ereignisse zum Teil aus ihrer Sicht als Truppenführer, die unmittelbar an den kriegswichtigen Entscheidungen beteiligt waren.

Feldmarschallleutnant Max[imilian] von Hoen[6], der Direktor des Wiener Kriegsarchivs, schreibt (in Schwarte, a.a.O., S. 18) zur Stimmung der Österreicher am Tage der Kriegserklärung:

„Die Aufnahme, welche der Mobilmachungsbefehl und die am 28. Juli ergangene Kriegserklärung an Serbien in der gesamten Bevölkerung fand, überstieg alle Erwartungen. Eine Welle der Begeisterung ging über alle Länder der Donaumonarchie hinweg. Einmütig kam die Bejahung des Reichsgedankens überall zum Ausdruck, sowohl in der Presse aller Sprachen, als auch in der Haltung aller Schichten der Bevölkerung, aller politischer Parteien, in der opferfreudigen Bereitwilligkeit aller, den aufgezwungenen Kampf siegreich durchzufechten, den Bestand des Gesamtstaates zu erhalten und zu sichern. (Hoen, a.a.O., S. 18)

Wie bekannt, herrschte beim Ausbruch des 1. Weltkriegs auch in Deutschland große Kriegsbegeisterung, die auch merkwürdige Blüten hervorbrachte. Wahrscheinlich konnte mein Großvater nicht das Opfer einer dümmlichen Kriegspropaganda werden, denn er hatte sich ja an seinen verschiedenen Wohnsitzen ein Bild vom jeweiligen Land und den jeweiligen Bewohnern des Vielvölkerstaates (Serben, Bosniaken, Tschechen) machen können. Die Überzeugung von der Notwendigkeit des Krieges dürfte er allerdings geteilt haben, denn durch seine bisherige Lebensgeschichte wird er die Erkenntnis Carl von Clausewitz', dass der Krieg die Fortsetzung der Politik mit anderen Mitteln sei,[7] bejaht haben. In den damaligen Kreisen meines Großvaters dürfte die Überzeugung geherrscht haben, ein Krieg gegen Serbien sei notwendig und berechtigt. Die letzten Ziele ihrer Kriegführung dürften allerdings den in den 1. Weltkrieg verwickelten Parteien selbst nicht klar gewesen sein.

Der Ausbruch des 1. Weltkrieges ist verknüpft mit dem Namen des k.u.k. Generalstabschefs Franz Conrad von Hötzendorf. Dieser gehörte vor Kriegsausbruch zur „Kriegspartei" und war ein Befürworter von Präventivkriegen. Der berühmte Militärstratege hat einen überraschenden Bezug zu Troppau und dem k.u.k. Infanterieregiment Kaiser Nr. 1. Vom Oktober 1895 bis zum April 1899 war Oberst Conrad Regimentskommandant. Es ist nicht nur undenkbar, sondern es ist sogar sehr wahrscheinlich, dass mein Großvater während seiner Troppauer Schülerzeit den damaligen Oberst zu Gesicht bekommen hat und ihm begegnet ist.

Eine etwas makabre Begegnung mit dem großen Strategen des 1. Weltkrieges, der 1923 in Bad Mergentheim verstarb, hatten und haben meine Wiener Verwandten: Das Grab der beiden Brüder meines Vaters sowie meiner Großmutter Marie Frimmel (alle nach dem 2. Weltkrieg beigesetzt) liegt auf dem Hietzinger Friedhof, gar nicht weit von dem Grab entfernt, in dem Franz Conrad von Hötzendorf beigesetzt ist. Auch so kann die Begegnung „kleiner Leute" mit den Großen und

---

[5] Max Schwarte (Hrsg.). Der große Krieg 1914–1918 in zehn Bänden. Band 5. Der österreichisch-ungarische Krieg. Bearbeiter: Max Hoen. München 1922.
[6] Lt. Wikipedia (letzter Zugriff 12.9.2023).
[7] Carl von Clausewitz: Vom Kriege, 1. Teil, 1. Buch, 1. Kapitel, § 24. Frankfurt/Main u.a. 1980.

Einflussreichen dieser Welt aussehen. Unwillkürlich kommt einem das Wiener „Hobellied" in den Sinn: „Das Schicksal setzt den Hobel an und hobelt alle gleich."

Der frischgebackene Familienvater Gustav Weyrich und Vater eines ersten Kindes, eines Sohnes, der im Mai 1914 zur Welt gekommen war, folgte dem Ruf zu den Waffen ohne Murren. Zur Mitte des Krieges wurde ein zweites Kind, eine Tochter geboren, und pünktlich im Monat Dezember – nach dem Kriegsende – der zweite Sohn. Meine Großmutter nahm die Ereignisse mit Fassung und Gottergebenheit hin.

Meine Großmutter, ein „Marienkind", war zeitlebens davon überzeugt, dass ihre inständigen Gebete für ihren Mann erhört worden waren. Durch ihr Beten, das sie auch nach dem 1. Weltkrieg und in den schweren Zeiten, die sie im Leben noch bewältigen musste, stets beibehielt, war ihrem lieben „Gustl" letztlich die glückliche Heimkehr beschieden worden.

Vor dem 1. Weltkrieg war es in Österreich-Ungarn nicht unüblich, dass die Bataillone turnusmäßig in andere Stationierungsorte verlegten, denn man wollte mit Absicht das Stationierungs- vom Rekrutierungsgebiet trennen. Auf Seite 246 gibt Allmayer-Beck als Friedensgarnison am 28.6.1914 für das Regiment „Kaiser Nr. 1" an:

Stab, II., III. Btl. I Krakau, IV. Btl. In Troppau, I. Btl. in Mostar.

Über den Kriegsbeginn schreibt das Goldene Buch[8], wobei es sich vermutlich um die Selbstauskunft meines Großvaters handelt:

> „Am 1. August 1914 rückte Ing. Weyrich bei der allgemeinen Mobilisierung als Leutnant zum 1. Infanterieregimente nach Troppau ein und kam nach zehntägigem Aufenthalte in Oderberg Mitte September 1914 nach Serbien. Infolge einer Beinerkrankung wurde Ing. Weyrich dem Oberkommando der Balkanstreitkräfte auf vier Wochen zugeteilt. [Anm. des. Verf.: Dieses befand sich in der Festung Peterwardein, heute Petrovaradin]
>
> Im Juli 1915 ging er auf den italienischen Kriegsschauplatz, wo er zweimal verwundet wurde."

Leutnant Ing. Gustav Weyrich (dunkler Waffenrock) nach der Mobilisierung Aug. 1914 mit zwei Offizierskameraden vor der marschbereiten Kompanie, Oderberg 1914

---

8 Julius Weyrich. Das Goldene Buch der Gemeinde Zossen. Aubeln 1933.

Ich erinnere mich, als Kind immer wieder das rechte Handgelenk meines Großvaters bestaunt und abgetastet zu haben. Unterhalb des Handgelenkes, umgeben von bläulichen Adern, die beim gealterten Großvater deutlich hervortraten, steckten die Reste eines Projektils. Dieses hatten die Militärärzte nicht entfernen können und zwischen den Adern und Nervenbahnen belassen. Mein Großvater gab dazu Erläuterungen, die ich aber nicht verstanden habe. Arme und Hände des Großvaters waren nicht geschädigt und konnten bis ins hohe Alter ohne Einschränkungen gebraucht werden.

Max von Hoen schreibt über die Mobilmachung der k.u.k. Armee:

„Um den Eisenbahnen Zeit zur Vorbereitung zu geben, wurde der 27. Juli als Alarmtag, der 28. als erster Mobilmachungstag festgesetzt. Doch die Reservisten und Landsturmmänner drängten auf die erste Bekanntmachung sofort zu den Fahnen und füllten in beängstigender Zahl noch vor dem 28. die Kasernen. Der Einrückkalkül wurde auch in anderer Richtung überboten: der Prozentsatz der nicht einrückenden Leute war weit geringer, als auf Grund früherer Erfahrungen angenommen worden war." (a.a.O., S. 19)

Die herausragende Bedeutung der Eisenbahn für den Aufmarsch von Armeen wurde im ausgehenden 19. Jahrhundert schnell erkannt, und weitschauend planten die Generalstäbler aller Armeen die notwendigen Eisenbahntransporte. Max Menzel (a.a.O.) erwähnt 1895 auf S. 149 die Eisenbahnabteilung des (preußischen) Großen Generalstabes. Auf S. 147 (a.a.O.) steht:

„3 Eisenbahn-Regimenter zu je 2 Bataillonen besitzt Preußen; Bayern 1 Eisenbahn-Bataillon."

In der k.u.k. Armee wird es ähnlich gewesen sein! Jedenfalls gab es beim österreichischen Generalstab ein „Eisenbahn-Bureau".

Der zehntägige Aufenthalt des Leutnants Gustav Weyrich und seiner Männer in Oderberg wird erklärlich, wenn man von Max von Hoen erfährt:

„daß Kriegsstand und Marschbereitschaft der Truppen zumeist vor dem festgesetzten Zeitpunkt hergestellt waren, daß aber die Eisenbahntransporte in Richtung Serbien wegen der erforderlichen Truppentransporte nach Galizien zum Aufmarsch gegen Rußland verzögert wurden." (vgl. Hoen, a.a.O., S. 20)

Ein Kriegsfoto meines Großvaters – das hier nicht wiedergegeben ist – zeigt ihn auf einem Bahnhof, dessen Außenwand ein Bildnis des obersten Kriegsherrn schmückt. Kaiser Franz Joseph I. schaut der Eisenbahnverladung girlandengeschmückt von der Giebelseite des Gebäudes aus zu. Eine Girlande – links von seinem Brustbild aus gesehen – hängt herunter; dies mag ein Gleichnis sein für das Verhältnis von Planung und deren Verwirklichung. Die abgebildeten Personen machen einen durchaus zuversichtlichen Eindruck, und mein Großvater blickt mit Stolz auf die Szene.

Nach der Bahnverladung ging es in den Einsatz. Ob dieser erste infanteristische „Marscheinsatz" an der serbischen Front oder an der neu hinzugekommenen galizischen Front erfolgte, macht für die weitere Kriegsteilnahme meines Großvaters keinen Unterschied. Vom Eisenbahnknotenpunkt Oderberg (heute Bohumín) war ein Transport sowohl zum serbischen wie zum galizischen Frontbereich bahntechnisch kein Problem. Die erforderlichen Marschleistungen müssen für den bereits 33-jährigen Leutnant Gustav Weyrich aber eine zu große Belastung gewesen sein: Sein Körper reagierte mit einer Beinerkrankung. Dies wird meinem Großvater sehr ungelegen gewesen sein, wollte er doch seinen Mann beim Heimatregimente stehen. Eine andere Verwendung musste vom Militär für ihn gefunden werden.

Lapidar heißt es im Goldenen Buch (a.a.O., S. 32), er sei dem Oberkommando der Balkanstreitkräfte zugeteilt worden. Was im Leben zunächst als unwillkommenes Unglück wirkt, stellt sich nach einer Weile oft als gar nicht unglücklich heraus, sondern als glückliche Fügung. Nach seinen früheren beruflichen Erfahrungen auf dem Balkan war die Tätigkeit beim Oberkommando sicher eine Herausforderung. Nach der Heilung der Beinerkrankung ging es für meinen Großvater wieder zur kämpfenden Truppe. Das k.u.k. Infanterieregiment Kaiser Nr. 1 gehörte laut Schematismen zu den Truppen der 5. Infanterietruppendivision, die dem ersten Armeekorps unterstellt war, und nahm an deren Unternehmungen teil. Das Infanterieregiment 1 gehörte zur 10. Infanteriebrigade, deren Sitz in Troppau war. Diese Brigade war der 5. Infanterietruppendivision mit Sitz in Olmütz unterstellt, und diese dem 1. Armeekorps in Krakau. Mein Großvater hat über Einzelheiten seines Kriegseinsatzes – wie es oft besonders nach verlorenen Kriegen üblich war – im Familienkreis nie gesprochen. Sie waren tabu. Die Operationen seines Verbandes und seinen Einsatz von Ende 1914 bis zum Sommer 1915 kann ich nicht ermitteln; der Fronteinsatz wird aber, wie die Erfahrung lehrt, für alle Teilnehmer anstrengend und belastend gewesen sein. Ab Juli 1915 musste mein Großvater auf dem italienischen Kriegsschauplatz seinen Kriegermut beweisen.

Alfred Krauß, ehemaliger k.u.k. General der Infanterie, zur Zeit des ersten Isonzo-Feldzuges als Generalstabschef der österreichisch-ungarischen Südwestfront eingesetzt (zitiert nach Schwarte, a.a.O., S. 141), gibt einen ausführlichen Bericht über die vier Isonzo-Schlachten, die sich nach der Kriegserklärung durch Italien (Kriegseintritt Italiens am 23.5.1915) ereigneten.

Die Anstrengungen der angreifenden italienischen Truppen, die den festen Willen hatten, die österreichische Front zu durchbrechen, die furchtbare Wirkung des Artilleriefeuers, der Mut der Verteidiger, sich der wiederholten hartnäckigen Angriffe der Italiener zu erwehren, werden ausgiebig dargelegt und gewürdigt.

Als mein Großvater im Juli 1915 auf den italienischen Kriegsschauplatz geschickt wurde, hatte die erste Isonzo-Schlacht gerade ihren Höhepunkt erreicht. Als eindrückliche Schilderung der schrecklichen Kämpfe sei hier die Beschreibung von General Krauß wiedergegeben. Zum 5. Juli 1915 schreibt er (a.a.O., S. 158):

„Vom frühen Morgen tobte ein Feuerorkan der italienischen Artillerie gegen die Hochfläche und gegen den Brückenkopf von Görz […]. Zweiundzwanzig Angriffe, mit stärkstem Einsatz gegen die wichtigsten Punkte der Hochfläche gerichtet, folgten kurz hintereinander. Die Hochfläche war in Rauch und Kampfgetöse gehüllt. Immer von neuem stürzten die frischen Truppen der Italiener auf die tapferen Verteidiger, die in unausgesetztem Nahkampf frohen Mutes rangen, mit Freude jede neue Welle der Italiener begrüßend – schwieg doch in dieser Zeit des Männerkampfes das furchtbare Artilleriefeuer, oder es hatte andere Ziele." (a.a.O., S. 158)

Die Italiener erleben eine heftige Gegenwehr und werden zurückgeschlagen, um dennoch wieder einen Angriff zu beginnen. Die Grausamkeit des Krieges, in den mein Großvater nun hineingeraten war, sprengt wohl alle Vorstellungen. Den erneuten Angriff der ungebrochenen italienischen Truppen schildert Krauß wie folgt:

„Das Feuer der Infanterie, die das furchtbare Artilleriefeuer in ihren Gräben überdauert hatte, und das Artilleriefeuer des Verteidigers zwangen sie [die Italiener] zur Umkehr. Sie flüchteten unter riesigen Verlusten in ihre Gräben zurück. Trotz dieses Misserfolges brachen um 4 Uhr 30 [des 5. Juli 1915] nachmittags die durch frische Truppen fortgerissenen Brigaden unter lebhaften Rufen »Avanti-Savoia!« über das leichenbesäte Vorfeld vor. Es gelang ihnen, über die zerschossenen Hindernisse in die Gräben einzudringen."

Soweit die Schilderung des erbitterten Ringens, durch das der erste Isonzo-Feldzug geprägt war.

Die Furchtbarkeit des Kampfes Mann gegen Mann, die Allgegenwärtigkeit des Todes, das wahnsinnige Artilleriefeuer: Mein Großvater muss sich vorgekommen sein, als sei er in die Hölle hinabgestiegen. Der k.u.k. Infanterie aus Österreichisch Schlesien wurde von dieser „Höllenfahrt" – wie den anderen eingesetzten Infanterieregimentern auch – nichts erspart.

Mein Onkel Fred wusste, dass sein Vater an mehreren der Isonzo-Schlachten teilgenommen hat. Obwohl mein Großvater nicht über den Kriegseinsatz sprach, interessierte er sich doch brennend für die historische Beschreibung der kriegerischen Ereignisse, an denen er beteiligt war. Meinem Onkel Fred habe ich lange nach dem Tode meines Großvaters ein Werk über die Isonzo-Schlachten geliehen, in das der Großvater sich gründlich vertieft hatte. Anlässlich der Rückgabe des Buches gerieten wir in einen hässlichen Streit, so dass mir der Name „Isonzo" in keiner guten Erinnerung geblieben ist.

Im Juli 1915 fand sich mein Großvater im ersten Isonzo-Feldzug wieder. Wann er die erste Verwundung erhalten hat, kann ich nicht erschließen. Jedenfalls zeigt ihn ein Foto im Garten eines Hospitals mit dem rechten Arm in der Schlinge und verwundeten Offizierskameraden, von denen drei im Bette liegend hatten in den Garten geschafft werden müssen. Es posieren auch eine Ordensschwester und ein Jagdhund.

Großvater im Garnisonsspital Nr. 1 in Wien, Dritter stehend von links, 1915?

Zwei „Heimatschüsse" unterbrachen die Einsätze Gustav Weyrichs an der italienischen Front. Die Verwundungen brachten etwas Tröstliches mit sich: Mein Großvater konnte in zahlreichen Verwendungen sogar beruflich von den Tätigkeiten im Stabe oder im militärischen Schulwesen Nutzen ziehen. Da mir kein detaillierter Bericht über seine Abkommandierungen vorliegt, kann ich nur aus an ihn adressierten Postkarten und Briefen seinen jeweiligen Aufenthaltsort erschließen.

Am 26.10.1915 wurde eine Karte an den Oberleutnant Weyrich mit der Anschrift „Schulgasse Nr. 3, Wiener Neustadt" aufgegeben. Fünf Monate zuvor (am 10.5.1915) hatte mein Großvater seiner Frau Hermine einen Kartengruß aus dem Städtchen Bennisch[9] geschrieben und sie um einen baldigen Besuch „noch in dieser Woche" gebeten.

Der Aufenthalt in Bennisch wird durch eine Verwundung bedingt sein. Durch die Ironie des Schicksals hat es Gustav Weyrich als Verwundeten wieder in die Nähe des Geburtsortes Zossen verschlagen. (Wie aus Kapitel 1 bekannt, ist seit 1848 Bennisch das Bezirksamt für Zossen.) Adressiert ist die Karte an „Wohlgeboren Frau Hermine Weyrich, Röwersdorf, Österreich. Schlesien".

Die junge Ehefrau muss sich also mit ihrem erstgeborenen Sohn Gustl bei ihren Eltern aufgehalten haben (vgl. Kap. 4 c)).

Text:

Bennisch, 10. V.1915

Habe gestern nachmittag diese Karte erhalten [„heiteres" Gruppenbild auf S. 103 oben, Anm. des Verfassers], die ich dir mit herzlichen Grüßen zusende. Uns geht es hier ganz gut und werde voraussichtlich noch ziemlich lange bleiben. Komme mich bitte diese Woche besuchen und bleibe einige Tage hier.

Allerherzl. Grüße

Gustav

Im Kriegsjahr 1916 fand mein Großvater offensichtlich eine längere Verwendung an der k.u.k. Militär-Oberrealschule in Mährisch-Weißkirchen (siehe Foto), wo er mit der schwarzen Binde am linken Arm (kennzeichnet Verwundete) inmitten des Kollegiums der Schule zu sehen ist (s. S. 112).

Die Wirkungsstätte zweier Mitglieder der Sippe Weyrich

---

[9] Der Ort ist seit 1848 Bezirksamt für Zossen und als Nachbarort Zossens für die Zossener von großer Wichtigkeit:

Mein Großvater war im Jesusalter (33 Jahre) mobilisiert worden, in seinem vierten Lebensjahrzehnt. Leicht wäre es möglich gewesen, dass ihm weitere Lebensjahrzehnte versagt geblieben wären. Den Strapazen des infanteristischen Kampfes war er bis zum Kriegsende gewachsen, obwohl er doch zu Beginn des Krieges, beim Aufmarsch, an einer Beinerkrankung gelitten hatte.

Die von meinem Großvater geführten Mannschaftsdienstgrade dürften etwa 15 Jahre jünger als ihr Offizier gewesen sein, d.h. etwas jünger als die Schüler, die er im Zivilleben zu unterrichten gehabt hatte.

Durch die allgemeine Wehrpflicht wurden die jungen Männer gezwungen – ob sie es wollten oder nicht –, ihr Blut und Leben für das Vaterland einzusetzen. Die Leiden und Nöte der Kriegsgeneration im 1. Weltkrieg und danach sind ausgiebig in Literatur, Kunst und Wissenschaft dargestellt und erörtert worden. Die Menge an Kriegserlebnisliteratur zum 1. Weltkrieg ist kaum überschaubar. Die kriegsgedienten Oberhermsdorfer Schüler meines Großvaters, denen er sich unmittelbar nach Kriegsende wieder widmete, hätten sich mit ihren Lebensgeschichten daran beteiligen können.

Seit 1868 gab es in Österreich-Ungarn die Wehrpflicht (eingeführt unter Kaiser Franz Joseph I.). Seither werden auch die Männer des Dörfchens Zossen ihren Teil zur Erfüllung der Wehrpflicht geleistet haben – auch die Männer aus der Weyrich-Sippe. Ob sie üblicherweise ihren Dienst beim k.u.k. Infanterieregiment Nr. 1 leisten mussten oder ob sie z.B. beim Landsturm waren, ändert nichts daran, dass sie gezwungen waren, sich in die Disziplin eines modernen Massenheeres einzufügen. Da sie nicht die für Offiziere nötigen Bildungsvoraussetzungen hatten, mussten sie als Soldaten oder Unteroffiziere dem Vaterland dienen. Auch in Friedenszeiten ist dies kein reines Vergnügen. Allein die Kasernierung für mehrere Jahre war ein Quell der Unlust. Jede Zwangsorganisation bringt auch einen besonderen Humor hervor, mit dem sich unangenehme Situationen besser bewältigen lassen. So ist es auch beim Soldatenhumor, der denjenigen, die den militärischen Alltag nicht kennen, allerdings fremd bleiben muss.

In den Befreiungskriegen 1813 entstand ein Volkslied „Der Krähwinkler Landsturm", das gerne und oft gesungen wurde. Dieses Lied findet sich auch im Kommersbuch (a.a.O., S. 607/608), aus dem mein Großvater als Student gesungen hat.

„Immer langsam voran,
immer langsam voran,
dass auch der Krähwinkler Landsturm nachkommen kann."

Sicher wird der Student Gustav Weyrich dabei geschmunzelt haben, da er ja bereits den „militärischen Betrieb" von innen her kannte. Es wäre pietätlos, wollte man die zum Wehrdienst oder Kriegsdienst eingerückten Zossener mit den Krähwinklern vergleichen. Der leichte Spott – aus einem Überlegenheitsgefühl heraus – über die Marschleistungen der älteren Soldaten des „letzten Aufgebots" mag gutmütig sein; letztlich verdeckt dieses Lachen aber die absurde Seite von Militär und Kriegsgeschehen. Die soldatischen Anstrengungen in ihrer Vergeblichkeit werden letztlich auch noch von den nicht-angestrengten Zuschauern verspottet.

Das Kollegium der Militäroberrealschule in Mährisch-Weißkirchen im Jahr 1916. Großvater mit schwarzer Blessiertenbinde, in der obersten Reihe, 3. von rechts, als Oberleutnant.

Wie der Soldat Rudolf Weyrich (geb. 1872, verstorben während des 2. Weltkriegs 1942), der Bruder meines Großvaters, im 1. Weltkrieg gedacht und gefühlt haben mag, als man seine Einheit 1916 gut geordnet ablichtete, ist schwer zu erraten. Er sei hier stellvertretend für die sicher vielen Mitglieder der Weyrich-Sippe gezeigt, die für „Kaiser, Volk und Vaterland" zum Wehrdienst eingezogen wurden. (Zu Rudolf Weyrich siehe Anhang F, S. 425.)

Großvaters Bruder Rudolf Weyrich im 44. Lebensjahr, mit Schnurrbart wie sein Bruder, 5. Mann knieend, von links aus gezählt, ca. 1916 (Abbildung auf der Vorderseite einer Postkarte, die aus Wien-Schönbrunn abgeschickt wurde.)

Die bedauernswerte Kriegsgeneration war zur Opferbereitschaft erzogen worden, was einer hedonistisch geprägten Gesellschaft wie der heutigen unverständlich und ungeheuerlich erscheinen muss.

Nach dem Verzeichnis der etwa 707 Personen, die in den Ahnentafeln berücksichtigt werden, starb ein junger Mann bei Custozza, zwei Männer fielen im 1. Weltkrieg. Fünf Männer fielen im 2. Weltkrieg, und drei Männer sind im 2. Weltkrieg vermisst. Von 707 erwähnten blutsverwandten oder verschwägerten Personen mussten zehn Personen ihr Leben opfern.

Nicht jeder Soldat diente bei der „kämpfenden Truppe". Hinter jedem kämpfenden Soldaten stehen viele zuverlässige und fleißige „Unterstützer". Zu diesen gehörte Rudolf Weyrich, der auf der Rückseite des Postkartenbildes die folgende Nachricht an seinen Bruder mitteilt:

„Schönbrunn, 26.10.1915

Lieber Bruder!

Dein liebes Schreiben vom 18.10. habe ich erhalten und sehe, daß es dir wieder gut geht. Mir geht es auch ganz gut. War wieder 7 Tage auf Urlaub. Schwester Müki und Großvater geht es langsam besser. Fahre nächste Woche wieder nach Hause [nach Freihermersdorf, Bauernhof Nr. 31, Anm. des Verfassers], um für die Abteilung Einkäufe zu besorgen.

Herzl. Grüße

Rudolf"

Gustav Weyrich bei einer militärischen Übung? In der Bildmitte, mit Pistolenhalfter, vorn rechts, umgeben von k.u.k. Infanteristen, vermutlich zwischen 1910 und 1914.

Die Kriegszeit war für die gesamte Familie eine harte Prüfung. Wie muss sich Rudolf Weyrich vorgekommen sein, als er drei Jahre vor seinem Tode den Ausbruch des 2. Weltkrieges miterleben musste?

Erinnerungsfoto aus der Etappe. Die ernsten Mienen sind bereits durch Kriegserlebnisse geprägt. Mein Großvater mit Schnauzbart und charakteristischer Haltung des linken Armes sitzend in der Mitte der zweiten Reihe.

Die etwas älteren Kriegsteilnehmer wie mein Großvater waren ebenfalls bereit, für Kaiser, Volk und Vaterland Blut zu vergießen – auch das eigene – und sogar das höchste Opfer zu bringen, das eigene Leben. Gar häufig hatte mein Großvater in seiner Zeit als aktiver Burschenschafter Studen-tenlieder gesungen, die kriegerische Erfahrungen aus den Befreiungskriegen besangen. Jetzt konnte er aus eigener Erfahrung und Selbstbeobachtung zu den scheinbar vertrauten Themen Stellung beziehen. Dem Überschwang der Jugend war mein Großvater bereits zu Kriegsbeginn entronnen. Seine Widerstandsfähigkeit im Kriege war trotz der Verwundungen ungebrochen.

Die Burschenschaft hatte ihn Selbstbeherrschung, Manneszucht und Standhaftigkeit lehren wollen. Mein Großvater bewies kämpferischen Mut. Gustav Weyrich hatte offenbar mehrfach die Gelegenheit, vor dem Feind stehend seine Tapferkeit und seinen soldatischen Mut zu beweisen. Seine bisherige Lebenserfahrung und seine mittlerweile durch die Lehrertätigkeit erworbene Men-schenkenntnis kamen ihm bei der soldatischen Erziehung der ihm Untergebenen zugute. Gerade zunehmende Kriegserfahrung wird beim rechten Befehlen und Führen meinem Großvater gehol-fen haben. Nach allen kriegsgeschichtlichen Erfahrungen wird die Disziplin durch eine längere Kriegsdauer erschüttert. Mein Großvater, der sich durch große Zuverlässigkeit, Verantwor-tungsbewusstsein und Wahrhaftigkeit gegenüber seinen Mitmenschen Ansehen zu verschaffen wusste, hatte bis zum Ende des Krieges den „Willen zum Führen". Dies geschah mit Umsicht und Entschlossenheit, die neben der Tapferkeit Voraussetzungen für die Verleihung seiner Auszeich-nungen waren. Er erhielt als Auszeichnungen:

Das Militärverdienstkreuz III. Klasse mit den Kriegsdekorationen und das „Signum laudis", die Militärverdienstmedaille für herausragende Leistungen, die im Kriege als „allerhöchste lobende Anerkennung" verliehen wurde. Auf dem Foto, das meinen Großvater mit drei Orden zeigt, scheint die Krone auf dem Rand der Signum laudis-Medaille zu fehlen. Das Portrait des Kaisers dürfte Franz Joseph I. darstellen. Rätselhaft bleibt der dritte sichtbare Orden (zur Knopfleiste hin), der nach der Aufreihung als über dem „Signum laudis" stehend zu bewerten sein müsste.

Mein Großvater war ein sehr pflichtbewusster Mann, der sich an die Pflichtenlehre Kants hielt. Dies hat er auf seinen vielen Lebensstationen bewiesen. Gottlob hatte ihn ein gütiges Geschick vor einem frühen „Heldentod" im Felde bewahrt. Die Kriegserlebnisse werden an meinem Großvater nicht spurlos vorübergegangen sein, und sie werden seine Einstellung zum Leben verändert haben. An die militärische Lösbarkeit politischer Fragen – wenn er diese je erwogen haben sollte – hat er sicher nicht mehr glauben können. Durch den Krieg hatte er sich aber einen gewissen Gleichmut, eine Gelassenheit angeeignet, die vielleicht nicht immer so heiter war, wie er es sich gewünscht hätte, die ihm aber bis an sein Lebensende bleiben sollte.

Gemäß dem *Dienstreglement für das kaiserlich königliche Heer* (I. Teil, Dienstbuch A-10, a) aus dem Jahr 1873 hatten alle Soldaten der k.u.k. Armee folgenden Eid zu leisten[10]:

„Wir schwören zu Gott dem Allmächtigen einen feierlichen Eid, Seiner Apostolischen Majestät, unserem Allerdurchlauchtigsten Fürsten und Herrn, Franz Joseph dem Ersten, von Gottes Gnaden Kaiser von Österreich, König von Böhmen u.s.w. und Apostolischen König von Ungarn treu und gehorsam zu sein, auch Allerhöchst Ihren Generalen, überhaupt allen unseren Vorgesetzten und Höheren zu gehorchen, dieselben zu ehren und zu beschützen, ihren Geboten und Befehlen in allen Diensten Folge zu leisten, gegen jeden Feind, wer immer es sei, und wo immer es Seiner kaiserlichen und königlichen Majestät Wille erfordern mag, zu Wasser und zu Lande, bei Tag und Nacht, in Schlachten, in Stürmen, Gefechten und Unternehmungen jeder Art, mit einem Wort, an jedem Orte, zu jeder Zeit und in allen Gelegen-heiten tapfer und mannhaft zu streiten, unsere Truppen, Fahnen, Standarten und Geschütze in keinem Falle zu verlassen, uns mit dem Feinde nie in das mindeste Einverständnis einzulassen, uns immer so, wie es den Kriegsgesetzen gemäß ist, und braven Kriegsleuten zusteht, zu verhalten, und auf diese Weise mit Ehre zu leben und zu sterben. So wahr uns Gott helfe. Amen!"

---

[10] Wikipedia-Artikel „Gemeinsame Armee" (letzter Zugriff 3.4.2024)

Großvater Weyrich, vermutlich im Jahre 1917 als Oberleutnant mit seinen drei Orden. Die Aufnahme wurde in Wiener Neustadt gemacht. Von einer Verwundung ist nichts mehr zu sehen.

Am 2. August 1916, also zwei Jahre, nachdem mein Großvater ins Feld eingerückt war, wurde eine Postkarte an den „Ehrenfesten Herrn Gustav Weyrich, k.u.k. Oberleutnant bei der Mappierungsabteilung in Grieskirchen bei Linz, Oberösterreich, adressiert. Nach diesem Zeitpunkt, vielleicht zum Beginn des neuen Schuljahres, muss der Oberleutnant Gustav Weyrich dann seinen Dienst an einer Militärschule angetreten haben. Die Zeit an der Militärschule in Mährisch-Weißkirchen muss für ihn ein Glück bedeutet haben, denn er konnte seine Kenntnisse in Mathematik und Geometrie auffrischen und darbieten. Ob und wann sich bei meinem Großvater eine gewisse Kriegsmüdigkeit eingestellt hat, ist nur zu erahnen. Der Schuldienst wurde durch einen zweiten Spitalsaufenthalt unterbrochen. Wahrscheinlich war eine zweite Operation seiner Verletzung erforderlich geworden. Eine Karte an ihn vom 22. Oktober 1916 trägt die Anschrift:

„Ehfst. [Ehrenfester] Herr Oberleutnant Gustav Weyrich, Wien 9, Garnisonsspital Nr. 1, Offizierszimmer N.N."

So fand sich mein Großvater auf verschlungenen Wegen von neuem in der Stadt seiner Studienzeit, in Wien, wieder.

Im Januar 1916 war das zweite Kind, die Tochter Gertrude, zur Welt gekommen. Das Geburtsdatum deutet kurioserweise auf einen Zusammenhang mit einem Aufenthalt in Bennisch hin, wenn man an die zuvor genannte Postkarte (s. Seite 103 und Seite 110) denkt, die meine Großmutter dringend zu einem Besuch auffordert. Der Aufenthalt in Bennisch steht im Zusammenhang mit der ersten Kriegsverwundung., der dann Anfang 1916 die zweite gefolgt sein müsste.

Als mein Großvater gesundheitlich wieder als kriegsverwendungsfähig einzustufen war, schickte man ihn vermutlich wieder zum Heimatregiment. Wahrscheinlich wird dies 1917 gewesen sein. Der ursprüngliche Namensgeber des Regimentes, Kaiser Franz Joseph I., war inzwischen im November 1916 verstorben, und der neue oberste Kriegsherr hieß Kaiser Karl und das Regiment Kaiser Nr. 1. Gustav Weyrich konnte nach der Anzahl der Offiziersdienstjahre und der Stehzeit im Dienstgrad nochmals befördert werden, und er erreichte den Dienstgrad eines Hauptmanns in der Reserve. Urkunden hatte mein Großvater bei der Vertreibung nicht mitgenommen. Auf den neuen Hauptmannsrang war Ing. Gustav Weyrich sehr stolz. Der neue Dienstgrad brachte für meinen Großvater sicher mehr Verantwortung mit sich; wie wir aus allen seinen Lebensphasen wissen, hat er die Übernahme von Verantwortung nie gescheut. Bei dem infanteristischen Einsatz in Italien, besonders in den weiteren Isonzo-Schlachten, wird er als Ironie des Schicksals nochmals mit Wildbächen zu tun gehabt haben. Die „Torrenti" im alpinen Raum waren für die Truppe große Hindernisse – wie überhaupt die Flussläufe und versumpften Geländeteile im damaligen Kampfgebiet für die Soldaten etwas Höllisches gehabt haben dürften.

Nach den Kenntnissen meines Großvaters als Kulturingenieur hätte es militärisch vielleicht nahegelegen, ihn im Pionierwesen einzusetzen. Dies würde mein Großvater als stolzer Infanterist und als Regimentsangehöriger des k.u.k Infanterieregimentes Kaiser Nr. 1 aber sicher verweigert haben. Mit Überzeugung hätte er in das Lied eingestimmt „Infanterie, du bist die Krone aller Waffen …"

In Italien erlebte Gustav Weyrich mit dem Infanterieregiment Nr. 1 das Kriegsende. Die Truppe kehrte geschlossen nach Troppau zurück. Die Erfahrung der Kriegsgefangenschaft blieb ihm erspart. Im November 1918 endete der Krieg. Am 1. Dezember 1918 trat mein Großvater seine alte Tätigkeit in Oberhermsdorf als festangestellter Professor wieder an.

In eigenartiger und etwas geheimnisvoller Weise ist mein Leben, das Leben des Enkelsohnes Norbert, mit dem Kriegsschauplatz Italien im 1. und 2. Weltkrieg verknüpft. Wäre mein Großvater Hptm. Gustav Weyrich im Krieg geblieben, wäre die Geburt seiner Tochter Mimi Mitte 1920, meiner Mutter, nicht möglich gewesen.

Großvaters Schwiegersohn, mein Vater, Leutnant der Reserve Dr. jur. Johann Frimmel, sollte im 2. Weltkrieg – wie mein Großvater Weyrich – die letzte Kriegsphase gleichfalls in Italien erleben, besser gesagt erleiden. Die Po-Ebene wäre meinem Vater fast zum Verhängnis geworden. Beim Rückzug der deutschen Truppen über den Po-Fluss wäre mein Vater um ein Haar ums Leben gekommen, und ich hätte nie Mitte 1949 das Licht der Welt erblicken können. Italien hatte also für meine spätere Geburt etwas Schicksalhaftes, zumal mein Vater nach Kriegsende anderthalb Jahre im Lager Rimini 2 verbringen musste. (siehe Kapitel 10, S. 202–204)

c) Ein „Vetter" als militärisches Vorbild in schwerer Kriegszeit

Als der damalige Oberleutnant Gustav Weyrich – auf welchen Wegen auch immer – 1916 als Lehrer an der Militär-Oberrealschule Mährisch-Weißkirchen verwendet wurde, stieß er dort auf Kunstwerke, die mit seinem Familiennamen gekennzeichnet waren.

Dies weckte die Neugier meines Großvaters, und er fand heraus, dass er einen hochrangigen k.u.k. Offizier in seiner weiteren Verwandtschaft hatte, dessen Wurzeln gleichfalls nach Zossen reichten. Mein Großvater konnte im Schulgebäude Landschaftsmalereien sowie die Kopie eines Porträts Kaiser Franz Joseph I. (nach Vogel) finden, die mit „Julius Weyrich" signiert waren.

Es gelang meinem Großvater, brieflichen Kontakt zu seinem „Vetter" (damalige Bezeichnung für einen Blutsverwandten) aufzunehmen, und so halte ich drei Briefe und eine Postkarte in Händen, die von Feldmarschallleutnant Julius Weyrich von Trubenburg aus Salzburg an seinen entfernten Verwandten gerichtet sind. Hinweis: Der Großvater des Fmlt. Julius Weyrich (geb. 1845) war ein Bruder des Großvaters meines Opas Gustav Weyrich (geb. 1881). Ihr Altersunterschied beträgt 36 Jahre, mehr als eine Generation.

Die Väter des Feldmarschallleutnants i.R. und des Oberleutnants in der Reserve waren Cousins. Julius Weyrich von Trubenburg und mein Großvater Gustav Weyrich waren Großcousins oder Cousins zweiten Grades.

Für die Monate Juli / August / September liegt je ein Brief aus Salzburg an meinen Großvater vor. Eine Postkarte an ihn stammt vom Oktober 1916.

Im Brief Nr. 1 (Juli 1916) wird von der Verwundung meines Großvaters berichtet und von dessen Verwendung als Lehrer an der Militär-Oberrealschule, die für seinen Großcousin 40 Jahre zuvor die Dienststelle gewesen war. Außerdem kommentiert der Feldmarschallleutnant die von ihm für die Schule gemalten Bilder.

Im Brief Nr. 2 (August 1916) wird das verwandtschaftliche Verhältnis bestätigt, und es erfolgt der Hinweis auf einen Bruder des Vaters meines Großvaters, der Geistlicher war und der dem späteren Feldmarschallleutnant aus seiner Jugendzeit in Jägerndorf lieb und wert war. Ein Lebensabriss des etwas schnurrigen Pfarrers Johann Weyrich (geb. 1838 im Haus Nr. 28 in Zossen), aus dem Goldenen Buch stammend, ist im hinteren Buchteil wiedergegeben (siehe Anhang F, S. 425/426). Diesem Brief wurde auch das Foto des greisen Titular-Feldmarschallleutnants Julius Weyrich von Trubenburg beigelegt.

Der dritte Brief (Sept. 1916) spielt auf das Alter und auf Altersbeschwerden in der rechten Hand an. In der Grußzeile des Briefes nennt der Großcousin meines Großvaters sich selbst den „alten Vetter", wie er es auch auf der Postkarte vom Oktober 2016 tut, mit der er sich auch für die Übersendung von Fotografien aus der Lebenswelt meines Großvaters bedankt.

Mich rühren die Schriftstücke aus der Hand des greisen Feldmarschallleutnants nicht nur wegen der Akkuratesse seiner Handschrift. Beide Großcousins sind durch des Kaisers Rock und das damit eingeschlossene Wertesystem verbunden, und sie entsinnen sich ihrer Wurzeln im kleinen österreichisch-schlesischen Dörfchen Zossen. Der kinderlose Feldmarschallleutnant mag am Ende seines Lebens etwas bedauert haben, dass ihm die Gründung einer Familie und Nachkommen nicht vergönnt waren.

Julius von Weyrich[11] (geb. 1845) ist der wohl militärisch erfolgreichste Mann aus der Sippe Weyrich. Er starb unvermählt und ohne leibliche Nachkommen im Februar 1917 in Salzburg, und dies hat meinen Großvater sicherlich sehr betrübt, da er außerordentlich stolz auf ihn gewesen sein muss. Ein Lichtbild des Julius von Weyrich war als „Einquartierung"[12] einem Brief an meinen Großvater beigegeben.

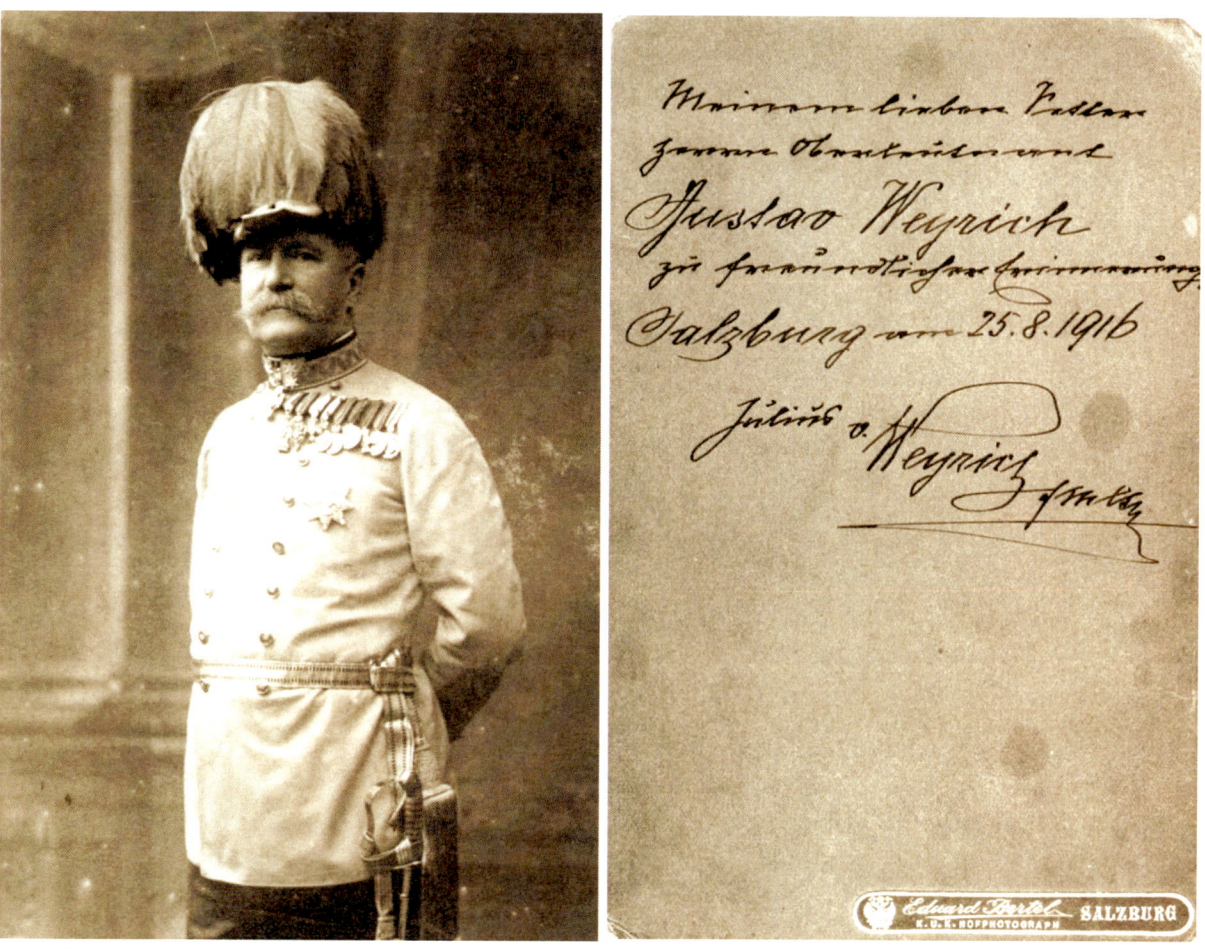

Foto des Titular-Feldmarschallleutnants Julius Weyrich von Trubenburg in Paradeuniform (mit Federbuschhelm). Widmung auf der Rückseite an seinen „Vetter" aus Zossen.

Das obige Foto zeigt ihn in Feldmarschallleutnantsuniform mit allen seinen Orden, und er schaut recht abgeklärt, aber würdevoll auf den Betrachter. Die Widmung an den Großvater lautet:

„Meinem lieben Vetter Herrn Oberleutnant Gustav Weyrich zur freundlichen Erinnerung.

Salzburg am 25.08.1916

    Julius v. Weyrich
      Fmlt."

---

[11] Die Nobilitierten konnten das „von" vor ihren Nachnamen setzen oder den vollen verliehenen Adelstitel führen.
[12] d.i. Beilage

Die besagten Briefe und die Postkarte stammen aus dem letzten Lebensjahr der „Exzellenz Weyrich" und sollen wegen des schönen Schriftbildes, ihres Stiles und auch des Inhalts wegen hier in Faksimile sowie in Transkription abgedruckt werden.

Brief von Julius Weyrich an Gustav Weyrich vom 12.7.1916 (Brief 1):

Lieber Vetter!

Vielen Dank für den Brief vom 29.6. der mich sehr gefreut hat.

Auch freut es mich, daß Ihre Verwundung so weit geheilt ist, daß Sie in der Lage sind an einer Militärschule zu wirken und wünsche baldige und gründliche Genesung.

Der Name Weyrich ist ja nicht so häufig, und läßt es sich erwarten, daß wir tatsächlich verwandt sind.

Bitte schreiben Sie mir gelegenheitlich [sic] was Ihr Vater, Großvater vielleicht Urgroßvater war und wo sie gelebt haben; danach werde ich den Zusammenhang finden.

Sind Sie lieber Vetter schon verheiratet? Als Professor in so kleinen

[b.w.]

Orten ist es ja erwünscht. Daß Sie an der Milt. Oberrealschule sind freut mich, ich war dort 10 Jahre von der Errichtung 1875 bis 85.

Sie erwähnen eines Bildes von mir, ich erinnere mich desselben gut, muß aber fürchten, daß es sehr nachgedunkelt ist, wie einige andere, gleichzeitig ausgefertigte Bilder – ich mußte in der Zeit schlechte Malmittel gehabt haben.

An der Schule ist hoffentlich noch ein Bild von meiner Hand, ein Jugendbild Sr. Majestät unseres Kaisers – Kopie nach Professor Vogel.

Dieses Bild kann nicht nachgedunkelt sein und wurde von mir in den kleinen Zeichensaal

[b.w.]

gewidmet.

Ich vermute Sie auf Ferienurlaub, deshalb rekommandiere ich den Brief, damit er Ihnen nachgehe, aber nicht so lange als meine Karte.

Mit besten Wünschen für Ihr Wohlergehen und mit besten Grüßen bleibe ich

Ihr Vetter Weyrich

12.7.1916   Fmlt

Salzburg

Lieber Vetter!

Vielen Dank für den Brief vom 29.6. der mich sehr gefreut hat.
Auch freut es mich daß Ihre Verwundung so weit geheilt ist, daß Sie in der Lage sind von einer Milliontschüte zu wimdern und wünsche baldige und gründliche Genesung.
Der Herrn Weyrich ist so weit so häufig und läßt es sich verwundern daß wir tatsächlich verwandt sind.
Bitte schreiben Sie mir gelegentlich was Ihr Vater, Großvater, vielleicht Urgroßvater waren und wo sie gelebt haben; darnach werde ich den Zusammenhang finden.
Sind Sie lieber Vetter schon verheiratet? Als Professor in so kleinen

Brief von Julius Weyrich an Gustav Weyrich vom 12.7.1916 (Seite 1)

Ordnen ist es zu verwundern,
daß Sie an der Mil. Oberrealschule
sind, freut mich, ich war dort
10 Jahren von der Einrichtung
1875 bis 85.

Sie erwähnen eines Bildes von
mir, ich erinnere mich desselben
gut, muß aber fürchten, daß es
sehr nachgedunkelt ist, wie einige
andere, gleichzeitig entstandene
Ölbilder — ich müßte in der
Zeit schlechte Malmittel gehabt
haben.

An der Schule ist hoffentlich noch
ein Bild von meiner Hand, ein
Jugendbild S. Majestät unseres
Kaisers — Kopie nach Professor Vogel.
Dieses Bild kann nicht nachgedunkelt sein und würde von mir
in dem kleinen Zeichensaal

Brief von Julius Weyrich an Gustav Weyrich vom 12.7.1916 (Seite 2)

gewidmet.

Ich vermisse Sie auf hiesigem Laub. Deshalb rekommandiere ich den Brief, damit er Ihnen nachgeht, aber nicht so lange als meiner Tante.

Mit besten Wünschen für Ihr Wohlergehen und mit besten Grüßen bleibe ich

Ihr Vetter
Weyrich

12.7.1916
Salzburg.

Brief von Julius Weyrich an Gustav Weyrich vom 12.7.1916 (Seite 3)

Brief von Julius Weyrich an Gustav Weyrich vom 25.8.1916 (Brief 2):

Lieber Vetter!

Es liegen mir zwei Karten und ein Brief von Dir vor, ich habe die Beantwortung verschoben, weil man auf Mappierung[13] mobil ist und ich mir dachte, du kommst entweder nach Zossen auf Ferien oder nach Weißkirchen zum Dienst, dann schreibe ich.

Aus dem Brief vom 29. Juni ersehe ich, daß wir unstreitig Verwandte sind, denn auch mein Vater, der Advokat in Jägerndorf war und 1870 starb,

[b.w.]

ist in Zossen auf Nr. 16 geboren.[14]

Also grüß Dich Gott lieber Vetter und die Frau Muhme und die kleinen Vetterchen auch – sagt mir alle „Du".

Ich hatte einen Freund, Vetter Weyrich Kooperator[15] in Jägerndorf, war auch ein Zossener, ist jung gestorben, könnte ein Bruder Deines Vaters gewesen sein.

Freue mich, daß Du so ein nettes Haus hast und wünsche, daß es auch Dir und den

lieben Kleinen Freude macht.

Bitte nehme die mitgehende Einquartierung[16] freundlich auf, sie soll Dich an den alten Vetter erinnern – bin schon im 72sten deshalb ist auch meine Schrift schon etwas wacklich [sic], was Du übersehen willst.

[b.w.]

Ich wünsche Dir recht gründliche Genesung, küsse der Frau Muhme die Hände, grüße Dich und die Vetterchen recht herzlich und bleibe

Dein   Weyrich

Fmlt

25.8.1916

Salzburg

---

[13] Militärgeografische Landesaufnahme

[14] Anm. des Verf.: Hier scheint mir ein Widerspruch zum Goldenen Buch, S. 30, vorzuliegen, das als Geburtshaus die Nr. 23 angibt (s. Seite 423).

[15] Mitarbeiter eines Pfarrers, Verwalter einer Pfarrei. Bei dem Vetter handelt es sich um den späteren Pfarrer von Rautenberg (vgl. S. 425/426; Bruder meines Urgroßvaters, Anm. d. Verf.).

[16] d.i. Beilage

Lieber Vater!

Es liegen mir zwei Karten und ein Brief von dir vor, ich habe die Beantwortung verschoben, weil man ries Ausg. zirsurrung mobil ist und ich mir dachte, die kommst entweder nach Zossen auf Ferien oder nach Weißkirchen zum dienst, dann schreibe ich.
Aus dem Brief vom 29. ersehe ich, daß wir weitläufig Verwandte sind, denn auch meine Bruder, der Advokat in Jägerndorf war und 1870 starb,

Brief von Julius Weyrich an Gustav Weyrich vom 25.8.1916 (Seite 1)

ist in Zossen auf N°16 geboren.

Also grüß dich Gott lieber Bruder und die Frau Schwester und die kleinen Bubenchen auch — sagt man alle „du".

Ich hatte einen Freund, Doktor Weyrich Dogmator in Jägerndorf, war auch ein Zossener, ist jung gestorben, könnte ein Bruder deines Vaters gewesen sein.

Freue mich, daß du so ein weites Ziel hast und wünsche daß es auch dir und den lieben deinen Freunde macht.

Bitte nehmen die mitgesandte Einquartierung freundlich auf, sie soll dich von dem alten Vetter erinnern — bin schon im 72ten deshalb ist auch meine Schrift schon etwas wackelig, was du übersehen willst.

Brief von Julius Weyrich an Gustav Weyrich vom 25.8.1916 (Seite 2)

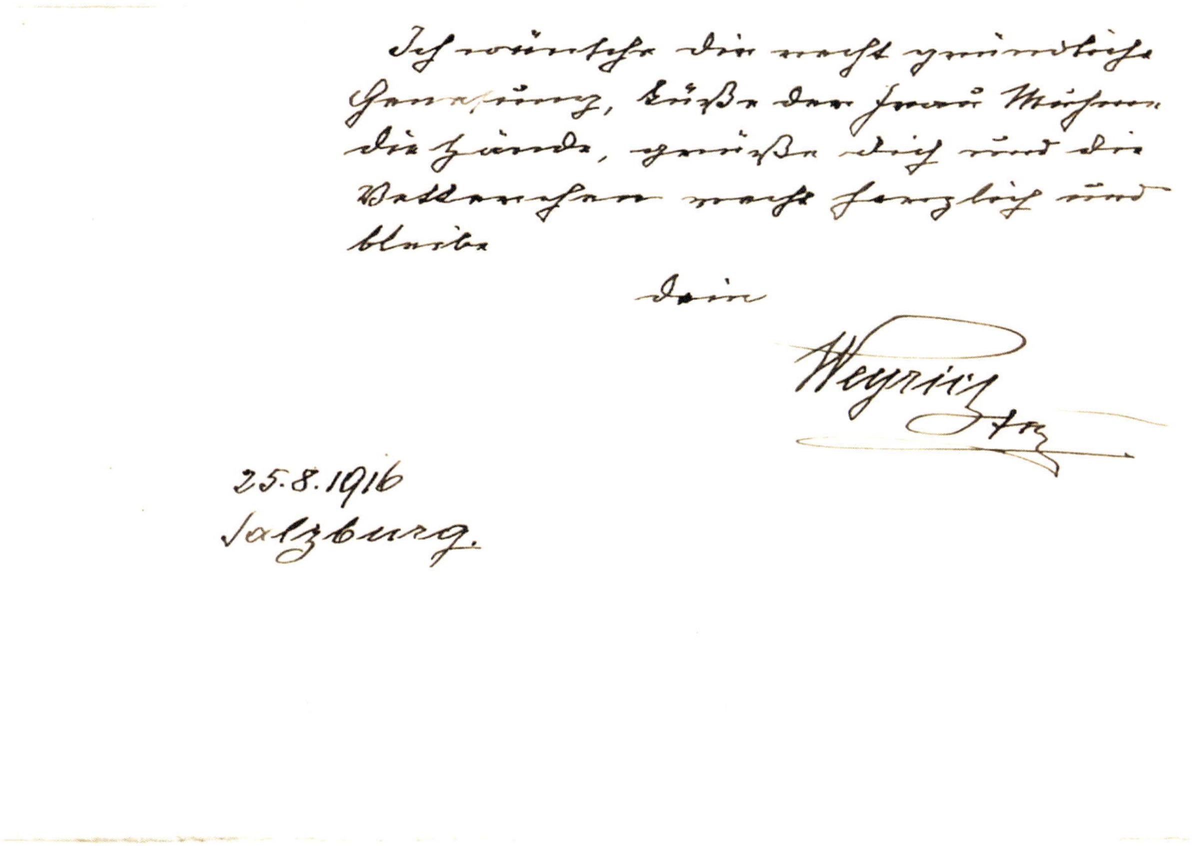

Brief von Julius Weyrich an Gustav Weyrich vom 25.8.1916 (Seite 3)

Siegelmarken aus der Sammlung Gustav Weyrichs

Brief von Julius Weyrich an Gustav Weyrich vom 8.9.1916 (Brief 3):

Lieber Vetter[17]!

Recht vielen und herzlichen Dank für den Brief und dein Bild, das mir viel Freude macht.

Bin leider mit meiner rechten Hand, eigentlich mit dem Zeigefinger marod, weshalb mir die Schreiberei nicht gut geht, deshalb entschuldige Kürze und Schrift.

Bitte richte Handküsse

[b.w.]

Frau Muhmchen[18] aus und Grüße an Deine Kinder.

Sei selbst herzlichst gegrüßt vom

        alten Vetter

        Weyrich

           Fmlt

8.9.1916
Salzburg

Siegelmarken aus der Sammlung Gustav Weyrichs

Anmerkung: Der Aufdruck auf der Dienstsache aus Szabadka zeigt die ganze Vielfalt der k.u.k. Monarchie. Der Ort hieß früher Maria-Theresiopel, auf Ungarisch Szabadka und auf Serbisch Subotica. Er liegt im heutigen Serbien. Der Einschreib-Brief trägt die ungarische Bezeichnung für Einschreiben: Ajánlott. Peterwardein ist berühmt durch eine Schlacht von 1716, heute Ortsteil des serbischen Novi Sad (österr. Neusatz), serbisch Petrovaradin, ungarisch Pétervárad.

---

[17] Vetter: allgemeine Anrede für einen Blutsverwandten
[18] Muhmchen: Verkleinerung von Muhme = Cousine, Base, hier: Verwandte

Die rote Briefmarke zeigt den österreichischen 30,5 cm-Mörser M.11 (auch Škoda 305 mm-Haubitze genannt).

[Belagerungsgeschütz; im 1. Weltkrieg verwendet von deutschen Truppen beim Beschuss der Festungen Antwerpen, Lüttich und Maubeuge]

Siegelmarken aus der Sammlung Gustav Weyrichs

Anmerkung zum obigen Stempel rechts: TELEGRAFEN-DION ist die damalige Abkürzung für Telegrafen-Direktion.

Lieber Vatter!

Recht vielen und herzlichen Dank für den Brief und dein Bild das mir viel Freude macht.
Bin leider mit meiner rechten Hand, eigentlich mit dem Zeigefinger momentan, weshalb mir die Schreiberei nicht gut geht, deshalb entschuldige kurze und Schrift.
Bitte nichts Handtücher

Brief von Julius Weyrich an Gustav Weyrich vom 8.9.1916 (Seite 1)

8.9.1916
Salzburg

Brief von Julius Weyrich an Gustav Weyrich vom 8.9.1916 (Seite 2)

Postkarte von Julius Weyrich an Gustav Weyrich vom 6.10.1916:

Hochwohlgeboren

Herrn k.u.k. Oberleutnant

im Inftr. Rgmte. No. 1

Lehrer an der Mil. Oberrealschule

Gustav Weyrich

Gestrichen: Mähr. Weißkirchen

Wien, Garnisonsspital 1

Absender:

F.m.Lt. Weyrich

Salzburg.

6.10. [1916] Vielen Dank für den Brief und die Zuerteilung der Bilder. Freue mich, daß ich mich nicht irrte. Wünsche besten Erfolg und baldige Heilung in Wien.

Mit besten Grüßen

Der alte Vetter

      Weyrich

           Fmlt

SALZBURG VOM WEGE NACH MARIA-PLAIN.

Postkarte von Julius Weyrich an Gustav Weyrich vom 6.10.1916

In einer auf Ehre und Ruhm ausgerichteten Welt waren Orden und Auszeichnungen sehr wichtig! Hätte mein Großvater Gustav Weyrich sich die Mühe gemacht, die Auszeichnungen – Orden und Medaillen – seines Großcousins Julius genauer anzuschauen, wäre er zunächst auf den auffallendsten Orden, einen nicht-österreichischen Orden gestoßen.

[Anmerkung zum „Verdienstorden von der Krone Italiens"]

Der „Ordine della Corona d'Italia" ist ein 1868 vom damaligen italienischen König gestifteter, in fünf Stufen eingeteilter Verdienstorden. Großkomtur / Großoffizier / Knight Commander bezeichnet den Inhaber der zweithöchsten Stufe. Großoffiziere trugen die Auszeichnung als Halsorden, dazu einen achteckigen Stern mit aufliegendem Ordenszeichen – sehr schmückend.

„Ordenszeichen ist ein weiß emailliertes Ruppertkreuz, durch dessen Winkel sich goldene Liebesseile schlingen und in dessen goldbordiertem himmelblauen Herzschild sich die Eiserne Krone der Lombardei in plastischer Darstellung befindet." (Internet, letzter Zugriff 25.12.2023)

Mein Großvater wird viel zu tun gehabt haben, die Dekorationen seines Großcousins auf der Fotografie zuzuordnen. Interessanterweise besaß Julius Weyrich auch den österreichischen Orden der Eisernen Krone, 3. Klasse, dessen Verleihung in der Frühzeit auch eine Nobilitierung mit sich gebracht hätte. Die „Eiserne Krone der Lombardei" schmückte Julius Weyrich also zweifach: auf dem italienischen Brustkreuz und auf dem österreichischen Orden „Ritter der Eisernen Krone". Er war Ritter des Franz-Joseph-Ordens; Besitzer des Militärverdienstkreuzes, der Militär-Verdienst-Medaille am weiß-roten und roten Bande, der Kriegs-Medaille, des Offiziers-Dienstzeichens II. Klasse, der Jubiläums-Erinnerungs-Medaille, des Militär-Jubiläum-Kreuzes.

Es ist sehr schade, dass das Foto des würdigen Herrn Feldmarschallleutnants keine Farbfotografie ist – diese gab es damals noch nicht.

Von einer Troppauer Dame erhielt mein Großvater 1939 das Lichtbild seines zu diesem Zeitpunkt vor mehr als 20 Jahren verstorbenen „Vetters", das diesen als gerade zum Generalmajor beförderten Brigadekommandanten in Kronstadt zeigt. Auf diesem Bild schaut er recht streng und unnahbar. Er trägt den sehr dekorativen Halsorden mit Bruststern des königlich italienischen Ordens der Eisernen Krone (Komtursstufe), den er 1898 vom italienischen König verliehen bekommen hatte. Damals war Weyrich Regimentskommandeur des k.u.k. Infanterieregiments Nr. 28, das seinen 200sten Geburtstag beging – und zwar in Trient (siehe S. 138/139).

Auf der Rückseite des Lichtbildes findet sich die Widmung an seinen ehemaligen Vorgesetzten:

„In stets dankbarer Erinnerung meinem unvergesslichen Herrn Compagnie Commandanten im Treffen von Trautenau, Gefechte von Neu-Rognitz und in der Schlacht von Königgrätz 1866 in Hochverehrung und treuer Anhänglichkeit, sein immer dankbarer Oberleutnant

Julius Weyrich
Gemaj
(Generalmajor)
Kronstadt am 27. Juni 1900"

Der frischgebackene Brigadekommandant der Kronstädter Brigade Nr. 31 in der Uniform eines k.u.k. Generalmajors. Widmung an seinen ehemaligen „Compagnie-Commandanten", Hauptmann Amand Hofmann [Namensschreibung unsicher], k.u.k. Infanterieregiment Nr. 1. [Anm.: Kronstadt heißt heute Brassó]

Mein Großvater hat zur Widmung handschriftlich vermerkt: „Dieses Lichtbild schenkte mir Frau Hermine Schnapka – Troppau 10.V.1939" (Anm. d. Verf.: Es bleibt für mich ungewiss, ob Gustav Weyrich den Namen des damaligen „Compagnie-Kommandanten" zutreffend ermittelt hat.

Aus eigener Hand bestätigt auf der Rückseite des Bildes der „Vetter" meines Großvaters, dass er 1866 im „Deutschen Krieg" mit dem k.u.k. Infanterieregiment Kaiser Franz Joseph Nr. 1 beim Sturm auf den „Kapellenberg" bei Trautenau dabeigewesen ist. In diesem Treffen errangen die österreichischen Soldaten den einzigen Sieg über die preußischen Verteidiger des Berges. Das Troppauer Infanterieregiment verlor dabei im Feuer der preußischen Zündnadelgewehre und der Kanonen wohl die Hälfte seiner Offiziere und Mannschaften. Julius Weyrich muss Glück gehabt haben, denn am folgenden Tag konnte er mit den Überlebenden am Gefecht von Neu-Rognitz etwa 5 km südlich des „Kapellenberges" teilnehmen, und er musste dann wohl in der Schlacht bei Königgrätz die Niederlage der Österreicher miterleben. Zweifelsohne war das schlesische Infanterieregiment Kaiser Nr. 1 ein tapferes Regiment, und Weyrich konnte sich bei den Kämpfen auszeichnen. An den „Trautenauer Gefechtsmarsch" wird er sich zeitlebens in besonderer Weise erinnert haben. Dieser soll beim Angriff der „Einser" durch die Regimentskapelle intoniert worden sein.

Angriff der Brigade Knebel auf die preußischen Stellungen auf dem Trautenauer Kapellenberg. Das k.u.k. Infanterieregiment Nr. 1 war im ersten Treffen, im zweiten Treffen die Carls-Infanterie eingesetzt (links oben auf dem Bild). Die Regimentskapellen stürmten mit! (letzte Reihe der vorstürmenden Truppe). 27. Juni 1866.

Da mein Großvater dem Infanterieregiment Kaiser Nr. 1 besonders verbunden war, wird er die ruhmvollen Taten dieses schlesischen Regimentes, seiner Landsleute und vor allem auch seines „Vetters" besonders gewürdigt und in Ehren gehalten haben. In puncto Tapferkeit und Haltung war Julius von Weyrich als Vorbild gut geeignet. Dieses Vorbild seines Großcousins, der sich im infanteristischen Kampf, als militärischer Lehrer und Erzieher sowie in der Truppenführung bewährt und sogar hervorgetan hatte, konnte meinem Großvater helfen, die weitere Kriegszeit ungebrochen durchzustehen und ihn anspornen.

Bei der Betrachtung der militärischen Laufbahn des „Vetters" fallen einige Besonderheiten ins Auge. Zehn Jahre lang, von 1875 bis 1885, war er im militärischen Schuldienst in Mährisch-Weißkirchen und unterrichtete „Infanterietaktik" sowie „Freihandzeichnen". Ihm wurde im Anschluss an diese Tätigkeit die Leitung der Kadettenanstalt in Innsbruck anvertraut, wo er etwa drei Jahre zur Formung des künftigen k.u.k. Offiziersnachwuchses beitrug. Trotz der langjährigen Verwendung im militärischen Schul- und Erziehungswesen konnte er als Truppenoffizier reüssieren und am Ende seiner Laufbahn eine Infanteriebrigade übernehmen.

Eine Verwendung als Kommandant eines der Bataillone des Salzburger Regimentes Nr. 58 „Erzherzog Rainer" muss ihm die Menschen des Regiments-Rekrutierungsgebietes besonders nahegebracht haben, da er als Ruheständler seinen Wohnsitz in Salzburg nahm und sich dort in vielen Vereinen betätigte. Im schönen Salzburg waren ihm mehr als 15 Pensionärsjahre beschieden. Von 1908 bis 1914 war Weyrich Präsident des Stadtvereins Salzburg. Um die Zeit des Eintritts in den Ruhestand wurde Julius Weyrich mit dem Prädikate „von Trubenburg" nobilitiert (Oktober 1901). Bis heute findet sich auf dem Salzburger Zentralfriedhof sein Ehrengrab, das von der Gemeinde gepflegt wird.

Auf dem Grabstein findet sich ein goldener, faustgroßer Uhu, den der Freundschaftsbund „Schlaraffia JUVAVIA e.V." gestiftet hat. Dies weckte meine Neugier, da ich selbst unter dem Ritternamen „Phönix, der wehrhafte Magister" Mitglied in dieser Geselligkeitsvereinigung bin. Vor einigen Jahrzehnten hat mir der „Weiland Ritter Picea" des Reyches Hagena (Nr. 189), in dem ich Schlaraffe geworden bin, ein altes Mitgliederverzeichnis der „Schlaraffenreyche des Erdballes" von 1913 geschenkt. Diesem „Stammrolle A.U. 54–55" genannten, fast 550 Seiten starken Buch sind die im Weiteren verwendeten Angaben entnommen:

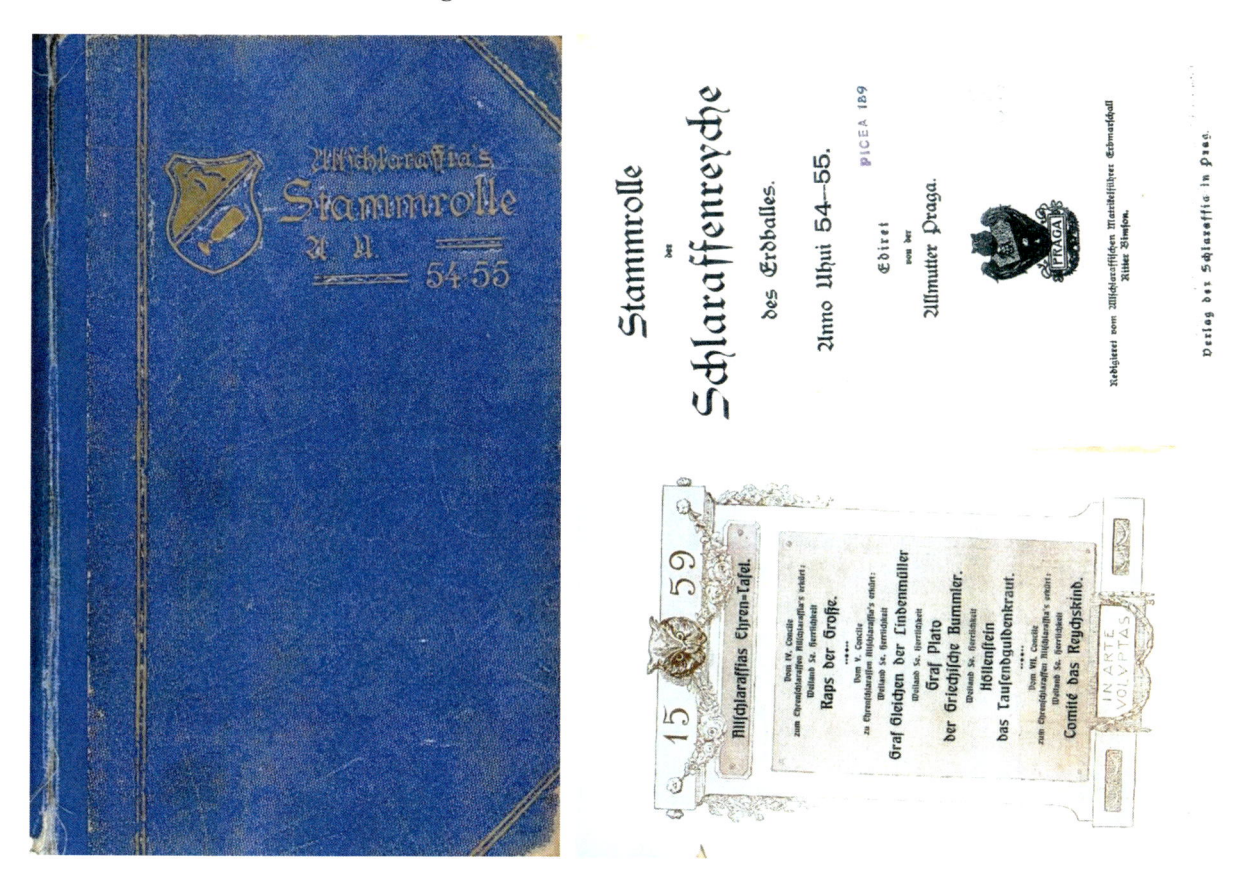

„Allschlaraffia's Stammrolle" A.U. [Anno Uhui] 54–55, d.h. 1913/14"

Ediret von der Allmutter Praga.

Verlag der Schlaraffia in Prag (1913).

Druck der Vereinigten graphischen Anstalten Koppe-Bellmann, Akt.-Ges., in Prag-Smichow.

Unter dem Ritternamen Kilian findet sich auf S. 287 (Stammrolle, a.a.O.) die Angabe, dass Julius Weyrich von Trubenburg der (gewählte) Junkermeister der Juvavia war, d.h. er war mit der „Ausbildung" des schlaraffischen Nachwuchses offiziell betraut.

Ritter Kilian wohnte in der Nähe des Schlosses Mirabell in Salzburg in der Franz-Joseph-Straße 4, einen Katzensprung von der Schlaraffenburg entfernt. Er übte das Amt des Burgvogtes aus, d.h. er war sich nicht zu schade, für die Schlaraffenfreunde Zeit und Kraft außerhalb der eigentlichen Veranstaltungen aufzuwenden. Darüber hinaus war er „Wappen- und Adelsmarschall". In diesem Amt konnte er seine künstlerischen Fertigkeiten als Maler und Zeichner zeigen. Bei der Ausschmückung des Versammlungslokals, der sogenannten „Schlaraffenburg", das sich seit 1913 im Mozarteum befindet, konnte Ritter Kilian sehr tatkräftig mitwirken!

Am Ende dieses Kapitels soll in einem Exkurs die Verbindung österreichischer Offiziere mit der Schlaraffia skizziert werden.

287

122. Juvavia. (Salzburg.)

Reychsfarben: Weiß-rot-gelb.

Gegründet: 25. des Lenzmondes 1594. Mutterreych: Monachia.

Amtl. Adr.: Wiesner Julius, Vorstand der k. k. priv. Österr. Länderbankfiliale, Getreideg. 1, T. 385, privat T. 802/VI.

Blitzogr.-Adr. a. Sippgst.: Schlaraffia, Salzburg.

Burg: „Stauffenburg". (Mozarthaus, Schwarzstraße Nr. 24. T. 859/VIII nur am Sippungstage.)

Sippungstag: **Samstag**, Glock 1/29.

Aktive Würdenträger:

Oberschl. Radler von Bürgelstein, Reychsmarkgraf, Erzellenz, Lehensherr auf Tittmoning, Ej., Eb., O.-R., O.-Schl. d. Ae. (Muffoni Franz, Dr. jur., Direktionsrat der Sparkasse, Arenbergstraße 1, T. 926/IV.)

Oberschl. Fustian der Emilierte, Reychsgraf, Lehensherr auf Liefering, L.V., O.-R., Km., O.-Schl. d. J. (Herrmann Ferdinand, Geschäftsführender Gesellschafter der vereinigten Feigenkaffee-Fabriken Andre Hofer in Freilassing in Bayern, T. 7.)

Oberschl. Faur der Kehlenschliefer, Reychsgraf, Erzellenz, Lehensherr auf Golling, Eb., O.-R., Km., O.-Schl. d. K. (Heller Richard, Dr. med., k. k. Schularzt und Dozent für Somatologie u. Hygiene, Mirabellplatz 5, T. 1043/VI.)

Kantzler Bankratz der Geländerte, Schurl von Hernals, A. O.-R. (Wiesner Julius, Vorstand der k. k. priv. Österr. Länderbankfiliale, Getreidegasse 1, T. 385, privat T. 802/VI.)

Reychsmarschall „π" der Potenzierte, Reychsgraf vom Hahnbaum, Eb., O.-R. (Herlein Eduard, Lehrer, Schwarzstr. 26, Endmoser-Villa.)

Junkermeister Kilian, Herr auf der Weyerburg, wirklich geheimer Rat, B., W.-A., O.-R. (Weyrich von Trubenburg Julius, k. u. k. Feldmarschalleutnant i. R., Erzellenz, Franz Josefstr. 4.)

Reychsschatzmeister Niebald der Philatelist, Baron, Finanzdirektor, S.-M., O.-R. (Baldi Alois, Kunsthändler, Schwarzstr. 1, T. 1005/VI.)

Ceremonienmeister Lift der Salzige, Reychsfreiherr, O.-R. (Schlembach Franz, dipl. Ingenieur, Besitzer der Kuranstalt Christiana in Bad Reichenhall, Bayern, T. 84.)

Am 17. August 1894 hatte Julius Weyrich das „Regiments-Commando" von Oberst Castaldo übernommen. Am 1. Mai 1900 erfolgte seine Beförderung zum Generalmajor. Sechs lange und anspannende Jahre durfte Oberst Weyrich mit seinen Prager Kindern erleben. (Seit 1817 war Prag der Rekrutierungsbezirk des Regimentes.) Im Jahre 1898 sind die „Prager Kinder" also schon gut 80 Jahre „Träger" des Regimentes. Ganz ohne Auswirkungen auf das Zusammenleben der Soldaten werden die zunehmenden nationalen Spannungen zwischen den tschechischen Regimentsangehörigen (95%) und den deutsch geprägten Offizieren nicht geblieben sein. Über die Beliebtheit oder vielleicht Unbeliebtheit des Regimentskommandanten aus Österreichisch Schlesien mit seiner deutschen Mentalität mag man spekulieren. Für Oberst Weyrich dürfte seine Zeit in der wunderbaren italienische Stadt Trient eine Glanzzeit gewesen sein – nicht nur wegen der der Ehre schmeichelnden Verleihung des hohen italienischen Ordens. Die Unterbringung des Regimentsstabes in der überschaubaren Stadt Trient bot viele Möglichkeiten, der europäischen Geschichte, der europäischen Kultur und der italienischen Lebensart zu begegnen. Seine Repräsentationsaufgaben werden ihm vermutlich viel Freude gemacht haben. Über Trient schreibt der Baedeker-Reiseführer von 1910:

„Mit 25.000 meist italienischen Einwohnern, bis 1803 Hauptstadt eines deutschen Fürstbistums, jetzt Sitz der Statthaltereiabteilung für Welschtirol (ital. il Trentino), macht mit seinen mittelalterlichen Türmen und stattlichen Palästen einen ganz italienischen Eindruck." (a.a.O., S. 215)

Wie sich die Prager Großstädter in Trient und in ihrem dörflichen Stationierungsgebiet gefühlt haben mögen, steht auf einem ganz anderen Blatt.

Die Übernahme der 31. Infanteriebrigade als Kommandant in Kronstadt/Siebenbürgen stellte Julius Weyrich vor neue Aufgaben. Julius Weyrich wurde am 1. November 1901 pensioniert und am 6. August 1908 zum Titular-Feldmarschallleutnant gemacht.

Wie üblich wurde aus Anlass der vollen 200 Jahre des Bestehens des Regiments dessen ruhmreiche und wechselvolle Geschichte nachgezeichnet. Dem Oberst und Regimentskommandeur Julius Weyrich wurde die Ehre zuteil, diese Geschichtserzählung als 158 Seiten starkes Buch herauszugeben. Welche Beiträge er dabei eigenhändig verfasst hat, sei dahingestellt. Die Lektüre dieses Werkes lässt den Abstand zu unserer Zeit deutlich spüren. Das Vorwort Julius Weyrichs (Regimentsgeschichte des k.u.k. Infanterie-Regimentes Humbert I., König von Italien Nr. 28, S. 3/4) ist im Anhang A S. 285/286) abgedruckt[19]; ebenso die Seiten 149–158, die nachvollziehbar machen, welche Traditionen Julius Weyrich vorfand und welche Aufgaben das Regiment und er während seiner Kommandantenzeit zu bewältigen hatten. Vieles wirkt auf den Leser des 21. Jahrhunderts sehr fremdartig und eigentümlich.

Ein Beispiel für die Verwobenheit der Familie Habsburg-Lothringen mit ihrer Armee ist z.B. die 1892 erfolgte „Transferierung Seiner K.u.k. Hoheit des Herrn Majors Erzherzog Otto" zum k.u.k. Infanterieregiment Nr. 28. Er avancierte als Commandant des 3. Bataillons zum Oberstlieutenant (vgl. S. 152). Der „schöne Erzherzog", wie der Vater des nachmaligen Kaisers Karl I. genannt wurde, nahm Wohnsitz auf der Prager Burg, von wo aus es nicht sehr weit zur Brusca-Kaserne war. Einem heutigen Republikaner muss der gewisse Kult um die Angehörigen des Herrscherhauses recht seltsam vorkommen, zumal von Erzherzog Otto bekannt ist, dass er die ihm auferlegte militärische Karriere mit wenig Begeisterung absolvierte.

Das k.u.k. Infanterieregiment Nr. 28 besaß auch einen Regimentsmarsch, der aber nicht offiziell gewesen sein dürfte, da er im Verzeichnis der historischen Märsche fehlt (vgl. Schematismus 1905, a.a.O., S. 1289). Der Castaldo-Marsch war von einem der Kapellmeister der 28er, Rudolf Nováček, komponiert und dem Vorgänger Weyrichs, Oberst Castaldo, gewidmet worden. Für Oberst Weyrich wurde kein eigener Marsch komponiert; er hatte aber das Glück, seine Uniform mit dem königlich italienischen Verdienstorden von der Krone Italiens schmücken zu dürfen. Dieser wurde ihm vom Inhaber des Regimentes Nr. 28, König Humbert I. von Italien, aus Anlass der 200-Jahr-Feier verliehen.

Neben vielen schönen Erlebnissen wird Exzellenz Julius Weyrich von Trubenburg in den letzten drei Jahren seines Lebens seit Ausbruch des „großen Krieges" nicht ohne großen Kummer gelebt haben. Abgesehen von der unerfreulichen Kriegslage musste er von einer Meuterei „seines" ehemaligen Prager Regiments im Jahre 1915 erfahren, als sich die tschechischen Soldaten – angeblich ohne großen Widerstand zu leisten – in russische Kriegsgefangenschaft begaben. Der Tod Kaiser Franz Josephs I. im November 1916, ein Vierteljahr vor dem Hinscheiden Julius Weyrichs, wird ihn betroffen gemacht haben. Sein ganzes bewusstes Leben hindurch hatte er diesen Monarchen als Souverän und als „obersten Kriegsherrn" geachtet und offensichtlich verehrt, sonst hätte er sich nicht die Mühe gemacht, ein Bild des Kaisers für die Militärschule zu kopieren. Seine Treue zur Dynastie Habsburg-Lothringen wird ihm durch die langen Jahre im Dienste dieses Herrscherhauses in Fleisch und Blut übergegangen sein. Auch mein Großvater wird durch das sich abzeichnende Ende der „alten Ordnung" und die getrübten Zukunftserwartungen in Mitleidenschaft gezogen worden sein.

---

[19] Zweihundert Jahre des k.u.k. Infanterie-Regimentes Humbert I., König von Italien Nr. 28. Prag 1898.

Im Sterbemonat des Kaisers muss sich mein Großvater im Garnisonsspital Nr. 1 in Wien aufgehalten haben. Es ist nicht undenkbar, dass er und sein „Salzburger Vetter" die Trauerfeierlichkeiten für Seine Majestät in Wien miterlebt haben.

Meinen Großvater und sein im Weltkriege „entdecktes" Vorbild trennt ein Altersunterschied von 36 Jahren. Sie gehören also zwei Generationen an, deren Erlebniswelten als Kinder, als Heranwachsende und als Erwachsene nicht zuletzt durch die technische Entwicklung große Unterschiede aufwiesen. Ob sich beide bei einer persönlichen Begegnung „auf Augenhöhe" gut verstanden hätten, muss dahingestellt bleiben. Da beide aber Humor besessen haben, hätten sie die Generationsunterschiede wahrscheinlich ertragen.

„Ritter Kilian" bedeutete das „geistige Schlaraffenland" viel. Sein Großcousin Gustav Weyrich hätte vielleicht die nötigen Voraussetzungen gehabt, um Schlaraffe zu werden. Vor seinem bäuerlichen Hintergrund blieb ihm aber das schlaraffische Treiben fremd.

Die seelische Kraft, die Voraussetzung für Humor ist, ermöglicht ihrem glücklichen Besitzer, gegenüber den Unzulänglichkeiten der Menschen und der Welt eine heitere Gemütsverfassung einzunehmen. Im Gegensatz zum Weltverbesserer bejaht der Humorvolle das Bestehende. Dem fanatischen Weltverbesserer fehlt der Humor. Die Großcousins Julius und Gustav Weyrich waren beide keine Weltverbesserer. Das bekannte Gelassenheitsgebet hätten sie beide vermutlich aus vollem Herzen mitsprechen können – wie es sich auch der nachgeborene Verfasser dieses Büchleins zu eigen machen will:

Gott, gib mir die Gelassenheit, Dinge hinzunehmen, die ich nicht ändern kann,

den Mut, Dinge zu ändern, die ich ändern kann,

und die Weisheit, das eine vom anderen zu unterscheiden.

Exkurs: Allschlaraffia und das österreichische Offizierskorps

Die heutigen Schlaraffenreyche klagen über Nachwuchsmangel. Zu den Glanzzeiten des Ritters Kilian der Juvavia war dies anders. Allschlaraffia stand in voller Blüte; viele „Reyche" entstanden neu. 1859 hatte sich die Schlaraffia in Prag gegründet. Die Gründungsväter waren deutschsprachig und entstammten dem Theater- und Bohème-Milieu der goldenen Stadt an der Moldau. Die Grundidee der Schlaraffia, einen Freundschaftsbund zu stiften, in dem – aus einem gewissen romantischen Geist heraus – neben der Freundschaft Humor, Geist, Witz und die Freude an allen Gebieten der Kunst herrschen sollte, traf in einer ständisch verknöcherten Gesellschaft „bei den Gebildeten" auf große Resonanz.

Die Schlaraffen versetzten sich in die Zeit der Ritter zurück, und allmählich entwickelte sich ein Spiel nach festen Regeln.[20] Dabei sollten die erkennbar anachronistischen Umgangsformen der eigenen Zeit persifliert werden. Der Grundsatz der Gleichheit aller Schlaraffen wurde betont, unabhängig von ihrer „weltlichen" gesellschaftlichen Stellung. Von Oktober bis April einschließlich trafen sich die Schlaraffenbrüder wöchentlich einmal zu sogenannten Sippungen, die einen geregelten Ablauf hatten. Der zweite Teil der Veranstaltungen wurde von den Mitgliedern durch eigene musikalische Beiträge, durch Wortbeiträge (eventuell in Reimform) aus der Rostra (dem Rednerpult) und durch witzige Dialoge gestaltet. Der sogenannte „güldene Ball" sollte fliegen. Einige Themen waren tabu: Weltanschauungsfragen, die Religion, politische Themen; unzüchtige Witze waren

---

[20] Aufschluss über das schlaraffische Spiel und dessen psycho-soziale Hintergründe bietet ein tiefschürfendes Buch von „Ritter Juppitter der Kindergott", Mitglied des Reyches Castrum Bonnense (Bonn): Das schlaraffische Spiel. Zur Psychologie und Phaenomenologie eines edlen – alten – weisen Gemeinschaftsspiels. Bonn 1983. Bei Ritter Juppitter handelt es sich um Dr. Dr. Josef Aengenendt.

verpönt. Da die österreichischen Offiziere – wie bei Allmayer-Beck (a.a.O., S. 89) ausgeführt – einer „heiteren Lebenskunst" nicht abgeneigt waren, da die Schlaraffia kein Verein von Umstürzlern war und da von allerhöchster Stelle eine Mitgliedschaft genehmigt worden war, entdeckten viele jüngere Offiziere die Schlaraffia als einen Verein, in dem sie sich gut aufgehoben fühlten. An „Einödstandorten" hatten sie angenehme Gesellschaft und einen harmlos heiteren Zeitvertreib. In fremder Umgebung boten die deutschsprachigen Schlaraffenreyche in gewisser Weise eine Heimat – besonders für die unverheirateten Offiziere.

Rt. Juppitter (a.a.O., S. 57/58) erläutert, auf welche Weise Kaiser Franz Joseph I. davon überzeugt werden konnte, dass seine Offiziere politisch und weltanschaulich unbedenklich Mitglieder im schlaraffischen Freundschaftsbund sein konnten.

„Zumeist vermutete man in Schlaraffia einen Geheimbund mit freimaurerischen Tendenzen. Da der Freimaurerbund in Österreich im Jahre 1794 verboten wurde, richteten sich die Angriffe immer wieder aus diesem Verdachte heraus gegen Schlaraffia. Erst dem unermüdlichen und verdienstvollen Bestreben des Schriftstellers und Präsidenten des Journalisten- und Schriftstellervereines Concordia in Wien Edgar von Spiegel Edlen von Thurnsee gelang es, in überzeugender Weise Schlaraffia zu rechtfertigen und ihre Existenz zu sichern. Es war ihm vergönnt, bei Kaiser Franz Joseph I. Zutritt zu erlangen, um ihm über die unbedingte Ungefährlichkeit des Bundes für Staat und Kirche Aufschluß zu geben. Der Erfolg war damals ein vollständiger. Tatsächlich erregte Schlaraffia in dem streng regierten katholischen Österreich niemals einen Anstoß und war allen Offizieren und Beamten bedingungslos freigegeben. Es waren auch weniger die staatlichen Behörden, sondern vorwiegend die kirchlichen Kreise, deren Angriffe sich gegen Schlaraffia richteten."[21]

Ein Beispiel für die Bedeutung der Schlaraffia für den k.u.k. Offizier ist das Reych Nr. 186 in Przemyśl im Kronland Galizien (heute Polen). Schlaraffisch heißt das Reych Castellum Sanense. Von den 74 Sassen (d.h. Vereinsmitglieder) waren 62 Sassen Offiziere, von den verbleibenden zwölf Sassen waren sechs Lehrer oder Gymnasiallehrer, drei Richter, ein Tierarzt, ein Zahnarzt und ein k.k. Hofapotheker.

Die Reyche Nr. 118 in Triest (Tergeste) und Nr.141 in Fiume (italienischer Name, heute kroatischer Name Rijeka, schlaraffischer Name Vitopolis) hatten zahlreiche Mitglieder der k.u.k. Marine in ihren Reihen. Gustav Weyrich, der mehrfach mit Schlaraffen in Berührung kam, konnte dem schlaraffischen Spiel nichts abgewinnen. In Troppau gab es das Reych Nr. 87, in Jägerndorf das Reych Nr. 159 (Carnovia) und in der Nähe von Oberhermsdorf das Reych Nr. 180 in Ziegenhals (Caprae Collum). In Sarajewo hätte der Großvater auf das Reych Nr. 160 (Bosna Saraj) stoßen können.

Zahlreiche Offiziere sind in ihren ursprünglichen Reychen als „fahrende Ritter" aufgeführt, da sie durch die vielen dienstlichen Versetzungen ihren alten Garnisonsort und damit das dortige Schlaraffenreych hatten verlassen müssen. Dies gilt z.B. für die Reyche Nr. 125 in Bozen (Pons Drusi), Nr. 133 in Esseg (heute Osijek) in Slawonien (Mursa) und Nr. 147 in Bielitz (Bilitia) in Österreichisch Schlesien.

Die Frage, wo und wann Julius Weyrich Mitglied der Schlaraffia geworden ist, sprengt den Rahmen dieser Arbeit. An vielen Dienstorten hätte der Berufsoffizier Weyrich ein Schlaraffenreych vorfinden können, so z.B.:

---

[21] Rt. Juppitter (a.a.O. S. 57/58)

in Prag (Nr. 1, Praga)

in Trient (Nr. 142, Tridentina)

in Innsbruck (Nr. 30, Oenipontana)

in Linz an der Donau (Nr. 13, Linzia)

sowie in Hermannstadt in Siebenbürgen (Nr. 170, Villa Hermanni).

Der Ort Mährisch-Weißkirchen hatte bis zum 1. Weltkrieg kein Schlaraffenreych hervorgebracht. In der Stammrolle von 1913/1914 gibt es ein angehängtes Verzeichnis von „uhufinsteren Orten, in welchen Schlaraffen hausen". Unter Mährisch-Weißkirchen (auf S. 18) sind die k.u.k. Hauptleute Rt.[22] Swatopluk, Rt. Succi, Rt. Friedel, die Oberleutnante Rt. Koln und Rt. Immergram, der k.u.k. Major Ritter Rolf und der k.k. Steuerverwalter Rt. Adomis eingetragen. Ritter Friedel „mit der leeren Tasche" ist fahrender Ritter des Reyches Praga, der Allmutter der Schlaraffenreyche. Er heißt profan Fridolin Vogel, und er ist auf dem Lehrer-Gruppenbild von 1916 der k.u.k. Oberrealschule sitzend als zweiter von links in Majorsuniform zu finden.

Ein eigenartiger Zufall will es, dass der in Kapitel 5 mehrmals zitierte Kriegsgeschichtsschreiber Max Ritter von Hoen als „Ritter Hum der Schlachtenschwammler" als Oberschlaraffe des Äußeren an der ersten Stelle der Sassen des Reyches Nr. 24 in Wien (Vindobona) genannt ist. Als Beruf ist angegeben: „Oberst des Generalstabskorps [Kriegsarchiv]. (siehe Anhang H, S. 471)

Oberst Max Ritter von Hoen (geb. 1867 in Fulda, verst. 1940 in Wien) leitete vom Beginn des 1. Weltkrieges bis 1917 das sogenannte k.u.k. Kriegs-Pressequartier (vgl. die Wikipedia-Artikel „Maximilian von Hoen" und „K.u.k. Kriegspressequartier"[23]). Im 1. Weltkrieg wurde von den kriegführenden Staaten die Wichtigkeit der Massenpropaganda für den Kriegsverlauf erkannt. Ein Kriegspressequartier (KPQ) war also eine hochmoderne und hochaktuelle Einrichtung und erforderte kreative Köpfe.

„Die Aufgabe des KPQ war die Koordination aller Presseinformationen und Propagandatätigkeiten unter Einbeziehung sämtlicher damals verfügbarer Massenmedien. Insgesamt waren im Verlauf des Krieges 550 Künstler und Journalisten als Mitglieder des k.u.k. Kriegspressequartiers tätig, darunter 280 Kriegsmaler der Kunstgruppe des KPQ."

Max von Hoen muss seiner anspruchsvollen Aufgabe gewachsen gewesen sein, denn er wurde 1915 zum Generalmajor und im März 1918 zum Feldmarschallleutnant befördert. Das k.u.k. Kriegspressequartier befand sich im Gasthaus Stelzer in Rodaun bei Wien. Somit wird Max von Hoen die Veranstaltungen („Sippungen") der Schlaraffia Vindobona, die während des 1. Weltkrieges fortgeführt wurden, besucht haben können.

Von 1916 bis 1925 war Hoen Direktor des Kriegsarchivs, und er konnte sich als Militärhistoriker einen Namen machen (vgl. oben S. 105 und 107). 1992 erschien die Dissertation von Alexandra Elmer mit dem Titel: „Der Bohemien unter den Generälen. Maximilian Ritter von Hoen (1867–1940). Ein Historiker und Militärjournalist." 3 Bände. Dissertation, Universität Wien, 1992.

Die Etikettierung „Bohemien" macht etwas stutzig: die altgedienten Mitglieder der Schlaraffia würden sich selbst nicht als Bohemiens sehen wollen.

---

[22] Anm.: Ritter wird schlaraffisch abgekürzt als Rt.; Plural Rtt.
[23] Letzter Zugriff 13.5.2024

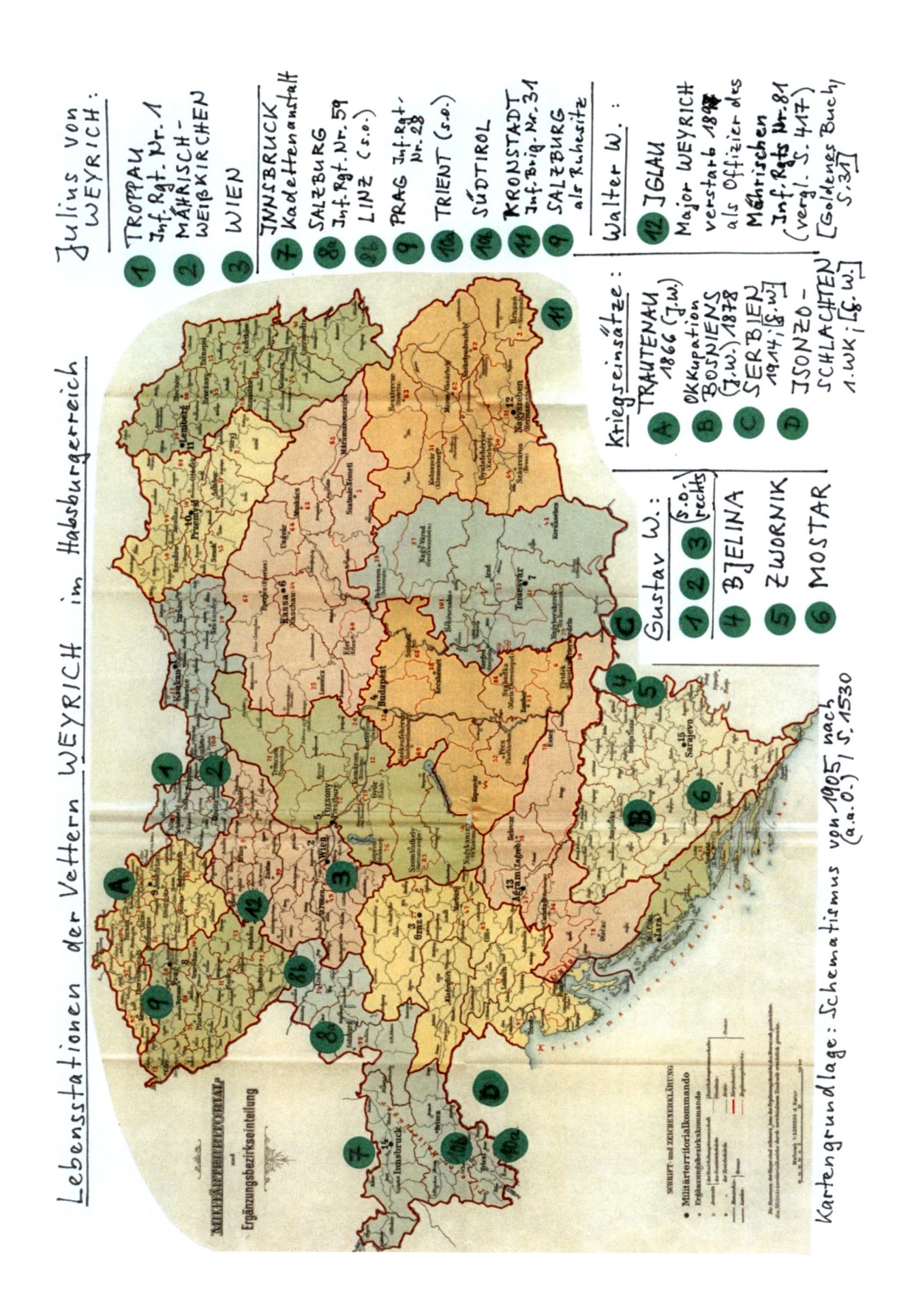

Lebensstationen der Vettern WEYRICH im Habsburgerreich

Julius von WEYRICH:
- ① TROPPAU Inf.Rgt. Nr. 1
- ② MÄHRISCH-WEISSKIRCHEN
- ③ WIEN
- ⑦ INNSBRUCK Kadettenanstalt
- ⑧ SALZBURG Inf.Rgt. Nr. 59
- ⑧b LINZ (s.o.)
- ⑨ PRAG Inf.Rgt. Nr. 28
- ⑩ TRIENT (s.o.)
- ⑩a SÜDTIROL
- ⑪ KRONSTADT Inf.Brig. Nr. 31
- ⑨ SALZBURG als Ruhesitz

Walter W.:
- ⑫ IGLAU Major WEYRICH verstarb 1917 als Offizier des Mährischen Inf.Rgts Nr. 81 (vergl. S. 417) [Goldenes Buch S. 31]

Kriegseinsätze:
- Ⓐ TRAUTENAU 1866 (J.W.)
- Ⓑ OKKUPATION BOSNIENS (J.W.) 1878
- Ⓒ SERBIEN 1914; [G.W.]
- Ⓓ ISONZO-SCHLACHTEN 1.WK; [G.W.]

Gustav W.:
- ① ② ③ (s.ö. rechts)
- ④ BJELINA
- ⑤ ZWORNIK
- ⑥ MOSTAR

Kartengrundlage: Schematismus von 1905 nach (a.a.O.) ; S. 1530

Kartengruß des Hauptmanns FLATZ v. 27.07.1916
an Oberleutnant G. Weyrich

Inhalt:
Einsatz des
„J.R. 17"
(Krainerisches
Infanterie=
regiment
Ritter von Milde)
in der Ortigara=
schlacht:
„Trommelfeuer"
und Angriffe
der italienischen
Alpini.
[Anm. d. Verf.:
Name in der
dritten Zeile
von unten
„CZEKELIUS"]

Kapitel 6

Familienvater in Oberhermsdorf und Aufgaben als Direktor

a) Die Schulentwicklung nach dem Kriege

Meinem Großvater war die Erfahrung der Kriegsgefangenschaft erspart geblieben, die viele Männer zu gebrochenen Menschen machte. Unverzüglich nach der Rückkehr nach Troppau bzw. Oberhermsdorf konnte er seinen Platz im Lehrerkollegium wieder einnehmen. Der italienische Kriegsschauplatz lag nun hinter ihm, und es erwarteten ihn schulisch und privat zahlreiche Aufgaben. Viel Zeit zum Grübeln über seine Erlebnisse in den letzten Jahren des Krieges und an der Front wird ihm nicht geblieben sein.

Für viele Studenten wird die Wiedereingliederung in das schulische Leben von Oberhermsdorf weniger leicht gewesen sein. Man war des Lernens entwöhnt, und fachliche Wissenslücken waren entstanden. Der monarchische Staat, der den jungen Kriegern sogar das Opfern ihres Lebens und ihrer Gesundheit abverlangt hatte, bestand nicht mehr. Im Nachfolgestaat fühlte man sich fremd. Der Übergang vom harten Krieger zum friedfertigen Zivilisten dürfte vielen nicht leichtgefallen sein, besonders wenn sie im Kriege hatten Befehle erteilen dürfen. Der Krieg hatte enthüllt, dass der Mensch weder Engel noch Tier ist (*ni ange, ni bête*), wie Blaise Pascal sagt, und dass er sich in Notzeiten und Zeiten der Prüfungen oft aber dem letzteren annähert. Dies wird bei den heimgekehrten Kriegsteilnehmern ein illusionsloses Menschenbild erzeugt haben.

Die Rückkehr erfolgte in eine idyllische Welt, die sich seit Kriegsbeginn kaum verändert hatte. Kriegszerstörungen, wie sie allerorts 20 Jahre später nach dem 2. Weltkrieg anzutreffen waren, gab es im ehemals Österr. Schlesien nicht.

Im Nachlass meines 2003 verstorbenen Onkels Fred Weyrich habe ich einen Textauszug gefunden, in dem der ehemalige Obergärtner Franz Lubik liebe-

Direktor Weyrich mit der unvermeidlichen Zigarre im besten Alter an seinem Dienstort

voll die malerische Lage seiner Wirkungsstätte beschreibt. Der Text entstammt einer Schrift, die aus Anlass des 10-jährigen Jubiläums der Patenschaft des „Absolventenverbandes der Oberhermsdorfer" mit dem „Absolventenverband der Landwirtschaftlichen Lehranstalten in Landsberg/Lech" am 17. Juni 1978 erschienen ist, an meinem 29. Geburtstag, 21 Jahre nach dem Tod meines Großvaters. Die Schrift liegt mir nicht im Original vor; auf S. 182/183 müsste sich die folgende Landschaftsbeschreibung finden:

„In örtlicher Anlehnung an das alte Rittergut Oberhermsdorf von Johann Gerblich, dem das ausgedehnte Schulareal entstammte, lag der Schul- und Wirtschaftsgebäudekomplex und etwas abseits davon das abgerundete Schulgut gleich einen Meierhof weit abseits jeder Ortschaft in einer bewegten Landschaft da. Ein Drahtzaum grenzte das Bauareal mit dem großen Schulgarten (etwa 5 ha) von den anliegenden Feldern ab. Das Schulareal sowie das zunächst gelegene Grenzdorf Oberhermsdorf mit dem Gerblichgut gehörte zur Kastralgemeinde[1] Barzdorf (2 km entfernt). Die umgebende Landschaft lag am Fuße der Nordausläufer des Altvatergebirges, etwa 250 m.ü.d.M., gegen Norden abfallend völlig offen da.

Die nächsten Städtchen Weidenau, Friedeberg und Jauernig lagen 6 bis 9 km von der Schule weg. Die Bezirksstadt Freiwaldau lag etwa 20 km abseits südlich des Hirschbad-Gemärkekammes. Die nahe der Schule vorbeiführende Bahnlinie Lindewiese-Jauernig unterhielt ihretwegen eine Bahnstation.

Die preußische Grenze war von der Schule kaum 1 km entfernt. Ein Blick vom Schulgebäude gegen Osten zeigte das in einer Mulde gelegene Herrenhaus des Gerblichgutes mit Park, Wirtschaftsgebäuden und den davor gelegenen Teich. Zwischen Schule und Gutshof zog sich dessen Feld- und Wiesenflur gegen das südwärts gelegene Schulgut hin. Ein Auwäldchen (der Gerblichbusch oder Mordgrund) lag dahinter am Teichzuflussbächlein entlang.

Ein reicher Wildbestand an Hasen, Rebhühnern, Fasanen, Rehen und Wildenten belegte morgens und abends Flur und Au. Von den feuchten Wiesen ertönten im Frühling die seltsamen Rufe der dort nistenden Kiebitze, und sogar Störche fanden sich dort zur Futtersuche ein. Im bewegten Auwald wuchsen duftende Orchideen, Maiglöckchen, Leberblümchen, Haselwurz und mancherlei Beeren und Pilze. Sogar das seltene Birkhuhn nistete dort.

Zum Gerblichgute gehörte der nahe dahinter gelegene mit Laubbuschwald bedeckte „Butterberg". Sein Nordabhang bot eine einmalige Fernsicht gegen Norden über das breite Neißetal hinweg bis zu den verschleierten Hügeln dahinter, aus welchen bei guter Fernsicht der niederschlesische Zobtenberg ragte. Von Ost nach West sah man die Türme und Zinnen der Kirchen und Schlösser von Weidenau, Neiße, Ottmachau, Patschkau, Kamenz und Jauernig und den fernen Warthaberg bei Glatz.

Auch die weite Wasserfläche des Ottmachauer Stausees sah man bei sonnigem Wetter schimmern."

Exkurs: Das „Neisser Bistumsland"

Dies war vom Mittelalter bis zur Säkularisation ein Territorium der Bischöfe von Breslau, die darin sowohl die geistliche als auch die weltliche Macht ausübten. Am Südrand des Bistums Breslau gelegen, umfasste es das Gebiet um die Städte Neisse, Ottmachau, Patschkau, Ziegenhals, Weidenau und Freiwaldau, die auf der Karte markiert sind. (vgl. auch Kap. 4 b) und 4 c))

Als 1742 der größte Teil Schlesiens an Preußen fiel, lagen die Städte Neisse, Ottmachau, Patschkau und Ziegenhals auf preußischem Gebiet. 1742 verblieben Weidenau und Freiwaldau (auf der Karte nicht abgebildet, liegt südlich von Oberhermsdorf) bei den Habsburgern und gehörten dann zu Österreichisch Schlesien. Die Grenze von 1742 durchschnitt das langgestreckte Straßendorf Oberhermsdorf. Die nördlichen beiden Drittel wurden preußisch.

Kurioserweise verstarb der letzte Erzbischof von Breslau, Adolf Johannes Kardinal Bertram (* 1859 in Hildesheim, d.h. ca. 40 km von Hameln/Weser entfernt), am 6. Juli 1945 auf Schloss Johannesberg bei Jauernig. Dieses, auch Johannisberg genannte Schloss, war bis 1945 der Sommersitz der Breslauer Bischöfe. Kulturell besaß das Schloss im 18. und 19. Jh. eine große Bedeutung für die Musik und die Dichtung. Kardinal Bertram steht heute wegen seiner beschwichtigenden

---

[1] in einem Grundbuch zusammengefasste Verwaltungseinheit, Steuergemeinde

Haltung zum Dritten Reich in der Kritik und stand kirchenpolitisch in starkem Gegensatz zu Bischof Konrad Graf von Preysing (siehe Kap. 9, S. 204).

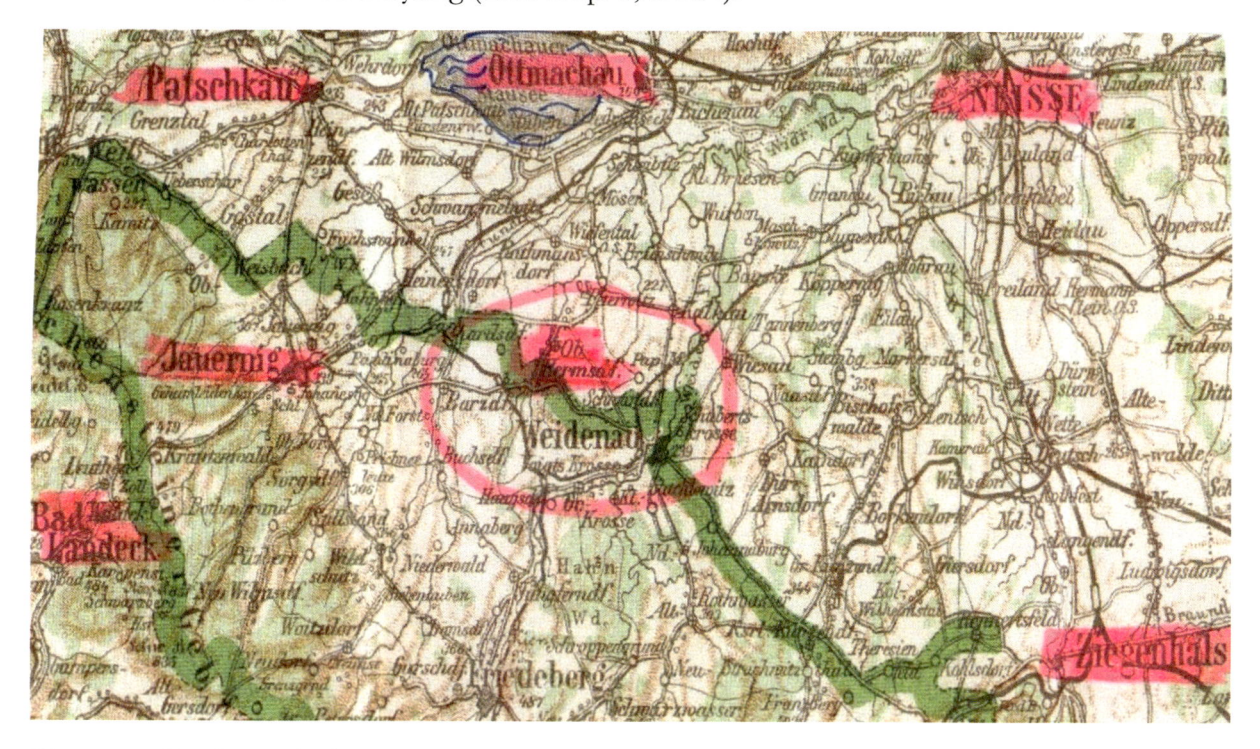

Karte von Oberhermsdorf im südlichen ehemaligen Neisser Bistumsland. Die Stadt Freiwaldau befindet sich im Süden und ist hier nicht abgebildet. An der westlichen Grenze die ehemalige Grafschaft Glatz.

Als mein Großvater 1913 nach Oberhermsdorf kam, waltete dort als vierter Schuldirektor der Anstalt Direktor Ingenieur Rudolf Pfohl. Dieser war seit 1910 als Schulleiter eingesetzt, und er musste die für die Schule sehr schwere Zeit des 1. Weltkrieges, des Umbruches danach und der Nachkriegszeit erleben (Pensionierung 1923).

Rudolf Pfohl (Denkschrift aus Anlaß des 60jährigen Bestandes …[2], S. 47) erinnert sich seines Eindruckes von der Lehranstalt, als er um 1900 seinen Dienst als Lehrer antrat:

„Und so geschah es, daß die Lehranstalt, abgeschnitten von jedem Verkehr, abseits der Eisenbahn, halbwegs zwischen den Städtchen Jauernig und Weidenau, aufs freie Feld gestellt wurde. Dadurch gingen der Schule alle Wohlfahrtseinrichtungen verloren, die ein städtisches Gemeinwesen zu bieten in der Lage ist. Selbst der notwendigen Mittel bar, wurde Oberhermsdorf eine Erziehungsstätte von überspartanischer Einfachheit."

Wenig später spricht Pfohl von einem „puritanischen Zug" Oberhermsdorfs. Als Rudolf Pfohl die Anstalt 1923 verließ, waren die nötigen Ausbaumaßnahmen der Schule bereits eingeleitet, die dann 1924 ihren Abschluss fanden. Im November 1918 endete der gewaltige Krieg, und die Professoren und Studenten kehrten nach Oberhermsdorf zurück.

---

[2] Denkschrift aus Anlaß des 60jährigen Bestandes der Schlesischen landwirtschaftlichen Landesmittelschule in Oberhermsdorf und ihrer Auflösung. Oberhermsdorf 1930.

Der Schüler Ernst Loserth schreibt nach seiner unfreiwilligen Reise auf der Transsibirischen Eisenbahn aus der Kriegsgefangenschaft an seinen Schulleiter:

Postkarte

Ehrenwerten Herrn
Direktor Rudolf Pfohl
Ober-Hermsdorf bei Jauernig
Österreich-Schlesien

Abs. Kriegsgefangener Kad. Asp[irant]

Ernst Loserth   Omsk, 20.05.1918

„Sehr geehrter Herr Direktor!

Bitte mir vor allem mein langes Schweigen nicht übel zu nehmen, nachdem ich auf unserer langwierigen Reise leider nicht immer Gelegenheit hatte, meine Correspondance zu erledigen.

Befinden uns seit 17./04. auf der Reise von Chabarowsk und haben immer noch nichts Sicheres über unseren Austausch erfahren. Waren am 10.05. bereits in Samara; dort hieß es wiederum über den Ural nach Omsk zurück. Trotz alledem hoffe ich, das schöne O.H. [Oberhermsdorf] bald wiederzusehen!

Es grüßt Sie hochachtungsvoll

Ernst Loserth

Ernst Loserth gehört zum Absolventenjahrgang 1921 und konnte somit seinen schulischen Abschluss endlich doch erreichen. Als seine Anschrift wird auf S. 79 der Festschrift (a.a.O.) der Ort Lundenburg, und zwar die Zuckerfabrik genannt.

Die Höhere Landwirtschaftsschule nahm einen ungeahnten Aufschwung. Rückblickend auf die unmittelbare Nachkriegszeit schreibt mein Großvater über „seine Schule": (Denkschrift, S. 17) „Da die Schüleranzahl nach dem Kriege auf mehr als 100 stieg, war die Unterrichtserteilung in der Oberhermsdorfer landwirtschaftlichen Landesmittelschule, die nur für einen Besuch von 60 Schülern erbaut worden war, über alle Maßen schwierig." Außerdem hatte ein politischer Umbruch stattgefunden. Das Habsburgerreich war zerfallen, und einer der Nachfolgestaaten Österreich-Ungarns war die tschechoslowakische Republik. Die alten Verwaltungs- und Schuleinrichtungen blieben zunächst bestehen. Nur die verantwortlichen Behörden änderten ihren Namen und ihre Zusammensetzung. Man hatte nun als oberster Behörde mit dem Ministerium für Landwirtschaft in Prag zu tun, mit dem mein Großvater später als Direktor der Schule viele Auseinandersetzungen haben sollte. Vieles wandelte sich im Äußeren der

Denkmal: Statue Kaiser Josephs II. in den Parkanlagen des Anstaltsareals in Oberhermsdorf. Studierende nach dem 1. Weltkrieg.

Schule. Ein Foto aus dem Jahre 1921 oder 1922 zeigt Hörer, die im Park der Oberhermsdorfer Anstalt vor dem bereits von Herrn Obergärtner Lubik erwähnten Denkmal Kaiser Josephs II. posieren. Dieses Denkmal musste 1923 abgebaut und entfernt werden. Das „Gesetz zum Schutze der Republik" vom 19. März 1923 bezeichnete alles, was an die Habsburger Herrschaft erinnerte, als staatsfeindlich, und Hinweise auf die Habsburger waren zu entfernen.

Diese „Bilderstürmerei" ist im Hinblick auf den aufgeklärtesten der Habsburger, Kaiser Joseph II., in ihrer Wahllosigkeit etwas befremdlich. Mit der Statue Josephs II. „demontierte" man auch das Denkmal für den Befreier aus der Leibeigenschaft u.a. in Böhmen und Mähren und für den populären Fürsprecher des Bauerntums.

Die Raumnot auf dem Oberhermsdorfer Schulareal ließ die Schulverantwortlichen an die Errichtung neuer Bauten denken. Auch die Verlegung der abgelegenen Anstalt in eine Kleinstadt des ehemaligen Österreichisch Schlesien wurde erwogen, aber letztlich verworfen. Es kam schließlich zu einem Aus- und Umbau der Schule am angestammten Ort.

Von 1926 bis zum Schuljahr 1936/37, also gut zehn Jahre lang, war meinem Großvater als sechstem Direktor in Folge die Schulleitung anvertraut worden. Er erlebte noch eine kurze Blütezeit der Höheren landwirtschaftlichen Schuleinrichtung, die eine überregionale Bedeutung gewonnen hatte, dann aber zu seinem Leidwesen deren Ende 1929 aus schulpolitischen Erwägungen. In dem Jahre danach wurde in Oberhermsdorf weiterhin landwirtschaftlicher Unterricht erteilt, das Einzugsgebiet der Schule wurde zunehmend auf die Region beschränkt und die Gesamtatmosphäre provinzieller.

Der Kampf um den Erhalt der Höheren Landwirtschaftsschule hat eine längere Geschichte. Die Einrichtung musste jahrzehntelang um ihren Erhalt bangen, wie dies der frühere Direktor Ing. Pfohl deutlich machte. (a.a.O., S. 49) Mein Großvater wurde mit der Errichtung einer Landesackerbauschule betraut und blieb vor Ort als deren Direktor. Das Lehrpersonal und die schulischen Mitarbeiter der ehemaligen Höheren landwirtschaftlichen Schule wurden von der neuen Einrichtung übernommen; es war aber eine unruhige Zeit des Umbruchs. Es wurde versucht, durch landwirtschaftliche Kurse die Oberhermsdorfer Schule in der Region zu verankern. Auch um das Wohlwollen der staatlichen Autoritäten mühten sich die Lehrkräfte der Schule.

Ein Lichtbild zeigt meinen Großvater als Veranstaltungsleiter in der Mitte sitzend beim Gruppenfoto anlässlich eines landwirtschaftlichen Heereskurses für die Troppauer Garnison.

Landwirtschaftlicher Kurs 19.1.–23.3.1927 für Armeeangehörige, zusammengestellt und betreut von meinem Großvater, dem Leiter der Oberhermsdorfer Lehranstalten. Die Unterrichtssprache war Deutsch. Mitveranstalter war die Deutsche Land- und Forstwirtschaftsgesellschaft in Troppau.

Siegelmarke des Landwirtschaftsministeriums der Tschechoslowakischen Republik

Futterbaukurs in Jägerndorf, Jahr unbekannt, Gustav Weyrich in der zweiten Reihe sitzend, Bildmitte neben dem Baum

Mein Großvater hat 1929 die Schulgeschichte für die „Denkschrift" nacherzählt, und viele, die zur Oberhermsdorfer Geschichte etwas veröffentlichen, haben sich auf ihn berufen. So z.B. Franz Lubik (Festschrift 1978[3], S. 182 ff.):

> „Über die geschichtliche Entwicklung der Landwirtschaftlichen Lehranstalt in Oberhermsdorf entnehme ich einem Artikel ihres verstorbenen Direktors Dipl.-Ing. Gustav Weyrich folgende Angaben ..." usf.

Die Ausführungen meines Großvaters sind im Anhang E wiedergegeben: (S. 377 ff., Denkschrift S. 6–21).

Einen Eindruck von der Verteilung des Unterrichtsstoffes bei den „Landwirtschaftlichen Fortbildungskursen zu je 32 Vortragsstunden" gewinnt der Leser aus dem umseitig wiedergegebenen Durchschlag des maschinenschriftlichen Programms. Der fachkundige Leser wird Vergleiche zu den heute aktuellen Thematiken des landwirtschaftlichen Unterrichts anstellen können. Die Darbietung in Vortragsform ist ohne die Möglichkeit zu Rückfragen allerdings nur schwer vorstellbar. Unvermeidlich sich aufdrängende Fragen konnten vielleicht auch in Schriftform gestellt und beantwortet werden.

---

[3] Festschrift aus Anlaß des 10-jährigen Jubiläums der Patenschaft des „Absolventenverbandes der Oberhermsdorfer" mit dem „Absolventenverband der Landwirtschaftlichen Lehranstalten in Landsberg/Lech", 17. Juni 1978.

Landwirtschaftliche Fortbildungskurse

zu je 32 Vortragsstunden.

Eingeleitet werden die landwirtschaftlichen Fortbildungskurse mit einem zweistündigen Vortrag über "Tagesfragen der Landwirtschaft".

Darauf folgen
a) 14 Vortragsstunden über Ackerbau- und Pflanzenbaulehre,
b) 10 " " Tierzucht und
c) 6 " " betriebswirtschaftliche Fragen.

Zu a) Ackerbau- und Pflanzenbaulehre:

Bau und Leben der landwirtschaftlichen Kulturpflanzen, Wachstumsbedingungen	1 Stunde
Nährstoffe und Ernährung der Pflanzen	2 "
Stalldünger, Jauche, Kompost, Gründüngung	1 "
Kunstdünger (N, P, K und Ca-haltige)	1 "
Praktische Düngungsfragen	1 "
Bodenmeliorationen	1 "
Boden- und Bodenbearbeitung, Bodengare	1 "
Getreidebau	1 "
Hackfrüchte und Ölfrüchte	2 "
Futterbau, Wiesen und Weiden	2 "
Saat und Pflege	1 "
Ernte und Aufbewahrung des Getreides und der Hackfrüchte	1 "
	14 Stunden

Zu b) Tierzucht:

Rindviehzucht und Rindviehhaltung:

Wirtschaftliche Bedeutung der Rinderzucht, Rassen und Zuchtrichtungen, Körperbau und Beurteilung	1 Stunde
Züchtung, Begriff von Zucht und Aufzucht, Grundlagen der Züchtung	1 "
Zuchtziel, die Zuchtauslese, die Zuchtmethoden	1 "
Der Zuchtbetrieb: Die Zuchtbenutzung, die Aufzucht des Rindes	1 "
Die Pflege des Rindes, Haltung, Garten, Weidebetrieb und Technik	1 "
Fütterung des Rindes	1 "

Schweinezucht und Schweinehaltung:

Betriebswirtschaftliche Stellung, Rassen	1 "
Die Zucht des Schweines	1 "
Die Fütterung des Schweines	1 "
Die Haltung des Schweines, Massnahmen zur Förderung der Schweinezucht	1 "
	10 Stunden

Zu c) Betriebswirtschaftliche Fragen:

Die Steigerung der landwirtschaftlichen Erzeugung durch Verbesserung der Betriebseinrichtung, Umfang u. Ausgestaltung der Viehhaltungszweige, die Bodennutzungszweige	2 Stunden
Die Arbeitshilfsmittel des bäuerlichen Betriebes (die Zugkräfte, Maschinen u. Geräte, die Gebäude)	2 "
Die Lage des Hofes und der Felder zum Hofe, Grundstückszusammenlegung	1 "
Genossenschaftswesen (der Genossenschaftsgedanke, Gebiete der ländlichen Genossenschaftsarbeit)	1 "
	6 Stunden

Landwirtschaftliche Fortbildungskurse zu je 32 Vortragsstunden; Veranstalter war die Deutsche Land- und Forstwirtschafts-Gesellschaft in Troppau; Gustav Weyrich wirkte durch Vorträge mit.

Die Seiten 70 bis 74 der Denkschrift von 1930 gestatten einen Überblick über die Unterrichtenden der landwirtschaftlichen Schulen in Oberhermsdorf, womit auch der Fächerkanon der Professoren dokumentiert wird. Es gab Fachleute für:

– mathematisch-technische Fächer

– betriebstechnische Fächer

– Maschinenkunde und landwirtschaftliche Fächer

– Pflanzenbaufächer

– chemisch-technische Gegenstände

– humanistische Fächer

– Korrespondenz, Maschinenschreiben und Turnen

– Obst- und Gartenanbau sowie Stenographie

(insgesamt 1 Direktor und 7 „ordentliche" Lehrer sowie 3 Hilfslehrer sorgten für die Abdeckung der vielfältigen Themen.)

Mein Großvater besaß ein hohes und solides Selbstwertgefühl, das durch die vielen Lebenslagen, in denen er sich hatte bewähren müssen, noch verstärkt worden war. Das hohe Selbstwertgefühl, mit dem die Lehrer einer höheren Erziehungsanstalt um die Jahrhundertwende in der Regel versehen waren, erleichterte die Erziehungsarbeit! Die Zöglinge hatten ein Vorbild, dem sie nacheifern und an dem sie sich reiben konnten.

Für meinen Großvater und seine Familie waren die Jahre in Oberhermsdorf wohl die glücklichste Zeit im Leben. Mein Großvater hatte eine erfüllende Berufsaufgabe gefunden, die auch ein beträchtliches Ansehen in der näheren und weiteren Umgebung mit sich gebracht hatte. Mein Großvater war in jungen Jahren sicherlich ehrgeizig, aber dennoch frei von Geltungssucht. In seinen mittleren Lebensjahren konnte er sich zu einem wohlwollenden, aber dennoch strengen und später auch gütigen Patriarchen entwickeln. Die Stellung als Direktor brachte neben dem Ansehen auch gesellschaftliche Verpflichtungen mit sich, denen mein Großvater mit seiner tüchtigen Ehefrau Hermine an der Seite gut nachkommen konnte.

b) Schulleben und „Geselligkeit der Oberhermsdorfer"

Durch die „Insellage" von Oberhermsdorf entwickelten die Oberhermsdorfer Schüler und Lehrer ein starkes Zusammengehörigkeitsgefühl – wie es bei Inselbewohnern nicht selten der Fall sein soll. Auch einer kleinen dörflichen Gemeinde war das Schulareal mit seinen Bewohnern nicht unähnlich. Zahlreiche Begegnungen der Professoren, der Mitarbeiter und der Studierenden bewirkten allmählich eine gegenseitige Vertrautheit. Die Internatsunterbringung der Lernenden und die Unterbringung der Lehrenden und ihrer Familien in unmittelbarer Nähe ergaben das Gefühl, Teil einer großen Familie zu sein. Das Wort „Schulgemeinde" für dieses enge Zusammenleben zu gebrauchen, wäre irreführend. Man könnte dabei an Formen einer Mitbestimmung denken, was aber die wechselseitigen Beziehungen nicht angemessen erfasst. Die Professoren bestimmten die wesentlichen Angelegenheiten der Schule und den Unterricht- und Betriebsablauf. Bei allem menschlichen Wohlwollen gegenüber dem ländlichen Nachwuchs blieb der Erziehungsstil stark lenkend bzw. autoritär. Damit machte Oberhermsdorf keine Ausnahme zu den damaligen Unterrichts- und Zielvorstellungen im staatlichen Schulwesen.

Direktor i.R. Ing. Rudolf Pfohl, hatte im Jahre 1929 fünf Jahre Zeit gehabt, als Pensionär in Elbogen, in der Nähe des Weltbades Karlsbad, über die pädagogische Wirkung seiner ehemaligen Lehranstalt nachzudenken. In seinem Beitrag zur Denkschrift (a.a.O., S. 49) erinnert er sich:

„Dieses Zusammenleben von Schülern und Lehrern war eine Besonderheit von Oberhermsdorf. An welcher staatlichen Mittelschule wäre es möglich, daß Lehrer und Schüler in einer Kneipe in bunter Reihe nebeneinandersäßen? Und doch die strenge Disziplin, die auch die Schüler untereinander zu halten wußten! Viel leichter lassen sie sich lenken durch sich selbst, als durch den Lehrkörper. Ist es einmal gelungen, in ihnen den Glauben an die Notwendigkeit von Zucht und Ordnung zu wecken, dann überlasse man ihnen getrost die disziplinare Selbstverwaltung."

Die Schulanstalt in Oberhermsdorf hatte aber nicht nur segensreiche Wirkungen für die Absolventen und ihre menschliche Entwicklung. Die Ausstrahlungs- und Anziehungskraft auf die Region war bedeutend. Sie wird von Franz Lubik wie folgt erläutert (a.a.O., S. 183):

„Die Oberhermsdorfer Lehranstalt war für die Landwirte der Bezirke Weidenau, Friedeberg und Jauernig nicht allein ein fachliches Schulungs-, Beratungs- und Demonstrationsobjekt, sondern ein geistiger und gesellschaftlicher Mittelpunkt. Im Kreise des umfangreichend Lehrpersonals fanden Bauern und Gutsbesitzer jederzeit fachliche Beratung, geistige Anregung und angenehme Geselligkeit. Die stets gut geführte, öffentlich konzessionierte Anstaltsgastwirtschaft war für jedermann zugänglich. Der große Speisesaal, zwei Sonderzimmer und im Sommer ein schattiger Gartenplatz inmitten eines Ziergartens mit einem würdigen Standbild des Kaiser Joseph dem Zweiten [sic] boten ausreichend Raum. Eine Kegelbahn und Tennisplätze standen den Studenten und zeitweilig auch den Gästen zur Verfügung. Studentische Vergnügungen und Tanzstunden zogen auch die Jungmädchenschaft der Umgebung mit Anhang in die Anstalt, so daß an Sonn- und Feiertagen dort stets ein lebhafter, fast familiärer Gastverkehr herrschte."

Von der Mehrzahl der Absolventen wurde der Aufenthalt in Oberhermsdorf als „glückliche Studienzeit" empfunden (Dir. i.R. Pfohl, a.a.O., S. 49). Trotz aller Mühen und Anstrengungen, die der strenge Lehrplan den Zöglingen auferlegt hatte, erinnerten sie sich mit Dankbarkeit, Freude und sogar mit Rührung ihrer Studienzeit.

Es war in Mitteleuropa nicht unüblich, dass landwirtschaftliche Schulen Absolventenvereine hervorbrachten. Diese dienten nicht nur der Weitergabe neuerer Erkenntnisse aus dem landwirtschaftlichen Bereich, sondern vor allem der Pflege der Freundschaften, die man während der „schönen Studienzeit" geschlossen hatte. So blieben die Mitglieder der Absolventenvereine lebenslänglich mit ihrer Alma mater verbunden.

Auch in Oberhermsdorf war nicht jeder Schüler talentiert und lernbegierig. Nicht jeder Lehrer durfte sich zu den pädagogischen Genies rechnen. Davon zeugen nicht zuletzt die vielen Anekdoten, die man in der Denkschrift hatte zusammentragen können. Wahrscheinlich gab es auch in Oberhermsdorf Schülergestalten, die das beherzigten, was uns damaligen Tertianern des Hamelner Schillergymnasiums der Musiklehrer, Oberstudienrat Kreft, eingebläut hatte: „Man muss sich mit Anstand langweilen können." Gelangweilt haben werden sich die Schülergenerationen der Hermsdorfer Anstalt aber selten. Die Tage waren ausgefüllt, und dem Jahresablauf folgend feierte man sicher auch die Feste, die im westlichen Teil Österreichisch Schlesiens üblich waren. Da in Oberhermsdorf keine städtische Zerstreuung möglich war, widmete man sich den Möglichkeiten zum Feiern mit besonderer Hingabe.

Mehrmals berichtete meine Mutter mir von ihren Kindheitserlebnissen mit dem Oberhermsdorfer „Nikkolo", der von furchterregenden (studentischen) Krampussen (süddeutsches Brauchtum) begleitet wurde. Der Brauch bot die Gelegenheit, den Mitgliedern der Oberhermsdorfer „Schulfamilie" scherzhaft die Wahrheit über ihr („verfehltes") Verhalten schonend beizubringen.

Alles im Leben hat einen Anfang und ein Ende. Sogar die Schulzeit. Direktor im Ruhestand Pfohl erinnert sich (a.a.O., S. 48) an die „schüchternen Neuankömmlinge", an die „Verbrüderungskneipe" der Neuankömmlinge mit den älteren Studierenden, an das Lernen für die Abschlussprüfungen der Fortgeschrittenen (a.a.O., S. 49). Das Ende der Schulzeit beschreibt er wie folgt:

„Einen feierlichen Abschluß findet die Oberhermsdorfer Studienzeit durch die Kegelpartie, an der alle Mitglieder des Lehrkörpers und deren Frauen teilnehmen. […] Nun überreichen die Maturanten ihr Gruppenbild, machen eckige Kratzfüße und überschreiten die Grenzlinie zwischen dieser überglücklichen Studienzeit und dem ernsten Berufsleben." (a.a.O., S. 49)

Der Denkschrift von 1930 ist ein Gedicht vorangestellt, das man wahrscheinlich vertont hatte, um es vom Gesangsverein Lyra aus Barzdorf unter der Leitung des Oberlehrers Schmidt als Abschiedslied auf der Abschiedsfeier vorzutragen. (Denkschrift, S. 66) Danach trat übrigens mein Großvater in Erscheinung, begrüßte die Gäste und hielt als Schulleiter eine Rede (a.a.O., S. 66):

„Schuldirektor Ing. Gustav Weyrich schilderte nach der Begrüßung der Gäste durch Inspektor Spielvogel eingehend und mit warmem Empfinden die Entwicklung der Lehranstalt von ihren Anfängen im Jahr 1867 bis zur Gegenwart und würdigte die Verdienste seiner Lehrer und Schüler hier und draußen im Berufe."

Das Gedicht mag heute als etwas bieder empfunden werden, und die Oberhermsdorfer Zeit wird vielleicht manchem Absolventen in der Erinnerung etwas verklärt erscheinen. Es ist aber doch ein Liebesbeweis an die Alma mater, die den Namen Oberhermsdorf trägt.

1. Es liegt ein Ort im Schlesierland
   So ruhig still verborgen,
   Dort reicht man sich noch froh die Hand,
   Da kennt man keine Sorgen.
2. So treffen sich alljährlich hier
   Gar stramme deutsche Jungen,
   Dem Volk, dem Stand zur steten Zier,
   Das bleibt ihm ausbedungen.
3. Es ist fürwahr die schönste Zeit
   In unser'n Lebenstagen,
   Voll Lust und Freud und Fröhlichkeit,
   Verbannt sind Leid und Klagen.
4. Die bied're deutsche Landwirtschaft
   Wird uns dort wohl gelehret,
   Wie man dies tut und jenes schafft
   Gar wohlweislich erkläret. –

Maturanten des Jahres 1922, Fotograf Herbert Volkmer, Jauernig

5. Im Stillen wächst ein stark' Geschlecht
   Zu frohgemuten Bauern,
   Die wohl erkennen Pflicht und Recht
   In ihren deutschen Mauern.

6. Mag Euch auch öfters bitt'res Los
   Zu Hermsdorf Zeiten winken, –
   Kommt ihr dann von den Bänken los,
   Wird Euch manch Tränlein blinken.

7. Dann schnüret froh das Ränzel Euch
   Und – denkt vergang'ner Tage:
   Wird's auch im Herzen warm und weich
   Geht still – und ohne Klage,

8. – Und geht das Leben trotzig an,
   Sei's denn auch noch so trübe:
   Was hätten wir vom Leben doch –
   Wenn uns der Mut nicht bliebe?

9. Was wohl als Jugendübermut
   In tausendfält'ger Fülle
   Verlieh dem Herzen rechte Glut,
   Das werde Mut – der Stille –

10. Des reifen Schaffens drauß' im Land
    – im Bund mit rechten Frauen.
    Wer Frieden in der Arbeit fand,
    Darf drauf die Zukunft bauen.

11. Es liegt ein Ort im Schlesierland
    So ruhig, still – verborgen,
    Dort reicht man sich noch froh die Hand,
    Da kennt man keine Sorgen!
    Laßt uns ihn nennen, diesen Ort:
    Es klinge jubelnd fort und fort:
    Heil Hermsdorf Dir!

c) Kindererziehung im Oberhermsdorfer Milieu

Auf Seite 52 der Denkschrift wird der Spitzname meines Großvaters genannt, der unter Studenten gebräuchlich war: Sinus. Er wird weiter charakterisiert: „Erkennungszeichen: Schnauzbart, Kinderfreund." Den Studenten ist also aufgefallen, dass mein Großvater auch kleinere Erdenbürger wahrnahm und beachtete und dass er sich ihnen freundlich widmete. Da er auf vier eigene Kinder stolz sein durfte, kannte er Freud und Leid des Familienvater-Seins recht gut.

Die ersten beiden Kinder könnte man als Kriegskinder, die anderen beiden als Nachkriegskinder bezeichnen. Die Zeitverhältnisse mit ihren besonderen Lebensumständen waren nicht ohne Einfluss auf das Heranwachsen der Kinder. (vgl. S. 270 „Alterkohorten")

Im Jahre des Kriegsausbruchs 1914 geboren, war das Verhältnis des ältesten Sohnes meines Großvaters, meines „Onkel Gustl", nach meiner Beobachtung nicht so herzlich zu seinem Vater, wie es bei dem fast vier Jahre später geborenen zweiten Sohn des Großvaters der Fall war. Bedingt durch die lange Abwesenheit des Vaters im Kriege, das nur kurze Erscheinen des Vaters während der Pausen, die dem Soldaten vergönnt waren, und vielleicht auch durch ein schroffes und strenges Erzieherverhalten des Vaters gegenüber dem Stammhalter, war das Verhältnis beider zwar durch gegenseitigen Respekt, aber auch durch gegenseitige Distanz geprägt. Nach eigenen Aussagen des Ältesten gegenüber seiner Frankfurter Schwägerin „Tante Ruth" hatte er sich häufig als „fünftes Rad am Wagen" der Familie gefühlt. Vielleicht ist es auch als Erbteil der Görlich-Familie anzusehen; vom Bruder meiner Großmutter hatte ich einen ähnlichen Persönlichkeitseindruck wie vom „Ältesten" meines Großvaters.

Fred Weyrich in Oberhermsdorf, ca. 1922. Er trägt einen Spazierstock wie sein Vater, und später sollte der Enkelsohn Norbert seinen Opa nachahmen.

Das Verhältnis zum zweiten Sohn Fredl, geboren unmittelbar nach Kriegsende, war umso herzlicher und inniger. Der zweite Sohn konnte eine glückliche Kindheit auf dem Lande verleben, die alles bot, was ein kleiner Junge sich an Abenteuern erträumen kann. Oft durfte er im Arbeitszimmer seines Vaters in der Landwirtschaftsschule spielen, sozusagen zu Füßen seines Vaters, begleitet von dessen stolzen Blicken. Im Gegensatz zum Ältesten, dessen Interesse für Maschinen und Technik sich allmählich herausbildete, übernahm „Fredl" die Interessen des Vaters, die auf Gartenbau und Landwirtschaft gerichtet waren.

Maturantenjahrgang 1927, Gustav Weyrich sitzend 2. v.li.

158

Die vier Kinder meiner Großeltern ca. 1924. Unten links meine Mutter Mimi, geb. 1920, dann Onkel Fred, geb. 1918, Tante Trude im weißen Kleid mit Matrosenkragen, geb. 1916, und das älteste Kind, Onkel Gustl, geb. 1914.

Die Studenten der Schule hatten meinen Großvater nach seiner Rückkehr aus dem Krieg und entsprechend dem von ihm erteilten Fach Mathematik – wie zu Beginn des Kapitels bereits erwähnt – den Spitznamen „Sinus" gegeben. Es lag nahe, dass die Hermsdorfer Zöglinge meinem Onkel Fred den Spitznamen „Cosinus" zulegten. Die Studierenden hatten schnell erfasst, dass zwischen Vater und Sohn ein besonderes Band bestand. Die aufmerksamen Hermsdorfer hatten auch einen Schwachpunkt des Sohnes ihres Professors und späteren „Direx" erkannt: Im Gegensatz zu seinem ausgeglichenen Vater war der Knabe sehr jähzornig, und er konnte leicht – wie auf Bestellung – zu einem Zornesausbruch gebracht werden. Das wurde von den Studierenden weidlich ausgenutzt: Mein Onkel bekam einen hochroten Kopf, und der Zornesanfall wirkte auf die Umgebung erheiternd und belustigend, was ihn noch mehr reizte und aufwühlte. Vielleicht hat er deshalb nie in seinem Leben daran gedacht, als Lehrer tätig werden zu wollen. Über seinen Jähzorn hat er übrigens nie mit anderen Familienmitgliedern gesprochen; den Sachverhalt kenne ich nur aus Erzählungen meiner Mutter und meiner Tante Trude. So wurde Onkel Fred Opfer manch eines Studentenstreiches und Studentenulkes, von dem sein Vater natürlich möglichst nichts erfahren durfte.

Tante Trude, älteste Tochter von Hermine und
Gustav Weyrich (Gertrud Maria Weyrich), ca. 1926

Mimi Frimmel, jüngste Tochter Gustav Weyrichs,
zur Zeit der Pensionierung ihres Vaters

Eine etwas unglückliche Empfindlichkeit gepaart mit Ressentiments gegen Menschen, von denen sich mein Onkel provoziert fühlen musste, hat sich leider im Laufe seines Lebens nicht gelegt. So hielt er in seinen letzten Lebensjahren zunehmend Abstand von seinem älteren Bruder, obwohl dieser sich treu um Kontakt bemühte.

Leider habe ich als Heranwachsender die Empfindlichkeiten meines Onkels nicht erkannt und ihm in seinen „seelisch wunden Bereichen" zu viel zugemutet. Ich hielt ihn – fälschlich – für eine jüngere Ausgabe seines abgeklärten Vaters, der Offenheit im Umgang nie als Belastung empfunden hatte, sondern schätzte. Mein Onkel Fred achtete und bewunderte seinen Vater, den er liebevoll „Paps" nannte. Es fiel meinem Onkel Fred – zu seinem Schaden – trotz seiner religiösen Grundhaltung schwer zu verzeihen. So schwelte die „Wunde der Vertreibung" bis ins hohe Alter weiter, und er blieb mit dem Vertreibungsschicksal unausgesöhnt.

Anders erging es Onkel Gustl. Als nüchterner Techniker konnte er auch menschliche Probleme ohne Zorn und Eifer sehen, und der Pragmatiker in ihm riet ihm zur Verdrängung all dessen, was mit der alten Heimat und der Vertreibung daraus zu tun gehabt hatte. So unterschiedlich waren die Söhne des Kulturingenieurs Gustav Weyrich. Es war schade, dass das ursprünglich gute Verhältnis zwischen den beiden Brüdern im Greisenalter so sehr abkühlte.

Eigenartigerweise sah sich Onkel Fred nach dem Tod seines Vaters 1957 als Oberhaupt der Familie Weyrich an, und er litt darunter, dass niemand diese Stellung anerkennen wollte.

Am 31. Juli 1920 wurde in Oberhermsdorf, dem neuen ständigen Wohnsitz der Familie, meine Mutter Hermine Anna, genannt „Mimi", geboren. Offensichtlich war es auch hier eine Hausgeburt.

Trotz der Wertschätzung von Zahlen und Rechnen durch meinen Großvater war nie das genaue Geburtsdatum meiner Mutter zu ermitteln gewesen. Zur Wahl stehen der 30. oder 31. Juli. Für Geburtstagsfeiern und Gratulationen war dieser Umstand etwas störend.

Die viereinhalb Jahre ältere Schwester Trude und meine Mutter verstanden sich zeitlebens prächtig und waren wie zwei Freundinnen. Ihre Freundschaft wurde durch den frühen Tod meines Vaters verstärkt, war prägend für das Leben unserer Kleinstfamilie und somit auch für mich. Zu dem um sechs Jahre älteren Bruder meiner Mutter, Gustl, bestanden weniger Gefühlsbindungen als zum anderthalb Jahre älteren Bruder Fred. Unbestrittener Mittelpunkt der Familie Weyrich war vor und nach dem 2. Weltkrieg der Großvater Gustav Weyrich, den auch seine Ehefrau Hermine als Familienoberhaupt ansah.

Meine Mutter Mimi, drei Jahre alt (dunkles Kleid mit Punkten): Es ist eine Lust zu leben; die Freundin wird im Oberhermsdorfer Park fest an die Hand genommen.

Familienausflug in Oberhermsdorf: Gustav Weyrich rechts stehend, oben links der älteste Sohn Gustl, davor Hermine Weyrich (Bildmitte links) und unten rechts Fred Weyrich

Meine fromme Großmutter sorgte dafür, dass ihre Kinder gut katholisch erzogen wurden. Die Wirkung einer religiösen Erziehung auf den einzelnen Menschen ist damals wie heute sehr verschieden. Onkel Fred war – besonders in der zweiten Hälfte seines Lebens – ein frommer Katholik, der sich auch im Pfarrgemeinderat von St. Bartholomäus in Frankfurt am Main betätigte und dort ein treuer Kirchgänger war. Sein älterer Bruder war in religiöser Hinsicht offensichtlich sehr nüchtern und gleichgültig, und er hatte wohl nicht den Eindruck, dass ihm etwas fehle.

Die beiden Töchter, die sich zeitlebens so gut verstanden, gingen religiös getrennte Wege. Meine Mutter war gläubige Katholikin und besuchte sonntags die Heilige Messe, mochte aber überschwängliche Ausdrucksformen der religiösen Betätigung nicht. Ihre Schwester Trude war unter dem Einfluss ihres Mannes noch vor dem 2. Weltkrieg zur evangelischen Kirche übergetreten und plädierte für ein nüchternes „Tatchristentum". Meine Großmutter, die für die Familie und ihre Glieder regelmäßig betete, dürfte den Konfessionswechsel mit Stirnrunzeln zur Kenntnis genommen haben.

Noch heute steht mir vor Augen, dass meine Großmutter Hermine bei Gelegenheit ihrem Enkel Norbert ein Kreuzzeichen auf die Stirn zeichnete und so den Schutz und Segen Gottes für ihren Enkelsohne erbat. Jetzt gegen Ende meines Lebens, kann ich mit Freude feststellen, dass dieser großmütterliche Segen bei mir gewirkt hat.

d) Ing. Gustav Weyrich als Direktor

Als fünfter Schulleiter Oberhermsdorfs war mein Großvater tragischerweise auch der letzte Schulleiter der Höheren landwirtschaftlichen Landesschule. Die letzten Maturanten verlassen die Schule 1929. Auch aus dem Deutschen Reich meldeten sich Schüler nach dem 1. Weltkrieg an.

An die Direktion
der Landw. Landesmittelschule
Oberhermsdorf
bei Jauernig in Schlesien

Tschechoslowakei

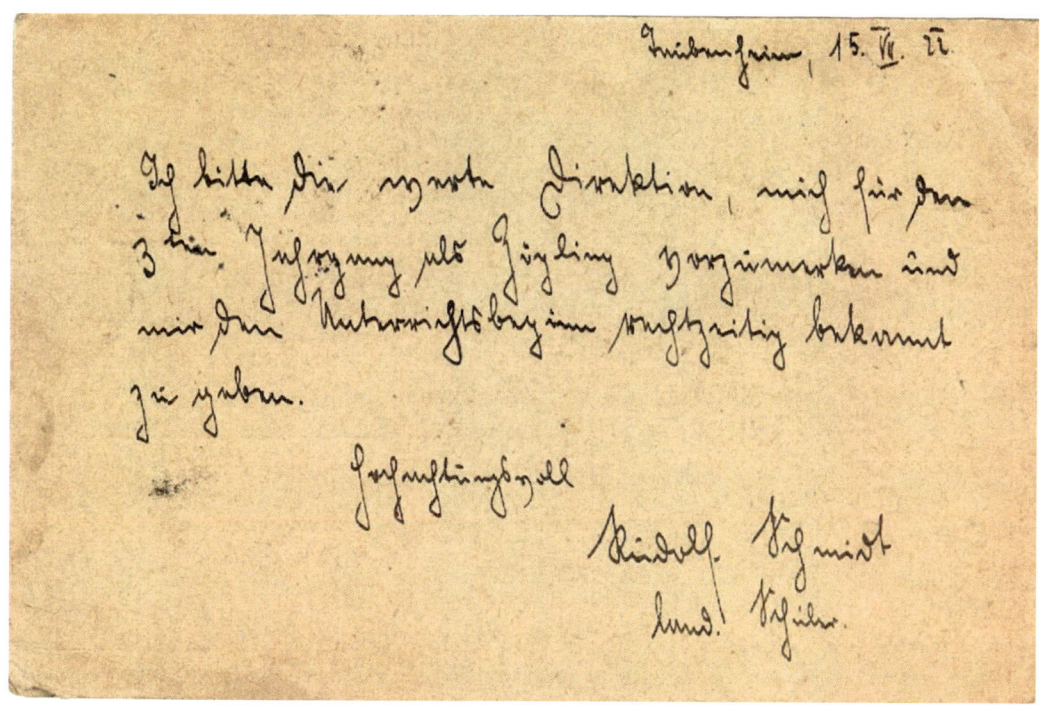

Postkarte eines Schülers vom Rittergut Taubenheim bei Meißen an die Schule, 15.7.1922

Transkription:

Taubenheim, 15. VII. 1922

Ich bitte die werte Direktion, mich für den dritten Jahrgang als Zögling vorzumerken und mir den Unterrichtsbeginn rechtzeitig bekannt zu geben.

Hochachtungsvoll

Rudolf Schmidt

landw.[irtschaftlicher] Schüler

Die Internatsschüler der „Schulinsel Oberhermsdorf" romantisierten ihre Schulzeit – wie das folgende Lied zeigt. Der Verfasser fand es in der Truhe des Großvaters auf einem vergilbten DIN A4-Blatt, das oben rechts mit Bleistift geschrieben den Namen Weyrich trägt.

Zu Hermsdorf Student

1. Wo zwischen grünen Bergen munter
   der Neiße klare Woge rauscht,
   wo in das duft'ge Tal hinunter
   die Burgruine sinnend lauscht,
   wo du von Kummer musst genesen;
   wie tief er auch im Herzen brennt,
   da bin ich auch einst jung gewesen:
   Ich war zu Hermsdorf, Oberhermsdorf Student.

2. Was sollt' ich um die Zukunft sorgen,
   verfolgt mich auch des Schicksals Neid,
   ich denk' an meiner Jugend Morgen,
   ich denk' an dich, du ros'ge Maid,
   an Liederschall und Becherklingen,
   an Waldesduft und Berggeländ',
   Ein Wort gibt meiner Seele Schwingen:
   Ich war zu Hermsdorf, Oberhermsdorf Student.

3. Der Lenz kehrt nimmer blühend wieder,
   auf ewig fort die Jugend schwebt,
   doch trauert nicht darum, ihr Brüder,
   vorbei: sie war doch schön gelebt,
   Ihr Glück – ging alles auch zu Scherben –
   hält treu bis an des Lebens End,
   und lächelnd sprech' ich noch im Sterben:
   Ich war zu Hermsdorf, Oberhermsdorf Student.

Anm.: Das nostalgisch gestimmte Lied eines mir unbekannten Textdichters dürfte die Grundstimmung der meisten Absolventen Oberhermsdorfs wiedergeben!

Die Herabstufung der Schule bewirkte, dass die vormals überregionale Bedeutung Oberhermsdorfs weiter schwand. Zu Zeiten der Habsburgermonarchie hatte die Schule, welche die Hochschulreife zu vergeben hatte, einen sehr guten Ruf und zog Studenten von weither an. Ein Paradebeispiel ist der Absolvent Elbasani Maschar aus Elbasan in Albanien, der 1928 die Maturaprüfung bestand. Von ihm hat sich ein „exotisch" anmutender Briefumschlag erhalten.

Vorderseite des Briefes vom Februar 1928

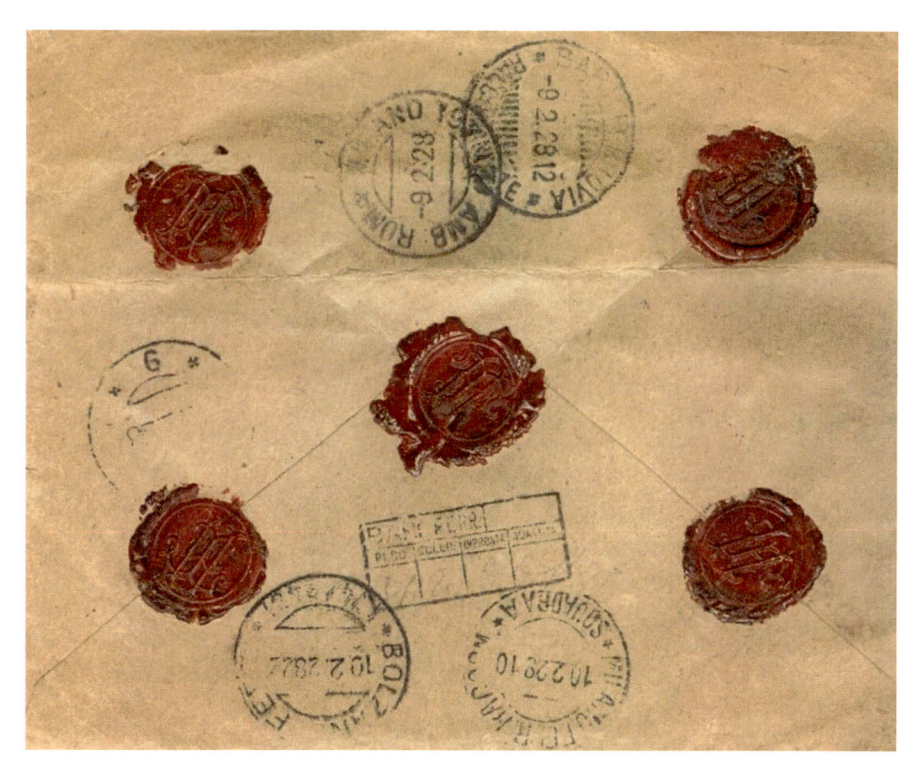

Rückseite des Briefes
vom Februar 1928

Zwei albanische Briefmarken aus der „skipetarischen Republik"

Mein Großvater wurde von den Schülern geachtet, und er war sogar recht beliebt – wie unter anderem eine Würdigung seines Wirkens in Oberhermsdorf darlegt, die im Dezember 1937 in „Der Landbote, Zeitung der Landwirtevereinigung der deutschen Landgemeinden Schlesien" erschienen sein wird. Als Quelle für die Würdigung seines Vaters gibt mein Onkel Fred Weyrich die folgende Fundstelle an:

„Landwirtschaftliche Führungskräfte und ihre Tätigkeiten in Österreich-Schlesien-Sudetenschleien 1862–1945". Herausgeber: Absolventenverband der früheren landwirtschaftlichen Landeslehr-anstalten Ober-Hermsdorf/Sudetenschlesien e.V. Landsberg/Lech – Zusammengestellt von Thorismund Matzner, Landsberg/Lech – Überlingen/Bodensee 1990."

Der Landbote war seit Gründung der Landwirtevereinigung der deutschen Landgemeinden Schlesiens (1919) bis zum Herbst 1938 das meist gelesene Wochenblatt des schlesischen Landvolks, zugleich aber auch Verbindungsblatt zu allen landwirtschaftlichen Verbänden, Einrichtungen und Schulen. Der Landbote erschien wöchentlich (an Donnerstagen).

Anlass der Würdigung war die Zurruhesetzung meines Großvaters nach dem Schuljahr 1936/37.

Dir. Ing. Gustav Weyrich in den dauernden Ruhestand getreten, so im Landboten:

„Von der breiteren Öffentlichkeit wenig beachtet, schied vor kurzem ein Mann aus dem öffentlichen Leben, der der deutschen Landwirtschaft Schlesiens durch 25 Jahre als Leiter und Erzieher der ländlichen Jugend und als uneigennütziger Berater treu und ehrlich diente. Ruhig und bescheiden, wie es seiner Art entspricht, trat Ing. Gustav Weyrich, Direktor der landwirtschaftlichen Landesschulen in Oberhermsdorf, auf eigenes Ersuchen in den wohlverdienten Ruhestand.

Wenn auch Dir. Ing. Weyrich allen öffentlichen Ehrungen abhold ist, so kann es doch nicht unterlassen werden, an dieser Stelle auf die großen Verdienste dieses Mannes hinzuweisen.

Dir. Weyrich, der einer alten schlesischen Bauernfamilie entstammt, die schon seit dem Jahre 1640[4] in Zossen ansässig ist, studierte an der kulturtechnischen Abteilung der Wiener Hochschule für Bodenkultur, war mehrere Jahre im kulturtechnischen Dienste in Bosnien, Böhmen u.a. tätig und erhielt im Jahre 1912 eine Lehrstelle[5] an der schlesischen landwirtschaftlichen Landesmittelschule in Oberhermsdorf.

Zu Beginn des Ersten Weltkrieges rückte Dir. Weyrich ein, nahm an vielen Kämpfen in Serbien und Italien teil, wurde zweimal verwundet und erhielt mehrere Kriegsauszeichnungen. Den militärischen Zusammenbruch der österreichisch-ungarischen Armee erlebte er als Hauptmann der Reserve in Italien.

Im Dezember 1918 nahm Ing. Weyrich wieder die Lehrtätigkeit in Oberhermsdorf auf, die er bis zu Beginn seines Krankenurlaubes im Jahre 1936 ununterbrochen fortsetzte.

Während seiner Lehrtätigkeit hat Dir. Weyrich an der Erziehung vieler Schülergenerationen treu und gewissenhaft mitgearbeitet und behandelte seine Schüler mit wohlwollender Strenge.

Er machte die vielfachen Wandlungen der landwirtschaftlichen Landesschulen in Oberhermsdorf in dieser Zeit mit und übernahm im Jahre 1926 die Leitung der noch bestehenden drei Jahrgänge der Höheren landwirtschaftlichen Landesschule und der landwirtschaftlichen Landesfachschule. Gleichzeitig wurde er mit der Einrichtung der neuerrichteten Landesackerbauschule betraut. Dir. Ing. Weyrich war ein guter aufrichtiger Kollege und ein gerechter, stets das Beste wollender Vorgesetzter. Wenn er auch ein ruhiger und bescheidener Mensch ist, so hat er aber doch den Kampf nicht gescheut, wenn es sich darum handelte, Gefahr zu beseitigen, die den Oberhermsdorfer landwirtschaftlichen Schulen drohten. Trotz der geringen für die Erhaltung und Ausstattung der Schul- und Wirtschaftsgebäude zur Verfügung gestandenen Geldmittel, war es ihm möglich, neben den unbedingt erforderlichen Erhaltungsarbeiten verschiedene Neu- und Erweiterungsbauten vorzunehmen sowie die Lehrmittelsammlungen, Schulbüchereien usw. zu vergrößern. Um die Versorgung der Schule mit elektrischem Strom war Dir. Weyrich hindurch unablässig bemüht, und so konnte der elektrische Strom nach und nach ins Schulgebäude und das Schülerinternat eingeführt werden.

Dir. Weyrich sah auch darauf, dass die an den Schulen bestehenden ständigen Kurse satzungsgemäß abgehalten werden konnten. Im Verein mit der Deutschen Land- und Forstwirtschafts-Gesellschaft in Troppau leitete Weyrich in den Jahren 1927 bis 1936 landwirtschaftliche Heereskurse mit deutscher Vortragssprache für Soldaten der Garnison Troppau und hielt in diesen Kursen auch Vorträge. In den von der Deutschen Land- und Forstwirtschafts-Gesellschaft in Troppau veranstalteten Wiesen- und Futterbaukursen wirkte er durch Vorträge mit. Dir. Weyrich sowie der gesamte Lehrkörper arbeiteten im land- und forstwirtschaftlichen Verein für das nordwestliche Schlesien unter dessen Präsidenten Schenkenbach und Dr. Bude, besonders auf dem Gebiete der Wirtschaftsberatung mit."

---

4   Der Verfasser der Würdigung irrt hier: Statt 1640 muss es 1688 heißen.
5   Es müsste eigentlich „Lehrerstelle" heißen.

Die obige Würdigung beschreibt meinen Großvater als „guten und aufrichtigen Kollegen" und als „gerechten, stets das Beste wollenden Vorgesetzten". Das Ringen mit den Schulbehörden wird ihm keine große Freude gemacht haben. Als Erschwernis für die Schulleitertätigkeit erwiesen sich die zunehmenden Spannungen zwischen dem tschechoslowakischen Staat und seinen Behörden und den deutschsprachigen bzw. deutschstämmigen Bewohnern der jungen Republik, einem der Nachfolgestaaten der k.u.k. Monarchie. Mein Großvater hatte noch die Nationenvielfalt der Habsburgermonarchie erleben können und die supranationale Einstellung des Offizierskorps.

Eine innere Verbindung zur Monarchie und eine gewisse heimliche Liebe zu ihr dürfte bei meinem Großvater auch 20 Jahre nach der Zerschlagung des Vielvölkerstaates noch vorhanden gewesen sein. Die ersten vier Jahrzehnte seines Lebens hatte er in der k.u.k. Monarchie zugebracht, und er mag sich als Alt-Österreicher gefühlt haben. Er war sicher nicht mit ungeteiltem Herzen Bürger der jungen Republik. Für viele aus seiner Generation ergab sich damit ein gewisses Loyalitätsproblem gegenüber seinem Dienstherrn.

Die deutsch-national orientierte Schülerschaft beobachtete mit Sympathie die Ereignisse im benachbarten Deutschen Reich. Die Grenze zwischen der Tschechoslowakei und dem Deutschen Reich verlief ja in nur 1 km Entfernung. Die politischen Kämpfe der Weimarer Republik und des „Tausendjährigen Reiches" wird die jüngere Generation anders beobachtet und empfunden haben als mein Großvater. Das gesellschaftliche und politische Umfeld, das auch die Schulinsel Oberhermsdorf beeinflusst haben wird, führte zu schwierigen disziplinarischen Lagen für die Schulleitung. Als Anekdote ist mir bekannt, dass Schüler bei geöffneten Fenstern des Internates laut das Deutschlandlied anstimmten, die Hymne des für die Tschechoslowakische Republik bedrohlich wirkenden Nachbarstaates. Dass dieses durch loyale Staatsbürger als Provokation empfunden werden musste, braucht nicht weiter ausgeführt zu werden. Mein Großvater wird viele unersprießliche Diskussionen mit vielen Beteiligten im Schul- und Behördenbereich durchzustehen gehabt haben.

In der Familie wurde nicht darüber gesprochen, dass die Zurruhesetzung meines Großvaters krankheitsbedingt erfolgt ist, und somit bleiben einige sich aufdrängende Fragen offen.

Auch außerhalb der Schule hatte mein Großvater eine rege Tätigkeit entfaltet, von der der zweite Teil der Würdigung (a.a.O., s.o.) berichtet. Für eine etwaige politische Betätigung hatte mein Großvater durch seine Tätigkeit keine Zeit und keine Kraft.

Bodenentwässerung: Die Verlegung von Drainage-Rohren aus Ton war körperliche Schwerstarbeit und musste gut geplant und durchgeführt werden.

Vom 60=jährigen Bestandesfest und der Schlußfeier der Höheren landw. Lehranstalt in Oberhermsdorf, 14. Juli 1929.

Bewässerung / Berieselung von Ackerflächen: Die Anlagen muten recht modern an.

e) Die „Frau Direktor"

Als der Verfasser im Sommer 1978 im Rahmen des *American Host*-Programms vier Wochen bei verschiedenen Familien an der amerikanischen Ostküste verbringen konnte, ergab sich die Gelegenheit zum Besuch bei einem Absolventen der Oberhermsdorfer Schule.

Herr Josef Hanel war so freundlich, mich drei Tage lang in seinem Haus in einem Vorort von Washington D.C. zu betreuen, und er sprach in hohen Tönen von meinen Großeltern. Der amerikanische Staatsbürger wurde als Bauernsohn in der weiteren Heimat meiner Großeltern geboren. Er hatte als Steckenpferd und Leidenschaft weniger die Landwirtschaft als die Musik. Er beherrschte das Klavierspiel meisterhaft, und ich war sehr gerührt, als er mir etwas vorspielte. Er erzählte mir wiederholt und etwas schmunzelnd von meiner Großmutter Hermine Weyrich, die er etwas ironisch „die Frau Direktor" nannte. Meine Großmutter mit ihrem Standesbewusstsein musste in der Erinnerung aus amerikanischer Sicht schrecklich veraltet und auch ein wenig rührend wirken. In Oberhermsdorf hatte Josef Hanel, der auch dort seiner Musikleidenschaft nachging, viel Erfolg mit seinen Klavierdarbietungen. Meine Großmutter Hermine Weyrich spielte öffentlich bei Gelegenheit mit Herrn Handel vierhändig Klavier. Die Freizeitgestaltung auf der „Schulinsel Oberhermsdorf" ließ die verschiedensten Begabungen und Talente zur Geltung kommen. Josef Hanel verschlug es im 2. Weltkrieg zur Militärmusik, und durch vielerlei Fügungen landete er bei der Familie eines höheren amerikanischen Offiziers, erbte ein Südstaatenanwesen und kaufte sich ein Haus in Washington D.C. Zuletzt hielt er sich mit Musikunterricht über Wasser. Als er meine kleine Familie und mich wohl in den 1980er-Jahren in Köln besuchte, gab es manches über die „Frau Direktor" zu erfahren. Vieles davon ist mir wieder entfallen; an eine Anekdote erinnere ich mich aber genauer, weil meine Frau Marianne Anstoß an der vermeintlichen Dünkelhaftigkeit meiner Großmutter nahm. Zur Schule gehörte eine Pferdekutsche, und für Besorgungsfahrten hatte es sich ergeben, dass meine Großmutter sozusagen einen „Leib-Fiaker" hatte. Dieser erledigte die Kutschfahrten nebenher. Er trug dabei einen Fiakerhut, der aber nicht seiner Hutgröße entsprach. So rutschte der Kutscherhut nach kurzer Fahrtdauer tief ins Gesicht und wurde nur von den abstehenden Ohren des Kutschers gehalten. Für diese komische Adjustierung schämte sich meine Großmutter wohl ein wenig, da sie nicht ihren damenhaften Vorstellungen vom Auftreten in der Öffentlichkeit entsprach.

Spuren Josef Hanels in den USA finden sich u.a. in einem Zeitungsartikel, in dem der verstorbene Klavierlehrer gewürdigt wird (siehe umseitig):

Die Washington Post schreibt:[6]

„JOSEF HANEL

Washington Piano Teacher

Josef Hanel, 81, a Washington piano teacher, died July 10 at the Washington Home after a stroke.

Mr. Hanel, who lived in Washington, was born in what now is Czechoslovakia. He operated a farm and taught music in Austria before moving to the United States in 1952.

He moved to the Washington area in 1964 after teaching music in Sewanee, Tenn., Charlottesville and Boston. He retired in 1976 after suffering a stroke.

Survivors include three sisters, one in Germany and two in Czechoslovakia."

„Frau Direktor Weyrich" achtete auf Eleganz und Kleidungsstil (vgl. Gruppenbild S. 168).

Umso erstaunlicher ist es, dass meine Großmutter nicht recht gegen die „etwas schäbige Eleganz" ihres Ehemannes ankam. Mein Großvater lehnte ihm übertrieben erscheinenden Kleidungsaufwand ab und ließ sich nur schwer beraten. Der Kampf meiner Großmutter gegen Großvaters „nonchalanten" Kleidungsstil blieb bis in die letzten Lebensjahre ihres Mannes unentschieden.

Den Repräsentationsverpflichtungen als „Frau Direktor" kam meine Großmutter mit Selbstverständlichkeit nach. Auch konnte sie gut zuhören – wie ich als Knabe noch dankbar bemerkte. Sie war bei allem Standesbewusstsein nicht geltungssüchtig, und sie konnte auch andere Menschen gelten lassen. Außerdem war sie fürsorglich und eine gute Mutter, was ihre Kinder ihr auch dankten.

Schon 1913 nach der Hochzeit war der Status ihres Gatten – wie damals üblich – auf meine Großmutter übergegangen, und sie wurde als Professorsgattin tituliert. Mit der Übernahme des Direktorenamtes durch meinen Großvater 1926 wurde sie zur „Frau Direktor" und als solche von Schülern, Lehrern und Mitarbeitern geachtet. Merkwürdigerweise hat meine Großmutter der Statusverlust durch die Vertreibung mehr bekümmert als meinen Großvater.

Für die Bewohner der „Schulinsel Oberhermsdorf" war es ein glücklicher Umstand, dass meine Großmutter sehr verträglich, ja anpassungsfähig war. Diese ausgleichende Charakterhaltung hat sie meiner Tante Trude vererbt. Die Rolle als Professors- und Direktorsgattin füllte meine Großmutter mit Einfühlungsvermögen und organisatorischem Geschick aus. Im Auftreten nach außen damenhaft, war sie doch ein herzensguter Mensch. Sie war stets nach ihren Möglichkeiten hilfsbereit. Ihr soziales Gewissen wurde nicht zuletzt von ihrer römisch-katholischen Religion geprägt.

Im familiären Kreis trat das Mütterliche meiner Großmutter zutage. Sie nahm an allem Anteil, neigte aber deswegen dazu, sich Sorgen um ihre Kinder und Enkelkinder zu machen, die sich manchmal als unnötig herausstellten. Die Vertreibung konnte sie nur schwer ertragen – vielleicht auch durch eine gewisse Weichheit des Charakters. In ihren späten Jahren neigte sie in der Begegnung mit den Enkelkindern zu einer Art „Überbehütung". Innerlich ist sie nach der „Aussiedlung" durchaus die Frau Direktor geblieben.

Fast ein Vierteljahrhundert war Oberhermsdorf der Mittelpunkt des Lebens meiner Großmutter. Als sie 1937 die „Schulinsel" verließ, um mit ihrem Mann nach Troppau in die Aspernstraße 5 zu ziehen, blickte sie auf eine insgesamt glückliche und gut ausgefüllte Zeit zurück. Beim Abschied von Oberhermsdorf waren fast alle Kinder im heiratsfähigen Alter. Die Provinzstadt

---

[6] Notiz in der *Washington Post*, 12. Juli 1988

Troppau mit ihren vielen kulturellen Angeboten entschädigte die Kinder sicherlich für den Verlust der Oberhermsdorfer Geborgenheit. In Zossen mit dem großen Haus und dem Niedergarten hatte die Familie noch ein zweites Domizil.

f) Ehrenämter G. Weyrichs und die Drainage-Genossenschaften

Nicht zuletzt durch die landwirtschaftlichen Schulen wurde der Fortschrittsgedanke den Landwirten nahegebracht. Ohne die Aufgeschlossenheit der Bauern für Maßnahmen der Bodenmelioration wäre die Nebentätigkeit meines Großvaters unvorstellbar gewesen. Der Großgrundbesitz hatte frühzeitig die Möglichkeiten zum Verbessern und zur Steigerung der Erträge des Landbaus erkannt und genutzt. Die finanziellen Mittel konnten die Großgrundbesitzer leichter beschaffen als die einzelnen Bauern. Diese mussten sich zu Genossenschaften zusammenschließen, um die Planung und Durchführung von Maßnahmen der Bodenmelioration zu finanzieren und um die Anlagen zu pflegen und zu unterhalten.

Das Werk „Mähren und Schlesien"[7] stellt zum Thema „Cultur der Wiesen" die Situation wie folgt dar (S. 656):

„Das Verhältnis der Wiesen zum Ackerland ist nur in den Flußthälern ein entsprechendes und die Cultur der Wiesen ziemlich vernachlässigt; der Landwirt düngt dieselben gewöhnlich nicht und von der natürlichen Überflutung wird nur ein Theil der Flächen betroffen. Eine rühmliche Ausnahme in Bezug auf die Wiesenpflege bieten die Güter Wigstein, Leitersdorf, Schönstein etc. durch ihre Bewässerungsanlagen, deren Werth nur derjenige voll zu würdigen vermag, der die Entwicklung dieser Melioration verfolgte. Es gelang durch dieselbe den Ertrag der Wiesenanlagen auf das Dreifache zu heben und trotz des rauhen Klimas vielfach dreischürige Wiesen zustande zu bringen."

Diese Ausgangslage fand mein Großvater vor, als er sich anschickte, die Wiesenpflege und die Pflege des Ackerlandes nachhaltig zu verbessern. Da ihn die Ingenieurskunst stets begeistert hatte, hatte er am Planen und am Betreuen von Meliorationsprojekten viel Freude, so dass er vielen Gemeinden mit seinem Wissen und Können nützlich war. Im Goldenen Buch (a.a.O., S. 32) ist etwas summarisch aufgezählt:

„Ing. Weyrich hat die Projekte für die genossenschaftliche Entwässerung in nachstehenden Gemeinden entworfen: Ober-Hermsdorf, Barzdorf, (Buchelsdorf) Wildschütz I, Wildschütz II, Gurschdorf, Setzdorf, Jungferndorf und Haugsdorf, Groß Krosse (Butterberg), sowie das Projekt für die genossenschaftliche Wiesenentwässerungs- und Bewässerungsanlage in Zossen u.a.m."

Etwas mehr Aufschluss über Sinn und wirtschaftlichen Nutzen der Projekte geben die Zahlen, die im „Landboten-Artikel" (1937)[8] genannt werden. Bei allen Meliorationsvorhaben werden meinem Großvater die Einblicke in Verwaltungsvorgänge sehr geholfen haben, die er beim Deutschen Meliorationsverband in Böhmen zwei Jahrzehnte zuvor gewonnen hatte. Bürokratische Strukturen dürften eine lange Lebensdauer haben. Aus der Würdigung des frisch pensionierten Großvaters im

---

[7] Mähren und Schlesien in Wort und Bild, Wien (ohne Jahr).
[8] Festschrift aus Anlaß des 10-jährigen Jubiläums der Patenschaft des „Absolventenverbandes der Oberhermsdorfer" mit dem „Absolventenverband der Landwirtschaftlichen Lehranstalten in Landsberg/Lech", 1978.

Landboten („Der Landbote, Nr. 12, 1937, Zeitung der Landwirtevereinigung der deutschen „Landgemeinden Schlesiens") – zitiert nach der Festschrift, a.a.O. S. 193 –, die Thorismund Matzner zusammengestellt hat, ist zu entnehmen:

„Außerhalb der Schule arbeitete Ing. Weyrich hauptsächlich auf dem Gebiete des landwirtschaftlichen Meliorationswesens. Er gründete im Bezirke Freiwaldau 21 Drainage-Genossenschaften und entwarf für neun derselben die erforderlichen Projekte. Die von ihm gegründeten Wassergenossenschaften betreute Ing. Weyrich von der Bildung derselben bis zur Kollaudierung [amtliche Prüfung und Schlussgenehmigung eines Bauwerkes] der genossenschaftlichen Anlage.

Die im Bezirke Freiwaldau von ihm gegründeten Wassergenossenschaften umfassen eine Gesamtmeliorationsfläche von rund 1.800 ha, die zur Ausführung einen Gesamtbetrag von rund 9 Mill. Kč (Tschechische Kronen) erforderten. Da 50 Prozent der Kosten durch Staats- und Landessubventionen gedeckt wurden, sind im Bezirke Freiwaldau durch die Tätigkeit Ing. Weyrichs etwa 4,5 Mill. Kč zugeführt worden. Nur zwei genossenschaftliche Drainageprojekte gelangten bisher noch nicht zur Ausführung.

Auch in anderen Bezirken Schlesiens wurden auf Anregung Ing. Weyrichs Meliorationsgenossenschaften gebildet."

Soweit der Artikel im Landboten. Auch für die umfangreiche ehrenamtliche Tätigkeit in Ausschüssen und Genossenschaften fand mein Großvater die Zeit (a.a.O., S. 193/194). Im Landboten heißt es weiter:

„Dir. Ing. Weyrich war ferner Ausschussmitglied des Wasserwirtschaftsverbandes für das Flussgebiet der Oder (Meliorationsabteilung), Mitglied des Zentralausschusses der Deutschen Land- und Forstwirtschafts-Gesellschaft in Troppau, Mitglied des Ausschusses des Land- und forstwirtschaftlichen Vereines für das nordwestliche Schlesien in Weidenau, Mitglied des Aufsichtsrates der Molkereigenossenschaft Haugsdorf-Freiwaldau, technischer Beirat bei mehreren Drainage-Genossenschaften, Vertreter der Landesverwaltungskommission für Schlesien im Ausschusse für die gewerbliche Fortbildungsschule in Barzdorf, Ausschussmitglied für die Elektrizitätsgenossenschaft für die politische Gemeinde Barzdorf, Mitglied des Ortsbildungsausschusses in Barzdorf, Mitglied des Bezirksbildungsausschusses in Jauernig, Obmann des Oberhermsdorfer Schulpfennigvereines (Volksschule), auch als gerichtlicher Sachverständiger wurde Ing. Weyrich des Öfteren herangezogen."

Zweifelsohne hatte mein Großvater ein gewisses Geschick, sich seine Zeit gut einzuteilen. Meine Großmutter „hielt ihm dabei den Rücken frei". Andererseits bedeutete die genaue Zeiteinteilung auch ein enges „Lebens-Korsett" für meinen Großvater. Für etwaige politische Aktivitäten fand er keine Zeit. Mit viel Pragmatismus und charakterlicher Lauterkeit meisterte er die Aufgaben, die er sich selbst gestellt hatte.

g) Ehrenvorsitzender des Absolventenvereins der Oberhermsdorfer

Am 14. Juli 1929 fand um 14 Uhr die 13. Ordentliche Generalversammlung des Absolventenvereins „im Speisesaale der Anstaltsgastwirtschaft" statt. Über vier Dutzend Teilnehmer waren persönlich anwesend, ein gutes Dutzend hatte sich wohl kurzfristig entschuldigen lassen. (vgl.

Denkschrift[9], S. 64). Am Ende des Jahres 1928 hatte der Verein 318 ordentliche Mitglieder; „46 Mitglieder waren unbekannten Aufenthaltes". Es gab einen Ehrenvorsitzenden, den bereits mehrfach erwähnten „Pfohl, Rudolf, Ing., Direktor i.R., Elbogen an der Eger, Böhmen" (vgl. S. 77) und zwei Stifter: „Bazin, Louis, Ing., Güterinspektor, Wien I, Opernring 5" und „Markus, Ludwig, Ökonomie- und Fabriksbesitzer, Wagstadt, Schlesien."

Interessant wäre es, die lange Mitgliederliste des Vereins (Denkschrift, a.a.O., S. 77–83) unter dem Gesichtspunkt der angegebenen Berufstätigkeit auszuwerten, was reizvoll wäre, aber weniger zum Verständnis des Lebens meines Großvaters beiträgt.

Meine Großmutter hatte sich entschlossen, ihren Mann zur Versammlung zu begleiten. Dies ist hervorzuheben, da nur insgesamt sieben Damen anwesend waren: Sechs begleitende Gattinnen und die Witwe des dritten Schulleiters, Frau Sofie Kulicz. Deren Verbundenheit mit der Schule ist bemerkenswert, denn zum Zeitpunkt der Versammlung war Direktor Dr. Adam Kulicz bereits seit 20 Jahren verstorben. Das starke Zusammengehörigkeitsgefühl der Oberhermsdorfer wird hier noch einmal greifbar, zumal auch ein gemeinsamer Besuch der Versammelten am Grabe auf dem Barzdorfer Friedhof vorausgegangen war. Auf S. 63 der Denkschrift erfährt man über den verstorbenen Direktor Folgendes:

[Er] kam 1888 nach dem Tode Janovskys, des zweiten Direktors der Lehranstalt, nach Oberhermsdorf an dessen Stelle. Unter seiner Leitung hatte Hermsdorf strenges Regiment. Seine Schüler wissen aber dessenungeachtet heute noch von seiner Tüchtigkeit als Lehrer der Betriebslehre und verwandter Fächer Rühmliches zu erzählen. Er starb, nachdem er noch vom Krankenstuhl aus die Geschicke der Schule zu leiten bemüht war, am 8. August 1910."

Das „Regiment" meines Großvaters muss weniger streng, aber dennoch wirkungsvoll gewesen sein, was durch seine persönliche Autorität ermöglicht wurde. So gelang es ihm, von den ehemaligen Schülern – auch nachdem sie die Anstalt verlassen hatten – anerkannt zu bleiben und sie zur Mitarbeit im Absolventenverein zu bewegen. Über das Wirken des Schulleiters Ing. Gustav Weyrich für den Absolventenverein war im Dezember 1937 im „Landboten" zu lesen:

„Ganz besondere Verdienste erwarb sich Ing. Dir. Weyrich aber durch seine Tätigkeit im Interesse der Absolventen der Oberhermsdorfer landwirtschaftlichen Schulen. Bereits im Jahre 1913 wurde er in den Ausschuss des Vereines der Absolventen der Oberhermsdorfer landwirtschaftlichen Landesmittelschule und zum Schriftführer dieses Vereines gewählt. An dem Wiederaufbau des Absolventenvereines nach dem Kriege nahm Weyrich tatkräftig Anteil. Als Bindeglied zwischen den einzelnen Mitgliedern und der Vereinsleitung schuf er die „Mitteilungen des Vereines der Absolventen der Oberhermsdorfer landwirtschaftlichen Landesmittelschule.

Im Jahre 1927 wurde Dir. Weyrich zum Obmanne des Vereines der landwirtschaftlichen Landesfachschule (ehemalige Winterschule) gewählt. Als endlich im Jahre 1936 für die Absolventen sämtlicher in Oberhermsdorf bestandenen und derzeit bestehenden Schulgattungen der „Verein der Absolventen der Oberhermsdorfer landwirtschaftlichen Schulen" gegründet wurde, übernahm Ing. Weyrich wiederum die Obmannstelle. In Würdigung seiner außerordentlich großen Verdienste um Oberhermsdorf erhielt er im September 1937 die Ehrenmitgliedschaft dieses Vereines."

---

[9] Denkschrift aus Anlaß des 60jährigen Bestandes der Schlesischen landwirtschaftlichen Landesmittelschule in Oberhermsdorf und ihrer Auflösung. Oberhermsdorf 1930.

Unter moralischen Gesichtspunkten hatte die Pensionierung 1937 für meinen Großvater einige unerwartete Vorzüge. Er musste sich nach der Annexion der sog. sudetendeutschen Gebiete im Jahr 1938 durch das Deutsche Reich nicht mit Gewissenskonflikten plagen, wie er sich zu den neuen Machthabern stellen sollte. Weltanschauliche Streitigkeiten mit Kollegen und Schülern blieben ihm erspart. Die politische Entwicklung der Schülerschaft der nunmehrigen Ackerbauschule sowie die politische Stimmung im Absolventenverein fanden ihn als gelassenen Beobachter. Er konnte seinem Garten-Hobby nachgehen und sich auch ganz pragmatisch mit der Planung und Durchführung von Meliorationsprojekten auseinandersetzen.

Im Pensionistenstädtchen Troppau ließ es sich vermeintlich ruhig und beschaulich leben. Für meinen Großvater schmolz das Tausendjährige Reich auf sieben turbulente Jahre zusammen. Dass acht Jahre nach seiner Zurruhesetzung die Vertreibung der Familie von Haus und Hof stattfinden sollte und eine Umsiedlung gen Westen bevorstand, hätte er sich kaum träumen lassen. Doch wie das Sprichwort sagt: „Der Mensch denkt, doch Gott lenkt."

Kaum vorstellbar war im Jahre 1946, dass es für die Vertriebenen wieder rosigere Zeiten geben würde. Jeder musste sich unter den schweren Nachkriegsbedingungen in einem neuen Umfeld zurechtfinden. Der Kampf um die eigene Existenz brauchte Kraft und Zeit.

Zwanzig Jahre nach der Vertreibung kamen – auch gealterte – ehemalige Oberhermsdorfer auf die Idee, einen „Absolventenverband" genannten Verein gründen zu wollen. Die jüngsten potenziellen Mitglieder dürften in der zweiten Hälfte ihres fünften Lebensjahrzehnts gestanden haben; die Überalterung einer solchen Vereinigung war vorherzusehen. Neue Absolventen konnten ja nicht mehr hinzukommen, da die Schule nicht mehr existierte.

Möglich wurde die Idee zu einem Absolventenverband dadurch, dass viele Absolventen in den 1960er-Jahren die wirtschaftlichen Mittel sowie die Zeit und Muße für „Vereinsaktivitäten" hatten. Für meine Großeltern kam der Verein ohnehin zu spät – sie ruhten bereits geraume Zeit in Hamelner Erde.

Meine Mutter hatte 1966 eine Einladung zur Gründungsversammlung erhalten und aufbewahrt, die hier wiedergegeben werden soll. Die Einladung war von folgenden handschriftlichen Zeilen begleitet, die auf die unbekümmerte Kinderzeit meiner Mutter anspielen:

Der Text der begleitenden Zeilen lautet:

„Zur freundlichen Erinnerung an den Schauplatz Ihrer einstigen „Schandtaten"!

Waren es nicht unsere glücklichsten Jahre. Im vorigen Sommer traf ich mich in Linz/Donau mit Ing. Pfeiffer, der einmal an der „Solo"[10] in Barzdorf tätig war u.m. [und mit] Frau Dr. Pohl und Zollinspektor Hettina in Verbindung steht."

Weder meine Mutter noch die Verwandten konnten sich zu einer Mitgliedschaft entschließen, obwohl sich die Einladung ausdrücklich auch „an die noch lebenden Freunde von Oberhermsdorf" richtete. Vielleicht spielte auch ein Schuss Vereinsmeierei bei der „Neu-Gründung" mit.

Heute, im achten Jahrzehnt nach der Vertreibung dürfte es kaum noch lebende „Oberhermsdorfer" geben. So hat sich das Kapitel „Landwirtschaftsschule und Absolventen" endgültig geschlossen.

Wie bei verstorbenen geliebten Menschen sollte aber das Gefühl der Trauer über den Verlust einem Gefühl der Dankbarkeit und Freude weichen, dass es diesen Menschen bzw. diese gelungene Einrichtung gegeben hat.

---

10 Gemeint ist der Betrieb der „SOLO" Zündwaren- und Wichsefabriken Aktiengesellschaft.

Absolventenverband
der fr. Landwirtschaftlichen Landesschulen zu Oberhermsdorf

Einladung zur Gründungstagung in München, 24. September 1966

Begleitschreiben, Verfasser unbekannt

Gründungstagung

des **Absolventenverbandes der fr. Landwirtschaftlichen Landesschulen zu Oberhermsdorf / Sudetenschlesien**

Samstag, den 24. September 1966, 9.30 Uhr in München

Münchener Hof, Dachauer Straße 21 (unweit Hauptbahnhof)

Tagesordnung:

1. Begrüßung
2. Einleitende Worte des vorl. Vorsitzenden
3. Totengedenken
4. Prof. Dr. Ing. Fritz PREISS, ehem. Lehrer a. d. Höheren Landw. Landesschule Oberhermsdorf, Grafing bei München
   „Oberhermsdorf — Geschichte und Bedeutung der Landwirtschaftlichen Schulen für die Entwicklung der Sudetenschlesischen Landwirtschaft"
5. Ing. Hubert GLATZEL, ehem. Mitglied des Führungsgremiums der Schlesischen landwirtschaftlichen Hauptkörperschaften, Dortelweil, Kreis Friedberg/Hessen
   „Die deutsch-schlesische Landwirtschaft und ihr Organisationswesen"
6. Feststellung der anwesenden Anzahl der Gründungsmitglieder
7. Vorlage des Entwurfes der Verbandssatzung und Beschlußfassung über ihren Wortlaut
8. Wahl des ersten Verbandsvorstandes - Gründungsakt
9. Arbeitsplan 1966/67
10. Ing. Georg GROHMANN, Balduinstein/Lahn, Rentenberater und Rechtsbeistand für Fragen der Sozialversicherung
    „Unser Rechtskampf um die Anerkennung der Sud. Landw. Lehranstalten im Zusammenhang mit der Zuerkennung des Ingenieurtitels"
11. Alfred ZIEGLER, Bamberg
    „Bilder aus dem Altvaterland"
    Dia-Vortrag mit neuesten Farbbildern aus dem Raum Freiwaldau/Jauernig-Oberhermsdorf
12. Aussprache — Verschiedenes

Im Zusammenhang mit den Vorträgen ist eine kleine einschlägige Bücher-, Schriften- und Foto-Schau vorgesehen.

Die Mittagspause wird voraussichtlich nach den beiden ersten Vorträgen eingelegt.

Die Teilnehmer werden gebeten, bis zum Schluß der Tagung anwesend zu sein.

Das Buch der Geschichte weist bekanntlich nicht nur schöne Seiten und Kapitel auf: Der Oberhermsdorfer Unterrichtsstätte war eine recht kurze Existenzdauer von einem Dreivierteljahrhundert beschieden. Das Ende der Schule hätte wohl kaum ein einheimischer Prophet vorhersagen können. Die Bewohner der damaligen „Schulinsel" werden aber auch selten an die Zeiten von Kriegsnot und Pest gedacht haben, die ihr Landstrich im Laufe der Zeiten schon gesehen hatte.

Dass die Oberhermsdorfer Schulidylle mit Blick auf die örtliche Geschichte einen eher schaurigen Hintergrund hat, bekundet die Ortsgeschichte von Barzdorf / Bernatice u Javorníka. Zum Dorf Oberhermsdorf / Horni Heřmanice – einem Ortsteil von Barzdorf – wird ausgeführt[11]:

„Es gehört zu einem der Dörfer in der Freiwaldauer Gegend, die im Dreißigjährigen Krieg am meisten litten. Hier machten die Armeen beider Kriegsparteien immer wieder Station. Hinzu kam 1633 die Pest, die das Dorf auf 13 Einwohner dezimierte. 1650 waren von 26 Lehen 20 verlassen."

Über den Ortsteil Oberhermsdorf der Gemeinde Barzdorf bietet der Internet-Artikel die Zusatzinformation:

„Horni Heřmanice (Ober Hermsdorf); Hermsdorf wird das erste Mal 1266 erwähnt. Auch dieses Dorf war bischöfliches Anwesen. 1648 ließ sich hier die gesamte schwedische Armee, angeführt von General Wittenberg, nieder, der von hier aus nach Prag zog. Eine Erholung erfuhr das Dorf im 18. Jh., bevor es infolge der Schlesischen Kriege getrennt wurde. 1742 erfolgte die Teilung in das kleinere österreichisch-schlesische Ober Hermsdorf (heute Horni Heřmanice) und das größere preußisch-schlesische Ober Hermsdorf (Jasienica Górna).[12]"

Das 17. Jh. brachte durch Krieg und Pest viel Leid. Das 18. Jh. verschlechterte die geografische Lage durch die Teilung Schlesiens: Die Grenzgebiete gerieten in eine Randlage, die wirtschaftliche Nachteile mit sich brachte. Die Zeit des ausgehenden 19. und beginnenden 20. Jh. scheint für Österreichisch Schlesien eine recht glückliche Epoche gewesen zu sein. Mein Großvater Gustav Weyrich hatte das Glück, in seinen besten Mannesjahren diese Zeit zu erleben. Wahrscheinlich haben auch die Großeltern Weyrich die Oberhermsdorfer Jahre als ihre „glücklichsten Jahre" erlebt, wie der Verfasser des „Begleitschreibens" es für sich empfunden hat (vgl. S. 174/175).

---

[11] Wikipedia-Artikel Bernatice u Javorníka, letzter Zugriff 13.5.2024.
[12] Siehe Fußnote 12.

Prägende Orte der ersten 5½ Dekaden
des Lebens meines Großvaters 1881-1937.

Abenteuer Balkan:
Moschee mit Minaret, davor
K.u.K. Militärkapelle, Eisen=
bahnschienen, österr. Amts=
gebäude mit mod. Straßen=
laterne; westl. gekleidete
Damen mit Einkäufen
[aufgenommen zw. 1907 u. 1910]

↑ Haus Nr. 28 in
Großvaters „Ge=
birgsdörflein"
ZOSSEN

Stadt in BOSNIEN

„OH": Schulidylle Oberhermsdorf

Kapitel 7

Mein Großvater im Ruhestand in Troppau und Zossen

Nach der Pensionierung stellte sich mein Großvater neue Aufgaben: Mit seinem Freund und Vetter Alois Gebauer vereinbarte er die Neugestaltung des Niedergartens. Alois Gebauer war ein Jahr älter als mein Großvater, stammte aus dem benachbarten Haus Nr. 26 und war fürsterzbischöflich-breslauischer Forstrat. Er hatte wie mein Großvater an der k.k. Hochschule für Bodenkultur studiert, allerdings an der forstwirtschaftlichen Abteilung.

Ing. Alois Gebauer
Dittershof bei Freiwaldau
Feb. [fürsterzbischöflich-breslauischer] Forstrat   Dittershof, 1.11.1937

Lieber Freund!

Im Sinne Deines Wunsches halte ich mich in der Zeit vom 8.XI. – 13.XI., also die ganze nächste Woche, für die Nd. [Nieder] Garten-Ausgrenzung bereit. Am liebsten wäre mir der Samstag, 13. XI. Vormittag für diese Arbeit, stehe aber jeden anderen Tag dieser Woche dafür zur Verfügung. Verständigung erbitte ich unter meiner Adresse nach Gr.[oß] Herrlitz, Forstamt, wo ich in dieser Woche zu erreichen bin.

Respektvolle Handküsse an Frau Gemahlin und beste Grüße an Dich

Dein ergebener

Alois Gebauer

Gustav Weyrich bei der Umgestaltung seines Lieblingsgartens, 1931

Er wollte den von ihm ererbten Zossener Hof verbessern und durch die Pflanzung von Obstbäumen und Erdbeerfeldern ein neues Betätigungsfeld schaffen. Der Nutzgarten und seine Pflege sollten zu einem Hobby des Großvaters werden.

Großvaters Fachbibliothek, die ihm die Planung von Meliorationsprojekten ermöglichte, begleitete ihn auch in die Zeit des Ruhestandes. Vermutlich fällt das Wiesenentwässerungsvorhaben in Zossen sowie die Zossener Bewässerungseinrichtung in die Zeit als Pensionär. Die Arbeit in Gremien und Kommissionen, die die „Würdigung" aufzählt, wird unabhängig von der Pensionierung weitergegangen sein. Für die Zossener Pflanzungen musste sich mein Großvater noch Kenntnisse aneignen. Sein jüngster Sohn Fred hatte Interesse, sich später einmal in Zossen niederzulassen und Obst- und Gartenbau zu betreiben. Er besuchte deswegen die Schule in Eisgrub/Mähren und konnte seinem Vater bereits den einen oder anderen Hinweis geben. Ohne vor der Vertreibung viel Zeit in Zossen verbracht zu haben, hatte Onkel Fred eine starke Bindung zum Bauernhof Nr. 28 entwickelt, und er sah sich als künftiger Erbe, dem viele interessante und moderne Gestaltungsmöglichkeiten offenstanden. Mit Eifer, ja mit Begeisterung absolvierte Onkel Fred seine gartenbautechnischen Studien.

Auch nach der Vertreibung hat mein Großvater sowohl in Hennhofen als auch in Hameln sein neues Hobby aus der Zossener Zeit weitergeführt. Er bemühte sich um die Anpachtung eines Nutzgartens. Bei der Gartenarbeit hat er sich besonders wohlgefühlt.

Der Zossener Besitz beschäftigte meinen Großvater auch nach der Vertreibung, denn er war davon überzeugt, dass einer seiner Nachfahren einmal das Anwesen Nr. 28 und den Niedergarten zurückerhalten würde. Die Nr. 28 gehörte übrigens meinen Großeltern zu gleichen Teilen.

Ein Memorandum vom 16. Januar 1953 belegt die Sorge meiner Großeltern, bei dem Erbgang des Besitzes Nr. 28 nur ja keinen Fehler zu machen. Unterschreiben sollten das „Memorandum" der noch lebende Bruder meines Großvaters Julius Weyrich, meine Großmutter sowie die Adoptivtochter des verstorbenen Bruders Johann Weyrich, Frau Ida Pech, die Besitzerin der Nr. 49 und der Mühle geworden war, sowie deren Ehemann. Das eigentümliche Memorandum mutet etwas „surreal" an und soll hier aber nicht verschwiegen werden:

„Hameln, den 16. Jan. 1953

Memorandum

Nach dem am 24.12.1917 eingetretenen Tode der Marie Weyrich, die eine ideelle Hälfte der Landwirtschaft Nr. 28 in Zossen besaß (die andere Hälfte besaß Gustav Weyrich), übernahm Johann Weyrich jenen Anteil der Wirtschaft Nr. 28, die Marie Weyrich besessen hatte. Es wurde aber mündlich vereinbart, dass nach Johann Weyrich, der Besitzer der Wirtschaft Nr. 49 in Zossen war, dessen Anteil an der Nr. 28 an Gustav Weyrich, beziehungsweise an dessen männlichen Erben zurückfallen soll.

Da Johann Weyrich im März 1949 in Bayershofen (Bayern) gestorben ist, fällt gemäß der diesbezüglichen Vereinbarung sein ideeller Anteil der Wirtschaft Nr. 28 an Gustav Weyrich. Die Hälfte des sogenannten Hoferbes und jener Teil des Niedergartens, der zwischen dem Ortsbache und Springers Niedergarten liegt, sollen nach Wunsch des Johann Weyrich bei der Landwirtschaft Nr. 49 in Zossen bleiben."

Das Memorandum zeugt davon, dass die Gedanken meines Großvaters im ersten Jahrzehnt nach der Vertreibung noch um den Niedergarten und um Zossen kreisten. Zehn Jahre vor der Vertreibung hatten sich seine Gedanken noch um die Verbesserung des Zossener Besitzes drehen können. Das Memorandum mutet aus heutiger Sicht recht überflüssig an.

Exkurs: Großvaters Schwester Müki Weyrich

Der für meine Urgroßeltern, besonders für meinen Urgroßvater, schmerzliche Tod seiner jungen Tochter am Heiligen Abend 1917 kann mangels Quellen nicht näher erforscht werden. Es haben sich zwei Fotos erhalten, auf denen Marie Weyrich, genannt Müki, abgebildet ist. Ein Foto ist entstanden, als Müki sich anschickte, an den Jubiläumsfeierlichkeiten für Kaiser Franz Joseph I. aus Anlass seines 60-jährigen Thronjubiläums in Wien teilzunehmen. Ein feierlicher Umzug wurde von den Landeskindern in den jeweilgen Ortstrachten begleitet. Die Tatsache, dass Müki und ihre Cousine 1898 Zeit und Geld für die Teilnahme an der Ehrung des regierenden Monarchen einsetzten, spricht für die Verbindung der Zossener zur Habsburger Dynastie.

Im Jahr des Kaiserjubiläums 1898 feierte, wie der Zufall es wollte, das Infanterieregiment Nr. 28, dessen Regimentskommandant ein Großcousin der Geschwister Weyrich war, im Orte Trient sein 200-jähriges Bestehen.

Ein wenig wehmütig macht die Betrachtung des Fotos von einem Ausflug einer fröhlichen jugendlichen Gesellschaft zum Ausflugslokal „Waldhäusle". Der Moment einer Mahlzeit im Grünen wurde vom örtlichen Lehrer, der offenbar eine Fotoausrüstung besaß, im Bild festgehalten. Die Anspielung auf das damals sehr bekannte Volkslied „Wir sitzen so fröhlich beisammen" stimmt etwas nachdenklich, denn die Endlichkeit und Vergänglichkeit auch der schönsten Momente wird den Sängern bewusstgemacht. In etwas gewagter Weise könnte man die Nennung des Liedes auf dem Kartengruß auch als Vorahnung des eigenen Endes und des Endes der einheimischen Bevölkerung Zossens auffassen. Es gibt dabei aber kein Ressentiment gegen die nachfolgenden Menschengenerationen, denen die Nutzung der hinterlassenen Güter von Herzen gegönnt sei.

60-jähriges Kaiserjubiläum in Wien am 18.8.1908, rechts außen Opas Schwester Marie Weyrich mit Max Tengler, links Marie Bolek, eine Cousine meines Großvaters und seiner Schwester, mit Max Haraschin.

Wir sitzen so fröhlich beisammen

Ein Lied, dessen Text der Dichter August von Kotzebue 1802 zum Geburtstag seiner Frau gedichtet haben soll. Thema: Ewiger Wechsel.

1. Wir sitzen so fröhlich beisammen
   und haben uns alle so lieb;
   wir erheitern einander das Leben:
   Ach, wenn es doch nur immer so blieb!

2. Es kann ja nicht immer so bleiben
   hier unter dem wechselnden Mond;
   es blüht eine Zeit und verwelket,
   was mit uns die Erde bewohnt.

3. Es haben viel fröhliche Menschen
   lang vor uns gelebt und gelacht
   den Ruhenden unter dem Rasen
   sei fröhlich der Becher gebracht.

4. Es werden viel fröhliche Menschen
   lang nach uns des Lebens sich freu'n
   und Ruhenden unter dem Rasen
   den Becher der Fröhlichkeit weih'n.

5. Doch weil es nicht immer so bleibet,
   so haltet die Freunde recht fest;
   wer weiß denn, wie bald uns zerstreuet
   das Schicksal nach Ost und nach West!

6. Und sind wir auch fern von einander,
   so bleiben die Herzen doch nah!
   Und Alle, ja Alle wird's freuen,
   wenn Einem was Gutes geschah.

7. Und kommen wir wieder zusammen,
   auf weise verhüllter Bahn,
   So knüpfen an's fröhliche Ende
   den fröhlichen Anfang wir an!

Trotz aller Liebe zum Landleben und zum Heimatdörfchen des Großvaters zog es die Großeltern mitsamt den beiden noch unverheirateten Töchtern als Hauptwohnsitz in ein Städtchen „mit wienerischem Schuß". (Schacherl[1], S. 297) Lillian Schacherl lobt die „Landstadt mit urbanem Flair". Außerdem stand die Stadt im „Ruf der Liebenswürdigkeit und Behaglichkeit". (Schacherl, S. 298)

„Der Charme Troppaus (Opava), dieses Herzfleckens der ‚Grünen Schles' war früher weithin in der Donaumonarchie bekannt. Denn nicht nur der Zungenschlag ihrer Bewohner – die ganze Stadt hatte einen ‚wienerischen Schuß'. Mit ihrem grünen, von Denkmalen ge-

---

[1] Lillian Schacherl. Mähren – Land der friedlichen Widersprüche. München 1968.

schmückten Promenadengürtel rings um den Kern, den Barockpalästen in der Herrengasse, den im Ringstraßenstil gehaltenen Repräsentationsbauten, den großräumigen Kaffeehäusern, im ganzen Bild der Straßen und Plätze mitsamt deren Namen war sie unverkennbar ein ‚Wiener Kind'."

Meine Großeltern fanden eine angemessene Mietwohnung in Troppau in der Aspernstraße 5. Die Straße war benannt nach der Schlacht bei Aspern (21./22. März 1809), in der Erzherzog Karl mit einer österreichischen Armee die Truppen Napoleons schlug.

Mangels Personen, die befragt werden könnten, bin ich aufs Kombinieren angewiesen, um die Lage der Straße herauszufinden: Die recht kurze Straße mündet von Norden kommend auf den damals Goetheplatz genannten Platz. Die Nr. 5 trägt auf einem Plan die Doppelhausnummer 1162/5, und sie lag an der westlichen Ecke zwischen Aspernstraße und Eugenstraße. In der Nähe gab es auch eine Radetzky-Gasse. Folgt man der Olmützer Straße gen Osten, kommt man ins etwas mehr als einen Kilometer entfernte Troppauer Stadtzentrum. Ein Spaziergänger braucht eine Viertelstunde. Der Westbahnhof ist gut erreichbar. In Verlängerung der Aspernstraße stößt man in Richtung Norden auf Baulichkeiten, die eine alte Kaserne vermuten lassen. Die Feldherren- und Schlachtnamen sowie der vorhandene Bahnanschluss deuten gleichfalls auf eine militärische Nutzung hin. Es dürfte sich um die frühere Kronprinz-Rudolf-Kaserne handeln, eine ursprüngliche Artilleriekaserne, die nach der Gründung der Tschechoslowakei erst in Masaryk-Kaserne umbenannt wurde und später in Duka-Kaserne.

Die Nachbarschaft des Militärs hätte meinem Großvater verdeutlichen können, dass unheilvolle Zeiten heraufzogen. Die wiederholte Kriegsgefahr, die diplomatischen Verhandlungen, die politische Unruhe der Zeit wird sich auch auf meine „unpolitischen" Großeltern ausgewirkt und zur Dämpfung des Lebensgefühls beigetragen haben.

Troppau, mit dem verbliebenen österreichisch-wienerischen Charme, wird die spürbare unheilvolle Grundstimmung der Zeit dennoch gemildert haben. Die außen- und innenpolitischen Ereignisse sollten sich in den drei ersten Ruhestandsjahren meines Großvaters überschlagen. Die Großeltern waren plötzlich Bürger eines anderen Staates, mit einem anderen Pass. Die Pensionen wurden vom neuen Staat weitergezahlt, und so schien sich wenig für den Bürger zu ändern. Plötzlich fand man sich aber einem totalitären Staatsgebilde gegenüber, das zudem die neuen Bürger – sozusagen die „Beutegermanen – in einen Weltkrieg ziehen sollte. Unbedenklich setzte der neue Staat Blut und Leben der Neubürger ein, und er erwies sich als „kaltes Ungeheuer".

Die Aspernstraße 5 beherbergte etwas sehr Friedvolles: eine berühmte Zoologenfamilie namens Reitter. Ob diese schlichte Mitmieter oder gar Vermieter der Wohnung waren, ist mir nicht bekannt. Meine Mutter hat häufiger von den umfangreichen Schmetterlings- und Käfersammlungen erzählt, die der Neffe des anerkannten Entomologen Emmerich Reitter (geb. 1880, verstorben 1945) ihr wohl nahebringen wollte. Der Neffe, Ewald Reitter, war sieben Jahre älter als meine Mutter.

Emmerich Reitter, im Alter meines Großvaters, gab ein renommiertes entomologisches Nachrichtenblatt bzw. die „Wiener Entomologische Zeitung" heraus. Das Entomologische Institut in der Aspernstraße 5 besaß umfangreiche Käfer- und Schmetterlingssammlungen und beherbergte eine Verlagsbuchhandlung. Käfersammlungen wurden europaweit angekauft.

Familienbild aus Troppauer Zeiten. Meine Großeltern mit meiner Mutter (rechts von ihrem Vater), Tante Friedel, die Schwiegertochter, und meine Großmutter. Über der linken Schulter meines Großvaters hängt der Gebetsteppich, den er aus Bosnien mitbrachte (siehe Foto S. 2).

Der Vater, Edmund Reitter (1845–1920), hatte den Insektenhandel begründet und auch entomologische Sammelreisen unternommen. Als leidenschaftlicher Insektenkundler beschrieb er unzählige neue Käferarten. Durch den unseligen I. Weltkrieg hatte das Unternehmen und der Verlag sowie die Zeitschrift viel zu leiden. Es waren große finanzielle Opfer des Sammlers und Verlegers notwendig, um den Insektenforschern Europas die Zeitschrift erhalten zu können. Die 1869 gegründete Unternehmung war 1920 an den Sohn Emmerich Reitter übergegangen und firmierte als „Emmerich Reitter, Troppau (Schlesien); Aspernstraße 5" oder als „Edmund Reitters Nachf. Emmerich Reitter".

Vater und Sohn haben für die Insektenforschung ihr Herzblut und zum Teil ihr Vermögen gegeben. Die aufopferungsvolle wissenschaftliche Tätigkeit ist bewundernswert. Die Sammlung soll die Stürme der Zeit überdauert haben. Teile ihres Nachlasses sollen sich im Schlesischen Museum in Troppau befinden (Insektensammlungen und Fachbibliotheken); lt. Internet „www.senckenberg.de"[2]. Ob die leidenschaftliche Forschungstätigkeit würdige Nachfolger gefunden haben mag?

Für die Großeltern und ihre beiden Kinder bot die Aspernstraße 5 eine spannende Nachbarschaft. Wer wohnt schon neben einem weltweit anerkannten Käferspezialisten? Sie werden sich allerdings gefreut haben, dass nur „Belegexemplare" der Insekten gesammelt wurden und nicht etwa lebende.

Trotz aller Dunkelheiten hatte das Pensionärsleben erfreuliche Seiten. Mein Großvater fand Geselligkeit im Kreise der Alten Herren seiner Burschenschaft und durch die vielen Bekannten, die er in Troppau und Umgebung hatte. Nicht nur die wienerischen Kaffeehäuser sorgten für Abwechslung. Es wurde auch „österreichisch-wienerisch" gekocht. Ohne Suppe vor der Hauptmahlzeit und ohne Mehlspeise danach fühlte sich mein Großvater nicht recht behaglich. Meine

---

[2] Letzter Zugriff 25.2.2024.

Großmutter musste sich viel Mühe geben. Auch niveauvolle Unterhaltung bot die Stadt in Fülle. Lillian Schacherl schreibt (S. 300):

„Das Theater war ein Hätschelkind der Bürger. Auch schwere Wirtschaftskrisen konnten sie nicht bewegen, auf ihren ‚Museumstempel' zu verzichten, der seit seiner Gründung im Jahr 1750 alle drei Spielgattungen bot und dessen späteres Haus neunhundert Plätze fasste – ein Luxus für eine Mittelstadt von vierunddreißigtausend Einwohnern, freilich ein in diesen Breiten gewohnter Luxus."

Als gehobene Einkaufsstadt hatte Troppau auch einen guten Ruf. So gab es z.B. das hochmoderne Kaufhaus Breda und Weinstein, die Schöpfung zweier jüdischer Mitbürger.

Die schöne und ruhige behaglich wienerische Stadt Troppau (Internetseite *www.troppau-opava.de*) und das Gartenparadies Zossen hätten für einen rüstigen Pensionär wie meinen Großvater ganz himmlisch sein können. Die politischen Umwälzungen der Zeit erlaubten dies nicht und setzten dunkle Kräfte frei. Nur ein Jahr nach dem Umzug in die friedvolle Stadt der „Pensionisten" – wie die Österreicher zu sagen pflegen – kam das Münchner Abkommen zustande. Troppau kam am 1. Oktober 1938 unter deutsche Verwaltung. Die Annexion durch das Deutsche Reich beendete die Idylle und die Sorglosigkeit für gar manchen Pensionär. Sofort begann – wie im Deutschen Reich – auch in den neuen Reichsgebieten die Verfolgung der jüdischen Mitbürger. Auch David Weinstein, der tüchtige Begründer und Alleineigentümer des Kaufhauses, das den amerikanischen Kaufhausstil 1928 nach Troppau gebracht hatte, erlebte die Schrecken des Arisierungsgesetzes von 1938. Mein Großvater wird die widerrechtlichen Enteignungen zähneknirschend miterlebt haben, war er doch von der Legitimität des Eigentums überzeugt, weshalb ihn auch die eigene Enteignung so schmerzte. Ungläubig wird er erlebt haben, dass nur fünf Wochen nach dem Anschluss barbarische Mitbürger – seine schlesischen Landsleute – es wagten, jüdische Gotteshäuser zu schänden und gar niederzubrennen.

Die jüdische Synagoge wurde in der Nacht vom 9. auf den 10. November 1938 angezündet und brannte zur Ruine aus, die abgerissen werden musste. Die Verfolgung der Juden war ein offenes Geheimnis, und allmählich verschwanden jüdische Bekannte aus dem Gesichtskreis nicht-jüdischer Mitbürger. So berichtete meine Tante Trude über eine jüdische Klassenkameradin. Wer Zeit hatte nachzudenken, konnte sich Vieles zusammenreimen.

Der erfolgreiche, angesehene Kaufmann David Weinstein (geb. 24. Januar 1974; verstorben am 4. August 1939 in Prag) zum Beispiel, starb als vom Staate bestohlener Mann im Alter von 65 Jahren. Das Unrechtsregime der Nationalsozialisten lag offen zutage. Meinem Großvater als pflichtbewusstem Kantianer müssen sich die Haare gesträubt haben.

Der Ausbruch des 2. Weltkrieges am Ende des zweiten Jahres seiner Pensionszeit muss meinen Großvater stark beunruhigt haben. Vor gut 20 Jahren hatte mein Großvater das schreckliche Ende des 1. Weltkrieges erlebt, und all die vergeblichen soldatischen Anstrengungen werden ihm noch in den Knochen gesteckt haben. Glücklicherweise musste mein Großvater altershalber nicht mehr einrücken; den beiden Söhnen und später hinzukommenden zwei Schwiegersöhnen blieben Wehr- und Kriegsdienst nicht erspart. Gewalt, Unrecht und Krieg lasteten auf meinem Großvater in der Zeit des Ruhestandes, die er recht sorgenfrei hätte verleben können.

Als die deutschen Truppen kampflos im Oktober des Jahres 1938 Troppau besetzten, war die Stadt mit den Flaggen der neuen Herrscher geschmückt, und die Einwohner jubelten den „Befreiern" zu. Vielleicht waren viele Menschen nicht in der Lage zu begreifen, was sich im benachbarten Deutschen Reich wirklich seit 1933 ereignete. Fast sechs Jahre des beobachtenden Sehens hätten eigentlich ausreichen können, die wahre Natur des Regimes zu erkennen. Kann man von einem einfachen Menschen inmitten seiner Alltagssorgen eine nüchterne Analyse seiner Zeit vielleicht nicht verlangen, so wirkt doch die Verblendung erschreckend, der Mitglieder der „alten k.u.k. Elite" anheimgefallen sind.

Der mit seiner einprägsamen Schilderung der Schrecken der Isonzo-Schlachten bereits zitierte Alfred Krauß (1862–1938) fällt als ungutes Beispiel auf. Als militärischer Heerführer und Denker eine herausragende Gestalt, der wichtiger Ausbilder für die k.u.k. Generalstabsoffiziere gewesen war, wurde er 1938 zur unglücklichen Figur. Ohne politischen Instinkt und ohne Ehrgefühl ließ er sich vor den Propaganda-Karren des Regimes spannen.

In einer „reichsdeutschen" Generalsuniform trat er ab 1. April 1938 werbend für die neuen Machthaber auf. Der Widerspruch zwischen seinem Kaiser-Josefs-Bart und der „preußischen" Uniform scheint dem 76-Jährigen nicht aufgefallen zu sein. Dem Auftritt in deutscher Generalsuniform des ehemaligen k.u.k. Generals vor „alt-österreichischem" Publikum haftet m.E. etwas zutiefst Unanständiges an. Interessant wäre es, meinem Großvater die Frage zu stellen, ob er Ähnliches empfinde. Eine pikante Note erhält diese Frage durch den Umstand, dass Alfred Krauß von 1878 bis 1881 die Militär-Oberrealschule in Mährisch-Weißkirchen besucht hat und dabei unweigerlich auf das Vorbild meines Großvaters, Julius Weyrich, gestoßen sein muss, der bekanntlich dort Infanterietaktik und Freihandzeichnen unterrichtete.

General a.D. Krauß hatte nach dem Ende des 1. Weltkrieges für den Anschluss Österreichs an Deutschland sowie den Zusammenschluss aller Deutschen geworben. Dabei hatte er auch vor Demagogie nicht zurückgeschreckt. Möglicherweise hat ihn dies so verblendet, dass er seine k.u.k. Vergangenheit völlig vergessen hat und sich somit den neuen Machthabern ohne Scham und Skrupel anbiedern konnte. Im Internet findet sich folgender Hinweis zu Krauß' nationalsozialistischem Engagement[3]:

> „Am 1. April 1938 erhielt Krauß die Berechtigung zum Tragen der deutschen Uniform mit den Rangabzeichen eines Generals der Infanterie und ab diesem Zeitpunkt bis zu seinem Tod im selben Jahr saß Krauß als Abgeordneter für das Land Österreich im nationalsozialistischen Reichstag. Sein Mandat wurde anschließend von Hanns Albin Rauter übernommen. In der SA erreichte er den Rang eines Brigadeführers. Am 3. Juni 1938 wurde Krauß mit Gattin Ida Krauß persönlich von Hitler in Berlin empfangen.
>
> General Krauß verstarb am 29. September 1938 an einem Schlaganfall."

Mag mein Großvater 1938 auch – als deutsch-national eingestellter Mann – die „Heimkehr ins Reich" begrüßt haben; als „alter Österreicher" war er von einer Anbiederung an die Nationalsozialisten weit entfernt.

---

[3] Wikipedia-Artikel: Alfred Krauß (letzter Zugriff 1.3.2024).

Postkartengruß meines Großvaters aus Freudenthal nach Brünn an Onkel Fred vom 14. Okt. 1935

Transskription: (oben) „Liebster Fred! War heute am Köhlerberge [Kath. Wallfahrtsstätte, Anm. d. Verf.] und habe damit Mutters Wunsch erfüllt! Ergebnis der Untersuchung: „Keine Gefahr." Gestern war ich in Troppau bei der Altbauernehrung. Herzl. Grüße Paps." (unten) „Wie geht es Dir in der Schule? Wie schmeckt die Gartenpraxis? Trudi wird Dich in den nächsten Tagen besuchen. Ich hoffe, daß ich in OH [Oberhermsdorf, Anm. d. Verf.] schon eine Nachricht von Dir vorfinden werde. Hüte Dich vor Verkühlung!"

Freudenthal sollte 10½ Jahre später zur Bahn-Verladestation für den Transport der schlesischen Familie Weyrich gen Westen werden.

Kapitel 8

Die Weyrich-Familie während des 2. Weltkrieges
Heiraten, Geburten, Militärdienst

Ein Jahr nach der frühzeitigen Pensionierung meines Großvaters und nach dem Umzug der Familie zum neuen Hauptwohnsitz Troppau, konnten sich die Großeltern und ihre Angehörigen über die Verehelichung ihrer ältesten Tochter freuen. Meine Tante Trude, mit dem Vornamen Gertrud Maria, heiratete am 31. Oktober 1938 in Troppau den Diplom-Landwirt Eduard Wölfel, der aus Troppau stammte (Jahrgang 1902). Obwohl Stadtkind, hatte er ein Interesse für landwirtschaftliche Angelegenheiten herausgebildet. Am Troppauer Oberring 41 wohnend, hatte er eine Liebe zum Theater und zur deutschen Literatur entwickelt, die ihn sein Leben lang begleiten sollte. Viele Passagen der deutschen Klassiker kannte er auswendig. Er hatte an der Oberhermsdorfer höheren Landwirtschaftsschule 1924 die Matura-Prüfung abgelegt, Erfahrungen in der Gutsverwaltung gesammelt und war sogar – nach weiteren Ausbildungen – Lehrer in Oberhermsdorf geworden.

Er war Schüler meines Großvaters und hatte ihn auch als Vorgesetzten im Schuldienst erlebt, und endlich wurde er dessen erster Schwiegersohn. Onkel Edi galt in der Familie Weyrich als sehr eigensinnig und manchmal als schwierig. Meine Tante Trude und Onkel Edi hatten – auf welchen Wegen auch immer – zueinander gefunden und hielten ein Leben lang in Treue aneinander fest. Meine Tante bewunderte ihren Mann, und sie war ihm auch beruflich eine große Stütze, da sie ihn beim Schreibmaschine-Tippen entlastete. Sie war ein selbstloser Mensch und umhegte ihren Mann mit einem Schuss mütterlicher Sorge. (Mein Onkel Edi hatte früh seine Mutter verloren, und er rebellierte gegen seine neue Stiefmutter, die ihm das Schicksal beschert hatte.)

Nachdem am 1. Oktober 1938 das Deutsche Reich das sogenannte Sudetenland annektiert hatte, errichtete der deutsche Staat am 1. April 1939 das Regierungspräsidium in Troppau. Dazu gehörte auch die Gründung eines Oberfinanzpräsidiums dortselbst, und Dipl.-Landwirt Eduard Wölfel bewarb sich um Einstellung als landwirtschaftlicher Betriebsprüfer bei der Reichsfinanzverwaltung.

Mein Onkel Edi begeisterte sich für die neuen staatlichen Verhältnisse. Nach „hervorragend geleisteten drei Prüfungsarbeiten sowie seiner mündlichen Prüfung", wodurch er „seine gründlichen landwirtschaftlichen Kenntnisse" nachweisen konnte, erfolgte vom Reichsfinanzministerium seine Einstellung am 1. Juli 1939. Nach kurzer Einarbeitungszeit wurde er landwirtschaftlicher Großbetriebsprüfer beim Oberfinanzpräsidenten Troppau. „Seine überragenden Leistungen als landwirtschaftlicher Sachverständiger und Betriebsprüfer besonders bei der schwierigen Prüfung der oberschlesischen Großbetriebe, z.B. Herzog von Ratibor in Ratibor, Fürst von Hohenlohe-Oehringen in Ehrenforst und anderen bedingten, dass das Ministerium schon Mitte 1942 ihn bevorzugt in die Vergütungsgruppe II TO.A aufrücken ließ." (Zitate aus einer dienstlichen Beurteilung)

Anfang 1943 wurde Onkel Edi als letzter der Familie zum Heeresdienst eingezogen. Der Krieg überschattete das Familienleben, und Troppau sollte sogar 1944 eine Bombardierung erleben. Als zweites Enkelkind meiner Großeltern kam meine Cousine Astrid Wölfel am 14. Dezember 1944 in einem Sanatorium in Troppau zur Welt, vier Tage vor dem großen Bombenangriff auf Troppau. Meine Großeltern verlegten ihren Wohnsitz deswegen nach Zossen, da man sich dort vor den Drangsalen des Krieges besser gehütet glaubte.

Als zweites Kind meiner Großeltern heiratete mein Onkel Gustl, Gustav Adolf Weyrich, geb. 25. Mai 1914, der ja in Troppau das Licht der Welt erblickt hatte. Durch den Beruf war er – von Troppau aus gesehen recht weit in Richtung Westen – in die Gegend von Aussig gelangt. Nach dem Studium des Maschinenbaus in Mährisch-Schönberg war er vom 15. September 1933 bis zum 30. September 1939 als technischer Angestellter bei dem Unternehmen „Testa" Holzindustrie AG in Mosern an der Eger tätig. Einem Zeugnis des Unternehmens ist zu entnehmen:

„Als Betriebsassistent oblag ihm die Beaufsichtigung der Kessel- und Maschinenhäuser, der Wasserreinigung und bei der Vertretung des Betriebsführers auch die Überwachung der Erzeugung.

Herr Weyrich war außerordentlich anpassungsfähig, fleißig und gewissenhaft und hat die ihm gestellten Aufgaben zu unserer Zufriedenheit gelöst. Ganz besondere Kenntnisse hat er sich in der Herstellung von Sperrplatten und Furnieren erworben."

Hochzeitsfoto von Mimi und Hans Frimmel
7.10.1943 in Troppau

Onkel Gustl wurde zum 1. Oktober 1939 zum Wehrdienst einberufen. Am 6. Januar 1940 heiratete Onkel Gustl die gleichaltrige Maria Friederike Pruksch, geboren in Seesitz bei Aussig, meine Tante Friedel. Ihnen wurde am 30. August 1941 in Wesseln bei Aussig, ihrem Familienwohnsitz, das erste Enkelkind meiner Großeltern, der Sohn Gustav Klaus Weyrich geboren.

Als drittes Kind meiner Großeltern heiratete meine Mutter am 7. Oktober 1943 in Troppau meinen Vater, Dr. jur. utr. Johann Eduard Frimmel, Rufname Hans, der von 1939 an als Regierungsrat am Finanzamt Leobschütz/Oberschlesien und Stellvertreter des Finanzamtsvorstehers Oberregierungsrat A. Neumann-Merkel tätig war. Die Hochzeit fand in der katholischen Pfarrkirche Mariä Himmelfahrt in Troppau statt. Mein Vater, geboren am 10. Mai 1907 in Brünn/Mähren, absolvierte das dortige deutsche Gymnasium. Anschließend studierte er die Rechte an der tschechischen Masaryk-Universität in Brünn. Ab 1939 bis zum Zusammenbruch des deutschen Staates war mein Vater dem Finanzamt Leobschütz zugeteilt.

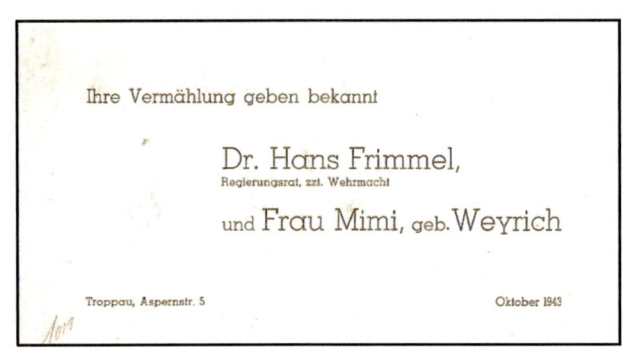

```
Ihre Vermählung geben bekannt

        Dr. Hans Frimmel,
        Regierungsrat, zzt. Wehrmacht

    und Frau Mimi, geb. Weyrich


Troppau, Aspernstr. 5                    Oktober 1943
```

190

Mein Vater liebte nach eigenem brieflichen Bekenntnis und nach dem Zeugnis vieler, die ihn gekannt haben, meine Mutter innig. Mimi Weyrich war als junge Frau recht umschwärmt. Es war für meinen Vater sicherlich nicht einfach, ihre Hand zu erringen. Umso glücklicher war mein Vater, dass er mit Mitte dreißig und einem gut bezahlten Beruf endlich an die Gründung einer Familie denken konnte.

Da mein Vater seit Kinder- und Jugendtagen sehr religiös war, träumte er von einer gut katholischen Familie mit mehreren Kindern, wie die Frimmel-Eltern es vorgelebt hatten. In einem Brief an meine Mutter schließt er sich den Überlegungen Martin Luthers zum ehelichen Zusammenleben an: „In der Woche zwier, macht im Jahre hundertvier – das schadet weder Dir noch mir." Leider sollte ihm der Krieg einen großen Strich durch diese Traumvorstellung machen! Durch die Einberufung zur Wehrmacht im September 1941 wurde er von Mimi, der Liebe seines Lebens, getrennt.

Laut Soldbuch wurde mein Vater am 18. September 1941 – also zwei ganze Jahre nach dem Einrücken von Onkel Fred und Onkel Gustl – als Kraftfahrer zur 3. Kompanie oder Schwadron der Kraftfahrersatzabteilung 28 einberufen. Der „Kraftfahrer Dr. Johann Frimmel" erhielt in Straßburg am 10. November 1941 den Führerschein der Klasse 2 und 3. Die Personalbeschreibung meines Vaters im Soldbuch lautet:

Größe: 172 cm, Gestalt: groß, Gesicht: oval; Haar: dunkelblond; Bart: ohne; Augen: blau.

Am 31. März 1942 wurde er Gefreiter. Vom 15. August 1943 an wurde mein Vater als Reserveoffiziersbewerber geführt, vermutlich hatte er sich zu diesem Schritt entschlossen wegen der bevorstehenden Trauung mit meiner Mutter, die im September stattfinden sollte. Er wollte seinen künftigen Schwägern nicht nachstehen. Am 1. Februar 1944 wurde er Fahnenjunker-Wachtmeister d.R., am 1. März 1944 Oberfähnrich d.R., am 1. April 1944 Leutnant d.R., wofür er eine einmalige Einkleidungsbeihilfe von 350 Reichsmark erhielt [Stamm-Schwadron / Fahr-Ersatz-Abteilung 8].

Wie viele organisatorische Hürden muss mein Vater genommen haben, bis endlich die Trauung stattfinden konnte. Im Soldbuch sind für 1943 zwei Urlaubsgewährungen eingetragen!

(a) Vom 25. September 1943 bis zum 22. Oktober 1943 nach Brünn zum „Erholungsurlaub", der zum Heiraten genutzt wurde, und

(b) vom 10. November 1943 bis zum 26. November 1943, 12.00 Uhr, nach Brünn und Troppau, wo seine Frau Mimi Frimmel weiterhin bei meinen Großeltern in der Aspernstraße 5, 2. Stock, wohnte.

Laut Soldbuch gehörte mein Vater nacheinander folgenden Feldtruppenteilen an: Marschkompanie Kraftfahrausbildungsabteilung 28; Jäger-Regiment 83, Gebirgsfahrkolonne 4/28; Kommandeur der Divisionsnachschubtruppe 198.

Mit der 28. Jäger-Division war mein Vater in Russland in der Umgebung Leningrads eingesetzt; meine Mutter berichtete – wie ich mich dunkel erinnere – von einer unangenehmen Fleckfieber-Infektion, die mein Vater sich in Russland zugezogen hatte.

Als Kuriosität am Rande finde ich die Eintragung unter „besondere Bekleidungsvermerke" im Soldbuch meines Vaters: „Eine Besohlung von Reitstiefeln, Bielitz 23.06.1944".

An Urlaubseintragungen sind für 1944 zwei Urlaube verzeichnet: 16.3.44 und 17.3.1944 nach Brünn und Troppau sowie vom 6.6.1944 bis 21.6.1944 „Einsatzurlaub". Im Juni 1944 muss also das Familienfoto entstanden sein (siehe umseitig). Beide Urlaubsanträge sind von der „Fahr-Ersatz-Abteilung 8" abgestempelt. Am 30.9.1944 wurde meinem Vater mit Verleihungsurkunde der 98. Infanterie-Division das Kriegsverdienstkreuz II. Klasse mit Schwertern verliehen. Laut Wikipedia war die 98. Infanterie-Division von August 1944 bis Mai 1945 in Italien eingesetzt. Divisionseinheiten trugen die Nr. 198, was zum letzten Feldtruppenteil meines Vaters passt.

Im Juni 1944 wurde in Brünn ein Familienfoto „im Grünen" gemacht, das die Frimmel-Großeltern zeigt mitsamt dem frischgebackenen Ehepaar Hans und Mimi Frimmel, meinen Onkel Franz Frimmel mit seiner früh verstorbenen Ehefrau und die Enkelkinder meiner Großeltern Frimmel, Gertraud und Hansjürgen (Rufname Hansi). Der ältere Bruder Ferdinand F. war (militärisch) unabkömmlich.

An dieser Stelle geziemt es sich, meinen Brünner Großeltern einige Gedanken zu widmen. Mein Großvater Johann Frimmel war Brünner Bürger in der zweiten Generation. Erst hatte er versucht, in seinem erlernten Beruf als Schuhmacher die sechsköpfige Familie zu ernähren. Durch die großen Schuhfabriken wurde ihm dies unmöglich gemacht, und er verbrachte fortan sein Leben als kleiner Angestellter beim Finanzamt Brünn. Rechtzeitig vor der Vertreibung der Deutschen aus Brünn starb er 1945 und fand seine letzte Ruhestätte auf einem Brünner Friedhof. Wie das Familienfoto zeigt, war mein Großvater Frimmel groß und hager. Seine Ehefrau Marie Frimmel, geb. Benda, hatte tschechische Eltern und war figürlich etwas untersetzt. Die Großeltern Frimmel hatten recht jung geheiratet und lebten stets in bescheidenen Verhältnissen, aber

Großmutter Marie Frimmel mit Großvater Johann Frimmel (hingestreckt) und von links nach rechts Franz Frimmel, dessen Frau und die Kinder Gertraud und Hansjürgen Frimmel, meine Mutter und ganz rechts oben mein Vater Johann Frimmel in Uniform bei einem Waldausflug im Juni 1944 in der Brünner Gegend.

eher glücklich mit ihren vier Kindern im industriell geprägten Brünn. Wegen der knappen Haushaltsmittel bot sich als Familienvergnügen das Wandern an. Sonntags machte die Familie gern Ausflüge in die reizvolle Brünner Umgebung. Meine Großmutter war sehr gesellig, wurde von ihren Söhnen heiß geliebt, und sie hatte ein großes erzählerisches Talent. Sie war „böhmisch-katholisch" und nahm gern an Wallfahrten teil, so dass auch die Kinder die fröhlichen Seiten des Pilgerns kennenlernten. Die Brüder meines Vaters mitsamt meinem Cousin Hans-Jürgen haben die Familientradition fortgesetzt und sind einmal jährlich gemeinsam nach Mariazell in die Steiermark gepilgert. Vor der Vertreibung wohnten die Großeltern Frimmel in (116) Brünn, Senefelderstraße 16/3. Meine Großmutter Marie Frimmel starb 1954 in Wien. Sie ruht auf dem Hietzinger Friedhof – wie ihre beiden Söhne – meine Onkel und mein Cousin auch.

Mein Vater war wie viele Brünner zweisprachig aufgewachsen. In Mähren und Brünn waren die Folgen des Kampfes zwischen der tschechischen und der deutschen Kultur vielleicht weniger schroff als in anderen Landesteilen der Republik (vgl. Lillian Schacherls Formel von Mähren als Land der friedlichen Widersprüche – Untertitel ihres Mähren-Buches). Die Familie Frimmel hatte sich im tschechisch-deutschen Kultur- und Sprachenstreit für das Deutschsein entschieden. Mein Vater absolvierte das deutsche Gymnasium in Brünn, und er liebte die vielfältige deutsche Kultur. Den Besuch des Gymnasiums hatte meinem mittellosen Vater ein Onkel ermöglicht, der Molkereidirektor war. Im Brünner Theater gehörte mein Vater zu den „Kindern des Olymp"; er hatte eine ausgebildete Tenorstimme und sang gerne die Lieder Franz Schuberts, seines Landsmannes. Trotz ihrer relativen Armut besaßen die Frimmels die Fähigkeit zu unbeschwertem Lebensgenuss. In vielerlei Hinsicht waren sie vom Schicksal keineswegs benachteiligt und wahrscheinlich viel leichtlebiger und lebensfroher als die schlesischen bäuerlichen Vorfahren Gustav Weyrichs. Das Studium meines Vaters der Rechtswissenschaften in Brünn an der Masaryk-Universität fand in tschechischer Sprache statt. Die Brünner Mentalität lag meinem Vater sehr, und er konnte brieflich auch selbstironische Späße über das eigenartige Brünner Deutsch machen (Beispiel: „Deitsche Laute heer ich wieder"). Ansonsten war mein Vater sprachbegabt und lernte Latein, Italienisch, Französisch und Englisch recht mühelos.

Die Einberufung zum Militär kam für meinen Vater äußerst ungelegen, hatte er sich doch gerade erst über seinen beruflichen Erfolg als Regierungsrat freuen können. Die Pläne zur Familiengründung wurden durch die kriegsbedingte Trennung von seiner Braut nicht erleichtert. Um seine alten Eltern in Brünn hätte sich mein Vater sicher auch kümmern wollen.

Zum Beginn seiner militärischen Grundausbildung war mein Vater bereits 35 Jahre alt, und er musste körperlich mit erheblich jüngeren Rekruten mithalten. Als älterer Akademiker mit Doktortitel wurde er zur Zielscheibe des burschikosen Soldatenhumors kraftstrotzender, aber menschlich beschränkter junger Vorgesetzter. Mein Vater kam als Kraftfahrer zur Nachschubtruppe. Wenn sich damit die Hoffnung verbunden hätte, bei dieser Truppe nur Auto zu fahren oder gefahren zu werden und sich so beschwerliche infanteristische Märsche ersparen zu können, so wurde

Leutnant Dr. Frimmel zu Pferde, ca. 1944

er enttäuscht. Er hatte das Pech, bei der Ausbildung eine strenge Reitausbildung zu erhalten, die er zwar bewältigte, die ihm aber viel Verdruss bescherte, da sich die Reitausbilder einen Scherz daraus machten, dem „älteren Herren" besonders hochbeinige Pferde zuzuteilen. Meine Mutter berichtete mir die damit verbundenen Nöte meines Vaters. Kurz: Der Kriegsdienst bedeutete für meinen Vater keine Lebenssteigerung im Hinblick auf ein abenteuerliches Leben – wie es manche jüngeren Soldaten empfanden –, sondern eine nicht willkommene Unterbrechung seines bürgerlichen Lebens. Die Nachschubtruppe der Wehrmacht war so organisiert, dass die Transporte „ganz nach vorne", an die Front, gehen mussten. Auf dem Rückweg galt es, den „Abschub" mitzuführen. Besonders der Transport von Munition dürfte nicht ganz ungefährlich gewesen sein. Die Bedeutung des Pferdes für die Transporte im 2. Weltkrieg dürfte allgemein verkannt werden, da man sich die Wehrmacht gewöhnlich als voll motorisiert vorstellt. Eine gründliche reiterliche Ausbildung der Nachschubtruppe war also durchaus sinnvoll, nicht überflüssig und nicht von Vornherein schikanös.

Mein Onkel Edi wurde als letzter der zur Weyrich-Familie gehörenden Männer eingezogen. Mit damals 42 Lebensjahren, also in schon reiferen Jahren, musste er 1943 zum Kriegsdienst antreten. Onkel Edi war ein großer Bismarckverehrer, und er besaß zum Thema Reichsgründung und Bismarck eine umfangreiche Bibliothek. Auch für die preußische Staatstradition war er aufgeschlossen. Dem Staat zu dienen war für ihn eine selbstverständliche Pflicht. Es schmeichelte ihm, dass von den Schlesiern im Kronland scherzhaft von den „Preußen Österreichs" gesprochen wurde – in Anspielung auf ihre Arbeitstugend. Der Pflichtgedanke wurde von ihm ernstgenommen. Er hatte ein starkes Arbeitsethos entwickelt. Onkel Edi zeigte eine gewisse „Nibelungentreue" gegenüber dem Großdeutschen Reich. Dem nüchtern denkenden Beobachter der Kriegslage musste sich die wahrscheinliche Niederlage Deutschlands abzeichnen. Fünf Jahre älter als mein Vater, musste sich Onkel Edi der militärischen Disziplin unterwerfen und sich von Vorgesetzten Befehle erteilen lassen, die um vieles jünger waren als er selbst. Im Gegensatz zu meinem seelisch empfindsameren Vater war aber Onkel Edi „härter ihm Nehmen". Viele hässliche und unerfreuliche Dinge prallten offenbar an ihm ab, ohne ihn ernsthaft zu belasten. In den fast zweieinhalb Jahren seines Kriegsdienstes strebte er nicht die Offizierslaufbahn an. Besondere Härte gegen sich selbst und Unerschütterlichkeit musste Onkel Edi später dann in der Zeit seiner Kriegsgefangenschaft in Frankreich aufbringen.

Im Gegensatz zu meinem Vater, zu Onkel Edi und zu Onkel Gustl wurde Onkel Fred mit 21 Jahren sozusagen von der Schulbank weg einberufen, wenn man von den fünf Monaten absieht, die er bei einem Verband in Troppau beschäftigt war (Mai bis September 1939). Die Zeit von Dezember 1934 bis November 1939 hatte Onkel Fred in Eisgrub/Mähren zugebracht. Nach der vorgeschriebenen einjährigen Gärtnerlehre absolvierte er die höhere Obst- und Gartenbauschule. Unmittelbar danach war er Gasthörer an der Universität Brünn (1.12.1938 – 17.3.1939).

An dieser Stelle soll kurz auf Ähnlichkeiten zwischen der Oberhermsdorfer Schule und der höheren Lehranstalt in Eisgrub hingewiesen werden. An beiden Einrichtungen war und blieb die Unterrichtssprache Deutsch. Die höhere Gartenbauschule in Eisgrub ist eine etwas verspätete Gründung, nämlich im Jahr 1895, der Österreichischen Gartenbaugesellschaft. Bereits 30 Jahre zuvor gab es ja die landwirtschaftlichen Schulen. Auch in Eisgrub wurden die Schüler internatsmäßig untergebracht. Das Fürstenhaus Liechtenstein hat nicht nur das Verdienst, im Süden Mährens eine Garten- und Parklandschaft hervorgebracht zu haben, die heute „Weltkulturerbe" ist. Fürst Johann II. von Liechtenstein machte sich durch die Mitgründung und Finanzierung der höheren Gartenbauschule zum Förderer des Gartenbauwesens nicht nur in den deutschsprachigen Ländern. Die Schule sollte die benötigten Führungskräfte für Gartenbauaufgaben hervorbringen. Sie sollten z.B. führende Aufgaben in städtischen Gartenämtern, botanischen Gärten, bei adligen Garten -und Parkbesitzern und in der Weitervermittlung des Fachwissens als Lehrer erfüllen. Onkel Fred hatte den Traum, dem Zossener Grundbesitz, den er als jüngster Sohn in schlesischer Tradition einmal erben sollte, eine gärtnerische Richtung zu geben. Ob sich dieser Traum gut hätte verwirklichen lassen, ist aus mancherlei Gründen zu bezweifeln. Meine nüchterne Tante Ruth, seine weltkluge Ehefrau, war der festen Überzeugung, dass Zossen allein durch seine Lage für die gärtnerischen Projekte ihres Mannes nicht geeignet gewesen wäre. Seinen „Traum von Zossen" hielt sie schlicht für eine Illusion. Onkel Freds berufliche Träume wurden 1939 zunächst einmal durch den Krieg unterbrochen.

Vom 1. Oktober 1939 bis zum 12. Juni 1945 diente er beim Militär, wenn man die kurze Zeit der amerikanischen Kriegsgefangenschaft dazurechnet. Wie bei vielen jungen Männern im Alter meines Onkels Fred bedeutete der Zwangsdienst zur Vaterlandsverteidigung den Verlust der eigenbestimmten schönen Jugendjahre. Auch die Sehnsüchte der jungen Soldaten nach Zweisamkeit und nach einer Herzensfreundin wurden während der Kriegszeit selten erfüllt. Mein Onkel Fred hatte diesbezüglich Glück. Als junger Leutnant konnte er in Frankfurt am Main den berühmten Palmengarten kennenlernen und erkunden. Dort traf er auf eine Frankfurterin, die ursprünglich aus Wuppertal-Barmen stammte. Es entspann sich eine Romanze, wie sie wohl bei jungen Erwachsenen in der unsicheren Kriegszeit häufiger vorgekommen sein dürfte. Onkel Freds Herzensfreundin „Ruthchen" hielt ihn davon ab, sich als Kanonenfutter in den letzten Kriegsmonaten opfern zu lassen. Onkel Fred erwog in seinem jugendlichen Elan ernsthaft, einem Aufruf zu folgen, der Luftwaffenangehörige zur infanteristisch kämpfenden Truppe locken sollte. Tante Ruth konnte ihm dies ausreden, und dafür war Onkel Fred ihr lebenslänglich zu Dank verpflichtet.

Onkel Fred und seine Freundin „Ruthchen", die spätere Ehefrau Ruth Weyrich

Fred Weyrich in Leutnantsuniform, den Frankfurter Palmengarten erkundend

Nur mit der Erfahrung von Schule und Lehre ausgestattet, war Onkel Fred ein Opfer der überhöhten Vorstellungen vom Offiziersein geworden. Für ihn war man als Offizier ein Vorbild auch der zivilen Bürger sowie ein „Erzieher der männlichen wehrfähigen Bevölkerung".

In der Hinterlassenschaft Onkel Freds fand sich ein kleines Werk, das über die damalige Gedanken- und Gefühlswelt Onkel Freds Aufschluss geben könnte. Oberst Hermann Foertsch, der spätere Wehrmachtsgeneral, hat es in den 1930er-Jahren verfasst[1], und mein Onkel besaß die dritte Auflage von 1939. „Der Offizier der deutschen Wehrmacht. Eine Pflichtenlehre." In erster Linie ist der Berufsoffizier angesprochen, dem das Offiziersein die „Erfüllung eines Lebenswunsches" bedeutet (a.a.O., S. 7, Vorwort des Verfassers). Auch dem Offizier des Beurlaubtenstandes wird ein Idealbild vorgehalten, das sicher nicht ohne Einfluss auf das Denken und Fühlen des Reserveoffiziers geblieben sein wird. Im Wesentlichen werden die aus der Kaiserzeit bekannten sittlichen und geistigen Kräfte sowie die Haltung der militärischen Führerpersönlichkeit beschrieben. Zu den traditionellen Maßstäben und Erwartungen streicht Oberst Foertsch die neue Stellung des Offiziers in Volk und Staat heraus, die sich an den „Wünschen des Führers" ausrichten soll. Der Offizier soll den wehrpflichtigen Soldaten nun auch weltanschaulich beeinflussen bzw. sogar schulen. Das

---

[1] Hermann Foertsch. Der Offizier der deutschen Wehrmacht. Eine Pflichtenlehre. 3. verbesserte Auflage. Berlin 1939.

Ideal der Volksgemeinschaft soll sich auch in der Betonung der Kameradschaft äußern (a.a.O., S. 65–71) „Kameradschaft ist das Bewußtsein einer inneren Verbundenheit in einer Gemeinschaft." Der Standesdünkel des Offiziers der Kaiserzeit solle somit überwunden werden.

Das Buch des damaligen Oberst Foertsch enthält viele klare, stimmige und zeitlos gültige Aussagen über die Wehrpflichtarmeen des 19. und 20. Jahrhunderts, die sicherlich von vielen Generationen von Offizieren geteilt worden sind. Seine Maximen zum militärischen Lebensbetrieb und zum Alltag des Kriegsbetriebes stützen sich offenkundig auf die eigene Anschauung und das eigene Erleben.

Seine politischen Aussagen sind der Zeit entsprechend eingefärbt und waren schon zum Zeitpunkt der Abfassung in ihrer Pathetik ein Gegensatz zur nüchtern denkenden Haltung eines Truppenoffiziers.

Die letzte Seite des Buches ist besonders eigenartig, da der Autor behauptet (S. 93): „Es gibt keine schönere Aufgabe, als aus jungen, willigen, freudigen und begeisterten Menschen Soldaten zu machen, Kämpfer zu erziehen, die sich ihrer Kraft und Leistung bewußt werden, und die die Erinnerung an ihre Dienstzeit als ein kostbares Gut in ihr künftiges Leben mitnehmen." Die Antwort auf diesen Erziehungsanspruch haben wehrpflichtige „Landser" in dem bekannten und herben Spruch gegeben, der ihr eigenes Erleben beim Militär zusammenfasst: „Es sagte einst ein dummes Schwein, es ist so schön, Soldat zu sein."

Die gewaltige Kriegsmaschine der Wehrmacht hätte im 2. Weltkrieg allerdings nicht funktionieren können, wenn nicht im deutschen Volke und bei den Soldaten eine große Opferbereitschaft vorhanden gewesen wäre. Der Appell an die Opferbereitschaft des Offiziers ist somit auch der folgerichtige Abschluss der Pflichtenlehre des Oberst Foertsch:

„Das Leben des Offiziers ist ein Leben der Pflicht, gewidmet dem höchsten, was Menschen auf Erden kennen: Volk und Vaterland. Für Volk und Vaterland haben zwei Millionen deutsche Soldaten im Großen Kriege ihr Leben gegeben, haben viereinhalb Millionen deutsche Soldaten geblutet. Für Volk und Vaterland haben im Großen Kriege 55.000 deutsche Offiziere ihr Leben gegeben, haben 100.000 deutsche Offiziere geblutet.

Nur aus Opfern wächst Großes. Auch dieses Opfer ist Pflicht." (a.a.O., S. 93)

Auf den Leutnantsrang war Onkel Fred unendlich stolz, und er war auch nicht frei von der Eitelkeit, sich in der schicken und prestigereichen Luftwaffenuniform zeigen zu können. Auch meine spätere Tante Ruth muss vom „schmucken Luftwaffenoffizier" sehr angetan gewesen sein.

Die berühmt-berüchtigte Kolportage der Anrede von Wehrmachtsangehörigen hatte vermutlich einen wahren Kern: „Soldaten des Heeres, Männer der Marine, meine Herren der Luftwaffe".

Das herrenmäßige Leben und die Offiziersrolle, die Onkel Fred verinnerlicht hatte, wurden ihm zunächst nach dem verlorenen Krieg zur Bürde. Die alliierte Umerziehung (*Re-education*) versuchte die autoritären Staats- und Gesellschaftsvorstellungen der Besiegten zu verändern, und meinem Onkel wurden die geforderten Veränderungen zu einer Bürde, die er aber schließlich mithilfe seiner klugen Frau Ruth doch noch bewältigte. Die Heirat erfolgte übrigens erst Mitte 1950, d.h. fünf Jahre nach dem Kriegsende. Seinem Offiziersdienstgrad hat Onkel Fred dennoch etwas „nachgetrauert". Er bewahrte z.B. seinen Luftwaffenoffiziersdolch und sein Uniformkoppel gewissermaßen als Reliquien bis zu seinem Lebensende 2003 auf.

Mein nüchterner und lebenserfahrener Onkel Gustl (ältester Sohn, geb. 1914) war gleichzeitig mit seinem Bruder Fred zum Militärdienst einberufen worden. Er hatte gegen Ende des Krieges gleichfalls den Leutnantsrang in der Luftwaffe inne.

Als Familienvater mit Frau und Sohn Klaus sah er die Zeit des Krieges vermutlich eher als unvermeidliche Übergangszeit an. Seine beruflichen Kenntnisse als Maschinenbauingenieur konnte er vermutlich im militärischen Bereich anwenden. Es galt, die Militärdienstzeit mit Pragmatismus zu überstehen, um dann wieder das eigentliche Leben aufzunehmen. Anflüge militärischer „Nostalgie" werden ihm wesensfremd geblieben sein.

Mit dem Eintritt in die deutsche Wehrmacht war die Ablegung des Fahneneides verbunden. Und alle vier jungen Männer der Familie, die Uniform trugen, mussten ihn ablegen. Oberst Foertsch, der laut Wikipedia[2] an der Formulierung der neuen Eidesformel der Reichswehr bzw. der Wehrmacht federführend beteiligt war, schreibt zum Eid (a.a.O., S. 27):

„Die stärkste gegenseitige Treuebindung für den Soldaten ist der Eid. Er ist die Grundlage aller Soldatentreue, die keine Auslegung, keine Abwandlung zulässt. So ist auch ein Zweifel an der Eidestreue die schwerste Beleidigung des Offiziers. Wer sich nicht von vornherein darüber klar ist, daß der Eid des Soldaten die heiligste Treueverpflichtung ist, die vorbehaltlos eingegangen und gehalten werden muss, der taugt nicht zum Offizier. Der Eid des deutschen Soldaten wird auf den Führer und Reichskanzler, den obersten Befehlshaber der Wehrmacht, geleistet. Mit diesem Eid sind keine Gewissenskonflikte verbunden. Keine anonyme Verfassung, kein leerer Begriff, keine auslegungsfähige Formel ist Gegenstand dieses Eides, sondern der bedingungslose Gehorsam dem einen Führer, der die Geschicke Deutschlands leitet und in seiner Person Volk und Vaterland verkörpert."

Entgegen der Behauptung, mit diesem Eid seien keine Gewissenskonflikte verbunden, musste dieser Eid den gläubigen und bekennenden Christen in Konflikte stürzen, wenn er erkennen musste, dass die Person, der er den Eid geschworen hatte, widergöttliche Gesetze erließ und gegen Gottes Gebote willentlich verstieß. Die Christen können und müssen sich auf ein Widerstandsrecht gegen eine solche Person berufen. Meinem Vater als gläubigem und bekennendem Katholiken mussten diese Zusammenhänge klar sein, zumal er auch Fachkenntnisse im kirchlichen Recht besaß. Auch der Diensteid, den mein Vater als höherer Finanzbeamter hatte ablegen müssen, war auf den „Führer des Deutschen Reiches" abgelegt worden, bei meinem Vater sicherlich mit der Bekräftigungsformel „so wahr mir Gott helfe".

Zur Bedeutung des Eides bzw. des Soldateneides macht Foertsch in seiner Pflichtenlehre unter der Überschrift „Gottesglaube" (a.a.O., S. 27/28) die folgenden Ausführungen: „Das Bewusstsein der Bedeutung des Soldateneides setzt bei jedem Soldaten eine innere Bindung an eine höhere Macht voraus. Der wahre Sinn des Eides wird dem immer unerschließbar bleiben, der diesen Glauben nicht hat. Wir nennen es Religion." Die Bedeutung einer religiösen Grundhaltung des Kriegers stellt Foertsch so dar (a.a.O., S. 29): „Vor dem großen Erleben des Krieges, vor dem Angesicht des Todes gilt nicht die Frage nach Kirche und Bekenntnis. Wohl aber hat tiefste echte Frömmigkeit in Seelenangst und Todesfurcht ihr Auferstehen erlebt, und religiöses Empfinden stritten nur die rohesten Naturen ab. Ein echter Gottesglaube macht das Kämpfen und das Sterben leichter."

---

[2] Wikipedia, letzter Zugriff 27.2.2024.

Kartengruß meines Großvaters v. 28. Febr. 1942
an Onkel Fred im Lazarett in Berlin

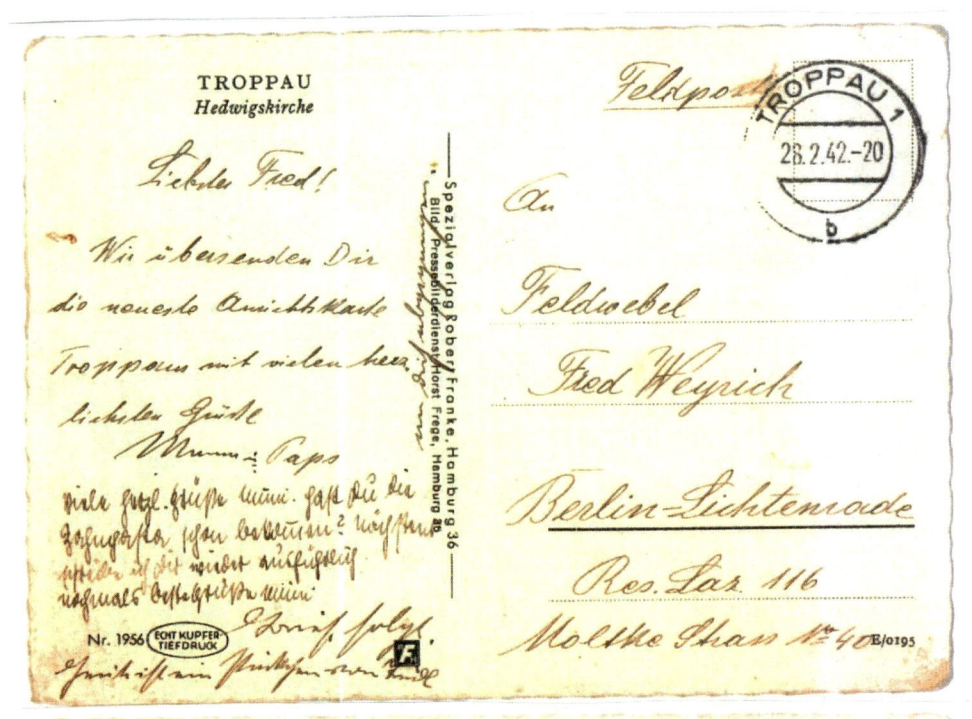

Die ab 1932 neuerbaute St. Hedwigskirche wurde
zum Gedächtnis der Gefallenen des 1. Wk errichtet.
Der akad. Maler Paul Gebauer schuf das Altar-
fresco „Die Auferstehung Christi". Die Kirche
liegt etwa 800 m Luftlinie von der Troppauer
Wohnung der Großeltern / Aspernstr. 5 entfernt.

Kapitel 9

Die Großeltern Gustav und Hermine Weyrich, ihre Kinder und Schwiegerkinder unmittelbar nach dem 2. Weltkrieg

Die Familie hatte nach dem Zusammenbruch des Deutschen Reiches viele Prüfungen zu bestehen. Gefangenschaft, Entrechtung und schließlich die Vertreibung belasteten den gesamten Familienverband. Ungewissheiten und Existenznöte und Sorgen verdunkelten den Alltag der Großeltern und ihrer Nachkommen noch Jahre nach dem Kriegsende.

Wie bereits angedeutet, wurde in der Troppauer Gegend in den letzten Kriegstagen heftig gekämpft. Die Rote Armee nahm am 22. April 1945 die weitgehend zerstörte Stadt ein – nach dreiwöchigem Beschuss. Die Großeltern Weyrich sowie ihre Töchter hatten sich während der letzten Kriegsmonate an den „Sammel- und Treffpunkt" der Familie ins Zossener Haus Nr. 28 begeben. Das vermeintlich sichere Zossen war aber doch nicht ganz so sicher wie geglaubt. Russische Soldaten beim „Fouragieren" durchstreiften die Gegend und stießen auch auf die Bewohner der Nummer 28 in dem kleinen, abgelegenen Dörfchen. Meine Mutter erzählte mir mehrmals, welche Angst sie ausstehen musste, als ein russischer Soldat mit vorgehaltener Waffe ihr nachstellte. Sie sei vom Keller auf den Dachboden und zurück gejagt worden und konnte nur dank ihrer Sportlichkeit und durch die geringe Beweglichkeit des bewaffneten Soldaten diesem entwischen. Der drohenden Vergewaltigung entging meine Mutter dadurch, dass die durchreisende Truppe weiter vorrücken musste und keine Zeit für Übeltaten blieb. Meiner Mutter blieb so viel Schmerz und Leid erspart; das erschreckende Erlebnis, die empfundene Hilflosigkeit, die Bedrohlichkeit der Situation hatten sich tief in die Seele meiner Mutter eingeprägt.

Eine nicht erwartete und große Gefahr ging aber von den tschechischen Staatsbürgern aus, die sich an den verhassten Deutschen rächen wollten, denen man die bürgerlichen Grundrechte *de facto* entzogen hatte. Boshafte und bösartige Menschen gibt es in jeder Gesellschaft, und so fanden sich auch im Umfeld der Großeltern Menschen, die sich nicht zu schade waren, sich an Leib und Leben sowie am Eigentum der offenkundig rechtlosen Deutschen zu vergreifen.

Die Unsicherheit und Ungewissheit der letzten Kriegsmonate setzten sich 1945/1946 in der alten Heimat in unerwarteter Weise fort. Nachdem mit dem Kriegsende die Sorge um das Leben und die Unversehrtheit der Familienangehörigen in den Hintergrund treten konnte, traten nun die Sorge um das eigene Leben und die eigene Unversehrtheit in den Vordergrund. Ein gewisser anarchischer Schwebezustand der Rechtlosigkeit und der Willkür wurde von meinen Großeltern und ihren schlesischen Landsleuten wahrgenommen und belastete das Lebensgefühl. Dem Gefühl des Bedrohtseins wird sich kaum jemand entzogen haben können. Viele werden an die Feststellung des Thomas Hobbes erinnert worden sein: Der Mensch ist dem Menschen ein Wolf.

Auch Julius Weyrich, der ältere Bruder meines Großvaters Gustav Weyrich, teilte diese anthropologische Aussage. Über die Vorkommnisse und die Demütigungen, die er als gereifter Mann auf seinem Bauernhof, der Erbrichterei in Aubeln, erleben und erfahren musste, schreibt er (im Vorwort zum neu rekonstruierten Stammbaum):

„Wohl hatte ich […] bereits einen Stammbaum dieser Familie ausgearbeitet, der aber bei wiederholter Plünderung meines Bauernhofes durch böse Menschen mit vielen anderen heimat- und familienkundlichen Aufzeichnungen in andere Hände überging, ohne Einspruch dagegen erheben zu dürfen, da man mir sofortige Einlieferung in ein Konzentrationslager androhte."

Dass die Furcht vor einer Lagerhaft nicht eingebildet war, sondern zu Recht bestand, musste meine Tante Trude erfahren! Sie verbrachte ein paar Monate in Lagerhaft 15 km nördlich von Prag, wo sie auf einem Gut schwere körperliche Arbeit verrichten musste. Ihre noch nicht einjährige Tochter Astrid musste sie in die Obhut ihrer Schwägerin geben. Tante Friedel, die Frau ihres Bruders Gustl, hatte bereits Erfahrungen mit der Kleinkindererziehung durch meinen Cousin Klaus machen können, und sie war die einzige Person in der Familie, die für die Betreuung meiner Cousine Astrid in Frage kam. Meine Cousine Astrid hat stets große Dankbarkeit gegenüber ihrer Tante Friedel empfunden.

Das Arbeitslager, in dem meine Tante Trude getrennt von ihrer kleinen Tochter Astrid Schwerstarbeit verrichtete, hatte früher dem unseligen Heydrich als „herrschaftlicher Sitz" gedient [Panenské Břežany, deutsch: Jungfern Breschan]. Zur Zwangsarbeit war meine Tante verurteilt worden, weil sie ihre Wohnung in der Olmützer Straße 52 in Troppau betreten hatte, obwohl die Wohnung samt Inventar beschlagnahmt worden war. Auf Anregung ihres in Gefangenschaft befindlichen Ehemannes sollte sie Bücher seiner umfangreichen Bibliothek herausschmuggeln. Für solche „Gaunerstückchen" war meine Tante durch die großelterliche Erziehung gänzlich ungeeignet, und so hatte sich Tante Trude prompt erwischen lassen. Dank ihrer Zähigkeit und Leidensfähigkeit konnte sie das Arbeitslager überstehen und im Januar 1946 ihre kleine Tochter Astrid in Zossen wieder in die Arme schließen.

Die Familie Weyrich hielt in den schweren Tagen des Krieges und der Nachkriegszeit gut zusammen, und man half einander nach Kräften. Als großes Glück empfand man in der Familie, dass die zum Militär- und Kriegsdienst einberufenen Söhne und Schwiegersöhne Gustav Weyrichs den 2. Weltkrieg körperlich unversehrt überstanden hatten. Alle mussten sich – ungleich der Lage meines Großvaters nach dem 1. Weltkrieg – in Gefangenschaft begeben. Onkel Fred und Onkel Gustl waren Angehörige der Luftwaffe. Als POWs *(prisoners of war)* mit Offiziersrang haben sie die Zeit in US-Kriegsgefangenenlagern gut überstanden, und die Gefangenschaft „im Westen" war eher von kurzer Dauer. Anders sollte es für die Schwiegersöhne kommen, die es nach Italien bzw. nach Frankreich verschlagen hatte.

Aus heutiger Sicht erstaunlich ist der Umstand, dass bis in die letzten Tage des Krieges und trotz der Wirren der unmittelbaren Nachkriegszeit das Postwesen und das Eisenbahnwesen international funktionsfähig blieben und dass beide weiterhin genutzt werden konnten. Nicht auszudenken ist, welche Sorgen entstanden wären, hätten die Familienmitglieder nicht einmal Lebenszeichen voneinander bekommen. Eine Verbindung zwischen den versprengten Familienmitgliedern blieb so noch erhalten.

Eine wichtige „Drehscheibe" für den Austausch von neuen Anschriften der Familienmitglieder und für den Nachrichtenaustausch untereinander wurde Onkel Fred in Frankfurt. Er konnte nach nur kurzer Kriegsgefangenschaft als erstes Familienmitglied dank seiner Verlobten, meiner späteren Tante Ruth, beruflich wieder Fuß fassen und versorgte seine Angehörigen auch mit sehr willkommenen Geschenkpaketen. Onkel Gustl fand eine Wohnung für die Familie mit Frau und Sohn in Nürnberg, und er scheute sich nicht – entgegen seiner Ausbildung – auf dem Bau zu arbeiten, um die Familie zu ernähren. Später konnte er in Rosenheim im angestammten Beruf tätig sein.

Am härtesten hatte es meinen Onkel Edi erwischt. Er war zwar im Harz in US-amerikanische Gefangenschaft geraten, wurde aber als *„prisonnier de guerre"* an die Franzosen übergeben. Er musste schwere Arbeit in einer chemischen Fabrik bei Lyon verrichten.

Briefkarte von Eduard Wölfel (Rufname „Edi") an Gustav Weyrich aus der französischen Kriegsgefangenschaft 25.11.1946

In einem Brief zur Weihnacht 1946 schildert Onkel Edi die schwierigen Bedingungen der Arbeit mit Säuren und wie er sich mit den Bedingungen zu arrangieren suchte. Arbeitsschutzmaßnahmen, wie sie heute Vorschrift sind, gab es damals wenige, und Onkel Edi berichtet, dass die Bekleidung oft ersetzt werden musste, da sie von den Säuredämpfen zerfressen war.

Nach leicht missbilligenden Aussagen Onkel Freds betätigte sich sein Schwager auch als evangelischer „Ersatz-Pastor" und las öffentlich aus der Bibel, leitete Gebete und stärkte jüngere Mitgefangene.

Er sollte erst im Februar 1948 als Letzter der Familie aus der französischen Kriegsgefangenschaft entlassen werden. Über den Krieg und über die Gefangenschaft schwieg Onkel Edi eisern. An eine einzige Ausnahme kann ich mich erinnern.

Bei einem Besuch des Pariser Ehepaares Jean-Fernand und Fanny Lochet mit einem ihrer Söhne etwa 1967 in Münster/Westfalen erzählte Onkel Edi von seiner Zeit als *„prisonnier de guerre"*. Es ist eine große historische Leistung der Staatsmänner Konrad Adenauer und Charles de Gaulle, die deutsch-französische Versöhnung ermöglicht zu haben. Von der Erbfeindschaft zwischen beiden Nationen ist nichts übriggeblieben. Das Ehepaar Lochet und die Kinder Lochet habe ich als französische Ersatzfamilie kennen- und schätzengelernt, und aus einem Austauschprogramm ist eine lebenslange Freundschaft geworden. Wegen der französischen Lebensart habe ich mich auch entschlossen, als eines der Studienfächer „Romanistik" zu wählen.

Die deutschen Truppen in Italien mussten bereits am 2. Mai 1945 kapitulieren. Nachdem mein Vater glücklich das Übersetzen über den Po überlebt hatte, ging es Anfang Mai in umgekehrter Richtung nach Rimini-Bellaria. Dort wurde ein großes Kriegsgefangenenlager errichtet.

Zeltstadt Rimini-Bellaria (Rimini 2), Winterlager, Gefangenschaft 1945/46

Mein frommer Vater hatte dort die Gelegenheit, regelmäßig die Frühmesse im Lager zu besuchen. Wie oft muss er dem Klang der berühmten „Rimini-Orgel" gelauscht haben, die von einfallsreichen Handwerkern aus Büchsenblech der besiegten Truppe erbaut worden war! Das Lagerleben war bestimmt besser als das Leben unter Kriegsbedingungen. Mein Vater hatte aber sehr starkes Heimweh und Sehnsucht nach seiner jungen Ehefrau sowie nach der Frimmel-Familie.

Vermutlich war mein Vater mit seinem „Feldtruppenteil" der 98. Infanterie-Division unterstellt (siehe voriges Kapitel). Die folgende Erzählung stützt sich auf die Darstellungen, die meine Mutter in Erinnerung hatte. Möglicherweise handelt es sich auch um einen anderen Flusslauf.

Für den Wehrmachtsangehörigen Leutnant Dr. jur. Johann Frimmel, meinen Vater, endete der Krieg im Mai 1945 in Italien, nachdem er noch beinahe vor dem Kriegsende dort sein Leben verloren hätte. Er gehörte zwar nicht zur kämpfenden Truppe, deren Angehörige den „Heldentod" jederzeit vor Augen haben müssen; lebensgefährliche Situationen blieben aber auch den Soldaten der Nachschubtruppe nicht erspart. Der deutsche Rückzug in Italien war eine leidvolle Angelegenheit für meinen gewissenhaften Vater. Ein geordneter Rückzug ist schwierig und demoralisierend für eine jede Armee. Gerade die Offiziere werden einem erhöhten Druck ausgesetzt, denn Disziplin und Kameradschaft werden u.U. auf eine harte Probe gestellt. Mein Vater wollte die den Rückzug der deutschen Truppen deckenden Kameraden an der vordersten Kampflinie keinesfalls im Stich lassen, und er litt unter der Verantwortung, unter schwierigsten Bedingungen „den Nachschub nach vorne" zu bringen.

Die hinhaltenden Rückzugsgefechte der deutschen Truppen gegen die unaufhaltsam nach Norden vordringenden alliierten Truppen konnten nicht verhindern, dass die deutschen Truppen über den Fluss zurückweichen mussten, welcher der riesigen Po-Ebene den Namen gegeben hat.

Leutnant Dr. Frimmel gehörte zu einer Einheit, die beim Übersetzen improvisieren musste. Das Übersetzen mit Flößen und anderen Behelfsmitteln unter Mitnahme von möglichst viel Material war unfallträchtig und voller Gefahren. So geschah es, dass mein Vater mit voller Ausrüstung in den Fluss fiel und beinahe jämmerlich ertrunken wäre. Gottlob kam er zwar mit einem gehörigen Schrecken, aber mit dem Leben davon. Meine Mutter hat mir diese Episode aus den letzten Kriegsmonaten meines Vaters häufiger erzählt; er hatte ihr darüber einen detaillierten Bericht erstattet.

Eine geordnete Überquerung des Po wurde den deutschen Truppen von oberster Stelle unmöglich gemacht. Es durften keine pioniertechnischen Vorbereitungen zum Bau von Kriegsbrücken getroffen werden, und als endlich die Erlaubnis zum Überwinden des strömungsreichen Gewässers „von oben" erteilt wurde, war es zu spät, um in ausreichender Zahl Behelfsbrücken zu schlagen. Die Truppe war auf Improvisieren angewiesen.

Die deutschen Soldaten, die nach dem 2. Mai entwaffnet worden waren, erhielten nicht den Status POW *(prisoner of war)*. Sie wurden als DEF *(Disarmed Enemy Forces)* oder SEP *(Surrendered Enemy Personnel)* zusammengefasst, und ihnen wurden Aufenthaltsräume zugewiesen, die von den Gefangenen eigenständig verwaltet werden mussten. So verbrachte mein Vater etwa anderthalb Jahre im Lager Rimini 2. Zunächst bestand große Ungewissheit, was mit der Frimmel-Familie in Brünn geschehen würde. Mein Vater machte sich auch große Sorgen um das Schicksal seiner jungen Ehefrau und um seine Schwiegereltern. Erstaunlicherweise konnten die Gefangenen auf dem Postwege endlich Verbindung zu ihren Lieben herstellen.

Für meinen Vater wurde das Lagerleben in Rimini äußerst bedrückend, und er nahm sich die Gefangenschaft sehr zu Herzen. Wie oft mag er mit seiner ausgebildeten Tenorstimme die „Deutsche Messe" von Franz Schubert gesungen haben mit dem Lied „Wohin soll ich mich wenden, wenn Gram und Schmerz mich drücken?"

Als die ersten Kameraden aus Rimini-Bellaria nach Hause entlassen wurden, wusste mein Vater tatsächlich nicht, wohin er sich hätte wenden können. Meine Mutter wartete 1946 mit der Weyrich-Familie in Zossen darauf, in Richtung Westen ausgesiedelt zu werden. Sein Dienstort Leobschütz gehörte nicht mehr zu Deutschland. Die Frimmel-Familie war in Wien untergekommen und lebte mehr schlecht als recht unter der sowjetischen Besatzung Österreichs. Meine Großmutter Marie Frimmel und ihre Schwiegertochter Emmy Frimmel mit meinem fünfjährigen Cousin hatten den „Brünner Todesmarsch" mitmachen müssen. Mein Cousin zog sich eine schwere Lungenentzündung zu, und er wäre wahrscheinlich gestorben, wenn ihn nicht gute Menschen in Wilfersdorf, dem Ort nördlich von Wien mit dem liechtensteinischen Schloss, gesundgepflegt hätten.

Die Lebensumstände der Frimmel-Familie in Wien waren nicht einfach. Mein Großvater Johann Frimmel war noch vor der Vertreibung 1945 in Brünn verstorben. Jetzt lebten die Großmutter Marie Frimmel, meine Tante Emmy Frimmel, geb. Pistauer, und mein Cousin Hansjürgen (Rufname Hansi) gemeinsam mit dem jüngsten Bruder meines Vaters, Franz Frimmel, sehr beengt im 6. Wiener Bezirk, Mittelgasse 3/2. In einem Brief vom 21. Januar 1947 gibt mein Onkel Franzl seinem Bruder und seiner Schwägerin Mimi einen Lagebericht. Sehr humorvoll und mit viel Erzähltalent, das er von seiner Mutter Marie Frimmel geerbt haben muss, schildert er die dunkle und enge

Behausung (für drei Erwachsene und ein kleines Kind), die ihm vorkommt wie die Spielbergkasematten in Brünn. Am Weihnachtsfest hatte man frieren und hungern müssen. Der älteste Bruder, Onkel Ferdinand, befinde sich noch in Kriegsgefangenschaft, und man habe seit dem Nikolaustag 1946 nicht von ihm gehört. Der Brief aus Wien war übrigens durch die „Österreichische Zensurstelle" gegangen und erkennbar seitlich geöffnet und wieder verschlossen worden. In diesem Brief erwähnt er ein Lebensmittelpaket aus den USA vom ältesten Kind meiner Großeltern Frimmel, Elsa Jay.

Tante Elsa war nach dem 1. Weltkrieg von Brünn in die USA ausgewandert – es wurde spekuliert aus Liebeskummer. Sie lebte in Burlington/Iowa und hatte gerade brieflich den Vorschlag gemacht, ihre alte Mutter zu sich in die USA zu holen. Für meinen Vater waren die Nachrichten aus Wien belastend, zumal er seine Mutter und seine Geschwister nicht besuchen konnte, da eine Reise in den sowjetischen Machtbereich viele Unwägbarkeiten mit sich gebracht hätte.

Not lehrt beten – sagt eine alte Weisheit. In den meisten Briefen aus den Nachkriegsjahren wird die Hilfe Gottes als letzte Hoffnung beschworen. Ob dies nur ein Lippenbekenntnis war oder ob dies aus einem tiefgläubigen Herzen und aus einer tiefen Überzeugung geäußert wurde, ist heute kaum zu entscheiden. Das Schreiben meines Onkel Franzl an meinen Vater endet mit der optimistischen Formel „Sonst ist alles gesund und munter – der Brünner geht nicht unter!"

Im Lager war mein Vater weniger optimistisch gestimmt als sein jüngerer Bruder (geb. 1910). Trost war für meinen Vater sein christlicher Glaube. Zum großen Lichtblick für ihn wurde der Besuch von Konrad Graf von Preysing im Gefangenenlager. Bischof Konrad, der Bischof von Berlin, leistete als Bischof aktiven Widerstand gegen die zwei totalitären Bewegungen des 20. Jahrhunderts. Der Winter 1945/46 dürfte für die Zeltbewohner des Lagers Rimini 2 nicht sehr angenehm gewesen sein. Für seine tapfere Haltung gegen die Diktatur wurde Konrad von Preysing am 18. Februar 1946 in Rom von Papst Pius XII. zum Kardinal kreiert. Auf der Rückreise von Rom nach Hause besuchte der neue Kardinal am 24. Februar 1946 das Lager Rimini 2. Für meinen Vater war der Besuch beglückend, und er wurde wieder von der Hoffnung auf ein glückliches Ende seiner Gefangenschaft beseelt. In seiner Freude ließ er Kameraden ein Foto anfertigen, das ihn im Gespräch mit dem Kirchenfürsten zeigt.

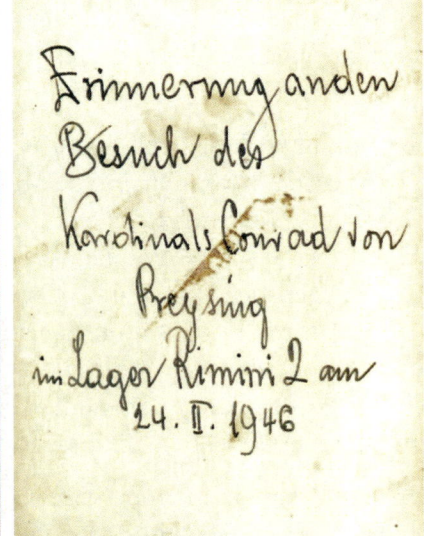

[Anm. d. Verf.: Handschrift Dr. Johann Frimmel]

Das Lagerleben in Rimini kam für meinen Vater endlich zu einem guten Ende, als er sich eines guten Bekannten oder Freundes in Hannover entsann, an dessen Wohnadresse er sich begeben konnte. Rechtsanwalt Christian Oestmann in Hannover war für meinen Vater der rettende Engel, der ihm das Verlassen des Lagers ermöglichte.

Durch Rechtsanwalt Christian Oestmann konnte mein Vater Mitte 1946 aus dem britischen Gefangenenlager in Rimini/Italien in die britisch besetzte Zone nach Hannover / Moltkeplatz 2 entlassen werden. Rechtsanwalt Oestmann war nur ein wenig jünger als mein Vater, war in Hannover bekannt und angesehen und verstarb dort in hohem Alter im Jahre 1997. Die Chronik des Hannoveraner Stadtarchivs würdigte ihn mit einer Eintragung.

Rechtsanwalt Oestmann hatte Mut und wenig Scheu, seinen jeweiligen Standpunkt in Prozessen zu vertreten, was ihn sehr erfolgreich machte. Vor den Obrigkeiten hatte er wenig Respekt, und dies verband ihn mit dem jungen Spiegel-Herausgeber Rudolf Augstein. Mehrere Spiegelartikel nehmen Bezug auf Rechtsanwalt Oestmann als Strafverteidiger, und dessen Agieren vor Gericht wird journalistisch mit offenkundigem Wohlwollen dargestellt.

Im Spiegelheft Nr. 41/1955 gibt der Herausgeber Rudolf Augstein persönlich einen Prozessbericht aus dem Landgericht Hannover, datiert auf den 4.10.1955, 13.00 h, in dem er die Verteidigungsstrategie Oestmanns schildert, mit dem Ziel des Freispruchs seines Mandanten das Gericht durch Anträge zu blockieren und endlich auf formale Fehler zu stoßen.

Das Spiegelheft Nr. 40/1957 bringt einen Artikel, überschrieben mit „Befangenheit: Rabatt für den Richter", in dem die Fragetaktik Oestmanns zustimmend bewundernd protokolliert wird.

Schließlich berichtet der Spiegel 1988 über den sogenannten „Spielbank-Prozess" in Hannover, in dem der mittlerweile 80-jährige Oestmann eine wichtige Aussage machte.

Die Furchtlosigkeit vor Obrigkeiten, die Christian Oestmann bewies, kam meinem Vater zugute, der sehnsüchtig auf seine Wiedereinstellung als Finanzbeamter wartete. Im Gegensatz zu Rechtsanwalt Oestmann muss mein Vater zu viel Respekt vor staatlichen Organen gehabt haben. Zum Zeitpunkt der Abfassung dieses Buches ist es fast eine Modeerscheinung geworden, staatlichen Organen gegenüber Respektlosigkeit zu zeigen. Diese Haltung war in der Nachkriegszeit undenkbar. Wahrscheinlich fehlte meinem Vater auch ein Schuss Aufmüpfigkeit und Widerstandsgeist, sonst hätte er sich als „verschmähter Amtsbewerber" beruflich anders orientieren können. Die Staatsgläubigkeit meines Vaters und sein Vertrauen in die Gerechtigkeit der staatlichen Organe waren unerschütterlich. Das hat ihm viel Leid eingetragen. Rechtsanwalt Christian Oestmann musste helfend eingreifen, als mein Vater vertrauensselig bei einem Sondierungsgespräch mit einem Berufskollegen seine Berufserwartungen dargelegt hatte und der Berufskollege ihn dann dadurch bei der Einstellungsbehörde diskreditieren wollte, indem er behauptete, mein Vater habe Ambitionen auf die Leitung der Behörde kundgetan. Rechtsanwalt Oestmann konnte die Angelegenheit im Sinne meines Vaters bereinigen: Der Verleumder zog seine Anschuldigungen zurück. Die gesamte Affäre traf meinen Vater aber bis ins Mark. Mein Vater entwickelt auf diese Art ein gewisses Misstrauen gegen seine Hamelner Umgebung.

Die Stadt an der Weser sollte für meinen Vater, für meine Mutter, die als Ehefrau 1946 aus der amerikanisch besetzten Zone zu ihrem Ehemann in die britisch besetzte Zone ausreisen durfte, für meine Großeltern Weyrich und für mich zu einem schicksalhaften Ort werden. Meine Eltern und meine Großeltern sollten in Hameln ihre letzte Ruhestätte finden (siehe S. 266).

Durchschleusungsstelle Furth im Wald

Ohne ausgefüllten Gesundheitsschein
keine Lebensmittelmarken.

Gesundheitsschein

Weyrich Gustav
Name / Vorname

Zossen

24.2.1881 aus Freudenthal
Alter / Land

C S R

Bemerkungen über ärztliche Maßnahmen (Krankenhauseinweisung usw.):

1. Der Inhaber dieses Scheines erhält nur gegen Vorlage desselben Zuzugserlaubnis, Lebensmittelkarten und Registrierschein.

2. Wer eigenmächtig den Transport verläßt oder sich bei dem zuständigen Flüchtlingskommissar nicht meldet, wird als vagabundierend erachtet und sofort in ein Arbeitslager verbracht.

3. Der Verlust dieser Bescheinigung ist umgehend dem Lagerleiter bezw. auf dem Transport dem Transportführer zu melden.

Ärztliche Grenzuntersuchung in Furth i. W. am **24 Juli 46**   Untersuchungen im neuen Heimatort ____

gesundheitlich nicht beanstandet
gesundheitlich beanstandet wegen ____

Untersuchung an Tuberkulose wann ____

Maßnahmen unter Bemerkungen eintragen!

mit DDT-Puder entlaust — ja — nein — am **24 Juli 46**   wo ____

kein krankhafter Befund
positiver Befund

ENTLAUST Ungeziefer

verlaust Kopfläuse / Kleiderläuse schwach — mittel — stark

Krätze ja — nein   Der untersuchende Arzt:

spätere Entlausungen mit DDT-Puder am ____

Entlausung meines Großvaters in Furth i.W.
bei der Ankunft

Maßnahmen unter Bemerkungen eintragen!

[Anm.: Vorlage auf 93% verkleinert]

Kapitel 10

Die Vertreibung der Familie Weyrich im Jahre 1946 und Hennhofen als Zufluchtsort bis 1949

Ende 1945 bis Mitte 1946 war für die Großeltern Gustav und Hermine Weyrich eine Zeit angespannten Wartens und einer großen Ungewissheit. Die Vertreibung der sich zum Deutschtum bekennenden Bevölkerung in der Tschechoslowakei kündigte sich allmählich und mit zunehmender Bedrohlichkeit an.

Vorboten der späteren staatlich organisierten Aussiedlung waren sogenannte „wilde Vertreibungen". Unliebsame deutsche Bewohner der Heimat meiner Großeltern wurden von Haus und Hof vertrieben und mussten anderweitig einen Unterschlupf finden. Die Gerüchte über eine gezielte, staatlich organisierte Aussiedlung der Deutschen „aus ihrer angestammten Heimat" machten schnell die Runde. 1946 wusste man bereits von Freunden, Verwandten und Bekannten, aus verschiedenen Ortschaften, die das Vertreibungsschicksal getroffen hatte. Ein Brief Gustav Weyrichs an seinen Sohn Fred in Frankfurt gibt darüber Auskunft. Es wurden neben Oma und Opa auch meine Mutter sowie Tante Trude mit meiner Cousine Astrid in denselben Transportwagen verfrachtet.

Hennhausen [sic!]

28.7.1946

Liebster Fred!

Wir sind gestern in HENNHAUSEN (Kreis Wertingen, Post ALTENMÜNSTER Bahnstation WERDEN nordwestl. AUGSBURG) angekommen. Hennhausen ist ein kleines Dorf (40 Häuser), in welchem nur Landwirtschaft betrieben wird. Als wir hier ankamen, war der Ort mit „Pflichtlingen" überfüllt. Wir haben sehr bescheidene Unterkunft gefunden. Mama und ich wohnen in einer Dachkammer im Hause 3 ½. Trude und Astrid im Hause Nr. 29, und Mimi teilt mit einer Frau aus Nieder-Schlesien ein Zimmerchen. Wir sind – Gott sei Dank – alle gesund.

Wir haben am 17. d.M. unsere liebe Heimat verlassen müssen. Der Abschied war seelisch sehr schmerzhaft, doch haben wir dies nicht merken lassen. 5 Tage waren wir im Freudenthaler Lager. Bei Furth im W[ald]. haben wir bayerischen Boden betreten. In Augsburg blieben wir 2 Tage im Lager. Wir haben nur wenig aus Zossen mitnehmen können, weil man per Person nach Vorschrift nur 70 kg Gepäck mitnehmen durfte. Es war mir gelungen, durch die Kreisbehörde Freudenthal die Bewilligung zur Mitnahme meiner Fachbücher zu erreichen. Ich habe eine Anzahl von Gärtnereifachbüchern auch mitgenommen und mehrere Deiner Skripten aus der Eisgruber Schule.

Wir sind mit 145 Zossenern, die im Kreis Wertingen „bequartiert" worden sind, aus unserem stillen Gebirgsdörfchen ausgesiedelt, d.h. vertrieben worden. Unserer Vertreibung gingen schon 2 Transporte voraus, sodaß jetzt nur noch wenige Deutsche in Zossen leben und die auch in nächster Zeit ausgesiedelt werden.

Kurz vor unserer Abreise aus Z. langte Dein Brief vom 24.V.46 ein, der dritte während des letzten Jahres.

Wir freuen uns auf das baldige Wiedersehen mit Dir. Komme, wenn es Dir halbwegs möglich ist, hierher. Die finanzielle Seite Deines Besuches werden wir schon regeln.

Viele herzlichste Grüße von uns allen, bes.

von Deinem Papa

Bemerkung auf S. 1:

Onkel Joh[ann], Willi, Ida u. Pepi [Anm. Koseform für Josef, Person aber unbekannt] sind auch hier. Willi und Joh. dürften in Kürze in ein Heim gebracht werden.

Obwohl man auf die Aussiedlung gewartet hatte, war dann der Schock der Vertreibung doch noch eingetreten. Im eben zitierten Brief hat mein Großvater den Namen des zugewiesenen Wohnortes falsch wiedergegeben. Er schreibt „Hennhausen" anstatt „Hennhofen", und daraus ist zu schließen, dass die Aufregungen und Anstrengungen des Transportes nicht spurlos vorübergingen an dem 65-jährigen Mann, der Gustav Weyrich im Jahr der Vertreibung war. Dadurch, dass die Aussiedlung im Sommer erfolgte, wurde der eigentliche Transport vielleicht etwas erträglicher, als er zu anderen Jahreszeiten gewesen wäre.

Hennhofen sollte von Juli 1946 bis Mitte 1949 während dreier entbehrungsreicher Jahre der Wohnort meines Großvaters bleiben. Von dort aus besuchte er – wann immer möglich – seine beiden überlebenden Brüder (Johann, verstorben 1949 im Seniorenheim in Baiersbronn, und Julius, verstorben 1954 in Au in der Hallertau) sowie seine Kinder.

Von der einheimischen Bevölkerung wurden die zwangsausgesiedelten Menschen als „Flüchtlinge" bezeichnet. Der deutsche Ausdruck „Vertriebene" wäre angemessen gewesen, denn diese Menschen waren ja nicht vor einer Gefahr geflüchtet, sondern sie wurden zum Verlassen ihrer Heimat und ihres Besitzes gezwungen. Die Notsituation der Vertriebenen wurde von vielen Einheimischen kaum verstanden. In Hennhofen wurden die Flüchtlinge offen abgelehnt. Meine Großmutter formuliert 1946 in einem Brief: „Wir sind Parias." Die „Einheimischen" sehen in den Mitbewohnern unwillkommene fremde Eindringlinge, die vielleicht auch etwas unheimlich wirkten, da sie aus einer Welt kamen, die man aus eigener Anschauung gar nicht kannte. Der „Kirchturmhorizont" der Einheimischen machte das Zusammenleben mit den „Pflichtlingen" nicht einfacher. Diesen hätte man vielleicht eine Demütigung ersparen können. In größeren Orten oder Städten werden die Verhältnisse anders gewesen sein.

Das Umsiedlungsvorhaben für Millionen von deutschen Menschen, von Frauen und Kindern, von alten Menschen und sogar von Greisinnen und Greisen war naturgemäß nicht gut zu planen gewesen. Es stellte sich die brennende Frage der Unterbringung und der angemessenen Versorgung der Menschenmassen. Offensichtlich hatten die Planer der Umsiedlung daran gedacht, die Vertriebenen in einem ähnlichen Milieu wie dem heimischen neu zu beheimaten. Landbewohnern sollte ein ländliches Milieu und Stadtbewohnern ein städtisches Milieu erhalten bleiben. Dieser Grundsatz für die Zuweisung von Vertriebenen in ein neues Umfeld konnte allerdings nicht die landsmannschaftlich geprägte Mentalität berücksichtigen. Mit der Vertreibung war diesen landsmannschaftlichen Prägungen dann auch die Grundlage entzogen, auf der sie hätten fortbestehen können, und die Generation der Großeltern gehörte dann zur letzten, welche die besonderen Merkmale des ehemals heimischen Milieus aufwies. Viele Zossener fanden sich im Kreis Wertingen wieder. Meines Wissens wohnten viele Troppauer nach der Vertreibung in Bamberg und viele Brünner Deutsche in Schwäbisch Hall.

Der Brief eines Verwandten meines Großvaters, des Bauunternehmers Adolf Rieger, schildert dessen Vertreibungsschicksal:

Dietkirchen, den 15.7.1952.

Lieber Vetter und alter Freund !

Dein liebes Schreiben vom 27.1. habe ich erhalten und hat mir dieses eine sehr grosse Freude bereitet, dass ich von Dir eine Nachricht und damit auch Deine Adresse erhalten habe.

Gleichzeitig muss ich Dich um Entschuldigung bitten, dass ich Dein liebes Schreiben so lange nicht erwidert habe. Ich hatte in meinen Betrieben in Bennisch und Niklasdorf über 5oo Leute beschäftigt und diese benötigen von mir eidesstattliche Erklärungen wegen Ihrer Pensions oder Rentenversicherung, so dass ich fortlaufend beschäftigt bin und nur jede freie Stunde ausnützen muss um diesen alten Pflichten aus der Heimat zu entsprechen. Aus diesem Grunde verzögern sich meine privaten Briefe sehr.

Nun will ich Dir erzählen was ab 1945 mit mir los war.

Am 27.III.45 haben mir die Russen eine Bombe auf mein Haus geworfen und wurden dadurch 2 Zimmer und die Garage zum Teil vernichtet. Im Zimmer schlief unser Enkelkind, wurde verschüttet, konnte aber ohne grossen Schaden geborgen werden.

Sonntag den 6. Mai um 11 Uhr zogen die Russen von Zossen, Herrlitz Alterbersdorf und Spachendorf kommend in Bennisch ein. Wir mussten unser Haus sofort verlassen und haben bei Bruder Alfred in der Zossenergasse gewohnt / 26 Leute in 4 Räumen / Die Deutschen hatten die Bahnbrücke zwischen Freihermersdorf und Eckersdorf gesprengt und musste ich dieselbe schnell wieder aufbauen.

Am 7.7. musste ich mein Unternehmen an die Tschechen übergeben und wurde die Geschäftsleitung 2 Tschechen übertragen, welche nicht arbeiten wollten, jedoch aber anständige Menschen gewesen sind. Ich konnte wieder in meinen Haus wohnen und wurde ich im Unternehmen als führender Baumeister beschäftigt. Wir haben den Wiederaufbau von Glomnitz, Köhlersdorf und Schackau durchgeführt und uns an den Bauten in Troppau, Ottendorf und Königsberg beteidigt.

Am 8.5.1946 sind wir freiwillig nach Deutschland ausgesiedelt. Meine Tochter war in dieser Zeit 3 Monate mit ihren 1 Jahr alten Kind im Lager Olmütz und Stefanau dann durch 3 Monate als Kuhmagd in Glomnitz, später wurde sie Bedienerin für unsere Büroräume. Wir kamen nach Dietkirchen einen Dorf mit 1ooo Einwohnern 3 km. von Limburg entfernt. Schlechte Wohnung Zimmer und Küche 4 Personen kein Keller kein Boden, böse Hausleute, mussten ausser Miete noch am Feld arbeiten.

[Anmerkung: Der Brief umfasst zwei weitere Seiten, die aber Familiennachrichten enthalten]

Mein Großvater Gustav Weyrich hatte das Glück im Unglück, dass er durch die Anmietung eines kleinen Nutzgartens in Hennhofen in einigen Bereichen zum „Selbstversorger" werden konnte, da er vom „Gärtnern" etwas verstand. Auch nutzte er die Möglichkeiten, Essbares und Verwertbares für den Verzehr in den Wäldern zu sammeln. Hierbei wurde er von meiner Cousine Astrid unterstützt, die während der drei Jahre, die mein Großvater in Hennhofen lebte, viel Zeit mit ihm verbringen durfte und die ihm ein ehrendes Andenken bewahrt hat. Auf meine Bitte hin hat meine Cousine Astrid ihre Erinnerungen an die Zeit in Hennhofen mit Großvater Gustav Weyrich zu Papier gebracht:

„Mein Name ist Astrid, und ich bin das zweite Enkelkind von meinem Großvater Gustav Weyrich, meine Mutter ist seine Tochter Gertrud. Wir kamen zusammen mit meiner Oma und Mutters Schwester Mimi Juli 1946 aus dem Sudetenland nach Hennhofen / Kreis Augsburg. Von da an habe ich etwa 3 Jahre sehr viel Zeit mit meinem Opa verbracht. Er hat damals schon den Grundstock für mein großes Interesse an der Biologie gelegt, welches sich durch meine Schul- und Studienzeit und Lehrtätigkeit an der Schule bis heute noch auswirkt.

Mein Opa hat mit mir die Gegend um das Dorf Hennhofen erkundet, wir haben Wälder und Wiesen durchstreift, Bäche und Tümpel betrachtet. Ihm verdanke ich meine ersten Begegnungen mit Fröschen, Kaulquappen, Kröten, Molchen usw. An meinem kleinen Gartenteich denke ich noch manchmal an verschiedene Episoden zurück. Auf Wiesen, Feldern und Waldrändern hat er mir viele Blumen gezeigt und mir deren Namen beigebracht. Neben den gängigen bekannten Blumen erinnere ich mich z.B. an Natternzunge, Taubenkropf, Kuckuckslichtnelke, Wegwarte usw., und er hat mir erklärt, wie z.B. durch die Blütenform die Namen zustande gekommen sind. Leider gibt es heute schon viele dieser Pflanzen nicht mehr. Auch die Namen von Bäumen, Sträuchern und Ackerfrüchten, sowie die Getreidesorten hat er mir beigebracht. Ich habe im Biologieunterricht sehr davon profitiert.

Mein Opa hat auch mit mir Gartenarbeit gemacht. Wir haben zusammen betrachtet, wie Kartoffeln, Tomaten, Mohrrüben usw. wuchsen und schließlich geerntet werden konnten. Später in Hameln in seinem Schrebergarten konnten wir natürlich schon sehr viel mehr „gärtnern". Das habe ich auch sehr gern mit meiner Mutter, die auch sehr durch ihren Vater geprägt war, in Münster fortgeführt, und hier mache ich bis heue noch gern Gartenarbeit, soweit es mein Alter zulässt. Schließlich muss ich noch erwähnen, dass mein Opa mir viele Insekten nahegebracht hat. Wir haben z.B. zusammen Käfer, Raupen, Schnecken usw. „gefangen", auf unsere Hände gesetzt und betrachtet, Namen gelernt und vieles mehr. So könnte ich noch vieles fortsetzen, was wir gemeinsam unternommen haben in dieser doch sehr schweren Nachkriegszeit. Es war für mich trotz allem eine relativ unbeschwerte Zeit. Zum Schluss möchte ich sagen, mein Großvater war ein wunderbarer Mensch, und ich denke in Liebe und Dankbarkeit an ihn!"

Wie Cousine Astrid schreibt, war ihre Kinder-Zeit in Hennhofen „trotz allem eine relativ unbeschwerte Zeit". Allerdings weiß sie auch von der feindseligen Stimmung gegenüber den Flüchtlingen zu berichten:

„Wir waren dort nicht willkommen. Man zeigte mit Fingern auf uns und machte unflätige Bemerkungen."

Großherzige Bewohner wurden von der Familie Weyrich in der neuen Umgebung also nicht angetroffen. Wenn man sich in Gedanken ein Experiment vorstellt und sich fragt, wie hätten Zossener auf den Zustrom von Vertriebenen aus Hennhofen in den Ort Zossen und deren Einquartierung dort reagiert, so wäre man möglicherweise von dem Ergebnis überrascht. Vielleicht hätten sich auch nur wenige Zossener als großherzige und barmherzige Menschen gezeigt. Der Samariter aus der biblischen Erzählung war ja auch eine Ausnahme-Erscheinung.

Mein Großvater wollte sich in seiner neuen Wohngegend nützlich machen und bot dem Bayerischen Bauernverband an, bei den geplanten Flurbereinigungen mithelfen zu wollen. Durch seinen Wegzug nach Niedersachsen ist dann nichts daraus geworden. Mein Großvater lebte bis etwa September 1949 in Hennhofen. Am 22. März 1949 wurde als viertes Enkelkind meines Großvaters Birgit Wölfel im Krankenhaus der Kreisstadt Wertingen geboren. Die Eltern Trude und Edi Wölfel wohnten nach der Entlassung Onkel Edis aus der Gefangenschaft bis zum Dezember 1950 in Hennhofen. Dann erfolgte der Umzug der vierköpfigen Familie (Onkel Edi, Tante Trude, Astrid und Birgit) nach Wiesbaden-Biebrich. Onkel Edi hatte in Wiesbaden eine Anstellung als Großbetriebsprüfer in der Finanzverwaltung gefunden. Meine Cousine Astrid erinnert sich noch gut an die schönen Tage in Biebrich am Rheinufer und an die Spielmöglichkeiten.

Familie Wölfel blieb von Dezember 1950 bis September 1952 in Wiesbaden. Dann erfolgte der Umzug nach Münster/Westfalen, wo Onkel Edi gemeinsam mit Dr. Franz Moge eine landwirtschaftliche Buchstelle betrieb und als Steuerberater landwirtschaftliche Großbetriebe in Nordrhein-Westfalen und Hessen betreute. Er hat sich sehr für Geschichte interessiert, und die vielen Schlösser und Adelssitze, die er beruflich kennenlernen konnte, boten ihm kulturell viele Anregungen.

Als Selbständiger war er wirtschaftlich so erfolgreich, dass er mit seiner Familie im Januar 1961 in Münster-Gremmendorf ein (schuldenfreies) eigenes Haus beziehen konnte. Wirtschaftlich gesehen dürfte er in den 1950er- und 1960er-Jahren der erfolgreichste in der Familie gewesen sein, worüber meine Großeltern sich sehr gefreut haben.

Am 17. Juni 1949 erblickte ich, der Verfasser des „Opa-Buches", in einer Privatklinik in der Nähe des 164er Ringes in Hameln als posthumer Sohn meines Vaters das Licht der Welt. Ich bin also das fünfte und jüngste Enkelkind der Großeltern Weyrich. Mein Vater war am 2. Februar 1949 überraschend von dieser Welt gegangen. Meine Mutter fand sich somit „mutterseelenallein" in Hameln wieder und hatte ein Kleinkind zu versorgen. Meine Großeltern Weyrich fassten den großherzigen Entschluss, Hennhofen und die dortige Familie zu verlassen und zu ihrer Tochter nach Hameln an der Weser in die Prinzenstraße 12 zu ziehen.

Die stolze Mutter Mimi Frimmel, geb. Weyrich, mit ihrem Sohn Norbert im Winter 1949/1950. Im Hintergrund symbolisch Weinranken, die vielleicht an einen Stammbaum erinnern könnten.

22.VII.1946

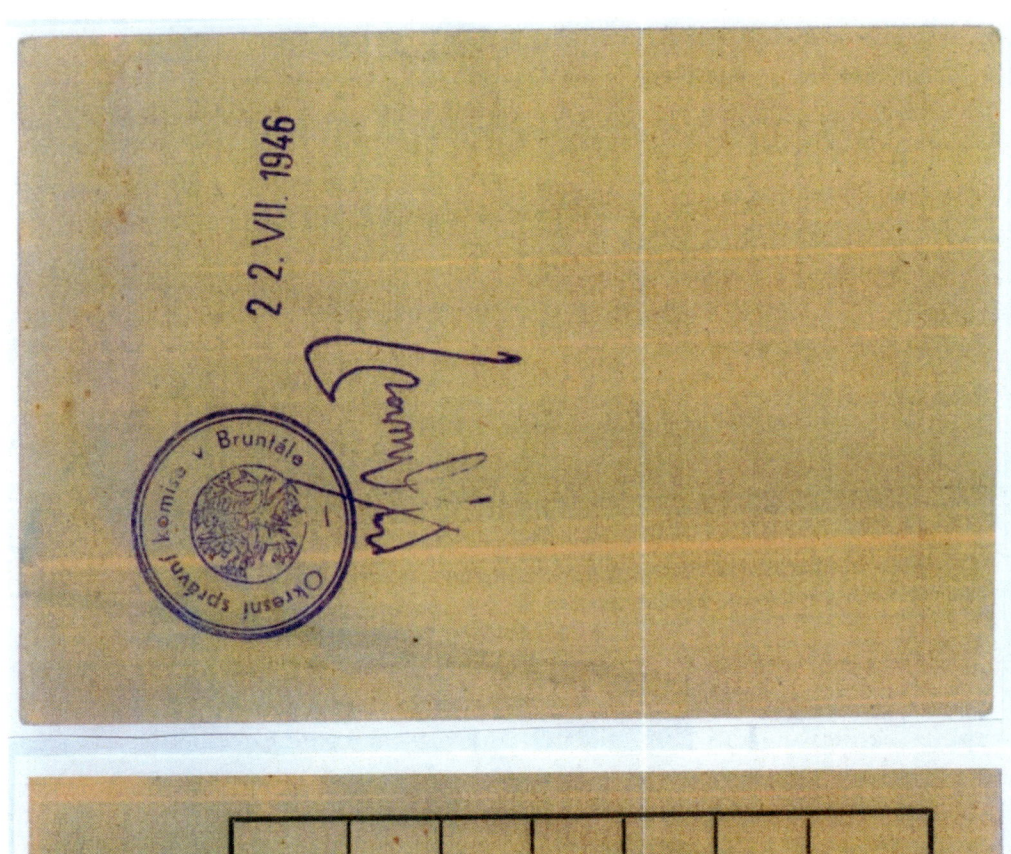

36

Přepravní lístek pro odsunované.
Transportationcard for evacuees.
Transportzettel für Evakuanten.

Jméno a příjmení Name Namen	Frimmel Hermine
Stáří Age Alter	26
Pohlaví Sex Geschlecht	W
Národnost Nationality Nationalität	german
Trvalé bydliště Permanent residence Ständige Adresse	Sosnová Bruntál
Zaměstnání Occupation Beruf	housewife
Kam by si přál odejít? Desires to go to? Wünscht gehen nach?	Barvaria

Státní tiskárna v Praze. — 6053-45.

„TRANSPORTZETTEL" für meine Mutter vom 22. Juli 1946 „mit Schreibfehler „Barvaria".

Kapitel 11

Hameln an der Weser: Die letzte Lebensstation des Schwiegersohnes Dr. jur. utr. Johann Frimmel

Die norddeutsche Großstadt Hannover hatte mein Vater während der Kriegszeit anlässlich eines Lehrgangs kennengelernt. Möglicherweise sah mein Vater dabei auch die ersten Kriegszerstörungen der Stadt. Als er nach seiner Gefangenschaft in Italien die Stadt wiedersehen durfte, wird er sie nur schwerlich wiedererkannt haben. Durch mehrere britische Flächenbombardements war sie zu großen Teilen zerstört, und sie muss auf diese Weise einen niederschmetternden Eindruck gemacht haben. Die Wohnungsnot in der zerstörten Stadt war groß, und so wurde mein Vater schließlich in das etwa 50 km entfernte Hameln weitergeschickt. Die mittelgroße Stadt an der Weser hatte nur wenige Kriegsschäden erlitten, und die Aufnahme von Flüchtlingen und Vertriebenen war möglich.

Der repräsentative Hamelner Hauptbahnhof – in interessanter Weise als Keilbahnhof geplant – sah meinen Vater mit zwei schweren Holzkoffern mit leichtem Inhalt aus dem Eisenbahnwaggon steigen. Unterkunft hatte er in der Heinrich-Stoffers-Straße Nr. 16/I gefunden. Er war „arm wie eine Kirchenmaus". Im Herzen war er voller Hoffnung auf einen guten Neuanfang nach dem Kriege. Seine Schul- und Universitätszeugnisse sowie seine Ernennungsurkunden und sein altes Soldbuch hatte er „am Mann".

Er stand im 39. Lebensjahr, hatte die fünf Jahre Kriegsdienst und Gefangenschaft unversehrt überlebt und wollte endlich wieder am „eigentlichen Leben" teilhaben. Er rechnete damit, seine Tätigkeit als Regierungsrat beim Finanzamt baldigst wieder aufnehmen zu können, denn jeder Staat braucht Steuereinnahmen. Diese Tätigkeit sollte die Lebensgrundlage für das junge Ehepaar Frimmel und die zu erwartenden Kinder bieten.

Fast drei Jahre hatte die Trennung der Eheleute Hans und Mimi Frimmel gedauert. Nur wenige Wochen insgesamt hatten sie Gemeinsamkeit erfahren dürfen. Ende 1946 kam meine Mutter wieder in die Arme ihres Mannes. Von Hennhofen aus, das in der amerikanisch besetzten Zone lag, war es ihr gelungen, in die britisch besetzte Zone umzuziehen.

Nach einiger Zeit in der Hamelner Heinrich-Stoffers-Straße Nr. 16/I freuten sich die wiedervereinten Eheleute über eine Wohnung mit zwei Zimmern und Küche in der Prinzenstraße 12 in Hameln, die verkehrsgünstig und bequem ebenerdig in Bahnhofsnähe liegt.

Meine Mutter war 26 Jahre jung, lebensbejahend und bereit, einer größeren Kinderschar das Leben zu schenken. Zu meinem Vater bestand ein Altersunterschied von 13 Jahren. Dies war bei Ehemännern mit akademischer Ausbildung nicht unüblich. Das Zusammenleben meiner Eltern verlief nach brieflichen Mitteilungen meines Vaters an seinen Bruder Franzl harmonisch. Meine Mutter schaute zu ihrem Mann auf; mein Vater war stolz auf seine fesche, muntere und repräsentative Ehefrau. Für meine Eltern schien ein glückverheißender Lebensabschnitt zu beginnen.

Mein Vater, der mit drei Geschwistern in Brünn/Mähren aufgewachsen war, verfügte über Herzlichkeit, Charme und über die Fähigkeit, mit Menschen aller Schichten gut umgehen zu können. Das Glück der harmonischen Zweisamkeit wurde durch die prekäre wirtschaftliche Lage meiner Eltern getrübt. Mein Vater gehörte zu den „Berufsbeamten aus den früheren deutschen Ostgebieten". In der Fremde in Hameln stand er ohne Beziehungen zu ehemaligen Kollegen oder Mitarbeitern da, die ihm eine schnelle Wiedereingliederung hätten erleichtern können.

In den Vorkriegs- und Kriegsjahren war in der Öffentlichkeit viel von Treue, Gemeinsamkeit und Kameradschaft die Rede gewesen. Mein Vater hatte dies gläubig aufgenommen. Nach dem Zusammenbruch erfuhr er dagegen, dass sich beruflich zunächst „jeder selbst der Nächste war".

Vor einer möglichen Wiederverwendung als Beamter lag die Hürde des Entnazifizierungsverfahrens. In der Fremde, die Hameln und die Hamelenser für ihn darstellten, fehlten ihm Leute, die hätten „entlasten" können. Aufschlussreich für die Grundhaltung meines Vaters gegenüber dem Nationalsozialismus ist die Einschätzung der Persönlichkeit meines Vaters durch seinen letzten Dienstvorgesetzten, den ehemaligen Leiter des Finanzamtes Leobschütz in Oberschlesien:

```
                    A B S C H R I F T .
                    -------------------
                         Zeugnis.
                    ----------------

    Herr Regierungsrat Dr. Johannes F r i m m e l , z.Z. Hameln war in den
    Jahren von 1939 bis zu seiner Einberufung zur Wehrmacht (etwa 1942)
    am Finanzamt L e o b s c h ü t z /OS, dessen Vorsteher ich damals war
    als mein Vertreter tätig.
    Durch häufige dienstliche und ausserdienstliche Gespräche mit ihm bin
    ich in der Lage, ein Urteil über seine politische und religiöse Einstellung
    zu geben.
    Er war meines Erachtens ein überzeugter Gegner des Nationalsozialismus
    und ist erst 1940 (gleichzeitig mit mir) gezwungenermassen in die NSDAP
    eingetreten, weil wir fast die einzigen Beamten des Finanzamtes waren,
    die damals noch nicht Mitglieder waren.
    Seine ablehnende Haltung war meines Erachtens vor allem begründet durch
    seine streng kirchentreue, katholische Gesinnung, die mir ausser durch
    öftere Aussprachen auch durch seinen regelmässigen Kirchenbesuch be-
    kannt ist.
    Herr Dr. Frimmel verdient es auch besonders wegen seines anständigen
    Charakters, seiner besonderen Pflichttreue und Gewissenhaftigkeit und
    seiner grossen fachlichen Kenntnisse, recht bald wieder in den Dienst
    der Finanzverwaltung eingestellt zu werden. Sein dahingehendes Gesuch
    kann nur wärmstens befürwortet werden.
                             Altena, d. 21. Juli 1947.
    Stempel.                           A. Neumann-Merkel
                             Ob. Reg. Rat z.Z. komm. Vorsteher des
                                     Finanzamtes Altena.
    Obige Unterschrift wird hiermit beglaubigt.   Altena, d. 22. Juli 1947
                                           Oelkers .O.St.S.


    Die Übereinstimmung der Abschrift mit dem Original bestätigt

    Hameln, 4. August 1947.              Kathol. Pfarramt St. Augustinus

                                              Hövelmann, Dechant.

                                         Hövelmann, Dechant.
```

Zeugnis.

Herr Regierungsrat Dr. Johannes F r i m m e l, z.Z. Hameln, war in den Jahren von 1939 bis zu seiner Einberufung zur Wehrmacht (etwa 1942) am Finanzamt Leobschütz/Oberschlesien, dessen Vorsteher ich damals war, als mein Vertreter tätig.

Durch häufige dienstliche und außerdienstliche Gespräche mit ihm bin ich in der Lage, ein Urteil über seine politische und religiöse Einstellung zu geben.

Er war meines Erachtens ein überzeugter Gegner des Nationalsozialismus und ist erst 1940 (gleichzeitig mit mir) gezwungenermaßen in die NSDAP eingetreten, weil wir fast die einzigen Beamten des Finanzamtes waren, die damals noch nicht Mitglieder waren.

Seine ablehnende Haltung war meines Erachtens vor allem begründet durch seine strenge Kirchentreue, katholische Gesinnung, die mir außer durch öftere Aussprachen auch durch seinen regelmäßigen Kirchenbesuch bekannt ist.

Herr Dr. Frimmel verdient es auch besonders wegen seines anständigen Charakters, seiner besonderen Pflichttreue und Gewissenhaftigkeit und seiner großen fachlichen Kenntnisse, recht bald wieder in den Dienst der Finanzverwaltung eingestellt zu werden. Sein dahingehendes Gesuch kann nur wärmstens befürwortet werden.

Altena, den 21. Juli 1947

A. Neumann-Merkel

Ob.Reg.Rat z.Z. kommissarischer Vorsteher des Finanzamtes Altena.

Beim Nachdenken über totalitäre Staaten und über die monströsen Verbrechen, die das Dritte Reich ermöglicht hatte, kam der jüdischen Philosophin Hannah Arendt die Erkenntnis von der „Banalität des Bösen". Das Böse tritt zunächst selten spektakulär auf; durch die Summe vieler kleiner sittlicher Verfehlungen und Unrechtstaten im kleinen Maßstab, die zunächst bedeutungslos und fast harmlos erscheinen, ergeben sich die bösen Untaten im großen Maßstab. Der einzelne Mensch verstrickt sich gleichsam fast unmerklich und allmählich in das größere Böse. Im Bewusstsein dieser Zusammenhänge erscheint das „Mitläufertum" viel weniger harmlos, als es dem Mitläufer vorkommen mag.

Die Mitläuferzeit meines Vaters hatte etwa sieben Jahre gedauert. „Alteingesessene Beamte" hatten seit 1933 volle zwölf Jahre in einem totalitären System verbracht. Es lag vielleicht nahe, durch strenge Untersuchungen Sündenböcke unter den Vertriebenen zu suchen, die von dem eigenen Verschulden bei der Unterstützung eines sich als verbrecherisch erweisenden Systems ablenken konnten.

Mit dem Zusammenbruch des deutschen Staates 1945 hatte mein Vater seine Heimat, seinen bescheidenen Besitz, sein gesellschaftliches Ansehen und seine Existenzgrundlage verloren. Am 1. November 1946 wurde das Land Niedersachsen gegründet. Mein Vater bewarb sich um seine Wiedereinstellung. Die neu entstehenden Länder hatten schwere soziale und wirtschaftliche Probleme zu lösen. Das Hauptaugenmerk der neuen Landesbehörden war gewiss nicht auf das Einzelschicksal vertriebener Beamter gerichtet. Mein Vater hatte sich in den Wunsch nach der Wiedereinstellung durch eine staatliche Behörde verrannt und litt darunter, dass er sich erfolglos bewarb.

Als demütigend empfand mein Vater die Notwendigkeit, für den Lebensunterhalt in einer britischen Kaserne in Hameln als „Putzsack" arbeiten zu müssen. Als ehemaliger Offizier war es für ihn besonders schwer, im Kasernenmilieu Hilfsarbeiterdienste ohne Murren verrichten zu müssen. Es spricht nicht für das Einfühlungsvermögen seiner damaligen „Brötchengeber", dass ihm von den englischen Soldaten abgelegte humoristische Literatur nicht ohne Spott zur Stärkung der Moral weitergereicht wurde.

Meine Mutter besaß 1946 noch ein altes Postsparbuch aus Troppau, von dem man Geld abheben konnte. Dies verschaffte den Eheleuten nur wenig Linderung ihrer Geldprobleme, zumal ja auch eine Grundausstattung ihres gemeinsamen Haushaltes angeschafft werden musste. Ein Lichtblick waren Ausflüge mit der Eisenbahn in das nahegelegene Bad Pyrmont mit Spaziergängen im dortigen großartigen Kurpark und auf der stimmungsvollen Brunnenallee. Von einem Ausflug nach Hessisch Oldendorf gibt es ein Foto. Viel Trost konnte meine Mutter ihrem Mann aber nicht spenden, da er als Ernährer der Familie seinem selbstgestellten Anspruch nicht gerecht wurde. Meine Eltern lebten aber weiterhin in Harmonie und hielten fest zusammen.

Das Eheglück schien einen ersten Höhepunkt erreicht zu haben, als meinen Eltern am 1. August 1947 eine Tochter, Ursula Maria getauft, als erstes Kind geboren wurde. Tragischerweise verstarb meine Schwester bereits am 2. September 1947 und wurde bei den Kindergräbern auf dem Deisterfriedhof beigesetzt. Meine Mutter war der festen Überzeugung, dass meine Schwester hätte überleben können, wenn nur die Nahrungszusammensetzung gestimmt hätte. Meine Mutter konnte nur unzureichend stillen, und den Ärzten waren wegen des Mangels an Arzneien die Hände gebunden. Für die jungen Eltern war der Tod meiner Schwester Ursula ein schwerer Schicksalsschlag, und er verstärkte die Hiobssituation meines Vaters. Meine Großmutter Hermine Weyrich entschloss sich, ihrer Tochter Mimi beizustehen, und reiste von Hennhofen nach Hameln, meinen Großvater Gustav Weyrich in der Obhut seiner Tochter Trude Wölfel zurücklassend.

So ist zu verstehen, dass meine Eltern zum Weihnachtsfest 1947, dem zweiten Weihnachtsfest, das sie in Hameln gemeinsam begehen konnten, meinem Großvater Gustav Weyrich eine besondere Freude machen wollten. Sie ließen sein Foto aus der Direktorenzeit vergrößern und versahen es mit der Widmung „in aufrichtiger Dankbarkeit". Dieses Bild ist dem Buch vorangestellt.

Meine Mutter und ihr Ehemann waren im Laufe des Jahres 1947 zu den größten Sorgenkindern meiner Großeltern Weyrich geworden. Meine Schwester Ursula war das dritte Enkelkind der Großeltern, und der frühe Tod ihrer kleinen Tochter wurde für meine Mutter dadurch verschlimmert, dass nach dem Todestag des Kindes noch Glückwunschbriefe zur Geburt bei den Eltern eintrafen.

Die Großeltern Weyrich versuchten, ihre Sorgenkinder nach ihren Möglichkeiten materiell zu unterstützen. Mein ehrbewusster Vater hat darunter gelitten, dass er wirtschaftlich kaum auf eigenen Füßen stehen konnte und dass er so abhängig von den Zuwendungen anderer geworden war. Für den christlichen Glauben meines Vaters war die gesamte Nachkriegszeit eine schwere Prüfung. In einem Notizbuch meines Vaters findet sich der Satz: „Gott ist keine Melkkuh für unsere Wünsche!"

Meinem leidgeprüften Vater mag auch das Weisheitswort aus Jeremia 17, 5 in den Sinn gekommen sein: [Es spricht der Herr:]

„Verflucht der Mann, der auf Menschen vertraut, auf schwaches Fleisch sich stützt, und dessen Herz sich abwendet vom Herrn." (zitiert nach der neuen Jerusalemer Bibel) sowie Jeremia 17, 7: „Gesegnet der Mann, der auf den Herrn sich verlässt und dessen Hoffnung der Herr ist."

In Rethen an der Leine wurde mein Vater am 2. Februar 1949 mit schweren Verletzungen, u.a. mit Genickbruch tot aufgefunden. Rethen liegt an der „Hannoverschen Südbahn" und ist keine Station zwischen Hameln und Hannover. Warum und wie mein Vater bzw. dessen Leiche nach Rethen gelangt sind, wird wohl auf ewig ungeklärt bleiben. Dieses Geheimnis hat mein Vater mit in den Tod genommen. Mein Onkel Eduard Wölfel, der den Obduktionsbericht der Gerichtsmediziner gelesen hatte, hielt eine Selbsttötung für wahrscheinlich. Es gab auffallenderweise weder einen Abschiedsbrief noch Hinweise auf eine Selbsttötungsabsicht meines Vaters.

Für Katholiken ist der Selbstmord eine schwere Sünde, und Dechant Hövelmann, der Pfarrer von St. Augustinus in Hameln, hat die Vermutung eines Suizids nicht geteilt. Dechant Hövelmann kannte meinen Vater durch dessen Mitarbeit in der Kirchengemeinde gut (Finanzverwaltung, Kirchenchor, Männerverein). Später sollte der Dechant mein Religionslehrer sein, und er hat sich stets lobend über meinen Vater geäußert.

Zum aufrechten und verantwortungsbewussten Charakter meines Vaters passten die Gesamtumstände seines Todes im 42. Lebensjahr nur wenig. Sein Tod blieb für alle, die ihn kannten, ein Rätsel.

Meine Mutter hat – verständlicherweise – der plötzliche und unerwartete Tod ihres geliebten Mannes sehr getroffen. Unmittelbar nach den Ereignissen wurde bei ihr eine Diabetes-Erkrankung festgestellt. Meine Mutter hat stets daran geglaubt, dass die „Kraniche des Ibykus" auch im Todesfall meines Vaters Hinweise auf einen möglichen Täter geben würden. Sie hoffte, dass jemand, der in den Tod meines Vaters verwickelt gewesen sein konnte, angesichts seines eigenen Todes auf dem Sterbebette sein Gewissen würde erleichtern wollen. Das Rätsel um den Tod meines Vaters blieb und bleibt jedoch bestehen. Für meine Mutter und für mich war das Grab meines Vaters auf dem Deisterfriedhof eine oft besuchte Pilgerstätte.

Ein anderes Grab, auf dem Frankfurter Südfriedhof liegend, ist für mich auch zur Pilgerstätte geworden. Dort ruht seit Ostern 2018 meine Frau Marianne, geb. Jasper, im Grab von Onkel Fred und Tante Ruth. In unmittelbarer Nähe findet sich ein Stein mit der Inschrift: „Fürchte Dich nicht! Ich habe Dich erlöset. Ich habe dich bei deinem Namen gerufen. Du bist mein." Dieser Zuspruch Gottes lässt mich auch an meinen Vater denken und scheint mir zu seinem Tod sehr tröstlich.

Tante Elsa besucht das Grab ihres Bruders auf dem Deisterfriedhof; Großvater Weyrich als treuer Begleiter der Familie. Enkelsohn Norbert berührt vertraut den Grabstein seines Vaters. 30 Jahre später sollte meine Mutter (Bildmitte) im Grab ihres Mannes beigesetzt werden.

Für meine Großeltern Gustav und Hermine Weyrich, die für damalige Verhältnisse bereits in einem fortgeschrittenen Alter waren, bedeutete die Witwenschaft ihrer Tochter Mimi und die Geburt ihres fünften und letzten Enkelkindes Norbert am 17. Juni 1949 eine große und unerwartete Herausforderung. Der Tod des Schwiegersohnes war auch für die Großeltern ein schwerer Schlag. Sie trafen die großherzige und mutige Entscheidung, nach Hameln an der Weser zu ihrer Tochter und ihrem Enkelsohn zu ziehen. Inzwischen war im Mai 1949 die Bundesrepublik Deutschland gegründet worden, und der Umzug zwischen zwei Bundesländern dürfte weniger schwierig gewesen sein.

Mein Vater hat die Gründung der Bundesrepublik nicht mehr erleben dürfen und auch nicht das „Gesetz zur Regelung der Rechtsverhältnisse der unter Artikel 131 des Grundgesetzes fallenden Personen" von 1951. Betroffen waren etwa 430.000 bis 450.000 Personen, u.a. „Berufsbeamte aus den früheren deutschen Ostgebieten" wie mein Vater. Bedenkt man die materielle Lage der Personengruppe der „131er", so erscheint die Frage, ob die zur Zeit des Dritten Reiches begründeten Beamtenverhältnisse nach dem Wechsel der Staatsform zur Bundesrepublik Deutschland fortbestanden oder ob sie am 8. Mai 1945 erloschen waren, reichlich akademisch und letztlich weltfremd. Diese Debatten sind meinem Vater durch seinen Tod erspart geblieben. Nach dem Rechtsempfinden meines Vaters bestanden die Pflichten des Staates, dem er als Beamter und Weltkriegsoffizier gedient hatte, selbstverständlich weiter. Die späteren Witwenbezüge meiner Mutter fielen jedenfalls unter die Bestimmungen des 131er-Gesetzes, und ich erinnere mich, dass meine Mutter den Grundgesetzartikel 131 nicht ohne ein gewisses Seufzen erwähnen konnte.

Gerne hätte ich meinen Vater mit seiner integren Persönlichkeit, mit seinem Wissen, seinen Sprachkenntnissen und seiner Lebenserfahrung kennengelernt. Dies ist mir nicht vergönnt gewesen. Manche Züge meines Vaters vermag ich an mir wiederzuerkennen.

Johann Eduard Frimmel (1907–1949)

Hans-Norbert Frimmel (geb. 1949) im vergleichbaren Lebensalter wie der Vater

Wir werden eben doch stark durch Vererbtes geprägt. Möglicherweise gibt es sogar eine Anlage zur Religiosität, die ich in mir finde und die von meinem Vater stammen müsste. Mein Vater war römisch-katholisch aufgewachsen, war Marienverehrer und kirchlich sehr gebunden. In seinem religiösen Leben scheint es – anders als bei mir – keine Brüche gegeben zu haben. Das Brünner Milieu meines Vaters dürfte eher kleinbürgerlich geprägt gewesen sein. Katholizismus und Bürgerlichkeit werden in erster Linie seine Weltanschauung geformt haben. Die Stellung zur Ideologie des Dritten Reiches war bei den geistlichen Führern der deutschen Katholiken bekanntlich zwiespältig und nicht einwandfrei geklärt. So wurde es für katholische Christen daher möglich, sich mit dem dezidiert unchristlichen Regime zu arrangieren.

Mein Vater, Jahrgang 1907, war – wie man „im Reich" zu scherzen pflegte – ein „Beutegermane". Aufgewachsen in Brünn, der Hauptstadt Mährens, hatte mein Vater das solide Identitätsgefühl der Brünner übernommen. Bis zum Alter von 11½ Jahren war er Staatsbürger der k.u.k Monarchie – wie sein Schwiegervater Gustav Weyrich. Die Umbruchszeit zur Tschechoslowakischen Republik hat er wie sein späterer Schwiegervater Weyrich erlebt und erlitten. Durch seine

Zweisprachigkeit werden allerdings die äußeren Umstände des Wandels politischer Verhältnisse auf den Brünner Schuljungen anders gewirkt haben als auf meinen Großvater, dem das Tschechische zeitlebens fremd war und der einen vergeblichen Kampf um den Erhalt „seiner" landwirtschaftlichen Schule gegen tschechische Behördenvertreter geführt hatte.

Beruflich kannte mein Vater viele Nöte, da die Angehörigen der deutschen Minderheit im tschechoslowakischen Staat nicht gefördert wurden und hart um ihre Existenz ringen mussten. Kindheit, Jugendzeit und die frühen Erwachsenenjahre waren für meinen Vater auch daheim in Brünn kein Honigschlecken. Dem „Beutegermanen" boten sich 1938 plötzlich viele berufliche Möglichkeiten, die ihm vorher versperrt geblieben waren.

Durch seinen frühen Tod im mittleren Lebensalter hat mein Vater viele Lebensabschnitte einer normalen Existenz nicht erlebt, so z.B. die Zeit einer gewissen beruflichen Saturierung, den Ruhestand und vor allem den Lebensabschnitt des Alters. Ganz gewiss hätten die zahlreichen Traumatisierungen meines Vaters durch Krieg, Vertreibung und Existenznöte eine Hypothek in der Rückschau auf das eigene Leben bedeutet.

Wie mein Vater mit dem neuen Zeitgeist der Nachkriegsjahre und mit dem Zerfall christlicher Werte in dem neuen Wirtschaftswunderland umgegangen wäre, ist nur zu erahnen. Vieles hätte ihm sicherlich Kummer bereitet. Möglich, vielleicht sogar zu erwarten gewesen, wäre auch ein „Generationenkonflikt "mit seinem Sohn Norbert, der zu einer gänzlich anderen „Alterskohorte" als der 42 Jahre ältere Vater gehörte.

Mit seinem Schwiegervater Gustav Weyrich ist mein Vater trotz des Generationenunterschiedes sehr gut ausgekommen. Es gab viele weltanschauliche Übereinstimmungen, da mein Vater noch das „alte Österreich" erlebt hatte. Die folgenden Kapitel lassen für den kundigen Leser Züge der Weltanschauung meines Großvaters erkennen. Auch sollen die Befindlichkeiten der Alterskohorten der Weyrich-Familie (vgl. S. 267 ff.) abgehandelt werden.

Nach seiner Rückkehr aus der Gefangenschaft beschäftigte sich mein Vater viel mit Schriftstellern der sog. „inneren Emigration"[1]. Vor allem der christliche Dichter Reinhold Schneider (geb. 1903, verst. 1958) hatte es ihm angetan. Ein Sonett Reinhold Schneiders aus dem Jahre 1936 sprach meinem Vater besonders aus dem Herzen:

> „Allein den Betern kann es noch gelingen,
>
> Das Schwert ob unsern Händen aufzuhalten
>
> Und diese Welt den richtenden Gewalten
>
> Durch ein geheiligt Leben abzuringen.
>
> Denn Täter werden nie den Himmel zwingen:
>
> Was sie vereinen, wird sich wieder spalten,
>
> Was sie erneuern, über Nacht veralten,
>
> Und was sie stiften, Not und Unheil bringen."
>
> […]

Zitiert nach „Das große deutsche Gedichtbuch", herausgegeben und aktualisiert von Karl Otto Conrady, Lizenzausgabe 1997. Wissenschaftliche Buchgesellschaft. Darmstadt, S. 580.

---

[1] Begriff und Vertreter der inneren Emigration siehe Wikipedia-Artikel (letzter Zugriff 5.6.2024),

Existenznöte im Jahre 1947: Postkarte Onkel Freds an meine Eltern in Hameln/Weser

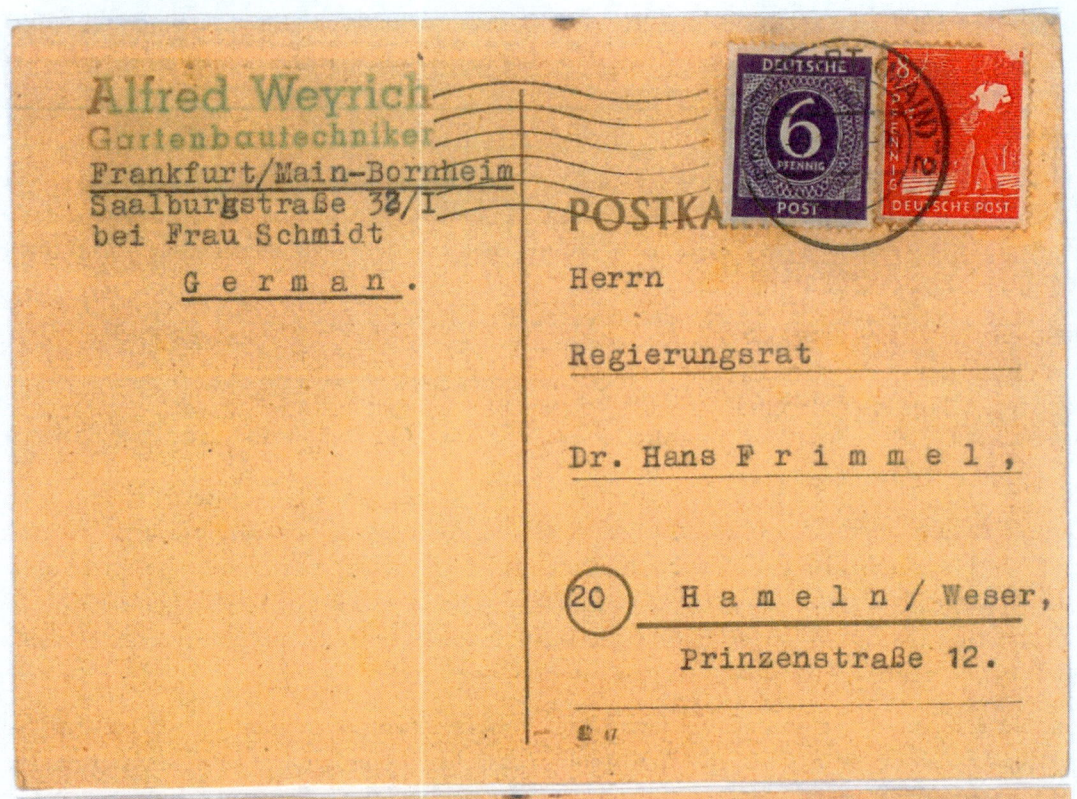

Alfred Weyrich
Gartenbautechniker
Frankfurt/Main-Bornheim
Saalburgstraße 32/I
bei Frau Schmidt
G e r m a n .

Herrn
Regierungsrat

Dr. Hans F r i m m e l ,

(20) H a m e l n / Weser,
Prinzenstraße 12.

Frankfurt/Main, 7.10.1947.

Ihr Lieben !

    Entschuldigt bitte mein langes Schweigen - Papa wird Euch mündlich sicher berichtet haben wie es uns hier zur Zeit ergeht. Ich habe leider noch immer sehr viel Arbeit und komme häufig erst spät am Abend vom Außendienst zurück.
    Lieber Hans, ich möchte noch einmal nachfragen ob Du an der Frankfurter Sache interessiert bist. Wenn ja, dann würde ich so bald wie möglich Deine Bewerbung benötigen. Bitte laß mir doch recht bald einen diesbezüglichen Bescheid zukommen.
    Wie geht es Euch gesundheitlich ? Es wäre ja die höchste Zeit, daß wir uns einmal wiedersehen würden. Ausführlicher Brief folgt in den nächsten Tagen. Bis dahin seid recht herzlich gegrüßt von Eurem

                                      Fred

Kapitel 12

Der Lebensabend Gustav Weyrichs im Exil im Weserbergland

Seit der Zeit meiner Urgroßväter, die in der k.u.k. Monarchie lebten, hat sich die Lebenserwartung der Menschen in unseren Breiten stetig erhöht. Großvaters Vetter Julius Weyrich von Trubenburg (geb. 1845) empfand sich mit knapp über 70 Jahren – wie ein Brief von 1916 verrät (siehe S. 127) – bereits als alt. Das Gefühl „alt zu sein" wird sich bei meinem Großvater später eingestellt haben. Für den Anfang der Hamelner Zeit meines Großvaters sind mir keine besonderen Altersbeschwerden von ihm bekannt. Die statistische Lebenserwartung der „Alterskohorte" meines Großvaters (geb. 1881) dürfte bei seiner Aussiedlung aus der alten Heimat mit 65 Jahren noch etwa 10 Jahre betragen haben. Beim Umzug von Hennhofen nach Hameln in der zweiten Hälfte des Jahres 1949 dürften es noch sieben Jahre gewesen sein.

Als mein Großvater 1957 verstarb, blieb er also im Rahmen der statistischen Erwartung. Meine Großmutter Hermine Weyrich reiste wohl gleich nach dem Tode ihres Schwiegersohnes Hans zu ihrer schwangeren Tochter nach Hameln, um sie nach Kräften zu unterstützen und auch für die junge Mutter und das Enkelkind Sorge tragen zu können. Mein Großvater bereitete derweil in Hennhofen den Umzug in eine neue, ihm unbekannte Welt vor, ins Weserstädtchen Hameln. Zurückgelassen werden mussten in Hennhofen Tante Trude, meine Cousine Astrid und meine Cousine Birgit, die drei Monate älter ist als ich. Auch Onkel Edi verblieb bei seiner Familie in Hennhofen; er war 1948 aus der Gefangenschaft zurückgekehrt.

Gustav Weyrich fasst seine Hennhofener Jahre mit dem nüchternen Vers zusammen:

> „Vieles musste ich im Land der
> Schwaben mir entsagen.
> Ungemach und großen Schmerz mit
> viel Geduld ertragen." (vgl. Bericht aus Hameln S. 233)

Diese Aussage ist recht erschreckend, denn – wie die vorigen Kapitel der Lebensgeschichte zeigen – hier spricht kein wehleidiger, jammerfreudiger Mensch. Seine Exilierung hat Gustav Weyrich viel Leid beschert. Er war nicht der einzige Heimatvertriebene, der schwer unter seinem Schicksal gelitten hat.

Der sicher etwas abenteuerliche Umzug in nördliche Gefilde geschah mit der Eisenbahn, und er dürfte nicht ganz ohne Anstrengung gewesen sein. Der Wechsel aus dem bayerischen Schwabenland ins norddeutsche Weserbergland brachte in vielerlei Hinsicht eine Änderung des Alltags und der Lebenswelt meiner Großeltern mit sich.

Im Herbst 1949 dürfte auch die bereits erwähnte elfenbeinfarbene Truhe meines Großvaters in Hameln per Bahnspedition eingetroffen sein, begleitet von zwei großen Gemälden aus dem alten Bauernhaus, der Nr. 28 in Zossen. Ein Bild mit breitem Holzrahmen zeigte Christus. Er weist mit der Hand auf sein Herz hin (Herz-Jesu-Bild). Ein anderes großformatiges Wandbild stellt die sogenannte „Kießling-Madonna"[1] dar. Beide Gemälde wurden im Schlafzimmer der Großeltern in der

---

[1] Der schlesische Maler Johann Paul Kießling (auch Kiessling), geboren 1838 in Breslau, verstorben 1919 in Dresden, hat sie 1883 gemalt.

Prinzenstraße 12 aufgehängt. Auch die Truhe des Großvaters fand in diesem Raum ihren Platz. Meine Mutter Mimi und der Säugling Norbert schliefen im ehemaligen Wohnzimmer. Küche und Bad gab es auch, doch waren die Wohnverhältnisse beengt.

Großvater bei der Ankunft in Hameln/Weser vor der Wohnung Prinzenstraße 12. Empfang durch meine Großmutter Hermine

Meine Großeltern wussten beide, dass in ihrem Alter die Jahre gezählt waren und dass sie mit dem Umzug eine große Verpflichtung eingingen. Dennoch widmeten sie sich mit vollem Herzen der neuen Aufgabe. Die Zeit in Hameln sollte für meine Großeltern eine recht glückliche Zeit werden, besonders seit 1953, als der Umzug in eine größere, moderne und lichte Wohnung am Breiten Weg 50 im schönen Hamelner Klütviertel möglich wurde.

Beim Abschied aus Hennhofen, der meinem Großvater vermutlich nicht sehr schwerfiel, musste er den von ihm gepachteten Nutzgarten, von dem meine Cousine Astrid so schwärmerisch berichtet hat (siehe S. 210), zurücklassen. Gleich nach dem Eintreffen in Hameln ließ seine Liebe zum Gärtnern ihn einen neuen Garten suchen, den er in einer Kleingartenanlage bei Tönneböns Teichen etwas außerhalb der Stadt fand. Für den Hobbygärtner Gustav Weyrich war kein Weg zu weit. Mein Großvater fühlte sich rüstig genug für den Weg und vor allem für die Gartenarbeit. Noch im März 1952 schreibt er etwas wehmütig und bedauernd:

> „Trautes Heim mit eigenen Gärten hätte ich so gern.
> Wie ich's hatte in der Heimat, die mir jetzt so fern."

Der Brief Opas an Onkel Fred vom 5. Juni 1950 aus Hameln (Auszug) kündet stolz:

> „Ich betreibe in meinem gepachteten, 300 m² großen Schrebergarten [Hervorhebung im Original] ‚feldmäßig Gemüsebau', und da würde es mir eine ganz besondere Freude bereiten, wenn sich ... [der Gartenbauinspektor] einmal den Garten beaugapfeln möchte."

Hameln an der Weser bot im Vergleich zu Hennhofen ungleich mehr Anregungen: eine besondere Freude war – nach eigener Aussage – für meinen Großvater die Stadtbücherei (vgl. die Kartenskizze S. 247), unmittelbar an der Weser gelegen, in der er sich gerne aufhielt. Er dichtet: (siehe Bericht aus Hameln März 1952, S. 233)

„Mußt' ich einst im Bayernland das
Holz der Buche lesen,
kann ich jetzt schon in einem
guten Buche lesen,
angeschafft aus eig'nem Geld, und
in der Bücherei,
die der Stadt gehört, da
find' ich Nahrung mancherlei."

Die „Oberweser-Dampfschiffahrt-Gesellschaft" [sic] betrieb einen Ausflugsschiffsverkehr. So konnte Gustav Weyrich die Flusslandschaft der Weser vom Schiff aus erkunden. Dies wird ihm Erinnerungen an seine Zeit in Tetschen-Liebwerd und an die Elbdampfer beschert haben. Die Hamelner Schleuse wurde vor allem von Frachtschiffen genutzt. Der Schleusungsvorgang faszinierte nicht nur die Ingenieure. Nördlich der Hamelner Altstadt gab es zur Zeit meiner Großeltern eine Hochseilfähre über die Weser, die nur durch die Strömung des Flusses getrieben wurde. Für den Ingenieur Gustav Weyrich war dies eine interessante Einrichtung und für Kinder ein unvergessliches Erlebnis, mit der Fähre überzusetzen. Der Fährbetrieb ist seit langem eingestellt.

Die alte Weserstadt mit ihrer Münsterkirche, den Fachwerkhäusern und den Renaissance-Bauten bot meinem Großvater Eindrücke, die für ihn neu waren. Die Rattenfängersage und die Stadtgeschichte waren nicht ohne Anregungen, und bei seinen Stadterkundungsgängen durfte ich ihn später begleiten.

Der Hausberg Hamelns, der Klüt, eine ehemalige „hannöversche" [sic] Festung[2], wurde mit seinen schönen Spazierwegen im Wald zu einer Stätte freudigen Naturgenusses für Gustav Weyrich. Der Spazierstock war ständiger Begleiter des Großvaters.

Auch die Stadt Hildesheim mit ihren beeindruckenden Kirchen und die Landeshauptstadt Hannover boten meinem Großvater viele schöne Ausflugsziele. Die erste Bundesgartenschau hat er in Hannover besucht. Sie fand vom 21. April 1951 bis zum 31. Oktober 1951 statt. Neben der Hannoveraner Stadthalle mit dem Kuppelsaal sind heute noch die Spuren der Ausstellung in einer Parkanlage erhalten. Das Begleitbuch zur Ausstellung hat mein Großvater mit getrockneten Blättern bestückt. Am Ende des Buches findet sich ein Register der ausgestellten Pflanzen, das meinem Großvater als Botaniker gewiss viel Freude bereitet hat. Der Bad Pyrmonter Kurpark bot ihm das ganze Jahr über botanische Erlebnisse.

Meinen Großvater zeichneten sein Interesse an der Umwelt und seine Neugier auf die Wunder der Welt aus, die er im Großen und im Kleinen erblickte. Im Kleingartenverein war er sich für die Mitarbeit nicht zu schade, und er tauschte sich gern mit den anderen Kleingärtnern über Fachfragen aus.

---

[2] Anm. genannt das „Gibraltar des Nordens", siehe Internetseite der Stadt Hameln (*www.hameln.de*, letzter Zugriff 10.4.2024).

Durch regen Briefwechsel und womöglich auch Besuche mit der Eisenbahn hielt er den Kontakt zu seinen noch lebenden Brüdern und zu seinen Kindern. Zahlreich sind Briefe an meinen Großvater von Bekannten und Freunden seiner früheren, besseren Tage. Mein Großvater war ein treuer Freund. Gustav Weyrich reiste gern mit der Eisenbahn, und er scheute dabei keine Anstrengung und Unbequemlichkeit. Besonders die Übernachtungen dürften schwierig gewesen sein, da seine finanziellen Mittel sehr beschränkt waren und eine Hotelübernachtung fast unerschwinglich.

Zu allen seinen Kindern hatte mein Großvater ein gutes Verhältnis. Von seinem jüngsten Sohn Fred wurde er besonders verehrt.

Gustav Weyrich mit seinem jüngsten Sohn Alfred Josef 26.3.1950 in Hameln: die gegenseitige Zuneigung ist erkennbar.

Onkel Fred war seinen Eltern und Geschwistern gegenüber in der Nachkriegszeit sehr großzügig und hilfsbereit. Er gewann so eine einflussreiche Stellung in der Familie. Als sein Vater gesundheitliche Probleme hatte, ermöglicht Onkel Fred seinem Vater einen Klinikaufenthalt in Oberursel. Nach dem Tode seines Vaters 1957 wähnte sich Onkel Fred in der Rolle des Familienoberhauptes, was ihm viel Verdruss einbrachte, da er weder von den beiden älteren Geschwistern noch von der jüngeren Schwester als „Chef des Hauses" anerkannt wurde.

Das Schicksal von Hans und Mimi Frimmel hatte es gefügt, dass sich Gustav und Hermine Weyrich in Hameln einen gemeinsamen Haushalt mit der Tochter Mimi und dem Enkelsohn Norbert einrichteten. Dies rief etwas Eifersucht bei den anderen Geschwistern und deren Familien hervor, da meine Mutter als jüngste Tochter offensichtlich bevorzugt wurde. Tatsächlich hätten meine Großeltern leicht einen anderen Wohnort als Hameln wählen können, um in der Nähe eines ihrer Kinder zu sein. Mein Großvater bemühte sich um Beschwichtigung, und er besuchte die Wohnorte seiner drei übrigen Kinder: Tante Trude in Wiesbaden-Biebrich und später in Münster/Westfalen; seinen Jüngsten in Frankfurt/Main und seinen Ältesten in Rosenheim/Oberbayern.

Großvater beim Rauchen einer Zigarre auf Besuch in Wiesbaden bei Tante Trude. Leider wurde ihm das Rauchen zum Verhängnis.

224

Von Rosenheim aus hatte mein Großvater mit Cousin Klaus, Tante Friedel und Onkel Gustl einen Ausflug nach Kufstein in Tirol unternommen. Die Festung Kufstein beeindruckte meinen Großvater so, dass er sich für das Hamelner Wohnzimmer ein Ölgemälde der Festung anfertigen ließ, das heute mein Mainzer Wohnzimmer schmückt. (vgl. Kapitel 13, Foto S. 255)

In Hameln war Gustav Weyrich der Sudetendeutschen Landsmannschaft beigetreten. Gustav Weyrich war sehr gesellig, und bei Versammlungen und Veranstaltungen gehörte er oft zu den letzten, die nach einem Glas Wein das Lokal verließen. Meiner Erinnerung nach handelt es sich entweder um den „Rattenkrug", d.h. die Ratsweinstuben von Fritz Kropp in der Bäckerstraße, oder um das „Rattenfängerhaus" in der Osterstraße – beide Lokale liegen in der Hamelner Altstadt.

Bei den Zusammenkünften der Vertriebenen ging es nicht nur um den Austausch von Erinnerungen an die verlorene Heimat, sondern auch um gegenseitige Hilfe z.B. bei der Bewältigung bürokratischer Hürden. Die „stammtischartigen" Treffen ermöglichten aber auch den Gedankenaustausch über kulturgeschichtliche Themen. Gustav Weyrich gehört zu jenen, die sich einen Zusammenhang der Rattenfängersage mit der Ostkolonisation vorstellen konnten. Über den „Pionier" der Erforschung der geschichtlichen Hintergründe der weltbekannten Sage, den Verfasser einer Geschichte der Stadt Hameln, gibt ein Internetartikel Auskunft. Im Alter von 78 Jahren wurde Heinrich Spanuth 1952 von der Universität Göttingen zum Dr. phil. promoviert. Das Thema der Doktorarbeit lautete: „Der Rattenfänger von Hameln: Vom Werden und Sinn einer alten Sage."

Nachdem Spanuth (geboren in Hannover 1873, verstorben in Hameln 1958 – ein Jahr nach dem Tode meines Großvaters) wegen seiner politischen Einstellung 1933 als Leiter der Hamelner Viktoria-Luise-Schule (des Hamelner Lyzeums) zwangspensioniert worden war, fand er die Zeit und die Muße, die Rattenfänger-Geschichte umfassend zu untersuchen. 1936 hatte er in der „Lüneburger Handschrift" einen entscheidenden Hinweis auf die Sage gefunden.

Die Ironie des Schicksals will es, dass der 1946 (3. Juni) aus Troppau vertriebene Stadtarchivar Wolfgang Wann ebenfalls eine Verbindung der Rattenfängersage mit der Ostkolonisation herstellen konnte. Dankenswerterweise gibt es an der tschechischen Universität Olmütz eine Dokumentation zu „deutschmährischen Autoren", und der 1903 in Brünn geborene Wann zählt dazu. Er ist somit nur vier Jahre älter als mein früh verstorbener Vater. Unter der Internet-Adresse *(https://limam.upol.cz/Authors/Detail/791)*[3] findet sich die Eintragung: [Wolfgang Wann] „Promovierte im Sommersemester 1949 in Würzburg mit dem Thema ‚Die Lösung der Hamelner Rattenfängersage'. Aufgrund des Fundes einer Eintragung auf der letzten Seite der Lüneburger Handschrift aus der Zeit von ca. 1430 bis 1450, die lange Zeit als verloren galt, ist es ihm gelungen, die Rattenfängersage mit der deutschen Kolonisierung der Mährischen [sic!] Grenzgebiete in der Zeit des Olmützer Bischofs Bruno von Schaumburg zu verbinden. Seine lebenslangen Forschungen zu diesem Thema erschienen im Buch „Der Rattenfänger von Hameln: Hamelner Landeskinder zogen aus nach Mähren"[4]. Das Büchlein im Oktavformat im Umfang von 67 Seiten erschien 1984, also acht Jahre nach dem Tode Wolfgang Wanns. Der Text stammt nicht von Wann selbst, sondern seine Forschungsergebnisse wurden von Walter Scherzer für die Herausgabe ausformuliert. Als Hauptthese wird genannt: Etwa 130 sogenannte Kämmerlinge, d.h. Hörige des Hamelner St. Bonifatiusstiftes, seien nach einer Art Revolte gegen die Anordnungen des weisungsbefugten Stiftspropstes zum Verlassen der Stadt Hameln und zur Auswanderung gen Osten gezwungen gewesen (Wann/Scherzer, a.a.O., S. 49–55).

Es ist nicht undenkbar und nicht ganz unwahrscheinlich, dass Gustav Weyrich beiden Deutern des bis in die neueste Zeit rätselhaft gebliebenen Sagenhintergrundes persönlich begegnet ist: Wolfgang Wann in Troppau in der alten Heimat und Heinrich Spanuth in Hameln in der neuen Heimat.

---

[3] Letzter Zugriff 10.4.2024.
[4] Wolfgang Wann / Walter Scherzer. Der Rattenfänger von Hameln. München 1984.

Die Mitglieder der Landsmannschaft waren recht bunt gemischt. Die sozialen Unterschiede reichten vom ehemaligen Strumpf- und Schuhfabrikanten zum Arbeiter und kleinen Angestellten. Auch die Herkunftsorte waren sehr verschieden. Troppauer, Jägerndorfer oder gar Zossener gab es in der neuen Umgebung nicht. Mein Großvater hat die Begegnungen mit Landsleuten im weiteren Sinne sehr genossen. Besondere Nähe empfand Gustav Weyrich natürlich zu denen, denen er sich durch ein gemeinsames Wertesystem verbunden fühlte. So entstand eine besondere Beziehung zu einem Oberlandesgerichtsrat a.D. und dessen Familie. Mit einer Dame, die zum Kassieren des Mitgliedsbeitrags der Landsmannschaft in die Wohnung der Großeltern kam, freundete sich meine Mutter an. Die schöne Freundschaft dauerte bis zu ihrem Tode.

Meinem Großvater war es in seinem gesamten Leben wohl selten langweilig gewesen. So blieb es auch bei seinem Aufenthalt „in der neuen Welt". Die heutigen Mittel zur Zerstreuung und zur Unterhaltung gab es zur Zeit meines Großvaters gar nicht, und er hätte sie auch nicht vermisst.

Gustav Weyrich wusste sich zu beschäftigen. Neben dem Garten hatte er es sich zur Aufgabe gemacht, die Ahnentafel, die sein Bruder Julius erstellt hatte, zu vervollkommnen. Er legte Register und Schemata an und erstellte z.B. einen Stammbaum für seine Nachkommen. (siehe S. 228/229)

Die Korrespondenz erforderte auch viel Zeit. Es blieb ihm aber immer genug Zeit für seinen Enkelsohn Norbert, mit dem er auch auf Erkundungstouren in Hameln und Umgebung ging.

Nach den genealogischen Tafeln der Sippe Weyrich, die sein Bruder Julius erarbeitet hatte, legte er ein Namensverzeichnis an, das die stattliche Zahl von insgesamt 707 Personen nennt und das er zu aktualisieren trachtete. Zu diesem Zweck suchte er den brieflichen Kontakt zur entfernteren Verwandtschaft, was durch die Vertreibung nicht ganz ohne Mühen war.

Onkel Fred hat nach seiner Pensionierung in den 1980er-Jahren dieses Verzeichnis mit der Schreibmaschine aufgenommen und für die unmittelbaren Verwandten Ergänzungen – wie z.B. eine Berufsangabe – eingetragen. Auf einer Landkarte hat er diejenigen Orte unterstrichen, in denen die 315 Personen wohnten, die den Namen Weyrich von Geburt an trugen und die in Liste 1 zu finden sind.

Die Liste 1 ist im Anhang G, S. 428–443 wiedergegeben. Schaut man sich auf der folgenden Skizze (S. 227) die Markierungen der Orte um das Dreieck Jägerndorf im Norden, Troppau im Osten und Freudenthal im Westen an, in dessen Mitte Zossen liegt, so wird deutlich, dass die Sippe Weyrich sich über mehrere Generationen hinweg in einem Umkreis von 25 bis 30 km um den Ort Zossen herum ausgebreitet hatte. Es finden sich aber auch zahlreiche Familienmitglieder in Wien, Salzburg, Klosterneuburg, Deutsch Wagram, Aussig, Klagenfurt und Umgebung und sogar in Agram (Zagreb).

Die „2.) Liste der Frauen, die infolge Verheiratung den Namen Weyrich erhalten haben", umfasst 99 Personen (Anhang G, S. 444–451).

Es wurde eine 3.) Liste von 48 Männern mit ihren Nachnamen zusammengestellt, die „eine geborene Weyrich geheiratet haben" (Anhang G, S. 452–456).

In der 4.) Liste, welche die 245 Nachfahren der unter 3.) genannten Männer enthält, findet sich der Verfasser selbst mit seiner verstorbenen Schwester Ursula genannt (Anhang G, S. 457–468).

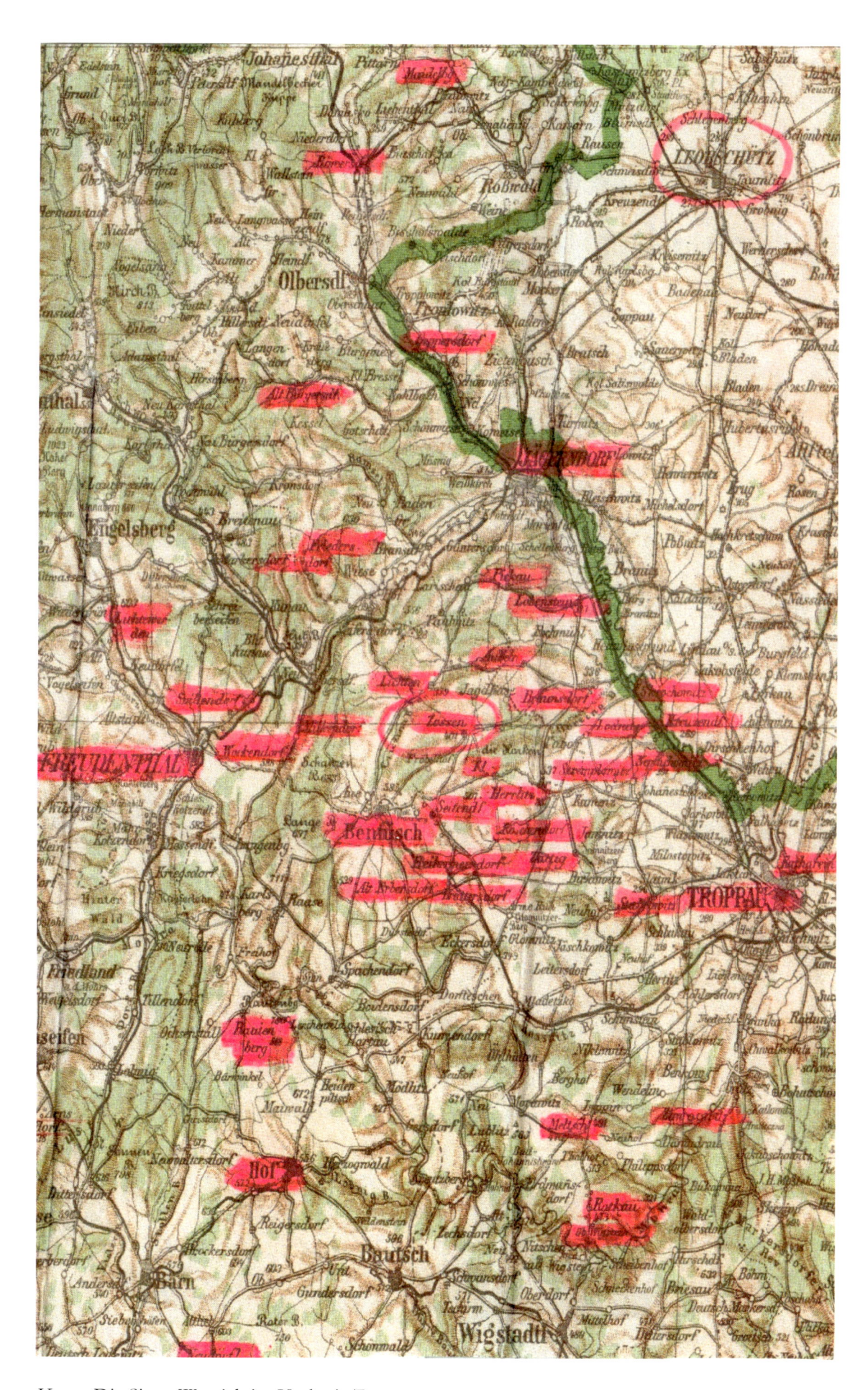

Karte: Die Sippe Weyrich im Umkreis Zossens

Stammbaum „Vor- und Nachfahren von Gustav und Hermine Weyrich"

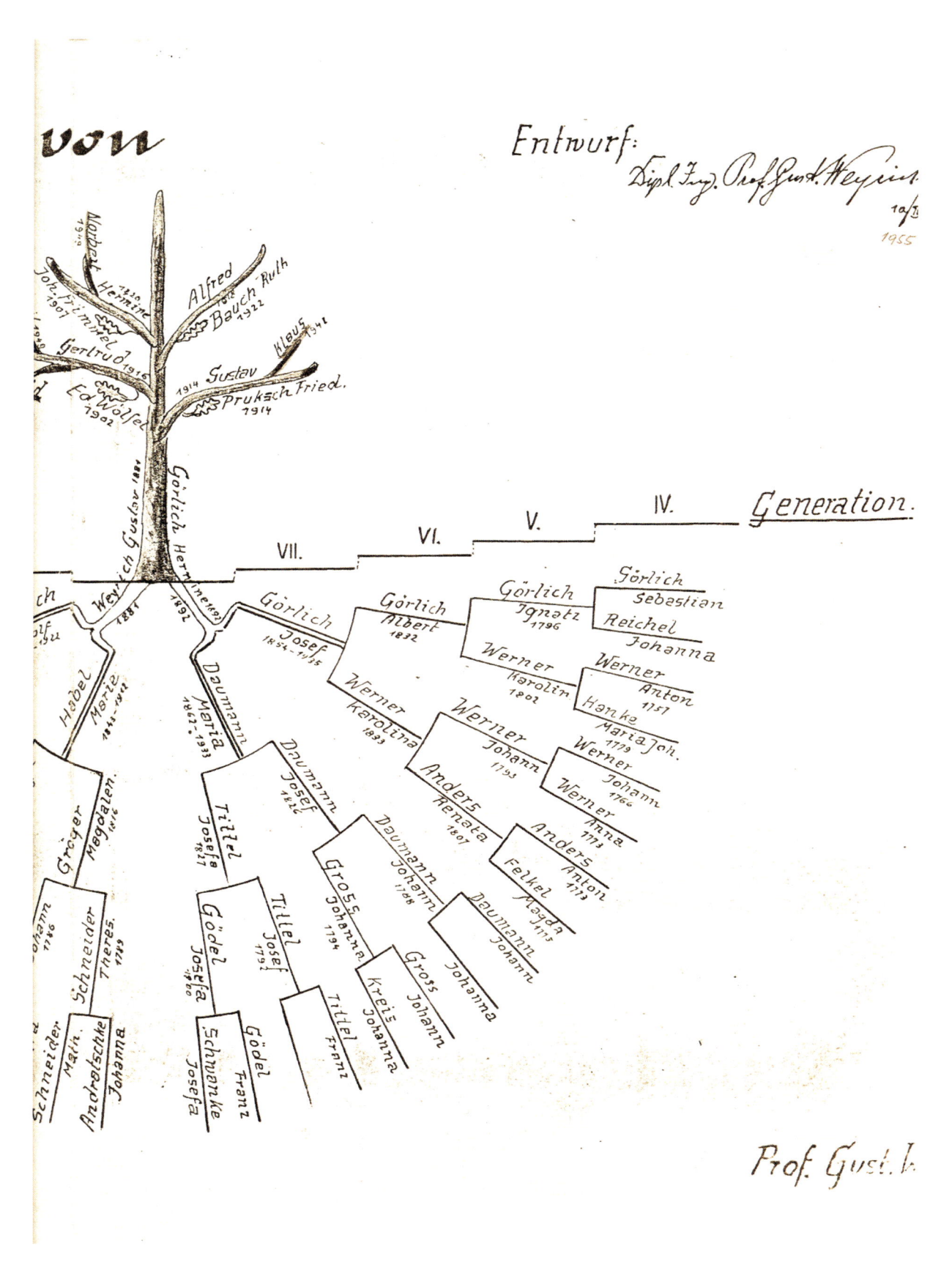

Im Februar 1955 hat Gustav Weyrich die Stammbaum-Zeichnung der „Vor- und Nachfahren von Gustav und Hermine Weyrich" vollendet. Die Vorfahren erscheinen als Wurzelwerk des Baumes, dessen Stamm von Gustav und Hermine Weyrich gebildet wird. Die Nachfahren erscheinen als Astwerk (siehe S. 228/229).

Die Liebe zur Natur und zum Garten teilte ein ehemaliger Zossener Nachbar meines Großvaters. Der um sieben Jahre jüngere akademische Maler Paul Gebauer (geb. 21. April 1888 in Zossen, verst. 18. September 1951 in Harburg/Schwaben) – vgl. S. 48 – hat realistische Gemälde mit Motiven seiner bäuerlichen Heimat hinterlassen. Er bewirtschaftete selbst den Hof Nr. 21 in Zossen und hat sich als *„gentleman farmer"* im Garten stehend selbst gemalt. Das Gemälde ist im schlesischen Landesmuseum in Troppau zu sehen (siehe S. 473 ff.). Nachdem Gebauer seit seiner Vertreibung vor fast acht Jahrzehnten vergessen schien, wird er in seiner alten Heimat allmählich wieder als Künst-ler anerkannt. Das Gemälde „Im Garten" mutet wie „ein Echo aus Zossen" an: Paul Gebauer steht bekleidet mit Trachtenjoppe, weißem Hemd und rotem Binder in seinem Garten und trägt stolz in seiner rechten Hand den Hut, der mit offensichtlich frisch geernteten Äpfeln gefüllt ist. Ein Helfer und eine Leiter sind gleichfalls im Bild zu sehen. Auch mein Großvater Gustav Weyrich hatte sich stolz in seinem Garten fotografieren lassen (Foto S. 180) und trug dabei Anzug, Hut und Spazierstock.

In einem dichterisch gefassten Bericht an seinen Bruder Julius gibt mein Großvater Gustav Weyrich ein Stimmungsbild aus Hameln (abgedruckt auf S. 233).

Die Gebrüder Weyrich amüsierten einander durch das Übersenden einer selbstgeschriebenen und -verfassten „Zeitung". Zum Jahreswechsel 1951/1952 wünschte Julius Weyrich „der Sippe Weyrich" ein herzliches „Prosit Neujahr". Gustav Weyrich antwortete mit dem „Echo aus Hameln". Die gealterten und lebenserfahrenen Brüder machen sich über die Presse und Briefzensur lustig. Es ist nicht selbstverständlich, dass mehr als 30 Jahre nach dessen Auflösung das k.u.k. Infanterieregiment Nr. 1 noch immer in Erinnerung ist. Der Leser kann sich über die „Zeitung" selbst ein Bild machen; der Generationenabstand und die heutige Medienwelt sollten dabei aber berücksichtigt werden.

Da das „Echo aus Hameln" nur für die Augen und Ohren der engeren Weyrich-Familie bestimmt war, ermöglichen die vielen Wortspiele, Anspielungen auf Begebenheiten aus der alten Heimat und die explizit oder implizit geäußerten Bewertungen Einblicke in das Denken und Fühlen Gustav Weyrichs, die vom Verfasser nicht verhüllt sind.

Die Krisen der Nachkriegszeit (Korea-Krieg 1950–1953; Indochina-Krieg 1946–1954) waren für Gustav Weyrich in seiner Rolle als Beobachter mit eigener „Geschichtserfahrung" bedrückend. Er trauert offensichtlich dem „diplomatischen Konzert" der europäischen Großmächte seiner Jugendjahre bis vor dem Ausbruch des 1. Weltkrieges nach, und er bedauert den Einflussverlust der europäischen Mächte. Möglicherweise werden die Diplomaten der europäischen Vorkriegsstaaten und ihre Fähigkeiten im Gegensatz zu den Diplomaten der „Nordamerikaner" hier etwas idealisiert (siehe S. 243, Seite 15 des „Echos aus Hameln"). Wie Gustav Weyrich die „Kriegsschuldfrage" zum 1. Weltkrieg beantwortet hätte, kann hier nicht erschlossen werden (aus Mangel an brauchbaren Hinweisen).

Musenklänge aus dem Halsberger Leierkasten.

(Abschrift)

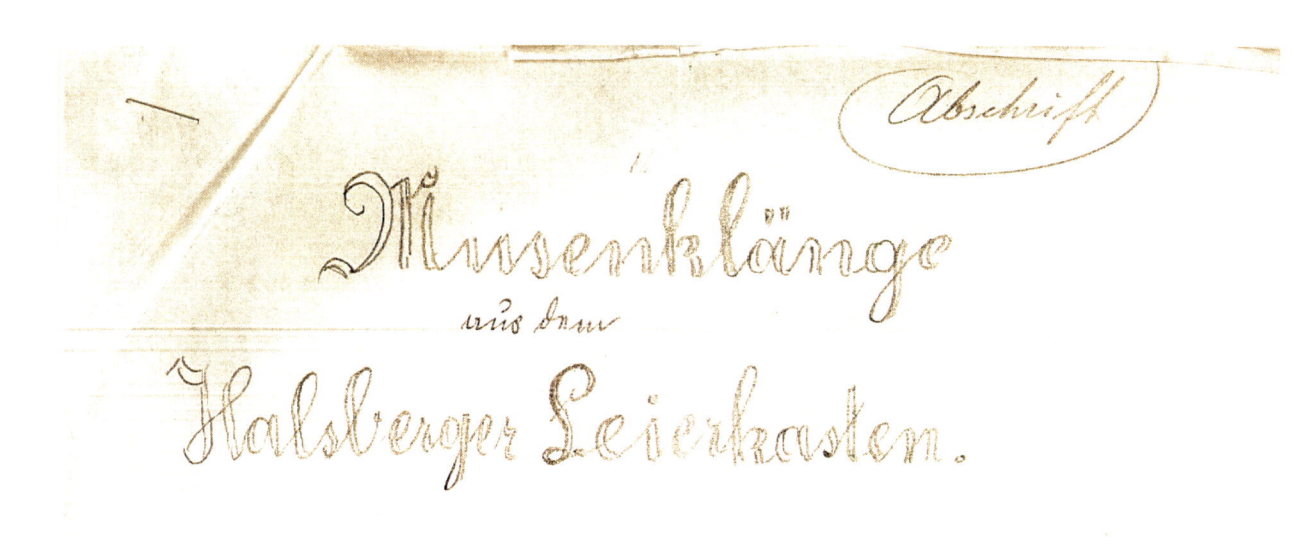

<u>Unbestechliches, unparteiisches, nicht bezahlbares Tagblatt.</u>
Erscheint täglich, mit Ausnahme der Sonn-, Wochen- und Feiertage.
H a l s b e r g am 2165 Tag unserer Aussiedlung.

So zieh' hinaus, du junge Seele, aus dem bayerischen Hügelland, dem klass-ischen Lande der reichen Hopfenbauern, der reichen Hallertau, die die schlechtesten Strassen in ganz Bayern hat und zieh hinein in das Hessenland, dessen einstiger geldhungriger Herzog seine Soldaten einer fremden Macht verkaufte, dem Lande des Rattenfängerkönigs und wünsche unserem lieben Bruder und Onkel, unserer guten Schwägerin und Tante, unsrer herzensguten Nichte und Cusine, sowie unserem hüngsten Sprosse des Hauses Weyrich, dem Liebling seiner schönen Mutter und Grosseltern, dem kleinen Norbert, sowie unseren, evt. in Hameln bei den Eltern zu den Feiertagen um das Christkindel anwesenden Neffen und Nichten und deren Gattinnen, Gatten und Nachkommen, also allen der Sippe W e y r i c h ein herzliche

"P r o s i t   N e u j a h r !".

Möge das Jahr 1952 alles bringen, was wir uns alle wünschen, vor allem beste Gesundheit, einen guten Lastenausgleich und endlich die Rückkehr in unsere heissgeliebte Heimat, sowie am Sylvestertisch einen jut jebratenen Jänsebraten, der ja jederzeit eine jute Jabe Jottes war, eine gute altöstereichische Kuba und einen guten Trunk Rotwein, der ja jederzeit für alte Knaben eine von den besten Gaben ist.

Pfarrer Seipel, der endlich seine Pension nach langem Kampfe erreicht hat schrieb:
"Ich war vor ca. 4 Wochen in unserer Heimat, der Friedhof ist ganz verwildert, 1/2 m hocher Graswuchs deckt unsere Lieben, die Grabsteine sind zwar noch erhalten, deren Aufschriften aber verwittert, dagegen ist das Kriegermal in bester Ordnung, gut gepflegt und mit Blumen bepflanzt. Ich war am Eichberg. Still lag mein liebes Heimatdörfchen vor mir, die stattlichen Bauernhöfe scheinen in Ordnung zu sein, dagegen fallen im Ober- und Niederdorf kleinere und ältere Häuser zusammen. Die Fluren an der <u>Seitendorfer Strasse bis zum Hoppenstieg wurden mit Obstbäumen bepflanzt.</u> <u>Feldraine sind verschwunden, da alles gemeinschaftlich bewirtschaftet wir</u>

Abschrift des Entwurfs einer Zeitung „Musenklänge aus dem Halsberger Leierkasten" (Auszug)

(Abschrift)

Echo aus Hameln.

Rattenfängerstadt-Hameln, am 14. März 1952, im 5. Milliardst. Erdjahre.

Musenklänge und Echo.

In Halsberg ward die Leier wieder angestimmt,
aus Hameln man das Echo wiederum vernimmt.

An unsere geehrten Leser!

Während der Herstellung des vorliegenden Echos geriet der unverantwortliche „Verantwortliche" in eine unangenehme Situation (Schwarz). Das gesamte Druckerpersonal war ernstlich erkrankt, und die Arbeiter und Angestellten waren in einen wilden „Lohn-Streik" getreten, der sich aber nicht lohnte. Das Echo sagte: „Ich muß heraus, weil ich durch die Musenklänge angeregt worden bin!" Da sagte sich schließlich der Verantwortliche:
„Wenn alle Stricke reissen,
       muß ich zur Feder greifen,
       muß in das Saure beissen,
  Ich lasse mich nicht schleifen."

Abschrift des Entwurfs einer Zeitung „Echo aus Hameln", 14. März 1952 (Seite 1)

In Bayern und in Niedersachsen.

Wie es mir in Niedersachsen
geht, das soll ich sagen?
"Danke, gut, ich kañ mich
wahrlich jetzt nicht beklagen.

Vielem mußte ich im Land der
Schwaben nur entsagen,
Ungemach und großen Schmerz mit
viel Geduld ertragen.
Mußt' ich einst im Bayernland das
Holz der Buche lesen,
Kañ ich jetzt schon in einem
guten Buche lesen;
angeschafft aus eignem Geld, u.
in der Bücherei,
die der Stadt gehört, da
find' ich Nahrung mancherlei.
Körperliche Arbeit bringt der
Garten und das Haus.

Meiner Kräfte Wurzel liegt
tief; das seh ich d'raus
daß des Schicksals Tücke sie nicht
schwer verletzen konnte.
Gott sei Dank! vom Schlimmsten
wurde ich bisher verschont.
Trautes Heim mit eignem Garten hätte ich so gern,
Wie ich's hatte in der Heimat, die mir jetzt so fern!

Hameln im März 1952.

Abschrift des Entwurfs einer Zeitung „Echo aus Hameln", 14. März 1952 (Seite 3)

H..... 13.III.1952.

Confisziert.

Die Seite 4a wurde confisziert, weil der Verfasser sich aus dem unerschöpflichen Born der Freiheit eine zu große Portion geschöpft hat, so dass die Gefahr bestand, dass Andere an Freiheit verdursten.

Der Zensor
Langohrup.

(Zeitungs Zensur Hameln)

Bescheiden sei der Deutsche stets u. maßvoll.
Auf dieser Seite aber war das Maß voll;
Die ganze Seite wurde deshalb confisziert.
Die großen Geister aber „so was" nicht geniert.*

* Diesen Vers machte sich der Verfasser nach der Beschlagnahme der Seite 4a.

Abschrift des Entwurfs einer Zeitung „Echo aus Hameln", 14. März 1952 (Seite 4)

Am Ende der Faschingszeit

Im Fasching werden oft Verlobungen gefeiert und Ehen geschlossen, oft aber auch nicht.
„... Komt Zeit komt Rat" sagt der Vater.
„Aber nicht Hochzeit und Heirat" die Tochter.

Ehemals sagte man: „Es war Hochzeit", oder: „Es war für sie u. ihn schon hohe Zeit wegen des hohen Alters." Jetzt sagt man: „Es wär höchste Zeit" oder: „Es war schon allerhöchste Zeit."

Eine kurze spitzige Geschichte.

Am Aschermittwoch kam das Schreibfräulein statt um 8ʰ erst um 9³⁰ ins Bureau. Erst spitzte es den Bleistift, dann spitzte es das Ohr und dann spitzte es den Mund.

Die guten Freundinnen.

Freundin A zu Freundin B: „Dein Bräutigam spricht aber ein entsetzliches Deutsch. Er verwechselt z.B. stets mir und mich."
Freundin B zu Freundin A: „Sei Du nur ganz stille. Dein Bräutigam verwechselt oft mich mit dich!"

Wahl macht Qual.

Kaum hatte ein reiches Fräulein das heiratsfähige Alter erreicht, so fanden sich bald viele Bewerber um die Hand desselben ein. Der erste war ein Gagist u. war sehr stolz auf seine hohe Gage. Der 2. war ein Dichterling, der hatte keine Gage. Er kam

Abschrift des Entwurfs einer Zeitung „Echo aus Hameln", 14. März 1952 (Seite 5)

Der Gynäkologe ist der Auffassung, daß die Ehe eine Krankheit ist, die die Frau sehr oft in's Bett bringt.
Der Jurist hält die Ehe für einen Prozeß, in welchem die Frau unterliegt (bezw. unten liegt).
Der Techniker hält die Ehe für einen paradoxen Betrieb, der am besten geht, wenn er steht.

Steigerung.

Der Peter hatte nur einen Tata.
" Moritz " einen reichen Tata.
" Fritz " " tatenreichen Tata
" Paul " " attentatenreichen Tata.

Leerer Wahn: Lehrerwahn. Oberlehrerwahn.

Redeblüten.

1) Vor dem ersten Weltkriege sagte ein böhmischer Abgeordneter im Wiener Parlament: Wir lassen uns auf Kopf machen, wir machen Mund auf.

2) Ein böhm. Abgeordneter, der gerne als Deutscher gegolten hätte, dem man aber vorgeworfen hatte, er sei ein Böhm (Tscheche) sagte im Eifer des Gefechtes...... Was bin ich? Böhm bin ich? Dreck bin ich. u. wer das sagt ist Esel u. das sag ich ihnen.

3) In einer Ratssitzung in Hameln, in der übrigens der deutsche „Zitatenschatz" von Ringelnatz bis Goethe heftig geplündert wurde, fehlte es auch nicht an Stilblüten. So gebrauchte ein Ratsherr das hübsche Bild, die Wohnungsnot sei der <u>Knochen</u>, an dem andere ihren <u>Geist reiben</u>."

"Anmerk. Diese „Geschichte" ist nicht etwa von mir erfunden worden, sondern ist in der „Deister-Weserzeitung" vom 4. X 1851 enthalten.

Abschrift des Entwurfs einer Zeitung „Echo aus Hameln", 14. März 1952 (Seite 8)

Musikalische Ecke.

Die Musenklänge haben neue Saiten angeschlagen
Sehr leise will dazu das Echo auch was sagen.

Unübertrefflich spielt die vielseitige Redaktion der Musenklänge auf dem vielsaitigen Instrument. Das Echo aber ist dem inneren Wesen nach saitenlos, gewöhnlich aber nur einseitig, nur selten vielseitig u. vielsilbig.

Wenn die Musenklänge u. das Echo gleichzeitig Musik machen würden, so käme bestimmt eine Disharmonie heraus, weil das Echo naturgemäß stets um einen oder auch um mehrere Taktteile zu spät kommen würde. Das liegt in der Natur der Sache und das kann man nicht ändern. Daher immer langsam einer nach dem anderen!

Das Echo hat leider keinen so begabten und ausgebildeten Musik-Referenten wie die Musenklänge. Dies ist ein Nachteil für das Echo. Es ist bekannt, daß der musikalische Referent der Musenklänge seinerzeit im vielharmonischen Kirchenchore in Lossen die I. Violine meisterhaft spielte, daß es unter dem Dirigenten Schaffer in Konzerten mitwirkte, in Aubeln seine eigene Violinschule leitete, in Aubeln und in anderen großen Orten Europas Konzerte dirigierte usw. Im Besitze solch' eines musikalisch begabten und geschulten Musikreferenten, können die Musenklänge leicht gute Musik machen nach dem alten, wahrheitsvollen Spruche: „Ja da kann man leicht stinken, wenn man die Hosen voll hat." (Ich bitte wegen dieser schriftstellerischen Entgleisung um Entschuldigung.)

Abschrift des Entwurfs einer Zeitung „Echo aus Hameln", 14. März 1952 (Seite 9)

1) Zum Liede der Österreichischen Artillerie.

Es ist "unanständig", wenn man sich in der Öffentlich. "unanständig" aufführt, hingegen darf man in einem geschlossenen Raume (in dem bekannten Häuschen) den Dingen freien Lauf lassen und den respektwidrig riechenden Gasen den freien Abzug mit Geräusch gestatten. Dieses Geräusch, ein einfacher Naturton, wurde aber musikalisch kultiviert und frisiert u. wird jetzt in Konzerten aufgeführt durch Fagott, Saxophon u. anderen Instrumenten im Orchester u. die Zuhörer freuen sich über den kultiviert tönenden Naturlaut. Dem Komponisten des Liedes der Österreichischen Artillerie muß man volle Anerkennung zollen, denn es ist ihm gelungen, im Refrain den Ton naturgetreu ohne Natur-Fagot nachzuahmen. Man hört beinahe fast den Naturton mit Gefälle, aber er riecht nicht.

2) Beim Lesen der betreffenden Mitteilungen in den N.K. konnte ich meine bescheidenen Kenntnisse über Operntexte u. Opernmelodien erfreulicherweise bedeutend erweitern. Ich glaube, daß die alte Oper des W. Eber "Der Freischütz" nach ihrer Modernisierung sich die ganze Welt früher erobern wird, als die UdSSR.

2b) Das Arbeiter-Volkslied, das auch in Tossen u. auch in anderen Orten gesungen wurde, sowie auch die zeitgemäße Änderung der "Verkauften Braut" brauchen die Kritik nicht zu fürchten.

2c) Für solche musikalischen Notizen bin ich sehr dankbar, da meine musikalischen Kenntnisse sehr gering sind. Wie notwendig es ist, daß ich meine Musik-Kenntnisse wieder etwas auffrische u. erweitere, geht daraus hervor, daß ich zur Not noch aus meiner mathematischen Studienzeit her noch weiß, daß

Abschrift des Entwurfs einer Zeitung „Echo aus Hameln", 14. März 1952 (Seite 10)

daß der Kammerton a nach internationalen Vereinbarungen rund 440 Doppelschwingungen in der Sekunde macht, daß der Nonenrekord, Pardon es sollte heißen Nonenakkord vier Terzen übereinander bzw. eine None enthält u. daß das Flügelhorn nicht mit einem Klavierflügel verwechselt werden darf.

3) Der modernisierte Schreibstil hat mir sehr gut gefallen. Ich erinnere mich bei dieser Gelegenheit an folgende Begebenheit: Anlässlich des 50 jährigen Bestandes des Schützenvereins in x dorf sollte zur Feier des Tages abends auch eine Oper im Gemeindegasthause stattfinden. Die Schützen liebten die Musik und es war selbstverständlich, daß bei der Opernaufführung auch geschossen werden sollte. Der Schützenausschuß konnte sich aber über die zur Aufführung gelangenden Oper nicht einigen. Die einen wollten den "Freischütz von Weber", die anderen den "Wildschütz von Lortzing" haben. Die Lage wurde äußerst gespannt, als der Obmann erklärte, er werde die Obmannstelle niederlegen u. dem Vereine Ade sagen, wenn nicht der Freischütz aufgeführt werde. Andere Ausschussmitglieder erklärten, aus dem Vereine austreten zu wollen, wenn nicht der "Wildschütz" gegeben werde. Beide Opern konnte man nicht zur Aufführung bringen wegen Geldmangels. Schließlich überließ man die Wahl der Oper dem Opernensemble, das für die Aufführung der Oper in Aussicht genommen worden war. Das Opernensemble brachte "die beiden Schützen" von Lortzing zur Aufführung und befriedete in Salomonischer Weisheit beide der streitenden Teile. Der Friede im Schützenverein an x dorf war gerettet.

Abschrift des Entwurfs einer Zeitung „Echo aus Hameln", 14. März 1952 (Seite 11)

4. Fragen.

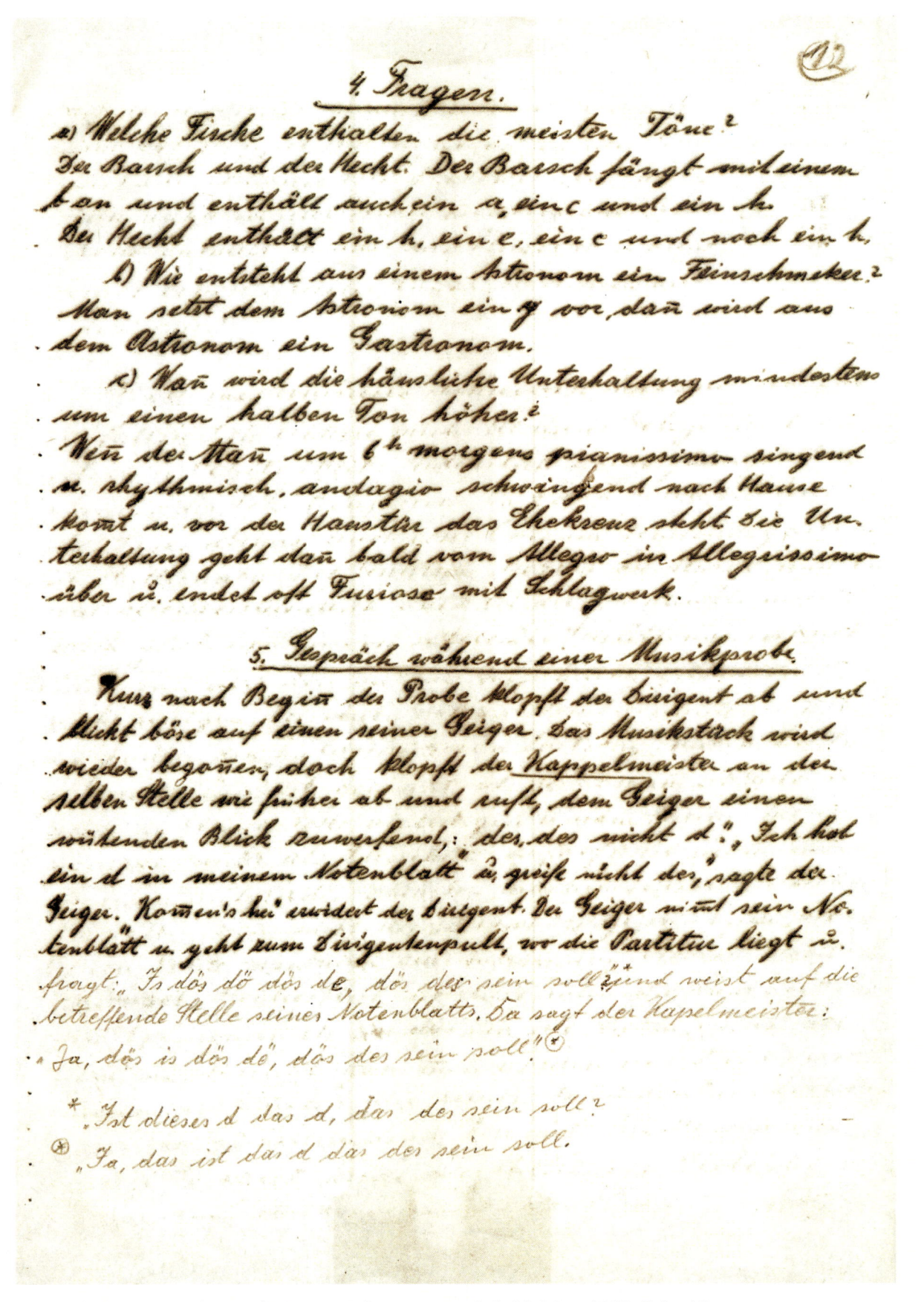

a) Welche Fische enthalten die meisten Töne?
Der Barsch und der Hecht. Der Barsch fängt mit einem
b an und enthält auch ein a, ein c und ein h.
Der Hecht enthält ein h, ein e, ein c und noch ein h.

b) Wie entsteht aus einem Astronom ein Feinschmecker?
Man setzt dem Astronom ein g vor, dann wird aus
dem Astronom ein Gastronom.

c) Wann wird die häusliche Unterhaltung mindestens
um einen halben Ton höher?
Wenn der Mann um 6ʰ morgens pianissimo singend
u. rhythmisch, andagio schwingend nach Hause
kommt u. vor der Haustür das Ehekreuz sieht, die Unterhaltung geht dann bald vom Allegro in Allegrissimo
über u. endet oft Furioso mit Schlagwerk.

5. Gespräch während einer Musikprobe.

Kurz nach Beginn der Probe klopft der Dirigent ab und
blickt böse auf einen seiner Geiger. Das Musikstück wird
wieder begonnen, doch klopft der Kappelmeister an der
selben Stelle wie früher ab und ruft, dem Geiger einen
wütenden Blick zuwerfend,: „des, des nicht d". „Ich hob
ein d in meinem Notenblatt" u. „greif nicht des", sagte der
Geiger. „Kommen's her" erwidert der Dirigent. Der Geiger nimmt sein Notenblatt u. geht zum Dirigentenpult, wo die Partitur liegt u.
fragt: „Is dös dö dös de, dös des sein soll?" und weist auf die
betreffende Stelle seines Notenblatts. Da sagt der Kapelmeister:
„Ja, dös is dös dö, dös des sein soll."⊛

* „Ist dieses d das d, das des sein soll?
⊛ „Ja, das ist das d das des sein soll.

Abschrift des Entwurfs einer Zeitung „Echo aus Hameln", 14. März 1952 (Seite 12)

6. Diplomaten Konzert.

Zu Beginn dieses Jahrhunderts war das sogenannte „Europäische Konzert" in der ganzen Welt bekannt. Es erzielte einige große Erfolge. Die Musik besorgten die europäischen Diplomaten. Dieses Konzert besteht leider heute nicht mehr. Die Mitspieler wurden immer mehr verstimmt u. das ehemals so harmonische Konzert endete schließlich ganz disharmonisch (Boxeraufstand in China, Balkankrieg etc.).

Heute machen die Diplomaten wieder Musik. Sie sind aber darüber nicht einig, ob sie weiterhin „Händel" spielen sollen oder ob sie es einmal mit „Gries" versuchen wollen.

7. Ein neues Blasinstrument.

„Wo ist denn heute der Onkel?" fragt der kleine Karli. „Er sitzt im Zimmer nebenan u. tut Trübsal blasen" antwortet die Mutti. „Man hört aber nichts" erwiderte der Kleine unbefriedigt.

8. Die „Deutschböhmen"

waren am Ende des vergangenen Jahrhunderts, als es noch keine Gramophon- u. Radiomusik gab, in den schles. Dörfern während des Winters sehr willkommen. Diese „rumänienriechenden Musikanten" machten gute Blechmusik, nicht nur während der Badesaison in den böhmischen Bädern, sondern auch während der regnerischen Herbst- u. Frühjahrsmonaten u. während der kalten Wintermonaten in Schlesiens verschneiten Dörfern. Das war für uns Jungen stets ein großes Gaudium. Eine Röwersdorferin sagte einmal: „Ach wenn sie heute wieder tüten täten, wie sie gestern taten tüten!"

9. Ehemals

wurden die Soldaten des k. u. k. Infanterieregiment

Abschrift des Entwurfs einer Zeitung „Echo aus Hameln", 14. März 1952 (Seite 13)

Laiser N°1, wen sie mit „Musik behaftet" oder „musikalisch angehaucht" waren, in's Garnisonspital Troppau zur Behandlung transferiert.

10) Aus der Oper „Siewill ja den Barbier von Rosini"
Der Liedertext ist aus den Noten u. den Buchstaben zu entnehmen. Mit viel Gefühl.

[Notenzeile]

11) Wer kan mir einen Satz bilden, in welchem das Wörtchen „Musikalisch" vorkomt?
„Im Frühjahr muß i Kali schtreuen auf die Kartoffelbeete."

12. Orgelkonzert in der Zossener Obermühle.

Eines Abends saßen in der guten Stube der Zossener Obermühle der Müller, seine junge Frau u. deren Freundin Erna R. als plötzlich durch die abendliche Stille vom Hofe her eine hohe Oegelmusik ertönte. Angenehm überrascht lief man zur Haustür, riß dieselbe auf u. man sah vor der Tör „Eduardla" stehen neben einer Leier, der er die schönsten Töne entlockte. Rasch brachte man Leier u. dem Drehorgelspieler in die Stube u. die Orgel tönte dort bis nach Mitternacht.

Wie kam aber Eduardla zu Drehorgel, zu wichtiger Leierkurbel? In Brättersdorf wohnte ein Leiersmann u. wen dieser auf seinen musikalischen Touren nach Zossen kam, dan stellte er sein Instrument im Haus N°28 ein u. begab sich sorglos in sein Heimatdorf. Sorglos u. seelenruhig gieng er seinen langen Weg; hatte er doch die Leierkurbel bei sich, die er abgeschraubt hatte, damit während seiner Abwesenheit, die manchmal mehrere Tage dauerte, niemand mit seinem Instrumente Unfug treibe. Der pfiffige u. schlaue Eduard hatte aber herausgefunden, daß die Kurbel der Butamaschine auf der Oberteue mit dem Gewinde der Leierkurbel übereinstimmte.

Abschrift des Entwurfs einer Zeitung „Echo aus Hameln", 14. März 1952 (Seite 14)

Kunterbunt.

1) Von Ost= u. Südostasien.

"Die Nordamerikaner wollen die bösen Mienen der Nord=koreaner nicht länger mit guter Miene ansehen" sagte Herr Miene zur Frau Minne.

Es hat fast den Anschein, daß bald Uno-Truppen den Brand in Indochina mit Kugelspritzen bekämpfen werden. Mit Feuer will man den Brand bekämpfen! Ist das nicht sonderbar?

2) Columbus.

Die Notiz in den Musenklängen, daß die r. Wissenschaftler herausgefunden haben, daß Amerika nicht von Columbus, sondern von einem ihrer Volksgenossen, namens Columborski, entdeckt worden ist, haben mich veranlaßt, in einem alten Bäuerischen Konversationslexikon diesbezüglich nachzulesen. Im Konversationslexikon findet man alles. (Auch die Kinder suchen hie u. da im Lexikon nach ih-rem in Verstoß geratenen Spielzeugen.) In dem besagten bäu-erischen Lexikon steht geschrieben unter C. "Columbus, ein sehr berühmter Mann. Er konnte ein Kunststück mit Eiern, da-durch ist er ein weltbekannter Mann geworden."

In demselben Lexikon findet man auch die Verdeutschung einiger Fremdwörter, z. B. konkret = Con kräht. Consum kommt von consumieren, wenn z. B. Con eine Rechnung summiert. Conserve kommt von Konservieren, wenn z. B. Con serviert. Conflikt = Con fliegt. Confekt = Con fegt z. B. mit dem Besen. Herschel, ein großer Astronom, nicht zu verwechseln mit Herrn Schell, worauf besonders aufmerksam gemacht wird Komma(,) Befehlsform für "Komme auch." etc. u. s. w. u. s. w.

Abschrift des Entwurfs einer Zeitung „Echo aus Hameln", 14. März 1952 (Seite 15)

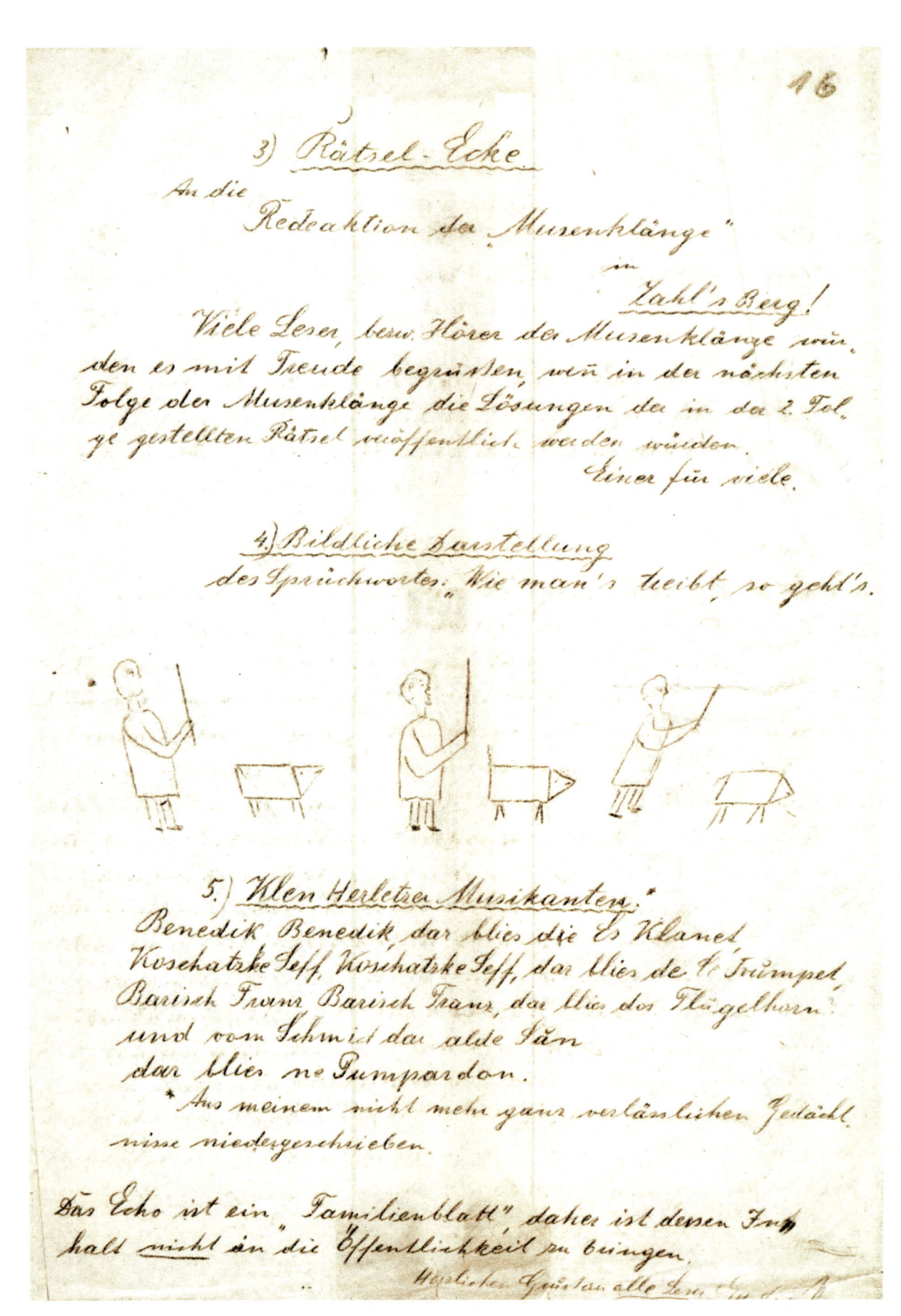

3) Rätsel-Ecke

An die Redaktion der „Musenklänge"

Zahl's Berg!

Viele Leser, bezw. Hörer der Musenklänge würden es mit Freude begrüßen, wenn in der nächsten Folge der Musenklänge die Lösungen der in der 2. Folge gestellten Rätsel veröffentlicht werden würden.

Einer für viele.

4) Bildliche Darstellung

des Sprichwortes: „Wie man's treibt, so geht's."

5) „Klen Herletzer Musikanten"*

Benedik Benedik, dar blies die Es Klanet
Koschatzke Seff, Koschatzke Seff, dar blies de B Trumpet
Barisch Franz Barisch Franz, dar blies das Flügelhorn
und vom Schmidt dar alde Sän
dar blies ne Pumpardon.

*Aus meinem nicht mehr ganz verlässlichen Gedächtnisse niedergeschrieben.

Das Echo ist ein „Familienblatt", daher ist dessen Inhalt nicht an die Öffentlichkeit zu bringen.

Herzlichen Gruß an alle Leser...

Abschrift des Entwurfs einer Zeitung „Echo aus Hameln", 14. März 1952 (Seite 16)

Im „Echo aus Hameln" finden sich zur Erbauung des älteren Bruders Julius deftige Wortspiele und „Witze". Die Herrenwitze und die Ausführungen zu den „Naturaltönen" werden vom Verfasser selbst als „unanständig" apostrophiert. Alte Ressentiments werden deutlich, so z.B. gegenüber Sozialisten. Für die Gewerkschaftsbewegung und für Lohnstreiks fehlt jegliches Verständnis. Der Umstand, dass Gustav Weyrich seine „Zeitung" in handschriftlicher Form verschicken muss, bietet Anlass zur Verspottung eines erfundenen „Druckerstreiks" (vgl. S. 232, S. 1 des „Echos aus Hameln").

Über sozial schwächer gestellte Dorfbewohner wie den verniedlichend „Eduardla" genannten Mitbewohner des Hauses Nr. 28 wird leicht gespöttelt. Eduard hatte sich im Hause Nr. 28 des dort zwischengelagerten Leierkastens eines Leierkastenmannes bemächtigt und damit in der Obermühle (Haus Nr. 49) ein Konzert gegeben. Der findige Eduard hatte die Kurbel eines landwirtschaftlichen Gerätes als Ersatzkurbel für den Leierkasten benutzt, dessen eigene Kurbel der Leierkastenmann auf dem Heimweg ins eigene Dorf mit sich geführt hatte (vgl. S. 24, S. 14 des „Echos aus Hameln": Orgelkonzert in der Zossener Obermühle).

In Zeiten ohne Radio und Fernsehen war der Besuch von Leierkastenmännern und auch von böhmischen Musikanten mit ihrer vielgerühmten Blasmusik in den Dörfern hochwillkommen. Die Hausmusik war offensichtlich ein wichtiger Teil der Freizeit, und die Anekdote zur Aufführung von Webers Freischütz durch Mitglieder eines dörflichen Schützenvereins (vgl. S. 239, S. 11 des „Echos aus Hameln") lässt auch heute noch schmunzeln.

Gustav Weyrich, der durch Oberschulbesuch, Hochschulstudium und selbständige Lehrtätigkeit eigenständiges Denken und Gedankenfreiheit im Sinne der Aufklärung gewohnt war, kritisiert die Denkverbote („Zensur") der Umerziehung in der Nachkriegszeit durch die Persiflage einer zensurierten Seite. Die *Re-education* durch die Alliierten in der Nachkriegszeit wird Gustav Weyrich in seinem bereits fortgeschrittenen Alter innerlich verabscheut haben.

An den politischen Grundüberzeugungen, die sich in der ersten Hälfte seines Lebens herausgebildet hatten, dürfte er auch nach zwei Weltkriegen und nach seiner Vertreibung nicht gezweifelt haben.

Der aufgeklärte, naturwissenschaftliche geprägte Ingenieur Gustav Weyrich wird es mit Voltaire gehalten haben, der – ideologischen Debatten abhold – seinem Roman Candide den Schlusssatz gibt: „Il faut cultiver notre jardin." (Wir müssen unseren Garten bearbeiten.)

Einladungsschreiben meines Großvaters an seinen alten Kollegen Prof. Dressler vom 5. Okt. 1953 zum Besuch in der neuen Hamelner Wohnung am Breiten Weg

Kapitel 13

Opa Gustav Weyrich als Ersatzvater

Eine heuristische Zwischenbemerkung muss der geneigte Leser gestatten. Hatten sich die bisherigen Ausführungen vornehmlich auf schriftliche Quellen gestützt, so gibt in Kapitel 13 die genauere Betrachtung von Familienfotos viel Aufschluss über die Rolle, die mein Großvater als Ersatzvater eingenommen hat. Die meisten Großeltern lieben ihre Enkelkinder und sind stolz auf sie. Enkelkinder lieben ihre Großeltern, wenn Sie die Gelegenheit haben, die Nähe ihrer Großeltern zu erfahren. Es heißt so schön „ein Bild sage mehr als tausend Worte." Bei nüchterner Betrachtung der Familienbilder verraten diese viel über das Selbstbild meines Großvaters als Patriarch der Familie. Mit einem Abstand von mehr als 70 Jahren seit der Entstehung der Bilder treten uns die Personen des 13. Kapitels in Mimik und Gestik lebendig gegenüber. Die Körpersprache der dargestellten Personen lässt über den zeitlichen Abstand hinweg Rückschlüsse auf seelische Befindlichkeiten zu. Die Sammlung der Fotografien habe ich meiner klugen Mutter zu verdanken, welche die Säuglings-, Kinder- und Jugendbilder für mich in einem Album zusammengetragen hat. Dank der fotografischen Dokumentation kann auch der am Menschlichen interessierte Leser seine ureigensten Schlüsse ziehen.

Sogar die persönliche Ausstrahlung des gealterten Ing. Gustav Weyrich wird spürbar. Die in den vorigen Kapiteln genutzten Bildquellen lassen viel weniger Rückschlüsse auf das Seelenleben zu als die intimeren Fotos der 1940er- und 1950er-Jahre. Bei den älteren Bildern, die das Buch zeigt, kann man den „Geist der Zeit" einer besonderen Epoche spüren. Rückschlüsse auf die persönlichen Empfindungen und Beziehungen der Dargestellten zueinander sind kaum möglich. Der Verfasser ist selbst überrascht, dass sich um die Person Gustav Weyrichs herum in der familiären Umgebung Gefühle wie Zuneigung und Eifersucht unschwer ablesen lassen. An diese meine kindlichen Seelenzustände kann ich mich auch recht genau erinnern. Nicht erinnern kann ich mich an meinen allerersten Lebensabschnitt.

Es wird meinem Großvater nicht ganz leichtgefallen sein, die Vaterstelle zu übernehmen. Gustav Weyrich erscheint erstmalig mit seinem Enkelsohn auf einem Foto aus der 2. Jahreshälfte 1949.

Nach der Kleidung zu schließen ist es draußen recht frisch. Das Weinlaub am Haus ist bereits abgefallen, und mein Großvater schaut ernst dem kommenden Winter entgegen. Er scheint zu „fremdeln" und schaut nicht auf Tochter und Enkelsohn. Ein Jahr später (Sept. 1950) trägt er den Enkelsohn ohne Scheu fest auf dem Arm, und beide schauen recht zuversichtlich in die Kamera.

Enkelsohn Norbert „selbdritt", mit Großvater Weyrich und Mutter Mimi Frimmel. Herbst/Winter 1949: Großvater tritt seine Rolle als Ersatzvater an, wirkt bedrückt und hält Abstand.

Großvater mit Enkelsohn Norbert im Hof der Prinzenstraße 12 in Hameln, Opa Weyrich wächst in die Rolle des Ersatzvaters hinein (2.9.1950).

Mein Großvater wächst in die ihm zugefallene Rolle als Ersatzvater hinein. Ein Brief meiner Großmutter Hermine beschreibt, welche Freude ihr Mann Gustl an dem munteren Enkelsohn hat, der den Großvater nachahmen möchte und mit Hut und Spazierstock unterwegs ist.

„Stock und Hut steh'n ihm gut, er ist wohlgemut." Der Enkelsohn (ein ganzes Jahr alt) ahmt den Großvater nach und benutzt dessen Attribute. Diese Szene wird von meiner Großmutter in einem Brief beschrieben.

Bericht von Oma Weyrich an die Frankfurter vom 3. Juni 1950 aus Hameln/Weser:

Hameln, am 3./6./50

Meine lieben Kinder!

Wer hätte gedacht, dass ich grad auf die alten Tage so wenig Zeit zum Schreiben haben werde, doch es ist wirklich so. Der kleine Norbert nimmt uns jetzt sehr in Anspruch, da er stets laufen will und sich selbst, was erreichbar ist, zu verschaffen weiß, nicht einmal der Gasherd ist vor ihm sicher.

Bei Tisch nimmt der uns an der Hand und zeigt zur Tür, und will mit auf den Hof – ist die Tür verschlossen, erreicht er irgendeinen Schlüssel, den er ins Schlüsselloch stecken will, und dann „Heidi" hinaus – –.

Jetzt bekommt er die Backenzähnchen. Er ist ein herziges liebes Kerlchen ..., die begehrte Spielerei ist Opas Hut und Stock, sind Opas und Omas Brille. Man muss lachen, wenn er mit dem Hut am Kopfe marschiert.

Bei uns vergeht ein Tag wie der andere. Wenn nur Mimi [meine Mutter, Anm. des Verf.] etwas gesünder wäre. – – Vater geht es jetzt verhältnismäßig gut – – – und ist halt nur auf seinen Garten eingestellt. – Mimi muss sehen, dass sie immer wieder einmal ein Kleid nähen kann – noch immer ohne eigene Maschine. […]

[…] Mit einer anderen Wohnung wird es wohl nicht so leicht gehen. Dir. Rohlf [im Brief ohne h] hat zwar angeboten, uns behilflich zu sein, kann aber vorläufig nichts machen, Bekannte von ihm bauen zwar schon mit 3.000 DM Bauzuschuß – – – für uns eine unerreichbare Summe. Man ist oft schon genug kleinlich; für uns Heimatvertriebene gibt es nichts als Schwierigkeiten, …

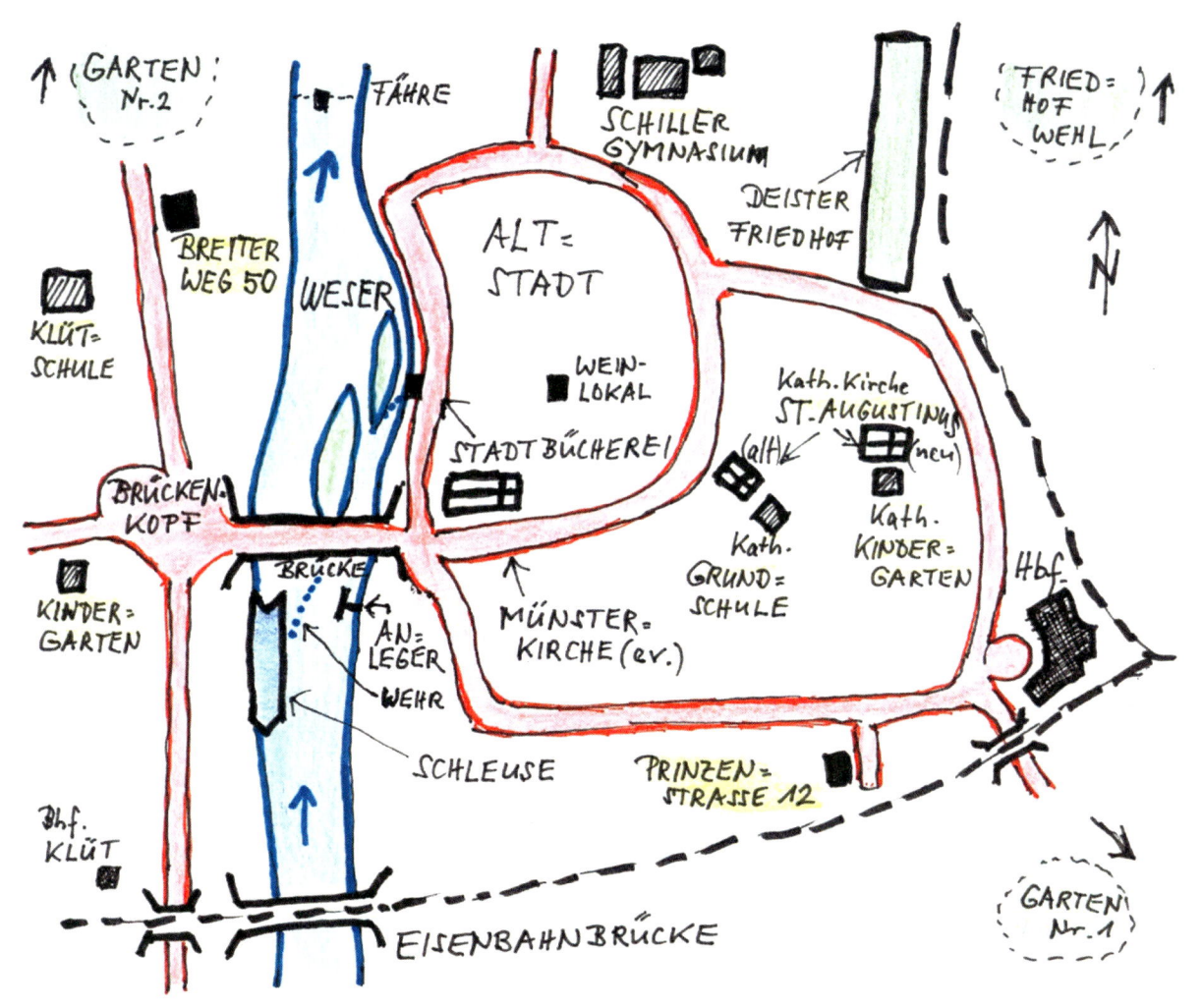

SKIZZE (ohne Maßstab) ZUM FAMILIENALLTAG 1949–1959 IN HAMELN an der WESER

Hameln, am 3./6. 50.

Meine lieben Kinder!

Wer hätte gedacht, daß ich gerade auch die alten Tage so wenig Zeit zum Schreiben haben werde, doch es ist wirklich so. Der kleine Norbert nimmt mich jetzt sehr in Anspruch. Da er stets laufen will, und sich alles, was möglich ist, zu verschaffen weiß, muß immer der Großvater [?] oder ich an ihm sein. Den Stuhl schiebt er rund um den Tisch – und zieht zur Tür, und will hinaus nach dem Hof. Ist die Tür verschlossen, verlangt er irgend einen Schlüssel, den er ins Schlüsselloch stecken will – – und den dreht "hinaus" – – . Jetzt bekommt er die Zuckerzäpfchen. Es ist ein herziges liebes Bübchen –, die begehrteste Spielerei ist Opas Hut, der Hock, und Opas und Omas Brille. Nun muß suchen wir es mit dem Hut um Rufi waschen.

Bei uns ergeht ein Tag wie der andere. Wenn nur Mimi etwas gesunder wäre – – –. Onkel geht es jetzt verhältnis- mäßig gut, – – – und ist halt mir nach seinem Garten gestellt. – Mimi merkt schon, daß sie immer wieder einen im Abnehmen Kur – – – noch immer sehr eigener Meinung – –. Da sind nichts als alles fehlt – – Das leben im Grund, von in dieser Umgebung leichter. Mit einer anderen Wohnung wird es wohl auch nicht so leicht gehen. Br. Rolf sollt uns zuvor nachgehen, um behilflich zu sein, – – . Wenn sehr vorläufig nichts macht, bekommt er ihn deinen Garten nur mit 3000 DM Einzuschuß – – bei uns einen einigen bar Zinsen. Man ist uch schon ganz kleinlaut, bei uns Heimatvertriebenen, gibt es nichts als Schwierigkeiten, die

Brief von Hermine Weyrich an ihre Kinder in Frankfurt/Main vom 3. Juni 1950 aus Hameln/Weser (Seite 1):

Brief von Hermine Weyrich an ihre Kinder in Frankfurt/Main vom 3. Juni 1950 aus Hameln/Weser (Seite 2):

Aus den Enkelsohn-Bildern ist die Entwicklung einer menschlichen Beziehung erkennbar und erschließbar. Auf den Bildern zeigt sich auch, dass der noch nicht ganz 70-jährige Gustav Weyrich vorzeitig gealtert wirkt. Zwar hat er die Widrigkeiten der Zeit mit einer gewissen stoischen Ruhe ertragen; ganz spurlos sind die seelischen und körperlichen Belastungen an ihm nicht vorübergegangen. Auf späteren Fotos wirkt mein Großvater wieder erholter.

Gustav Weyrich beim Turmbau mit dem Enkel. Der Großvater neigt sich dem Enkelsohn zu. Die Rolle des Ersatzvaters macht ihm sichtlich Freude.

In der Wohnung in der Prinzenstraße wohnte unsere kleine Familie etwas beengt. Für die Großeltern gab es ein gemeinsames Schlafzimmer nach hinten hinaus. An den Wänden des Schlafzimmers hingen die erdrückenden Gemälde des Herzens Jesu im großen braunen Holzrahmen und eine große Reproduktion der Kießling-Madonna von 1883. Auch als Kleinkind merkte ich, dass der Raum nicht schön ausgestattet war.

Vor meinem inneren Auge steht die Szene im Schlafzimmer der Großeltern in der Hamelner Prinzenstraße, als ich meinem Opa, der in langen Unterhosen als alter Mann im Zimmer stand, beim Vortragen eines Studentenliedes zuhörte. Es war aber nicht allein dieses Lied, das mir die unauslöschliche Erinnerung beschert, sondern das Erlebnis, dass ich selbst in Nachahmung meines Großvaters einen Pfeifton hervorgebracht hatte. Richtiges Pfeifen war es noch nicht, denn ich stieß die Luft dabei nicht aus, sondern ich sog sie ein. Mein erstes Pfeifen hat sich mir eingeprägt.

Im vorderen Zimmer war das Reich meiner Mutter und mein Kinderbett. Wenn die Betten weggeräumt waren, konnte man den Raum als gemeinsames Wohnzimmer nutzen. Neben vier Stühlen gab es einen Tisch mit runder Tischplatte und einem viereckigen Sockel, der auf einer großen viereckigen Platte ruhte. Diese Platte, etwa 5 cm über dem Fußboden, war das Spielparadies des kleinen Enkels Norbert. Zu Füßen der drei Erwachsenen konnte man herrlich mit Bauklötzen und Halma-Männchen spielen. Eine Holzpantine meiner Mutter wurde zu einem Schiff – wie man es auf der Weser beobachten konnte. Der Enkelsohn konnte aus diesem Spielparadies nach Belieben auftauchen und sich an die Knie der Erwachsenen anlehnen. Alles strahlte Geborgenheit und Harmonie aus. Vielleicht verstand ich auch die Gespräche der Erwachsenen nicht.

Meine Mutter und meine Großeltern waren also stolz auf den jüngsten Spross der Familie, und ich kann sagen, dass ich eine behütete und anregende Kindheit hatte.

Mit meinem Großvater erkundete ich eines Tages ein gewaltiges Feuerwehrauto, das in der Hamelner Altstadt in einer großen Fahrzeughalle stand. Ich durfte auf die vordere Fahrerbank steigen und mich hinter das Lenkrad setzen. Dies hatte mein Großvater durch ein freundliches Gespräch ermöglicht. Die Feuerwehr hat mich – wie viele Jungen – begeistert. Anlässlich des Besuches der ältesten Schwester meines Vaters, Tante Elsa Jay, wurde ich Eigentümer eines gewaltigen Feuerwehrautos aus Holz, dessen Fahrertür beweglich war und das eine Drehleiter (gelb gestrichen) mit sich führte.

Der etwa zweijährige Enkelsohn sicher an der Hand des Großvaters. Man beachte die elegante Stock- und Beinhaltung des Enkelsohnes und den etwas visionären Blick des Großvaters: ein gütiger Begleiter und Freund auf dem Weg des Enkelsohnes ins Leben.

An viele Besuche im Garten an Tönneböns Teichen kann ich mich erinnern. Die Teiche waren eine ehemalige Kiesgrube, entstanden durch die Ablagerungen des Geschiebes im Urstromtal der Weser. Ob Gustav Weyrich dabei an seine Habilitationsschrift gedacht haben mag? Als junger Mann ist der Verfasser übrigens in diesem Baggerloch naturverbunden geschwommen.

In Opas Schrebergarten an Tönneböns Teichen gab es ein Erdloch mit Hebedeckel, in dem ich mich verstecken konnte. An den Geschmack der frischen Erbsen aus Schoten kann ich mich erinnern – auch an die wohlschmeckenden Erdbeeren, die mein Großvater anbaute und die er gerne mit Vollmilch zu sich nahm.

Nicht ganz ohne Augenzwinkern und Humor wurden mit Hilfe von Streichholzschachteln kleine Betonklötzchen gegossen und verschiedene Mischungen ausprobiert. Interessant für meine Selbstbetrachtung ist die Frage, warum der frühkindliche Einfluss meines Großvaters in mir keinerlei Bedürfnis nach einem Garten oder der Pflege von Pflanzen hervorgebracht hat. Anders war es ja bei meiner Cousine Astrid und meinem Onkel Fred. Für Tante Trude in Münster/Westfalen war der Garten um ihr Heim herum ein paradiesisches Betätigungsfeld. Ein kleines Wäldchen beherbergte eine muntere Vogelwelt, und diese war für Tante Trude ein steter Quell der Freude. Meiner Mutter fehlte allerdings die Neigung zum Gärtnern völlig, und sie gab den von ihrem Vater gepachteten Garten nach dessen Tod auf.

Auf Erkundungsgang mit dem Großvater auf den Straßen in Hameln/Weser: Großvater und Enkel brauchen den Spazierstock, und der Himmel lacht.

Mit dem heranwachsenden Enkelsohn – hier in sommerlich kurzen Hosen – konnten schon größere Ausflüge unternommen werden. Wie bisher ahmte der Enkelsohn den Opa nach, indem er gleichfalls einen Spazierstock mit sich führte. Meinem Großvater scheint man den k.u.k. Hauptmann im Beurlaubtenstand noch anzusehen. Der Enkelsohn neigt den Kopf in Richtung seiner väterlichen Bezugsperson. Das Vertrauen zum Ersatzvater wird spürbar. Meine Beziehung zu meinem Großvater Gustav Weyrich war geprägt von kindlicher Liebe und Bewunderung. Das Wohlgefallen aneinander war wechselseitig, und ich bin mir sehr sicher, dass ich von meinem Großvater auch geliebt wurde. So habe ich meinem Großvater zu verdanken, dass meine Kinderzeit sehr glücklich verlief. Mein Großvater war gottlob in der Lage, den fehlenden Vater so zu ersetzen, dass ich „Vaterlosigkeit" nie empfand. Mein leiblicher Vater war zwar vergegenwärtigt durch die Grabstelle auf dem Deisterfriedhof und durch ein Profilbild, das meine Mutter im Wohnzimmer auf der eleganten Kirschbaumkredenz der 1950er-Jahre sehr sichtbar aufgestellt hatte. Mein leiblicher Vater befand sich nach der festen Überzeugung der Familie im Himmel und betrachtete von dort wohlwollend seine Hinterbliebenen in Hameln. Das Grab meines Vaters und das Grab meiner kleinen Schwester Ursula waren selbstverständlicher Teil meines kindlichen Lebens. Der schön angelegte Deisterfriedhof bot unserer kleinen Familie auch schöne Naturerlebnisse – das ganze Jahr hindurch.

In die Zeit der Abfassung dieses Kapitels fällt der 75. Todestag meines Vaters. Das Grab meiner Eltern besteht noch und wird von der Friedhofsgärtnerei gut gepflegt. Mit dem Deisterfriedhof verbinde ich viele gute Erinnerungen. Traf man Bekannte, wurde miteinander nett geplaudert. Ein Gespräch zog sich länger hin, und vor dem Haupteingang in Richtung Westen erblickte ich die Venus, den von meiner Mutter „Guter-Abend-Stern" getauften Planeten vor einem türkis-blauen Himmel. Das Elterngrab und seine Umgebung sind für mich paradoxerweise ein Stück Heimat auf der Erde. Als die Großeltern starben, wurde auf dem Deisterfriedhof nicht mehr beerdigt. Sie fanden ihre letzte Ruhe auf dem Friedhof „Am Wehl".

Das Foto der Familiengruppe ist ein Schlüsselbild für die Stellung Gustav Weyrichs innerhalb seiner Familie. Die damals übliche Patriarchenrolle hat mein Großvater verinnerlicht, und er lebte sie mit Selbstverständlichkeit. Allerdings war mein Großvater nie ein Tyrann, sondern ein gütiges und wohlwollendes Familienoberhaupt. Bei der Lebensgestaltung, Partnerwahl, Berufswahl hatte er seinen Kindern große Freiräume gewährt.

Mit großer Gelassenheit verfolgte er das Leben der Kinder und Enkelkinder. Sein grundsätzliches Wohlwollen bedeutete aber nicht, dass er sich für Alltagsprobleme interessierte. Den Lebensalltag und dessen Probleme sollten die Kinder allein bewältigen. Im Falle seiner verwitweten Tochter Mimi und seines Enkelsohnes Norbert hatte er eine Ausnahme gemacht.

Auf dem Gruppenbild hält er im Gegensatz zu meiner Großmutter eine gewisse Distanz zu den Familienmitgliedern. Wie bereits dargestellt, fühlte ich mich von meinem Großvater geliebt. Die Distanz des Patriarchen auf dem Sofa muss in mir Eifersucht und Verlustängste ausgelöst haben. Täglich hatte ich den Großvater um mich herum und gleichsam „für mich". Bei Verwandtenbesuchen schien er mir nicht mehr völlig zu gehören. Da Liebe oft die unschöne Begleiterscheinung von Eifersucht hat, wird die Bildszene vielleicht verständlicher.

Familienbesuch 1956 aus Münster/Westfalen bei den Großeltern. (Das Kufstein-Gemälde hat sich erhalten.) Untere Reihe von links: Cousine Birgit, Oma Weyrich, Opa Weyrich, der Verfasser, Cousine Astrid. Obere Reihe: Meine Mutter, Herr Freiherr, der Fahrer, meine Tante Trude. Der besitzergreifende Enkelsohn hält vorsichtshalber „seinen" Großvater bei der Hand.

Während meine Cousinen einsichtsvoll, brav und gesittet das unvermeidliche Foto über sich ergehen lassen, drängt sich der Enkelsohn Norbert an den Großvater und verteidigt seine große Liebe gegen die erwachsenere Cousine Astrid. In der Rückschau wird dem Verfasser klar, dass er unbegründete Ängste vor Mitbewerbern um die Liebe des Großvaters entwickelt hatte.

Auf dem Bild der nächsten Seite werden die Ängste des Enkelsohnes ganz deutlich. Bei einem Besuch „der Rosenheimer" in Hameln bei den Großeltern taucht als möglicher Rivale um die Gunst des Großvaters der älteste Enkelsohn Klaus auf. Der Besitzanspruch auf den Großvater wird vom jüngeren Enkelsohn dadurch illustriert, dass er dem Großvater fast auf die Schulter steigt.

Die zwei Enkelsöhne des Großvaters: Norbert, der seinen Großvater allein besitzen will und ihm fast auf die Schulter geklettert ist, und Klaus W., der von Großmutter Hermine Weyrich abgeschirmt wird. (Besuch aus Rosenheim/Oberbayern in Hameln, Dezember 1956)

Mein Onkel Fred, der dies vielleicht zunächst nicht ahnte, wurde von mir als Rivale um die Liebe meines Großvaters empfunden. Das herzliche Einvernehmen von Opa und Onkel Fred blieb dem Knaben Norbert natürlich nicht verborgen. Aus welchen Gründen auch immer hat der Verfasser seinen Onkel Fred als älteren Bruder betrachtet – nie als Repräsentanten der Generation des leiblichen Vaters. Als Onkel Fred nach dem Tode des Großvaters sozusagen als dessen Nachfolger in eine Art Vaterrolle schlüpfen wollte, scheiterte sein Vorhaben.

Als Heranwachsender habe ich dies instinktiv abgewehrt, und es kam dann zu einer jahrelangen Verstimmung und Entfremdung zwischen uns beiden. Mein Großvater Gustav Weyrich hätte das Zerwürfnis wohl sehr wehgetan. Auf einem Foto vom 26. März 1950 sieht man noch, wie einvernehmlich Friedenspfeifen geraucht werden.

Ein Raucherkollegium 24.2.1951 in Hameln. Der Verfasser auf dem Arm seines Großvaters sitzend, beim Besuch von Onkel Fred aus Frankfurt

Als ich das Kindergartenalter erreicht hatte, besuchte ich den katholischen Kindergarten in der Hamelner Lohstraße, einen neben der neuen Augustinuskirche errichteten Neubau. Die Räume waren hell, freundlich, einladend. Der katholische Kindergarten wurde von Nonnen geführt, und ich verbinde damit nur Gutes. Ich fühlte mich dort wohl und glücklich. Ich hatte einen Tischnachbarn, mit dem ich mich anfreundete, und die Welt schien in Ordnung. Mein Großvater brachte mich zum Kindergarten und holte mich danach wieder ab; es ging üblicherweise zum gemeinsamen Mittagessen nach Hause. Oftmals kochte meine Oma Weyrich, und die Gerichte der böhmischösterreichischen Küche sind mir seit Kindheitstagen vertraut. Mein Lieblingsgericht war Schweinebraten mit Knödeln und Sauerkraut, bis ich später in eine fast fleischlose Phase geriet.

Ein in der katholischen Kolping-Familie stark engagiertes Ehepaar, Heribert und Elisabeth Dunkel, das meinen Vater aus gemeinsamen Kirchenchorzeiten in St. Augustinus gut kannte, lud uns häufiger zu Schnittchen und zum Fernsehen ein. Die Freundschaft hielt auch nach dem Tod meiner Mutter an. Durch diese Einladungen hatte ich unvergessliche Erlebnisse. Frau Dunkels Vater, ein hochbetagter Herr, nahm mich z.B. mit in eine Fußballtoto-Annahmestelle. Der begleitende Knabe wurde mit einem Eukalyptus-Bonbon belohnt, dessen Geschmack ich bis dahin nicht gekannt hatte.

Es ist erstaunlich, wie lange schöne, scheinbar banale Momente nachleuchten, obwohl der Spender von Zeit, Zuwendung und Geschenken sich der segensreichen Auswirkungen seiner spontanen guten Taten gar nicht recht bewusst ist. Auch diese glücklichen Momente – wie ich sie als Kind erleben durfte – summieren sich zu einem Glücksgefühl, das lange Zeit überdauert.

Die Wohnung war neu, hell und sonnig und für uns sehr geräumig. In dem langgestreckten Flur konnte man gut spielen. Das Schlafzimmer der Großeltern hatte einen Balkon, von dem aus man den Blick in private Hausgärten hatte. Vom Wohnzimmer aus Richtung Westen konnte man den Klüt mit dem Klütturm sehen. Die neue Wohnung machte alle Familienmitglieder glücklich. In der gemütlichen Küche kochte oft meine Großmutter, und ich durfte warten, bis die Bratentunke fertig war und man Brot „eintunken" konnte. Vom Küchenfenster aus sah man oft Schwalben oder Mauersegler, und meine Großmutter konnte mir erklären, wann und warum Schwalben hoch oder tief fliegen.

Mein Großvater hatte in dem großen Flur am Hamelner Breiten Weg 50 die Gelegenheit, kleine Experimente bei wenig Licht durchzuführen. Wir bauten einen hohen Turm aus gesammelten Zigarrenschachteln, der ein von einer Taschenlampe beleuchtetes Zifferblatt erhielt und wunderbar leuchtete. Anhand eines Balles und seiner Taschenlampe erklärte mein Großvater mir z.B. die Erddrehung und das Phänomen von Tag und Nacht. Es gibt einen bekannten Merkspruch, um sich die Reihenfolge der Planeten merken zu können:

„**M**ein **V**ater **e**rklärt **m**ir **j**eden **S**amstag **u**nsere **n**eun **P**laneten."

Merkur, **V**enus, **E**rde, **M**ars, **J**upiter, **S**aturn, **U**ranus, **N**eptun, **P**luto

Mein Großvater hat es geschafft, mir als Kind die Stellung der Erde im Sonnensystem sowie die Reihenfolge der äußeren und inneren Planeten zu erklären und unvergesslich einzuprägen. Zwar ist der Spruch inzwischen veraltet, da Pluto nicht mehr zu dem Planeten gezählt wird, aber eindrucksvoll ist er doch.

Im obersten Stockwerk des Hauses fand ich einen Spielkameraden und Freund, Otto B. genannt. Dieser hatte ältere Brüder und fand vieles „puppig", was mir weniger leichtfiel. Ein Nachteil des Umzugs war, dass mein Großvater wegen der Entfernung einen anderen Garten im Wesertal pachten musste und dass ich zum Kindergarten im sogenannten Klütviertel wechseln musste. Bis auf die fesche Kindergartentante „Gerti" gefiel mir die Atmosphäre in der düsteren alten Villa nicht. Aus irgendeinem Grund holte mich mein Großvater eines Tages nicht rechtzeitig zum Mittagessen nach Hause, und ich musste eine „Mittagsruhe" mit vielen anderen Kindern auf Betten in einem

Schlafsaal verbringen. Dies ist mir in unangenehmer Erinnerung geblieben. Die viele Zeit, die mein Großvater mir widmete, hat mir Erlebnisse der oben geschilderten Art weitgehend erspart.

Die neue Wohnung machte es auch möglich, Gäste zu empfangen und eventuell auch übernachten zu lassen. Das war für die Verwandtschaft und für die Enkelkinder eine günstige Gelegenheit zu Besuchen in Hameln. Das erste Weihnachtsfest verbrachten Onkel Fred und Tante Ruth aus Frankfurt bei uns am Breiten Weg. Ein kleiner Weihnachtsbaum war besorgt worden, und er stand mit Kerzen geschmückt auf einer großen Nähmaschine meiner Mutter. Natürlich hatte ich versucht, durch das Schlüsselloch zu sehen, um das Christkind zu erspähen. Es wurde ein Glöckchen geläutet, die fünf Erwachsenen und der Knabe Norbert liefen durcheinander, und das kleine Bäumchen fiel herunter, nachdem jemand allzu flüchtig die Kerzen entzündet hatte. Der Brand musste schnell durch das Überwerfen von Decken erstickt werden. Tante Ruth, deren Patenkind ich übrigens war, sang mir vor dem Einschlafen das Wiegenlied von Brahms. Obwohl meine Tante Ruth sich mit mir als Patenkind sehr viel Mühe gab, verweigerte ich die Übergabe eines Blumenstraußes, nachdem ich den Begrüßungssatz nach meinem damaligen Sprechvermögen heruntergeleiert hatte: „Ich heiße Nobi-Wimmi und bin dein Patta-Kind."

Eine Kaffeerunde mit den Großeltern in deren Hamelner Wohnzimmer, ca. 1954, anlässlich des Besuches von Oberstudienrat Dressler, einem ehemaligen Kollegen aus Oberhermsdorfer Zeiten, der auch das Foto gemacht hat. Ganz rechts die Großmutter, daneben Frau Dressler; mein Großvater zwischen seiner jüngsten Tochter Mimi und dem jüngsten Enkelkind Norbert.

Zu einem der Geburtstage meines Großvaters gab es hohen Besuch aus Hildesheim. Prof. Dressler, jetzt Oberstudienrat Dressler, ein jüngerer Kollege aus Oberhermsdorfer Zeiten, stattete gemeinsam mit seiner Gattin meinem von ihm geschätzten Großvater einen Besuch ab, wobei das das obige Foto aus dem guten vorderen Zimmer entstand. Ich kann mich dabei an einen kleinen Anfall von eigener Eitelkeit entsinnen. Ich wollte besonders im Kreis der Erwachsenen eine gute Erwachsenen-Figur machen und nahm eine etwas gekünstelte Sitzposition ein. Fotogen sein will wahrscheinlich gelernt werden.

Zum Gegenbesuch bei Dresslers nach Hildesheim nahm mich mein Großvater mit. Die Fahrt in einem großen Diesel-Triebwagen mit riesigen Fenstern hat mich stark beeindruckt. Es schneite mit großen Flocken, und ein solches Schneetreiben bei schneller Fahrt des Zuges hatte ich noch nicht erlebt. Die große Landwirtschaftsschule wurde uns von Herrn Dressler gezeigt und von mir gehörig bewundert. Von der kleinen Reise brachte Gustav Weyrich Literatur über die Hildesheimer Kirchen mit, die er daheim tatsächlich durcharbeitete.

Ist in Kapitel 11 (Seite 215 Mitte) versucht worden, den Begriff „Banalität des Bösen" als Anregung zu einer Betrachtung unseliger Zeiten zu nutzen, so könnte man bei meinen Hamelner Kindheitserfahrungen von einer „Banalität des Guten" sprechen. Wenig spektakulär erscheinende Einladungen haben mich als Kind stark beeindruckt und erfreut. Der Bankdirektor Rohlf, ein Freund meines verstorbenen Vaters aus gemeinsamen Zeiten in der Hamelner Augustinerkirche, ließ mich zweimal in einem Mercedes-Taxi mitfahren. Eine Fahrt führte nach Bodenwerder zu einem Kreditgespräch mit einem Binnenschiffer an Bord seines Frachtschiffes. Es gab einen Kanarienvogel im Käfig, und ich bekam eine Limonade zu trinken. Eine längere Fahrt im schwarzlackierten Taxi mit roten Sitzen ging von Hameln nach Goslar zum Restaurant / Hotel Kaiserworth. Der rote Teppich im Hotel verschlug mir die Sprache.

Im Herbst des Jahres 1953 erhielt unsere kleine Familie auf dem Breiten Weg einen recht aufregenden Besuch aus den USA. Auf der Rückreise von Wien besuchte die nach dem 1. Weltkrieg von Brünn nach Burlington/Iowa ausgewanderte ältere Schwester der drei Frimmel-Brüder Hameln, um ihre Schwägerin Mimi und ihren Neffen Norbert kennenzulernen und um das Grab ihres mittleren Bruders, meines Vaters, zu besuchen. Ihr Sohn Ferry Jay, mein Cousin, einer ihrer beiden Söhne, hatte etwas Geld angespart und konnte seiner Mutter die Europareise per Schiff bieten. Ferry dürfte etwas jünger als meine Mutter gewesen sein, war später in Kalifornien als Lehrer tätig und besuchte ab etwa 1973 regelmäßig jährlich mit seiner zweiten Frau, einer gebürtigen Deutschen, seine Verwandten – die Wiener, meine Mutter und mich – in Europa. Er hat das Farbfoto mit einer damals bestaunten Leica-Kamera gemacht. Den Film ließ er nach der Rückkehr in die USA entwickeln, und die Abzüge stammen vom Dezember 1953. Tante Elsa wirkt mit den braunen Lederhandschuhen und der passenden Tasche in Hameln durchaus etwas amerikanisch und erinnert an Fotos aus amerikanischen Modejournalen. Der touristische Besuch aus dem Lande, das nach dem Kriege als Inbegriff der Freiheit und des Wohlstandes galt, war eine kleine Sensation, und ich kann mich erinnern, dass ich mich damals sehr wichtig fühlte. Mein Großvater hatte die Gelegenheit zu einem intensiven Gespräch mit den Besuchern über die landwirtschaftliche Produktion im Agrarstaat Iowa.

Als ich mir bei der Abreise der amerikanischen Besucher in einem Hamelner Spielwarengeschäft ein Abschiedsgeschenk aussuchen durfte, ließ ich mir von Tante Elsa ein großes, rotes Feuerwehrauto aus Holz schenken – natürlich mit einer Drehleiter. Mitsamt dem Feuerwehrauto und meiner Mutter ließ ich mich dann zum Abschied fotografieren.

Besuch aus den USA: Tante Elsa (geborene Frimmel, verheiratete Jay) auf der neuen Weserbrücke in Hameln / Blick zum Werder. Tante Elsa umrahmt von meiner Mutter, meinem Großvater und ihrem Neffen.

Der Name Frimmel hat übrigens einen älteren Bezug zu den USA. Die Familie Frimmel stammt ursprünglich aus dem Schönhengstgau[1]. Der Ur-Urgroßvater Franz Frimmel (geb. 15.9.1818) ist in Niederjohnsdorf, das zur Stadt Landskron gehörte, geboren. Sein Vater Johann Frimmel war mit Anna, geb. Köhler, verheiratet. Als Beruf Franz Frimmels wird „Inwohner" angegeben. Er gehörte also zu den besitzlosen Landbewohnern und war vermutlich ein armer Mann.

Mein Urgroßvater Johann Frimmel wurde am 9. Mai 1849 in Niederjohnsdorf geboren und war zum Zeitpunkt seiner Eheschließung (1877), die in Brünn / St. Jakob erfolgte, Schumachergeselle. Mein Großvater Franz Frimmel (geboren 2.10.1877), getauft in der Pfarrei Altbrünn, heiratete am 21.10.1900 Marie Rosa Benda in Brünn-St. Magdalena. Der Beruf des Großvaters Franz Frimmel wird als Geschäftsführer angegeben.

Die Gegend um Landskron hat einen Bezug zu den USA. Nach der Bauernbefreiung 1848 erfolgte aus der Landskroner Gegend eine Auswanderungswelle in den US-Staat Wisconsin, der 1848 gegründet worden war. Viele arme Menschen aus dem Schönhengstgau versuchten ihr Glück als „Farmer" in der neuen Welt. Der Name Frimmel taucht auch auf Passagierlisten aus Bremerhaven in die USA auf. So ist Tante Elsa vielleicht als Trägerin einer verborgenen Tradition anzusehen. Die „Armutsauswanderung" aus dem Schönhengstgau hat man sich so vorzustellen, dass sich Gruppen von Menschen aus der alten Heimat in der neuen Heimat so ansiedelten, dass sie einander helfen konnten.

---

[1] Der Schönhengstgau ist eine historische Region, in Böhmen und in Mähren gelegen, die überwiegend von deutschstämmigen Siedlern aus Franken bewohnt war. Der Name stammt von einem Gebirgszug.

Während meines ersten Jahres im katholischen Kindergarten in der Hamelner Lohstraße erfolgte der Umzug zum Breiten Weg 50 in eine heißersehnte Neubauwohnung.

Der Umzug ins Klütviertel bedeutete die Einschulung in die Klütschule, die von Rektor Bethke, der meinem Großvater im Habitus nicht unähnlich war, umsichtig geleitet wurde. Rektor Bethke pflegte nach der Beendigung seiner Dienstpflichten eine Zigarre rauchend mit Spazierstock den Breiten Weg zu seiner Wohnung hinabzugehen und ließ sich dabei gerne von seinen Schülern mit Handschlag begrüßen. Die vom Breiten Weg aus gut und schnell erreichbare moderne Klütschule verfügte über schöne Räume, und die Schulatmosphäre war sehr angenehm. In den 1950er-Jahren wurden sogar Schulausflüge „mit dem Dampfer" zum Hamelner Ohrberg gemacht, die mit einer Prozession bei Fackelschein zurück zum Schiff endete.

In der Klütschule war ich sehr gerne, besonders nachdem die Lehrerin der Anfangsklasse gewechselt hatte. Diese mochte mich nicht besonders – was für mich eine recht neue Erfahrung war –, und immer, wenn ich mit meinem Freund Otto B. schwatzte, war ich der Schuldige und musste den Klassenraum verlassen. Oft traf es sich, dass Rektor Bethke vorbeikam und ich sogar etwas Zeit im Rektorenzimmer verbringen durfte, was ich als Auszeichnung auffasste. Herrn Rektor Bethke empfand ich als väterlichen Freund, und als ich Gewährsmänner für meine Bewerbung als Reserveoffiziersanwärter benötigte, war Rektor Bethke einer der beiden, die über mich Auskunft gaben.

Meine Einschulung hat mein Großvater miterlebt. Die Freude der Familie wurde aber etwas getrübt. In der Nacht vor der Einschulung hatte ich einen seltenen Krach mit meiner lieben Mutter, die ich vier Stunden vor Schulbeginn damit „sekkierte" [österr. für quälen], ich müsse jetzt in die Schule. Der erste Schultag hätte mir eine Warnung vor der Institution Schule sein sollen, der ich mich dann in meinem Berufsleben ausgeliefert habe. Das erste Schuljahreszeugnis brachte für mich Kummer mit sich. Es stand unter dem Zeugnis: „Norbert ist leicht abgelenkt." und die Bemerkung fehlte, dass ich in die nächsthöhere Klasse versetzt sei. Meine Mutter musste zu Herrn Rektor Bethke eilen, der handschriftlich auf dem Zeugnis vermerkte: „Norbert ist versetzt!"

Dechant Hövelmann, von dem bereits in Kapitel 11 bei der Beglaubigung des Dienstzeugnisses meines Vaters die Rede war, sorgte dafür, dass ich die katholische Grundschule in der Hamelner Wilhelmstraße in den Klassen 3 und 4 besuchen musste, da ich sonst nicht zur Hl. Kommunion gehen dürfe. Meine Mutter stimmte zähneknirschend dem Schulwechsel zu. Mein Schulweg führte dann über die Weserbrücke Richtung Deisterstraße, begleitet von zwei katholischen Kindern aus dem Klütviertel, Angelika G. und Christoph M.; die Konfessionen gaben sich in den 1950er-Jahren noch kämpferisch.

Statt ökumenischer Bemühungen grenzten sich die christlichen Kirchen voneinander ab. So erhielt ich eine religiös geprägte katholische Gewissenserziehung. Direktor i.R. Gustav Weyrich und Rektor Bethke hielten den Schulwechsel übrigens für überflüssig und sogar für unangebracht.

Soweit es für einen heimatvertriebenen bäuerlichen Menschen möglich war, war mein Großvater inzwischen mit seinem Schicksal ausgesöhnt, zufrieden und vielleicht sogar glücklich. So dichtet er im März 1952 (vgl. S. 233):

> „Meiner Kräfte Wurzel liegt tief,
>
> das seh ich d'raus, daß des Schicksals Tücke
>
> sie nicht schwer verletzten konnte.
>
> Gott sei Dank! Vom Schlimmsten wurde
>
> ich bisher verschont."

Gustav Weyrich hatte sich mit den Umständen recht gut arrangiert und freute sich mit der Familie, deren Mitglieder wieder einigermaßen Fuß gefasst hatten. Vom Geld des Lastenausgleichs konnte mein Großvater die Hamelner Genossenschaftswohnung mit neuwertigen Möbeln einrichten lassen; er selbst hatte einen kleinen Schreibtisch zur Verfügung, an dem er auch viel Zeit verbrachte. Das Glück wäre fast vollkommen gewesen, wenn er nicht durch Nikotinmissbrauch seine Gefäße stark geschädigt hätte. Er war zeitlebens überzeugter Zigarrenraucher. Zigarrenrauchen flößt nicht nur Vertrauen ein – wie manche zu sagen pflegen –, sondern es ist leider auch gesundheitsschädlich. Gustav Weyrich rauchte mit einer gewissen Todesverachtung gegen ärztlichen Rat. Vom Tabak wollte und konnte Gustav Weyrich nicht lassen. Er wurde bettlägerig wegen Durchblutungsstörungen, und weil die Beine ihren Dienst versagten.

Mir ist noch eine Szene mit meinem Großvater in Erinnerung, die sich mir eingeprägt hat. Kurz vor seiner Bettlägerigkeit, die mit seinem Tode endete, versagten ihm im Garten plötzlich die Beine. Der etwa 1 km lange Weg vom Garten in die Wohnung wurde für ihn zur Tortur und offenbarte seine Fähigkeit durchzuhalten. Er schaffte es – in meiner Gegenwart – sich an Zäunen entlangzuhangeln und endlich die Wohnung zu erreichen. Leider war ich als Knirps nicht in der Lage, ihn zu stützen. Als wir endlich die Wohnung erreichten, schaffte er es nicht, sich aufs Sofa zu setzen; er kam auf dem Fußboden zu sitzen. Mit der Hilfe einer höhenverstellbaren Fußstütze und meiner Mitwirkung gelang es nach vielen Verschnaufpausen, dass sich mein Großvater auf die Sitzfläche des Sofas hieven konnte, wo wir dann die Ankunft meiner Großmutter und meiner Mutter erwarteten, die gerade nicht in der Wohnung waren, da sie Einkäufe erledigten. Die tapfere Haltung, sich nicht geschlagen zu geben, die mein Großvater zeigte, war nicht gespielt, und sie muss ein Leben lang eingeübt gewesen sein. Meinem Großvater war es nicht recht, dass sein Enkelsohn das Ringen mit dem versagenden Körper auf dem Nachhauseweg hatte miterleben müssen. Ich empfand aber bei diesem Geschehen eine große menschliche Nähe zu meinem Großvater. Durch das Miterleben dieses Kampfes habe ich viel über meinen Großvater erfahren.

Er bekam durch das lange Liegen einen Dekubitus, und wäre nicht eine tapfere Diakonissin, Schwester Elise, gewesen, wäre die lange Zeit seiner Bettlägerigkeit für meine Mutter und meine Großmutter unerträglich gewesen. Schwester Elise war ein „kleines Frauchen", fuhr mit einem schwarzen Damenfahrrad bei Wind und Wetter umher und beeindruckte durch ihre stete Freundlichkeit. Obwohl klein und zierlich von Statur, vermochte sie es, Großvater im Bett zu drehen und anzuheben. Tatkraft und ungeheuchelte Nächstenliebe erstaunten nicht nur meine Großeltern und meine Mutter, sondern auch mich. Ich bin froh, dass ich ihrer hier gedenken kann, und dankbar für alles, was Sie Gustav Weyrich Gutes getan hat. Mein Großvater hat die pflegerischen Wohltaten in stiller Ergebenheit und tiefer Dankbarkeit empfangen.

Wenn Schwester Elise erschien, strahlte ihre Zuversicht auf alle Menschen ihrer Umgebung aus. Schwester Elise hat es meinem Großvater ermöglicht, dass er in Ruhe, in Würde und mit Anstand daheim sterben konnte. Gustav Weyrich war zutiefst im Einklang mit sich und der Welt. Allerdings sehnte er sich nach der alten Heimat, und er wäre wohl gerne dort gestorben und begraben. Aber auch in der Fremde konnte er friedlich und von liebevollen Menschen umgeben einschlafen. In den letzten Lebenswochen hielten es meine Großmutter und meine Mutter für ratsam, mich vom dahinsiechenden Großvater fernzuhalten. In seiner Sterbestunde war ich nicht zugegen. Auch an den offenen Sarg in der Leichenhalle auf dem Friedhof Wehl wollte man mich nicht lassen. Ich vermag nicht zu sagen, wie der Anblick des toten Großvaters auf mich gewirkt hätte.

Ein großes Glück für Gustav Weyrich war Frau Dr. Graf, die als Hausärztin die Familie gut kannte und die sich auch anstrengende Hausbesuche nicht schenkte. In ihrem Wartezimmer hing der bedenkenswerte Spruch:

>„Ein Weiser dies bei sich beherzte:
>Solang' es Kranke gibt, gibt's Ärzte.
>Doch kam ihm bald auch der Gedanke,
>solang' es Ärzte gibt, gibt's Kranke."

Leider war die Krankheit meines Großvaters nicht eingebildet, sondern tatsächlich vorhanden. Frau Dr. Graf, der weisen Hausärztin in Hameln, hat die Familie sehr zu danken. Unaufgeregt und einfühlsam hat sie sich meines Großvaters angenommen, ihn nicht bevormundet und ihm seine Würde auch bei schwindenden Kräften gelassen.

Die Beisetzung Gustav Weyrichs am 5. März 1957 war eine größere Veranstaltung. In einem älteren, dem Enkelsohn prachtvoll erscheinenden Hotelbau in der Nähe des Hamelner Hauptbahnhofs waren jene Trauergäste untergebracht, die mit der Eisenbahn angereist waren. Dort fand auch der Leichenschmaus statt, und am Beisetzungstag verabschiedeten sich die Trauergäste einer nach dem anderen. Zum Requiem am 7. März 1957 waren die Hamelenser wieder unter sich in der neuen Augustinus-Kirche, die man zu Beginn der 1950er-Jahre in der Lohstraße errichtet hatte.

Seine letzte Ruhestätte fand mein Großvater auf dem Friedhof Wehl, der – als Waldfriedhof gestaltet – etwas außerhalb von Hameln liegt. Für meine Mutter und mich wurde nach dem Deister-friedhof auch der Friedhof Wehl zu einem Pilgerort, besonders nachdem meine Großmutter 1959 ihrem „Gustl" in dessen Grab (siehe S. 266) gefolgt war.

Als Kind und als Heranwachsender habe ich gerätselt, warum das große Kreuz auf dem Stein aus rötlichem schwedischem Granit die Form eines Tatzenkreuzes hatte. Dieses Tatzenkreuz erschien recht langgestreckt, doch die beabsichtigte Wirkung ist zu erkennen. Durch die Wahl dieses Kreuzes hat Gustav Weyrich einen Bezug zu seiner alten Heimat hergestellt. Das Kreuz findet sich im Wappen von Barzdorf, der Gemeinde, auf deren Gebiet „seine" Oberhermsdorfer Schule lag.

Das Tatzenkreuz wird genutzt vom Deutschen Orden, der in Österreichisch Schlesien sehr begütert war (besonders um Freudenthal herum). Das Deutschordensschloss in Freudenthal ist auf einer Postkarte Gustav Weyrichs an seinen Sohn Fred abgebildet (siehe S. 188). Nicht zuletzt erinnert das Tatzenkreuz an die alte österreichische Tapferkeitsmedaille von 1813/14, die anlässlich der Befreiungskriege gestiftet worden war. Der vielfache Heimatbezug dieser Kreuzesform für meinen Großvater wird dem Verfasser immer deutlicher: Das Tatzenkreuz wurde in der Nachkriegszeit selten verwendet, da es an deutsche Traditionen erinnerte. Für meinen Großvater galt die „altösterreichische" Tradition.

Rosenheim, Frankfurt (Main), Münster (Westf.)
Hameln, den 1. März 1957
Breiter Weg 50
früher: Zossen (Ostsudetenland)

Nach Gottes heiligstem Willen hat uns heute mein lieber Mann, unser guter Vater, Schwiegervater, Großvater, Schwager und Onkel

Dipl.-Ingenieur Professor

Gustav Weyrich

Direktor i. R.

nach schwerstem, mit großer Geduld ertragenem Leiden, nach Vollendung seines 76. Lebensjahres für immer verlassen.

In tiefem Leid

Hermine Weyrich geb. Görlich
und Familien:
Weyrich, Wölfel, Frimmel
und Görlich

Beisetzung: Dienstag, den 5. März 1957, 9.45 Uhr, Friedhof „Am Wehl", Trauerfeier 9.25 Uhr. Autobus 9 Uhr ab Bahnhof. Requiem: Donnerstag, 7. März 1957, 7 Uhr, Kath. Kirche, Lohstr.
Frdl. zugedachte Kranzspenden: Bestattungswesen Heine, Ostertorwall 24

Beschlossen seien die Ausführungen zu Gustav Weyrichs Tod durch das Beileidsschreiben einer Freundin meiner Mutter und Tante Trudes, Dorothea Körber, die meinen Großvater über Jahrzehnte gut kannte.

Frankfurt (M), den 15. März 1957

Meine liebe Mimi,

als ich von meinem Winterurlaub zurückkam, fand ich Deine traurige Nachricht vor, die mich sehr bewegte. Nur wer Deinen Vater kannte weiß, was Du verloren hast. Ich sehe ihn noch vor mir wie vor Jahren in seiner würdigen Haltung, seinem frohen Sinn, seinem gütigen Wesen und trotz seines hervorragenden Können und Wissens seine überaus große Bescheidenheit, die ja alle edlen und großen Menschen auszeichnet. Er strahlte so viel Wärme aus. Ich hatte Deinen verehrten Vater sehr gern und drücke Dir und Deiner lieben Mutter mit tiefem Mitgefühl die Hand, auch von meiner Mutti, die Dir herzliches Beileid ausspricht.

Deine Dorothea

Beileidsbrief von Dorothea Körber vom 15. März 1957 an Hermine Weyrich

Die letzte Ruhestätte Gustav und Hermine Weyrichs auf dem Friedhof Wehl in Hameln/Weser

Kapitel 14

Generationen und Altersgruppen der Familie Gustav Weyrichs

Der Verlust meines Ersatzvaters war für mich und unsere kleine Familie sehr schmerzlich. Zwar hatten die Lebensumstände dafür gesorgt, dass ich bereits früh auf eigenen Beinen stehen konnte. Ohne Stock und ohne Großvater steht der Enkelsohn mitten in Hannover, und er kann zuversichtlich in die Welt schauen, deren Zugang ihm Gustav Weyrich erschlossen hat.

Das nebenstehende Bild entstand am 24 März 1954 in Hannover – drei Jahre vor dem Tod des Großvaters. Die erzieherischen Einflüsse des Großvaters haben bewirkt, dass der Enkelsohn vielseitig interessiert und recht aufgeschlossen gegenüber dem Lernen war. Die Gegenwart meines Großvaters habe ich sehr vermisst. Meine Großmutter Hermine und meine Mutter hat der Tod Gustav Weyrichs nach seiner längeren Leidenszeit zum Teil erleichtert; sie empfanden den Tod für ihn als Erlösung und auch für sich als Ende einer Verpflichtung, welche die pflegenden Familienangehörigen in der Regel als sehr kräftezehrend erfahren. Meine Großmutter Hermine litt in ihrer Witwenzeit verstärkt unter Asthma, und sie war gesundheitlich geschwächt.

Tante Trude und Onkel Edi unterstützten die Hamelner Familie durch Besuche in Hameln und ermöglichten längere Aufenthalte von Oma Weyrich, der Schwester und Schwägerin Mimi und des Neffen Norbert in Münster/Westfalen. Dort fand ich in Gestalt meiner Cousinen Astrid und Birgit Ersatzgeschwister und wunderbare Möglichkeiten, auf einem Gartengrundstück mit vielen Kletterbäumen zu spielen.

Der Enkelsohn – etwas eigenständiger – in Hannover am 24. März 1954. „Hier stehe ich!"

Im Sommer 1957, zwei Jahre vor dem Tod der Großmutter Hermine Weyrich, reisten wir zu dritt (Oma, Mutti, der Verfasser) nach Frankfurt zu Tante Ruth und Onkel Fred. Onkel Fred zeigte uns alle touristischen Höhepunkte der pulsierenden Stadt. Quartier nahmen wir in der Wohnung in der Nähe des Bartholomäus-Doms. Die Reise ging weiter per Bahn nach Rosenheim, wo uns die Rosenheimer Verwandten großzügig und liebevoll aufnahmen. Unter anderem führte ein Ausflug zur Insel Herrenchiemsee (Sommer 1957).

Nach dem Tode Gustav Weyrichs: Die Hamelner Hinterbliebenen im Schlosspark von Herrenchiemsee

Großmutter Hermine Weyrich mit Tochter und Enkelsohn vor der Terrassentür „der Rosenheimer"

Ein Bild aus glücklichen gemeinsamen Tagen der Großeltern: Spaziergang mit Enkelsohn zum Hamelner Kleingarten

Für meine Mutter und mich ging es weiter nach Wien zur Frimmel-Familie. Oma Weyrich blieb derweil in Rosenheim, weil die Anstrengungen der Reise zu groß erschienen. Für mich war es ein unvergessliches Erlebnis, während der heißen Sommertage 1957 mit den liebenswerten Wiener Onkeln Ferdinand und Franzl und Tante Emmy bis in den späten Abend unter freiem Himmel sitzen zu können. Besonders aufregend war für den kleinen Norbert Frimmel die Begegnung mit meinem Cousin Hansjürgen Frimmel und meiner Cousine Gertraud Frimmel. Auf einer Wiese des Wiener Kahlenberges konnte ich zahlreiche Flaschen des Getränks Sinalco hinunterstürzen und auch – bei der Hitze – gleich wieder ausschwitzen. Meine Cousine und mein Cousin verwöhnten den kleinen Norbert nach Strich und Faden. (Merke: Liebe geht durch den Magen.)

Für den Enkelsohn war der Abstecher nach Schloss Schönbrunn gleichzeitig die erste Begegnung mit dem versunkenen Land „Altösterreich" des Großvaters.

(linkes Bild) Auf der Treppe zum Park des Schlosses Schönbrunn: Onkel Ferdinand Frimmel, Mutti, Cousine Gertraud und der Verfasser

(rechtes Bild) Während der Führung durch das Schloss Schönbrunn mit dem Cousin Hans-Jürgen Frimmel (links) dem Fotografen des linken Bildes

Die Sommerferien 1957 neigten sich dem Ende zu, und zurück ging die Bahnreise über Rosenheim/Oberbayern und Frankfurt nach Hameln. Die Kräfte meiner lieben Großmutter ließen langsam, aber ständig nach. Ihre Kinder waren alle bereit und willens, sie kräftig zu unterstützen! Nach einem mitternächtlichen Asthma-Anfall in der vorösterlichen Zeit 1959 musste meine Großmutter hospitalisiert werden. Sie verstarb kurz nach dem Osterfest in Hameln, während ich die schulischen Osterferien bei den Münsteraner Verwandten verbrachte. Der Tod meiner Großmutter fiel in eine schulische Umbruchszeit des Enkelsohnes Norbert.

Im Januar 1959 hatte der Probeunterricht für den Gymnasiumsbesuch stattgefunden, und ich war davon begeistert. Nach Ostern begann dann der Unterricht in der Sexta des Hamelner Schiller-Gymnasiums. Diese Umstände lenkten den Enkelsohn vom Leiden und Sterben der Großmutter ab. Begraben wurde Hermine Weyrich neben ihrem Mann Gustav auf dem Friedhof „Am Wehl". Der Grabbesuch per Bus bedeutete immer einen Halbtagesausflug; Onkel Fred aus Frankfurt zog es wenigstens einmal pro Jahr an das Elterngrab auf dem Friedhof Wehl. Er musste eine mehrstündige Bahnreise auf sich nehmen.

Die gesamten 1960er-Jahre hindurch hatten meine Mutter und ich sehr engen Kontakt nach Münster in Westfalen, wo Onkel Edi, Tante Trude und Astrid und Birgit seit Januar 1961 in einem recht geräumigen Eigenheim mit großem Garten wohnten. Die Schwestern Trude und Mimi waren ein Herz und eine Seele. Onkel Edi arbeitete sehr viel und hatte nicht viel Freizeit. In Münster hatte ich die Gelegenheit, in Onkel Edis recht umfangreicher belletristischer und historischer Bibliothek zu stöbern und zu schmökern, und so wurde ich zu einem Bücherwurm. Die so entwickelten geistesgeschichtlichen Interessen entfernten mich vom Ideal einer Ingenieurstätigkeit, welchem Gustav Weyrich gefolgt war.

Tante Trude und Onkel Edi haben mich wie einen Sohn des Hauses aufgenommen, und ich bin ihnen zu großem Dank verpflichtet. Meine Cousinen empfand ich als Schwestern. Das familiäre Zusammenleben beschränkte sich aber auf die Schulferien. Während der Schultage in Hameln war ich mit meiner Mutter allein. Diese versuchte, erwiesene Gefälligkeiten und Wohltaten meiner Tante Trude dadurch wiedergutzumachen, dass sie emsig für die Münsteraner nähte. Tante Trude und meine Mutter waren einander eine große Stütze.

Innerhalb der Familie Gustav Weyrichs gab es recht große Altersunterschiede. Nehmen wir den Enkelsohn Norbert (Jahrgang 1949) als Bezugspunkt, so beträgt der Altersunterschied zu Onkel Edi etwa 47 Jahre, zu Onkel Gustl 35 Jahre, zu Tante Trude 33 Jahre und zu Onkel Fred 31 Jahre. Die Altersunterschiede der Familienmitglieder blieben nicht ohne Folgen für das Zusammenleben der Familien. Jede Generation und jede Altersgruppe einer Familie sieht sich zeitbedingten Belastungen und Herausforderungen gegenüber.

Ob es einen Generationenkonflikt zwischen meinem Großvater Gustav Weyrich und seinem Vater Adolf gab, ist mir nicht bekannt. Die Aufeinanderfolge blutsverwandter Generationen kann aus vielerlei Gründen nicht konfliktfrei bleiben, denn jede Generation lebt in einer jeweils veränderten Welt.

Adolf Weyrich (geb. 1840) und seine Altersgenossen waren von den Ereignissen und Auswirkungen der 1848er-Revolution beeinflusst, die in Österreich wie bereits erwähnt zur Aufhebung der Patrimonialherrschaften geführt hatten. Die Entstehung der Doppelmonarchie 1867 nach der österreichischen Niederlage von 1866 sowie die Einführung der allgemeinen Wehrpflicht hatten für die Generation Adolf Weyrichs andere Lebensbedingungen entstehen lassen als die Vätergeneration sie vorgefunden hatte.

Mein Großvater Gustav Weyrich und seine Frau Hermine haben durch den Zeitgeist und die sozialen und wirtschaftlichen Veränderungen (K.u.k. Monarchie, wirtschaftlicher Aufschwung) für ihre Lebensgestaltung auch ganz andere Bedingungen vorgefunden als ihre Kinder. Offene Konflikte sind mir nicht bekannt; es scheint mir aber sinnvoll – zum besseren Verständnis der Welt der einzelnen Familienmitglieder – eine Einteilung in Altersgruppen oder Alterskohorten vorzunehmen. Dies ergibt:

Gruppe B: Onkel Gustl (* 1914) und Tante Trude (* 1916) als im 1. Weltkrieg Geborene, die eine Zeit politischer und sozialer Umbrüche erlebten.

Gruppe C: Onkel Fred (* 1918) und meine Mutter (* 1920) als Nachkriegsgeneration in Oberhermsdorfer Umgebung recht idyllisch und friedvoll aufgewachsen.

Gruppe A: Die Schwiegersöhne Onkel Edi (* 1902) und mein Vater (* 1907), deren Kindheit noch Eindrücke aus der Zeit der k.u.k. Monarchie umfasste (Kriegsteilnahme, Gefangenschaft).

Gruppe D: Die frühen Enkelkinder Klaus Weyrich (* 1941) und Astrid Wölfel (* 1944), geprägt durch Kriegs- und Vertreibungszeit.

Gruppe E: Die Enkelkinder Birgit (* 1949) und Norbert (* 1949), aufgewachsen im Frieden ohne Angst, am wachsenden Wohlstand der Bundesrepublik Deutschland teilhabend und wirtschaftlich sorgenfrei.

Die Gemeinsamkeiten der Alterskohorten können stärker als die familiären Prägungen sein. Berücksichtigt man die Prägungen der Alterskohorten, so wird schnell klar, dass die Angehörigen der fünf Familiengruppen A, B, C, D, E nicht in allen Dingen ein Herz und eine Seele sein konnten. Bei voranschreitendem Alter mussten Unterschiede in der Haltung zu Gott und der Welt stärker hervortreten. Mein Onkel Fred hat darunter gelitten, dass er als Angehöriger der „mittleren Gruppe C" Fremdheitsgefühle gegenüber den anderen Gruppen entwickelte.

Der Nervenarzt und Psychoanalytiker Dr. Helmut Luft (* 1924), langjähriger Klinikleiter, hat in einem 2015 erschienenen Werk dargelegt, wie die Betrachtung der Prägung von Menschen durch Zeitgeist und Zeitumstellung hilft, die Lebensproblematik von Menschen besser zu verstehen.

„Jede Alterskohorte wird in ihrer Jugend von der jeweiligen Situation der Zeitgeschichte und dem gesellschaftlichen und politischen Klima geprägt und entwickelt daraus ihre eigene Denkweise und Sprache." (Luft, Die Kunst, dem Alter zu begegnen, S. 227). Die aufeinanderfolgenden Alterskohorten müssen sich nicht immer verstehen, „die Beziehungen von Jahrgängen zu den vorhergehenden und den nachfolgenden sind dann durch hohe Hürden getrennt." (Luft, a.a.O.)

Die Familie Gustav Weyrichs hatte Belastungen durch Krieg, Vertreibung und Ideologiewechsel auszuhalten gehabt, und manche Belastungen mögen bei dem einen oder anderen zu Traumatisierungen geführt haben.

Die Großeltern Weyrich haben ihre Kinder und Kindeskinder zu Zuverlässigkeit und Verlässlichkeit angehalten. Alle Familiengruppen (A bis E) können sich dieser Verlässlichkeit rühmen. Diese Eigenschaft ist übrigens auch eine unabdingbare Voraussetzung für die Übernahme militärischer Verantwortung. In der Tradition Gustav Weyrichs haben seine beiden Söhne und die beiden Schwiegersöhne insgesamt – mit Kriegsdienst und Gefangenschaft – jeweils fünf Lebensjahre der staatlichen Gemeinschaft geopfert. Als unzeitgemäßer Angehöriger meiner Alterskohorte komme ich insgesamt auf über drei Jahre, die ich für den Staat in Uniform verbracht habe (18 Monate Wehrdienst und Wehrübungen).

Kann man Zuverlässigkeit, Verlässlichkeit und Gewissenhaftigkeit als etwas Gutes betrachten, so wirkt eine andere, etwas verborgene Familientradition befremdlich: Die Angehörigen der Weyrich-Familie waren in Bezug auf ihre Seelenlage nicht allzu offen. Dies hat das Zusammenleben der Familienmitglieder auch belastet. Postkarten mit dem klassischen Text „Wie geht es Dir? Mir geht es gut. Demnächst mehr." verbergen mehr, als sie verraten. Von anderen Familienmitgliedern verlangte man Offenheit und Ehrlichkeit, die man selbst aber nicht zu zeigen bereit war. So ergab sich manchmal eine ungute Grundstimmung im Umgang miteinander. Mein Vater war dagegen sehr offen mit seinen Gefühlen, und er hatte das Herz auf der Zunge. Ich halte es genauso. Meinem Vater wurden seine Mitteilsamkeit und Offenheit von Seiten der Weyrich-Familie vermutlich als Schwäche ausgelegt. Offen in der Preisgabe seiner Seelenlage sein zu können, erscheint mir allerdings eher als Stärke denn als Schwäche.

Ein weiterer eigenartiger Zug der Familie Gustav Weyrichs scheint zu sein, dass viel über Geld gesprochen und öffentlich nachgedacht wurde. Hier scheint ein bäuerliches Erbe zum Tragen zu kommen: Niemand will sich „zu kurz gekommen" fühlen. Onkel Fred z.B. fühlte sich – ob zu Recht oder zu Unrecht – oft von anderen Familienmitgliedern ausgenutzt. Tante Ruth nahm Anstoß an der von ihr als eine Fehlhaltung eingestuften Einstellung der angeheirateten Familie zum Geld.

Zu Lebzeiten der Großeltern Weyrich hielt die Familie eisern zusammen. Nach deren Tod und durch die Umstände der Nachkriegszeit gingen die fünf Altersgruppen (A bis E) jeweils ihre eigenen Wege. Ihre eigenen Wege gehen auch die drei Urenkel Gustav Weyrichs. Ur-Urenkel sind nicht zu erwarten, so dass meine Großeltern bald keine unmittelbaren Nachfahren auf diesem schönen Planeten mehr haben werden. So stellt sich beim Verfasser allmählich das Gefühl ein, zu den „letzten der Mohikaner" zu gehören. Bei meinem Onkel Fred war das Bewusstsein, ein letzter Mohikaner zu sein, besonders drückend, da seine Ehe kinderlos geblieben war.

Mit Onkel Fred teile ich das Wertesystem meines Großvaters Gustav Weyrich. Dies ist eine etwas eigenartige Schicksalsfügung, denn ein „unzeitgemäßes Wertesystem" muss unweigerlich zu einem Fremdheitsgefühl und in die Einsamkeit führen. Das Wertesystem des Enkelsohns Norbert entstammt also dem 19 Jahrhundert, und es machte das Leben im 20. Jahrhundert nicht leichter.

Helmut Luft, im Schlaraffenreych der „Ritter Spätlese", hat mir anlässlich der Feier seines 99. Geburtstages in Hofheim am Taunus sein Buch verehrt „Cervantes – Aufbruch zum modernen Menschen. Eine psychoanalytische Studie." Die Widmung lautet: „Dem Ritter Phönix [der schlaraffische Name des Verfassers], dem Don Quichotte, der es noch nicht weiß. Von Sancho Spätlese, November 2023."

Das Streben nach einem untergegangenen Ideal muss zu einem heftigen Zusammenprall mit der Wirklichkeit führen. Opas Sohn Fred war mehr Don Quichotte als der Enkelsohn Norbert, der selbst durch Vererbung einen ausreichenden Schuss Sancho-Pansa-Gene in sich hat, um nicht zur tragischen Figur zu werden.

Bemerkenswert im Falle Onkel Freds und meiner Person ist die Wahl der jeweiligen Ehefrau. Tante Ruth und meine verstorbene Frau Marianne verfügten beide über einen recht nüchternen Realitätssinn, der sie selbst vor idealistischen Höhenflügen bewahrte. Der Sinn für Realitäten befähigte sie, das in den jeweiligen Ehemännern schlummernde Don-Quichotte-Element zu neutralisieren. Zur Wirkung des Romans von Cervantes auf die Leser formuliert Helmut Luft einen Schlusssatz (a.a.O., S. 229):

> „Die Idealisten sehen in Don Quijote und den fahrenden Rittern das Vorbild und die Ermunterung, für nützliche Traditionen und Werte zu kämpfen, die die Welt verbessern. Die Realisten schätzen den in Sancho Pansa verkörperten gesunden Menschenverstand, das Faktische statt der Illusionen, die Gegenwart statt der Anachronismen, das einfache Leben in familiären Bindungen und die Grundwerte der menschlichen Natur. So ist in der Weltliteratur dann Don Quijote und Sancho Pansa ein einzigartiges Paar geworden, in dem sich jeder Mensch mit seinen Gegensätzen, die nun einmal in der menschlichen Natur liegen, sofort erkennen kann. Durch Identifikation werden die Gegensätze und Spannungen psychisch ausgetragen, und Cervantes-Leser können sich von ihren Ängsten zum Schluss immer befreit fühlen. Das verschafft Erleichterung und hohen Genuss."

Beifügung: Übersicht über Gustav Weyrichs Lebensstationen

Februar 1881	Geburt als Bauernsohn	Zossen Nr. 28
ab 1881–1895	Aufwachsen als Landkind	Zossen
1888–1895	Volksschule im Geburtsort	
1885–1902	K.k. Oberrealschule (externe Unterbringung)	Troppau
1902	Matura (mathematisch-naturwissenschaftlich)	
1. Okt. 1902 – 30. Sept. 1903	Einjährig-Freiwilliger bei der Infanterie	Troppau
Okt. 1903 –1906	Student und Burschenschafter (K.k. Hochschule für Bodenkultur: Kulturtechnische Abteilung)	Wien
Sept. 1906–März 1907	Hochschulassistent	Wien
April 1907–Dez. 1909	– Meliorationsabteilung der Landesregierung von Bosnien-Herzegowina	Mostar
	– Hochwasserschutz: selbständiger Sektionsingenieur	Bijeljina und Zwornik
1. Jan. 1910 – 12. Nov. 1912	Deutscher Meliorationsverband für Böhmen: Wasserwirtschaft; Bodenmelioration	Prag
–1910	Ernennung zum Leutnant der Reserve	
– Juni 1911	Habilitation Schrift: Über die Bewegung des Geschiebes	Tetschen-Liebwerd
ab 1. Nov. 1912 (bis 1937)	Supplent / Lehrer / Professor für die mathematisch-technischen Fächer an der landwirtschaftlichen Landesschule	Oberhermsdorf bei Barzdorf (Österreich. Schlesien)
1. Aug. 1914 – Nov. 1918	Militärdienst / Kriegsdienst (Lt./Olt./Hptm.) (–1915)	(Balkan/Serbien) Italien
(1916)	K.u.k. Militär-Oberrealschule	Mährisch-Weißkirchen

ab Dez. 1918	Lehrtätigkeit an der landw. Landesschule	Oberhermsdorf, ČSR
ab 1926	Direktor der landw. Landesschule	
1937	Pensionierung	Troppau und Zossen
1937–1946	Pensionär: – „Gartenbaubetreiber" (feldmäßiger Gartenbau) – Meliorationsprojekte (Drainage/Bewässerung)	Zossen und Troppau
Juli 1946	Aussiedlung per Eisenbahn über Furth i.W.	Freudenthal/Furth i.W.
1946–1949	Heimatvertriebener Pensionär	Hennhofen (amerikanische Zone)
Herbst 1949 –1957	– Übersiedlung zur Tochter und zum Enkelsohn – Ersatzvater (8 Jahre) – Kleingärtner – Familienforscher	Hameln/Weser
März 1957	Tod	Hameln/Weser

Der ergrauende Verfasser, der jüngste Enkelsohn Gustav Weyrich, als Oberstudienrat gegen Ende seiner sechsten Lebensdekade. Das Bild entstand am Ricarda-Huch-Gymnasium in Hagen/Westfalen anlässlich einer Schulfeier.

Nachwort des Verfassers

Dem Verfasser waren mit seinem Großvater nur acht gemeinsame Jahre vergönnt. Diese Zeitspanne hat aber ausgereicht, den Enkelsohn nachhaltig zu prägen.

Die etwas verblasste Erinnerung an den Großvater konnte durch die Sichtung des „Materials aus der Kiste" aufgefrischt werden. Ing. Gustav Weyrich und sein Leben gewannen Konturen und haben dem Verfasser die menschliche Seite des Großvaters, seine Persönlichkeit und seine Lebensleistung nähergebracht.

Gleichzeitig ergaben sie auch unerwartete Verbindungen zur Sozialgeschichte, zur Militär- und Kriegsgeschichte, zur politischen Geschichte und nicht zuletzt zur Geschichte des landwirtschaftlichen Schulwesens. Offenkundige Traditionen traten klarer hervor, aber auch „verborgene Traditionen", die vor der Zusammenstellung der Biografie Ing. Gustav Weyrichs nur geahnt worden waren.

Der Leser wird sich die berechtigte Frage stellen, warum es des Aufwandes eines Buches über einen österreichisch schlesischen Bauernsohn bedarf, der doch von sich wenig Aufhebens machte. Der Leser wird sich weiter fragen, warum der Verfasser sich mit seinen „Recherche-Ergebnissen" nicht auf den Kreis der Familie beschränkt, sondern die Öffentlichkeit daran teilhaben lässt.

„War denn der Großvater so bedeutend?" könnte der eine oder der andere etwas anzüglich fragen. Eine schnippische Antwort könnte lauten: Ja, für den Enkelsohn, für die Sippe Weyrich und für die Menschen, mit denen er im Laufe seines Lebens zu tun hatte.

Der Verfasser ist der Meinung, dass dem Leser der Jetztzeit und dem Leser der Nachwelt gewisse historische Mosaiksteinchen geboten werden, die ohne eine Überlieferung in Schriftform verlorenzugehen drohen. Diese Mosaiksteinchen sind vielleicht für historische Forschungen künftiger Generationen einmal dienlich.

Ing. Gustav Weyrich hat seine letzten acht Lebensjahre vor allem als Vaterersatz dem Verfasser gewidmet. Diese acht Jahre sind aus dem Leben Gustav Weyrichs nicht fortzudenken, zumal darüber ein reiches Bildmaterial vorliegt, das auch den Menschen Gustav Weyrich zum Vorschein kommen lässt. Großvater Gustav Weyrich hatte keinen Drang zur Selbstdarstellung – wie viele Passagen des vorliegenden Werkes zeigen.

Es ist unvermeidlich, dass der Verfasser auch sich selbst zeigen muss und von sich selbst sprechen muss. Auch Familiengeschichten sowie Anekdoten gehören zum Bild des Patriarchen Gustav Weyrich. Auf die späten Jahre Gustav Weyrichs hatte das tragische Schicksal seines Brünner Schwiegersohnes eine so nachhaltige Wirkung, dass es ausführlich dargestellt werden musste. Als nachgeborener Sohn hat der Verfasser damit auch seinem früh verstorbenen Vater Respekt zollen können.

Manchem Zeitgenossen mag es antiquiert vorkommen, die Großvater-Biografie im klassischen Buchformat erscheinen zu lassen. Der Verfasser glaubt daran, dass das Buch Zukunft hat und künftige Generationen Bücher schätzen werden.

Gustav Weyrich hat sein Leben gemeistert, ohne zu verbittern. Trotz widriger Umstände hat er sich im „Herbste des Lebens" eine heitere Gelassenheit bewahrt. Diese wünsche ich auch dem Leser und mir selbst. Mit dem Gefühl der Dankbarkeit grüße ich alle, die diese Zeilen lesen werden!

Mainz, an meinem fünfundsiebzigsten Geburtstag (17. Juni 2024)

Hans-Norbert Frimmel

Geschäftspost an den Vater Gustav Weyrichs

Transskription: "Bennisch, 1. April 1886
Herrn Weyrich - Wirtschaftsbesitzer - Zossen.
Es wäre mir sehr angenehm
wenn Sie mir das Kleeheu
bringen würden, denn ich kann
mit meinen Pferden nicht abkommen.
Belieben dasselbe bestgewählt direkt
in die Fabrik führen zu lassen. Hochachtend
Franz Ludwigs Söhne."
[Anm. d. Verf.: Der damals fünfjährige
jüngste Sohn Adolf Weyrichs wird ver=
mutlich an solchen Auslieferungsfahrten
teilgenommen haben.]

Literaturverzeichnis

Allgemeines Deutsches Commersbuch, unter musikalischer Redaktion von Fr. Silcher und Fr. Erk. 25. Auflage, Jubiläumsausgabe. Lahr 1884. Verlag Moritz Schauenburg.

Allmayer-Beck, Johann Christoph, und Erich Lessing. Die K.(u.)K.-Armee 1848–1914. München, Gütersloh, Wien 1974. Verlag C. Bertelsmann.

Baedeker, Karl. Österreich-Ungarn nebst Cetinje, Belgrad, Bukarest. Handbuch für Reisende. Achtundzwanzigste Auflage. Leipzig 1910. Verlag Karl Baedeker.

Blažek, Konrad. Der Adel von Österreich-Schlesien (= J. Siebmacher's grosses und allgemeines Wappenbuch. Vierter Band. Elfte Abtheilung.) Nürnberg 1885.

Brockhaus Enzyklopädie in vierundzwanzig Bänden. Neunzehnte, völlig neu bearbeitete Auflage. Mannheim 1986. Verlag F.A. Brockhaus.

Clausewitz, Carl von. Vom Kriege. Frankfurt/Main u.a. 1980. Verlag Ullstein.

Denkschrift aus Anlaß des 60jährigen Bestandes der Schlesischen landwirtschaftlichen Landesmittelschule in Oberhermsdorf und ihrer Auflösung. Herausgegeben von ihrem Vereine der Absolventen. Oberhermsdorf 1930. Verlag des Vereines der Absolventen der landwirtschaftlichen Landes-Mittel- und Ackerbauschule, Oberhermsdorf, Sitz Jauernig.

Deutsche königlich böhmische landwirtschaftliche Akademie Tetschen-Liebwerd. A. Programm. B. Personalverzeichnis. C. Studienplan. D. und E. Vorlesungen für das Studienjahr 1912/13. Tetschen (ohne Jahr). Verlag des Sekretariats der königlichen landwirtschaftlichen Akademie Tetschen-Liebwerd.

Dorst von Schatzberg, Leonhard. Schlesisches Wappenbuch oder die Wappen des Adels im Souverainen Herzogthum Schlesien der Grafschaft Glatz und der Oberlausitz. III. Band. Görlitz 1842. Buntdruck von G. Heinze und Co.

Du Boys, Pierre. Le Rhône et les riviers à lit affouillable, Annales des Ponts et Chaussées, Série 5, Tome XVIII, 1879.

Festschrift aus Anlaß des 10-jährigen Jubiläums der Patenschaft des „Absolventenverbandes der Oberhermsdorfer" mit dem „Absolventenverband der Landwirtschaftlichen Lehranstalten in Landsberg/Lech", Hrsg. Absolventenverband der Landwirtschaftlichen Lehranstalten in Landsberg/Lech (Hrsg.), 17. Juni 1978. Selbstverlag.

Foertsch, Hermann. Der Offizier der deutschen Wehrmacht. Eine Pflichtenlehre. 3. verbesserte Auflage. Berlin 1939. Verlag R. Eisenschmidt.

Hanke, Emil. Die Landwirtschaftliche Hochschule in Tetschen-Liebwerd, in Theo Keil (Hrsg.): Die Deutsche Schule in den Sudetenländern. Form und Inhalt des Bildungswesens. 1967. S. 309-312.

Jesser, Kurt. Mühen um die Dorfschule, in Theo Keil (Hrsg.): Die Deutsche Schule in den Sudetenländern. Form und Inhalt des Bildungswesens. München 1967. S. 379-385.

Keil, Theo (Hrsg.). Die deutsche Schule in den Sudetenländern. Form und Inhalt des Bildungswesens. München 1967. Verlag Robert Lerche.

Kreuter, Franz. Der Flussbau. Handbuch der Ingenieur-Wissenschaft, III. Teil, 6. Bd., 4. Auflage, Leipzig 1911. Verlag Wilhelm Engelmann.

Lexikon der Pädagogik in vier Bänden. III. Band. Freiburg 1954. Verlag Herder.

Lexikon für Theologie und Kirche. 2. Auflage. Band 10, Spalte 1426–1428, Freiburg 1965. Verlag Herder.

Luft, Helmut. Die Kunst, dem Alter zu begegnen – Psychoanalytische Erkundungen. Frankfurt/Main 2015. Verlag Brandes & Apsel.

Luft, Helmut. Cervantes – Aufbruch zum modernen Menschen: Eine psychoanalytische Studie. Frankfurt/Main 2018. Verlag Brandes & Apsel.

Mähren und Schlesien in Wort und Bild. Herausgegeben unter Mitwirkung der hervorragendsten einheimischen Gelehrten und Künstler. Wien: (ohne Jahr). Verlag Eduard Beyer.

Meisner, Andreas. Wildbachverbauungen. Prag II (ohne Jahr). Verlag des deutschen Meliorationsverbandes für Böhmen.

Menzel, Max. Der Einjährig-Freiwillige und Offizier des Beurlaubtenstandes der Infanterie. Seine Ausbildung und Doppelstellung im Heer und Staat. Ein Lehr- und Lernbuch. Berlin 1895. Verlag R. Eisenschmidt – Verlagshandlung für Militärwissenschaft.

Oborny, Adolf. Flora von Mähren und österreichisch Schlesien enthaltend die wildwachsenden, verwilderten und häufig angebauten Gefässpflanzen". Herausgegeben vom naturforschenden Vereine in Brünn. III: Teil. Brünn 1885. Verlag des Vereines.

Paulsen, Friedrich. System der Ethik mit einem Umriß der Staats- und Gesellschaftslehre. Zweiter Band. 9. und 10. Auflage. Stuttgart und Berlin 1913. Verlag J. G. Cotta'sche Buchhandlung Nachfolger.

Regele, Oskar. Feldmarschall Conrad. Auftrag und Erfüllung 1906–1918. Wien (ohne Jahr). Verlag Herold. [Biographie des Feldmarschalls Franz Conrad Graf von Hötzendorf]

Reitemeier, (ohne Vorname). Feldmessen und Nivellieren. Leipzig 1911. Verlag Hugo Voigt.

Schacherl, Lillian. Mähren – Land der friedlichen Widersprüche. München 1968. Verlag Prestel.

Schematismus für das kaiserliche und königliche Heer und für die kaiserliche und königliche Kriegsmarine für 1905. Amtliche Ausgabe. Wien (ohne Jahr). Verlag der K. K. Hof- und Staatsdruckerei.

Das Schlaraffische Spiel. Zur Psychologie und Phaenomenologie eines edlen – alten – weisen Gemeinschaftsspiels. Von R.[itter] Juppitter der Kindergott†. Herausgegeben von Gesellschaft Schlaraffia Bonn e.V. Bonn 1983. Selbstverlag.

Schwarte, Max (Hrsg.). Der große Krieg 1914–1918 in zehn Bänden. Band 5. Der österreichisch-ungarische Krieg. Bearbeiter: Max Hoen, Josef Metzger, Robert von Pohl und andere. Leipzig, Stuttgart, München und andere 1922. Verlag Johann Ambrosius Barth, Deutsche Verlagsanstalt, Duncker & Humblot und andere.

Stürgkh, Josef. Politische und militärische Erinnerungen. Leipzig 1922. Verlag Paul List.

Verein der Absolventen (Hrsg.). Denkschrift aus Anlaß des 60jährigen Bestandes der Schlesischen landwirtschaftlichen Landesmittelschule in Oberhermsdorf und ihrer Auflösung. Oberhermsdorf 1930. Verlag des Vereines der Absolventen der landwirtschaftlichen Landes-Mittel- und Ackerbauschule.

Wang, Ferdinand. Grundriss der Wildbachverbauung. Erster Theil. Leipzig 1901. Verlag S. Hirzel.

Wang, Ferdinand. Verbauung der Wildbäche. Handbuch der Ingenieur-Wissenschaft, III. Teil, 6. Bd., 4. Auflage, Leipzig 1911. Verlag Wilhelm Engelmann.

Wann, Wolfgang und Walter Scherzer. Der Rattenfänger von Hameln. München 1984. Eigenverlag des Sudetendeutschen Archivs.

Weyrich, Gustav. Über die Bedeutung des Wassers für unsere Kulturpflanzen und die Dürre des Jahres 1911 unter besonderer Berücksichtigung Böhmens. Prag-Weinberge 1913. Selbstverlag.

Weyrich, Gustav. Über die Bewegung des Geschiebes (Habilitationsschrift). Prag 1911. Selbstverlag.

Weyrich, Gustav. Über die Entwicklung der landwirtschaftlichen Schulen in Oberhermsdorf, besonders der landwirtschaftlichen Mittelschule. Oberhermsdorf 1930 (in: Denkschrift, s. oben).

Weyrich, Julius. Das Goldene Buch der Gemeinde Zossen. Aubeln 1933. Selbstverlag.

Wolný, Gregor. Kirchliche Topographie von Mähren, meist nach Urkunden und Handschriften. I. Abtheilung Olmützer Erzdiözese. IV. Band. Brünn 1862. Selbstverlag, in Kommission der Nitsch und Grosseschen Buchhandlung.

Zweihundert Jahre des k.u.k. Infanterie-Regimentes Humbert I., König von Italien Nr. 28. Prag 1898. Verlag des k.u.k. Infanterie-Regimentes Nr. 28. [Faksimile im Anhang]
(Weyrich von Trubenburg, Julius, Oberst und Regimentskommandant)

Geschäftspost an den Vater Gustav Weyrichs (Rückseite)

Anhang

A. Zweihundert Jahre des k.u.k. Infanterie-Regimentes Humbert I., König von Italien Nr. 28   *283*

B. Habilitationsschrift „Über die Bewegung des Geschiebes"   *303*

C. Deutsche königlich böhmische landwirtschaftliche Akademie Tetschen-Liebwerd. A. Programm. B. Personalverzeichnis. C. Studienplan. D. und E. Vorlesungen für das Studienjahr 1912/13   *339*

D. Über die Bedeutung des Wassers für unsere Kulturpflanzen und die Dürre des Jahres 1911 unter besonderer Berücksichtigung Böhmens   *355*

E. Denkschrift aus Anlaß des 60-jährigen Bestandes der Schlesischen landwirtschaftlichen Landesmittelschule in Oberhermsdorf und ihrer Auflösung   *377*

    a. Über die Entwicklung der landw. Schulen in Oberhermsdorf [6-21]

    b. Die Einrichtungen der landwirtschaftlichen Schule Oberhermsdorf [56-62]

    c. Der Lehrkörper der landw. Schulen in Oberhermsdorf [70-83]

F. Das Goldene Buch der Gemeinde Zossen 1933   *419*

G. Namensverzeichnis zum Stammbaum   *427*

    1. Namen der Personen, die den Namen W e y r i c h infolge Geburt führen oder führten   *428*

    2. Mädchennamen der Frauen, die infolge Verheiratung den Namen W e y r i c h erhalten haben   *444*

    3. Namen der Männer, die gebürtige W e y r i c h geheiratet haben   *452*

    4. Nachfahren der unter 3. angeführten Personen, deren Ehepartner und eventl. Kinder   *457*

H. Auszüge aus der schlaraffischen Stammrolle 1913/14   *469*

I. Die Jahreszeiten in der Gemeinde Zossen – gesehen mit den Augen des akademischen Malers Paul Gebauer   *473*

J. Vermischtes zu Land und Leuten der Heimat der Großeltern   *478*

K. Die Alterskohorte Ing. Gustav Weyrichs in Lebensberichten   *487*

L. Bericht der Tochter Gertrud über ihre Lagerhaft 1945/46   *490*

Carlinfanterie beim Sturm auf den Kapellenberg bei Trautenau am 27. Juni 1866.

Drei Jahrzehnte vor seiner mil. Verwendung als "Oberst und Regimentskommandant" erlebte der damalige k.u.k. Leutnant oder Oberleutnant Julius Weyrich die Wirklichkeit des Krieges und die österr. Infanterietaktik (siehe S. 134 ff.)

ZWEIHUNDERT JAHRE

DES K. U. K. INF.-REG.

HUMBERT I.,

KÖNIG VON ITALIEN

NR. 28.

PRAG.
VERLAG DES K. U. K. INF.-REG. NR. 28.
1898.

Zweihundert Jahre des k.u.k. Infanterie-Regimentes Humbert I., König von Italien Nr. 28

Franz Josef I.

Die Schreibweise des kaiserlichen Namens ist offensichtlich in der Regimentsgeschichte nicht einheitlich. Auf der folgenden Seite 285 wird der Name „Joseph" mit „ph" geschrieben; auf der Seite 302 wieder mit „f". (Anm. d. Verf.)

Dreiundvierzig Schlachten, 30 Belagerungen, 197 Stürme, Gefechte und Unternehmungen jeder Art bei Tag und Nacht, zu Wasser und zu Land, gegen jeden Feind um — wie es braven Kriegsleuten zusteht — mit Ehre zu leben und zu sterben.

So wahr uns Gott helfe!

* * *

Am 29. Mai 1698 errichtet, dient unser Regiment neun Herrschern aus Habsburgs erhabenem Kaiserhause.

Ihre Majestäten Leopold I., Joseph I., Karl VI., Maria Theresia, Joseph II., Leopold II., Franz I. und Ferdinand I. waren unsere Kriegsherren; Seine Majestät Kaiser Franz Joseph I., der 50 Jahre glorreich auf dem Throne seiner Väter in Huld und Gnade regiert, ist unser Allerhöchster Kriegsherr.

Immer war unser Regiment seinem Kaiser gleich treu und anhänglich und seine Thaten dem Vaterlande zum Ruhme, was die Soldaten, denen

4

die kurze Geschichte am Tage des 200jährigen Bestandes des Regimentes von den Officieren gewidmet wurde, daraus lernen sollen, auf dass sie die Ehre des Regimentes wie Ihre Vorgänger durch gute Disciplin, Ordnungssinn, Treue, Anhänglichkeit, vor dem Feinde aber noch durch Tapferkeit und Unerschrockenheit, zu Nutz und Frommen unseres schönen grossen Vaterlandes hoch halten.

So war es und so wird es sein in aller Zukunft!

»Der Heimat zum Stolze,
Oesterreich zum Ruhme,
dem Kaiser zum Danke!«

Trient am 29. Mai 1898.

Julius Weyrich,
Oberst.

Am 29. Mai 1698 fertigte Seine Majestät der Kaiser Leopold I. den Befehl an den Obersten Franz Sebastian Graf von Thürheim zur Errichtung des Regimentes, den dieser am 6. Juni präsentierte.

Dem Obersten wurden 6 Compagnien des schon bestandenen Infanterie-Regimentes Metternich (jetzt Nr. 11) zugewiesen, sechs weitere Compagnien zu je 150 Mann sollten neu aufgestellt werden. Die Ergänzung war in damaliger Zeit aber keineswegs so geordnet wie jetzt, da eine Wehrpflicht eigentlich nicht bestand. Die Mannschaft trat meist infolge freier Werbung und gegen ein hohes Handgeld freiwillig in den Militärdienst ein und recrutierte sich nicht nur aus den Erbländern des Erzhauses Habsburg, sondern aus dem gesammten römisch-deutschen Reiche. Daher kam es, dass im Jahre 1698 nur zwei neue Compagnien aufgestellt werden konnten, die in Pressburg geworben und ausgebildet wurden, während die sechs Stamm-Compagnien zu der unter Prinz Eugen gegen die Türken stehenden Armee stiessen.

nach Wien und später nach Pest; am 20. September kehrte sie wieder nach Prag zurück.

Mit dem Feldzuge des Jahres 1866 ist die Kriegsgeschichte unseres Regimentes vorläufig beendet. Sie hat die schönsten Erinnerungen an die Vergangenheit aufzuweisen und hoch und munter kann unsere Fahne flattern, denn stets waren Gehorsam, Disciplin und Ordnung, Pflicht, Tapferkeit und Ausdauer den Soldaten Tugend.

Immer, Prager Kinder, soll es so sein, wie bei Neratowitz und Custozza

›Dem Regimente zur Ehre,
der Heimat zum Stolze,
Österreich zum Ruhme,
dem Kaiser zum Danke!‹

1867 In Krakau übernahm im Jahre 1867 Oberst Georg Ritter von Kees das Regiments-Commando und führte die Neuorganisation der Infanterie durch.

Aus 2 Bataillonen wurden 3 zu je 4 Compagnien gebildet, das 3. Bataillon kam nach Tarnow.

1868 1868 wurde in Prag der Cadre für ein 5. Bataillon aufgestellt.

In demselben Jahre trat ferner wieder ein Wechsel im Regiments-Commando ein, das Oberst Friedrich Ritter von Bouvard übernahm.

In diese ersten Jahre nach 1866 fallen noch verschiedene mehr oder minder einschneidende Änderungen in unserem Heereswesen, so die Einführung der allgemeinen Wehrpflicht mit nur dreijähriger Präsenz-Dienstpflicht, die Schöpfung der Landwehr, der Einjährig-Freiwilligen und Reserve-Officiere, die Bewaffnung der Armee mit Hinterladern, die Abschaffung der körperlichen Züchtigung und die Einführung des jetzigen blauen Waffenrockes anstatt des altehrwürdigen weissen Rockes.

Die Soldaten ohne Charge werden seit jener Zeit auch nicht mehr Gemeine, sondern Infanteristen genannt.

Im Jahre 1869 wurde aus dem 4. und 5. Ba- 1869 taillone das sogenannte Reserve-Commando gebildet und dasselbe dem Oberstlieutenant Sontag unterstellt.

1871 kam das Regiment nach Wien in die 1871 Kaiserstadt und hatte die Ehre, im Lager zu Bruck an der Leitha von Seiner Majestät inspiciert und Allerhöchst belobt zu werden.

1872 übergab Oberst von Bouvard das Regi- 1872 ments-Commando an den Obersten Adolf Resić von Ruinenburg.

Das Jahr der Wiener Weltausstellung — 1873 — 1873 bot den Soldaten des Regimentes nicht nur den Vortheil täglich Besucher des grossartigen Industrie-Palastes im Prater sein zu können, sondern brachte auch sonst manche Abwechslungen.

So nahmen unsere Achtundzwanziger unter anderem Antheil an den grossen Paraden vor dem Kaiser von Russland, dem Kaiser von Deutschland und dem Schah von Persien und ernteten stets das beste Lob.

Am 2. December wurde das 25jährige Jubiläum der Thronbesteigung Seiner Majestät unseres Allergnädigsten Kaisers von der Armee in feierlicher Weise begangen und zur Erinnerung an dieses Fest ein Gedenkblatt ausgegeben.

Seine Majestät stifteten an diesem Tage die Kriegsmedaille, mit der alle jene betheilt wurden, die in irgend einer Eigenschaft einen der Kriege seit dem Jahre 1848 mitgemacht hatten.

1875   Am 8. August des Jahres 1875 fand im Brucker Lager die feierliche Weihe der Fahne statt, die unser Regiment noch jetzt besitzt.

Ihre k. und k Hoheit die Frau Erzherzogin Maria Therese, Gemahlin Seiner k. und k. Hoheit des Herrn Erzherzogs Karl Ludwig, eines Bruders Seiner Majestät unseres Allergnädigsten Herrn und Kaisers, spendete als Pathin die reich gestickten Fahnenbänder.

Nachmittags war grosses Soldatenfest, an dem sich alle Truppen des Lagers betheiligten und das bis in die späte Nacht dauerte.

Bei diesem Feste wurden zwei Veteranen des Regimentes, Feldwebel Pallas, der 40 Jahre, und Bataillons-Tambour Franz Zelenka, der 25 Jahre diente, von den Officieren beschenkt.

Im Monate September machte das Reserve-Commando die Kaiser-Manöver bei Brandeis mit und erntete die Allerhöchste Zufriedenheit.

1876 übernahm Oberst Adolf Wenko das Regiments-Commando, und übergab es noch in demselben Jahre an den Obersten Alexander Heimbach.

Im September war das 2. und 3. Bataillon bei den Nikolsburger Manövern, die in Gegenwart Seiner Majestät unseres Allergnädigsten Kaisers, des Königs Milan von Serbien und des Fürsten Alexander von Bulgarien stattfanden.

Das 1. Bataillon musste zum Garnisonsdienste in Wien verbleiben.

Nach den Schlussmanövern an der Fischa verliess das Regiment am 17. September 1877 unter lebhafter Betheiligung der Bevölkerung, bei der es infolge der ihm innewohnenden Disciplin und Ordnung in hoher Achtung stand und daher sehr beliebt war, die unvergessliche Garnison Wien.

Der Regimentsstab kam mit dem 2. und 3. Bataillone nach Budweis, das 1. Bataillon nach Krumau.

Im Jahre 1878 erfuhr die Ausrüstung des Regimentes insofern eine Abänderung, als das weisse Riemenzeug abgeschafft und durch das noch gegenwärtig im Gebrauch stehende ersetzt wurde.

148

In diesem Jahre wurde ferner Bataillons-Tambour Titular-Zugsführer Zelenka nach mehr als 28jähriger Dienstzeit pensioniert und bei dieser Gelegenheit für seine immer treuen und vortrefflichen Dienste belobt.

Am 4. Mai verlieh Seine Majestät unser Allergnädigster Kaiser und König dem Infanteristen Josef Špička der 4. Compagnie in Anerkennung der von demselben unter eigener Lebensgefahr bewirkten Rettung eines Menschen vom Tode des Ertrinkens das silberne Verdienstkreuz.

Am 16. Mai wurde dem entschlossenen Soldaten vom Regiments-Commandanten vor den ausgerückten 3 Bataillonen dieses wohlverdiente Ehrenzeichen unter gleichzeitiger Überreichung eines Geschenkes von 25 fl. feierlich an die Brust geheftet.

Es war dies die letzte Ausrückung, bei der die gesammte Mannschaft den weissen Waffenrock trug.

Am 7. September that sich Corporal Bělohlávek der 5. Compagnie bei Löschung eines durch Blitzschlag entstandenen Schadenfeuers in Krumau besonders hervor und wurde deshalb belobt.

1880   1880 zeichnete Seine Majestät den ältesten Officier des Regimentes, Hauptmann Franz Hess, der für seine Tapferkeit in der Schlacht von Custozza schon mit dem Militär-Verdienst-Kreuze decoriert worden war und über 10 Jahre eine Compagnie commandierte, durch Verleihung des Franz-Josef-Ordens aus.

Am 27. April 1881 starb zu Graz der langjährige Inhaber des Regimentes Feldzeugmeister Ludwig Ritter von Benedek. Bei dem Begräbnisse war das Regiment durch eine Deputation von Officieren und Mannschaft vertreten.

Am 28. October ernannte Seine Majestät unser Allergnädigster Kaiser den König Humbert I. von Italien zum Oberst-Inhaber unseres Regimentes, das seit diesem Tage dessen erlauchten Namen führt.

Am 7. April 1882 übernahm Oberst Alois Hauptmann das Regiments-Commando.

In dieses Jahr fällt auch eine Neuorganisation der Infanterie. Die Reserve-Commanden wurden aufgelöst und die Zahl der Infanterie-Regimenter von 80 auf 102 erhöht.

Wir gaben unser 5. Bataillon an das neue Infanterie-Regiment Nr. 88 ab, dem Beraun als Ergänzungsbezirks-Station zugewiesen wurde.

Am 9. September verliess das Regiment die bisherige Garnison Budweis und rückte am folgenden Tage unter freudiger Begrüssung durch die Bewohner in unserem goldenen Prag ein.

1884 zeichnete Seine Majestät den Hauptmann Ferdinand Schroll für die langjährige und vorzügliche Führung eines Compagnie-Commandos

150

mit dem Militär-Verdienst-Kreuze und den Kapellmeister Johann Slach, der diese Stelle im Regimente über 30 Jahre innehatte und sich im Verlaufe dieser Zeit bedeutende Verdienste um die Musik erwarb, mit dem goldenen Verdienst-Kreuze aus.

Im Herbste machte unser Regiment unter den Augen Seiner Majestät die Corps-Manöver bei Pilsen mit und fand dadurch wieder Gelegenheit, sich Allerhöchstes Lob zu erwerben.

Nach den Manövern verliess unser 4. Bataillon Prag, um durch einige Jahre in den occupierten Ländern Bosnien und Hercegovina zu garnisonieren. Es kam zuerst nach Trawnik, dann nach Liwno, und hatte unter den meist fremdartigen Verhältnissen Gelegenheit neue Erfahrungen zu sammeln.

1886 Am 21. März 1886 gieng das Regiments-Commando an den Obersten Johann Holzbach über.

1888 Im October 1888 kehrte das 4. Bataillon nach Prag zurück; an seiner Stelle gieng das 3. Bataillon nach Bosnien und kam dort nach Vyšegrad in Garnison.

1889 1889 wurde Hauptmann Wilhelm Freiherr von Schmidburg für seine vorzügliche Dienstleistung als Compagnie-Commandant von Seiner Majestät unserem Allergnädigsten Kaiser durch Verleihung des Militär-Verdienst-Kreuzes ausgezeichnet.

In diesem Jahre kam ferner die Infanterie-Ausrüstung in ihrer gegenwärtigen Form zur Einführung.

Im Jahre 1890 erfolgte die Neubewaffnung des Regimentes mit dem Repetiergewehre System Mannlicher. 1890

Am 22. Mai wurde Büchsenmacher I. Classe Franz Koller in Anerkennung seiner langjährigen stets pflichtgetreuen Dienstleistung von Seiner Majestät mit dem silbernen Verdienst-Kreuze mit der Krone ausgezeichnet.

Am 24. Juni übernahm Oberst Ludwig Castaldo von dem Obersten Holzbach, der zum Brigadier ernannt wurde, das Regiments-Commando.

Am 27. August marschierte das Regiment zu den Manövern nach Pisek, rückte aber, da diese infolge des heftigen und andauernden Regens nicht abgehalten werden konnten, schon am 5. September wieder in Prag ein.

Während unserer Abwesenheit hatte das Hochwasser einen Theil der über 500 Jahre alten Karlsbrücke weggerissen.

Der so beschädigte monumentale Bau wurde von der Stadt Prag in der früheren Form hergestellt und nach 2 Jahren der Verkehr über dieselbe wieder eröffnet.

Im Monate Juni 1891 kam das Regiment wie alljährlich in das Übungslager nach Mnichowitz-Ondřejow. 1891

Vom 3. bis 7. September hatte es die Ehre, mit dem 1., 2. und 4. Bataillone im 8. Corps gegen das 2. Corps unter den Augen Seiner Majestät unseres Allergnädigsten Kaisers, ferner des Kaisers von Deutschland und des Königs von Sachsen bei Schwarzenau zu manövrieren und erntete Allerhöchstes Lob nicht nur wegen des guten Aussehens und der vollendeten Ausbildung, sondern auch für die ihm innewohnende Ruhe, Disciplin und Ordnung.

Am 12. September traf das 3. Bataillon aus Bosnien wieder in Prag ein.

1892 Am 17. Jänner 1892 geruhte Seine k. u. k. Apostolische Majestät die Transferierung Seiner k. u. k. Hoheit des Herrn Majors Erzherzog Otto vom 4. Dragoner-Regimente zu unserem Regimente anzuordnen.

Vom 6. Februar an hatten wir die Ehre, den Herrn Erzherzog, der ein Sohn des erlauchten Bruders Seiner Majestät ist, als Commandanten des 3. Bataillones im Regimente zu wissen.

Seine k. und k. Hoheit nahm sein Quartier in der königlichen Burg auf dem Hradschin und avancierte am 27. October zum Oberstlieutenant.

Seine k. und k. Hoheit gehörte unserem
1893 Regimente bis zum 28. April 1893 an, dann wurde er zum 9. Husaren-Regimente transferiert.

Am 16. September verliess der Regimentsstab, das 1., 3. und 4. Bataillon das uns liebgewordene

Prag, da das Regiment nach Linz verlegt wurde, wo es am 17. September eintraf.

Auch hier gelang es den Achtundzwanzigern rasch sich die Gunst der Bevölkerung zu erwerben.

Vom 12. August bis 7. September 1894 manövrierte unser Regiment im Innviertel. 1894

Am 17. August wurde Oberst Castaldo zum Brigadier ernannt, und nun übernahm Oberst Julius Weyrich das Regiments-Commando.

Am 8. September rückten wir wieder in Linz ein, giengen aber schon am 10. in unsere neuen Garnisonen nach Süd-Tirol ab.

Der Regimentsstab, das 3. Bataillon und die 15. und 16. Compagnie kamen nach Trient, die 13. und 14. Compagnie nach Levico, die 1. und 2. nach Predazzo und die 3. und 4. nach Cavalese.

Im November wurde Oberst Castaldo unter Verleihung des Ordens der eisernen Krone zum General befördert.

Am 23. April 1895 wurde dem Infanteristen Titular-Gefreiten Wenzel Bauer der 8. Compagnie, der sich in Prag dreier Nonnen, welche von einem Civilisten insultiert worden waren, angenommen und die Verhaftung desselben veranlasst hatte, für sein correctes Verhalten die Belobung des Corps-Commandos ausgesprochen. 1895

In diesem Jahre versammelte sich das Regiment zu den Bataillonsübungen bei Predazzo-Cavalese und hatte die Regimentsübungen bei St. Johann in Tirol.

Bei Frankenmarkt in Oberösterreich begannen die Brigadeübungen und manövrierten wir bis ins Böhmerland, wo wir am 2., 3. und 4. September die Ehre hatten, südlich von Budweis unter den Augen seiner Majestät unseres Allergnädigsten Kaisers die grossen Schlussmanöver mitzumachen.

Das 2. Bataillon hatte die Brigade- und Divisionsübungen bei Pilsen mitgemacht und war während der Kaisermanöver beim 8. Corps eingetheilt.

Alle 4 Bataillone fanden wiederholt Gelegenheit, sich das Allerhöchste Lob Seiner Majestät unseres Allergnädigsten Herrn und Kaisers zu erwerben.

Am 6. September rückte das 2. Bataillon wieder in Prag ein, während die anderen Bataillone in ihre Garnisonen nach Süd-Tirol zurückkehrten, die sie am 8. September erreichten. Hier machten die nicht beurlaubten Patrouillenschüler in den ersten Octobertagen einen interessanten Patrouillengang über die Bocca di Brenta, wo auch ein Gletscher (ewiges Eis) überschritten werden musste.

1896 In Winter 1896 wurde in Cavalese und Predazzo wie im Jahre vorher das Skylaufen cultiviert und mehrere unserer Soldaten erlangten darin eine nicht gewöhnliche Fertigkeit.

Am 19. Mai zeichneten Seine Majestät unser Allergnädigster Herr und Kaiser den Regiments-

Kapellmeister Eduard Horný für seine mehr als 36jährigen Dienste mit dem goldenen Verdienst-Kreuze aus.

Am 23. Juli versammelten sich das 1., 3. und 4 Bataillon in Cavalese und marschierten in freizügigen Märschen vom 7. bis 28. August durch die schönste Gegend Tirols.

Sie passierten das Eggenthal, den Costalunga-Sattel, das Pordoi-Joch, wo auf einer Edelweiss-Wiese eine Übung stattfand, und kamen dann durch Livinalungo auf den Pass von Falzarego.

Hier wurde vom 16. auf den 17. August 2000 Meter hoch ein Freilager bezogen.

Nachdem noch am letztgenannten Tage auf tre sassi in einer Höhe von 2300 Meter eine Brigadeübung abgehalten worden war, marschierten die Bataillone nach Cortina d'Ampezzo und am 28. über Landro-Toblach nach Bruneck, in dessen Nähe sie noch bis 6. September im Corps manövrierten.

Am 8. September kehrten sie wieder in ihre Garnisonen zurück. Obwohl unsere 3 Bataillone in der Zeit vom 7. August bis 6. September 30.744 Meter bergauf- und bergabsteigen mussten, wird sich doch gewiss jeder Soldat, der diese Übungen in einer der schönsten Gegenden Österreichs mitgemacht hat, trotz der Anstrengungen mit Freuden an diese Tage zurückerinnern.

156

Das 2. Bataillon unseres Regimentes hatte die Brigade- und Divisions-Übungen bei Pilsen und Strakonitz mitgemacht und war vom 1. August bis 3. September von Prag abwesend.

Am 8. October begegnete dem zum Regimente nach Süd-Tirol einrückenden Recrutentransporte in der Station Auer durch Zusammenstoss des Militärzuges mit dem von Trient kommenden Schnellzuge ein Eisenbahnunglück.

Von den jungen Soldaten erlag leider einer am nächsten Tage den erhaltenen Verletzungen, während 10 andere, die auch verwundet worden waren, nach kurzer Pflege im Truppenspitale zu Trient wieder diensttauglich wurden.

1897 Am 5. Juli 1897 betheiligte sich das 1. Bataillon bei Löschung eines in Dajano nächst Cavalese entstandenen Schadenfeuers und nur der Unerschrockenheit, dem Ordnungssinne und der unermüdlichen angestrengtesten Thätigkeit unserer Soldaten war es zu danken, dass nicht der ganze Ort in Flammen aufgieng, sondern nur 10 Häuser verbrannten.

Die belobende Anerkennung des 14. Corps-Commandos, der Dank der Bevölkerung und das Bewusstsein, seinen Mitmenschen geholfen zu haben, waren der Lohn, den die braven Soldaten ernteten.

Am 26. Juli vereinigten sich das 1., 3. und 4. Bataillon in Kössen nächst Kufstein zu den Regimentsübungen.

Das Regiment marschierte dann über Lofer, wo es im Passe Strub bei dem Denkmale für die im Jahre 1805 und 1809 gefallenen Vaterlandsvertheidiger die Ehrenbezeugung leistete, nach Unken und am 14. August durch königl. bairisches Gebiet über Reichenhall nach Salzburg.

Des aussergewöhnlich feierlichen und freundlichen Empfanges, den unsere Truppen in Reichenhall fanden, sei hier besonders gedacht.

Die folgenden Übungen fanden bei Mattsee-Strasswalchen statt und endeten am 11. September bei Lambach in Oberösterreich.

Am 13. September waren unsere 3 Bataillone wieder in ihren Garnisonen in Süd-Tirol.

Das 2. Bataillon nahm in der Zeit vom 1. August bis 9. September an den Übungen bei Pilsen und Pisek theil und rückte am 12. September wieder in Prag ein.

Am heutigen Tage blickt unser Regiment auf 1898 volle 200 Jahre seines Bestandes zurück. Es hat in der Flucht dieser langen Zeit stets seine unwandelbare Treue zu Kaiser und Reich bethätigt und oft und oft das Blut seiner Besten geopfert in der Vertheidigung unseres herrlichen Vaterlandes. Wir erfüllen eine heilige Ehrenpflicht, wenn wir diesen selten schönen Tag nicht vorübergehen lassen, ohne ihn auf das festlichste zu begehen und ohne jener Braven zu gedenken, die uns in der Verkörperung edler Soldatentugenden ein leuchtendes Vorbild sind jetzt und immerdar. Ihnen seien die vorliegenden Blätter gewidmet zur bleibenden Erinnerung an ihre unvergesslichen Thaten; Euch, ihr Soldaten, seien sie hiemit übergeben zur würdigen Fortsetzung.

Nicht schöner aber kann dies geschehen, als wenn alle Achtundzwanziger das 3. Jahrhundert ihrer Geschichte beginnen mit dem einstimmigen, weithin brausenden Jubelrufe

»Es lebe Seine Majestät,
unser Allergnädigster Kaiser und König
FRANZ JOSEF I.«

Trient, am 29. Mai 1898.

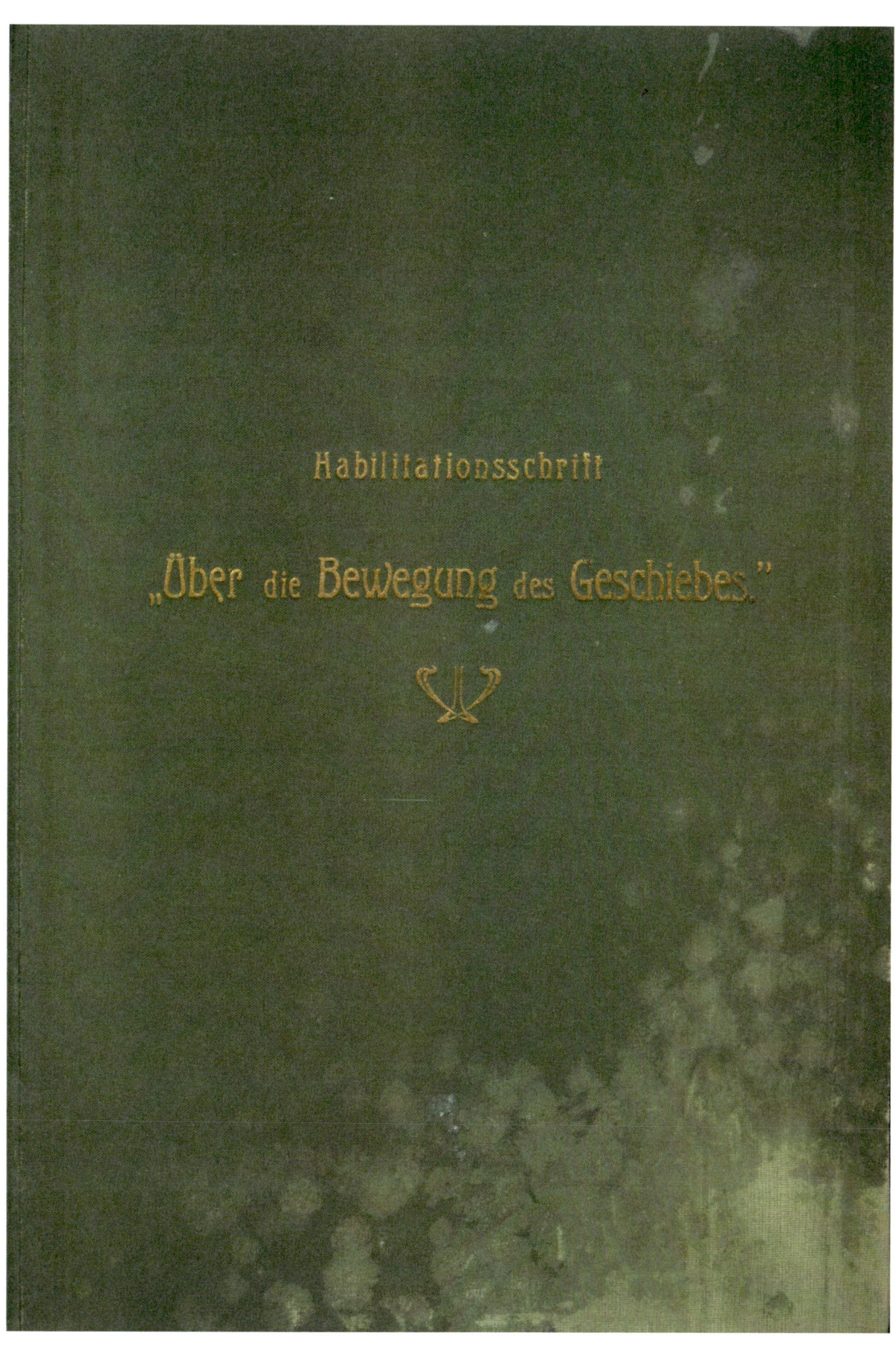

Gustav Weyrich: Habilitationsschrift „Über die Bewegung des Geschiebes" 1911

Habilitationsschrift

„Über die Bewegung des Geschiebes".

verfasst von

Gustav Weyrich,
Kultur-Ingenieur

Einleitung.

Eine der Hauptursachen der bei den meisten sich selbst überlassenen Wasserläufen mit der Zeit eintretenden Verwilderung ist das als Geschiebe bezeichnete, mit dem Wasser fortgeführte Steinmateriale.

Vermöge der dem fliessenden Wasser innewohnenden kinetischen Energie greift dasselbe unter gewissen Verhältnissen die Sohle und das Ufer seines Bettes an und transportiert das auf diese Weise oder durch Bergstürze, durch Rutschungen von Lehnen etc. entstandene und in den Flusschlauch gelangte Erd= und Steinmateriale weiter, wobei die mittlere Geschwindigkeit des Wassers und die Kapacität des Durchflussprofiles verändert werden. An Stellen, wo die Energie des bewegten Wassers nicht mehr hinreicht, das mitgeführte Materiale weiterzubewegen, wird letzteres abgelagert. Die Folge davon ist, dass sich die Bach- resp. Flussohle an einigen Stellen erhöht, der Wasserlauf zu serpentinieren anfängt, und infolge des dadurch entstehenden Gefällsverlustes das Wasser noch mehr an Kraft verliert, das Geschiebe weiter zu transportieren. Bei höheren Wasserständen überströmt dann der Fluss bald hier bald dort seine Ufer, lagert die mitgeführten Sinkstoffe den Ufergrundstücken zum Nachteile ab, und kommt es häufig ausser der Zerstörung von Sohle und Ufer auch zur Bildung von neuen Flussarmen u.s.w.

Der durch die Kraft des bewegten Wassers erfol-

2.

gende Transport des Erd- und Steinmateriales ist ein sehr komplizierter. Während die dem blossen Auge nicht sichtbaren, die Trübung des Wassers verursachenden Erdpartikelchen in fein verteiltem Zustande schwebend und schwimmend, die Sandkörnchen bald im Wasser schwebend, bald auf der Flussohle und auf den wandernden Gesteinstrümmern rollend und gleitend fortbewegt werden, zeigen die Steinmaterialien je nach dem, ob ein Gesteinsstück allein oder ob es im Vereine mit anderen transportiert wird, rollende und gleitende Fortbewegung oder auch eine Kombination von den zwei letztgenannten Bewegungen. Wenn nun während des weiten, oft Hunderte von Kilometern betragenden Transportes der Gesteinsstücke die rollende Bewegung vorherrscht, so werden dieselben eine kugelige, walzenförmige oder cylindrische Form erhalten, bei einer vorwiegend gleitenden Fortbewegung der Gesteinsstücke auf der Sohle des Bettes werden diese allmählich eine eigentümliche, flache Gestalt mit abgerundeten Kanten annehmen.

Bei der Entstehung und Gestaltung des Geschiebes kommen in Betracht: das specifische Gewicht und die ursprüngliche Form des Gesteinsstückes, dessen mehr oder weniger rauhe Oberfläche und Festigkeit, ferner die Geschwindigkeit des Wassers, dessen Einheitsgewicht, Menge und Tiefe, endlich die Beschaffenheit der Bachsohle und das mit der Zerstörung derselben veränderliche Gefälle.

I. Teil.

Um die Bewegungserscheinungen beim Geschiebetransporte näher zu untersuchen, betrachten wir zunächst die **Mechanische Wirkung des fliessenden Wassers auf ein loses Gesteinsstück**.

Fig. 1.

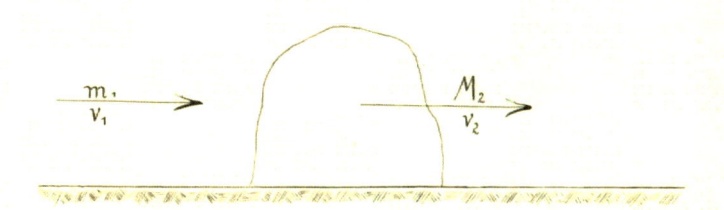

Wird mit m_1 die Masse eines unendlich kleinen Wassermoleküles oder Sandkörnchens, das sich mit der Geschwindigkeit v_1 in der Richtung gegen M_2 bewegt, mit M_2 die Masse eines mit der Geschwindigkeit v_2 sich in derselben Richtung wie m_1 bewegenden Steines bezeichnet, so wird dieses aus zwei Teilen bestehende Massensystem vor dem Zusammenstosse

4.

die lebendige Kraft = Arbeitsvermögen

$$\frac{m_1 v_1^2}{2} + \frac{M_2 v_2^2}{2}$$ besitzen.

Nach dem Zusammenstosse der beiden Massen (vorausgesetzt wird, dass $v_1 > v_2$ ist) wird M_2 seine Geschwindigkeit v_2 beibehalten, während m_1 die Geschwindigkeit v_2 annehmen wird. Das Arbeitsvermögen des Systems nach dem Zusammenstosse stellt daher der Ausdruck

$$\frac{m_1 v_2^2}{2} + \frac{M_2 v_2^2}{2}$$ dar .

Das beim Zusammenstosse verlorengegangene **Arbeitsvermögen** =

$$\frac{m_1 v_1^2}{2} + \frac{M_2 v_2^2}{2} - \frac{m_1 v_2^2}{2} - \frac{M_2 v_2^2}{2} = \frac{m_1 v_1^2}{2} - \frac{m_1 v_2^2}{2} = \frac{m_1}{2} \cdot (v_1^2 - v_2^2) \ .$$

Die **ganze** vom Systeme geleistete Arbeit setzt sich zusammen aus $A_i + A_a$. A_i ist die zur Lockerung der Cohäsion und des Gefüges, zur Deformation etc. verwendete, gewissermassen **innere Arbeits = Stossverlust**. Die nach aussenhin **sichtbare Arbeit** A_a besteht darin, dass die Masse m_1 im unendlich kleinen Zeitmomente dt des Zusammenstossens die Verzögerung $v_1 - v_2$ und daher pro Sekunde die Verzögerung $\frac{v_1 - v_2}{dt}$ erleidet, dass also m_1 während der Zeit dt die Kraft $\frac{m_1 \cdot (v_1 - v_2)}{dt}$ auf M_2 und ebenso M_2 auf m_1 infolge der Reaktion die Kraft $-m_1\frac{(v_1-v_2)}{dt}$ ausübt. Hiebei legt das Massensystem den Weg $v_2 \cdot dt$ zurück. Die nach

a u s s e n h i n   i n   E r s c h e i n u n g
t r e t e n d e   A r b e i t   der Masse m_1 ist also:

$$A_a = m_1 \left(\frac{v_1 - v_2}{dt}\right) \cdot v_2 \cdot dt = m_1 \cdot v_2 (v_1 - v_2).$$

$$A_i + A_a = \frac{m_1}{2}(v_1^2 - v_2^2) = A_i + m_1 v_2 (v_1 - v_2).$$

$$A_i = \frac{m_1}{2}(v_1^2 - v_2^2) - m_1 v_2 (v_1 - v_2) =$$

$$\frac{m_1}{2}(v_1^2 - v_2^2) - \frac{m_1}{2} 2 v_2 (v - v) =$$

$$\frac{m_1}{2}(v_1^2 - v_2^2 - 2 v_1 v_2 + 2 v_2^2) =$$

$$\frac{m_1}{2}(v_1^2 - 2 v_1 v_2 + v_2^2) = \frac{m_1}{2}(v_1 - v_2)^2.$$

Bei Continuität des Wasserfadens wird sich der betrachtete Vorgang in der Sekunde unendlich oft wiederholen; es werden also in der Sekunde unendlich viele, unendlich kleine Massen m mit dem Gesamtgewichte G gegen M_2 stossen.

D e r   G e s a m t s t o s s v e r l u s t während einer Sekunde beträgt daher

$$A_i = \sum \frac{m}{2}(v_1 - v_2)^2 = \frac{G}{2 \cdot g}(v_1 - v_2)^2.$$

Die Formel $\frac{m_1}{2}(v_1 - v_2)^2$ stimmt nun überein mit der für den A r b e i t s v e r l u s t   b e i m S t o s s e   u n e l a s t i s c h e r , f e s t e r K ö r p e r , von denen der eine unendlich gross

6.

gegenüber dem andern ist, denn diese Formel lautet nach der Hütte :

$$A_v = \frac{m_1 M_2}{M_2 + m_1} \left(\frac{c_1 - c_2}{2} \right)^2 = \frac{m_1}{1 + \frac{m_1}{M_2}} \left(\frac{c_1 - c_2}{2} \right)^2,$$

worin m_1, c_1 die Masse resp. die Geschwindigkeit des stossenden Körpers, M_2 die Masse des gestossenen mit der Geschwindigkeit c_2 bedeutet. $\frac{m_1}{M_2}$ ist nun, da m_1 im Vergleiche zu M_2 verschwindend klein ist, $= 0$.

A_v ist daher gleich $\frac{m_1}{2}(c_1 - c_2)^2$ und stimmt also diese Gleichung mit der für den V e r l u s t a n A r b e i t s v e r m ö g e n = S t o s s v e r l u s t abgeleiteten vollständig überein.

Aus dieser Uebereinstimmung geht klar und deutlich hervor, dass man die mechanische Wirkung, die das fliessende Wasser auf ein loses Gesteinsstück ausübt, begründeter Weise als S t o s s bezeichnen kann, entgegen der hie und da auftretenden Behauptung, diese Wirkung wäre als h y d r a u l i s c h e r D r u c k zu benennen.

Im Folgenden wird daher der soeben betrachtete Vorgang stets als Stoss bezeichnet werden.

Die Grösse des Stosses selbst erhält man aus der Formel für die Arbeitsleistung der Masse m_1 aus der Beziehung zwischen Kraft und Weg durch Division durch den zurückgelegten Weg.

Die in der Sekunde zum Stosse gelangende Wassermenge ist nun $fl. v_1$, worin fl die normale Projektion der gestossenen Fläche auf eine normal zur Strömungsrichtung stehende Ebene darstellt. Bezeichnet s das specifische Gewicht des Wassers, so ist die in der Zeiteinheit stossende Wassermasse $\frac{fl.v_1.s}{g}$.

Diesen Wert in den matematischen Ausdruck für die Arbeitsleistung $A_a = m.v_2 (v_1 - v_2)$ eingesetzt erhält man :

$$A = \frac{fl.v_1.s.v_2}{g}(v_1 - v_2) = p.w$$

worin p die Grösse des Wasserstosses und w den in der Zeiteinheit zurückgelegten Weg $= v_2$ darstellt. Daher ist $p = \frac{fl.v_1.s.v_2}{g}(v_1 - v_2) : v_2 = \frac{fl.v_1.s}{g}(v_1 - v_2)$.

Für den Fall, dass $v_2 = 0$ ist, die vom Wasserstosse getroffene Fläche sich also in Ruhe befindet, ist $p = \frac{s.fl.v_1^2}{g}$.

Diese Formel gilt aber nur für den Fall, dass der Stoss durch einen geschlossenen Wasserstrahl erfolgt. Wenn dagegen der Stoss durch **u n b e g r e n z t e s   W a s s e r** erfolgt, wie es bei der mechanischen Wirkung des fliessenden Wassers auf die in demselben vorhandenen Steine der Fall ist, so ist der Stoss S kleiner, nämlich:

$$S = \frac{k.s.fl.v_1^2}{2.g},$$

worin k ein Erfahrungs- Coefficient ist, wel-

8.

cher nicht nur von der Form der gestossenen Fläche, sondern auch wie die von Dubuat und Eytelwein vorgenommenen Versuche ergeben haben, von der Form der der Wasserströmung abgekehrten Fläche abhängig ist.

Im Folgenden sollen nun einige Betrachtungen über einen der Stosskraft des bewegten Wassers ausgesetzten Stein angestellt werden.

Fig. 2.

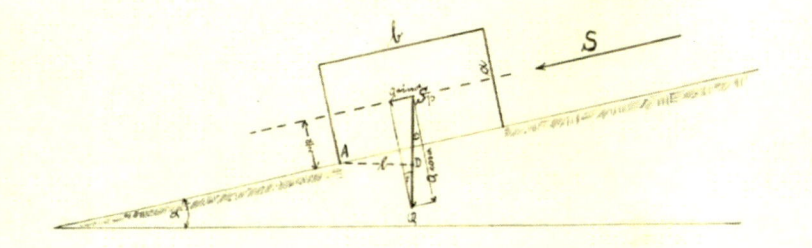

Annahme:

Auf einer unter dem Winkel α gegen die Horizontalebene geneigten, keine Unebenheiten aufweisenden Bachsohle ruhe lose ein prismatischer Stein, der ganz von fliessendem Wasser umspült sei. Die vom Wasserstosse getroffene Fläche sei normal auf die Strömungsrichtung. Der Schwerpunkt des Prismas sei Sp und als Angriffspunkt der Stosskraft S gelte der Mittelpunkt der der Strömung zugekehrten, ge -

stossenen Fläche a.c , das specifische Gewicht des Steines sei s_1 und das des Wassers s . Der Stein sei gleichzeitig dem Einflusse der Stosskraft des Wassers und der Schwerkraft ausgesetzt.

Wie aus der Fig. 2 hervorgeht, wird die Stosskraft S in ihrer Wirkung durch die Gewichtskomponente $Q.\sin\alpha$ unterstützt.

Ein Kippen des Steines um die Kante A wird nicht eintreten, solange das Umsturzmoment $\frac{a}{2}(S+Q.\sin\alpha)$ kleiner ist als das S t a b i l i t ä t s m o m e n t $Q.\overline{AD} = Q.l$; solange also die Resultante der Kräfte $(S+Q.\sin\alpha)$ und Q innerhalb der Grundfläche des Prismas fällt. Geht die Resultierende durch die Kippkante A , so halten sich beide Momente das Gleichgewicht. In diesem Falle ist:

$$\frac{a}{2}(S + Q.\sin\alpha) = Q.l \text{ , hieraus folgt:}$$

$$S + Q.\sin\alpha = \frac{2.Q.l}{a}, \text{ und } \underline{S = \frac{2.l.Q}{a} - Q.\sin\alpha} .$$

Infolge des Auftriebes veringert sich das specifische Gewicht des untergetauchten Steines von s_1 auf $s_1 - s$, wobei das specifische Gewicht des Wassers s abhängt von der Menge der von ihm mitgeführten Sinkstoffe und der Temperatur.

Daher ist:

$$S_k = \frac{2.l.a.b.c}{a}(s_1 - s) - a.b.c(s_1 - s)\sin\alpha =$$
$$= b.c(s_1 - s).(2.l - a.\sin\alpha) .$$

Daraus folgt, dass die zur Kippung des prisma-

10.

tischen Steines um die Kante A erforderliche Stosskraft S um so grösser sein muss, je länger die Prismenkanten b und c , je grösser das specifische Gewicht des Steines s_1, und je kleiner das specifische Gewicht des Wasser s , je kürzer die Prismenkante a und je kleiner das relative Gefälle sind.

Da die nach obiger Formel berechnete Stosskraft gerade hinreicht, den Gleichgewichtszustand zwischen **Umsturz- und Stabilitätsmoment** im gegebenen Falle herbeizuführen, so wird bei der geringsten Zunahme von S, z.B um dS der Stein schon um die Kante A kippen.

Unter sonst gleich bleibenden Verhältnissen verhalten sich die zur Kippung von zwei prismatischen Steinen mit den specifischen Gewichten s_1 und s_2 notwendigen Stosskräfte :

$S_1 : S_2 =$ b.c $(s_1 - s).(2.1 - a.\sin\alpha) :$
b.c $(s_2 - s).(2.1 - a \sin\alpha) = (s_1 - s) : (s_2 - s)$;
das heisst, wie ihre um das Einheitsgewicht des Wassers verminderten specifischen Gewichte.

Unter welchen Bedingungen der Stein bei denselben Voraussetzungen wie bisher auf der Bachsohle gleiten wird, soll im Nachfolgenden mit Hilfe der Fig.2 untersucht werden.

Der matematische Ausdruck für den Reibungswiderstand W lautet: W = f.N, worin f den Reibungs-

coefficient und N den Normaldruck bezeichnet.
Aus der Fig. 2 ist unmittelbar ersichtlich, dass
$N = Q \cdot \cos\alpha$ ist.

Die Seitenkraft $Q \cdot \sin\alpha$ wirkt, wie bereits bemerkt, unterstützend auf den Stoss des fliessenden Wassers. Solange der Wert von $S + Q \cdot \sin\alpha$ kleiner ist als $Q \cdot f \cdot \cos\alpha$, wird der Stein in Ruhe verbleiben; wenn der Reibungswiderstand gleich der um die erwähnte Gewichtskomponente vermehrten Stosskraft ist, dann ist Gleichgewichtszustand vorhanden und wenn endlich $Q \cdot \sin\alpha + S$ grösser wird als $Q \cdot f \cdot \cos\alpha$, wird der Stein auf der Sohle gleiten. Für den Gleichgewichtszustand gilt die Bedingung: $S + Q \cdot \sin\alpha = Q \cdot f \cdot \cos\alpha$, und $S = Q(f \cdot \cos\alpha - \sin\alpha) = Q(f - \tan\alpha) =$
$$= a \cdot b \cdot c (s_1 - s) \cdot (f - \tan\alpha).$$

Da erfahrungsgemäss der Reibungscoefficient beim Gleiten von Stein auf Stein in Flüssen $0\cdot 5$ ist, wird
$$S = a \cdot b \cdot c (s_1 - s) \cdot (0 \cdot 5 - \tan\alpha).$$
Wenn der Stein also durch den Wasserstoss in g l e i -
t e n d e Bewegung versetzt und erhalten werden soll, so muss S_5 grösser als der letzte Ausdruck sein.

Da der Reibungscoefficient f der Bewegung geringer ist als der der Ruhe, so ist auch die zur Erhaltung der eingeleiteten gleitenden Bewegung erforderliche Stosskraft geringer, als die die Bewegung veranlassende.

Die Diskussion der letzten Formel ergibt: die

12.

erforderliche Stosskraft wächst mit der Zunahme der Prismenkanten a, b, c und des specifischen Gewichtes s_1 des Steines sowie mit der Abnahme des specifischen Gewichtes des Wassers s und des Neigungswinkels α.

Wenn nun $(0.5 - tg\alpha) = (1.0 - 2.tg\alpha) = 0$ wird, wird auch der ganze diesen Faktor enthaltende Ausdruck 0. Das heisst, unter diesen Umständen ist zur Herbeiführung des Gleichgewichtszustandes zwischen Reibung und Stosskraft gar keine Stosskraft erforderlich. Dieser Fall tritt ein, wenn $tg\alpha = 1/2$ und $\alpha = 26° 33' 54''$ wird. Unter dem Einflusse der geringsten in der Richtung der Stosskraft wirkenden Momentankraft auf dem prismatischen Stein wird dann derselbe g l e i c h f ö r m i g , ohne jegliche Beschleunigung auf der Sohle des Baches weitergleiten. Bei einem noch grösseren Gefälle wird endlich der Ausdruck $(0.5 - tg\alpha)$ negativ, in welchem Falle sich der Stein ohne dass ausser der Schwerkraft eine äussere Kraft auf ihn wirkt, beschleunigt weiterbewegen wird.

Wenn a = b = c wird, an Stelle des Prismas also ein würfelförmiger Stein dem Wasserstosse ausgesetzt wird, so gilt für den Gleichgewichtszustand betreffs des Kippens für die Kraft $S_k = a.a.(s_1-s)(2\ell - a.sin\alpha)$, in welchem Ausdrucke $\ell = \frac{a.\sqrt{2}}{2} . sin(45° - \alpha) = \frac{a\sqrt{2}}{2}(sin 45°.cos\alpha - cos 45° sin\alpha) = \frac{a.\sqrt{2}}{2}(\frac{1}{\sqrt{2}}.cos\alpha - \frac{1}{\sqrt{2}} sin\alpha) = \frac{a}{2}.(cos\alpha - sin\alpha)$.

Durch Subtitution dieses letzten Ausdruckes in die Gleichung für S_K erhält man :

$$S_K = a.a\,(s_1 - s)\left[a\,(\cos\alpha - \sin\alpha) - a.\sin\alpha\right] =$$
$$= a^3\,(s_1 - s)\,(\cos\alpha - 2.\sin\alpha) =$$
$$= a^3.\,(s_1 - s)\,(1 - 2.\tang\alpha).$$

Für den Gleichgewichtszustand betreffs Gleitens auf der Sohle erhält man aus der Formel

$S_S = a.b.c\,(s_1 - s)(0^\cdot 5 - \tang\alpha)$, wenn $a = b = c$ wird,

$$S_S = a^3\,(s_1 - s)\,(0^\cdot 5 - \tang\alpha).$$

Bei Vergleichung der Formel für S_K und S_S findet man, dass dieselben vollständig übereinstimmen, denn : $0^\cdot 5 - \tang\alpha = 1^\cdot - 2.\tang$
und kann hieraus der Schluss gezogen werden, dass ein auf der Sohle mit dem Wasser sich fortbewegender würfelförmiger, ganz von Wasser umspülter Stein bald gleitend und bald kippend durch den Wasserstoss weiter transportiert werden wird, vorausgesetzt, dass die gestossene Fläche normal auf die Richtung der Strömung steht, was indessen in Wirklichkeit wohl selten der Fall sein wird.

Wenn dagegen zwei Würflächen gleichzeitig vom Wasser gestossen werden, wird die Tendenz für die gleitende Bewegung vorherrschen.

Fig. 3

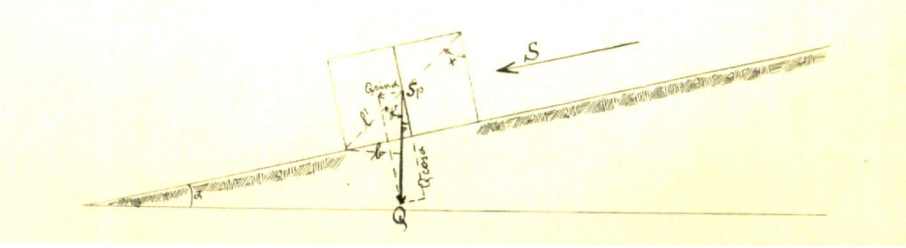

14.

Fig. 3 veranschaulicht den speziellen Fall, wo die zwei vom Wasser getroffenen Würfelflächen gleich gross sind. Es soll im Folgenden nunmehr der beim Gleiten des Steines auf der Bachsohle auftretende Reibungswiderstand, das Umsturzmoment der um die erwähnte Gewichtskomponente vermehrten Stosskraft S und das Stabilitätsmoment der Kraft Q in Bezug auf die Würfelecke E berechnet werden.

Die Formel für den Widerstand W, den der Stein bei der gleitenden Bewegung entgegensetzt lautet:
$W = f \cdot Q \cdot \cos\alpha = 0{\cdot}5 \cdot a^3 (s_1 - s) \cos\alpha$ und muss die Stosskraft S vermehrt um $Q \cdot \sin\alpha >$ als dieser Ausdruck sein, um ein Gleiten des Steines hervorzurufen.

Der Gleichgewichtszustand wird eintreten, wenn:
$$0{\cdot}5\, a^3 (s_1 - s) \cos\alpha = (S + Q \cdot \sin\alpha),$$
hieraus folgt, dass
$$S_g = 0{\cdot}5\, a^3 (s_1 - s) \cos\alpha - a^3 (s_1 - s) \sin\alpha =$$
$$= a^3 (s_1 - s)(0{\cdot}5 \cdot \cos\alpha - \sin\alpha) =$$
$$= a^3 (s_1 - s)(1 - 2 \cdot \tan\alpha).$$

Das Stabilitätsmoment der Kraft Q in Bezug auf die Würfelecke E hat die Grösse $Q \cdot b$. Aus Fig. 3 fo[lgt] $b = l' \cdot \sin\gamma$, worin $\gamma = x - \alpha$; bei dem angenommenen Sohlengefälle von 1·9 % beträgt der Neigungswinkel α zirka 6′ 34″.

$$\cos x = \frac{a}{a\sqrt{3}} = \frac{1}{\sqrt{3}} = 0 \cdot 57735,\; x = 54°\, 44'\, 9'',$$
$$\underline{\alpha = 6'\, 33'',}$$
$$x - \alpha = 54°\, 37'\, 36'' = \gamma.$$

$$l'.\sin\gamma = \frac{a\sqrt{3}}{2} \sin.(54° 37' 36'')$$
$$\sin.(54° 37' 36'') = 0{\cdot}8154.$$

Der matematische Ausdruck für das Stabilitätsmoment lautet daher :

$$\frac{a\sqrt{3}}{2} \cdot 0{\cdot}8154 \cdot Q = \frac{a^4\sqrt{3}}{2}(0{\cdot}8154)(s_1 - s).$$

Das Umsturzmoment der um die Gewichtskomponente $Q.\sin\alpha$ vermehrten Kraft S ist nach Fig 3
$$\frac{a}{2}(S + Q.\sin\alpha).$$

Im Falle, dass sich das Umsturz- und das Stabilitätsmoment das Gleichgewicht halten ist :

$$\frac{a}{2}(S + Q.\sin) = \frac{a^4}{2}\sqrt{3} \cdot 0{\cdot}8154 (s_1 - s).$$

$$S = a^3\sqrt{3} \cdot 0{\cdot}8154 (s_1 - s) - a^3(s_1 - s)\sin\alpha =$$
$$a^3(s_1 - s)(\sqrt{3} \cdot 0{\cdot}8154 - \sin\alpha) =$$
$$a^3(s_1 - s).(1{\cdot}4123 - \sin\alpha).$$

Bei Vergleichung der letzten Formel mit der Formel $0{\cdot}5\ a^3(s_1 - s)\cos\alpha$ ersieht man, dass
$$a^3(s_1 - s)(1{\cdot}4123 - \sin\alpha) > \frac{1}{2} a^3(s_1 - s)\cos\alpha.$$

Das heisst: Die Stosskraft, die den Würfel zum Kippen bringt, ist grösser als die, welche denselben zum Gleiten veranlasst. Es wird also der Stein bei einer geringeren Stosskraft und daher auch bei einer geringeren Geschwindigkeit schon in gleitende Bewegung versetzt werden.

In welchem Verhältnisse stehen nun die Kanten zweier Würfel mit den specifischen Gewichten s_1 und s_2,

16.

damit sie unter gleich bleibenden Umständen der Stosskraft des Wassers denselben Widerstand gegen Kippen und Gleiten entgegensetzen ?

Nach der Stossformel ist der auf den Würfel mit der Kante a_1 ausgeübte Stoss

$$S = \frac{k.fl.v^2.s}{2.g}$$

und analog der auf den Würfel mit der Kante a_2 ausgeübte Stoss

$$S = \frac{k.fl'.v^2.s}{2.g}$$

Die Fläche fl für den Würfel ist nun ψa^2, worin ψ abhängig ist von der Lage der gestossenen Flächen zur Strömungs Richtung des Wassers.

Für den Fall des Gleichgewichtszustandes ist

$$S = k\psi \frac{a_1^2.v^2}{2.g}.s = a_1^3(s_1 - s)(1 - 2.\tang\alpha) \text{ und}$$

$$S = k\psi \frac{a_2^2.v^2}{2.g}.s = a_2^3(s_2 - s)(1 - 2.\tang\alpha) ;$$

hieraus folgt, dass

$$a_1^3(s_1 - s)(1 - 2.\tang\alpha) =$$
$$a_2^3(s_2 - s)(1 - 2.\tang\alpha) \text{ und daraus folgt,}$$

dass : $\frac{a_1}{a_2} = \frac{s_2 - s}{s_1 - s}$, das heisst :

Die Würfelkanten müssen sich umgekehrt wie ihre um das Einheitsgewicht des Wassers verminderten specifischen Gewichte verhalten.

Das Verhältnis der Würfelgewichte selbst ist nun :

$$\frac{Q_1}{Q_2} = \frac{a_1^3 \cdot s_1}{a_2^3 \cdot s_2} = \frac{(s_2 - s) \, s_1}{(s_1 - s) \, s_2}, \quad \text{weil } \frac{a_1^3}{a_2^3} = \frac{(s_2 - s)}{(s_1 - s)} \text{ ist}.$$

Wenn nun $s_1 > s_2$ ist, ist $\frac{s_2 - s}{s_1 - s} < 1$, woraus folgt, dass auch $Q_1 < Q_2$. Das heisst, der Würfel mit dem grösseren specifischen Gewichte wird auch dann denselben Widerstand dem Wasserstosse entgegensetzen, wie der mit dem kleineren Einheitsgewichte, wenn er auch ein kleineres absolutes Gewicht besitzt.

Diese Tatsache ist in der Prxis z.B. bei Herstellung eines Steinwurfes vom Standpunkte der B a u ö k o n o m i e wohl zu berücksichtigen.

Wenn der Querschnitt des prismatischen Steines ein Quadrat ist, wenn also die Kante a = b ist, muss für den Gleichgewichtszustand in Bezug auf Kippung

$$S_k = a \cdot c \, (s_1 - s) \cdot (2 \cdot 1 - a \cdot \sin \alpha) \text{ sein.}$$

Nach der Ableitung ist $l = \frac{a}{2} (\cos \alpha - \sin \alpha)$

daher ist $S_k = a \cdot c (s_1 - s) \left[\frac{2 \cdot a}{2} (\cos \alpha - \sin \alpha) - a \cdot \sin \alpha \right]$

$$= a^2 \cdot c (s_1 - s) (\cos \alpha - 2 \cdot \sin \alpha)$$

$$= a^2 \cdot c (s_1 - s) (1 - 2 \cdot \tan \alpha)$$

Wenn der Stein in Bezug auf Gleiten sich im Gleichgewichtszustand befinden soll, muss:

$$S_g = a \cdot b \cdot c \, (s_1 - s)(0 \cdot 5 - \tan \alpha) \text{ sein.}$$

Im vorliegenden Fall muss daher:

$$S_g = a^2 \cdot c \, (s_1 - s) (0 \cdot 5 - \tan \alpha) =$$
$$= a^2 \cdot c \, (s_1 - s) \cdot (1 - 2 \cdot \tan \alpha).$$

Auf Grund der Uebereinstimmung der Gleichungen für

18.

S_k und S_g kann der Schluss gezogen werden, dass der gedachte Stein bei ein und derselben Stosskraft bald gleitend bald kippend sich auf der Bachsohle fortbewegen wird, wenn die zum Stosse $S_k = S_g$ erforderliche Geschwindigkeit v vorhanden ist.

Die den nötigen Stoss erzeugende Geschwindigkeit rechnet sich nun aus der Formel für den Wasserstoss

$$S = \frac{k \cdot fl \cdot v^2 \cdot s}{2 \cdot g} = \frac{k \cdot a \cdot c \cdot v^2 \cdot s}{2 \cdot g} =$$

$$= a^2 \cdot c \, (s_1 - s) \, (0{\cdot}5 - \tan\alpha)$$

auf: $v = \sqrt{\dfrac{a (s_1 - s) \cdot (0{\cdot}5 - \tan\alpha) \cdot 2 \cdot g}{s \cdot k}}$.

Für die Bewegung selbst gilt die Bedingung, dass $S > a^2 \cdot c \, (s_1 - s) \cdot (0{\cdot}5 - \tan\alpha)$, also muss auch

$\dfrac{k \cdot v^2 \cdot a \cdot c \cdot s}{2g} > a^2 \cdot c \, (s_1 - s)(0{\cdot}5 - \tan\alpha)$ sein, und

$v > \sqrt{\dfrac{a \cdot (s_1 - s) \, (0{\cdot}5 - \tan\alpha) \cdot 2 \cdot g}{s \cdot k}}$

Dies besagt: die erforderliche Geschwindigkeit ist direkt proportional der Quadratwurzel aus der Länge der Prismenkante a sowie des um das Einheitsgewicht des Wassers verminderten specifischen Gewichtes des Steines und der Quadratwurzel aus $(0{\cdot}5 - \tan\alpha)$ und verkehrt proportional der Quadratwurzel aus dem Produkte Einheitsgewichte des Wassers. mal dem Coefficienten k.

Während die Länge der Prismenkante c ganz belanglos ist, ist das Verhältnis der specifischen Gewichte des Steines und des Wassers hier von ganz besonderem Einflusse, weil s sowohl im Zähler, als auch im Nenner des Bruches vorkommt.

Da $(s_1 - s) : s = \frac{s_1}{s} - 1$ und s_1 stets grösser ist als s, so wird dieser Wert dieses Ausdruckes um so grösser sein, je grösser $s_1 : s$, das heisst je kleiner das Einheitsgewicht des Wassers im Verhältnisse zu jenem des Steines ist.

Wenn das in Fig. 3 dargestellte Prisma mit den Kanten a, b und c auf der Sohle gleiten soll, so muss:

$$S_s = \frac{k \cdot a \cdot c \cdot v^2 s}{2 \cdot f} > a \cdot b \cdot c \, (s_1 - s)(0{\cdot}5 - \tang \alpha) \text{ sein,}$$

woraus sich ergibt, dass

$$v > \sqrt{\frac{b \cdot (s_1 - s)(0{\cdot}5 - \tang \alpha) \cdot 2 \cdot g}{k \cdot s}}, \text{ oder}$$

$$v > \sqrt{b \left(\frac{s_1}{s} - 1\right)(0{\cdot}5 - \tang \alpha) \, \beta}.$$

Da $\beta = \frac{2 \cdot g}{k}$ einen konstanten Wert darstellt, so geht aus obiger Bedingungsgleichung hervor, dass die zur Erzeugung des nötigen Stosses erforderliche Geschwindigkeit nur abhängig ist von der Länge der parallel zur Strömungsrichtung liegenden Prismenkante b, ferner vom Verhältnisse des Einheitsgewichtes s_1 des Steines zu jenem des Wassers s und vom Gefälle. Von der Länge der Kante c und a ist die den erforderlichen Stoss erzeugende Geschwindigkeit völlig unabhängig.

Betreffs Kippens des in Betrachtung stehenden Steines um die Kante a gilt die Bedingung, dass

20.

$$S_k = \frac{k \cdot v^2 \cdot a \cdot c \cdot s}{2 \cdot g} > b \cdot c (s_1 - s)(2 \cdot l - a \cdot \sin \alpha)$$ und

geht daraus hervor, dass

$$v > \sqrt{\frac{b}{a} (s_1 - s)(2 \cdot l - a \cdot \sin \alpha) \frac{2 \cdot g}{k}}$$

Aus dieser Bedingungsgleichung ersieht man, dass die in Frage stehende Geschwindigkeit um so grösser sein muss, je grösser die parallel zur Strömungsrichtung gelegene Prismenkante b ist, je grösser die Differenz der specifischen Gewichte des Steines und des Wassers ist und je kleiner die Kante a und das Gefälle des Rinnsals ist. Von der Länge der Kante c ist v auch in diesem Falle unabhöngig, denn wenn diese Kante grösser wird, so muss auch, wie aus der Bedingungsgleichung für die Stosskraft S_k hervorgeht diese letztere im selben Verhältnisse grösser werden.

Die Nutzanwendung dieser theoretischen Schlüsse für die Praxis lautet: Soll ein prismatischer Stein der kinetischen Kraft des fliessenden Wassers den grösstmöglichsten Widerstand entgegensetzen, so ist er derart auf die Sohle des Rinnsals zu legen, dass seine längste Kante parallel zur Strömungsrichtung und die kürzeste normal auf die Sohle sind. Bei Auswahl von Steinen mit verschiedenen specifischen Gewichten wird man sich für die specifisch schwereren entscheiden.

Zur Illustration des eben Gesagten sei ein Rechenbeispiel durchgeführt:

Ein prismatischer Stein mit den Seitenkanten a=7, b = 34 und c = 15 cm ruhe lose auf einer ein Gefälle von 0·5 % besitzenden Bachsohle auf. Das specifische Gewicht s_1 des Steines sei 2·8 (Granit) und das des Wassers 1 . Wie gross muss der Stoss sein, um I) den Gleichgewichtszustand in Bezug auf Gleiten herbeizuführen und 2) die Bewegung des Steines einzuleiten; wenn der Stein nach den abgeleiteten Gesetzen a) die günstigste und b) die ungünstigste Lage besitzt.

a) Betreffs Gleichgewichtszustandes in Bezug auf Gleiten gilt die Gleichung:

$$S_s = a.b.c\ (s_1 - s)(0·5 - \tan\alpha) =$$
$$7.34.15.1·8.(0·5 - 0·0005 = 3209·8$$

Gramm oder rund 3·210 kg. Die diesen Stoss erzeugende mittlere Wassergeschwindigkeit v kann aus der Formel : $S_s = \dfrac{k.a.c.v^2.s}{2.g}$ berechnet werden.

$$3210 = \dfrac{1·4.7.15.v^2}{1962},\ \text{und}\ v = \sqrt{\dfrac{3210.1962}{1·4.7.15}}$$

= 2069 cm oder rund 2·07 m .

Wenn der Reibungscoefficient der Ruhe von Stein auf Stein mit 0·75 angenommen wird, so ist zur Einleitung der gleitenden Bewegung eine Stosskraft von :

$$S_s = a.b.c.\ (s_1 - s)\ (0·75 - \tan\alpha)\ \text{erforderlich.}$$

Daher ist im vorliegenden Falle

$S_\zeta = 7.34.15.1\cdot8.0\cdot7495 = 4816\cdot3$ Gramm oder $4\cdot816$ kg.

Die diesen Stoss hervorrufende mittlere Wassergeschwindigkeit v ist analog wie früher:

$$4\,816\cdot3 = \frac{1\cdot4.7.15\ v^2}{1962}\quad\text{und}$$

$$v = \sqrt{\frac{4\,8163.1962}{1\cdot4.7.15}} = 253\cdot5 \text{ cm oder rund } 2\cdot54 \text{ m}.$$

b) Den geringsten Widerstand gegen den Weitertransport durch das Wasser wird der Stein dannbieten, wenn die Fläche b.c normal zur Strömungsrichtung steht.

In diesem Falle gilt für den Gleichgewichtszustand in Bezug auf Gleiten: $S_\zeta = a.b.c.(s_1 - s)(0\cdot5 - \tan\alpha)$

$\frac{k.b.c.v^2.s}{2g} = a.b.c (s_1 - s)(0\cdot5 - \tan\alpha)$ hieraus

folgt $v = \sqrt{\dfrac{a (s_1 - s) (0\cdot5 - \tan\alpha) 2.g}{k}}$

$= \sqrt{\dfrac{7.1\cdot8.0\cdot4995.1962}{1\cdot4}} = 93\cdot9$ cm.

Die Grenzgeschwindigkeit, bei welcher der Stein aus dieser Lage die gleitende Bewegung antreten wird, rechnet sich aus der Formel

$$v = \sqrt{\frac{a (s_1 - s) (0\cdot75 - 0\cdot0005).2.g}{k}}$$

$$= \sqrt{\frac{7.1\cdot8.0\cdot7495.1962}{1\cdot4}} = 115\cdot04 \text{ cm}.$$

Im Anschlusse daran soll nun die Geschwindigkeit berechnet werden, welche jenen Wasserstoss erzeugt, der den Gleichgewichtszustand in Bezug auf Kippen hervorruft.

Wenn der Neigungswinkel α wegen seiner Kleinheit vernachlässigt wird, erhält man

$$\frac{S \cdot c}{2} = \frac{Q \cdot a}{2}$$

$$\frac{a \cdot b \cdot v^2 \cdot k \cdot sc}{2 \cdot g \cdot 2} = a \cdot b \cdot c \, (s_1 - s) \, \frac{a}{2} \quad \text{und} \quad v = \sqrt{\frac{a^2 (s_1 - s) 2 \cdot g}{c \cdot k}} =$$

$$= \sqrt{\frac{49 \cdot 1 \cdot 8 \cdot 1962}{1 \cdot 4 \cdot 15}} = 84 \cdot 3 \text{ cm}.$$

Wenn nun die Geschwindigkeit des Wassers um ein Geringes grösser als 0·84 m also 0·84 + dv ist, wird der Stein um die rückwärtige Kante b kippen, worauf die vom Wasser getroffene Fläche a.b sein wird. In diesem Falle gilt für den Gleichgewichtszustand in Bezug auf Kippen :

$$S \cdot \frac{a}{2} = Q \cdot \frac{c}{2} \quad \text{oder}$$

$$\frac{a \cdot b \cdot v^2 \cdot k \cdot a}{2 \cdot g \cdot 2} = a \cdot b \cdot c \, (s_1 - s) \cdot \frac{c}{2}, \quad \text{woraus}$$

$$v = \sqrt{\frac{c^2 (s_1 - s) 2 \cdot g}{k \cdot a}} = \sqrt{\frac{225 \cdot 1 \cdot 8 \cdot 1962}{1 \cdot 4 \cdot 7}} = 284 \text{ cm}.$$

Die den Stein aus dieser Lage in gleitende Bewegung versetzende Stossgeschwindigkeit rechnet sich nach der Formel

$$S = 0 \cdot 75 \cdot a \cdot b \cdot c \, (s_1 - s) = \frac{a \cdot b \cdot v^2 \cdot k \cdot s}{2 \cdot g} \quad \text{auf :}$$

$$v = \sqrt{\frac{0 \cdot 75 \cdot 15 \cdot 1 \cdot 8 \cdot 1962}{1 \cdot 4}} = 168 \text{ cm oder } 1 \cdot 86 \text{ m}.$$

Die zur Fortsetzung der begonnenen gleitenden Bewegung erforderliche Stossgeschwindigkeit rechnet sich aus der Beziehung $0 \cdot 5 \cdot 7 \cdot 34 \cdot 15 \cdot 1 \cdot 8 = \frac{7 \cdot 34 \cdot v^2 \cdot 1 \cdot 4}{2 \cdot g}$.

hieraus ist $v = \sqrt{\frac{0 \cdot 5 \cdot 1 \cdot 8 \cdot 15 \cdot 1962}{1 \cdot 4}} = 137 \cdot 6 \text{ cm}.$

24.

Ein kurzes Resumé aus den eben durchgeführten Rechnungsbeispielen besagt Folgendes:

Während zur Einleitung der gleitenden Bewegung des Steines aus der Lage, die nach den abgeleiteten Gesetzen als die günstigste bezeichnet werden muss, eine Geschwindigkeit von 2·53 m erforderlich ist, würde bei der ungünstigsten Lage schon eine Geschindigkeit von 1·15 m genügen, um den Stein in gleitende Bewegung zu versetzen. Nachdem aber bei der letztgenannten Lage des Steines bereits bei einer Wassergeschwindigkeit von 0·84 + dv ein Kippen eintritt, wird der Stein bei dieser Geschwindigkeit zunächst eine Kippung um die rückwärtige untere Kante vollenden, und wird hierauf die Fläche a.b der Stosskraft des Wassers ausgesetzt sein.

Bei einer Geschwindigkeit von 1·68 m wird der Stein aus dieser Lage die gleitende Bewegung antreten, welche solange fortgesetzt werden wird, bis die untere Grenzgeschwindigkeit von 1·32 m erreicht wird. Wenn hingegen die Wassergeschwindigkeit auf 2·84 m steigt, kann der Stein wiederholt um die rückwärtige untere Kante kippen. Da diese Geschwindigkeit aber auch hinreicht, um bei der günstigsten Lage des Steines ein Gleiten desselben auf der Bachsohle nicht nur zu erhalten, sondern auch zu veranlassen, wird der Stein bei jeder Geschwindigkeit, welche gleich oder grösser als 2·84 m ist, sich in Bewegung befinden.

Von der Festigkeit des transportierten Steinmateriales wird es abhängen, ob bei diesem Transporte die Ecken, Kanten und Flächen mehr oder weniger abgeschliffen und abgerundet werden und dasselbe eine mehr oder weniger walzenförmige oder cylindrische Form annehmen wird, und ob es zertrümmert wird.

Nachdem die bei der rollenden Bewegung auftretende Reibung viel geringer ist, als die bei der gleitenden, so wird der Geschiebetransport um so früher eintreten und um so rascher vorsichgehen, je mehr die zu bewegenden Gesteinstrümmer cylindrische oder kugelige Gestalt besitzen.

Das bisher Gesagte gilt nur für den Fall, dass ein Stein allein durch den Stoss des Wassers transportiert wird, wenn mehrere Gesteinstrümmer gleichzeitig fortbewegt werden, so gelten andere Gesetze, welche im Folgenden betrachtet werden sollen.

II. Teil.

Fig. 4

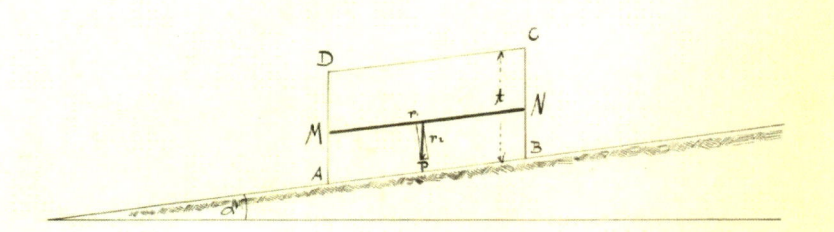

ABCD stelle den Querschnitt durch einen Wasserkörper mit der Grundfläche 1 m² vor.

MN = l, sei die Länge eines parallel zur Sohle gelegenen Wasserfadens mit dem Querschnitte f,

P   das Gewicht dieses Wasserfadens,

$p_1 p_2$ dessen Gewichtskomponenten,

s   das specifische Gewicht des bewegten Wassers,

α der Neigungswinkel der Bachsohle,

t   die Wassertiefe *in m*.

Die Gewichtskomponente p_1, welche die Bewegung des Wasserfadens verursacht = $P.\sin\alpha$ = $MN\,f.s.\sin\alpha$
$$= l.f.s.\sin\alpha$$

Die den ganzen Wasserkörper mit dem Querschnitte ABCD innewohnende bewegende Kraft ist nun gleich der Summe aller $l.f.s.\sin\alpha = \int_B^C l.f.s.\sin\alpha =$
$$= s.l.\sin\alpha \int_B^C f.$$

Da $\int_B^C f$ das Querprofil F des Bachbettes darstellt, so ist die bewegende Kraft $K = l.s.\sin\alpha.F = Q.\sin\alpha$.

Da $\sin\alpha$ bei kleinem α = $\tan\alpha$ gesetzt werden kann und $Q = 1m^2.t.1000$ kg, u. $\tan\alpha$ das relative Gefälle I des Bachbettes darstellt, ist

$$K = 1000 \cdot t \cdot I,$$

welcher Ausdruck von Du Boys, der aber bei Ableitung desselben einen anderen Weg eingeschlagen hat, mit „force d'entrainement" = „ Schleppkraft " des Wassers bezeichnet wurde, welcher Ausdruck ganz trefflich gewählt erscheint, weil gewissermassen das Geschiebe auf der Bachsohle von dem fliessenden Wasser geschleppt wird.

Durch die continuierliche Wirkung der Kraft K würde eine beschleunigte Bewegung der Wassermassen eintreten. Nachdem aber erfahrungsgemäss das Wasser sich im Bachbette gleichförmig weiterbewegt, so muss diese beschleunigende Wirkung durch den Widerstand des Bettes aufgehoben werden.

Wenn nun die Schleppkraft grösser ist als der Widerstand, den das Material aus dem die Sohle des Baches besteht, seiner Fortbewegung entgegensetzt, so wird die Sohle des Baches angegriffen und ein Teil des die Sohle bildenden Materiales in Bewegung geraten. Durch den Transport des Geschiebes wird nun ein Teil des dem bewegten Wasser innewohnenden Arbeitsvermögens verbraucht und dadurch die mittlere Geschwindigkeit des Wassers veringert werden, was zur Folge hat, dass der Bach anschwillt, ohne dass die Durchflussmenge sich ändert.

Angenommen, auf einem m^2 einer nahezu horizontal, unauswaschbaren Bachsohle ruhe lose in Form einer Schichte eine Anzahl (n) von Kieseln, welche gleiches Volumen (v), gleiche Gestalt und gleiches specifisches Gewicht (s_1) besitzen.

Das Gewicht dieser Kieselschichte ist

$$Q = 1000 \cdot (s_1 - s) \cdot n \cdot v .$$

Die wirkende Schleppkraft ist nach Vorigem

$$K = 1000 \cdot t \cdot I .$$

Die parallel zur Sohle im Sinne der Schleppkraft wirkende Komponente des Gewichtes, der Kieselschichte kann wegen der Geringfügigkeit ihrer Wirkung bei der folgenden Untersuchung vernachlässigt werden.

Fig. 5

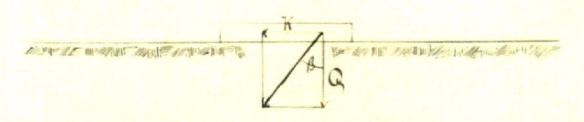

Die Resultierende aus Q und K weicht, wie aus Fig. 5 ersichtlich ist, um den Winkel β von der Lothrechten ab.

$$\tang \beta = \frac{K}{Q} = \frac{1000 \cdot t \cdot I}{1000 \cdot (s_1 - s) \cdot n \cdot v} = \frac{t \cdot I}{(s_1 - s) \cdot n \cdot v} .$$

Wenn α den Reibungswinkel der in Betrachtung stehenden Kieseln in ruhigem Wasser darstellt, so wird sich die Kieselschichte wenn β > α in Bewegung, wenn β ≦ α hingegen in Ruhe befindet.

Für den Fall der Bewegung der Kiesschichte gilt daher :

$$\tang \alpha \leq \frac{K}{Q} = \frac{K}{1000(s_1 - s) v \cdot n} \quad \text{und}$$

$$n \cdot v \leq \frac{K}{1000(s_1 - s) v \cdot n \cdot \tang \alpha}$$

Wenn die in der erwähnten Kiesschichte enthaltene Masse gleichmässig über eine Fläche von 1 m² verteilt gedacht wird, so stellt $\frac{n \cdot v}{1 m^2} = e$ die mittlere Dicke der Kiesellage vor, so dass vorstehender Ausdruck auch in folgender Form geschrieben werden kann :

$$e \leq \frac{K}{1000(s_1 - s) \tang \alpha} \, .$$

Unter sonst gleichen Umständen, werden sich also die Kieselschichten um so früher in Bewegung versetzen je kleiner das Volumen (v) jedes einzelnen Kiesels und je kleiner die mittlere Dicke (e = n.v) ist; das heisst je geringer die Anzahl der auf der Sohle liegenden Kiesel, je schütterer die Kiesel also auf der Bachsohle aufruhen.

Aus der vorstehenden Formel geht auch hervor, von welch grossem Einflusse das specifische Gewicht des Wassers (s) für die Bewegung des Geschiebes ist. Je grösser dasselbe infolge Verunreinigung durch Sandpartikelchen usw. wird, umso stärker wird bei sonst gleichbleibenden Umständen die Kiesschichte (e) sein, die das Wasser bewegt.

Die mit der Geschwindigkeit v sich fortbewegende oberste Kiesschichte e wird auf die unter ihr liegenden Schichte e_1 ebenfalls eine Schleppkraft Wirkung ausüben und bei hinreichender Grösse wird sich diese Schichte mit der Geschwindigkeit v_1 fortbewegen. Zwischen der Schichte e_1 und der nächstfolgenden e_2 wird sich wiederum Schleppkraft bemerkbar machen etc., welche Erscheinung sich solange fortsetzt, bis endlich eine Schichte erreicht ist, für welche die vorhandene Kraft nicht mehr ausreicht, sie in Bewegung zu versetzen.

Die Stärke der mit der mittleren Geschwindigkeit $v = \dfrac{v + v_1 + v_2 + \ldots v_n}{n}$ in Bewegung befindliche Gesamtschichte D wird $= d + d_1 + d_2 + \ldots d_n$ sein.

Im Falle also mehrere Kiesschichten sich gleichzeitig in Bewegung befinden, kann die Geschiebeabfuhr mitunter sehr bedeutend sein.

Aus der Formel $K = 1000 \, t.I$, welche die Stärke der Schleppkraft in kg pro m^2 zum Ausdruck bringt, geht hervor, dass die Grösse der Schleppkraft lediglich von der Wassertiefe t und vom Gefälle I abhängig ist. Nutzanwendung von diesem Gesetze macht der Wasserbau-Techniker bei Bach- und Flussregulierungen auf die Weise, dass er zwecks Beseitigung von Gesteinmaterial aus dem Flussgerinne, bei Beibehaltung des natürlichen Gefälles und der abzuführenden Wassermenge das Durchflussprofil durch Einbau von Längs- und Querwerken einengt behufs Schaffung

einer grösseren Wassertiefe (t) ; oder dass er
zwecks Erzielung einer künstlichen Verlandung die
Wassertiefe veringert.

Die Wassermenge Q und die mittlere Wassergeschwindigkeit v ist für die Grösse der Schleppkraft allein nicht massgebend. Die fliessende Wassermenge Q kann bei ein und demselben Geschiebe-
materiale, demselben Sohlengefälle und derselben
mittleren Geschwindigkeit v in dem einen Falle
die Bildung und den Transport des Geschiebes zei-
tigen und in dem anderen Falle hingegen nicht, was aus
Folgendem hervorgeht:

Q = F.v, worin F die Durchflussfläche und v die
mittlere Geschwindigkeit des Wassers darstell
F = b·t. Bei gegebener Fläche F sind b = mittlere Breite und t = mittlere Tiefe des Durchflussprofiles 2 von einander abhängige variable Grössen.
In dem Falle, als t in die Gleichung K = 1000 .t.I
eingesetzt für K die zur Einleitung oder Fortsetzung
des Geschiebetransportes erforderliche Grösse ergibt
oder nicht, wird das Geschiebe bei gleichem Q und
unter den sonstigen gleichen Umständen sich in Bewegung befinden oder nicht.

Die Wassermenge Q kann z.B. in Form einer
dünnen Schichte $t = \frac{F}{b_1}$ mit der Geschwindigkeit v über
Gesteinsmaterial dahinfliessen und die erzeugte

32.

Schleppkraft $K = 1000 \cdot t \cdot I$ gleich oder kleiner sein als der untere Grenzwert K_u, welche dem Gleichgewichtszustand entspricht, in welchem Falle keine Geschiebebewegung zu konstatieren sein wird; während dieselbe Wassermenge Q bei hinreichend grossem $t_2 = \frac{F}{b_2}$ die Bildung und den Transport von Geschiebe bewerkstelligen kann.

Aus der Formel für die mittlere Geschwindigkeit $v = c\sqrt{R \cdot I} = c\sqrt{\frac{F}{U} I}$, worin F die Durchflussfläche, U den benetzten Umfang des Querprofiles und I das Gefälle bedeuten, geht hervor, dass I bei entsprechender Aenderung von $\frac{F}{U}$ sehr verschieden sein kann, ohne dass die mittlere Geschwindigkeit v sich ändert.

Bei Gegenüberstellung der Formel $K = 1000 \cdot t \cdot I$ und $v = c\sqrt{R \cdot I}$ findet man, dass beispielsweise bei einer Vervierfachung des Gefälles I die Schleppkraft sich ebenfalls vervierfachen, während die mittlere Geschwindigkeit v sich nur verdoppeln wird.

Aus den vorstehenden Betrachtungen ist also ersichtlich, dass die Wassermenge Q und die mittlere Geschwindigkeit v selbst auf die Bildung und Bewegung des Geschiebes nicht allein massgebend sind; Hingegen ist die Geschiebeführung auf die mittlere Geschwindigkeit des bewegten Wassers von grossem

33.

Einflusse, was aus der folgenden theoretischen Untersuchung ersehen werden kann:

V stellt das Volumen einer mit der mittleren Geschwindigkeit v sich fortbewegenden, geschiebefreien Wassermenge vom specifischen Gewichte s dar. Wird diese Wassermenge plötzlich mit Geschiebe mit dem Volumen αV und dem specifischen Gewichte s_1 belastet gedacht, so verdrängt das Geschiebe eine Wassermenge vom Gewichte $\alpha V.s$, worin α das Verhältnis der 2 Volumina vorstellt, und das Gewicht der bewegten Masse nimmt um die Grösse

$$\alpha V.s_1 - \alpha V.s = \alpha V (s_1 - s) \text{ zu.}$$

Wenn die mittlere Geschwindigkeit nach der Belastung mit v_1 bezeichnet und nach wie vor Beharrungszustand vorausgesetzt wird, so müssen die Bewegungsgrössen vor und nach der Belastung einander gleich sein, das heisst es muss :

$$s.V.v = \left[s.V + \alpha V (s_1 - s) \right] v_1 \text{ sein, woraus}$$

$$v_1 = v \frac{s}{s + \alpha(s_1 - s)}$$

und ist daraus ersichtlich, dass immer $v_1 < v$ ist, denn

$$\frac{s}{s + \alpha(s_1 - s)}$$

ist immer ein echter Bruch, weil $(s_1 - s)$, die Differenz der specifischen Gewichte von Stein (s_1) und Wasser (s) immer positiv ist.

Damit ist *schliesslich* auch die Behauptung, dass durch den Transport des Geschiebes die mittlere Geschwindigkeit des Wassers veringert wird und infolgedessen

34.

der Bach oder Fluss bei der Abfuhr derselben Wassermenge anschwillt, bewiesen.

Prag, im Juni 1911.

Gustav Weyrich,
Kultur-Ingenieur

Verwendete literarische Behelfe :

1) Ableitung der Formel über den Stoss des Wassers:
 „ Danckwarts, Der Stoss des Wassers" Seite 6, 36 u.35.
2) „ Handbuch der Ingenieurwissenschaften" III.Teil und
3) „F. Wang, Grundriss der Wildbachverbauung".

Deutsche königlich böhmische landwirtschaftliche Akademie Tetschen-Liebwerd. A. Programm. B. Personalverzeichnis. C. Studienplan. D. und E. Vorlesungen für das Studienjahr 1912/13

B. Personalverzeichnis.

Direktor.

O. Professor Dr. Josef Seissl.

Lehrkörper.

1. Dr. Josef Emanuel Hibsch, o. Professor, korrespondierendes Mitglied der Gesellschaft zur Förderung deutscher Wissenschaft, Kunst und Literatur in Böhmen, k. k. Konservator der Zentralkommission zur Erhaltung und Erforschung von Kunst- und historischen Denkmalen; lehrt Geologie, Mineralogie, Petrographie und Pedologie, ist Vorstand der mineralogisch-geologischen Sammlungen. (Wohnt in Tetschen, Rudolfstraße 526).

2. Dr. jur. Alois A. Seidl, o. Professor für Rechtslehre, liest über Verfassungs-, Justiz- und Verwaltungsgesetze, über Genossenschaftswesen und Genossenschaftsrecht und über die Zusammenlegungs- und Meliorationsgesetze. (Wohnt in Tetschen, Gartenstraße 730).

3. Dr. Emanuel Groß, diplom. Landwirt der k. k. Hochschule für Bodenkultur, o. Professor, Ersatzmann des Landwirtschaftsrates, korrespondierendes Mitglied der k. k. Gartenbau-Gesellschaft in Wien, korrespondierendes Mitglied der Gesellschaft für Physiokratie in Böhmen, k. k. Leutnant im V. d. E., Obmann des Obst- und Gartenbauvereines für das deutsche Elbetal in Böhmen, Berichterstatter des k. k. Ackerbau-Ministeriums für Obst- und Weinbau, Sachverständiger des königl. sächsischen Finanz-Ministeriums für Pflanzeneinfuhr nach Deutschland, Zensor der Österr.-ung. Bank; lehrt allgemeine und besondere Pflanzenbaulehre, Obst- und Gemüsebau, ist Vorstand des landwirtschaftlichen Versuchsfeldes und des landwirtschaftlichen Laboratoriums, sowie der Lehrmittelsammlungen für Pflanzenbau und Obstbau. (Wohnt in Tetschen, Roseggerstraße 753).

4. Dr. Robert Müller, diplom. Landwirt der k. k. Hochschule für Bodenkultur, o. Professor, Vorstand der Versuchstierhaltung in Gomplitz, Privatdozent an der tierärztlichen Hochschule in Dresden, Mitglied des milchwirtschaftlichen Komitees in Österreich,

Ausschußmitglied der deutschen Gesellschaft für Züchtungskunde; lehrt landw. Tierzucht, Molkereiwesen, Fisch- und Geflügelzucht, ist Vorstand der Abteilung für Biologie und Züchtung der Haustiere. (Wohnt in Tetschen, Dr. Schmeykalstraße 659).

5. Dr. Josef Seissl, o. Professor, lehrt Chemie und landw. Technologie, ist Leiter der agrikulturchemischen Versuchsstation. (Wohnt in Liebwerd).

6. Dr. Nathanael Westermeier, diplom. Landwirt der k. k. Hochschule für Bodenkultur, o. Professor, Leiter der Lehrwirtschaft in Liebwerd; lehrt landw. Betriebslehre, Taxationslehre, Geschichte und Literatur der Landwirtschaft, landwirtschaftliche Buchführung und Wirtschaftsbetrieb, ist Vorstand der Lehrmittelsammlung für Betriebslehre. (Wohnt in Tetschen, Dr. Schmeykalstraße 731).

7. Johann Blaschke, Kulturingenieur, o. Professor, Direktorstellvertreter, lehrt Kulturtechnik, Geodäsie u. landw. Baukunde, ist Vorstand der Lehrmittelsammlungen für Kulturtechnik, Geodäsie und landw. Baukunde. (Wohnt in Liebwerd).

8. Dr. Anton Jakowatz, o. Professor, lehrt Botanik, Phytopathologie, Bakteriologie und Zoologie der Wirbellosen, ist Vorstand der botanischen, phytopathologischen und zoologischen Sammlungen, Leiter des botanischen Gartens und der Station für Pflanzenschutz und Verwalter der allgemeinen sowie der Hörerbücherei der Akademie. (Wohnt in Tetschen, Gartenstraße 685).

9. Dr. techn. Heinrich Wirth, Ingenieur, o. Professor, lehrt landwirtschaftliche Maschinen- und Gerätekunde, Physik, Meteorologie und Klimatologie, ist Vorstand der Lehrmittelsammlungen für landw. Maschinen- und Gerätekunde, Physik und Meteorologie, sowie der Versuchs- und Prüfungsstation für landwirtschaftliche Maschinen und Geräte, Leiter der meteorologischen Beobachtungsstation. (Wohnt in Tetschen, Rudolfstraße 725).

10. Eligius Freudl, a. o. Professor, lehrt Pflanzenzüchtung, Hopfenbau und Wiesenbau, ist Vorstand des Laboratoriums für Pflanzenzüchtung und der Lehrmittelsammlungen für Pflanzenzüchtung, Hopfen- und Wiesenbau, sowie fachlicher Berater in der praktischen Pflanzenzuchtaktion im Lande. (Wohnt in Tetschen, Lausitzerstraße 702).

11. Dr. med. vet. Paul Roscher, approb. Tierarzt, Assistent bei der Abteilung für Biologie und Züchtung der Haustiere, Privat-

dozent, Honorardozent für Anatomie und Physiologie der Haustiere, sowie Zoologie der Wirbeltiere; Vertreter der Dozenten im Professoren-Kollegium. Besorgt die Rechnungsführung der Versuchstierhaltung. (Wohnt in Tetschen, Dr. Schmeykalstr. 760).

12. Dr. Fritz Seemann, Kustos des geolog. - mineralogischen Museums in Aussig, Privatdozent für Mineralogie, Geologie, Petrographie, Pedologie und Palaeontologie. (Wohnt in Aussig, Bismarckstraße 9).

13. J. U. Dr. Rudolf Slawitschek, Landesausschußvizesekretär, Privatdozent für Allgemeines und Österr. Verfassungs- und Verwaltungsrecht. (Wohnt in Prag).

14. Gustav Weyrich, Kulturingenieur, Sekretär des deutschen Meliorationsverbandes für Böhmen, Privatdozent für Kulturtechnik. (Wohnt in Prag).

15. Dr. med. vet. Hermann Oppitz, diplom. Tierarzt, Honorardozent für Tierheilkunde und Hufbeschlag, Vorstand der Lehrmittelsammlung für Tierheilkunde und Hufbeschlag. (Wohnt in Tetschen, Bahnhofstraße 523).

16. Daniel Koch, k. u. k. Hauptmann d. R., Direktionssekretär, Honorardozent für die zweite Landessprache. (Wohnt in Liebwerd).

17. Heinrich Metlitzky, k. k. Forstrat, Ehrenbürger der Gemeinde Tiers in Tirol, Honorardozent für Forstwirtschaftslehre, Vorstand der Lehrmittelsammlung für Forstwirtschaftslehre und des forstbotanischen Gartens. (Wohnt in Leitmeritz, Franz Josefstr. 191).

18. Felix Baßler, Sekretär des deutschen landwirtschaftlichen Zentralverbandes für Böhmen, Geschäftsleiterstellvertreter, korrespondierendes Mitglied und Bibliothekar des deutschen bienenwirtschaftl. Landes-Zentralvereines für Böhmen, Delegierter in der österr. Zentralstelle zur Wahrung der land- und forstwirtschaftlichen Interessen in Wien und Ersatzmann in deren ständigem Ausschusse, 1. Sekretär der Sozietas physiokratia Bohemorum Pragae, Mitglied des deutschen naturwissenschaftl.-medizinischen Vereines für Böhmen „Lotos", Vorstandsmitglied der deutschen agrarischen Druckerei in Prag, Ehrenbürger der Gemeinde Wiessen, Bez. Podersam, Honorardozent für Bienenzucht, Vorstand der Lehrmittelsammlung für Bienenzucht. (Wohnt in Kgl. Weinberge).

19. Dr. jur. Heinrich Götzl, k. k. Richter, Honorardozent für Volkswirtschaftslehre. (Wohnt in Ziebernik 45, bei Aussig).

Adjunkten und Assistenten.

1. Ignaz Gürtler, diplom. Landwirt, Adjunkt für landw. Versuchswesen. (Wohnt in Tetschen, Bürgerstraße 660).

2. Otto Kleiner, Assistent der Abteilung für Botanik und Phytopathologie. (Wohnt in Tetschen, Badergasse 7).

3. Dr. med. vet. Paul Roscher, approb. Tierarzt, Assistent bei der Abteilung für Biologie und Züchtung der Haustiere. (Siehe Privatdozent). (Wohnt in Tetschen, Dr. Schmeykalstraße 760).

4. Dr. phil. Arthur Scheit, Assistent bei der Abteilung für Mineralogie und Geologie. (Wohnt in Tetschen, Marktplatz 162).

5. Rudolf Karasek, Assistent bei der Abteilung für Kulturtechnik und Geodäsie. (Wohnt in Birkigt 91).

6. Dr. August Wernicke, Assistent bei der Abteilung für landw. Betriebslehre. (Wohnt in Tetschen, Annastraße 385).

7. Karl Scharf, diplom. Landwirt, Assistent bei der Abteilung für Pflanzenbaulehre. (Wohnt in Birkigt 100).

8. Assistent bei der Abteilung für Chemie und Technologie (noch nicht ernannt).

9. Assistent bei der Abteilung für landw. Maschinen- und Gerätekunde (noch nicht ernannt).

10. Assistent bei der Abteilung für Pflanzenzüchtung (noch nicht ernannt).

Demonstratoren.

1. Johann Dostal, Baumgärtner der Lehrwirtschaft Liebwerd, für Unterweisung im praktischen Obstbau. (Wohnt in Gomplitz).

2. Otto Felix, Wirtschafter der Lehrwirtschaft Liebwerd, für Unterweisung in den landwirtschaftlich-praktischen Arbeiten. (Wohnt in Liebwerd).

Verwaltungskörper.

Direktionskanzlei:
  Vorstand: der Direktor.
  Direktionssekretär: Daniel Koch.
  Kanzleigehilfe: Franz Storm.
  Kassastunden für die Hörer: an Wochentagen täglich von 8 bis $10^{1}/_{4}$ Uhr vormittags.

Einführung eines fakultativen 5. u. 6. Semesters.

Mit dem Studienjahre 1909/10 gelangte an der deutschen königl. böhm. landwirtschaftl. Akademie Tetschen-Liebwerd ein fakultatives 5. und 6. Semester zur prov. Einführung.

Diese Verlängerung der Studiendauer bezweckt einerseits, daß diejenigen Hörer, welche es wünschen, die Akademie statt wie vorgeschrieben in 4 Semestern, in 6 Semestern absolvieren können. Dabei bietet sich für diese Hörer die Möglichkeit, neben dem vorgeschriebenen Lehrstoffe noch eine Anzahl Vorlesungen, welche wissenswerte Gegenstände behandeln, nach freier Wahl zu hören.

Andererseits ist auf diese Weise für solche Hörer, welche die Akademie normal in 2 Jahrgängen, d. i. 4 Semestern absolvieren und den Wunsch haben, sich in gewissen Spezialdisziplinen auszubilden, Gelegenheit geboten, in dem fakultativen 5. und 6. Semester diese Spezialvorlesungen zu hören.

Beim Eintritte in die Akademie hat sich der Hörer zu entscheiden ob er den **vorgeschriebenen Lehrstoff** in 4 oder 6 Semestern zu absolvieren gedenkt.

Die Lehrstoffverteilung mit Bezug auf das fakultative 5. und 6. Semester ist aus der nachfolgenden Tabelle zu entnehmen, wobei bemerkt wird, daß die fettgedruckten Lehrgegenstände und Übungen gehört werden müssen, wenn der Hörer ein Absolutorium erhalten will, während die mit gewöhnlichen Schriftzeichen gedruckten Gegenstände empfohlen werden.

C. Studienplan.

Diejenigen Lehrgegenstände und Übungen, welche behufs Erlangung des Absolutoriums gehört werden müssen, sind durch Fettdruck gekennzeichnet.

Gegenstände	Zweijährige Studiendauer				Dreijährige Studiendauer					
	I. Jahrgang		II. Jahrgang		I. Jahrgang		II. Jahrgang		III. Jahrgang	
	1.	2.	3.	4.	1.	2.	3.	4.	5.	6.
	Semester				Semester					
	Wochenstund.				Wochenstunden					
A. Vorträge.										
I. Naturwissenschaftliche Fächer:										
Allgemeine Botanik (Anatomie, Morphologie und Physiologie der Pflanzen) und spezielle landw. Botanik	3	3	.	.	3	3	.	.	.	.
Allgemeine und spezielle landw. Zoologie der Wirbeltiere	3	.	.	.	3	.	.	.	.	.
Allgemeine und spezielle landw. Zoologie der wirbellosen Tiere	.	3	.	.	.	3	.	.	.	.
Anatomie und Physiologie der Haustiere	3	.	.	.	3	.	.	.	.	.
Mineralogie und Petrographie, Geologie und Pedologie I. und II. Teil	3	3	.	.	3	3	.	.	.	.
Physik	1	1	.	.	1	1	.	.	.	.
Meteorologie und Klimatologie	1	1	.	.	1	1	.	.	.	.
Allgemeine Chemie	3	3	.	.	3	3	.	.	.	.
Mineralogische Bodenanalyse	.	.	.	.	.	.	1	1	.	.
Landw. Bakteriologie	.	.	.	.	.	.	.	.	.	1
Chemie der Nahrungsmittel	.	.	.	.	.	.	.	1	.	.
II. Technische und technologische Fächer:										
Geodäsie	2	2	.	.	.	.	2	2	.	.
Enzyklopädie der Kulturtechnik	.	.	1	3	.	.	.	.	1	3
Landw. Maschinen- und Gerätekunde	2	2	.	.	2	2	.	.	.	.
„ Baukunde	1	1	.	.	.	.	1	1	.	.
„ Technologie	.	.	3	3	.	.	.	.	3	3

Gegenstände	Zweijährige Studiendauer				Dreijährige Studiendauer					
	I. Jahrgang		II. Jahrgang		I. Jahrgang		II. Jahrgang		III. Jahrgang	
	1.	2.	3.	4.	1.	2.	3.	4.	5.	6.
	Wochenstund				Wochenstunden					
Ausgewählte Kapitel aus der Kulturtechnik	.	.	.	.	.	.	.	.	1	2
Über den Bau landw. Industriegebäude	.	.	.	.	.	.	.	.	1	1
Ausgewählte Kapitel aus der landw. Maschinenkunde	.	.	.	.	.	.	1	.	.	.
Gährungschemie	.	.	.	.	.	.	.	.	.	1
Elektrizität und Landwirtschaft	.	.	.	.	.	.	.	.	1	.
Wartung von Dampfkesseln und Dampfmaschinen	.	.	.	.	.	.	.	.	1	.

III. Volkswirtschaftslehre und Rechtswissenschaft:

Gegenstände	1.	2.	3.	4.	1.	2.	3.	4.	5.	6.
Volkswirtschaftslehre einschließlich der Landwirtschaftspolitik u. landw. Statistik	3	4	.	.	3	4	.	.	.	.
Rechtslehre für den Landwirt unter besonderer Berücksichtigung des Verwaltungsrechtes	.	.	3	2	.	.	.	.	3	2
Landw. Finanzrecht*)	.	.	.	.	.	.	2	.	.	.
Genossenschaftswesen und Genossenschaftsrecht	.	.	.	.	.	.	.	.	2	1
Zusammenlegungs- und Meliorationsgesetze	.	.	.	.	.	.	.	1	.	.
Verwaltungsrecht	.	.	.	.	.	.	.	.	1	1

IV. Landwirtschaftliche Fächer:

Gegenstände	1.	2.	3.	4.	1.	2.	3.	4.	5.	6.
Agrikulturchemie	.	4	.	.	.	.	.	4	.	.
Allgemeine Pflanzenproduktionslehre	.	3	.	.	.	3	.	.	.	.
Spezielle Pflanzenproduktionslehre	.	.	.	3	.	.	.	3	.	.
Pflanzenzüchtung	.	.	1	1	.	.	1	1	.	.
Wiesenbau	.	.	.	1	.	.	.	.	.	1
Obstbau	.	.	1	1	.	.	.	.	1	1
Hopfenbau	.	.	1	.	.	.	.	.	1	.
Pathologie der landw. Kulturpflanzen	.	.	2	.	.	.	.	2	.	.
Enzyklopädie der Forstwirtschaft	.	.	2	.	.	.	.	2	.	.
Tierproduktionslehre	.	.	3	3	.	.	3	3	.	.

*) Wird nicht gelesen.

Gegenstände	Zweijährige Studiendauer				Dreijährige Studiendauer					
	I. Jahrgang		II. Jahrgang		I. Jahrgang		II. Jahrgang		III. Jahrgang	
	1.	2.	3.	4.	1.	2.	3.	4.	5.	6.
	Wochenstund.				Wochenstunden					
Molkereiwesen	.	.	.	1	.	.	.	.	.	1
Fischzucht	.	.	.	1	.	.	.	.	.	1
Geflügelzucht	.	.	1	.	.	.	1	.	.	.
Bienenzucht	.	.	.	1	.	.	.	.	.	1
Tierheilkunde	.	.	.	3	.	.	.	3	.	.
Hufbeschlag	.	.	.	1	.	.	.	1	.	.
Landw. Betriebslehre (Organisation, Administration und Taxation von Landgütern)	.	.	4	3	.	.	.	.	4	3
Liebwerder Wirtschaftsbetrieb	1	1	.	.	1	1	.	.	.	.
Landw. Buchführung und Korrespondenz	.	.	.	2	.	.	.	.	.	2
Geschichte und Literatur der Landwirtschaft	.	.	.	1	.	.	.	.	.	1
Pflanzenzüchtung	.	.	.	.	.	.	1	1	.	.
Anlage und Durchführung landw. Feldversuche	.	.	.	.	.	.	.	1	.	.
Obst- und Gemüsekonserven-Industrie	.	.	.	.	.	.	.	.	1	.
Der landw. Pachtvertrag	.	.	.	.	.	.	.	.	1	.
Milchhygiene und Milchuntersuchung	.	.	.	.	.	.	.	.	.	2
Geburtshilfe der Haustiere	.	.	.	.	.	.	.	.	2	.
Landw. Handelskunde	.	.	.	.	.	.	.	.	.	1

B. Übungen.

Gegenstände	1.	2.	3.	4.	1.	2.	3.	4.	5.	6.
1. Übungen auf dem Gebiete der Botanik	2	.	.	.	2	.	.	.	.	.
2. Botanische Exkursionen	.	2	.	.	.	2	.	.	.	.
3. Übungen auf dem Gebiete der Mineralogie und Petrographie	2	.	.	.	2	.	.	.	.	.
4. Geologische Exkursionen	.	2	.	.	.	2	.	.	.	.
5. Übungen auf dem Gebiete der Meteorologie	1	.	.	.	1	.	.	.	.	.
6. Übungen im chemischen und technologischen Laboratorium	2	2	2	2	.	.	2	2	2	2
7. Situationszeichnen	2	2	.	.	.	.	2	2	.	.
8. Bauzeichnen	2	2	.	.	.	.	2	2	.	.

Gegenstände	Zweijährige Studiendauer				Dreijährige Studiendauer					
	I. Jahrgang		II. Jahrgang		I. Jahrgang		II. Jahrgang		III. Jahrgang	
	1.	2.	3.	4.	1.	2.	3.	4.	5.	6.
	Wochenstund.				Wochenstunden					
9. Geodätische Praxis	.	2	.	.	.	.	.	2	.	.
10. Übungen auf dem Gebiete der Pflanzenproduktion	.	.	2	2	.	.	2	2	.	.
11. der Tierproduktion und des Molkereiwesens	.	.	2	.	.	.	2	.	.	.
12. Landw. Praxis (Kanzleiübungen)	2	2	2	2	2	2	2	2	2	2
13. Übungen in der landw. Taxation	.	.	1	.	.	.	.	.	1	.
14. Prakt. Übungen in der landw. Buchführung	.	.	.	2	.	.	.	.	.	2
15. Kulturtechnische Übungen	.	.	2	2	.	.	.	.	2	2
16. Übungen auf dem Gebiete der Tierheilkunde und des Hufbeschlages	.	.	.	1	.	.	.	1	.	.
17. Konversatorien	1	1	1	1	1	.	1	1	1	1
18. Übungen mit landw. Maschinen	2	2	.	.	2	2	.	.	.	.
19. Praktikum zur Pflanzenzüchtung	.	.	1	2	.	.	.	1	2	.
20. Privat- und verwaltungsrechtliches Praktikum	.	.	.	.	.	.	.	.	2	1
21. Volkswirtschaftliches Praktikum	.	.	.	.	.	.	2	2	.	.
22. Boden-mineralogische Übungen	.	.	.	.	.	.	1	1	.	.
23. Phytopathologisches Praktikum	.	.	.	.	.	.	.	1	.	.
24. Übungen auf dem Gebiete der landwirt. Bakteriologie	.	.	.	.	.	.	.	.	.	2
25. Anatomisch-physiologisches Praktikum	.	.	.	.	.	2	.	.	.	.
26. Übungen in der angewandten Tierzucht	.	.	.	.	.	.	.	.	.	2
27. Übungen mit Dampfkesseln und Dampfmaschinen	.	.	.	.	.	.	.	1	.	.

C. Vorträge über die zweite Landessprache.

Tschechische Sprache	2	2	.	.	2	2	.	.	.	.

D. Vorlesungen im Wintersemester 1912/13.

a) Für die Absolvierung des Studiums in 4 Semestern.

Die Wochentage sind der Reihe nach mit M., D., Mw., Do., F. und S. bezeichnet.

Die mit * bezeichneten Vorlesungen sind fakultativ.

1. Semester.

Allgemeine Botanik: (Anatomie, Morphologie und Physiologie der Pflanzen), Professor Dr. A. Jakowatz, Do. 9—10 Uhr, F. 10—11 Uhr, Hörsaal IV.

Spezielle landw. Botanik I. Teil, Professor Dr. A. Jakowatz, S. 11—12 Uhr, Hörsaal IV.

Allgemeine und spezielle landw. Zoologie der Wirbeltiere, Dozent Dr. P. Roscher, Mw. 11—12$^1/_2$ Uhr, Hörsaal II, Do. 11—12$^1/_2$ Uhr, Hörsaal I.

Anatomie und Physiologie der Haustiere, Dozent Dr. P. Roscher, Do. 10—11 Uhr, F. 9—10 Uhr, S. 10—11 Uhr, Hörsaal I.

Geologie I. Teil, einschl. Mineralogie, Petrographie und Pedologie, Professor Dr. J. E. Hibsch, D. und F. 11—12$^1/_2$ Uhr, Hörsaal III.

Physik, Professor Dr. H. Wirth, M. 11—12 Uhr, Hörsaal II.

Meteorologie und Klimatologie, Professor Dr. H. Wirth, M. 9—10 Uhr, Hörsaal II.

Allgemeine Chemie, Professor Dr. J. Seißl, D., Do. und F. 8—9 Uhr, Hörsaal III.

Geodäsie, Professor Ing. J. Blaschke, M., D. 10—11 Uhr, Hörsaal IV.

Landw. Maschinen- und Gerätekunde, Professor Dr. H. Wirth, D. 9—10 Uhr, Mw. 8—9 Uhr, Hörsaal II.

Landw. Baukunde, Professor Ing. J. Blaschke, M. 8—9 Uhr, Hörsaal IV.

Allgemeine Volkswirtschaftslehre, Dozent Dr. H. Götzl, M. 4—5 Uhr, Mw. 3$^1/_2$—4$^1/_2$ Uhr und 4$^1/_2$—5$^1/_2$ Uhr, Hörsaal I.

Liebwerder Wirtschaftsbetrieb, Professor Dr. N. Westermeier, S. 9—10 Uhr, Hörsaal I.

Botanisch-mikroskopische Übungen, Professor Dr. A. Jakowatz, Mw. 9—11 Uhr, Hörsaal IV., abwechselnd mit

Mineralogisch-petrographischen Übungen, Professor Dr. J. E. Hibsch, Mw. 9—11 Uhr, dann S. 2—3 Uhr, Übungssaal.

Übungen auf dem Gebiete der Meteorologie, Professor Dr. H. Wirth, nach besonderer Vereinbarung.

Chemisch-analytische Übungen, Professor Dr. J. Seißl, Do. 2—4 Uhr, Hörsaal III.

Situationszeichnen, Professor Ing. J. Blaschke, M. 2—4 Uhr, Hörsaal IV.

Bauzeichnen, Professor Ing. J. Blaschke, D. 2—4 Uhr, Hörsaal IV.

Landw. Praxis und Korrespondenz, Professor Dr. N. Westermeier, F. 2—4 Uhr.

Übungen mit landw. Maschinen oder Exkursionen, Professor Dr. H. Wirth, S. 3—5 Uhr, alle 14 Tage.

*Tschechische Sprache, Dozent D. Koch, D. 4—5 Uhr, Hörsaal I., S. 8—9 Uhr, Hörsaal IV.

*Anatomisch-physiologisches Praktikum, Dozent Dr. P. Roscher, Mw. 2—3$^1/_2$ Uhr, Hörsaal I.

3. Semester.

Enzyklopädie der Kulturtechnik, Professor Ing. J. Blaschke, M. 9—10 Uhr, Hörsaal IV.

Landw. Technologie, Professor Dr. J. Seißl, M., Mw. 8—9 Uhr, F. 10—11 Uhr, Hörsaal III.

Rechtslehre für den Landwirt (Verfassungs- und Justizgesetze), Professor Dr. A. Seidl, M., D. 11—12$^1/_2$ Uhr, Hörsaal I.

Agrikulturchemie, Professor Dr. J. Seißl, M., D., Mw. und Do. 10—11 Uhr, Hörsaal III.

Allgemeine Pflanzenbaulehre, Professor Dr. E. Groß, Do. 8—9 Uhr, F. 8—9 Uhr und 9—10 Uhr, Hörsaal II.

Obstbau, Prof. Dr. E. Groß, Mw. 9—10 Uhr, Hörsaal II.

Hopfenbau, Professor E. Freudl, D. 9—10 Uhr, Hörsaal IV.

Pflanzenzüchtung, Professor E. Freudl, D. 8—9 Uhr, Hörsaal II.

Pathologie der landw. Kulturpflanzen, Professor Dr. A. Jakowatz, S. 9—10 Uhr und 10—11 Uhr, Hörsaal IV.

Enzyklopädie der Forstwirtschaft, Dozent H. Metlitzky, F. 4—5 Uhr und *5—6 Uhr, Hörsaal I.

Tierzuchtlehre (Züchtung und Fütterung), Professor Dr. R. Müller, Mw., S. 11—12$^1/_2$ Uhr, Hörsaal I.

Geflügelzucht, Professor Dr. R. Müller, Do. 9—10 Uhr, Hörsaal I.

Landw. Betriebslehre, Organisation, Administration und Taxation von Landgütern, Professor Dr. N. Westermeier, Do. 11—12$^1/_2$ Uhr, Hörsaal II, F. 11—12$^1/_2$ Uhr, S. 8—9 Uhr, Hörsaal I.

Chemisch-analytische Übungen, Professor Dr. J. Seißl, D. 2—4 Uhr, Hörsaal III.

Exkursionen oder Übungen auf dem Gebiete der Pflanzenproduktion, Professor Dr. E. Groß, Mw. 2—4 Uhr, Hörsaal II.

Praktikum zur Pflanzenzüchtung, Professor E. Freudl, M. $4^1/_2$—$5^1/_2$ Uhr, Laboratorium.

Exkursionen oder Übungen zur Tierzuchtlehre, Professor Dr. R. Müller, F. 2—4 Uhr.

Landw. Praxis und Korrespondenz, Professor Dr. N. Westermeier, M. 2—4 Uhr.

Übungen in der landw. Taxation, Professor Dr. N. Westermeier, S. 2—3 Uhr, Hörsaal I, alle 14 Tage.

Kulturtechnische Übungen, Professor Ing. J. Blaschke, Do. 2—4 Uhr, Hörsaal IV.

Konversatorien, alle 14 Tage, S. 2—3 Uhr, Hörsaal I.

b) Für die Absolvierung des Studiums in 6 Semestern.

1. Semester.

Allgemeine Botanik (Anatomie, Morphologie und Physiologie der Pflanzen), Professor Dr. A. Jakowatz, Do. 9—10 Uhr, F. 10—11 Uhr, Hörsaal IV.

Spezielle landw. Botanik, Professor Dr. A. Jakowatz, S. 11—12 Uhr, Hörsaal IV.

Allgemeine und spezielle landw. Zoologie der Wirbeltiere, Dozent Dr. P. Roscher, Mw. 11—$12^1/_2$ Uhr, Hörsaal II, Do. 11—$12^1/_2$ Uhr, Hörsaal I.

Anatomie und Physiologie der Haustiere, Dozent Dr. P. Roscher, Do., S. 10—11 Uhr, F. 9—10 Uhr, Hörsaal I.

Geologie I. Teil, einschl. Mineralogie, Petrographie u. Pedologie, Prof. Dr. J. E. Hibsch, D. und F. 11—$12^1/_2$ Uhr, Hörsaal III.

Physik, Professor Dr. H. Wirth, M. 11—12 Uhr, Hörsaal II.

Meteorologie und Klimatologie, Professor Dr. H. Wirth, M. 9—10 Uhr, Hörsaal II.

Allgemeine Chemie, Professor Dr. J. Seißl, D., Do. und F. 8—9 Uhr, Hörsaal III.

Landw. Maschinen- und Gerätekunde, Professor Dr. H. Wirth, D. 9—10 Uhr, Mw. 8—9 Uhr, Hörsaal II.

Allgemeine Volkswirtschaftslehre, Dozent Dr. H. Götzl, M. 4—5 Uhr, Mw. $3^1/_2$—$4^1/_2$ und $4^1/_2$—$5^1/_2$ Uhr, Hörsaal I.

Liebwerder Wirtschaftsbetrieb, Professor Dr. N. Westermeier, S. 9—10 Uhr, Hörsaal I.

Botanisch-mikroskopische Übungen, Professor Dr. A. Jakowatz, Mw. 9—11 Uhr, Hörsaal IV, abwechselnd mit

Mineralogisch-petrographischen Übungen, Professor Dr. J. E. Hibsch, Mw. 9—11 Uhr, dann S. 2—3 Uhr, Übungssaal.

Übungen auf dem Gebiete der Meteorologie, Professor Dr. H. Wirth, nach besonderer Vereinbarung.

Landw. Praxis und Korrespondenz, Professor Dr. N. Westermeier, F. 2—4 Uhr.

Übungen mit landw. Maschinen oder Exkursionen, Professor Dr. H. Wirth, S. 3—5 Uhr, alle 14 Tage.

*Volkswirtschaftliches Praktikum, Dozent Dr. H. Götzl, M. 3—4 und 5—6 Uhr, Hörsaal I.

*Anatomisch-physiologisches Praktikum, Dozent Dr. P. Roscher, Mw. 2—3½ Uhr, Hörsaal I.

*Tschechische Sprache, Dozent D. Koch, D. 4—5 Uhr, Hörsaal I und S. 8—9 Uhr, Hörsaal IV.

3. Semester.

*Mineralogische Bodenanalyse mit Übungen, Privatdozent Dr. F. Seemann, F. 10—11 und 11—12 Uhr, Übungsraum.

Geodäsie, Professor Ing. J. Blaschke, M., D. 10—11 Uhr, Hörsaal IV.

Landw. Baukunde, Prof. Ing. J. Blaschke, M. 8—9 Uhr, Hörsaal IV.

*Über den Bau landw. Industriegebäude, Professor Ing. J. Blaschke, Mw. 8—9 Uhr, Hörsaal IV.

*Elektrizität und Landwirtschaft, Professor Dr. H. Wirth, D. 11—12 Uhr, Hörsaal II.

*Landw. Finanzrecht (unbesetzt), M. 9—10 Uhr, Hörsaal I, Do. 10—11 Uhr, Hörsaal IV (wird in diesem Semester nicht gelesen).

*Zusammenlegungs- und Meliorationsgesetze, Professor Dr. A. Seidl, D. 9—10 Uhr, Hörsaal I.

Allgemeine Pflanzenbaulehre, Professor Dr. E. Groß, Do. 8—9 Uhr, F. 8—9 und 9—10 Uhr, Hörsaal II.

Pflanzenzüchtung, Professor E. Freudl, D. 8—9 Uhr, Hörsaal II.

Pathologie der landw. Kulturpflanzen, Professor Dr. A. Jakowatz, S. 9—10 und 10—11 Uhr, Hörsaal IV.

48

Enzyklopädie der Forstwirtschaft, Dozent H. Metlitzky, F. 4—5 Uhr und *5—6 Uhr, Hörsaal I.

Tierzuchtlehre (Züchtung und Fütterung), Professor Dr. R. Müller, Mw., S. 11—12½ Uhr, Hörsaal I.

Geflügelzucht, Professor Dr. R. Müller, Do. 9—10 Uhr, Hörsaal I,

*Pflanzenzüchtung (Einführung in die experimentelle Erblichkeitslehre). Professor E. Freudl, M. 11—12 Uhr, Hörsaal IV.

Chemisch-analytische Übungen, Professor Dr. J. Seißl, Do. 2—4 Uhr. Hörsaal III.

Situationszeichnen, Prof. Ing. J. Blaschke, M. 2—4 Uhr, Hörsaal IV.

Bauzeichnen, Professor Ing. J. Blaschke, D. 2—4 Uhr, Hörsaal IV.

Exkursionen oder Übungen auf dem Gebiete der Pflanzenproduktion Professor Dr. E. Groß, Mw. 2—4 Uhr, Hörsaal II.

Exkursionen oder Übungen zur Tierzuchtlehre, Professor Dr. R. Müller, F. 2—4 Uhr.

Landw. Praxis und Korrespondenz, Professor Dr. N. Westermeier, S. 3—5 Uhr.

Praktikum zur Pflanzenzüchtung, Professor E. Freudl, M. 4½—5½ Uhr, Laboratorium.

Konversatorien, S. 2—3 Uhr, Hörsaal II.

5. Semester.

Enzyklopädie der Kulturtechnik, Professor Ing. J. Blaschke, M. 9—10 Uhr, Hörsaal IV.

Landw. Technologie, Professor Dr. J. Seißl, M., Mw. 8—9 Uhr, F. 10—11 Uhr, Hörsaal III.

*Ausgewählte Kapitel aus der Kulturtechnik, Professor Ing. J. Blaschke, D. 8—9 Uhr, Hörsaal IV, Privatdozent Ing. G. Weyrich, Do. 4—6 Uhr, Hörsaal IV, alle 14 Tage.

Rechtslehre für den Landwirt (Verfassungs- und Justizgesetze), Professor Dr. A. Seidl, M., D. 11—12½ Uhr, Hörsaal I.

*Genossenschaftswesen und Genossenschaftsrecht, Professor Dr. A, Seidl, S. 9-10 Uhr und 10—11 Uhr, Hörsaal II.

Agrikulturchemie, Professor Dr. J. Seißl, M., D., Mw. und Do. 10—11 Uhr, Hörsaal III.

Obstbau, Professor Dr. E. Groß, Mw. 9—10 Uhr, Hörsaal II.

Hopfenbau, Professor E. Freudl, D. 9—10 Uhr, Hörsaal IV.

Landw. Betriebslehre, Organisation, Administration u. Taxation von Landgütern, Professor Dr. N. Westermeyer, Do. 11—12½ Uhr, Hörsaal II, F. 11—12½ Uhr und S. 8—9 Uhr, Hörsaal I.

*Obst- und Gemüsekonservenindustrie, Professor Dr. E. Groß, Do. 9—10 Uhr, Hörsaal II.

*Der landw. Pachtvertrag, Professor Dr. N. Westermeier, F. 8—9 Uhr, Hörsaal I.

*Geburtshilfe der Haustiere, Dozent Dr. H. Oppitz, S. 11—12$\frac{1}{2}$ Uhr, Hörsaal II.

Chemisch-analytische Übungen, Professor Dr. J. Seißl, D. 2—4 Uhr, Hörsaal III.

*Landw. Praxis und Korrespondenz, Professor Dr. N. Westermeier, M. 2—4 Uhr.

Übungen in der landw. Taxation, Professor Dr. N. Westermeier, S. 2—3 Uhr, Hörsaal I, alle 14 Tage.

Kulturtechnische Übungen, Professor Ing. J. Blaschke, Do. 2—4 Uhr, Hörsaal IV.

*Privat- und verwaltungsrechtliches Praktikum, Professor Dr. A. Seidl, F. 2—4 Uhr, Hörsaal I.

*Landw. Handelskunde, Dozent Dr. H. Götzl, Mw. 11—12 Uhr, Hörsaal IV.

*Österr. Verwaltungsrecht, Privatdozent Dr. R. Slawitschek, Do. 4—6 Uhr, Hörsaal IV, alle 14 Tage.

E. Vorlesungen im Sommer-Semester 1913.

a) Für die Absolvierung des Studiums in 4 Semestern.

2. Semester.

Spezielle Botanik, Professor Dr. A. Jakowatz, Mw. 7—8 Uhr, Do. 11—12 Uhr, F. 9—10 Uhr, Hörsaal IV.

Allgemeine und spezielle landw. Zoologie der wirbellosen Tiere, Professor Dr. A. Jakowatz, Mw. 9—10 Uhr, Do. und F. 7—8 Uhr, Hörsaal IV.

Geologie II. Teil, Professor Dr. J. E. Hibsch, D., F. 11—12$\frac{1}{2}$ Uhr, Hörsaal III.

Physik, Professor Dr. H. Wirth, M. 11—12 Uhr, Hörsaal II.

Meteorologie und Klimatologie, Professor Dr. H. Wirth, M. 10—11 Uhr, Hörsaal II.

Allgem. Chemie, Professor Dr. J. Seißl, D., Do. und F. 8—9 Uhr, Hörsaal III.

Geodäsie, Professor Ing. J. Blaschke, M. 8—9 Uhr, D. 9—10 Uhr, Hörsaal IV.

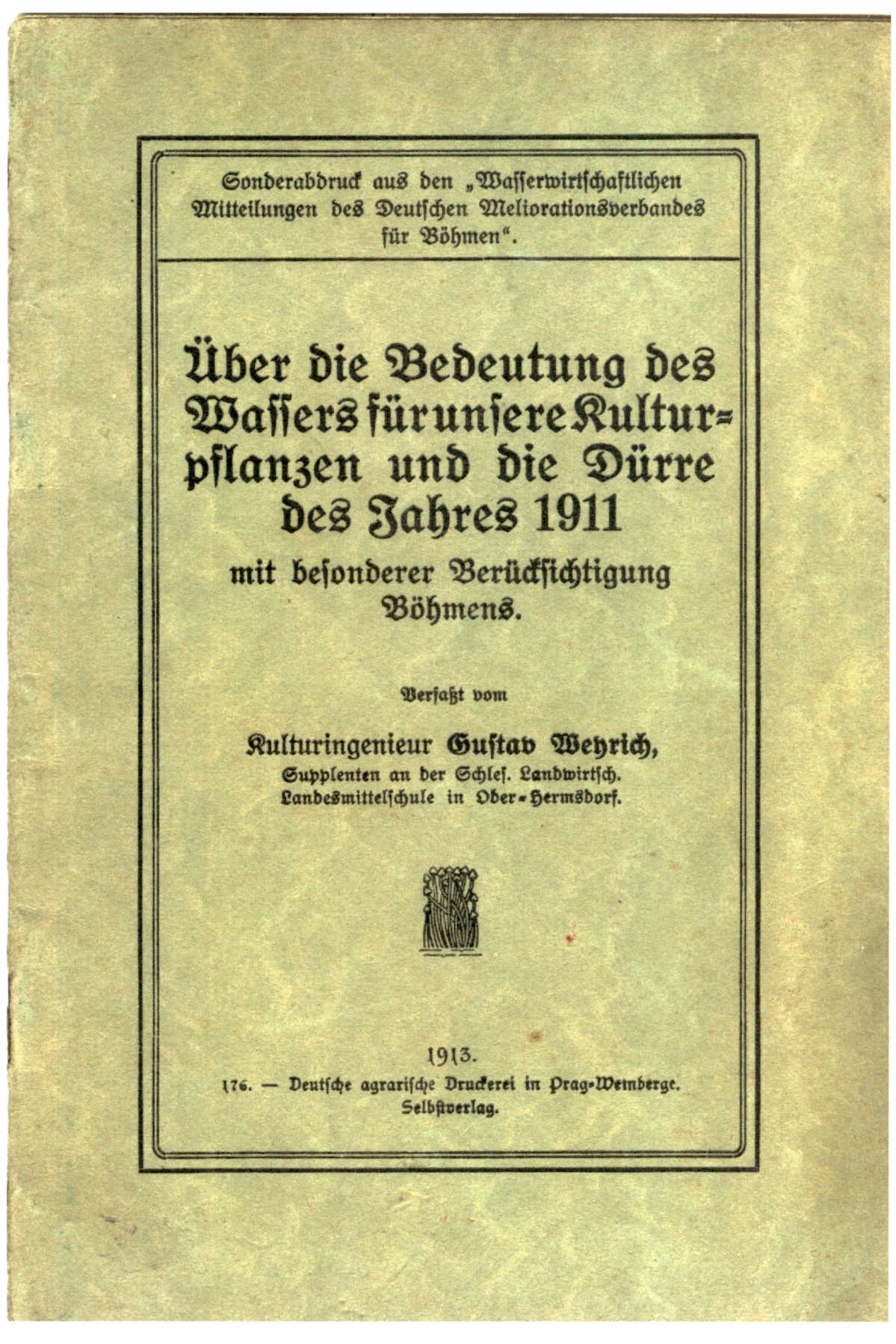

Gustav Weyrich: Über die Bedeutung des Wassers für unsere Kulturpflanzen und die Dürre des Jahres 1911 unter besonderer Berücksichtigung Böhmens.

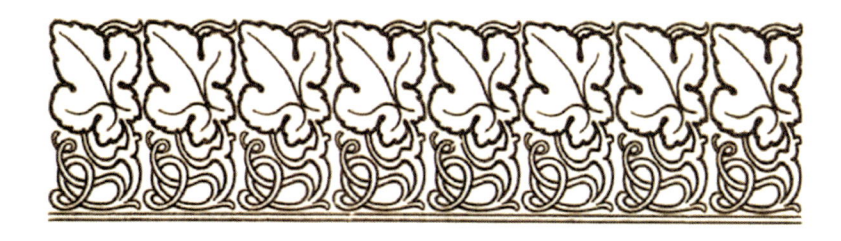

1911

Die Dürre des ~~vorigen~~ Jahres, die Wochen hindurch die Öffentlichkeit in Spannung hielt, hat uns in ihren, für die Landwirtschaft so ungünstigen Folgeerscheinungen **die Bedeutung des Wassers für unsere Kulturpflanzen** wieder recht deutlich vor Augen geführt.

Das Wasser spielt im Leben der Pflanzen neben den anderen Produktionsfaktoren, wie Boden, Luft, Wärme und Licht, eine sehr wichtige Rolle. Es liefert den zum Aufbaue der organischen Pflanzensubstanzen **unentbehrlichen Wasserstoff** und ist ein **unersetzliches Lösungs= und Verteilungsmittel** für die anderen Pflanzennährstoffe. Die Pflanzen nehmen den größten Teil der Nährstoffe, wie Kalium, Stickstoff, Phosphor usw. in Form gelöster Salze auf. Das in der Natur vorkommende atmosphärische Wasser ist gewöhnlich mit Kohlensäure und Luft, sehr häufig auch mit etwas Salpetersäure und Ammoniak verunreinigt und besonders geeignet, die im Boden von Anbeginn vorhandenen und die ihm künstlich zugeführten Pflanzennährstoffe aufzulösen. Den Kohlenstoff und den Sauerstoff hingegen absorbieren die Pflanzen in gasförmigem Zustande. Bei dem sogenannten **botanischen Assimilationsprozesse** werden aus Kohlensäure und aus Wasser unter Mitwirkung des Sonnenlichtes in den chlorophylhältigen Pflanzenteilen die zum Aufbaue der Pflanzen erforderlichen Kohlehydrate unter Abscheidung von freiem Sauerstoffe gebildet. Wassermangel übt auf diesen Prozeß einen ungünstigen Einfluß aus und beeinträchtigt das Pflanzenwachstum.

Die im Boden durch das Wasser gelösten Pflanzennährstoffe treten in Form einer Lösung in feinverteiltem Zustande durch die Wurzeln in den Pflanzenkörper ein und werden hier in der Lösung an jene Stellen transportiert, wo sie zum Aufbaue der Pflanzensubstanzen notwendig sind. Das aus dem Boden aufgenommene Wasser wird an der Oberfläche der Pflanzen durch einen Vorgang, der Transspiration genannt wird und bei dem die Wärme mitwirkt, in Gasform wieder an die Luft abgegeben. Da die Nährstoffe nur in Form einer sehr verdünnten Lösung in die Pflanzenwurzeln eintreten können, so müssen beträchtliche Wassermengen den Pflanzenkörper durchwandern, um die erforderlichen Nährstoffe der Pflanze zuzuführen. Durch Versuche wurde nachgewiesen, daß für unsere klimatischen Verhältnisse 330—615 g Wasser zur Erzeugung von einem Gramm Pflanzentrockensubstanz notwendig sind. Andere Versuche haben ergeben, daß die saftigen Pflanzenteile im Durchschnitte 70—95% ihres Gewichtes an sogenanntem Vegetationswasser enthalten.

Dem Wasser obliegt nicht allein der Transport der dem Boden entnommenen Pflanzennährstoffe im Pflanzenkörper und die Verteilung daselbst, sondern es dient auch dazu, die in der Pflanze an verschiedenen Stellen produzierten Stoffe vom Orte ihrer Erzeugung an die entgültige Ablagerungsstelle zu fördern.

Das Wasser dient ferner auch dazu, den sogenannten Turgordruck (Innendruck, Schwellkraft) im Parenchymgewebe der Pflanzenstengel und Halme zu erzeugen. Vermöge dieses Druckes erhalten sich die einzelnen Pflanzenteile straff und aufrecht.

Das Gedeihen und das Wachstum unserer Kulturpflanzen ist auch von dem im Boden vorhandenen Wasservorrate abhängig und zwar nach einem ganz bestimmten Gesetze, das für jede einzelne Pflanzengattung mehr oder weniger scharf ausgeprägt ist. Wenn im Boden zu wenig Wasser vorhanden ist, so ist, wie die Erfahrung lehrt, der Ertrag unserer Kulturpflanzen ein sehr geringer. Der Ertrag wächst mit der Zunahme des Wasservorrates im Boden bis zu einem gewissen Maximum, um dann wieder bei weiterer Steigerung des Vorratswassers abzunehmen. Diesbezüglich vorgenommene

Versuche haben gezeigt, daß der höchste Ertrag bei Wiesenland bei einem Bodenwassergehalt von 60—80% und bei Ackerland bei einem Bodenwassergehalt von 40—60% der vollen Sättigung erzielt wird.

Das Bodenwasser hat auch die wichtige Aufgabe, die Bodenbakterien leistungsfähig zu erhalten. Die Bodenbakterien, die bei der Zersetzung des organischen Düngers usw. sowie auch bei den Leguminosen bei der Aufnahme von freiem Stickstoffe eine wichtige Rolle spielen, entwickeln nur bei einem bestimmten Wassergehalt des Bodens das Maximum ihrer Tätigkeit und stellen ihre Tätigkeit ein, wenn ein zu geringes Maß von Bodenfeuchtigkeit vorhanden ist.

Schließlich sei hier einiger Vorgänge gedacht, die für die Beschaffenheit des Standortes der Pflanzen und also indirekt für das Leben derselben von Wichtigkeit sind und die auf die physikalischen und chemischen Wirkungen des Wassers beruhen: der Verwitterung, Lösung, Zersetzung und Auflockerung der im Boden enthaltenen Gesteinsteilchen, wodurch die Güte des Bodens in Bezug auf Nährstoff, Wasser-Kapazität, Absorptionsvermögen für Gas und gelöste Stoffe, Kapillarität, spez. Wärme usw., günstig beeinflußt wird.

* *
*

Nach dieser kurzen Skizzierung der wichtigsten Aufgaben des Wassers bei der Pflanzenproduktion wollen wir im Folgenden eine kurze Betrachtung über die Witterungsverhältnisse des Sommers des Jahres 1911 anstellen.

Schon anfangs April ertönten bald hier bald dort Klagen über den Mangel an ausgiebigen Niederschlägen, welche Klagen bald allgemein wurden. Infolge des hohen Luftdruckes, der während der Sommermonate über Mittel- und Osteuropa lagerte, unterblieb die Zufuhr von Luftfeuchtigkeit aus den Meeren, was das Ausbleiben von stärkeren Niederschlägen in den genannten Teilen Europas verursachte. Die während des vorjährigen Sommers über dem Ozean vorübergehend aufgetretenen Luftdruckmaxima waren ohne Einfluß auf die allgemeine Wetterlage von Mittel- und Ost-Europa. Zu den Klagen wegen Mangels an ausgiebigen Niederschlägen kamen bald solche wegen der abnormalen Hitze und deren Folgen.

Aus den Aufschreibungen der meteorologischen Stationen Österreichs geht hervor, daß im Jahre 1911 in Zisleithanien **Böhmen, Ober-Österreich und Salzburg** am meisten unter dem Mangel an Niederschlägen und unter den abnormal hohen Lufttemperaturen zu leiden hatten und daß jene Teile **Mährens** und **Nieder-Österreichs**, welche an Böhmen, bezw. Ober-Österreichs grenzen, sowie der östliche Teil **Tirols** stark in Mitleidenschaft gezogen wurden. Im Kronlande **Böhmen** litt die Landwirtschaft Zentral- und Nordböhmens besonders unter der vorjährigen Dürre.

Betreffs der allgemeinen **klimatischen Verhältnisse Böhmens** sei hier Folgendes kurz erwähnt:

Das von Randgebirgen umsäumte Königreich Böhmen bildet in Bezug auf die Temperatur- und Niederschlagsverhältnisse ein durch die Bodengestaltung des Landes bedingtes selbständiges Gebiet, das mit den angrenzenden Ländern fast in gar keinem Zusammenhange steht. Die Jsothermen*), Jsochimenen**), Jsotheren **) und Jsohyeten***) bilden zumeist in sich selbst zurücklaufende geschlossene Kurven, die von der Gestalt des Landes abzuhängen scheinen.

Mit Ausnahme der Grenzgebirge und einzelner isolierter Gebirgszüge stellt das Land im großen und ganzen ein von einigen mehr oder weniger höheren Terrainwellen durchzogenes Plateau vor, das nach Norden hin eine Abdachung zeigt. Infolge dieser Abdachung wird der Einfluß, den die nördliche Lage auf die mittlere Temperatur ausübt, durch den Einfluß der Seehöhe größtenteils wieder ausgeglichen, so daß das flache Land eine ziemlich gleichmäßige Temperatur aufweist. Im allgemeinen nimmt die Temperatur vom Zentrum des Landes gegen die Grenzen und mit der Zunahme der Seehöhe ab, der Niederschlag hingegen gleichzeitig zu. Die Luft-Temperatur nimmt ferner auch in den Monaten März bis Juli mit der geographischen Breite zu, in den anderen Monaten hingegen ab. Die folgende Tabelle I gibt Aufschluß über die geographische Lage, die Seehöhe, die mittlere Temperatur und den mittleren Jahresniederschlag mehrerer meteorologischer Stationen Böhmens.

---

*) Linien, welche Orte mit gleicher mittlerer Jahrestemperatur verbinden.

**) Linien gleicher mittlerer Winter- bezw. Sommer-Temperatur.

***) Linien, welche Orte mit gleichem mittleren Jahresniederschlag verbinden.

Eine Karte Böhmens, in welcher die Isothermen eingezeichnet sind, läßt erkennen, daß sich in der Umgebung von Prag, Budweis, Pilsen und Karlsbad sogenannte Wärmepole, in der Nähe von Zlonitz und Kuttenplan sowie bei Tepl Kältepole vorfin-

Tabelle I.

Meteorologische Station	Geographische Lage		Seehöhe in m	Mittlere Jahrestemperatur in ° (C)	Mittlerer Jahresniederschlag in mm	Beobachtungsperiode in Jahren
	Länge von Ferro	Breite				
Aussig	31° 42′	50° 40′	148	8·6	512	13
Böhm.-Leipa	32° 12′	50° 41′	292	7·4	734	15
Budweis	32° 8′	48° 58′	389	7·9	394	15
Časlau	33° 3′	49° 55′	256	8·8	597	15
Deutsch-Brod	33° 15′	49° 36′	425	8·1	675	13
Eger	30° 2′	50° 5′	463	7·6	595	15
Gablonz	32° 50′	50° 43′	512	7·3	917	17
Gießhübl	30° 40′	50° 16′	330	6·8	562	7
Krummau	31° 59′	48° 49′	516	7·5	690	17
Kuttenplan	30° 23′	49° 54′	536	6·6	618	13
Lobositz	31° 43′	50° 31′	155	9·0	472	7
Marienbad	30° 22′	49° 59′	604	6·2	737	8
Pilsen	31° 3′	49° 45′	320	8·3	513	5
Prag (Petřinwarte)	32° 4′	50° 5′	325	8·0	518	15
Prag (k. k. Sternwarte)	32° 5′	50° 5′	197	9·2	462	22
Příbram	31° 40′	49° 42′	504	7·4	664	14
Přibyslau	33° 19′	49° 33′	500	6·1	700	5
Reichenberg	32° 44′	50° 46′	409	6·8	812	14
Schluckenau	32° 7′	51° 0′	360	6·8	864	10
Tabor	32° 20′	49° 25′	450	7·5	585	15
Tetschen-Liebwerd	31° 55′	50° 46′	151	8·5	683	16
Unter-Berkowitz	32° 7′	50° 24′	164	8·2	491	7
Zahradka	30° 53′	49° 53′	540	6·2	514	11

den. Der Prager Wärmepol erstreckt sich in östlicher Richtung bis Deutsch-Brod und Časlau und nach Westen bis Szbirow. Gegen Norden zieht er sich längs der Moldau und nach deren Zusammenfluß mit der Elbe längs des Elbetales bis nach Unter-Berkowitz.

Nach Süden erstreckt sich das Gebiet warmer Temperatur bis in die Gegend von Tabor. Der Karlsbader Wärmepol, der besonders im Winter hervortritt und dadurch auffallend ist, daß sich in seiner Nähe Orte mit niedriger mittlerer Jahrestemperatur befinden (Marienbad und Tepl), erstreckt sich in einer schmalen Zone am Fuße des Erzgebirges bis in die Gegend von Tetschen. Der größte Teil Mittelböhmens besitzt eine mittlere Jahrestemperatur von ungefähr 7°. In den Grenzgebirgen sinkt die mittlere Jahrestemperatur bis auf 5·5° und darunter.

Die orographische Gestaltung des Landes, die Seehöhe der einzelnen Orte und die vorherrschende westliche Windrichtung sind auf die Niederschlagsverhältnisse in Böhmen von großem Einflusse. Der Unterschied in der Niederschlagshöhe, welchen die in der Ebene und in der Mitte des Landes gelegenen Orte aufweisen, ist kein großer; derselbe wächst aber mit der Zunahme der Seehöhe.*) Die Isohyeten drängen sich destomehr aneinander, jemehr sie sich dem Gebirge nähern. Wie es in Böhmen Gebiete mit hoher und niedriger Temperatur (Wärme= und Kältepole) gibt, so gibt es hier auch Gebiete mit größeren und kleineren Niederschlägen. Den geringsten mittleren Jahresniederschlag weist die Umgebung von Prag auf (Jahresmittel 460 mm). In den trockensten Jahren sinkt hier die Summe des jährlichen Niederschlages bis auf 300 mm. Außer der Prager Trockeninsel findet sich je eine solche in der Nähe von Budweis, Pilsen und Saaz vor, auch in der Gegend von Eger und Turtsch sind Gebiete mit verhältnismäßig sehr geringen Niederschlagsmengen vorhanden. Die Gebiete der größten Niederschläge fallen so ziemlich mit den der größten Seehöhen zusammen. Die größten Niederschlagsmengen im Jahre fallen im Riesengebirge (1600 mm). Im Isergebirge, im Böhmerwalde und im Erzgebirge erreichen die jährlichen Niederschlagsmengen beträchtliche Höhen, und zwar: im Isergebirge 1500, im Böhmerwalde 1300 und im Erzgebirge 1000 mm, auch im östlichen Böhmen, z. B. in der Umgebung von Grulich, fällt im Jahre ein durchschnittlicher Niederschlag von mehr als 1000 mm. Im allgemeinen sind in Böhmen die Sommerniederschläge vorherrschend.

---

*) Der Einfluß der Seehöhe auf den mittleren jährlichen Niederschlag ist sehr deutlich im Brdwald (850 m Seehöhe) zu erkennen, wo die Summe des mittleren Jahresniederschlages auf 800 mm steigt, während das umliegende Terrain, das eine mittlere Seehöhe von rund 550 m besitzt, nur einen mittleren Jahresniederschlag von 500—600 mm aufweist. Daß oft verhältnismäßig sehr geringe Höhenunterschiede auf den Niederschlag vom Einflusse sind, beweist der Umstand, daß auf der Sternwarte zu Prag (Seehöhe 197 m) im Vergleiche zu dem um zirka 128 m höheren Laurenziusberg bei Prag um ungefähr 50 mm an Niederschlag im Jahre weniger fällt. Einen weiteren Beweis für die Abhängigkeit der Niederschlagshöhe von der Seehöhe erbringt die Tatsache, daß in dem Gebirgsstocke, der sich südlich von Falkenau und Elbogen und nördlich von Marienbad erhebt, im Mittel 170 mm mehr an Jahresniederschlag fällt als in der um zirka 250 m niedrigeren Umgebung des Gebirges.

Die Tabellen II und III wurden auf Grund der an der k. k. Sternwarte in Prag in den Jahren 1890 bis 1911, also während einer 264 monatlichen Beobachtungsperiode, gemachten Aufschreibungen zusammengestellt. Ein Vergleich der einzelnen Zahlenreihen unter einander läßt sehr deutlich die großen Schwankungen des Monatsniederschlages und der mittleren Monatstemperatur erkennen.

Klarer als diese Tabellen bringt Fig. 1, in welcher außer der durchschnittlichen Monatsniederschlagshöhen und der durchschnittlichen Tagestemperaturen auch die Monatsniederschlagshöhen sowie die mittleren Tagestemperaturen des Jahres 1911 graphisch dargestellt sind, die abnormalen Temperatur- und Niederschlags-Verhältnisse des vergangenen Sommers zum Ausdrucke.

Was die **mittlere Tagestemperatur** anbelangt, so ist zu bemerken, daß dieselbe von Jänner bis Mitte Juli bald über und bald unter dem Durchschnitte sich bewegte und daß sie in dieser Zeit nichts abnormales aufwies. Von Mitte Juli hingegen bis Mitte September stand die mittlere Tagestemperatur mit Ausnahme von 5 Tagen **ständig über dem Normalwerte der Temperatur**. Von Mitte September angefangen bis Ende Dezember zeigte die mittlere Tagestemperatur wiederum nichts abnormales.

Von Mitte April bis Mitte Juli war die Temperatur für den Pflanzenwuchs nicht ungünstig, doch litt derselbe sehr unter dem Mangel an Niederschlägen. Die Mitte Juli einsetzende Hitzperiode, die bis Mitte September anhielt, beeinträchtigte mit der damals herrschenden Trockenperiode hingegen sehr stark den Pflanzenwuchs und insbesondere den der Futterpflanzen.

Ende September sank die mittlere Tagestemperatur unter den Durchschnittswert und blieb bis Mitte Oktober mit Ausnahme von 4 Tagen, wo sie um zirka 3·2° den Normalwert überschritt, unterhalb des letzteren. Dann erhob sich die mittlere Tagestemperatur wieder über das durchschnittliche Mittel und hielt sich bis Ende Oktober oberhalb desselben. Der **heißeste Tag** des Jahres 1911 war der 29. Juli, der eine durchschnittliche Tagestemperatur von 28·2° aufwies. Am Vortage des 29. Juli registrierte der Thermograph gegen 4 Uhr nachmittags mit 33·7° im Schatten das Maximum der Temperatur des Jahres 1911. Der **kälteste Tag** war der 15. Jänner mit einer durchschnittlichen Tagestemperatur von — 8·9°. Am selben Tage verzeichnete der Thermograph gegen 7 Uhr morgens mit — 11·6° die minimalste Temperatur des vergangenen Jahres.

Das Jahr 1911 war das **heißeste** innerhalb der in Rede stehenden 22jährigen Beobachtungsperiode. Die mittlere Temperatur dieses Jahres betrug 10·4° gegenüber einem Durchschnittsmittel von 9·2°. Das Emporschnellen der mittleren Jahrestemperatur auf die Höhe von 10·4° wurde hauptsächlich durch die abnormalen hohen Temperaturen, die von Mitte Juli angefangen bis Mitte September herrschten, verursacht. Die in Böhmen allgemein als sehr heiß bekannten Jahre 1898 und 1910 blieben mit einer durchschnittlichen Jahrestemperatur von 10·2°, beziehungsweise 10·0° in dieser Hinsicht weit hinter dem vergangenen Jahre zurück. Die Jahre 1895 und 1902 wiesen mit 8·5° die niedrigste mittlere Jahrestemperatur innerhalb der erwähnten Beobachtungsperiode auf.

Aus den Tabellen II und III geht hervor, daß das verflossene Jahr 1911 nicht nur das heißeste, sondern auch das **trockenste** innerhalb der letzten 22 Jahre war. Die Niederschlagshöhe des vergangenen Jahres belief sich auf 326 mm gegenüber einer mittleren Jahresniederschlagshöhe von 462·3 mm, es fielen also im Jahre 1911 nur 70·5% des Normalniederschlages. Das Niederschlagsdefizit von 136·3 mm verteilte sich auf die Monate März bis einschließlich August sowie auf die Monate Jänner, Oktober und November. Die Monate Feber, September und Dezember wiesen einen Überschuß an Niederschlägen gegenüber dem langjährigen Durchschnitte auf.

Laut der an der k. k. Sternwarte in Prag in den letzten 22 Jahren gemachten Beobachtungen gibt es hier im Jahre durchschnittlich 146 Tage mit Niederschlag, wovon 77 Tage einen Niederschlag von 1 mm und mehr und 69 Tage einen solchen von weniger als 1 mm aufweisen. Das Jahr 1911 wies 137 Niederschlagstage und darunter 69 solche mit einer Niederschlagshöhe von einem mm und mehr auf.

Die **Regenwahrscheinlichkeit** für die Monate März bis Oktober des Jahres 1911 war folgende: $^{12}/_{31}$, $^{1}/_{3}$, $^{14}/_{31}$, $^{11}/_{30}$, $^{7}/_{31}$, $^{7}/_{31}$, $^{6}/_{15}$ und $^{5}/_{31}$. Die Wahrscheinlichkeit für einen Regen von 1 mm und darüber war für die korrespondierenden Monate: ⁶/₃₁, ¹/₆, ⁷/₃₁, ¹/₁₀, ⁴/₃₁, ⁴/₃₁, ⁷/₃₀ und ²/₃₁. Die Regenwahrscheinlichkeit für Prag war in den anderen Jahren größer.

Die Monate April bis inklusive September wiesen zusammen ein Niederschlagsdefizit von 157·8 mm gegenüber dem 22jährigen Durchschnitte auf, denn in diesen Monaten fielen nur 172 mm Regen oder 52·2% des Durchschnittsmaßes der korrespondierenden Monate, das 329·8 mm beträgt. In den Monaten April bis einschließlich August fiel ein Gesamtniederschlag von nur 110 mm gegenüber dem durchschnittlichen Mittel von 280 mm oder 39·3% des langjährigen Durchschnittes. Während der Jänner des verflossenen Jahres nur einen geringfügigen Niederschlagsüberschuß von 0·8 mm gegenüber dem mittleren Monatsniederschlage von 19·8 mm aufwies, zeigte der Feber einen sehr beträchtlichen. Der in diesem Monate gefallene Niederschlag von 22 mm macht rund 135% des durchschnittlichen Monatsniederschlages aus. Es fiel also in diesem Monate ungefähr ⅓ mehr an Schnee und Regen als das aus 22monatlichen Beobachtungen gemittelte Durchschnittsmaß beträgt. Die anderen Monate zeigten in Bezug auf Niederschlagsdefizit und Niederschlagsüberschuß gegenüber dem aus 22jährigen Beobachtungen gemittelten Monatsniederschlage folgendes Bild:

Tabelle IV.

Monat	Niederschlagsdefizit		Niederschlagsüberschuß	
	in mm	in %/₀ des mittleren Monatsniederschlages	in mm	in %/₀ des mittleren Monatsniederschlages
März	4·3	18·46	—	—
April	29·1	69·1	—	—
Mai	35·7	52·73	—	—
Juni	45·0	80·35	—	—
Juli	38·5	57·89	—	—
August . . .	21·7	45·49	—	—
September . .	—	—	12·2	24·89
Oktober . . .	2·5	9·81	—	—
November . .	1·5	5·57	—	—
Dezember . . .	—	—	24·9	118·57

Den größten Niederschlagsüberschuß wies also der Monat Dezember auf, in welchem mehr als die doppelte Menge des normalen Niederschlages zu verzeichnen war. Das größte Niederschlagsdefizit hingegen zeigte der Monat Juni, in welchem nur ein Fünftel des durchschnittlichen Monatsniederschlages fiel. Die größte Regenmenge fiel am 14. September, an welchem Tage eine Niederschlagshöhe von 17·4 mm registriert wurde.

In der Zeit vom 2. April bis 14. Mai gab es in Prag nur 15 Regentage, darunter nur 7 solche, wo mehr als 1 mm Niederschlag zu verzeichnen war. Das Niederschlagsmaximum innerhalb dieser 43tägigen Trockenperiode wies der 1. Mai auf, an welchem Tage ein Niederschlag von 5 mm verzeichnet wurde. Vom 1. bis 12. Juli regnete es nur an einem einzigen Tage, wo der Ombrograph 0·6 mm Niederschlag verzeichnete. Vom 25. Juli angefangen bis 6. August regnete es überhaupt nicht. In der Zeit vom 25. August bis 14. September gab es nur 2 Regentage, und zwar mit 0·8 mm, beziehungsweise mit 2·5 mm Niederschlag. Man kann also mit vollem Rechte von Trocken- und Dürreperioden des Sommers des Jahres 1911 sprechen.

Aus der Tabelle III ist zu entnehmen, daß das nässeste Jahr innerhalb der 22jährigen Beobachtungsperiode (1890 bis 1911) das Jahr 1890 mit einer gesamten Niederschlagshöhe von 636 mm war. Das trockenste Jahr in derselben Periode war, wie bereits erwähnt, das Jahr 1911 mit nur 326 mm Niederschlag. Die Niederschlagshöhen schwankten also in der in Rede stehenden Beobachtungsperiode von 70·5% unter bis 137·6% über dem mittleren Jahresniederschlag. Das als sehr trocken noch in Erinnerung stehende Jahr 1904 wies einen Jahresniederschlag von 384 mm auf.

* * *

Das bisher über die Temperatur- und Niederschlagsverhältnisse des Jahres 1911 Erwähnte bezieht sich auf die Beobachtungen, die auf der k. k. Sternwarte in Prag gemacht wurden. Ähnliche Verhältnisse wie hier, herrschten während des vorjährigen Sommers in ganz Böhmen. In den Sommermonaten stieg fast überall die Temperatur über den Normalwert und blieb die Niederschlagshöhe weit hinter dem durchschnittlichen Mittel zurück.

So war beispielsweise auch für Tetschen-Liebwerd das Jahr 1911 das heißeste innerhalb der letzten 16 Jahre. Die mittlere Jahrestemperatur betrug hier im vergangenen Jahre 10·2° gegenüber einer Durchschnittstemperatur von 8·5°. Die Jahresniederschlagshöhe belief sich im verflossenen Jahre daselbst nur auf 510 mm = 74·7% des durchschnittlichen Niederschlages und wies im Vergleiche zu dem Durchschnitte von 682·6 mm ein Defizit von 172·6 mm auf.

Über die Temperatur- und Niederschlagsverhältnisse in den einzelnen Monaten des Jahres 1911 gibt folgende Tabelle Aufschluß:

Tabelle V.*)

Monat	Mittlere Monatstemperatur i. J. 1911 in °C	Durchschnittliche Monatsniederschlagshöhe in mm	Niederschlagshöhe im Jahre 1911		Niederschlagsüberschuß in mm	Niederschlagsdefizit in mm
			in mm	in % der mittleren Monatsniederschlagshöhe		
Jänner	0·7	47·8	55	115·1	7·2	—
Feber	1·7	42·7	77	180·3	34·3	—
März	4·9	47·9	46	96·0	—	1·9
April	8·5	53·4	34	63·7	—	19·4
Mai	15·1	67·6	32	47·3	—	35·6
Juni	17·3	72·4	51	70·4	—	21·4
Juli	21·3	93·3	18	19·3	—	75·3
August	20·8	66·0	18	27·3	—	48·0
September	15·3	59·2	52	87·8	—	7·2
Oktober	8·8	36·3	30	82·6	—	6·3
November	5·3	46·8	31	66·2	—	15·8
Dezember	2·8	49·2	66	134·1	16·8	—
		Summe 682·6	Summe 510			

Mittlere Jahrestemperatur . . . 8·5.

Nach dieser Tabelle war der trockenste Monat des vergangenen Jahres der Juli mit einem Manko an Niederschlag von 75·3 mm = 80·7% des durchschnitt-

---

*) Diese Tabelle wurde auf Grund der an der kgl. böhm. landw. Akademie Tetschen-Liebwerd registrierten meteorologischen Beobachtungen zusammengestellt.

lichen Monatsniederschlages. Diesem steht der Feber als Monat mit der größten Niederschlagshöhe entgegen und zwar mit einem Niederschlagsüberschusse von 34·3 mm = 80·3% des durchschnittlichen Monatsniederschlages.

Die Monate April bis einschließlich September wiesen zusammen nur eine Niederschlagshöhe von 205·0 mm auf. Die aus den Niederschlägen der korrespondierenden Monate der letzten Jahre gebildete mittlere Niederschlagssumme beträgt 411·9 mm. Die Monate April bis September wiesen also zusammen ein Niederschlagsdefizit von 206·9 mm = 50·2% der durchschnittlichen Niederschlagshöhe auf. In den Monaten April bis einschließlich August fiel ein Gesamtniederschlag von 153 mm gegenüber einem durchschnittlichen Mittel von 352·7 mm, so daß ein Niederschlagsdefizit von 199·7 mm = 56·6% der durchschnittlichen Niederschlagssumme resultierte.

Laut der an der meteorologischen Beobachtungsstation in Eger gemachten Aufschreibungen blieb auch hier die Jahresniederschlagshöhe im Jahre 1911 hinter dem Durchschnittsmaße weit zurück und überstieg die mittlere Jahrestemperatur den Durchschnittswert. Der Fehlbetrag an Niederschlägen verteilt sich auf die Monate Jänner, März, April, Juni, Juli, August und Oktober. Die Monate Mai, September, November und Dezember wiesen einen Überschuß an Niederschlägen gegenüber dem Normalwerte auf. Über die Niederschläge des Monates Feber liegen keine Aufschreibungen vor. In den Monaten April bis inklusive September wurde ein Gesamtniederschlag von 264 mm verzeichnet, welcher nur 69·5% des Durchschnittes beträgt. Die in den Monaten April bis einschließlich August registrierten Niederschläge bilden eine Summe von 203 mm gegenüber einer Durchschnittssumme von 328·9 mm oder rund 62% der letzteren. Der trockenste Monat des vergangenen Jahres war neben dem Jänner der Juli. In diesem Monat konnte nur eine Niederschlagshöhe von 33 mm = 38·6 % des Durchschnittswertes von 85·4 mm verzeichnet werden.

Für Gablonz beträgt die mittlere Jahresniederschlagshöhe, die aus 17jährigen Beobachtungen ermittelt wurde, 917 mm. Im Jahre 1911 wurde hier ein Gesamtniederschlag von 733 mm = 79·9 % des mittleren Jahresniederschlages registriert. Das verflossene Jahr gilt für Gablonz, das innerhalb der letzten 17 Jahre 4 mal

einen Jahresniederſchlag von mehr als 1000 mm aufzu=
weiſen hatte, als das trockenſte, trotzdem in den Monaten
Jänner, Feber, März, September und Dezember der
Niederſchlag den durchſchnittlichen Niederſchlag über=
ſtieg. Die Monate Jänner, Feber und März wieſen Nie=
derſchlagsüberſchüſſe von 21·8 mm, 34·9 mm und 10·3
mm auf, die Monate September und Dezember zeigten
ſolche von 16·6 mm, beziehungsweiſe 5·1 mm. Die
Monate April, Mai, Juni, Juli, Auguſt, Oktober und
November zeigten folgende Niederſchlags=Fehlbeträge
gegenüber dem mittleren Monatsniederſchlag: 23·3, 49·7,
8·9, 91·9, 50·0, 23·4, und 21·4 mm. Die Monate April
bis inkluſive September ergaben ein Geſamtdefizit von
210·2 mm = 22·9 % der durchſchnittlichen Jahresnieder=
ſchlagshöhe oder 42·8% der mittleren Niederſchlags=
ſumme der korreſpondierenden Monate.

Die durchſchnittliche Jahrestemperatur betrug 7·6°.
Dieſe überſchritt zwar den normalen Wert von 7·3°, doch
iſt das verfloſſene Jahr keineswegs als ein heißes inner=
halb der letzten 17 Jahre zu bezeichnen, da die meteoro=
logiſche Beobachtungsſtation in Gablonz bereits für
mehrere Jahre eine höhere durchſchnittliche Temperatur
(bis zu 8·2°) verzeichnet hat.

In Krumau in Böhmen wurde im Jahre 1911
eine Geſamtniederſchlagshöhe von 458 mm rigiſtriert.
Da die durchſchnittliche Jahresniederſchlagshöhe, gemit=
telt aus den Beobachtungen der letzten 17 Jahre, 690
mm beträgt, ſo wies demnach das vergangene Jahr hier
ein Niederſchlagsdefizit von 232 mm = 66·4% des durch=
ſchnittlichen Jahresniederſchlages auf. Hier zeigten alle
Monate mit Ausnahme des Novembers und Dezembers
ein Niederſchlagsdefizit gegenüber dem durchſchnittlichen
Monatsmittel. Die zwei letztgenannten Monate zeigten
indeſſen auch nur kleine Niederſchlagsüberſchüſſe von
2·8 mm, beziehungsweiſe 7·0 mm. Die mehrmals er=
wähnte Periode April bis inkluſive September wies
zuſammen ein Niederſchlagsdefizit von 201·0 mm, gegen
über dem Durchſchnittswerte von 507·0 mm auf. Dieſes
Defizit beträgt 39·6% der Niederſchlagsſumme, die in
den Monaten April bis infl. September durchſchnittlich
zu verzeichnen iſt. Auch für Krumau war das verfloſſene
Jahr das heißeſte innerhalb der letzten 17 Jahre.

Die mittlere Jahrestemperatur betrug hier 8·5° gegenüber der Durchschnittstemperatur von 7·6°.

* * *

Es war nicht die Absicht des Verfassers, eine vollständige, erschöpfende Darstellung der Niederschlags- und Temperaturverhältnisse, wie sie während der Trockenperiode des vorjährigen Sommers herrschten, zu geben; doch dürfte das über die Niederschläge und die Temperaturen Mitgeteilte genügen, um einen allgemeinen Überblick über den Stand der genannten meteorologischen Elemente während des Sommers des Jahres 1911 zu bekommen. Die wiedergegebenen Daten betreffen zwar nur 5 meteorologische Stationen Böhmens, doch kann aus den mitgeteilten meteorologischen Daten je zweier benachbarter Stationen ein Schluß auf die korrespondierenden meteorologischen Elemente der zwischen diesen Stationen gelegenen Orter gezogen werden. Die Daten, welche der Betrachtung über die Dürre des vorjährigen Sommers zugrunde gelegt wurden, beziehen sich auf Prag, Tetschen-Liebwerd, Eger, Krummau und Gablonz. Da diese genannten Orte im Zentrum, bzw. im Norden, Westen, Süden und Nord-Osten des Landes Böhmen liegen, so eignen sich die meteorologischen Aufschreibungen, die in diesen Ortschaften gemacht wurden, insbesondere zur Darstellung einer verläßlichen Übersicht über die Temperatur- und Niederschlagsverhältnisse des ganzen Landes Böhmen. Aus diesen Darstellungen geht hervor, daß während der Monate April bis August, bezw. September des Vorjahres 1911 in Böhmen ein Regenausfall von 30 bis 80% des durchschnittlichen Niederschlages zu verzeichnen war, das heißt, der in dieser Periode im Jahre 1911 tatsächlich niedergefallene Regen betrug nur ungefähr ⅔ bis ¼ des Niederschlages, der gewöhnlich und durchschnittlich in der erwähnten Wachstums-Periode zu beobachten ist. Also ein beträchtlicher Ausfall an Niederschlägen! Dazu kommt noch der für das Pflanzenwachstum äußerst ungünstige Umstand, daß nur ein kleiner Teil der während der genannten Monate niedergegangenen Regenmengen zu den Pflanzenwurzeln gelangen konnte, weil der größte Teil des aufgefallenen Regenwassers teils an der stark verkrusteten Oberfläche, teils in den obersten Bodenschichten infolge des herrschenden großen Sättigungsdefizites zur Verdunstung gelangen mußte und ein Teil des Regenwassers oberflächlich abfloß.

* * *

Der Mangel an Niederschlägen im Vereine mit der abnormalen hohen Lufttemperatur in den Monaten April bis inklusive September, also in der Entwicklungsperiode des Sommergetreides sowie auch der Futter- und Wiesenpflanzen, beeinträchtigte den Pflanzenwuchs sehr stark und verursachte einen beträchtlichen Ausfall an Bodenertrag, der insbesondere in jenen Gegenden zu bemerken war, wo der niedergefallene Regen zur Erzeugung einer mittleren Ernte nicht mehr ausreichte.

In dem Jahrbuche des k. k. Ackerbauministeriums für das Jahr 1911 ist auch eine Statistik der Ernte des genannten Jahres enthalten, aus welcher auch zu entnehmen ist, wie sich die Ernte des Jahres 1911 gegen die des Vorjahres 1910 in Österreich verhalten hat und wurde nachstehende Tabelle auf Grund der diesbezüglichen Angaben des Jahrbuches zusammengestellt.

In dieser Tabelle wurden nicht aufgenommen die Angaben betreffs der Ernte von Tabak, Hanffaser, Zichorie, Kürbisse usw., die ebenfalls einen Ausfall gegenüber der Ernte des Jahres 1910 aufwiesen und die Angaben betreffs der Getreideernte; die letztere brachte gegenüber der Ernte des Vorjahres im großen und ganzen keine nennenswerte Verluste. Einen Mehrertrag der Ernte des Vorjahres gegenüber zeigten nur Lein- und Kleesamen sowie Weberkarde, welcher Gesamtmehrertrag mit rund 1,000.000 K eingeschätzt werden kann.

Der ausgewiesene Ausfall an Bodenprodukten bezieht sich zwar auf ganz Zisleithanien, doch entfällt der Hauptanteil des Verlustes, den die Landwirtschaft durch die vorjährige Dürre erlitt, auf die Länder Böhmen, Oberösterreich und die angrenzenden Landesteile Mährens und Niederösterreichs, weil ja in einzelnen Kronländern, wie z. B. in der Bukowina, von einer Trockenperiode nichts zu verspüren war, beziehungsweise einige Länder unter der Dürre des Vorjahres nicht viel zu leiden hatten und die erstgenannten Länder für die Bodenproduktion Österreichs hauptsächlich in Betracht kommen.

Der Verlust, den die Landwirtschaft infolge der vorjährigen Dürre erlitten hat, ist jedoch noch viel höher zu veranschlagen, weil dieselbe auch andere Folgen zeitigte, wie z. B. Mangel an Tränkwasser, Brände usw., welche die Landwirtschaft betreibende Bevölkerung schwer traf.

Tabelle VI.

	Fechsung in 1000 q im Jahre		Ausfall in 1000 q	Bewertung*) in 1000 K
	1910	1911		
Kartoffeln	133.664	116.050	17.614	105.684
Futterrüben . . .	41.420	33.846	7.574	15.148
Kleeheu u. Grummet	45.795	35.606	10.189	61.134
Mengfutter . . .	6.991	5.753	1.238	27.332
Wiesenheu	95.947	88.078	7.869	55.083
Alpwiesenheu . .	5.222	4.676	546	3.822
Stroh	168.561	167.495	1.066	3.198
Mengfutter . . .	726	564	162	1.296
Buchweizen . . .	793	750	43	860
Hirse u. Sorgho .	395	345	50	1.200
Hülsenfrüchte . . .	2.653	2.431	222	5.550
Raps u. Rübsen .	212	181	31	1.550
Leindotter u. Mohn	74	51	23	1.380
Anis, Sonnenblumen	2	1	1	30
Lein, Samen . . .	168	177	— 9	—
„ Faser . . .	228	211	17	170
Hanf, Samen . .	127	121	6	180
Weberkarden . .	72	99	— 27	—
Hopfen	165	86	79	1.264
Zuckerrüben . . .	70.618	42.498	28.120	61.864
Kraut	8.396	6.680	1.716	5.148
Kleesamen	163	167	— 4	—
				351·893

Der Schaden, den die landwirtschaftliche Viehhaltung und Viehzucht erlitten, erreichte also eine Höhe von mehreren

*) Der Ausfall wurde unter Zugrundelegung von normalen Preisen bewertet. Die Bewertung erhebt keinen Anspruch auf apoditische Genauigkeit, doch dürfte die Bewertung der Wahrheit ziemlich nahe kommen.

100 Millionen Kronen. Er wäre noch viel größer geworden, wenn nicht rechtzeitig die Landeskulturräte und andere Körperschaften eingegriffen hätten, um durch Verschaffung und Zuwendung von billigen Futtermitteln dem Verkauf an Nutz= und Zuchttieren, wozu sich die einzelnen Landwirte gezwungen sahen, Einhalt zu bieten.

Der wirksamste Schutz unserer Kulturpflanzen gegen die Folgen der Trockenheit ist die **Bewässerung** der **Grundstücke**. Durch die zweckmäßig angelegte und betriebene Bewässerung wird nicht nur der Bodenertrag um ein **beträchtliches Maß** gesteigert, sondern wird der **gesteigerte Ertrag** auch gegen Verluste, den der Mangel an Niederschlägen hervorbringt, **gesichert**.

Beilage B. Figur 1.

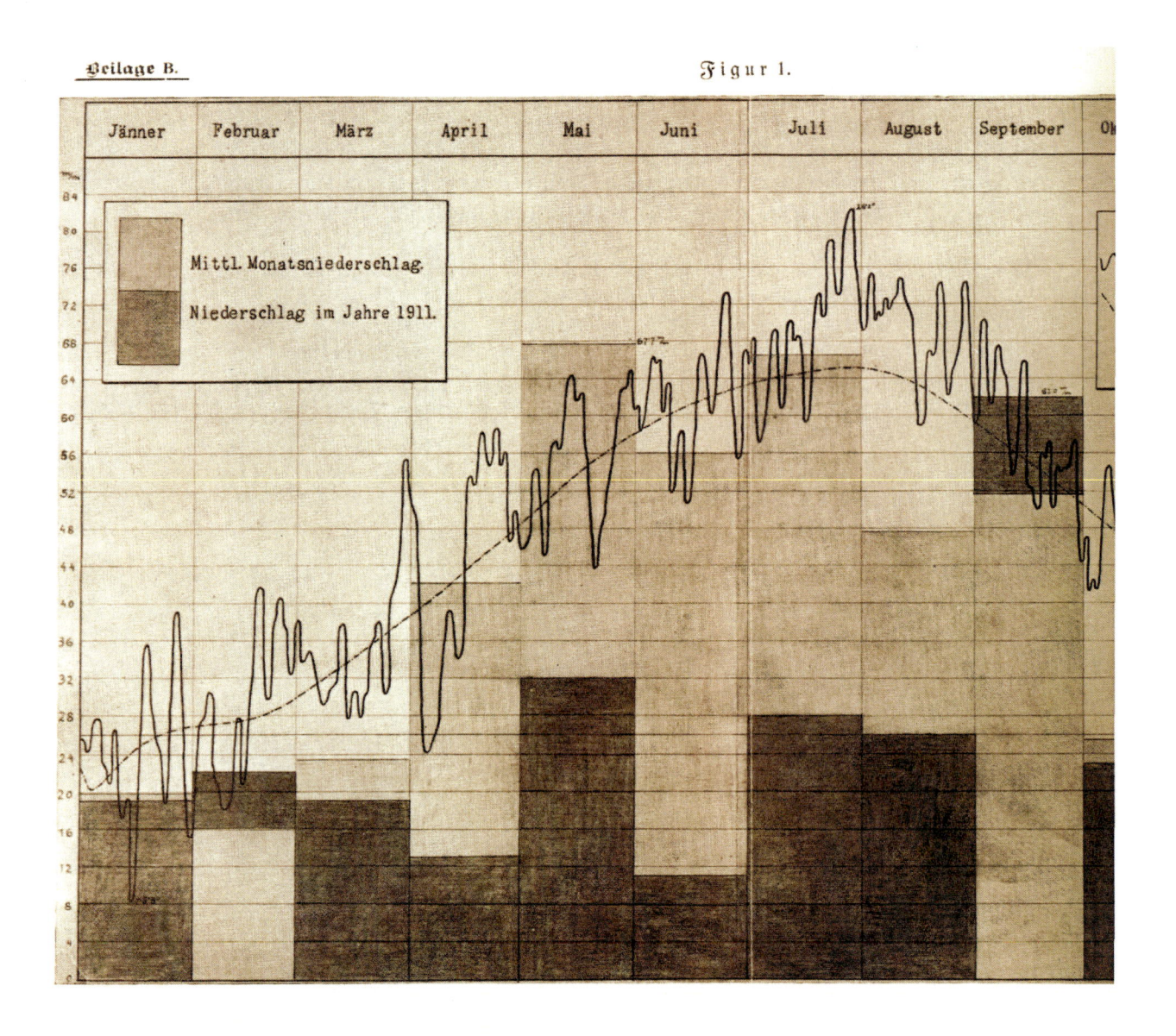

Figur 1.

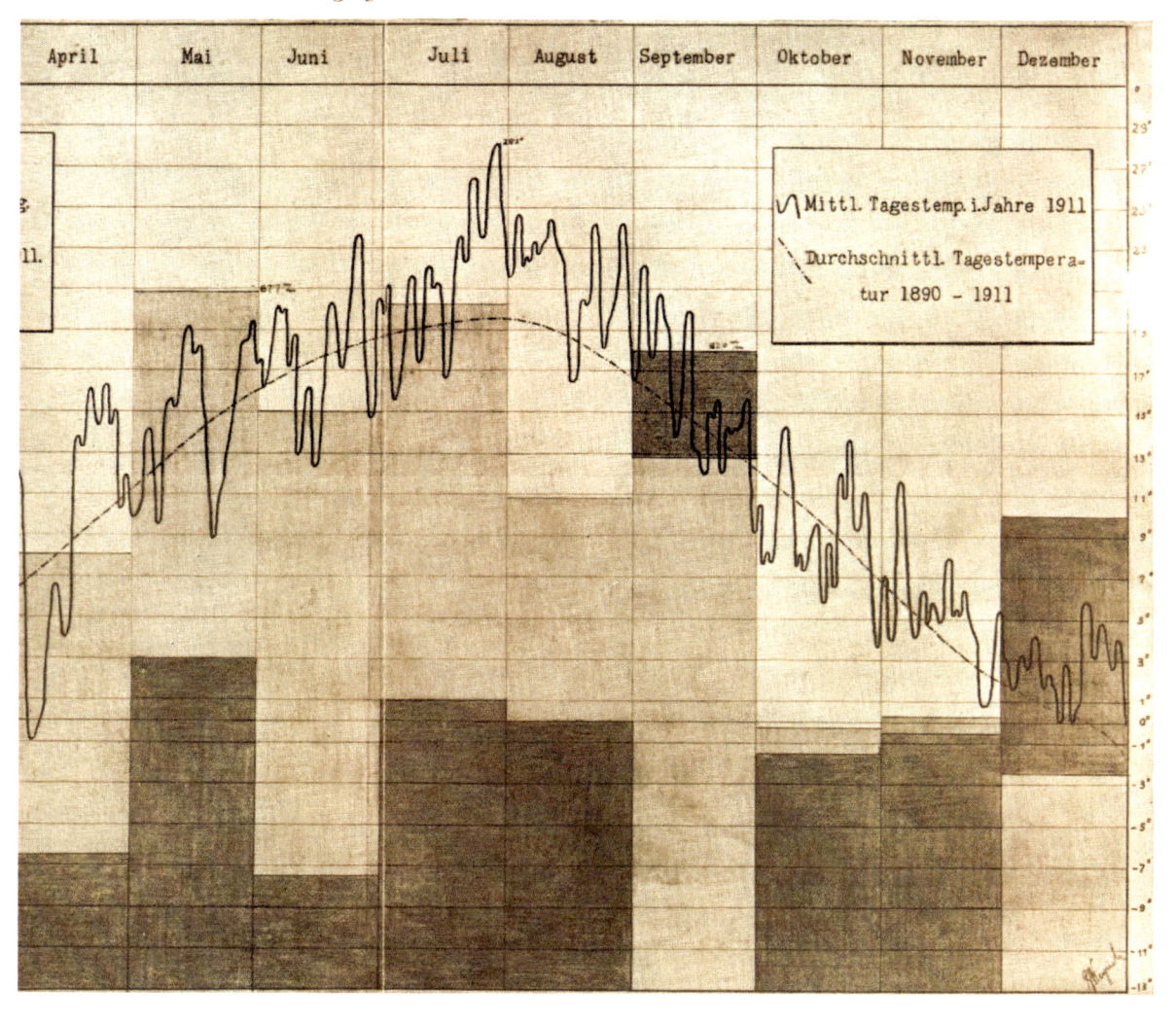

Mittl. Tagestemp. i. Jahre 1911
Durchschnittl. Tagestemperatur 1890 – 1911

Die alte Heimat Gustav Weyrichs

Abkürzungen:
Fsm. = Fürstentum
Gft. = Grafschaft
StH. = Standesherrschaft
RtM. = Minder-Standesherrschaft

Orte:
① Dorf ZOSSEN
② Stadt TROPPAU
③ späteres Obershermsdorf für "Schlinse"

Territorien des Herzogtums Schlesien (Teil Oberschlesien) von Homanns Erben / Nürnberg 1746.

Auf der Karte:
- Teilungslinie von 1742 zwischen Preussen u. Österreich (in blauer Farbe)
- StH.-Beuthen
- StH.-Pleß
- Fsm. Oppeln
- Fsm. Ratibor
- Fsm. Teschen
- Fsm. Troppau
- Fsm. Neisse
- Fsm. Münsterberg
- Gft. Glatz
- StH. Freudenthal
- Fsm. Jägerndorf

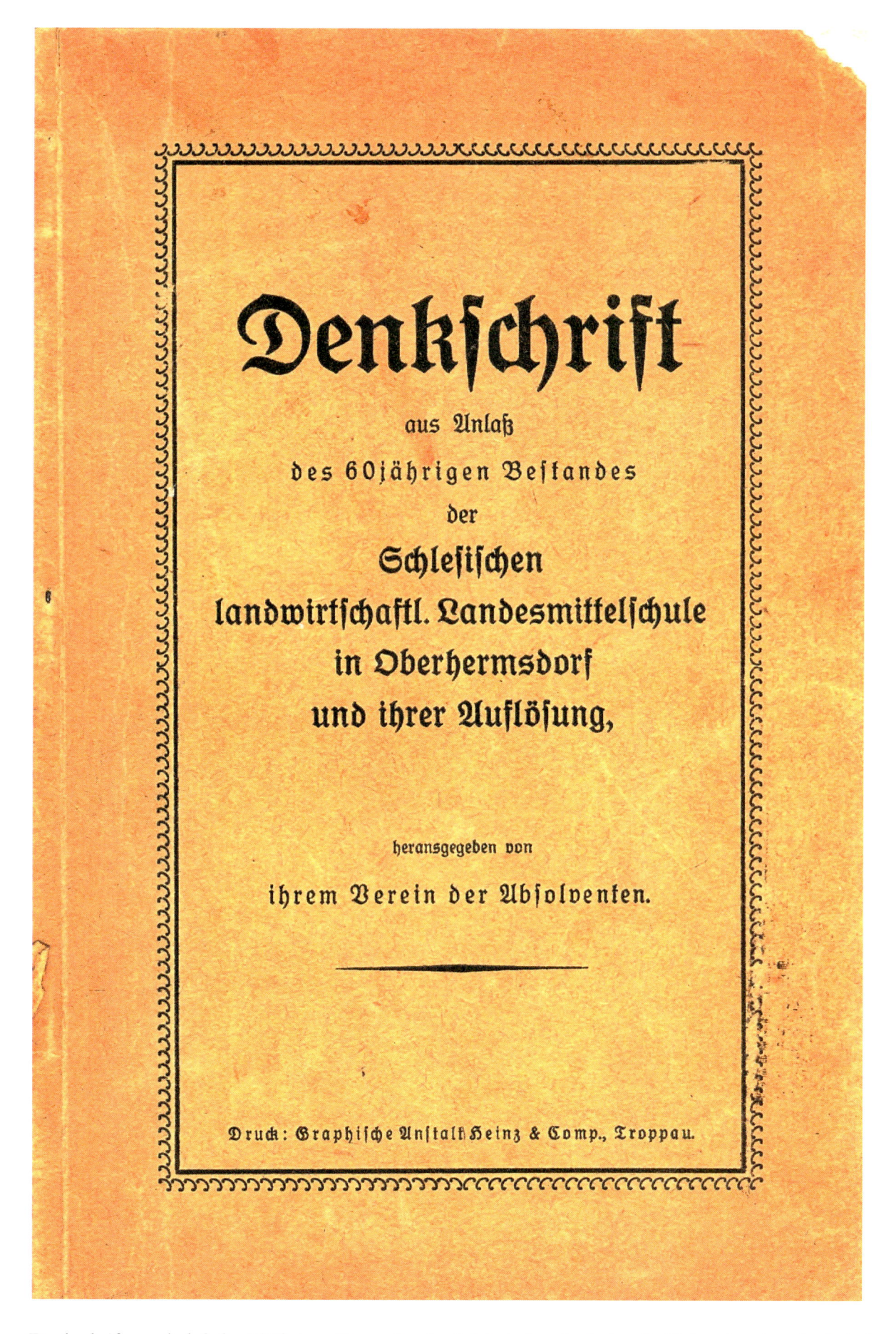

Denkschrift aus Anlaß des 60jährigen Bestandes der Schlesischen landwirtschaftlichen Landesmittelschule in Oberhermsdorf und ihrer Auflösung

Prof. Weyrich — PERSONAL →
Onkel Fred
Großmutter
Eduard Woelfel (späterer Schwiegersohn)
ca. 80 landw. Schüler →
← LEHRPERSONAL

Aufnahme vom Herbst 1922: Die Bewohner der "Schulinsel Oberhermsdorf"

Denkschrift

aus Anlaß

des 60jährigen Bestandes

der

Schlesischen

landwirtschaftlichen Landesmittelschule

in Oberhermsdorf

und ihrer Auflösung,

herausgegeben von

ihrem Verein der Absolventen.

Oberhermsdorf, im Februar 1930.

Im Verlage des Vereines
der Absolventen der landwirtschaftl. Landes-Mittel- u. Ackerbauschule, Oberhermsdorf,
Sitz Jauernig.

Es liegt ein Ort im Schlesierland
So ruhig, still verborgen,
Dort reicht man sich noch froh die Hand,
Da kennt man keine Sorgen.

Es treffen sich alljährlich hier
Gar stramme deutsche Jungen,
Dem Volk, dem Stand zur steten Zier,
Das bleibt ihm ausbedungen.

Es ist fürwahr die schönste Zeit
In unsern Lebenstagen,
Voll Lust und Freud und Fröhlichkeit,
Verbannt sind Leid und Klagen.

Die biedre deutsche Landwirtschaft
Wird uns dort wohl gelehret,
Wie man dies tut und jenes schafft
Gar wohlweislich erkläret. —

Im stillen wächst ein stark Geschlecht
Zu frohgemuten Bauern,
Die wohl erkennen Pflicht und Recht
In ihren deutschen Mauern.

Mag Euch auch öfters bittres Los
Zu Hermsdorfs Zeiten winken, —
Kommt ihr dann von den Bänken los
Wird Euch manch Tränlein blinken.

Dann schnüret froh das Ränzel Euch
Und — denkt vergangner Tage;
Wirds auch im Herzen warm und weich
Geht still — und ohne Klage.

— Und geht das Leben trotzig an,
Seis denn auch noch so trübe:
Was hätten wir vom Leben doch —
Wenn uns der Mut nicht bliebe?

Was wohl als Jugendübermut
In tausendfält'ger Fülle
Verlieh dem Herzen rechte Glut,
Das werde Mut — der Stille —

Des reifen Schaffens drauß' im Land
— im Bund mit rechten Frauen.
Wer Frieden in der Arbeit fand,
Darf drauf die Zukunft bauen.

Es liegt ein Ort im Schlesierland
So ruhig, still — verborgen,
Dort reicht man sich noch froh die Hand,
Da kennt man keine Sorgen!
Laßt uns ihn nennen, diesen Ort:
Es klinge jubelnd fort und fort:
Heil Hermsdorf Dir!

Über die Entwicklung
der landwirtschaftlichen Schulen in Oberhermsdorf, besonders der landwirtschaftlichen Mittelschule.

Von Ing. Gustav Weyrich, Direktor der landwirtschaftlichen Landesschulen in Oberhermsdorf.

Die Oberhermsdorfer landwirtschaftliche Bildungsstätte wurde in einer Zeit gegründet, in welcher in den landwirtschaftlichen Kreisen das Verlangen nach einer fachlichen Ausbildung der zukünftigen Landwirte so laut ertönte, daß es allgemeinen Anklang, helle Begeisterung und bewunderungswürdige Opferwilligkeit hervorrief. Die Landwirte im nordwestlichen Schlesien wußten in den sechziger Jahren des verflossenen Jahrhunderts den Wert einer gründlichen landwirtschaftlichen Fachausbildung richtig einzuschätzen, sie wußten, daß das Geld, das die Schule erfordert, der Landwirtschaft nicht entzogen wird, sie waren überzeugt, daß die Schule die ihr zugewendeten materiellen Güter gewissermaßen in geistige Güter umwandelt, die wieder in der Landwirtschaft materielle Güter zu schaffen vermag.

Der **geistige Schöpfer** der landwirtschaftlichen Lehrstätte in Oberhermsdorf war der Barzdorfer Zuckerfabriks-Direktor Eduard **Siegl**, der in den Jahren 1848 und 1849 für die Freiheit kämpfte und im Kerker dafür büßen mußte, bis er anläßlich der Vermählung des Kaisers Franz Josef I. im Jahre 1854 die persönliche Freiheit wieder erlangte. Als **Unternehmer des Schulbaues trat der land- und forstwirtschaftliche Bezirksverein in Weidenau**, der spätere land- und forstwirtschaftliche Verein für das nordwestliche Schlesien, auf.

Der land- und forstwirtschaftliche Bezirksveren in Weidenau, der auf Anregung Eduard **Siegls** am 13. Jänner 1867 in Friedeberg gegründet worden ist, stellte sich als Ziele: „Hebung der Bodenkultur und Erhöhung des Wohlstandes der Bevölkerung. Als Mittel sollten gelten: Ausstellungen, Ankauf eines als **Musterwirtschaft** einzurichtenden Gutes, **Gründung einer landwirtschaftlichen Schule**, Errichtung einer landwirtschaftlichen Versuchsstation, Herausgabe einer Zeitschrift, Gründung von Vorschußkassen und öffentliche Vorträge". Schon ein Jahr nach der Gründung des land- und forstwirtschaftlichen Bezirksvereines wurde in der denkwürdigen Generalversammlung des Vereines am 26. **März** 1868 in Weidenau der **Beschluß** gefaßt, eine **Ackerbauschule** ins Leben zu rufen und zwar nach der Anschauung des damaligen fürstbischöflichen Forstmeisters **Müller** nicht in einer Stadt im nordwestlichen Schlesien, sondern in einer Landgemeinde.

In der Vereinsausschuß-Sitzung vom 3. Jänner 1869 wurde beschlossen, die Ackerbauschule in der Katastralgemeinde **Ober-**

hermsdorf zu errichten und zu diesem Zwecke zunächst ein dem Herrn Rittergutsbesitzer Johann Gerblich gehörendes Grundstück im Ausmaße von 48 Kataſtraljoch käuflich zu erwerben. Ferner wurde zwecks Beschaffung von Projekten für die Herstellung der Wirtschafts- und Unterrichtsgebäude ein Preisausschreiben beschlossen. Zur Ausführung gelangte das von Baumeister Schwarzer in Jauernig verfaßte Projekt, das den gestellten Anforderungen am besten entsprach.

Die Mittel, die zur Herstellung der notwendigen Gebäude und zum Ankauf der Grundstücke erforderlich waren, sollten durch Gründungsbeiträge, durch Spenden, durch Staats- und Landessubventionen, durch Ausgabe verzinslicher Anteilsscheine sowie durch Materiallieferung der Vereinsmitglieder beschafft werden.

Als der schlesische Landtag für die in Oberhermsdorf zu errichtende landwirtschaftliche Schule einen Gründungsbeitrag von 2000 fl. sowie eine jährliche Subvention von 3000 fl. und das ehemalige k. k. Ackerbauministerium in Wien einen Gründungsbeitrag von 4000 fl. und eine jährliche Subvention, die bald auf 10.000 fl. erhöht wurde, bewilligt hatten, als ferner Spenden in beträchtlicher Höhe eingelaufen und Anteilscheine zu je 20 fl. in großer Anzahl gezeichnet worden waren,*) wurde im Frühjahre des Jahres 1869 mit der Zufuhr der Baumaterialien und mit dem Baue selbst unter der Leitung des Baumeisters Schwarzer begonnen.

Rührend ist die Anhänglichkeit, welche die damaligen Landwirte für die Oberhermsdorfer landwirtschaftliche Schule bekundeten, die zum Ausdrucke kommt durch die Verzichtleistung auf die zugesagten Zinsen der Anteilscheine seitens der Landwirte. Rührend und ergreifend ist es, wenn man unter den alten, ver-

---

*) Spenden waren u. a. eingelaufen vom Kaiser Franz Josef I. 1000 fl., vom Fürsterzbischof Dr. Förster in Breslau als Gründungsbeitrag 1000 fl., von der Prinzessin Marianne 182 fl., von der Barzdorfer Zuckerfabrik 500 fl., vom Herrn Gutsbesitzer Josef Latzel 500 fl. und vom Herrn Gutsbesitzer Freiherrn von Skal 150 fl., ferner je 100 fl. von Frau Anna Hirsch in Olbersdorf und den Herren: Gutsbesitzer Anton Latzel-Setzdorf, Wiesner-Freiwaldau, Zuckerfabriksdirektor Eduard Siegl-Barzdorf und der Stadtgemeinde Troppau sowie der Zuckerfabrik Troppau. Je 50 fl. spendeten: Die Stadtgemeinde Zuckmantel, die Stadtgemeinde Hotzenplotz und die Gemeinde Barzdorf, ferner die Herren: Pfarrer Faulhaber-Barzdorf, Guido Grohmann-Würbenthal, Johann Gerblich-Oberhermsdorf, Adolf Latzel-Gurschdorf und Johann Hohlbaum-Niederlindewiese. Von anderen Gemeinden und Körperschaften sowie auch von vielen Privatpersonen waren ebenfalls viele Spenden bis zu Beträgen des kleinen Mannes mit 1 fl. eingelaufen und Anteilscheine in großer Anzahl gezeichnet worden. Der Fürsterzbischof von Breslau bewilligte der Schule einen Beitrag von 300 fl. pro Jahr.

gilbten Schriftstücken des land- und forstwirtschaftlichen Vereines zu Weidenau Schriftstücke findet, in welchem der und jener Landwirt mit ungeübter Handschrift mitteilt, daß er auf die Zinsen der Anteilscheine und auf diese selbst zu Gunsten der Schule Verzicht leistet.

Am 10. Juni 1869 wurde in feierlicher Weise der Grundstein zur Schule gelegt. In den „Freien Mitteilungen des land- und forstwirtschaftlichen Bezirksverein zu Weidenau" ist über die Feier selbst folgendes enthalten:

„Die Feier ist für unsere Gegend von der größten Bedeutung. Eine Schule wird gegründet, die vornehmlich berufen erscheint, den Fortschritt zu fördern durch die Pflege jener Kenntnisse, die einer höheren Bildungsstufe angehören; deren Lehrer und Zöglinge die ehrende Aufgabe haben, jenes Wissen, welches insbesondere dem Landwirte nützt und frommt, fortan in unserer Gegend zu verbreiten. Eine Anstalt wird heute ins Leben gerufen, die bestimmt ist, in Zukunft den Mittelpunkt der landwirtschaftlichen Bestrebungen in unserer Heimat zu bilden, und welche im Besitze geeigneter Lehrmittel und Lehrkräfte und in Verbindung der ihr beigegebenen Wirtschaft uns nicht allein in ständiger Berührung mit der Wissenschaft halten, sondern auch dem praktischen Ökonom, dem Kleingutsbesitzer ein Muster und Beispiel geben soll, wie man die Praxis mit der Wissenschaft auf das zweckmäßigste vereinigt.

Der rege Anteil, den die Gründung dieser Schule von Anfang hervorgerufen hat, läßt uns zur Genüge erkennen, wie alle von der Bedeutung des unternommenen Werkes durchdrungen sind, und läßt uns hoffen, daß auch in Zukunft die Teilnahme und Unterstützung nicht versagt bleibt. Daß diese wichtige Sache in so kurzer Zeit und in so günstiger Weise ermöglicht wurde, verdanken wir der Macht der Vereinigung. Wo viele wollen und das rechte wollen, dort folgt die rechte Tat: der geistige Grundstein, den wir zu dieser Schule legen, sei also die Einigkeit. Standen uns zur Durchführung durch die Munifizenz einzelner auch größere Mittel zu Gebote, so war das Unternehmen doch erst lebensfähig geworden, als der Verein als solcher sich die Schöpfung zu eigen machte, als die zufließenden Beiträge des kleinen Grundbesitzers zeigten, daß die Idee der Ackerbauschule sich fest gegründet hatte. Diese Stiftung soll gedeihen und wachsen, die Pflanzstätte des Fortschrittes für unsere Jugend, für unsere praktischen Landwirte sein.

Wenn die Schule diese Zwecke erfüllt, dann werden uns unsere Nachkommen segnen und sie werden sagen: „Diejenigen, die dieses Werk gegründet, sie haben wohlgetan."

Der feierliche Akt versammelte trotz des ungünstigen Wetters nicht nur diejenigen Personen, welche dazu besonders geladen waren, als: der Ausschuß des Vereines, die Vertreter unserer Gemeinden, die Behörden und Delegierten anderer landwirtschaftlicher Vereine, sondern es waren noch viele Vereinsmitglieder und eine bedeutende Menge Volkes aus nah und fern gekommen, um der Feierlichkeit beizuwohnen. Im langen Wagenzug erreichten die Gäste die Baustelle um 11 Uhr, wo sie von dem Musikverein „Lyra" durch eine Festouverture begrüßt wurden.

Sechszehn weiß gekleidete Mädchen umstanden den mit Blumen geschmückten Grundstein und trugen die geschmückten Embleme, Hammer und Kelle, die kupferne Kapsel, die Papierrolle, auf welcher der jetzige Status des Vereines, die Gründer der Schule und die Ehrengäste verzeichnet sind, sowie auch die Baupläne des Schulgebäudes.

Nachdem der Denkstein gerichtet, sprach Herr Pfarrer Faulhaber nach Wunsch des Vereines einige Worte, worin er die Vorteile einer Acker-

Schulgebäude.

bauschule würdigt; und aller jener gedacht, die sich durch Beiträge oder sonst um das Entstehen dieser Anstalt ein Verdienst erworben haben. Zuletzt erteilte er dem Werke den kirchlichen Segen mit dem Wunsche, die Anstalt möge gedeihen und das beste schaffen.

Herr Bezirkshauptmann, Baron von Menshengen, hob hierauf hervor, daß dies die erste schlesische Ackerbauschule sei und dankte dem Vereine im Namen der Regierung für das gemeinnützige Werk, versprechend, dessen Bestreben stets nach besten Kräften zu fördern.

Der Vorstand, Herr Siegl dankte der Versammlung für die Beteiligung an dem Feste, insbesondere den Behörden, dem Herrn Pfarrer Faulhaber für seine Mitwirkung und allen Gästen.

Es erfolgte nun die Einsetzung der Kapsel in den Grundstein, wobei die Blumenmädchen die Höhlung mit Blumen und Kränzen ausfüllten, und hierauf die üblichen Hammerschläge, bei denen sich ein großer Teil der Anwesenden beteiligte.

Während dieses Aktes sang der Musikverein „Lyra" zwei Männerchöre („Das ist der Tag des Herrn" und „Vineta") mit gehobener Stimmung, die sich dann auch ersichtlich auf die ganze Versammlung übertrug.

Die ganze Zeit über verkündeten Böllerschüsse das freudige Ereignis und donnerten selbe noch während des Rückweges, der, nachdem sich das Wetter überraschend zum Bessern gewendet hatte, von der Mehrzahl zu Fuß unter Vorantritt der Kapelle des Musikvereines „Lyra" angetreten wurde.

In Barzdorf erwartete die Teilnehmer der Festlichkeit ein einfaches Mittagmahl, in dessen Verlauf mehrmals der Gründer der Schule, wie auch der Bestrebungen des Vereines und dessen Vorstandes, namentlich von den fremden Gästen auf das Rühmendste gedacht wurde."

Der Bau der Schule ging rasch vor sich, sodaß bereits am **10. November 1869 mit dem Unterrichte mit 17 Schülern begonnen werden konnte.**

Die Oberhermsdorfer landwirtschaftliche Bildungsstätte war damals eine **zweijährige Ackerbauschule mit einem Vorbereitungskurse.** Der Vorbereitungskurs konnte aber von jenen Schülern, die eine höhere Vorbildung als die Volksschule aufwiesen, nach gut bestandener Aufnahmsprüfung übergangen werden. Die Anzahl der Schüler, die bei der Aufnahme wenigstens 14 Jahre alt sein mußten, sollte in jedem Jahrgange 12 nicht überschreiten. Die Ackerbauschule hatte programmgemäß den Zweck, junge Leute zu Kleingrundbesitzern, Wirtschaftern und Pächtern heranzubilden. Bei Beginn des Unterrichtes in der Oberhermsdorfer Ackerbauschule waren daselbst drei Lehrer tätig und zwar: als Direktor Franz Staudacher, ein geborener Württemberger, der vor seiner Berufung nach Oberhermsdorf Direktor der Ackerbau- und Flachsbereitungsschule in Mährisch-Schönberg war, als zweiter Lehrer der Seminarist Karl Schiemangk, ein Berliner und als dritter Lehrer der Grazer Techniker Karl Sikora. Als Gärtner war Franz Stegmaier bestellt worden. In den folgenden Jahren wurden die Professoren Magerstein und Schalk sowie der Gärtner Raydock angestellt.

Kaum hatte die Schule ihre Lehrtätigkeit begonnen, so wurde eine **höhere Ausbildung der Schüler angestrebt und** mit Beginn des Schuljahres 1872/73 wurde die Oberhermsdorfer Ackerbauschule zur „**Höheren landwirtschaftlichen Lehranstalt**" erhoben. Diese Schule war dreijährig. Als Vorbildung der eintretenden Schüler wurde die Absolvierung der unteren vier Klassen einer Realschule, beziehungsweise eines Gymnasiums gefordert. Die Absolventen der höheren landwirtschaftlichen Lehranstalt zu Oberhermsdorf erhielten das **Einjährig-Freiwilligenrecht**.

Trotz der Opferwilligkeit der Vereinsmitglieder, die sich durch neuerliche Zeichnung von Gründungsbeiträgen und Anteilscheinen kundgab, trotz Erhöhung der Subventionen seitens des Staates und des Landes Schlesien, trotz neuerlicher Gründungsbeiträge des Kaisers Franz Josef I., des Fürsterzbischofs von Breslau und trotz Spenden zahlreicher Freunde der Schule war das drohende Gespenst der finanziellen Unterernährung der jungen Oberhermsdorfer landwirtschaftlichen Bildungsstätte nicht zu bannen. Da die erforderlichen Geldmittel zur Fertigstellung der im Baue befindlichen Nebengebäude nicht ausreichten, sah sich der land- und forstwirtschaftliche Verein für das nordwestliche Schlesien genötigt, ein Hypothekardarlehen bei der Jauerniger Sparkasse aufzunehmen. Ernste Sorgen überkam das vom Vereinsausschusse gewählte Komitee, das „**Kuratorium**" genannt wurde*) und das alle, die landwirtschaftliche Lehranstalt betreffenden Angelegenheiten zu betreuen hatte. Eduard **Siegl**, der erste Obmann des Kuratoriums mit seinen für die Schule begeisterten Getreuen (darunter Guts- und Fabriksbesitzer Josef **Latzel**-Barzdorf und Anton **Latzel**, Gutsbesitzer in Setzdorf u. a.) wandten sich an den schlesischen Landesausschuß mit dem Ersuchen um Übernahme der Oberhermsdorfer landwirtschaftlichen Lehranstalt in das Landeseigentum. Die diesbezüglichen Bemühungen hatten vollen Erfolg; der schlesische Landtag faßte am 8. Oktober 1874 auf Antrag des Landtagsabgeordneten **Pietrzik den Beschluß, die landwirtschaftliche Lehranstalt in Oberhermsdorf mit 1. Jänner 1875 auf Rechnung des schlesischen Landesfonds zu führen**. Die höhere landwirtschaftliche Lehranstalt zu Oberhermsdorf wurde sodann nach den Lehrplänen des k. k. Ackerbauministeriums in Wien **reorganisiert** und in eine landwirtschaftliche Mittelschule mit dreijähriger Unterrichtsdauer umgewandelt, die den Titel „**Schlesische landwirtschaftliche Landesmittelschule zu Oberhermsdorf**" erhielt. Als Vorbildung der Besucher der landwirtschaftlichen Landesmittelschule wurde die Absolvierung der unteren 4 Klassen einer allgemeinen Mittelschule vorgeschrieben,

---

*) Das Kuratorium der Oberhermsdorfer landwirtschaftlichen Lehranstalt bestand bis zum Ende des Jahres 1922.

Wirtschaftshof und Schülerheim (Hofanficht).

später wurden auch die Absolventen der 3. bezw. 4. Bürgerschulklasse als außerordentliche Zöglinge aufgenommen. Die Lehrer, die bisher Angestellte des land- und forstwirtschaftlichen Bezirksvereines in Weidenau waren, wurden im Schuljahre 1878/79 in die Kategorie der schlesischen Landesbeamten übernommen.

Die **landwirtschaftliche Landesmittelschule** in Oberhermsdorf hatte den **Zweck**, ihre Zöglinge, welche die unteren 4 Klassen einer allgemeinen Mittelschule absolviert haben mußten, in allgemeiner und in sachlicher Richtung soweit auszubilden, daß dieselben befähigt waren, als selbständige Besitzer, Pächter oder Beamte des großen Grundbesitzes ihren Beruf und ihre gesellschaftliche Stellung zu erfüllen. Später wurden auch Absolventen einer vollständigen Bürgerschule aufgenommen.

Bei der **Übernahme***) der Schule durch das Land Schlesien waren folgende 4 Instituts- und Wirtschaftsgebäude vorhanden: das zweistöckige **Schulgebäude**, das sogenannte **Scheuergebäude**, das sogenannte **Stallgebäude** und ein **Maschinenschupfen**. Die bei der Übernahme vorhandenen Gebäude erwiesen sich bald für die erweiterten Zwecke der Mittelschule als unzureichend, und so beschloß der schlesische Landtag im Jahre 1877, durch Erweiterungsbauten diesen Übelstand zu beseitigen. Am 1. April 1878 wurde zum sogenannten **Restaurationsgebäude**, in welchem Wohnungen für Lehrer und die Institutsspeisewirtschaft untergebracht wurden, der Grundstein gelegt. Später wurden noch zwei Maschinen- und Geräteschupfen, ein Eiskeller, eine Werkstätte, ein Glashaus, ein Badehaus und eine Schutzhütte auf den Anstaltsfeldern errichtet. Der Grundbesitz, der bei der Übernahme der Schule durch das Land Schlesien ein Ausmaß von rund 28 Hektar hatte, wurde durch Zukauf nach und nach auf rund 39 Hektar erhöht.

Befreit von den materiellen Existenzsorgen entwickelte die Oberhermsdorfer landwirtschaftliche Landesmittelschule bald eine segensreiche Tätigkeit. Die Mitglieder des Lehrkörpers erstreckten ihre belehrende Tätigkeit über den Schulkatheder hinaus und entfalteten eine lebhafte **Außentätigkeit**, sie hielten in den einzelnen Gemeinden des nordwestlichen Schlesiens **Vortrags- und Sprechabende** ab und führten auf den weitverzweigten Gebieten der Landwirtschaft eine Fachberatung ein. Die Besucherzahl der landwirtschaftlichen Mittelschule stieg und erreichte im

---

*) Die kommissionelle Übergabe, bezw. Übernahme der Schule samt Wirtschaft fand am 21., 22. und 23. Jänner 1875 statt. Der schlesische Landesausschuß war bei der Übernahme durch den Landesausschußbeisitzer Zdenko Freiherrn von Sedlnitzky, durch Landessekretär Hugo Müller und den Landesingenieur Adolf Jordan vertreten. Der übergebende Verein war durch mehrere Ausschußmitglieder und den Obmann des Kuratoriums Eduard Siegl vertreten.

Schuljahre 1918/19 die Anzahl von 108*) und im Schuljahre 1919/20 die Anzahl von 103 Schülern, während diese im Schuljahre 1872/73 nur 30 betragen hatte.

Am 11. Juli 1902 faßte der schlesische Landtag den Beschluß, die von den staatlichen Organen oft festgestellten sanitären und baulichen Übelstände an der Oberhermsdorfer Landesmittelschule zu beseitigen und ließ durch das Landesbauamt ein Projekt über notwendige Neu- und Adaptierungsbauten verfassen. Die Kosten für die erforderlichen Neu- und Adaptierungsarbeiten wurden auf 100.000 K veranschlagt. Zwecks Erlangung einer entsprechenden Staatsbeihilfe zu diesen Kosten wendete sich der schlesische Landesausschuß an das Ackerbauministerium in Wien. Da das genannte Ministerium zu den erforderlichen Baukosten nur den dritten Teil unter Bedingungen, die für das Land unannehmbar waren, beitragen wollte, zerschlugen sich die weiteren Verhandlungen und der Bau unterblieb.

In den nächsten Jahren stieg die Anzahl der Schüler, der Raummangel in den Unterrichtsräumen wurde empfindlicher und die Mängel in sanitärer Hinsicht immer größer. Die staatlichen Inspektoren wiesen in den Inspektionsberichten stets auf diese Umstände hin und der Amtsarzt der Bezirkshauptmannschaft Freiwaldau erklärte die Unterrichtsräume und die Schülerwohnungen als zur Sperrung reif. Da ließ die schlesische Landesverwaltung neuerdings Projekte unter Berücksichtigung der vom Lehrkörper, dem Kuratorium und dem Ackerbauministerium geäußerten Wünsche durch das Landesbauamt ausarbeiten. Am 2. Dezember 1912 befaßte sich eine Kommission, an der der Landesausschußbeisitzer Dr. Ferd. Pohl, ein Vertreter des Ackerbauministeriums, der staatliche Inspektor, ein Oberingenieur der schlesischen Landesregierung, der Bezirkshauptmann von Freiwaldau, der Vorstand des schlesischen Landesbauamtes, ein Landeskommissär und der Anstaltsdirektor teilnahmen, mit der Verfassung des Bauprogrammes. Diese Kommission überprüfte das ehemalige Projekt und stellte fest, daß die Ausführung desselben nunmehr 610.000 K erfordert. Abermals wurden mit dem Ackerbauministerium in Wien Verhandlungen gepflogen, die keinen Erfolg zeitigten, weil das Ackerbauministerium nur einen Beitrag von 100.000 K zu den Baukosten leisten wollte und die Beitragsleistung noch an Bedingungen knüpfte, die für das Land Schlesien unannehmbar waren, z. B. weitgehende Einflußnahme auf die Schule und deren Verwaltung, Rückzahlung des Staatsbeitrages bei eventueller Verlegung der Schule oder deren Auflösung usw.

---
*) Die Anzahl der Aufnahmewerber betrug im Schuljahre 1919/20 193, für den I. Jahrgang 142, für den II. Jahrgang 20 und für den III. Jahrgang 31.

Lehrerwohnungen und Anstaltsgastwirtschaft.

Nach diesen Verhandlungen mit dem österreichischen Ackerbauministerium zog der schlesische Landesausschuß die vom Ackerbauministerium angeregte Verlegung der landwirtschaftlichen Landesmittelschule von Oberhermsdorf nach Jauernig ins Bereich der Möglichkeit und ließ vom schlesischen Landesbauamte zwei Projekte (Ausgestaltung der Schule in Oberhermsdorf und Neubau der Schule in Jauernig) ausarbeiten. Auch ein drittes Projekt, das die Verlegung der Schule nach Troppau auf ein Grundstück der schlesischen Landesirrenanstalt und Vereinigung der landwirtschaftlichen Mittelschule mit der Kotzobendzer Landesackerbauschule beinhaltete, wurde in Erwägung gezogen. Die Ausgestaltung der Schule in Oberhermsdorf wurde auf 796.000 K, die Neuherstellung der Schule in Jauernig mit den erforderlichen Wirtschaftsgebäuden auf 596.000 K (ohne Internat) und die Zentralisierung der schlesischen landwirtschaftlichen Landesschulen in Troppau auf 705.000 K veranschlagt. Die durch die Verlegung der Oberhermsdorfer landwirtschaftlichen Mittelschule frei werdenden Gebäude sollten der Landesirrenanstalt zugewiesen werden. Gegen die Verlegung der Schule nach Troppau trat der Gründer der Schule, der land- und forstwirtschaftliche Verein für das nordwestliche Schlesien geschlossen auf.

Nach langwierigen Verhandlungen faßte der **schlesische Landtag am 13. März 1914 den Beschluß**, die landwirtschaftliche Landesmittelschule von Oberhermsdorf nach Jauernig zu verlegen und auf dem der Stadtgemeinde gehörenden Gute ein neues Schulhaus samt den notwendigen Wirtschaftsgebäuden zu errichten, zumal sich die Stadtvertretung von Jauernig verpflichtet hatte, für die Lehrkräfte die erforderlichen Wohnungen zu beschaffen und die Möglichkeit der Unterbringung der Schüler bei Privatparteien nachgewiesen worden war. Die Bauvergebung war bereits ausgeschrieben und die erforderlichen Geldmittel zum Baue waren seitens des schlesischen Landesausschusses bereitgestellt worden, als der Weltkrieg ausbrach und den Neubau der Schule mit blutiger Hand von der Tagesordnung absetzte.

Während des Weltkrieges, der auch unter den Oberhermsdorfer Lehrern, Schülern und Absolventen schwere Opfer forderte, gab es Zeiten, da an der landwirtschaftlichen Landesmittelschule zu Oberhermsdorf nur 3 ordentliche Lehrer unterrichteten, während die anderen im Felde vor dem Feinde standen. Zu dem Kräftemangel gesellte sich bald der Mangel an Lebensmitteln, der sich besonders bei der Verpflegung der Zöglinge im Internate bemerkbar machte. Die Schüler des dritten Jahrganges, die zur Kriegsdienstleistung herangezogen worden waren, legten während des Sommersemesters schon die Maturitätsprüfung ab.

Den Studierenden, die nach der Absolvierung des zweiten Jahrganges zur Kriegsdienstleistung einberufen worden waren, wurde von den Militärbehörden das Recht eingeräumt, eine Ergänzungsprüfung vor einer militärischen Kommission abzulegen und nach bestandener Ergänzungsprüfung eine Offiziersschule besuchen zu dürfen. Die Zöglinge, die wegen des Krieges ihre Studien unterbrechen mußten, konnten dieselben nach Kriegsschluß an der Schule fortsetzen. Da die Schüleranzahl nach dem Kriege auf mehr als 100 stieg, war die Unterrichtserteilung in der Oberhermsdorfer landwirtschaftlichen Landesmittelschule, die nur für einen Besuch von 60 Schülern erbaut worden war, über alle Maßen schwierig.

Bald nach Beendigung des Weltkrieges wurde die Frage des Neubaues der baulich unzureichend gewordenen Schule wieder aufgerollt. Mit dem Ministerium für Landwirtschaft in Prag wurden bald Verhandlungen wegen Übernahme eines Teiles der Baukosten, die mit 2,000.000 Kč veranschlagt worden waren, eingeleitet. Als neuer Standort der Lehranstalt wurde außer Jauernig auch Troppau und Jägerndorf in Vorschlag gebracht. Am 21. September des Jahres 1921 fand im Speisesaal des Restaurationsgebäudes in Oberhermsdorf eine Enquete über die Frage des weiteren Bestandes der Oberhermsdorfer landwirtschaftlichen Schule als Mittelschule statt. Der Erfolg dieser sturmbewegten Enquete, an der eine große Anzahl von Interessenten teilnahm, war, daß die Landesverwaltungskommission für Schlesien den Beschluß faßte, die landwirtschaftliche Landesmittelschule in Oberhermsdorf zu belassen und dieselbe den Zeitverhältnissen entsprechend baulich auszugestalten. Die hierauf vorgenommenen Adaptierungsarbeiten waren sehr umfangreich. Zur Ausgestaltung der Schule wurde ein Betrag von 420.000 Kč bewilligt. Die Adaptierungsarbeiten wurden von Oberbaurat Ing. Schmelzer des schlesischen Landesbauamtes geplant, im Jahre 1922 begonnen und im Jahre 1924 vollendet. Das Hauptgebäude enthält nach dem Umbaue nur Lehrzimmer und Lehrmittelkabinette und das chemische Laboratorium. Die Direktorswohnung wurde in das Restaurationsgebäude und die Schuldienerwohnung in das sogenannte Stallgebäude verlegt. In diesem Gebäude wurde auch die landwirtschaftliche Fachschule (ehemalige Winterschule) untergebracht. Die Schülerwohnungen wurden nur in dem sogenannten Scheuergebäude belassen. Die Studierenden, die in dem alten, restringierten Oberhermsdorfer Internate, das für 30 Schüler ausreichte, nicht mehr Platz finden konnten, wurden in dem durch die Gemeinde Barzdorf mit Hilfe des Bauförderungsgesetzes geschaffenen Hauses in dem sogenannten Schüler- und Professorenheime untergebracht. Das erwähnte Gebäude, das einen Kostenaufwand von 1¹/₃ Millionen erforderte, enthält vier Wohnungen für Professoren und Wohnungen für 40 Schüler. Die Landesverwaltungskommission für Schlesien hatte das Professoren- und Schülerheim auf die Dauer des Bestandes der höheren landwirtschaftlichen Landesschule als Wohnhaus für Professoren und Schüler von der Gemeinde Barzdorf gemietet.

Als landwirtschaftliche Mittelschule mit dreijähriger Unterrichtsdauer wurde die Oberhermsdorfer landwirtschaftliche Schule vom 1. Jänner 1875 bis 15. September 1920, also durch 45 Jahre geführt. Nach der Neuregelung des landwirtschaftlichen Schulwesens durch das Ministerium für Landwirtschaft in Prag wurde die Studiendauer von 3 auf 4 Jahre verlängert. Die Reform bezweckte eine Erweiterung, Vertiefung und Vereinheitlichung des Unterrichtes.

Nach der Reorganisation erhielt die Lehranstalt im Juni des Jahres 1922 den Titel „Höhere landwirtschaftliche Landesschule". Die Aufnahmebedingungen für die Schüler waren dieselben, wie bei der ehemaligen Mittelschule, doch mußten die Aufnahmewerber eine Aufnahmeprüfung aus der deutschen Sprache, Rechnen und Geometrie ablegen. Zwischen den Absolventen der unteren 4 Klassen der allgemeinen Mittelschule und den Absolventen einer vollständigen Bürgerschule wurde kein Unterschied gemacht. Aufnahmewerber, die eine Ackerbauschule mit Auszeichnung oder eine ihr gleichgestellte Schule absolviert hatten, konnten nach bestandener Aufnahmeprüfung in den ersten Jahrgang der höheren landwirtschaftlichen Landesschule aufgenommen werden. Diejenigen Schüler, die bei der Aufnahmewerbung ein Vorzugszeugnis über die vierte Klasse einer allgemeinen Mittelschule nachweisen konnten, waren von der Aufnahmeprüfung befreit. Während an der Mittelschule 7 ständige Lehrpersonen angestellt waren, stieg die Anzahl der Professoren an der höheren Landesschule auf 9.

Im Jahre 1882 übertrug das Ministerium für Kultus und Unterricht die Inspektion der Oberhermsdorfer landwirtschaftlichen Mittelschule dem jeweiligen Landesschulinspektor der schlesischen Mittelschulen. Im Jahre 1893 hingegen wurde die Inspektion in pädagogisch-didaktischer Hinsicht einem eigenen staatlichen Inspektor übertragen, der auch bei den Maturitätsprüfungen den Vorsitz zu führen hatte. Als staatliche Inspektoren der landwirtschaftlichen Landesmittelschule, bezw. der höheren landwirtschaftlichen Landesschule fungierten Dr. A. Zöbl, Professor an der technischen Hochschule in Brünn, Franz Schindler, ebenfalls Professor an der genannten Hochschule, Regierungsrat Karl Kolb, Direktor der landwirtschaftlichen Landesmittelschule in Söhle, Hofrat Ostermeier, Professor an der Hochschule für Bodenkultur in Wien, Professor Ing. Johann

Adamec, Landesökonomierat und Direktor der höheren landwirtschaftlichen Schule in Prerau i. R. und Ing. Professor Franz Kunz, Oberlandwirtschaftsrat in Prag.

Im Jahre 1897 wurde katholische und evangelische Religionslehre sowie religiöse Übungen und im Schuljahre 1914/15 die tschechische Sprache als Pflichtgegenstände in den Lehrplan der landwirtschaftlichen Mittelschule aufgenommen.

Im Jahre 1925 beschloß die Landesverwaltungskommission für Schlesien, die höhere landwirtschaftliche Landesschule in Oberhermsdorf jahrgangsweise aufzulassen und an deren Stelle eine zweijährige Landesackerbauschule mit Beginn des Schuljahres 1926/27 in Oberhermsdorf zu eröffnen.

Die landwirtschaftliche Mittelschule in Oberhermsdorf (höhere landwirtschaftliche Lehranstalt, landwirtschaftliche Landesmittelschule und höhere landwirtschaftliche Landesschule) wurde von 1.010 Schülern besucht, von denen 756 die Maturitätsprüfung mit Erfolg ablegten.

Die höhere landwirtschaftliche Landesschule besaß am Schlusse eine Bücherei von 6.800 Büchern und war mit 9.121 Lehrmitteln ausgestattet. Das wichtigste Lehrmittel, die Institutswirtschaft, umfaßte eine Fläche von rund 39 Hektar und zwar 28·3 Hektar Ackerland, 1·5 Hektar Wiesen, 4·6 Hektar Gärten, 3·6 Hektar Weiden, 0·1 Hektar Wald und 0·5 Hektar Bauarea.

Unter dem Schutze der höher organisierten landwirtschaftlichen Landesmittelschule konnten sich nieder organisierte Schulen und Kurse entwickeln. Diese waren mit der Mittelschule derart vereinigt, daß der Direktor zugleich Leiter der Kurse war, die Lehrkräfte der Mittelschule auch an den niederen Schulen und Kursen Unterricht erteilten und daß die Lehrmittel und die Räumlichkeiten u. s. w. von dem Institute beigestellt worden sind.

Der älteste dieser Kurse ist der Baumwärterkurs (jetzt Gärtnerkurs genannt), der bereits im Jahre 1870 zum erstenmale abgehalten wurde. Der Kurs hatte anfangs den Zweck, erwachsene Männer in der Pflege der Obstbäume zu unterrichten und wurde mehrmals umgestaltet. Er besteht derzeit als 2-jähriger Kurs mit je sechswöchentlichem theoretischem Unterrichte.

Im Jahre 1872 wurde der interne Brennereikurs für die Schüler der landwirtschaftlichen Mittelschule, bezw. der höheren landwirtschaftlichen Landesschule eröffnet.

Im Jahre 1883 wurde der Meliorationskurs ins Leben gerufen. Der Kurs ist dazu bestimmt, Vorarbeiter für landwirtschaftliche Bodenmeliorationen auszubilden; er wird derzeit als 3-monatiger Kurs, in welchem 5 Wochen hindurch praktischer und 7 Wochen hindurch theoretischer Unterricht erteilt wird, geführt.

Mit Beschluß des schlesischen Landtages vom 30. September 1884 wurde die **landwirtschaftliche Winterschule** errichtet. Diese Schule hat den Zweck, angehenden Landwirten jenes Maß von theoretischen und praktischen Kenntnissen zu vermitteln, die der Landwirt zur selbständigen rationellen Bewirtschaftung seines Besitzes braucht. Die landwirtschaftliche Winterschule wurde anfangs als 5-monatiger Kurs geführt und im Jahre 1921 in eine **landwirtschaftliche Fachschule** mit 2-jähriger Unterrichtsdauer von je 6 Unterrichtsmonaten umgewandelt.

Mit Beschluß des schlesischen Landtages vom 11. Oktober 1904 wurde der Kurs für **Oberbrenner** errichtet. Dieser Kurs erfuhr auch mehrere Änderungen und wird derzeit als 6-monatiger Kurs geführt, in welchem durch 2 Monate praktischer und durch 4 Monate hindurch theoretischer Unterricht erteilt wird. Der Kurs dient zur Ausbildung von Leitern landwirtschaftlicher Spiritusbrennereien.

Am 10. Februar 1924 wurde der **Volkstümlich-wissenschaftliche Kurs für bäuerliche Landwirte** eröffnet, der den Zweck hat, praktische Landwirte weiter auszubilden.

Die **Landesackerbauschule** mit zweijähriger Unterrichtsdauer mit je 10 Unterrichtsmonaten wurde am 1. Oktober des Jahres 1926 eröffnet. Die Ackerbauschule hat den Zweck, den Schülern eine gründliche theoretische und praktische Ausbildung zu vermitteln, die zur selbständigen rationellen Führung einer Wirtschaft erforderlich ist, die zu ihrem Betriebe eigener und fremder Kräfte bedarf.

An der alten Oberhermsdorfer landwirtschaftlichen Bildungsstätte bestehen derzeit folgende Untersuchungs- und Beobachtungsstationen:

1. eine **landwirtschaftlich-chemische Untersuchungsstation**, die sich mit der Analyse von Futter- und Düngemitteln, Bodenuntersuchungen usw. befaßt;

2. eine **Samenkontrollstation** zwecks Untersuchung von Sämereien und

3. eine **meteorologische Beobachtungsstation**, in welcher Luftdruck, Niederschläge, Luft und Bodentemperaturen, Sonnenscheindauer usw. beobachtet werden.

Vorübergehend wurden an der landwirtschaftlichen Landesmittelschule in Oberhermsdorf auch Kurse über Bienenzucht, Käsefabrikation, erste Hilfe bei Unglücksfällen, ferner Kurse für Volksschullehrer u. s. w. abgehalten.*)

---

*) Die Lehrkörper der Schulen und die allgemeine Besuchsstatistik sind im Anhang der „Mitteilungen des Vereines der Absolventen" im zweiten Teil der Denkschrift als Ergänzung zu diesem Beitrag angeführt.

Die letzte mündliche Maturitätsprüfung an der höheren landwirtschaftlichen Landesschule in Oberhermsdorf fand am 9. Juli 1929 unter dem Vorsitze des Herrn Dr. Josef Reinelt, Direktor der höheren landwirtschaftlichen Landesschule in Kaaden, statt; dann schlossen sich die Pforten einer höher organisierten landwirtschaftlichen Bildungsstätte, die durch 60 Jahre im Dienste der Landwirtschaft stehend, allgemeines und fachliches Wissen den Jüngern des landwirtschaftlichen Berufes vermittelte.

Welche Aufgaben hat das landwirtschaftliche Bildungswesen?

Von Fachschuldirektor Ing. Rudolf Modelhart, Mähr.-Neustadt.

Es ist noch nicht allzulange her, da die Ansicht vorherrschte, daß der Bauer einer besonderen beruflichen Ausbildung nicht bedürfe. Der Grund für diese Anschauung lag wohl darin, daß der Erfolg des Landmannes sehr von den Naturkräften abhängig ist, die zu seinen Gunsten zu beeinflußen er nicht imstande ist. Der Bauer selbst war lange Zeit der Ansicht, daß der Besuch jeweder Schule nach dem Verlassen der Volksschule für ihn nicht zum Vorteile sei. Er sah eben in der körperlichen Arbeit, dem Zugreifen die Hauptsache in der Wirtschaft und fürchtete, daß seine Kinder durch längeren Schulbesuch in dem Alter, wo ihre Kräfte der Wirtschaft dienstbar gemacht werden konnten, der väterlichen Wirtschaft entfremdet würden. Auch hatte weder Vater noch Mutter eine berufliche Ausbildung in Schulen genossen. Sie wirtschafteten, wie sie es bei ihren Eltern und Großeltern gesehen und gelernt hatten. Die langjährige Erfahrung war die einzige Lehrmeisterin. Diese Ansicht über die berufliche Ausbildung in der Landwirtschaft findet man heute noch in einzelnen Gegenden.

Die Entwicklung, die Handel und Industrie in den letzten Jahrzehnten infolge ungeheuren Fortschrittes der Technik gemacht haben und die damit verbundenen umwälzenden Einflüsse auf das Leben der Völker, haben die Landwirtschaft vor neue Aufgaben gestellt. Der Produktionsprozeß in der Landwirtschaft ist komplizierter geworden.

Es konnte nicht ausbleiben, daß dem landwirtschaftlichen Bildungswesen immer größere Bedeutung zukam. Während für den Großgrundbesitz und für die Beamtenlaufbahn die **landwirtschaftlichen Hochschulen** und die **höheren landwirtschaftlichen Lehranstalten** (frühere Mittelschulen) die geeigneten Bildungsstätten sind, finden die Söhne der Bauern-

Die Einrichtungen der landwirtschaftlichen Schule Oberhermsdorf.

Von Prof. Ing. Rudolf Pomp, Oberhermsdorf.

Die landwirtschaftliche Schule in Oberhermsdorf fällt durch ihre einsame Lage auf. Ihre Mauern erheben sich abseits von dem Getriebe der Stadt, ja sogar abseits des Dorfes und die baumbewachsenen Anlagen muten dem näher Kommenden wie eine Insel innerhalb der Äcker und Getreidewogen an. Man kann darüber verschiedener Meinung sein, ob es für eine landwirtschaftliche Schule zweckmäßiger ist, in der Nähe einer Stadt mit bequemen Verkehrswegen oder in einer stillen Abgeschlossenheit Schüler auszubilden. Jedenfalls hat die Einsamkeit von Oberhermsdorf nicht verhindert, daß seine Zöglinge im Leben tüchtige Landwirte und Männer wurden, und daß sich die jungen Leute, die die Hallen der Schulräume bevölkerten, eng zusammenschlossen, um Freude und Leid der Schulzeit miteinander zu teilen. Daß aber die landwirtschaftliche Schule Schlesiens gerade in Oberhermsdorf errichtet wurde, hat seinen Grund darin, daß vor 60 Jahren die Landwirte im äußersten Winkel Schlesiens den Wert der fachlichen Ausbildung ihrer Söhne zu schätzen wußten, vielleicht mehr als heute, und aus eigenen Mitteln sich in ihrem Gebiete die Schule schufen.

Von allem Anfang an legten die Gründer großen Wert auf die praktische Ausbildung. Zu diesem Zwecke wurde der Schule eine Wirtschaft in der Größe eines stattlichen Bauerngutes angefügt, damit die Zöglinge durch sie Verständnis für die wirtschaftlichen Fragen gewinnen, das Leben eines landwirtschaftlichen Betriebs stets vor Augen haben und auch die Arbeiten, wie sie Hof und Feld bieten, eigenhändig durchführen können. Wenn auch der Schüler durch die Beschränktheit der Einrichtungen nicht in allen praktischen Dingen unterwiesen werden kann und so manches erst im Berufsleben nachholen muß, bietet die Schulwirtschaft doch eine ausgezeichnete Vorschule für das praktische Leben, wenn sie auch dem unerfahrenen Zöglinge, der schon in den jungen Jahren von einem Herrenleben träumt, nicht immer schmecken mag. Jedoch das Leben ist ernst und hart und deshalb tut es gut, wenn der Mensch in der Jugend neben dem Angenehmen auch den Wert strenger Pflichterfüllung kennen lernt.

Das 28 Hektar umfassende Ackerland weist einen Pflanzenbestand auf, der nicht wesentlich von dem der Wirtschaften der Umgebung abweicht. Spezialkulturen kommen nicht vor, wenn man nicht hiezu Lupine, Pferdebohne oder Luzerne rechnen will. Es ist auch nicht notwendig, daß die jungen Leute die Kultur sämtlicher Kulturpflanzen kennen lernen. Wenn sie die vorherrschenden gründlich kennen, werden sie sich bald auch in die Kultur fremder

Koppel der Viehweide (hinter Stall und Wagenschuppen).

Gewächse hineinfinden. Daß die Schüler die meisten Kulturpflanzen wenigstens der Form nach kennen lernen, dafür sorgt ein mit viel Bedacht und Umsicht angelegter botanischer Garten. Eine allerdings sehr kleine Wiese, eine Viehweide im Ausmaß von 3 Hektar, die aber in den letzten Jahren aus wirtschaftlichen Gründen geschmälert werden mußte, und ein kleines Wäldchen ergänzen die Bodenfläche des Ackerlandes. Besonders die Anlage der Viehweide ist für die Schüler sehr lehrreich, weil sie so die Vor- und Nachteile einer Weidewirtschaft kennen lernen und vor einseitiger Auffassung bewahrt werden. Die Nutzviehhaltung erstreckt sich auf Melkvieh mit Nachzucht des Eigenbedarfes und auf einen Schweinezuchtbetrieb. Im Verhältnis zur Ackerfläche ist der Viehbestand eher zu niedrig, aber die ungünstige Beschaffung von Wirtschaftsfutter läßt eine Vermehrung der Stückzahl, wie auch eine intensivere Fütterung nicht zu. Aus diesem Grunde können vom Melkvieh auch keine erstklassigen Leistungen verlangt und erreicht werden, wenn es auch im Interesse des Ansehens der Schule wünschenswert wäre, daß im Schulkuhstall beispielgebende Milcherträge erzielt würden. Mit Rücksicht auf die Futterverwertung sind jedoch die erzielten Erfolge befriedigend. Die Produkte der Schweinezucht erfreuen sich in der Umgebung der größten Beliebtheit und die Ferkel finden guten und raschen Absatz. Die Ursache liegt nicht blos in der Wahl der Rasse des veredelten deutschen Landschweines, sondern vor allem in der guten Grundlage der Zucht. Die Eber werden stets zur Vermeidung der Inzucht aus guten Zuchten nachgeschafft.

Die Gebäude der Wirtschaft sind wohl in gutem Bauzustande, aber freilich nicht modern. Im Interesse der Erziehung wäre es gelegen, den Schülern auch im Bauwesen die Fortschritte zu demonstrieren. Jedoch läßt sich diese Forderung aus finanziellen Gründen schwer erfüllen. Ein ähnlicher Mangel macht sich aus denselben Gründen auch im Maschinenwesen geltend. Die vorhandenen Geräte und Maschinen sind zwar für die Größe der Wirtschaft ausreichend; aber man möchte doch auch den Schülern verschiedene Maschinen im Betrieb zeigen, von denen man annimmt, daß sie mit diesen in der Praxis zu tun haben werden, z. B. Traktor, Garbenbinder, Strohpresse und dergleichen. Immerhin sind neben dem in jeder Bauernwirtschaft vorkommenden Inventar vorhanden: eine Dreschmaschine mit doppeltem Putzwerk und Motorantrieb, eine Schrotmühle, eine Viehwage, eine moderne Ackerschleppe u. a.

In der Oberhermsdorfer Schule wurde schon seit Beginn eine große Aufmerksamkeit dem Gartenbau zugewendet. Ein großer 3 Hektar umfassender Obstgarten mit eingeschlossenen Gemüsebeeten gibt den Schülern der Landwirtschaft und den Gartenlehrlingen Gelegenheit, den Gartenbau in seinem praktischen Betriebe

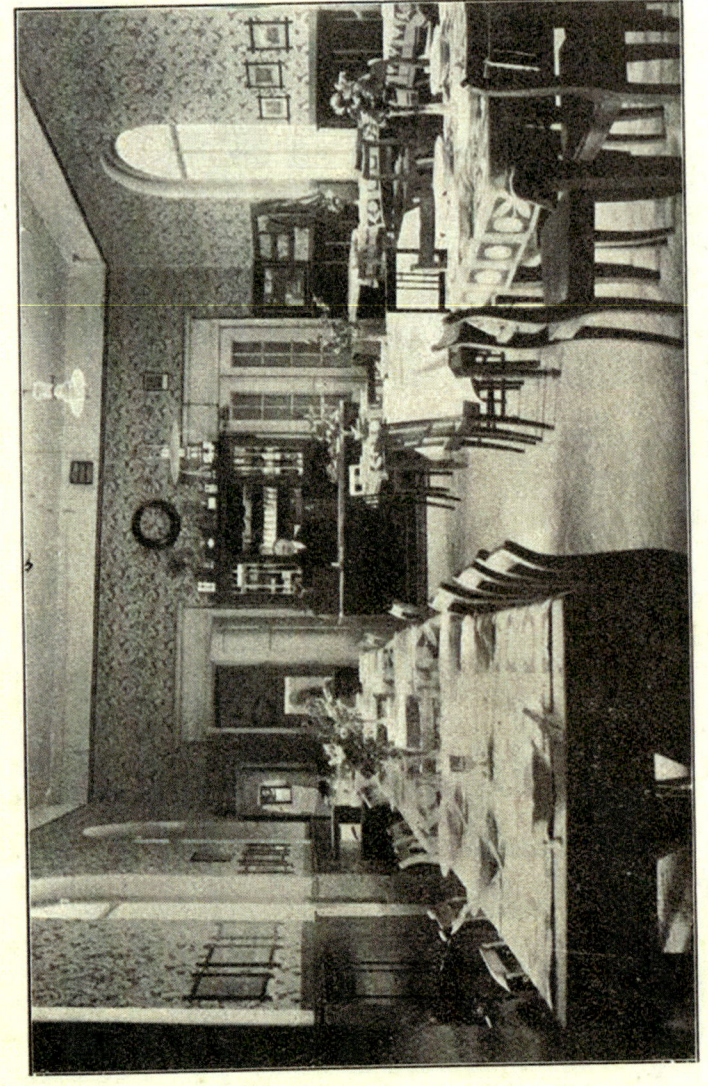

Speisesaal in der Anstaltsgastwirtschaft.

kennen zu lernen. Über den Schulzweck hinaus soll durch eine reiche Obstsortenauswahl geprüft werden, welche sich von ihnen in Bezug auf Widerstandsfähigkeit und Tragfähigkeit besonders für den Bezirk eignen. Der strenge Winter des Jahres 1929 brachte lehrreiche Erkenntnisse, die freilich mit großen Opfern erkauft wurden. Früher bestand eine Obstbaumschule, um die hiesige Gegend mit Setzmaterial brauchbarer Sorten zu versorgen. Weil aber in den letzten Jahren eine große Obstbaumschule in Jauernig errichtet wurde, hat die Schule diesen Betrieb aufgelassen, zumal der bisherige Umfang den Ansprüchen nicht mehr genügte und auch kein brauchbarer Boden für eine Erweiterung der Schule vorhanden war.

Um auch die Schüler in den Anfangsgründen der Bienenwirtschaft zu unterweisen, ist der Obstgarten mit einem Bienenstand ausgestattet.

Durch Schulwirtschaft und Garten ist dafür gesorgt, daß der Unterricht nicht vom grünen Tisch aus allein erfolgt, sondern daß die Vorstellungswelt der Jünger der Landwirtschaft nach Möglichkeit bereichert werde und sie davor geschützt werden, sich von dem in der Schule Gehörten ein falsches Bild zu machen. Soweit diese Mittel nicht ausreichen, liefern die verschiedenen Lehrmittelsammlungen einen wichtigen und unentbehrlichen Lehrbehelf.

Eine ganz besondere Ausgestaltung hat unter diesen die Abteilung für Chemie und Technologie erfahren. Sie verfügt über ein ausgezeichnetes Laboratorium, welches genügend groß ist, um nicht blos die Schüler in der Untersuchung landwirtschaftlicher Stoffe zu unterweisen, sondern auch den Bedürfnissen der praktischen Landwirtschaft zu dienen. Wenn auch die Untersuchungsstation der Approbation entbehrt, die ihr gestatten würde, amtlich giltige Atteste über Analysen von Kunstdüngemitteln und Futtermitteln auszustellen, leistet sie doch der Landwirtschaft unschätzbare Dienste durch Untersuchung der Böden auf Nährstoffe, des Wassers auf seine Verwendbarkeit und trägt zur Erkenntnis des Wertes der landwirtschaftlichen Erzeugnisse und Bedarfsartikel bei. Wenn die Landwirte des Bezirkes diese Einrichtung schätzen gelernt haben werden und wenn die Untersuchungsstation entsprechend ausgebaut, vor allem besser mit Wasser und Kraft versorgt würde, könnte sie ein wahrer Segen für die heimische Landwirtschaft werden.

Umfangreich ist auch die Sammlung der Tierzuchtabteilung. Tierskelette, Modelle von Rinderrassen und anderen Haustieren, Material über Hufbeschlag und Hufpflege und eine stattliche Bildergalerie liefern einen vorzüglichen Lehrbehelf beim Unterricht. Allerdings hat die Bereicherung der Sammlung in den letzten Jahren stark nachgelassen und scheint jetzt vollständig aufzuhören. Reichhaltig ist auch die Sammlung an Molkereigeräten und der zoologischen Gruppe. Viele Vertreter der einheimischen Vogel- und Kleintierwelt schmücken die Glaskästen dieser Abteilung.

In der Pflanzenbauabteilung sind es in erster Linie Kunstdüngemittel und Sämereien, Sorten und Pflanzensammlungen, die neben umfangreichem Bildermaterial als Lehrmittel in Betracht kommen. Von landwirtschaftlichen Maschinen und Geräten sind zwar viele Modelle vorhanden, jedoch gehört von ihnen eine Großzahl eher in eine historische Gruppe. Die leidige Geldknappheit läßt es nicht zu, diese Sammlung auch mit mehreren Stücken von Modellen moderner Maschinen auszustatten.

Die mineralogische Sammlung ist insofern interessant, als sie so manches Stück aus der reichen geologischen Geschichte unseres Bezirkes aufweist. Den Inhalt der Abteilung für Meliorationswesen bilden in erster Linie praktische Meßgeräte, welche die Schüler bei den praktischen Übungen verwenden. Sammlungen für Physik, Mechanik, Geographie und Geschichte und eine Serie von Schreibmaschinen für den Unterricht im Maschinenschreiben vervollständigen die Unterrichtsmittel.

Wo aber das Bild oder das Modell fehlt, muß ein gutes Buch die Lücke ausfüllen. Die an der Schule bestehende Bücherei kann als eine reiche Buchsammlung gelten. In fachlicher Hinsicht ist sie sehr gut ausgestattet und wenn sich einer die Mühe nehmen würde, in den umfangreichen Archiven der Bücherei herumzustöbern, würde er so manches fachliche Buch aus den früheren Jahrzehnten, ja Jahrhunderten entdecken, das vollstes Interesse verdient. Durch eine reichhaltige Sammlung unterhaltender Lektüre ist dafür gesorgt, daß die Schüler ihre Mußestunden nützlich ausfüllen.

Daran haben schon die Gründer der Anstalt gedacht, daß der junge Mann nicht blos das Bedürfnis zu studieren hat, sondern sich auch nach angenehmer Abwechslung sehnt. Man schaffte deshalb für die Internatszöglinge vielfache Gelegenheiten zur Unterhaltung. Der Garten besitzt einen Tennisplatz und eine Kegelbahn, für Musikliebende stehen Instrumente für eine vollständige Kapelle ausreichend zur Verfügung, ja sogar Billards waren noch vor wenigen Jahren vorhanden. Die ernste Zeit nach dem Kriege, die schicksalsschweren Jahre, die der Auflösung der Mittelschule vorausgingen, haben allerdings den Frohsinn stark gedämpft. Von Jahr zu Jahr verstummte immer mehr die Musik, nur vom Klavier hört man hie und da ein modernes Tanzstück anstatt der früher geübten frohen Studentenlieder klingen. Die Billardtücher haben die Motten zerfressen, um die Kegelbahn wuchern üppige Unkräuter und nur der Tennisplatz bildet im Sommer einen Tummelplatz bewegten Spieles. Die Stätten des Frohsinnes wieder instandzusetzen, dazu fehlt das nötige Geld und wohl auch das Interesse der heutigen Jugend.

Die Zeiten haben sich geändert und die Schule mußte andere Form annehmen. Trotz der Einschränkung ihres Wirkungskreises wird sie nicht erlahmen, weiter ihre Mission zu erfüllen, die Söhne der Landwirtschaft zu tüchtigen Männern heranzubilden und die Freunde wird die Hoffnung nicht verlassen, daß diese alte Kulturstätte landwirtschaftlicher Bildung in einer freundlicheren Zukunft eine neue Blüte erleben wird.

bist der Speicher neu werdender Kultur. Du stehst vor Aufgaben, die größer sind, als Du Dir träumen läßt und vor Möglichkeiten, die in Deiner Macht liegen.

Als wir dereinst hier in Oberhermsdorf die Bänke drückten, damals, als noch die wildschäumenden Nachkriegserscheinungen von rechts und links alle jugendlichen Gemüter mehr denn je bewegten, damals, als uns Studium und Volkserziehung gleichwichtig waren, damals kannten wir ein trutziges Lied. Ein Vers des Liedes lautete:

> Und wenns beschieden wär' von oben
> Daß uns der Sturm zusammenrafft
> Dann — bleibt uns noch der Kern gewogen,
> Die alte, trutz'ge Bauernkraft!
> Dann steht, gestützt auf blankem Pfluge,
> Die nervge, braune Faust geballt
> Im wetterharten, straffen Zuge
> Die letzte, große Heldgestalt.
>
> Heil Euch, Jungen!"

Ade OH! Du altes, trautes, unvergeßliches! Deine Mauern stehen ja noch und Menschen verbinden die schöne, bunte Vergangenheit mit der Gegenwart! Das ist noch unser Trost! Werde noch oft, vorüberziehenden Wanderern und ehemaligen Schülern frohe Erinnerungsstätte und sei uns lieb und wert allezeit. E. A. W.

Die Lehrkörper der landw. Schulen in Oberhermsdorf.

(Zum Beitrag „Über die Entwicklung der landwirtschaftlichen Schulen in Oberhermsdorf, besonders der landwirtschaftlichen Mittelschule" von Direktor Ing. Gustav Weyrich.)

Dem letzten Lehrkörper der höheren landwirtschaftlichen Landesschule gehörten an:

als Direktor:

Ing. Gustav Weyrich, seit 12. November 1912 an der Lehranstalt tätig, seit 15. Juli 1926 Direktor, Lehrer für die mathem. techn. Fächer.

als ordentliche Lehrer:

Prof. Ing. Rudolf Pomp seit 16. November 1923 an der Schule tätig, Lehrer für die betriebstechnischen Fächer.

Prof. Ing. Heinrich Dreßler seit 1. Februar 1924 an der Schule tätig, Lehrer für Maschinenkunde und landw. Fächer.

Prof. Ing. Franz Bachmann seit 1. September 1923 an der Schule tätig als Lehrer für die Pflanzenbaufächer.

Prof. Ing. Dr. Erhard Hilscher seit 1. Oktober 1925 als Lehrer für die chemisch-technischen Gegenstände tätig.

Prof. Ernst Neugebauer seit 15. September 1913 an der Schule als Lehrer für die humanistischen Fächer tätig.

Fachlehrer Franz Buchmann seit 15. März 1921 an der Schule tätig, Lehrer für Korrespondenz, Maschinenschreiben und Turnen.

Obergärtner Franz Lubik seit 13. September 1919 als Lehrer für Obst- und Gartenbau sowie für Stenographie tätig.

als Hilfslehrer:

Dr. Wilhelm Ludwig, Landesgerichtsrat in Jauernig, seit 1923 Lehrer für Rechtslehre und Bürgerkunde.

Alfred Peter, Tierarzt-Weidenau seit 1923 als Lehrer für Veterinärkunde tätig.

Dr. Th. Franz Onderek, Professor am Priesterseminar in Weidenau, seit 1924 als Lehrer für die tschechische Sprache tätig.

Mit Schluß der Oberhermsdorfer höheren landwirtschaftlichen Landesschule setzte sich der Lehrkörper der Landesackerbauschule, der landwirtschaftlichen Landesfachschule und der Fortbildungskurse (Gärtnerkurs, Brennereikurs und Meliorationskurs) wie folgt zusammen:

ordentliche Lehrer:

Direktor Ing. Gustav Weyrich, Professor Ing. Rudolf Pomp, Professor Ing. Heinrich Dreßler, Professor Ing. Franz Bachmann, Professor Dr. Erhard Hilscher, Fachlehrer Franz Buchmann und Obergärtner Franz Lubik;

Hilfslehrer:

P. Adolf Schreiber, Pfarrer in Jungferndorf, für Ethik und gesellschaftliche Erziehung;

seit 1928:

Heinrich Stazel, Bürgerschullehrer in Jauernig, Lehrer für deutsche Sprache sowie für Erdkunde und Geschichte, Emanuel Hrabal, Schulleiter in Oberhermsdorf für tschechische Sprache, Landesgerichtsrat Dr. Wilhelm Ludwig als Lehrer für Bürgerkunde und Gesetzeskunde, Dr. med. Rudolf Pohl-Barzdorf als Lehrer für Körperkunde und Gesundheitspflege des Menschen, Tierarzt Alfred Peter-Weidenau als Lehrer für Tierheilkunde und Hufbeschlag (seit 1923), Lehrer Alfred Hertel als Lehrer für Rechnen, Brennereiverwalter Hanke-Haugsdorf als Lehrer für Handelskunde und Brennereipraxis und Brennereibeamter Rudolf Kusche als Lehrer für Gesetzeskunde.

Als Meister für den Handfertigkeitsunterricht waren tätig: Josef Hanke, Wagnermeister, Josef Klein, Sattlermeister und Rudolf Sauer für Korbflechterei.

Als Unterbeamte standen am Schlusse der höheren landwirtschaftlichen Landesschule in Oberhermsdorf im schlesischen Landesdienste:

Eduard Kupka als Anstalts-Schuldiener und Hausmeister im Oberhermsdorfer Schülerheime und Josef Jung als Schaffer der Schulwirtschaft und als Vertragsbeamter Ernst Hranitzky als Rechnungs- und Verwaltungsbeamter.

Ehemalige Lehrer.

Die Lehrer, besonders die an landwirtschaftlichen Schulen, verbrauchen sich rasch, weshalb es leicht zu begreifen ist, daß verhältnismäßig viel Lehrer während des 60-jährigen Bestandes der landwirtschaftlichen Schule in Oberhermsdorf an derselben tätig waren.

A. Direktoren:

Staudacher Franz 1869—71,
Janovsky Ferdinand 1872—1888,
Dr. Kulisz Adam 1888—1910,
Ing. Pfohl Rudolf 1910—1923,
Dr. Kosterz Wendelin 1923—1926,
Ing. Weyrich Gustav seit 1926.

B. Professoren bezw. Supplenten:

Baier Emil (1886—1894), Lehrer für die landwirtschaftlichen Fächer, später Direktor der landwirtschaftlichen Mittelschule in Cernowitz, † 1928 als Hofrat im Ackerbauministerium in Wien.

Baldermann Josef (1880—1893), Lehrer für die landwirtschaftlichen Fächer, später Gutsbesitzer in Eckhartsau N. Ö.,
Böhm Wendelin (1873—1874), Lehrer für die humanistischen Gegenstände,
P. Buchal Anton, Dr. (1891—1895), Lehrer für die humanistischen Gegenstände, später Direktor der Realschule in Leipnik,
Fischer Josef (1899), Supplent für die humanistischen Gegenstände,
Halletzgruber August (1881—1883), Lehrer für die landwirtschaftlichen Gegenstände,
Hartel Rudolf, Ing. (1909—1928), Lehrer für die landwirtschaftlichen Gegenstände,
Horn Eduard, Ing. (1923), Lehrer für die landwirtschaftlichen Gegenstände,
Frauschek Johann (1897—1899), Lehrer für die humanistischen Gegenstände,
Janovsky Ferdinand, Direktor (1872—1888), Lehrer für die landwirtschaftlichen Gegenstände,
Kaiser August (1878—1908), von 1888—1909 Reichsratsabgeordneter, Lehrer für die humanistischen Gegenstände,
Kienel Richard (1879—1898), Lehrer für die math. techn. Fächer, später Professor an der landw. Mittelschule in Söhle († 12. 8. 1927),
Klumpar Franz (1883—1886), Lehrer für die landw. Gegenstände,
Knauer Franz (1877—1880), Lehrer für die landw. Fächer, später Lehrer an der Obst- und Weinbauschule in Marburg,
Kosterz Wendelin, Ing. Dr. (1923—1926), Direktor, Lehrer der landwirtschaftlichen Gegenstände
Kukutsch Max (1896—1900), Lehrer der landw. Fächer, später Direktor der landw. Mittelschule in Böhm.-Leipa,
Kulisz Adam, Dr., Direktor (1888—1910), Lehrer der landw. Fächer,
Kunz Eduard (1916—1917), Lehrer der math. techn. Gegenstände,
Magerstein Vinzenz (1869—1888), später Brennereiinspektor in Iglau, Lehrer der chem. techn. Fächer,
Němec Anton (1870—1879), später Vorstand des kulturtechn. Bureaus des Landeskulturrates in Prag,
Oppök Adalbert (1899—1913), Lehrer der humanistischen Fächer († 1913),
Pfohl Rudolf, Ing. (1898—1923), Direktor von 1910—1923, Lehrer der chem. techn. Lehrgegenstände,
Preiß Fritz, Ing. Dr. (1923—1925), Lehrer der chem. techn. Lehrgegenstände,
Riedel Carl (1874—1878), später Professor in Dornbirn, Lehrer für die humanistischen Lehrgegenstände,
Richter Josef, Ing. (1910—1923), Lehrer der landw. Fächer,
Schalk Martin (1870—1872) Lehrer der humanistischen Lehrgegenstände,
Schiemangh Karl (1869) Lehrer der landw. Lehrgegenstände,
Seissel Josef, Dr. (1887—1897), später Professor an der landw. Akademie in Tetschen-Liebwert, Lehrer der chem.-techn. Fächer,
Selleny Gottfried, Ing. (1919—1923), später Professor an der Realschule in Laa a. Th., Lehrer der chem.-techn. Fächer,
Sikora Karl (1868) später Direktor der Ackerbau- und Weinbauschule in Feldsberg, Lehrer der math.-techn. Fächer,
Staudacher Franz (1868—1871) Direktor, Lehrer der landw. Fächer,
Staudacher Franz (1895—1908), Lehrer der landw. Fächer († 24. 8. 1923),
Toifel Otto (1889—1890), später Professor am Gymnasium in Salzburg, Lehrer der humanistischen Fächer,
Wanĕček Josef (1898—1916), Lehrer der math.-techn. Fächer († 1916),
Weber Heinrich (1869—1872), Lehrer der humanistischen Fächer,
Wiesinger August, Ing. (1903—1923), Lehrer für die landw. Gegenstände,
Wiedermann Erich (1897—1898), Lehrer der chem. techn. Gegenstände,
Wilhelm Hugo (1874—1877), Lehrer der landw. Gegenstände, später Direktor der Ackerbauschule in Mähr.-Schönberg.

Wittmann Anton (1874—1877) Lehrer der landw. Gegenstände.
Wychodil Gustav, später Direktor in Kreuz, Lehrer für landw. Fächer.

C. Gärtner und Obergärtner:

Stegmaier Franz (1869—1873).
Raydock Gustav (1873).
Bilek Franz (1873—1881).
Wenisch Franz (1881—1884).
Mildner Karl, Obergärtner (1884—1919).
Lubik Franz Obergärtner seit 1919.

D. Direktions- und Wirtschaftsassistenten:

Buchmann Franz 1921—1922, von 1922—1928 Wirtschaftsoffizial, von 1922 an Fachlehrer.
Frank Karl (1899), später Fachlehrer in Mähr.-Schönberg.
Groß Alois (1896—1897), später Direktor der Ackerbauschule in Mähr.-Schönberg.
Havranek Friedrich (1901—1916), Verwalter († 23. 2. 1916).
Höfer Josef (1894), später Lehrer in Ritzelhof.
Kluger Kamillo (1911).
Knetzl Rudolf (1917—1918).
Langer Ludwig (1881—1887), später Direktor der Ackerbau- und Flachs-bauschule in Trautenau.
Magerstein Vinzenz (1896—1899), später Direktor der Ackerbauschule in Krawarn.
Melnik Alexius (1917).
Modelhart Rudolf (1919—1921), derzeit Direktor der landw. Fachschule in Mähr.-Neustadt.
Olzewsky Karl (1918—1919).
Robler Franz (1879—1882).
Sedlnitzky Hugo, Freih. v. Choltič (1887—1895).

E. Assistenten der chem.-techn. Gruppe:

Baudisch Hugo (1912—1913).
Payerl Gustav, Dr. (1914).
Satzke Heinrich (1913—1914), später Professor in Brünn.
Selleny Gottfried (1919), später Professor in Oberhermsdorf und derzeit Professor an der Realschule in Laa a. Th.

F. Hilfslehrer:

Denk Franz, Baumeister in Jauernig (1926—1928), lehrte Baukunde und Zeichnen.
Dressel Ferdinand, Forstingenieur in Jauernig (1915—1922), lehrte Forst-wirtschaft.
Dragoun Wenzel, Brennereiverwalter in Haugsdorf (1924—1926), lehrte Brennereipraxis im Brennereikurse († 1930).
Folwartschny Hugo, Dr., Pfarrer in Freiwaldau (1898—1926), lehrte evangelische Religionslehre.
Friedrich Johann, Oberlehrer in Friedeberg (1908—1914), Lehrer für Gesang und Musik, fiel im Weltkriege (1914).
Gesierich Fritz, lehrte französisch und englisch (1925—1926).
Girsig Bernhard, Tierarzt in Weidenau (1869—1891 und 1895—1916), lehrte Tierheilkunde und Hufbeschlag († 1916).
Gröger Franz, Kaplan in Barzdorf (1907—1908), Lehrer für röm.-kath. Religionslehre.

Hanke Richard, P., Oberkaplan in Barzdorf (1897), lehrte röm.-kath. Religionslehre,

Hanke Rudolf, fh. Forstmeister in Jauernig (1924—1926), lehrte Forstwirtschaftslehre,

Hauke Anton, Erzpriester in Barzdorf, lehrte röm.-kath. Religionslehre (1898—1907),

Heller Arthur, Lehrer an der landw. Fachschule (1922—1925),

Hertel Alfred, Lehrer in Barzdorf, lehrte Gesang und Musik (1925—1927),

Hintner Max, Dr., Arzt in Barzdorf, lehrte erste Hilfe bei Unglücksfällen,

Kneifel Amand, Barzdorf lehrte Gesang,

Kreuzer Adolf, Lehrer in Jungferndorf, lehrte Gesang und Musik (1906—1908),

Mali Oskar, Forstingenieur, Jauernig (1923—1924), lehrte Forstwirtschaft,

Meißner Adolf, Dr., lehrte französische Sprache (1923—1924),

Mohr Karl, Lehrer in Barzdorf, lehrte Gesang und Musik (1903—1906 und 1929),

Onderek Franz, Dr. Th., Professor am Priesterseminar in Weidenau, lehrte tschechische Sprache (1924—1928),

Piesch Hugo, Pfarrer in Freiwaldau, lehrte evang. Religionslehre (1898),

Pohl Ernst, Edler v. Schleswald, Dr., Forstingenieur (1913—1914), lehrte Forstwirtschaft (fiel im Weltkrieg 1914),

Pohl Franz, Tierarzt in Jauernig, lehrte Hufbeschlag und Seuchenlehre 1891—1895 u. 1916—1922 († 1922),

Schmidt Herbert, Oberlehrer in Barzdorf, lehrte Gesang und Musik (1923—1924),

Ritschny Alexius, Bürgerschullehrer in Jauernig, lehrte humanistische Gegenstände (1915—1917),

Schweidler Anton, Administrator in Jungferndorf, lehrte Ethik (1923—26),

Schubert Anton, Administrator in Jungferndorf (1926—28), lehrte Ethik an der Fachschule,

Tuček Karl, Oberlehrer i. P., lehrte tschechische Sprache (1921—1923),

Vojkowsky Franz, Professor in Weidenau, lehrte tschechische Sprache (1923—1924),

Wider Josef, Schuldirektor in Barzdorf, lehrte Gesang und Musik (1889—1901),

Witzig Arnold, Pfarrer in Barzdorf, lehrte röm.-kath. Religionslehre und Ethik (1908—1925),

Wrzoll P., Dr., Professor am Priesterseminar in Weidenau, lehrte polnische Sprache (1925—1926).

Schulbesuch.

Die Oberhermsdorfer Ackerbauschule wurde besucht im Schuljahre:

    1869/70 von 17 Schülern
    1870/71 „ 28 „
    1871/72 „ 28 „

Die höhere landwirtschaftliche Lehranstalt wurde besucht im Schuljahre:

    1872/73 von 30 Schülern
    1873/74 „ 48 „
    1874/75 „ 37 „

Die landwirtschaftliche Landesmittelschule zu Oberhermsdorf wurde besucht im Schuljahre:

1875/76	von 46	Schülern	1902/03 von 48	Schülern
1876/77	„ 50	„	1903/04 „ 55	„
1877/78	„ 39	„	1904/05 „ 55	„
1878/79	„ 37	„	1905/06 „ 54	„
1879/80	„ 38	„	1906/07 „ 51	„
1880/81	„ 52	„	1907/08 „ 54	„
1881/82	„ 43	„	1908/09 „ 48	„
1882/83	„ 33	„	1909/10 „ 49	„
1883/84	„ 35	„	1910/11 „ 48	„
1884/85	„ 30	„	1911/12 „ 58	„
1885/86	„ 40	„	1912/13 „ 54	„
1886/87	„ 41	„	1913/14 „ 56	„
1887/88	„ 45	„	1914/15 „ 48	„
1888/89	„ 32	„	1915/16 „ 36	„
1889/90	„ 28	„	1916/17 „ 57	„
1890/91	„ 26	„	1917/18 „ 53	„
1891/92	„ 39	„	1918/19 „ 108	„
1892/93	„ 41	„	1919/20 „ 103	„
1893/94	„ 48	„	1920/21 „ 78	„
1894/95	„ 38	„	1921/22 „ 68	„
1895/96	„ 38	„	1922/23* „ 52	„
1896/97	„ 41	„	1923/24 „ 80	„
1897/98	„ 41	„	1924/25 „ 67	„
1898/99	„ 38	„	1925/26 „ 64	„
1899/1900	„ 31	„	1926/27** „ 45	„
1900/01	„ 28	„	1927/28 „ 28	„
1901/02	„ 44	„	1928/29 „ 11	„

Von den Oberhermsdorfer landw. Landesschulen.

Letzte Reifeprüfung.

Am 31. Mai und 1. Juni 1929 fand an der höheren landwirtschaftlichen Landesschule in Oberhermsdorf die letzte schriftliche Maturitätsprüfung statt.

Aus der deutschen Sprache war eines der folgenden Themen zu behandeln: 1. „Die Bedeutung des Bauernstandes für Volk und Staat", 2. „Nur der verdient sich Freiheit wie das Leben, der täglich sie erwerben muß" (Goethe) und 3. „Leitende Ideen im Zeitalter der Klassiker".

Aus dem Gegenstande Tierzucht war das Thema gestellt worden: „Die Bedeutung der Rassenkenntnis unserer landwirtschaftlichen Haustiere für den Landwirt".

Die Frage aus Pflanzenbau lautete: „Wie führt man Felddüngungsversuche durch?"

Die Prüfungsfrage aus der Betriebslehre lautete: „Unsere gegenwärtigen Bodennutzungssysteme und ihre Anwendungsmöglichkeiten".

Die letzte mündliche Maturitätsprüfung in Oberhermsdorf fand am 9. Juli 1929 unter dem Vorsitze des Herrn Dr. Josef Reinelt, Direktor

---
*) Beginn der „höheren landwirtschaftlichen Landesschule" mit 4-jähriger Unterrichtsdauer (1. Jahrgang höhere Lehranstalt, 2. und 3. Jahrgang Mittelschule).

**) Beginn des jahrgangsweisen Abbaues der höheren landw. Landesschule; es bestand der 2., 3. und 4. Jahrgang der höheren landwirtschaftlichen Landesschule.

der höheren landwirtschaftlichen Landesschule in Kaaden, statt. Als Prüfungskommissäre fungierten die Herren: Direktor Ing. Gustav Weyrich für Meliorationswesen, Professor Ing. Rudolf Bachmann für Pflanzenbau, Professor Ing. Heinrich Dreßler für Maschinenkunde, Professor Ing. Rudolf Pomp für Betriebslehre, Professor Dr. Ing. Erhard Hilscher für Technologie und Professor Ernst Neugebauer für deutsche Sprache.

Der am 9. Juli 1929 stattgefundenen Reifeprüfung unterzogen sich 11 Kandidaten, von diesen wurden die Herren: Franke Richard, Lißnik Maximilian, Nietsche Hans und Uhrner Johann für „reif mit Auszeichnung" erklärt.

Besuch der landw. Landesschulen.

Der 4. Jahrgang der höheren landw. Landesschule war am Schlusse des Schuljahres 1928/29 von 11 Schülern besucht.

Im 1. u. 2. Jahrgang der Landesackerbauschule befanden sich zusammen 30 Schüler.

Die landwirtschaftliche Landesfachschule wurde in beiden Jahrgängen von zusammen 42 Schülern besucht.

An dem Brennereikurse nahmen 6 Besucher teil.

Der Gärtnerkurs wurde von 6 Schülern besucht.

Veränderungen im Lehrkörper.

Die Herren: Professor Ernst Neugebauer und Professor Dr. Th. Franz Onderek schieden am Schlusse des Schuljahres 1928/29, Professor Ing. Rudolf Hartel am Beginne des Schuljahres aus dem Lehrkörper der landwirtschaftlichen Landesschulen in Oberhermsdorf aus. Professor Rudolf Hartel ging in den dauernden Ruhestand und zog sich auf sein Bauerngut in Engelsberg (Schlesien) zurück. Professor Ernst Neugebauer ist derzeit am Staatsreform-Realgymnasium in Freiwaldau als Professor tätig. Professor Dr. Th. Franz Onderek hält am Weidenauer Priesterseminar weiter Vorlesungen.

Mitgliederbewegung.

Die Absolventen, welche neu eingetreten sind, sind im Mitglieder-Verzeichnis ersichtlich.

Ausgetreten sind im Jahre 1928 die Herren: **Kammler Fritz**, Ober-Tillmitsch; **Heysler Erhard**, Spornhau; **Maly Erich**, Troppau; **Schenk Al.**, Seitendorf; **Krohe W.**, Troppau.

Spenden:

Es spendete Herr **Klabrubsky A.**, Ökonomie-Verwalter K 40.—; hiefür herzlichen Dank.

Verzeichnis der Mitglieder des Vereines der Absolventen der Oberhermsdorfer landwirtschaftlichen Mittel- und Ackerbauschule.

A. Ehrenmitglieder:

Pfohl Rudolf, Ing., Direktor i. R., Elbogen a. d. Eger, Böhmen.

B. Stifter:

Bazin Louis, Ing., Güterinspektor, Wien I., Opernring 5	1906
Markus Ludwig, Ökonomie- und Fabriksbesitzer, Wagstadt, Schlesien	1887

C. Ordentliche Mitglieder:

Achner Rudolf, Gutsbesitzer	1907
Adam Josef, Mühlenbesitzer, Römerstadt, Mähren	1916
Alscher Rudolf, Grundbesitzer, Komeise bei Jägerndorf, Schlesien	1913
Aue Josef, Bauleiter, Weißkirch bei Jägerndorf, Schlesien	1913
Bachmann Franz, Ing., Professor, Barzdorf, Schlesien	1918
Baier Arnold, Verb. landw. Genossenschaften, Brünn, Rathausgasse	1914
Barocka Otto, Ökonomie-Beamter bei Doblhoff'scher Ökonomie-Verwaltung, Baden bei Wien	1912
Bartke Richard, Gutsbesitzer, Brzeszcze, Post Jaswiszowice, Polen	1899
Bartosch Walter, Ing., Wagstadt, Schlesien	1921
Bartsch Josef	1905
Bariczek Walter, Ökonomie-Adjunkt, Post Grottau, Maierhof, Böhmen	1919
Bauer Edmund, Verwalter, Dürnkrut, Österreich	1879
Becker Erich, Dr. Ing., Barzdorf	1921
Beilner Konrad, Ökonomie-Verwalter, Kvetinov-Kvasetice b. D.-Brod	1913
Bellan Engelbert, Ökonomie-Adjunkt, Rosachata bei D.-Brod	1922
Bernatik Franz, Oberverwalter, Albersdorf, Post Steinau, Schlesien	1898
Bilko Rudolf, Beamter, Karwin, Rentamt, Schlesien	1914
Brahmer Hubert, Friedersdorf bei Jägerndorf	1919
Breier Rudolf, Ing., Bennisch, Schlesien	1922
Brecha Ottokar, Gutsbesitzer, Hrustove, Post Cabaj, Z. Nitra, Slow.	1908
Broda Adolf, Gutsbesitzer, Mönnichhof, Poln.-Teschen	1909
Brosch Wilhelm, Liskowitz bei Friedek, Schlesien	1926
Buchmann Franz, Fachlehrer, Oberhermsdorf, Schlesien	1914
Cervellini Bruno, Ökonomie-Adjunkt, Jungferndorf, Schlesien	1927
Cichr Karl, Ökonomie-Verwalter, Knezduby p. Strasenice, Morava	1899
Cienciala Johann, Gutsbesitzer, Domena Pogodki St. koj. Glodowa, pow. Koscierzyna, Polen	1910
Czempiel Alois, Ökonomie-Verwalter	1900
Czerny Johann, Morbes 52 bei Brünn	1913
Demoulin Gotthold bei Herrn Fuchs, Bielitz, Ringplatz 22, Polen	1915
Dluhosch Eugen, Inspektor i. R., Roy 108 bei Freistadt, Schlesien	1877
Dolkowski Viktor, Gutspächter, Kanczuga, Nowa Wies b. Kenty, Polen	1891
Dressel Ferdinand, Ing., Jauernig	
Dreßler Heinrich, Ing., Professor, Barzdorf 275, Schlesien	—
Drößler Hermann, Kellereiinspektor i. R., Kamitz bei Odrau, Schlesien	1906
Duschek Fritz, stud. agr., Tetschen-Liebwerd	1927
Edeltisch Franz, Gutsbesitzer, Sausenstein, Nieder-Österreich	1894
Ehrenberg Richard, Gutspächter, Pilachhag, P. Prizersdorf, N.-Österr.	1900
Engel Wilfred, stud. agr., Tetschen-Liebwerd	1926
Englisch Franz, Grund- und Gasthofbesitzer, Jägerndorf, Rudolfstr. 43	1920
Esch Viktor, Ökonomie-Beamter, Pachfurth, Post Rohrau, Nied.-Österr.	1910
Eschig Anton, Erbrichtereibesitzer, Groß-Herrlitz	1886
Eschig Edmund, Groß-Herrlitz, Schlesien	1920

77

Esinger Karl, Ökon.-Beamter, Hof-Bergen, P. Unter-Tannowitz, Mähr. 1915
Exner Oskar, Sekretär der Landw.-Vereinigung, Freudenthal, Bäckeng. 1913
Feigl Franz, Molkereibeamter, Troppau, Zentralmolkerei 1921
Fels Emil, Jungferndorf, Schlesien 1919
Fiedler Richard 1878
Firley Franz, Rentmeister, Lämberg bei D.-Gabel, Böhmen . . . 1906
Flandorfer Robert, pr. Firma Bischof u. Jerzabek, Mähr.-Schönberg, Ferdinand Schneider-Straße 5 1921
Folwarczny Jan, Gutsbesitzer, Malo Konczyce, poczta: Zebrzydowice, Ślask Cieszynski Polska 1902
Förster Gustav, Bratislava, Lorenzerthorgasse 3, Slowakei . . . 1927
Fuchs Oswald, Molkerei, Trofoiach, Steiermark 1903
Frank Felix, Dr. Ing., Lauterbach bei Leitomischl 1922
Franke Herrmann, Adjunkt, Buchsdorf 1921
Freymann Anton, Beamter der Bruderlade, Brüx, Karlstraße 979 . . 1912
Freyer Paul 1912
Funke Walther, Neu-Oderberg 1928
Gaberle Karl, Ökonomie-Verwalter, Pohrlitz, Mähren 1900
Gattner Ludwig, Ökonomie-Verwalter, Zywotitz, P. N.-Bludowitz, Schl. 1890
Gajdzice Karl, Ökonomie-Beamter, Nowa Wies, P. Kenty, Polen . 1917
Gamerith Anton, Ök.-Verwalter, Mauer-Oehling bei Amstätten, Österr. 1895
Gebauer August, Ökonomie-Verwalter, Schönstein bei Troppau . . 1891
Gerstmayer Alfred, Wien I., Kärntnerstraße 1919
Geßner Bruno, Ökonomie-Beamter, Kohlbach, Schlesien 1921
Gieldanowski Eugen, Verwalter, Inwald, P. Andrychow, W. Galizien 1915
Giesel Paul, Verwalter, Alt-Prerau, Post Neusiedel, Mähren . . . 1907
Goszik Karl, Skotschau, Polen 1914
Gottwald Franz, Verwalter, Deutsch-Paulowitz bei Hotzenplotz . . 1915
Grimm Hans, Gablonz, Turnergasse 11, Böhmen 1912
Grimme Wilhelm, Beamter der Steueradministration Freiwaldau . . 1911
Grohmann Georg, Inspektor, Rittergut Kl.-Ellguth, Post Gnadenfeld 1920
Groß Albert, Erbrichtereibesitzer, Röwersdorf, Schlesien 1882
Groß Walter, Röwersdorf, Schlesien 1922
Habicht Alfred, Voigtsgrosse 20, Bezirk Weidenau, Schlesien . . 1920
Hagen Karl, Gutsbeamter, Münchendorf bei Wien, Pottendorfer Linie 1920
Halfar Franz, Gutsbesitzer, Sohrau, Gut Smieszek, Kr. Rybnik, Polen 1914
Halleger Otto, Gut Frastak-Hlohovec, Zupa Nitra, Slowakei . . . 1912
Hannak Josef, Troppau, Ök.-Adjunkt, Friedersdorf, P. Wiese, Schles. 1926
Hanschel Anton, Landwirt, D.-Wernersdorf 124 bei Braunau, Böhmen 1920
Hanusch Heinrich, Meltsch bei Troppau, Schlesien 1921
Harrer Hans, Verwalter, Laukowitz bei Jamnitz, Mähren 1904
Hauke jun., Schlakau, Schlesien 1922
Hausner Gustav, Grätz bei Troppau 1926
Hein Emil, Niedergrund 44 bei Zuckmantel, Schlesien 1920
Hein Karl, Sekretär der Landwirtevereinigung Freiwaldau 1911
Heinzel Paul, Ing., Bennisch, Schlesien 1921
Herrmann August, Beamter der Viehverwertungs-Genossenschaft Zauchtel, Mähren 1926
Hippel Josef, Wirtschafts-Inspektor, Postelwitz. Post Mühlatschütz, Kreis Öls, Preuß-Schlesien 1920
Hlawiczka Andreas 1914
Hlawiczka Johann, Tow. Rolnicze, Poln.-Teschen, Hotel „Schles. Heim" 1919
Hledik Hugo, Ökonomie-Adjunkt, Ceuka, P. Muzla, Slowakei . . 1924
Hloch Bruno, Kwittein 26, Post Müglitz, Mähren 1924
Hlubek Edmund, Ökonomie-Adjunkt, Knjovice, Bezirk Wagstadt . 1922
Hoffmann Max, Ökonomie-Adjunkt, Hennersdorf, Schlesien . . . 1922
Holly Ferdinand, Adjunkt, Hollenstein a. d. Ybs, Österreich . . . 1916

Jaschke Friedrich, Troppau, Zwischenmärkten 12 1918
Jonietz Hans Erwin, Güterdirektor, Gory, Post Pinczow bei Kielce,
    Kongreß-Polen 1920
Horwath Hans 1908
Jaschik Erwin, Troppau, Kaserngasse 1915
Jung Stephan, Milchkontrollassistent, Partschendorf 1927
Juranek Josef 1922
Just Erwin, Adjunkt, Friedek 1919
Just Eugen, Glomnitz bei Troppau 1928
Kallina Franz, Kontrollassistent, Klein-Hermsdorf, Post Jogsdorf
    bei Odrau, Schlesien 1918
Kantor Rudolf, Seitendorf bei Bennisch, Schlesien 1920
Kasperlik Oskar, Steinau bei Freistadt, Schlesien 1919
Keilich Emil, Buchhalter, Mühle Metzner, Haugsdorf 1919
Keilich Fritz, Adjunkt, Hennersdorf, Schlesien 1919
Kiesewetter Josef, Voigtskroffe 21 bei Weidenau, Schlesien . . 1919
Kittel Alois, Skrecou bei Oderberg, Schlesien 1903
Kladrubsky Arnold, Ökonomie-Verwalter, Hostivice n. Prahy, Böhmen 1908
Kluger Kamillo, Direktor, Litzelhof, Post Lendorf, Kärnten . . 1905
Kneisel Oskar, Bennisch, Schlesien 1924
Knetzel Rudolf, Verwalter, Wr.-Neustadt, Stadelgasse, Österreich . 1914
Knob Wilhelm, del. vbb. 258 nähr. bat. Troppau, Maj. Kaserne . 1928
Kocian Franz, Troppau, Flurgasse 8 1920
Kobierski Karl Josef Verwalter, Schumbarg b. Nieder-Bludowitz, Schl. 1910
Koblischek Stefan, Ing., Jauernig 1924
Koller Paul, Stadtsekretär, Schwarzwasser, Poln.-Schlesien . . 1894
Kominek Johann 1919
König Max, Braunsdorf Mühle 1909
Korjeska Herbert, Tainach Nr. 11, Kärnten 1921
Koschatzky Rudolf, Ökonomie-Adjunkt, Schönstein bei Troppau . 1921
Koziel Theodor, Ök.-Verwalter, Zawada, P. Dittmannsdorf, Schlesien 1904
Krause Alexander 1877
Krause Alfred, Ökonomie-Verwalter, Herobschitz, Post Bilin, Böhmen 1914
Krause Franz 1927
Kreuzmayer Ignatz, Gottschee, Jugoslawien 1921
Krisch Hugo 1924
Kristen Ernst, Barzdorf 1921
Krzywon Guido, Ökonomie-Verwalter, Altstadt, Post Freistadt, Schles. —
Krzywon Rudolf, Referent, Serw. Kom. Rew., Poln.-Teschen, Zamek II 1920
Krzywon Theodor, Stritez, p. Hnojnik, Schlesien 1892
Kühn Ernst, Gutsinspektor, Czechowice bei Bielitz, Polen . . 1909
Kühtreiber Franz, Gutsbesitzer, Streitendorf bei Stockerau, Österreich 1895
Kunesch Otto, Gutsbesitzer, Gut Mannersberg, Sierning bei Teyer,
    Ober-Österreich 1924
Lachnit Alois, Gutsbesitzer, Jauernig 1907
Lachnit Vinzenz, Gutspächter, Barzdorf bei Jauernig 1912
Lanfranconi Alois, Preßburg, Justiländer 5, Slowakei 1926
Langer Libor, Ök.-Beamt., Dürnkrut a. d. Nordbahn, Zuckerfabrik, Öst. 1894
Langer Engelbert, Frankstadt bei Mähr.-Schönberg 1927
Latzel Fritz jun., Barzdorf 111 bei Jauernig 1927
Lorenz Gerald, Freudenthal, Bahnhofstraße . . . . —
Lorenz Ludwig, Gutsbesitzer, Jauernig 1903
Loos Heinrich, Ök.-Verwalter, Wietzamielitz, P. Butschowitz, Mähren 1882
Loserth Ernst, Lundenburg, Zuckerfabrik 1921
Lubik Franz, Obergärtner und Fachlehrer, Oberhermsdorf bei Barzdorf —
Lubojatzky Franz 1907

79

Mahn Joachim, Barzdorf 175 bei Jauernig 1927
Majer Emil, Ökonom, Raschkowitz bei Friedek, Schlesien . . . 1914
Majer Viktor, Kontrollor, Piersna bei Petrowitz, Schlesien . . . 1906
Malirsch Friedrich, Rentmeister, Paskau, Mähren 1911
Mazurka Richard, Dr. Ing. 1922
Meier Wilhelm, landw. Speicherbeamter, Jägerndorf 1914
Meisner Hans, Assistent, Wiechowa, Kreis Beuthen, O. S. . . . 1919
Menzel Rudolf, Verwalter, Markt Weckelsdorf bei Braunau, Böhmen 1912
Merta Josef, Gutsbesitzer, Oberforst bei Jauernig 1907
Mettnitz Karl, Mitglied des landw. Rates, Bleiburg, Kärnten . . 1885
Michalik Emil, Milchkontrollassistent, Dresden 1924
Michler Arthur, Gutsbesitzer, Haugsdorf bei Weidenau, Schlesien . 1909
Michler Franz, Scholtiseibesitzer, Groß-Krosse bei Weidenau . . 1875
Michler Max, Gutsbesitzer, Petersdorf bei Friedeberg, P. Gurschdorf,
  Schlesien 1907
Michler Rudolf, Jauernig 1898
Mildner Karl, Obergärtner i. P., Barzdorf bei Jauernig . . . . —
Modelhart Rudolf, Ing., Direktor, Mähr.-Neustadt, Herrngasse 36 . 1910
Molin Paul, Ök.-Beamter, Simoradz bei Skotschau, Polen . . . 1911
Muron Wilhelm, Ök.-Assistent, Bolatitz, Helvetihof, Hlucinsko, Hult-
  schiner Ländchen 1921
Müller Erwin 1920
Maschar Elbasani, Elbasan, Albanien 1928
Müller Arthur, Ök.-Adjunkt, Stubendorf bei Ottmachau . . . 1928
Netal Roman, Adjunkt, Elgoth bei Bielitz, Poln.-Schles. . . . 1921
Neugebauer Alfred, Inspektor, Barzdorf bei Jauernig 1910
Nitsche Adolf, Lichtewerden bei Freudenthal 1915
Nitsche Rudolf, Erbrichtereibesitzer, Lichtewerden bei Freudenthal . 1883
Nitra Hans, Dipl. Landwirt, Skalitz bei Friedek, Schlesien . . . 1921
Oczko Eugen, Ök.-Beamter, Seibersdorf a. d. Nordbahn, Poln.-Schles. 1920
Obstreil Walter Th., Kontrollor, Karwin, Schlesien 1918
Ohanka Leo, Verwalter, Jaroslawice, P. Zborow, Kleinpolen . . 1910
Orlitzki Josef, Troppau, Hotel „Römischer Kaiser" 1922
Orel Fritz, Mähr.-Ostrau, Prumislova 17 1926
Osterer Friedrich, Ökonomie-Adjunkt, Dioseg-Ujhely 1926
Oscelda Georg, Oberverwalter, Luka n. Jihl, Mähren 1894
Palicge Rudolf, Beamter der landwirtschaftl. Krankenkassa . . 1920
Palonczy Johann, Adjunkt, Zablacz bei Neu-Oderberg, Schlesien . 1924
Pasterny Josef, Assistent, Neu-Oderberg, Bezruc-Straße 336 . . 1921
Pawlica Karl 1902
Pellar Johann, Inspektor, Bluschau, Kreis Ratibor, P. Rogau, O. S. 1886
Pelz Josef, Luck bei Fulnek, Mähren . . . . —
Pelz Viktor, Kreissekretär, Landw. Vereinigung, Jägerndorf, Bahn-
  hofstraße 1922
Peschel Bruno, Pflanzenbauinspektor, Troppau . . . . . —
Peter Alfred, Distrikts-Tierarzt, Weidenau, Ringplatz . . . . —
Pergelt Theodor, Verwalter, Altstadt, Bezirk Mähr.-Trübau . . 1906
Piesch Georg, Ökonomie-Beamter, Alt-Bielitz, Polen 1922
Plonka Theophil 1911
Pohl Otto, Wien XIX., Döblingerhauptstraße 13 1920
Pomp Rudolf, Ing., Professor, Barzdorf . . . . —
Pompe Wilhelm 1900
Poppe Julius, Verwalter, Boblowitz, Kreis Leobschütz, O. S. . . 1906
Poppler Franz, Rittergutsbesitzer, Professor, Schloß Scharfeneck, Post
  Mittelsteine, Deutschland 1914
Prchala Alfred, Podobora bei Cech.-Teschen 1927
Preiß Friedrich, Ing. Dr., Jauernig . . . . —

Vom 60-jährigen Bestandesfest und der Schlußfeier der Höheren landw. Lehranstalt in Oberhermsdorf, 14. Juli 1929.

Prochaska Emil, Kassier, Bielitz III., Maisstraße 25, Polen . . . 1914
Prochaska Ernst, Kontrollor, Freistadt, Rathausgasse 159, Schlesien . 1919
Piller Franz, Teschen, Polen 1928
Preiß Ernst, Assistent, Dom-Fürst. Vorwerk bei Schwammelwitz,
    Kreis Neisse 1928
Raska Johann 1897
Rauch Karl, Adjunkt, Dornfeld bei Lemberg, Polen 1912
Reichel Karl, Jägerndorf, Friedhofstraße 1927
Reh Franz 1912
Reinholz Heinrich, Reichstadt 188, Böhmen 1906
Reinold Max, Oberinspektor, Schönhof, Bez. Ostrau 1890
Ressel Walter, Erbgericht, Waltersdorf, P. Hohenseibersdorf, Mähren 1919
Richter Gustav, Oberinspektor, Haid, Böhmen 1892
Richter Josef, Professor i. P., Dorfteschen bei Troppau . . . . . —
Richter Karl, Laubias bei Wagstadt, Schlesien 1914
Richter Oskar, Saatzuchtleiter, Délenice bei Liebau, Böhmen . . 1910
Richter Rudolf, Laubias bei Wagstadt, Schlesien 1929
Riedl Josef, Direktor-Stellvertreter, Großdorf bei Braunau, Böhmen . 1913
Rieger Emanuel, Alpen-Inspektorats-Adjunkt 1910
Rohowski Max, Ökonomie-Adjunkt 1913
Roßmanith Josef, Ökonomie-Inspektor, Freudenthal, Schlesien . . 1900
Rösner Alois, Industrieller, Jauernig, Schlesien 1885
Roth Hubert, Barzdorf bei Jauernig, Schlesien 1921
Rotigel Augustin, Ökonomie-Adjunkt, Schumbarg, Schlesien . . 1919
Rotter Josef, Ökonomie-Beamter 1912
Rudzinsky Ferdinand, Oberrechnungsrat, Troppau, Republikplatz . 1879
Sahliger Bruno, Adjunkt, Zattig, P. Groß-Herrlitz, Schlesien . . 1920
Salzborn Erhard, Verwalter, Hennersdorf, Ökon.: Steiner . . . 1920
Sauer Rudolf, Jungferndorf, Schlesien 1917
Sauermann Rudolf, Verwalter, Pyhra bei St. Pölten, Österreich . . 1914
Saulich Fritz, Güterinspektor, Beneschau, Hutschiner Ländchen . —
Schally Hugo, Gutsleiter, Kolleg. P. St. Andrä, Lavantal, Kärnten . 1911
Schallmayer Franz, Rentmeister i. P., Jägerndorf 1874
Schenkenbach Herbert, Adjunkt, Morawetzhof b. Beneschau, Hult. Länd. 1922
Schenkenbach Richard, Adjunkt, Radun bei Troppau 1920
Schienle Alfred, Zentrale der Böhmischen Unionbak, Prag . . . 1919
Schimscha Franz, beim Bodenamt, Prag 1909
Schindler Erich, Jägerndorf, Leobschützerstraße 12 1922
Schindler Fritz, Verwalter, Secovska-Polanka, P. Parchoviany ž.
    Kosice, Slowakei 1915
Schindler Oskar, Verwalter, Oberhermsdorf 1921
Schindler Rudolf, Adjunkt, Wagstadt, Schlesien 1922
Schludermann Josef, Klagenfurt, Kärnten 1921
Schmachtl Ferdinand, Gutssekretär, Rittergut Gärsdorf, Post Dahme
    Mark, Deutschland 1922
Schmelzer Hanns, Troppau, Bahnring 11 1927
Schmidt Arthur, Ökonomie-Beamter, Gotschdorf bei Jägerndorf . 1924
Schneider Johann, Ökonomie-Adjunkt, Gotschdorf bei Jägerndorf . 1924
Schnürch Erwin, Kontrollor, Boblowitz, O. S. 1920
Schöfer Franz, Adjunkt, Weißbach bei Jauernig 1924
Schubert Friedrich, Mähr.-Neustadt 1920
Schwarz Robert, Winterschuldirektor, Iglau, Mähren 1901
Seehof Alfons, Freistadt 26, Schlesien 1919
Seibert Hans, Gutsverwalter, Reichwaldau bei Oderberg, Schlesien . 1919
Seidel Friedrich, Ökonomie-Kontrollor, Stremplowitz bei Troppau . 1916
Sendner Karl, Beamter, städt. Gaswerk, Jägerndorf 1920
Skal Ferdinand B., Jungferndorf, Schlesien 1924

81

Späth Rudolf, fürstl. Revident, Bučovice bei Brünn 1916
Spielvogel Alfred, Barzdorf bei Jauernig 1919
Spielvogel Franz, Realitätenbesitzer, Barzdorf 18 bei Jauernig . . 1874
Spielvogel Max, Jauernig 31, Schlesien 1879
Springer Adolf, Adjunkt, Stettin bei Troppau 1912
Springer Friedrich, Lichtewerden 55, Schlesien 1918
Staretschek Eugen, Ing., Geschäftsführer beim Speicher Wigstadtl . 1915
Steinbrecher Friedrich, Mühlen- u. Realitätenbesitzer, Mödritz b. Brünn 1894
Stenzel Rudolf, Fachlehrer, Ackerbauschule, Edelhof, Post Stift
    Zwettl, Österreich 1912
Stich Friedrich, Gutsverwalter, Hettaub, Bilin, Böhmen 1906
Strobl Robert Wolfgang, Wirtschaftsrat, Wien 2/1, Scholzgasse 13/14 1878
Sulger Felix, Tierzucht-Inspektor, Troppau d. L. u. F. Gesellschaft . 1910
Stanzel Lothar, Wirtschafts-Beamter, Matzdorf bei Füllstein, Schlesien 1924
Straube Josef, Eisenstein, Hotel „Rixi", Böhmen 1927
Szeöke Georg, Ballatonallmadie, Ungarn 1928
Teiner Norbert, Sekretär und Viehzuchtinspektor, Brünn, Kessel-
    schmiedgasse Nr. 1 1893
Trojschek Karl 1920
Twardzik Erich, Assistent, Adelhaidshof bei Groß-Weichsel, Polnisch-
    Oberschlesien 1919
Tepperwein Albert, Enzersdorf bei Oberhollabrunn, Nieder-Österreich . 1888
Tesarczyk Rudolf, Freistadt, Schlesien 1927
Taubenthaler Walter, Kontrollassistent, Pohrlitz 1924
Ulmann Willi, Adjunkt, Weckelsdorf, Böhmen 1917
Ulbricht Othmar, Jaktar 23 bei Troppau 1927
Ulrich Robert, Ök.-Beamter, Stiebnig, Blücher'sche Gutsverwaltung . 1921
Vesely Hanns, Freiwaldau, Dittrichstein 1927
Volkmann Friedrich, Adjunkt, Tuchorschitz bei Saaz, H. Blaschka,
    Guts- und Industriewerke 1921
Walig Anton, Gärtner, Troppau, Ratiborerstraße 21 1924
Warzog Julius, Beamter, Stadt Olbersdorf, Schlesien 1921
Wawra Otto, Gutsbesitzer, Haatsch, Hultschiner Ländchen . . . 1911
Wazek Alfred, Buchhalter, Napagedl, Zuckerfabrik, Mähren . . 1903
Wazek Wilhelm, Gutsverwalter, Ratiboritz, Post Böhm.-Skalitz . . 1903
Weigner Herrmann, cand. ing. agr., Iglau 1926
Weiß Eduard, Adjunkt, Seitendorf bei Zauchtel 1927
Weißmann Felix, Ökonom, Skalitz bei Friedek, Schlesien . . . 1910
Wenzel August, Oberverwalter, Tabor, Post Skrochowitz, Schlesien . 1884
Wessely Hanns, Troppau, Bäckengasse 53 1926
Wessely Ottokar, Molitorow bei Kouřim, Böhmen 1912
Weyrich Gustav, Ing., Direktor, Oberhermsdorf . . . . . . —
Wicenec Max, Inspektor, Mähr.-Kromau bei Brünn 1893
Wilhelm Fritz bei Dr. Fritz Scholz, Zawišc bei Orzesze, Poln. O. S. 1928
Wimmersperg Egon 1901
Winkler Josef, Oberhermsdorf, Post Barzdorf, Schlesien 1928
Wittek A. Erwin, Leiter des Jugendarbeitsamtes, Troppau, Pechring 4 1921
Wlaka Rudolf, Badeverwalter, Darkow, Schlesien 1903
Wolf Adolf, Mähr.-Schönberg, Ackerbauschule 1922
Wolf Emil, dvor Adamovciach Posta Melcice u Trencina, Slowakei . 1922
Wolf Erhard, Barzdorf 68, Schlesien 1920
Wolf Johann, Ökonom, Höflein a. d. Thaya, Mähren 1886
Wöllerth Ernst, Adjunkt, Würbenthal, Schlesien 1922
Wösel Eduard, Ing., Troppau, Oberring 41 1924
Weinar Wladimir, stud. agr., Tetschen-Liebwerd 1926
Wrubel Hanns, Verwalter, Karwin 2, Karvinna, Schlesien . . . 1912
Zagorski Walter, Kalkwerkbesitzer Lipnik bei Biala, Polen . . . 1908

Zapomell Karl, Oberverwalter, Petronell, Österreich 1901
Zyla Emil, abit. agr., Litencice bei Kremsier, Mähren 1926

Jahrgang 1929 der höheren landw. Lehranstalt:

Eitner Richard, Kostelec nad Orlici, Riegrova Ul. 246, Cesky.
Franke Richard, Groß-Krosse 110 bei Weidenau.
Krischker Herbert, Friedersdorf, Post Wiese bei Jägerndorf.
Nietsch Hanns, pr. Oberhermsdorf, P. Patschkau, Kreis Neisse.
Siegel Otto, Weidenau, Voigtskrosse 34.

Jahrgang 1925 der höheren landw. Lehranstalt:

Boruta Karl, Landwirt, Roppitz bei Teschen.
Fischer Otto, Gastwirt, Eckersdorf bei Bennisch.
Glatzel Hubert, Landwirt, Raase bei Freudenthal.
Hauptfeld Bruno, Wiese bei Jägerndorf.
Heinisch Karl, Deutsch-Paulowitz bei Hotzenplotz.
Kluger Gustav, Weidenau, Schlesien.
Milacek Ernst, Troppau.
Nitsche Rudolf, Friedeberg, Krankenkassa.
Oberhofer Josef, Landwirt, Stecken bei Iglau.
Samek Erwin, Karwin, Ringplatz, Schlesien.
Schaffer Otto, Landwirt, Schönbrunn bei Policka, Böhmen.
Schäffer Wilhelm, Groß-Seelowitz bei Brünn.
Uwira Walter, Landwirt, Jaktar bei Troppau.

Jahrgang 1929 der landw. Fachschule:

Giersig Max, Barzdorf, Schlesien.
Jaschek Karl, Mühle, Komorau bei Troppau.
Kristen Franz, Buchsdorf bei Barzdorf, Schlesien.
Krommer Hans, Bennisch 309, Schlesien.
Kunisch Felix, Grosse 22, Post Roßwald bei Hotzenplotz.
Kunz Otto, Tschirm bei Wigstadtl, Schlesien.
Kunze Josef, Wildschütz 163, Schlesien.
Lichtblau Viktor, Saubsdorf bei Freiwaldau, Schlesien.
Lorenz Erich, Setzdorf, derzeit Milchkontrollassistent, Freudenthal.
Odrobina, Matzdorf bei Poprad, Slowakei, derzeit Meliorationsschule, Eger.
Schubert Alfred, Jauernig-Dorf, Schlesien.
Schubert Rudolf, Friedeberg, Meierhof, Schlesien.
Urban Alfred, Einsiedel bei Würbenthal, Schlesien.

Das Goldene Buch der Gemeinde Zossen, Weihnachten 1933

Bauerngut, Hausnr. 24 [Goldenes Buch Seite 12]

war ein Viertelbauerngut, verlor auch sein Niederfeld, welches ebenfalls dem Meierhofe zugeschlagen wurde. Dieses Bauerngut blieb bis 1886 im Besitze der Familie Rosner, in welchem Jahre es an Hein Ferdinand aus Klein-Herrlitz verkauft wurde.

Bauerngut, Hausnr. 25

Vor 1720 Urkundenmangel. In diesem Jahre war Nitsch Michael Eigentümer dieses Bauerngutes, und es verblieb in dieser Familie bis 1779, in welchem Jahre Josef Beyerle aus Nr. 19, welcher ein Vetter des Nitsch Andreas warm das Gut übernahm. Seit dieser Zeit befindet es sich im Besitze der Familie Beyerle. – Der Besitz war ein halbes Bauerngut.

Bauerngut, Hausnr. 26

war früher ein halbes Bauerngut. Zu Beginn des 18. Jahrhunderts besaß es die Familie Lulei, und es gelangte im Jahre 1818 an die Familie Gebauer. Im Tausch- und Kaufwege wurde dieses Bauerngut vergrößert und gehört zu den größten und ertragreichsten Bauerngütern der Gemeinde.

Gärtlergut, Hausnr. 27

Vor 1789 Urkundenmangel.

1789 Schmidt Josef.

1811 Schmidt Anna, dessen Witwe, welche sich mit Seipel Johann aus Nr. 91 verheiratete. – Der Besitz blieb bis 1897 in der Familie Seipel; seit dieser Zeit ist er mit dem Bauerngut Nr. 26 vereinigt.

Bauerngut, Hausnr. 28 [Goldenes Buch Seite 13]

Soweit uns die Kirchenbücher Aufschluss geben, besaß um das Jahr 1640 Georg Matzke dieses halbe Bauerngut. Er übernahm es von seinem Vater Christoph Matzke,

Georg starb vor dem Jahre 1679, seine Gattin Marianne 1704. Deren Tochter Marina heiratete den Erbrichterssohn Georg Arbter aus Aubeln; es war dies am 15. Jänner 1687. Der Bauernhof wurde daher in weiblicher Linie vererbt. Georg starb 1710 in einem Alter von 46 Jahren. Marina starb 1729 im Alter von 64 Jahren. Der Sohn dieser Ehe, Georg heiratete 1723 Brigitta, die Tochter des Erbrichters Thiel aus Zossen und übernahm 1730 den Besitz. Johann Georg Arbter, Sohn der Vorigen übernahm 1754 den Besitz und heiratete am 17. Oktober 1754· Maria Theresia Wolf aus Zossen. Da der einzige Sohn dieser Ehe, Johann Dominik, im Kindesalter starb, übernahm den Besitz u.zw. im Jahre 1786 die Tochter Maria Barbara, die sich mit dem Nachbarsohn Josef Michael Januschke verheiratete. Das eheliche Zusammenleben währte nicht zu lange, der grausame Tod zerstörte es frühzeitig. Nachdem Maria Barbara am 25. Feber 1788 einem Mädchen, welches Maria Theresia getauft wurde, das Leben geschenkt hatte, verließ sie am 16. März desselben Jahres diese Welt. Maria Theresia verheiratete sich am 24. Jänner 1809 mit dem Freigärtlerssohn Florian Weyrich aus H.Nr. 85, welcher im Jahre 1806 das Freigärtlergut Nr. 68 von seinem Onkel Gottfried Kolbe, Oberamtmann in Groß-Herrlitz käuflich an sich brachte.

Florian Weyrich und Maria Theresia, geb. Januschke, übernahmen das Bauerngut im Jahre 1817, und es befindet sich, obwohl dreimal in weiblicher Linie vererbt, seit undenklichen Zeiten in der Familie.

Adolf Weyrich, welcher 1885 das stattliche Wohnhaus aufbaute, verbesserte und vergrößerte den Besitz durch Tausch und Zukauf des sogenannten Hoferbes und des Niedergartens.

Was die schlesische Linie des Geschlechtes Weyrich anbelangt, bin ich auf Grund meiner Forschungsergebnisse in der Lage, Folgendes zu berichten:

In der Taufmatrik [sic] der Pfarrei in Alt-Waltersdorf im Glatzer Kreise befindet sich folgende Eintragung: „Anno 1672 den 24. Aprilus ist dem George Weyrich ein Soldat gebürtig außen [sic] großglogäuschen Fürstenthum unter dem Sporkischen [sic] Regiment Herrn Rittmeister Drawalts Compagny mit Melchior Zellertes Gärtnerstochter allda eheliche Tochter Maria Ehelich copuliert worden." In der Taufmatrik [sic] desselben Pfarramtes lesen wir auch nachstehende Eintragung: „Anno 1673 den 13.III. ist dem George Weyrich einem Soldaten unterm sporkischen [sic] Regiment von seinem Weibe ein Söhnlein getauft Hans George genannt worden."

Im Jahre 1688 erwarb durch Kauf die Zossener Herrschaft Johann, Julius Ritter von Frobel, und brachte aus seiner Heimat Neu-Waltersdorf, wo er begütert war, mehrere Personen mit. Unter diesen befand sich als fünfzehnjähriger Bursche Hans George Weyrich. Im Alter von 18 Jahren erwarb er die Bauernwirtschaft Nr. 4 in Zossen, die er aber wieder 1693 an Franz Unger um 200 Schlesische Thaler käuflich überließ und sich die Freigärtlerstelle Nr. 85 in Zossen schuf. Hans George Weyrich, welcher der Stammvater der in Schlesien in Österreich und Ungarn lebenden Familien Weyrich ist, starb in Zossen 1744. Hans George Weyrich muss beim Rittergeschlechte von Frobel in sehr großer Gunst gestanden sein, da bei allen seinen Kindern, Gertrude, Freiin von Frobel, mit dem Zossener Erbrichter Thiel, Pate gestanden ist.

Obermühle, Hausnr. 49 [Goldenes Buch Seite 14]

Nach dem 30-jährigen Kriege befand sich die Obermühle im Besitze einer Familie Rieger und verblieb hier bis zum Jahre 1852, in welchem Jahre Hoppe Franz aus Freudenthal die Obermühle käuflich an sich brachte. Im Jahre 1873 erwarb sie Weyrich Adolf aus Nr. 28, welcher im Jahre 1891 ein Cylinderwerk einbaute. Bei dieser Mühle befand sich in früheren Jahren eine von Daniel Rieger erbaute Brettsäge, die aber samt der Mahlmühle niederbrannte.

Die Familie Rieger gehört zu den ältesten Familien in der Gemeinde. Im Jahre 1694 starb in Zossen ein Rieger Johann in einem Alter von 66 Jahren; sein Geburtsjahr war daher 1628. Da die Kirchenmatriken [sic] in Zossen erst mit dem Jahre 1679 beginnen, kann nicht festgestellt werden, ob dieser Johann Rieger der damalige Besitzer der Obermühle oder eines der Bauerngüter Nr. 3 oder Nr. 8 war, welche sich ebenfalls zur damaligen Zeit im Besitze der Familie Rieger befanden.

Dr. Josef Weyrich (1819-1870) [Goldenes Buch Seite 30]

mährisch-schlesischer Landesadvokat und Notar, geboren im Hause Nr. 23. Nach Absolvierung des Gymnasiums in Troppau bezog er die Universität in Wien. Dr. Weyrich wirkte als Notar in Johannesberg-Jauernig, kam in die Freiheitsbewegung des Jahres 1848 und gründete in Jauernig die Nationalgarde. Seine Ehegattin war Fahnenpatin bei der Fahnenweihe dieser Körperschaft. Im Jahre 1852 kam Dr. Josef Weyrich nach Jägerndorf, wo er als Advokat und Notar wirkte. Er war, wie mir alte Personen aus Jägerndorf, die Dr. Weyrich noch kannten, erzählten, ein sehr leutseliger, zuvorkommender Mann mit edlem Charakter, war ein viel in Anspruch genommener und vorzüglicher Jurist und hatte als solcher große Erfahrungen, stand daher in Jägerndorf und Umgebung in hoher Achtung und großem Ansehen.

In Jägerndorf gründete er den Männergesangs- und Turnverein und wurde von letzterem durch ein einfaches, schlichtes Denkmal, welches auf dem Friedhofe in Jägerndorf steht, geehrt. Auf diesem Denkmal steht Folgendes: „Seinem wackeren Obmann Dr. Josef Weyrich in dankbarer Treue, der Turnverein Jägerndorf".

Dr. Josef Weyrich vermählte sich am 29. November 1843 mit Eugenie, Tochter des Buchdruckereibesitzers Trassler in Troppau. Ersterer starb in Jägerndorf am 18. November 1870; letztere am 24. März 1903 in Troppau. Im Jahre 1871 errichtete die Witwe Eugenie Weyrich unter der Firma „E. Weyrichs Witwe" in Troppau, Salzgasse, eine Buch- und Steindruckerei, die im Jahre 1901 in das Eigentum des Karl Skrobanek käuflich überging.

Dr. Josef Weyrich war der Vater des k.u.k. Feldmarschallleutnants und Corpskommandanten von Graz Julius Weyrich, welcher vom Kaiser Franz Josef I. [sic] in den Adelsstand mit dem Prädikate „von Trubenburg" erhoben wurde. Exzellenz Julius Weyrich von Trubenburg war ein persönlicher Freund des in Sarajevo (1914) ermordeten Erzherzogs Thronfolger Franz Ferdinand. Er starb unvermählt am 15. Feber 1917 in Salzburg, wo er in Pension lebte. Er machte den Feldzug gegen Preußen (1866) als Hauptmann, sowie die Okkupation Bosniens (1878) mit.

Julius Weyrich, Exzellenz von Trubenburg, war Besitzer nachfolgender allerhöchster Auszeichnungen:

Ritterkreuz des Ordens der Eisernen Krone, III. Klasse;

Ritterkreuz des Franz Josef-Ordens; Besitzer des Militärverdienstkreuzes, der Militär-Verdienst-Medaille am weiß-roten und roten Bande, der Kriegs-Medaille, des Offiziers-Dienstzeichens II. Klasse, der Jubiläums-Erinnerungs-Medaille, des Militär-Jubiläums-Kreuzes etc. etc.

Ein zweiter Sohn des Dr. Weyrich, Walter Weyrich starb als k.u.k. Major im 81. Infanterie-Regimente in Iglau am 11. Oktober 1897. Er war mit Hermine von Stegner vermählt und war Besitzer des Militärverdienstkreuzes und des Dienstzeichens. Der Sohn des Major Walter Weyrich ist gegenwärtig Direktor der Schichtwerke in Aussig.

Gustav Weyrich [Goldenes Buch Seite 31]

Ingenieur, Professor und Direktor der landwirtschaftlichen Landeslehranstalten in Ober-Hermsdorf, ist geboren im Hause Nr. 28 als Sohn des Bauerngutbesitzers Adolf Weyrich und dessen Gattin Marie Habel, Bauerstochter aus Braunsdorf. Gustav Weyrich trat als 14-Jähriger im Jahre 1895 in die Troppauer Realschule ein und legte daselbst die Maturitätsprüfung 1902 mit gutem Erfolg ab. Vom 1. Oktober 1902 bis 30. September 1903 diente er beim k.u.k. Infanterie-Regimente „Kaiser Nr. 1" auf eigene Kosten als Einjährig-Freiwilliger. Im Oktober 1903 bezog er die Hochschule für Bodenkultur in Wien, um daselbst die kulturtechnische Abteilung zu absolvieren. Weyrich hat die vorgeschriebenen Staatsprüfungen mit dem Gesamtkalkül „sehr befähigt" abgelegt. Vom September 1906 bis März 1907 war er Assistent an der Lehrkanzel für darstellende Geometrie und niedere Geodäsie an der Hochschule für Bodenkultur in Wien. Professor Tapla, Vorstand der genannten Lehrkanzel, wollte ihn aus diesem Dienstposten nicht entlassen. Schließlich konnte Weyrich doch sein Dienstverhältnis mit der Lehrkanzel lösen und ging nach Bosnien, wo er 3 Jahre in der „Meliorationsabteilung der Landesregierung für Bosnien und Herzegovina" zubrachte. Während der letzten 1½ Jahre arbeitete er als selbständiger Sektions-Ingenieur und Leiter der „kulturtechnischen Sektion" Býclina und Zwornik auf dem Gebiete des Hochwasserschutzes. Mit l. Jänner 1910 trat Ing. Weyrich als technischer Leiter in Dienste des „Deutschen Meliorationsverbandes für Böhmen" in Prag. Hier arbeitete er auf dem Gebiete der Bodenmelioration und der Wasserwirtschaft bis 12. November 1912. Während seiner Tätigkeit in Prag habilitierte er sich an der damaligen landwirtschaftlichen Akademie Tetschen-Liebwerd als Privatdozent für das gesamte Gebiet der Kulturtechnik. Die „akademische Laufbahn" war damals aber eine „Schneckenlaufbahn" und veranlasste Ing. Weyrich, diese Stellung zu verlassen und eine Lehrstelle für die mathematisch-technischen Fächer an der landwirtschaftlichen Landesmittelschule in Ober-Hermsdorf anzunehmen und am 12. November 1912 anzutreten. Am·9. August 1913 heiratete Ing. Weyrich die Bauerstochter Hermine Görlich aus Röwersdorf. Am 1. August 1914 rückte Ing. Weyrich bei der allgemeinen Mobilisierung als Leutnant zum 1. Infanterie-Regimente nach Troppau ein und kam nach zehntägigem Aufenthalte in Oderberg Mitte September 1914 nach Serbien. Infolge einer Beinerkrankung wurde Ing. Weyrich dem Oberkommando der Balkanstreitkräfte auf 4 Wochen zugeteilt. Im Juli 1915 ging er auf den italienischen Kriegsschauplatz, wo er zweimal verwundet wurde. Als Dekoration erhielt Ing. Weyrich das Militärverdienstkreuz mit den Schwertern und den Kriegsdekorationen und Signum Laudis. Am 11. November 1918 kam Ing. Weyrich, welcher mittlerweile den Hauptmannsrang erlangt hatte, von Italien zurück. Im Jahre 1926 wurde er Direktor der landwirtschaftlichen Landesschulen (Höhere landwirtschaftliche Landesschule, Ackerbauschule, Landwirtschaftliche Fachschule und verschiedener Kurse) in Ober-Hermsdorf.

Ing. Weyrich hat die Projekte für die genossenschaftliche Entwässerung in nachstehenden Gemeinden entworfen:

Ober-Hermsdorf, Barzdorf, (Buchelsdorf) Wildschütz I, Wildschütz II, Gurschdorf, Setzdorf, Jungferndorf und Haugsdorf, Groß Krosse (Butterberg), sowie das Projekt für die genossenschaftliche Wiesenentwässerungs- und Bewässerungsanlage in Zossen u.a.m.

Josef Weyrich [Goldenes Buch Seite 32]

Landesregierungsrat, geboren in sturmbewegter Zeit im Jahre 1813 im Hause Nr. 85. Nach den ander Wiener Universität abgelegten Prüfungen trat Josef Weyrich als 24-Jähriger in die Dienste des österreichischen Staates und kam als Conzipist zur schlesischen Landesregierung, damals Statthalterei, nach Troppau, stieg hier von Stufe zu Stufe bis zum Landesregierungsrat und wurde dann Stellvertreter des Landespräsidenten. Er starb 1868 in Troppau kinderlos. Auf dem alten Friedhofe wurde ihm von Seite der Stadtgemeinde Troppau ein Denkmal gesetzt.

Im österreichisch-preußischen Kriege 1866 wurde Troppau von den Preußen besetzt, die der Stadt, welche für Verpflegung der feindlichen Truppen zu sorgen hatte, viel Geld kostete [sic] und andere Unannehmlichkeiten mit sich brachte. Der Schrecken, von welchem die Bevölkerung ergriffen wurde, überstieg alles Maß, die tollsten und abenteuerlichsten Gerüchte wurden verbreitet und auch geglaubt. Zu dieser unmännlichen Furcht trugen die Wiener Zeitungen sehr viel bei, aber besonders die Flucht der schlesischen Landesregierung. Die Verwirrung wurde dadurch noch mehr gesteigert, welche aber bei der späteren Besetzung des ganzen Landes durch feindliche Truppen höchst nachteilige Folgen gehabt hätte, wenn nicht einsichtsvolle Leute, darunter Landesregierungsrat Weyrich, welcher Troppau während der schweren Zeit nie verließ, und Bürgermeister Dittrich Umsicht, rastlose Tätigkeit und männliche Entschlossenheit an den Tag gelegt hätten.

Da die ganze Bevölkerung feindlich eingestellt war, ist es kein Wunder, wenn dann und wann kleinere Zusammenstöße vorkamen. Einst ging ein Priester mit der Wegzehrung zu einem Schwerkranken. Sein Weg führte ihn vor die Hauptwache, die von feindlichen Abteilungen gestellt wurde, vorbei. Die Wache trat zwar unter das Gewehr, um dem Priester die Ehrenbezeugung zu leisten. Der Priester, da ebenfalls feindlich eingestellt, verweigerte dieser aber den priesterlichen Segen; daraufhin große Auseinandersetzungen. Weyrich gelang es wie immer, auch diese Sache friedlich beizulegen. Dass er Troppau vor dem Niederbrennen durch feindliche Truppen rettete und andere, mitunter sehr schwierige Angelegenheiten auf friedlichem Wege regelte, dankte man ihm „Oben" sehr schlecht. Nach dem Kriege wurde Weyrich vor ein Kriegsgericht gestellt, da er es, wie die Anklage lautete, mit dem Feinde hielt, wurde aber freigesprochen und mit dem Franz Josef-Orden ausgezeichnet. Weyrich, der nur in dieser schweren Zeit der Stadt und dem Lande dienen wollte, nahm aber hierauf den Abschied und ging in Pension. Sein früher Tod dürfte wohl auf das schimpfliche Vorgehen der Wiener Regierung zurückzuführen sein, sagten seine Freunde.

Rudolf Seipel [Goldenes Buch Seite 33]

Geboren im Hause Nr. 57, war der Sohn des Gasthauspächters Alois Seipel. Er lernte die Gärtnerei in Jägerndorf, besuchte dann die Gartenbauschule St. Gabriel bei Görz und trat in die Dienste des Grafen Bellegarde in Groß Herrlitz, wo er heute noch als Obergärtner in Stellung ist.

Rudolf Weyrich [Goldenes Buch Seite 33]

Geboren 1870 im Hause Nr. 28. Nach dem Besuche der Volksschule absolvierte Weyrich die landwirtschaftliche Winterschule an der landwirtschaftlichen Mittelschule in Ober-Hermsdorf und blieb dann beim väterlichen Besitz bis zu seiner Verheiratung. Letztere erfolgte 1900 mit Wilhelmine, Tochter des Bauerngutsbesitzers Franz Tatzel aus Frei-Hermersdorf Nr. 31. Rudolf Weyrich entwickelte in Frei-Hermersdorf eine überaus rührige Tätigkeit. Er wurde zum Obmann des landwirtschaftlichen Ortsvereines, zum Obmannstellvertreter der Raiffeisenkasse, zum Obmann der Molkerei- und Brennereigenossenschaft sowie des Gesangsvereines daselbst gewählt, welch letzterer Weyrich dadurch ehrte, dass er anlässlich seines 60-jährigen Wiegenfestes zum Ehrenobmann ernannt wurde.

Weyrich brachte das Bauerngut auf die Höhe der Zeit, und wird dieses allgemein als Musterbetrieb angesehen. Im Jahre 1912 errichtete er eine 4,5 ha umfassende Hutweide und legte damit die Grundlage zu einer rationellen Viehzucht. Bei sämtlichen Ausstellungen, die er beschickte, brachte er Diplome heim.

Johann Weyrich [Goldenes Buch Seite 40]

Pfarrer in Rautenberg, geb. 1838 im Hause Nr. 28. Nach Absolvierung seiner theologischen Studien wurde er 1862 zum Priester geweiht und feierte in der Pfarrkirche in Zossen im Jahre 1862 seine Primiz. Sodann kam er als Cooperator nach Jägerndorf, wurde hier Stadtkaplan und kam 1878 als Pfarrer nach Rautenberg, wo er 1887 an Schlagfluss starb.

Magister der Pharmacie Josef Graßer, ein Rautenberger, schreibt über Pfarrer Weyrich:

„Herr Pfarrer Weyrich, weil überall geachtet und beliebt, wurde gern eingeladen. Bei Tisch sprach er nicht viel, schnupfte aber viel, so dass vor seinem Ehrenplatze immer ein nicht unbedeutendes Häufchen Rappé *post festum* wegzufegen war. Während die anderen sprachen, zog er ein Blatt Papier hervor, notierte und brachte sofort sein gelungenes Gelegenheitsgedicht zum Staunen aller zum Vortrag.

In seinem Heim – an seiner Seite Agnes mit ihrer Nichte Anna – herrschte Pfarrhausfrieden und echte vorbildliche Harmonie. Agnes, das Muster einer Wirtschafterin, übersah alles, wenn sein warmfühlendes Herz zu oft durchging; wenn er z.B. sogar auf ein Bitten das letzte gespaltene Holz verschenkt hatte, gebot sie mit ganz bescheidenen Vorrechnungen Halt! – Einmal hatte er einem Bettler ein paar Hosen verschenkt. Die treue Agnes – eine Jägerndorferin – kam noch zurecht dazu, und mit den Worten: „Herr Pfarrer, dies ist die vorletzte Hose!", nahm sie dem Bettler die Hose wieder weg. Er ging lächelnd und schweigsam in sein Studierzimmer.

Punkt 11 Uhr vormittags nahm Pfarrer Weyrich stets sein Mittagsmahl ein, weil um 12 Uhr immer Jägerndorfer um Medikamente kamen. Sein Getränk war nur gute Kuhmilch in einem großen Glas, die er stets mit einem Kaffeelöffel aussuppte. Und diese gute Kuhmilch und dieses Suppen – so raunten sich beim Leichenbegängnis die Frauen ins Ohr – hat ihm zu dickes Blut gemacht und seinen zu frühen Tod gebracht.

Wie sein Leben, so war sein Tod für ihn – ruhig und schön. Er saß beim Tisch, wie immer schweigsam, sagte auf einmal: „Agnes, mir wird nicht gut, bringe mir schnell Aconet." Schon ward ihm das Verlangte gereicht – und ein guter Priester und edler Menschenfreund war heimgegangen.

Hinter seinem Sarge folgten Leute von weit und breit; kein Auge blieb tränenleer, jeder kam in Dankbarkeit.

Pfarrer Weyrich war als Homöopath sehr gesucht und kam daher mit den Ärzten öfter in Konflikt. Im Jahre 1886 war es, als er sich von einem Arzte angezeigt, in Hof vor dem Gerichte zu verantworten hatte. Das Urteil ist unbekannt. Aber der damalige Rechtsanwalt und Notar Hulka war es, der öffentlich vor Richter, Zeugen und Zuhörern in einer Pause sagte: „Nicht wahr, Herr Pfarrer, Sie schicken mir recht bald wieder meine Medikamente!"

(Anm. d. Verf.: gemeint ist Aconitin, das Gift des Eisenhuts (auch Wolfswurz genannt), das zur damaligen Zeit als schmerzlinderndes Mittel eingesetzt wurde.)

Namens-Verzeichnis

zu den genealogischen Tafeln der Sippe

W E Y R I C H

1.	Namen der Personen, die den Namen W e y r i c h infolge Geburt führen oder führten	Blatt 1 – 15
2.	Mädchennamen der Frauen, die infolge Verheiratung den Namen W e y r i c h erhalten haben	Blatt 1 – 7
3.	Namen der Männer, die geb. W e y r i c h geheiratet haben	Blatt 1 – 4
4.	Namen der Nachfahren der unter 3. angeführten Personen, deren Ehepartner und eventuelle Kinde	Blatt 1 – 11

1.) Namen der Personen, die den

   Namen Weyrich

infolge Geburt führen oder führten.

A

Adele Aloisia W.(1891 - 1897) Zattig	B	11
Adelheid W. geb. und gest.1889 in Zattig	B	11
Adolf W. (1840 - 1922) Bauer in Zossen Nr.28 verh.mit Marie Habel,geb.in Braunsdorf	F	30
Adolf W. geb. und gest. 1877 in Zossen Nr.28	F	30
Adolfine W.geb.1858 in Alt-Bürgersdorf,Lehrerin gest. 1922 in Wien	W	2
Agathe W. (1786 - 1787) Zossen Nr.85		4
Agnes W. geb.1923 in Wals bei Salzburg	V	7
Albert W. geb. 1812 in Zattig,Bauer in Stiebrowitz verh. 1832 mit Beate Dahliger	B	4
Alberta W.(1854 - 1855) Zossen Nr.46	F	9
Albertine W. geb. und gest. 1835 in Zossen Nr.28	F	1
Alfred W. geb. 1923 in Gross-Herrlitz	B	17
Alfred Josef W. geb.1918 in Röwersdorf,Dipl.Gartenbau Inspektor,verh. mit Ruth Rauch,geb.1922	F	41
Alice W. geb. 1899 in Wien verh.mit Rudolf Ruffe,Privatbeamter in Warnsdorf		6
Alice W.geb. 1902 in Zattig	B	11
Alois W. geb. und gest. 1825 in Zossen Nr.28	F	1
Alois W. geb.1831 in Zossen Nr.28 gest.1910 in Klein verh. mit Wilhelmine Dittel,Zossen Herrlitz	F	10
Alois W. geb. und gest.1866 in Zossen Nr.28	F	30
Alois W. geb.in Zossen,gest.in Gross-Herrlitz verh. mit Theresia Springer,Klein Herrlitz	K	9
Alois W. geb.1890 in Zattig,Bauer verh.1919 mit Ludmilla Eschig,geb.1896 in Zattig	B	18
Alois W. geb.1891 in Meltsch,Fabriksdirektor, gest.1920 in Sagan,verh.mit Johanna Sübke	F	15
Alois W.geb.1895 in Zossen Nr.23,gefallen im 1.W.K.	K	6
Aloisia W. (1820-1836) Bennisch	V	1
Aloisia W. geb. und gest. 1863 in Bennisch	V	2
Aloisia W. geb.1880 in Gross-Herrlitz	B	12
Aloisia W. geb.und gest.1888 in Zossen Nr.23	K	11

A

Aloisia W.geb.1894 in Brättersdorf, verh.1931 mit Johann Czech,Bauer in Kunzendorf	B	7
Anna W. geb.und gest.1882 in Zossen Nr.23	K	6
Anna W.geb.in Zossen Nr.23 verh.mit Erbrichter Höller in Milkendorf	W	5
Anna W. geb.1926 in Maes bei Salzburg	V	7
Anna Maria (1753 - 1759) Zossen Nr.85		3
Anna Marie W. geb 1917 in Zossen Nr.23	K	11
Anna Katharina W.geb.1738 in Zossen Nr.85 verh.mit Georg Rummich,Bauer in Lichten		3
Anna Theresia W.(1708 - 1758) Zossen Nr.85 verh.mit Josef Wolf (1703 - 1758) Zossen	A	1
Anselm Sebastian W.(1784 - 1861) Braumeister verh.1.mit Eleonora Maschke u.2.Franziska Pech,Lodnitz	L	1
Anton W. geb.und gest.1717 in Zossen Nr.85		2
Anton W. geb.1736 in Zossen Nr.85,gest.1737		3
Anton W. geb.1822 in Zossen Nr.85		4
Anton W.(1838 - 1877) Stadtsekretär in Bennisch, verh.mit Ernestine Glammer	V	2
Anton W. geb.1845 in Neplachowitz verh.mit Johanna Glagowsky (1849 - 1880)Neplachowitz	L	9
Anton W. geb.1868 in Bennisch,Bankbeamter in Kloster- verh.mit Lina Gebauer neuburg	V	4
Anton W. geb.1890 in Meltsch,gef.1915	F	11
Anton W. geb.1893 in Klosterneuburg,Bankbeamter verh.mit X.Langhammer	V	4
Anton Johann (1821 - 1827) Zossen Nr.23	K	1
Anton Stefan W.geb.1775 in Lodnitz,Banat	L	6
Antonia W.geb.u.gest. 1863 in Bennisch	V	2
Antonia W.geb.1818 in Ober-Wigstein	F	11
Antonia W.geb.1819 in Zossen Nr.23 verh.mit Josef Beitel,Bauer in Lichten	K	1
Arnold W.(1860 - 1935) Buchdruckereileiter verh.mit Anna Gelau,geb.1871	K	4

A

Arnold W.geb.1865 in Bennisch,Destillateur,gest.in Wien
verh.1.Anna Linzl,2.Anna Stack,3.Marie Schlager   V   3

Artur W.geb.1890 in Zattig,Kohlenhändler,
verh.1920 mit Olga Teiner   B   13

August W.geb.1892 in Zattig,Bankbeamter
verh.1923 mit Gisela Pausch,geb.1899 in Budapest   B   19

August W.geb.1813 in Neplachowitz   L   7

August W.geb.und gest.1817 in Zattig   B   3

August W.(1854 - 1935) Bauer in Zattig
verh.mit 1.Sofie Just (1868-1905)2.Anna Just,geb,1860   B   11

Auguste W.geb.1892 in Wien,gest.1910 in Wien   V   3

Augustine W. (1882 - 1903) Zattig   B   16

B

Barbara W.(1805 - 1807) Lodnitz   L   7

Barbara W.(1842 - 1844) Neplachowitz   L   8

Bertlinde W.geb.1883 in Deutsch Wagram,
verh,mit Ludwig Bernhardt,gef.1914
2.Walter Ludwig,geb.1882 in Raase,Dipl.Ing.   W   9

C

Christel W. geb.und gest. 1906 in Freihermersdorf   F   32

E

Edgar W.(1878 - 1951) Regierungsrat,Wien
verh.mit Theresia Butz,geb. 1881   W   7

Edith W. geb.1903 in Wien,verh. mit Max Grund   W   7

Edith W. geb.1920,Ratkau,verh.mit Rudolf Kroner   F   19

Eduard W.(1823 - 1824) Zossen Nr.28   F   1

Eduard W.(1851 - 1918) Zattig
verh.mit Aloisia Gebauer,geb.1857,Zattig   B   16

Eduaed W. geb.1860 in Zattig,verh.mit Schnürch X   B   5

Eduard W. Klein Herrlitz   F   10

Eleonora W.geb.1780 in Zattig,verh.mit Gottfried
                                                  Michalke   B   5

Eleonora W.geb.1820,Zattig,verh.mit Anton Raab   B   2

Eleonora W.geb 1810,Zattig,verh.mit A.Fuchs   B   3

Eleonora W.geb.1778 in Zossen Nr.85
verh.mit Ignatz Schindler,Lichtewerden   4

Ella W.geb.1901 in Wien,verh.mit Fr.Hustoletz   W   6

Elsa W.geb.1888 in Wien,Erzieherin   W   5

Else W.geb.1881 in Deutsch Wagram,
verh.1912 mit Franz Ackermann,Ing.,Wiener Neustadt,
                             später Rio de Janeiro   W   8

Emil W.geb.1926 in Hof,Mähren   B   12

Emil W.(1867 - 1892)Hof,verh.mit Aloisia Gebauer   B   9

Emilia W.geb.1892 in Kloster Neuburg   V   4

Emma W.geb.1902 in Arnsdorf   B   9

Emma W.(1852 - 1921) Alt Bürgersdorf   W   2

Ernst W.geb.1919 in Zattig Nr.7   B   18

Ernst W. (1836 - 1838) Bennisch   V   1

Eugen W. (1857 - 1880) Troppau,Kaufmann   K   2

F

Ferdinand W. geb.1836, Bahnangestellter	L	8
Florian W.(1788-1853)Zattig,verh.mit Karolina Gebauer	B	3
Florian W.(1788-1850)Zossen, verh.mit Mar.Theres.Januschke(1788-1837)u.Beata Kienel	F	1
Florian W.geb.u.gest.1878 in Neplachowitz	L	3
Florian .(1829 - 1909)	L	4
Franz W.(1809-1874)Neplachowitz,verh.mit Veron.Uwira	L	8
Franz W.geb.1841 in Neplachowitz	L	8
Franz W.geb.1927 in Neudörfel	B	9
Franz W.geb. in Stiebrowitz,Dr.jur.Rechtsanwalt in Wittingau,Böhmen	B	4
Franz W.(1836-1891)Stiebrowitz,Bauer verh.1869 mit Theresia Klein	B	4
Franz Martin W.(1745 - 1814) Zossen verh. mit Josefa Proksch(1761 - 1819)Lodnitz	L	1
Franz W.geb 1918 in Zossen Nr.85		4
Franz Sylvester W.geb.1774 in Zossen Nr.85		4
Franziska W.geb.1792 in Lodnitz	L	1
Franziska W.(1823 - 1883)Lodnitz,gest.Kreuzendorf	L	2
Franziska W.(1836 - 1910) Neplachowitz	L	8
Franziska W.(1820 - 1898) Zossen Nr.28 verh.mit Josef Rieger,Zossen Nr.68	F	2
Franziska W.geb.1862 in Neplachowitz	L	4
Franziska W.(1866 - 1910) Neplachowitz	L	3
Frieda W.geb.1895 in Wien,verh.mit Fred Kraus	W	5
Friedrich W.geb. und gest.1919 in Zossen Nr.23	K	11
Friedrich W.(1900 - 1901) Katharein	K	4
Friedrich W.geb.1919 in Zossen	K	6

G

Genovefa W.(1803- 4868) Lodnitz	L	7
George W.verh.1672 mit Maria Zellerte,Neu Waltersdorf		1
Georg Gustav (1903 - 1945)Bauer in Zattig	B	11
Gerda W.geb.1900 in Deutsch Wagram verh.mit Wessely,Geometer in Wien	W	11
Gertrud W.geb.1924 in Hof (Mähren)	B	13
Gerti W.geb.1913 in Klein Herrlitz	F	13
Gertrud Maria W.geb.1916 in Röwersdorf, verh.mit Eduard Wölfel,Dipl.Ing.	F	39
Grete W.geb.1905 in Wien	W	6
Günther W.geb.1898,Dr.med.,Hochschulprofessor	W	10
Günther W.geb.1929 in Gr.Petersdorf	L	5
Günther August,geb.1922 in Jägerndorf	B	19
Gustav W.geb.1881 in Zossen,Dipl.Ing.Professor, verh.mit Hermine Görlich,geb.1892 in Röwersdorf	F	34
Gustav Adolf W.geb.1914,Ing. verh.mit Friedericke Maria Pruksch,Aussig III	F	38
Gustav Klaus W.geb.1941 inWesseln,Dipl.Ing.FH	F	38

H

Hans George w.(1673 - 1744) Neu Waltersdorf verh.mit Marianne M. (1672 - 1747)		2
Hedwig ..geb.1912 in Gross-Herrlitz	K	9
Hedwig w.(1897 - 1914) in Wien	V	3
Hedwig ..geb.1905 in Zattig	B	10
Hedwig Elfriede ..geb.und gest.1900 in Zattig	B	11
Helene ..geb.1903 in Freihermersdorf, verh.mit Rudolf Mitschke,Brättersdorf	F	36
Hellmuth ..geb.1907 in Jaransk. verh.1939 mit Lidonie Zezulka,geb.1910 in Mähr.Ostrau	F	18
Hermine w.(1888 - 1916) Brättersdorf	L	7
Hermine Anna w.geb.1920 in Ober-Hermsdorf, 1943 verh.mit Dr.jur.Joh.Trimmel,Reg.Rat	F	40
Hermine Auguste w.(1886 - 1912) Zattig verh.mit Rudolf Schnürch,Bauer in Zattig	B	11
Hertha Hermine ..geb.1913 in Aubeln,Erbrichtereibes. verh.mit Otto Nabel,geb.1905,vermisst 1945	F	37
Herwig ..geb.1897 in Wien verh.1936 mit Auguste Bretschner,Mag.Beamt.		3
Hilde Maria w.(1910 - 1911) Aubeln	F	33
Hildegard ..geb.1921 in Hof (Mähren)	B	13
Hubert w. (1858 - 1873) Troppau	K	2
Hubert w.geb.1885,Gross-Herrlitz verh.1914 mit Franziska Koschatzky,geb.Ilisch,Gr.Herrl.	K	12
Hubert August ..geb.und gest.1912 in Zattig	B	16
Hugo August w.geb.1898 in Zattig,Reitlehrer M.Weisskirchen verh.1922 mit FranziskaXKremsier	B	15

I

Ignatz ..(1826 - 1879) Neplachowitz, verh.1860 mit A Krempny (1840 - 1880)Kreuzendorf	L	3
Ilse w.geb.1828 in Gross Petersdorf	L	5
Irmgard ..geb.1920 in Katkau verh.1943 mit Kastulus Pichlmayr,Moosburg	F	20

J

Johann W.(1789 - 1858) Lodnitz	L	1
Johann W.geb.1798 in Lodnitz	L	1
Johann W.geb.1798 in Lodnitz	L	7
Johann W.geb.1816,Zossen Nr.85,gest.1870 in Skrochowitz, verh.mit Magdalena Olbrich	SK	1
Johann W.(1830 - 1868) Bennisch	V	1
Johann W.geb.1830 in Zossen Nr.28,gest.1887,Pfarrer	F	8
Johann W.geb.1856 in Zattig,gest.als Bauer in Gr.Herrlitz verh.mit Marie Sehorz	B	12
Johann W.(1862 - 1925) in Zattig verh.1922 mit Berta Hampel,Gr.Herrlitz	B	8
Johann W. Bauer in Zossen Nr.49 (1867 - 1949) verh.mit Amalia Engel u.2. mit Sofie Januschke	F	31
Johann W.geb.1874 in Neplachowitz	L	9
Johann W.Bauer in Zossen Nr.23(1887 - 1920) verh.mit Maria Rieger,Zossen Nr.133	K	11
Johann Benedikt W.geb.in Zossen Nr.85,gest.als Bauer,Zattig verh.mit Susanna X	B	1
Johann Nepomuk W.geb.1814 in Zattig,Bauer verh.mit Eleonora König,Zattig	B	6
Johann Franz W.geb 1774 in Zossen Nr.85,gest.in Neplachowitz verh. mit Thekla Hasenbeck	W	1
Johann Friedrich W.geb.1745 in Zossen Nr.85,gest.1778 in Lodnitz verh.mit Rosalia Januschke,Zossen	L	6
Johann Leonhard W.geb.1925 in Troppau	B	14
Johanna W. geb.1790 in Zossen Nr.23 verh.1808 mit Florian Schreiber,Erbrichtereibesitzer	S	1
Johanna W. geb. 1838 in Neplachowitz	L	8
Johanna W. geb. 1868 in Neplachowitz	L	3
Johanna Cäcilia W.(1823 - 1829) Zossen	F	1
Josef W. (1777 - 1788) Zossen Nr.85		4
Josef W.geb.1782,Bauer in Zattig verh.mit Klara Gebauer,1809 in Zattig	B	2

J

Josef W. geb.1786 in Lodnitz
verh.mit Eleonora Halwek,Schönstein   L   2

Josef W. (1809 - 1809) in Zattig   B   2

Josef W. (1810 - 1840) Bauer in Zossen Nr.28
verh.1829 mit Theresia Gebauer,Zossen   F   8

Josef W. (1811 - 1870) Dr.jur.Advokat,Troppau
verh.mit Eugenie Trassler (1822- 1903) Troppau   K   2

Josef W. (1813 - 1868)Stellvertreter d.schles.Landespräsidenten
verh.mit Maria Fuchs   5

Josef W. (1815 - 1852)Zattig
verh.1850 mit Josefa Schnürch,Zattig   B   5

Josef W. geb.1818 in Neplachowitz,gest.1894 in D.Wagram
verh.mit Johanna Ludwig   W   2

Josef W. (1828 - 1857) Lodnitz   L   2

Josef W. (1830 - 1905) Zossen
verh.mit Ottilie Dittel,Zossen Nr.46   F   9

Josef W.geb.1860 Alt Bürgersdorf,gest.1929 Wien,Priv.Beamter
verh.mit 1.Maria Auer,2.Maria Haschik,geb.1895 in Wien   W   5

Josef W. (1863 - 1924) Neplachowitz   L   3

Josef W. Ober-Eigstein,gest.1950,
verh.mit 1.Josefa Klewar,2.Helma Schabok   P 11

Josef W. geb.1872 in Bennisch,Spielleiter-Salzburg
verh.1.mit Sophie Sternec,2.Agnes Fink   V   5

Josef W. geb.1895 in Salzburg,Fachlehrer
verh.1921 mit Magdalene Duchegg,Salzburg   V   7

Josef W. geb.1921 in Grossgramm,b.Salzburg   V   7

Josef W. geb.1847 in Zossen,Wirtschafter in Gr.Herrlitz
verh.mit Karolina Beier,Zossen   K   7

Josef W. geb.u.gest.1883 in Zossen Nr.23   K   6

Josef W. geb.1895 in Bennisch oder Stiebrowitz
verh.mit Amalia Mitschke in Bennisch   B   4

Josef W. geb.1851 in Zattig   B   5

Josef W. geb.1890 in Gross-Herrlitz
verh.1921 mit Auguste Fiedler,Gr.Herrlitz   B 17

Josef Franz W.(1768 - 1836) Lodnitz
verh.1795 mit Hedwig Glagowsky (1775 - 1820)   L   7

J

Josef Martin W.(1750 - 1822)Zossen Nr.85 verh.1.mit Maria Theresia Kolbe,2.Cäzilia Holik		4
Josef Vinzenz W.geb. 1781 in Lodnitz	L	1
Josefa W.geb. 1818 in Zattig	B	3
Josefa W.geb. 1813 in Zossen Nr.23 verh.mit Fiprian Jursitschka,Bennisch	K	1
Josefa W. geb.1818 in Zattig	B	2
Josefa W.(1836 - 1894) Zossen nr.28 verh.mit Josef Gebauer,Bauer in Seitendorf (1835-1905)	F	24
Josefa W.geb.1860 in Neplachowitz	L	4
Josefa W. (1889 - 1899) Seitendorf	B	5
Josefine W. geb.1911 in Gross-Herrlitz	K	9
Julius W.von Trubenburg(1846 - 1917)Feldmarschall-Lt.	K	2
Julius W.geb.u.gest. in Kl.Herrlitz	F	10
Julius W.(1874 - 1954)Zossen Nr.28,Erbrichtereibesitzer Aubeln verh.mit Ida Riedel,Aubeln	F	33
Julius W.geb.1897 in Katharein,Bankbeamter	K	4
Julius W.Gutsschaffer in Lobenstein	K	5

K

Kamilla W.geb.1895 in Zattig	B	11
Karl W. geb.1834 in Neplachowitz	L	8
Karl W. Bauer in Zossen Nr.23 (1851 - 1898) verh.1873 mit Philippine K ,geb in Lichten	K	6
Karl W. geb. 1870 in Petersdorf,Bauer verh.mit Franziska Krischkofsky,geb.1871	L	5
Karl W.(1870 - 1887) Zossen Nr.28	F	30
Karl W.geb.1875 in Bennisch,Hutmacher in Wien	V	6
Karl W.geb.1900 in Ober-Wigstein verh.1927 mit Elfriede Reimer,geb.1908 in Freudenthal	F	17
Karl W.geb.1903 in Klosterneuburg,Beamter	V	4

K

Karl W. geb.1901 in Gross Petersdorf verh.1925 mit Mizzi Glampner, geb.1903 in Blattersdorf	L	5
Karl W. geb.1908 in Wien	V	6
Karl W. geb.1926 in Gross Petersdorf	L	5
Karl W. Wien, Sohn des Arnold W. Destillateur	V	3
Karl August W. Bauer in Zossen Nr.23, geb.1817 verh. mit Marie Beierle, Zossen	K	5
Karl Daniel W. Bauer in Zossen Nr.23 (1780 - 1856) verh.1816 mit Agathe Schreiber (1790 - 1847)	K	1
Karolina W. geb.1797 in Lodnitz	L	1
Karolina W. geb.1815 in Zossen verh.1850 mit Johann Gebauer, Bauer in Zattig	F	1
Karolina W. geb.1797 in Lodnitz	L1	1
Karolina W. geb.1833 in Zossen Nr.28, gest.1892 in Alt Erbersdorf verh. mit Edurd Sahliger	F	21
Karolina W. (1899 - 1900) Wien	V	3
Katharina W. (1810 - 1824) Neplachowitz	L	7
Katharina W. geb. und gest.1875 in Neplachowitz	L	3
Klara W. geb.u.gest.1908 in Zattig	B	3
Klaus Gustav W. geb.1941 in Wesseln (Böhmen)	F	38
Klementine W. geb.1883 in Zattig verh.1909 mit Hubert Pfilipp, Bauer in Zattig	B	16
Kornelius W. (1849 - 1925) Bürgerschuldirektor, Wien	K	2
Kurt W. geb.1908 in Wien, Elektrotechniker	W	6
Kurt W. geb.1913 in Riga, gest.1917 in Jaransk	F	14
Kurt W. geb.1929 in Freudenthal	F	17
Konrad W. Klein Herrlitz	F	10

L

Leo W. geb. 1864 in Geppersdorf, BB Beamter in Wien
verh. 1892 mit Gisela Quapil, geb. 1872 in Wien   W   6

Leo W. geb. 1894 in Wien, Lok. Führer
verh. mit Therese Ehm, Wien   W   6

Ludmilla W. geb. 1844 in Stiebrowitz, gest. 1911 in Bennisch
verh. mit Franz Philipp, Bennisch   B   4

Ludwig W. geb 1917 in Zattig   B   18

Luise W. (1856 - 1942) Handarbeitslehrerin, Wien   W   2

M

Maria W. geb. 1849 in alt Bürgersdorf, gest. 1898   W   2

Maria W. (1861 - 1925) Neplachowitz   L   3

Marina W. geb. 1924 in Jägerndorf   B   19

Marianne W. geb. 1847 in Neplachowitz   L   8

Maria Barbara geb. 1777 in Lodnitz   L   6

Maria Elisabeth, Zossen, (1704 - 1734)
verh. mit Andreas Simmert, Zossen   6

Maria Elisabeth W. geb 1773 in Lodnitz   L   6

Maria Klara W. Zossen Nr. 85 (1782 - 1784)   4

Maria Theresia W. Zossen Nr. 85 (1748 - 1822)
verh. mit Anton Unger, geb. 1731   7

Maria Theresia W. geb. 1771 in Lodnitz   L   6

Maria Theresia W. geb. 1784 in Zossen Nr. 85
verh. 1903 mit Johann Blaschke, Lobenstein   4

Maria Theresia W. (1815 - 1848) Zossen
verh. 1847 mit Josef Dittel, Zossen Nr. 22   K   1

Maria Theresia W. (1818 - 1857) Zossen Nr. 28
verh. 1847 mit Anton Koschatzky, Klein Herrlitz   F   1

Marie W. geb. 1861 in Bennisch   V   2

Marie W. (1867 - 1894) Klein Herrlitz   F   10

M

Marie W.geb.1861 in Zossen Nr.46 verh.1889 mit Adolf Nowak,geb.1862 in Alt Erbersdorf	F	64
Marie W.geb.1861 in Bennisch	V	2
Marie W.geb.1863 in Zattig verh.1887 mit Johann Dastig,Bauer in Brättersdorf	B	7
Marie W.(1883 - 1917)Zossen Nr.28	F	30
Marie W.geb.1900 in Brättersdorf	B	7
Marie W.geb.1903 in Gross Petersdorf	L	5
Marie W.(1901 - 1937)Freihermersdorf verh.1922 mit Oberlehrer Ernst Ruprecht	F	35
Marie W.geb.1916 in Gross Herrlitz	K	9
Magdalena W.(1807 - 1824)	L	7
Magdalena W.(1838 - 1904) Skrochowitz	SK	1
Magdalena W.geb.1899 in Katharein,Lehrerin verh.1920 mit Hans Jahn	K	4
Martin W.(1710 - 1771) Zossen Nr.85 verh.mit Marina Strack,Aubeln (1717- 1777)		3
Martha W. (1895 - 1910) Wien	W	5
Martha Elfriede geb.1903,gest.1903 in Katharein	K	4
Max W.geb.1844 in Jauernig,gest.1894 in Troppau	K	2
Maximilian W.geb.1887 in Zattig,Prokurist in Troppau verh.1921 mit Grete Kain,Troppau	B	14
Max Robert W.geb.1923 in Troppau	B	14

O

Olga W.geb.1923 in Kremsier	B	15
Ottokar W.(1850 - 1928)Volksschuldirektor,D.Wagram verh.mit 1.Elisabeth Krakawanitz u.2.Emilie Bausch	W	3
Oskar W.geb.1892 in Wien,techn.Beamter	W	5
Oskar W.geb.1899 in Hof	L	2
Oskar W.geb.1893 in Meltsch,gest.1942,Elektromeister verh.mit Beate Honrich,Zimrowitz	F	16
Oskar W.geb.1920 in Zattig	B	18
Oskar W.geb.1896 in Hof Otto	E	9
Otto W.geb.1899 in Zattig,Dipl.Ing.	B	9

P

Paula W.(1863 - 1934) Wien,　　　　　　　　　　　　　　W　2
verh.mit Krause,Wien

Pauline W.geb.1850 in Neplachowitz　　　　　　　　　　L　8

Paulina W.geb.1870 in Neplachowitz　　　　　　　　　　L　9
verh.mit August Kinzel,Zossen

R

Richard W.(1896 - 1907) Wien　　　　　　　　　　　　　W　6

Rinold W.geb.1899 in Wien,akademischer Maler　　　　W　3

Robert W. (1860 - 1871) Zattig　　　　　　　　　　　　B　6

Robert W. (1870 - 1937) Bauer,　　　　　　　　　　　　B　10
verh.mit Berta Blaschke,Zattig

Robert W.geb.1894 in Zattig,verm.im 1.Weltkrieg　　B　9

Robert August W.geb.1894,Zattig,Dipl.Ing. gest.1950　B　11
(Heirich,Heibrich)

Roland W.geb.1918 in Wien,Bundesbahnangestellter　　W　7
verh.mit Sophie Miklos

Rosa Auguste W.geb.1912,Zossen Nr.23　　　　　　　　K　11

Rosalia W.geb.1796 in Lodnitz　　　　　　　　　　　　L　7

Rudolf W.geb.1872 in Zossen Nr.28,gest.1942 Freihermersdorf　F　32
verh.mit Wilhelmine Tatzel

Rudolf W.geb.1878 in Zossen,Privatbeamter in Wien　　K　10
verh.mit Karolina Kutschera,geb.1877

Rudolf W.geb.1889 in Meltsch　　　　　　　　　　　　　F　14
verh.mit Ella Treumann(1886-1917)Riga,2.Grete Zimmer

Rudolf W. (1890 - 1930) Zossen Nr.23　　　　　　　　K　12
verh.mit Marie Seifert,Zossen Nr.54

Rudolf W.geb.1889 in Meltsch　　　　　　　　　　　　　F　14

Rudolf W.geb.1892 in Zattig　　　　　　　　　　　　　B　9

Rudolf W.geb.1897 in Zattig,verm. seit 1918　　　　　B　11

Rudolf W.geb.u.gest.1904 in Freihermersdorf　　　　　F　32

Rudolf W.geb.1915 in Zossen Nr.54,gefallen im 2.Weltk.　K　12

Ruth W.geb.1921 in Rathau　　　　　　　　　　　　　　F　61
verh.1954 mit Roschko Guschguloff,geb. in Sofia

S

Sofie W.geb.1900 in Arndorf, verh.mit Franz Drösler,Bauer in Neudörfel	B	9
Sophie W.geb. in Klein Herrlitz	F	10
Steffi W.geb.1905 in Wien	K	10
Stephanie W.geb.1894 in Zattig verh.1922 mit Otto Koschatzky,Bauer in Zattig	B	8

T

Thekla W.geb.1915 in Neplachowitz	L	7
Thekla W.geb.1854 in Alt Bürgersdorf	W	4
Theresia W.geb.1783 in Zattig,verh.mit Johann Müller	B	1
Theresia W.geb.1791 in Lodnitz	L	1
Thomas W.geb.1834 in Neplachowitz	L	8
Thusnelda W.(1885 - 1896) Wien	W	3
Thusnelda W.geb.1923 in Wien	W	5

V

Veronika W.geb.1801 in Neplachowitz	L	7
Vinzens W.geb.u.gest. 1822 in Zossen	F	1
Vinzens W.(1872 - 1924) Neplachowitz,Pickau	L	3
Vinzens W.geb.1793 Zossen Nr.85 verh.mit Johanna Smaya,Bennisch	V	1

W

Walter W.(1853 - 1897)Jägerndorf, Major	K	3
Walter W.geb.1891 Klagenfurt,Fabr.Direktor,Schreckenstein	K	8
Walter W.geb.1923 in Aussig	K	8
Wilfried W.(1899 - 1944)Zossen Nr.49		
Wilhelm W.geb.1880 in Klein Herrlitz	F	13
Wilhelm W.geb.1888 in Klein Herrlitz	F	12
Wilhelm W.geb.1840 in Bennisch	V	1

2.) M ä d c h e n n a m e n der F r a u e n,

die infolge Verheiratung den

Namen W e y r i c h erhalten haben.

A

Ast Hildegard, verh. 1928 mit Dr. Günther W. Univers. Prof.　　W　10

Auer Marie, geb. 1868 in Zürich, gest. 1896 in Wien,
verh. Josef W. (1861 - 1929) Wien　　W　5

Anna geb. 1825 Neplachowitz, gest. 1897,
verh. 1860 mit Florian W. (1829 - 1909) Neplachowitz　　W　4

B

Bartsch Marie, geb. 1887, Klein Herrlitz
verh. 1914 mit Wilhelm W. geb. 1888 Gross Herrlitz　　W　12

Bauch Ruth, geb. 1922 in Wupperthal-Barmen
verh. 1950 mit Alfred W. Frankfurt/Main　　W　41

Bausch Emilia (1867 - 1940) Deutsch Wagram
verh. mit Ottokar W. (1850 - 1928) Deutsch Wagram　　W　3

Beierle Marie (1835 - 1892) Zossen,
verh. mit Karl August W. geb. 1817 Zossen Nr. 23　　K　5

Beier Karolina, geb. in Zossen, gest. in Gross Herrlitz,
verh. mit Josef W. geb. 1847 in Zossen Nr. 23　　K　7

Blaschke Berta, geb. 1869 in Zattig,
verh. 1902 mit Robert W. (1870 - 1937) Zattig　　B　10

Brand Fanny, geb. 1885 in Klein Herrlitz
verh. mit Wilhelm W. geb. 1880 in Klein Herrlitz　　F　13

Bretschner Auguste,
verh. 1936 mit Herwig W. geb. 1897 Deutsch Wagram　　W　3

Buchegg Magdalene (1888 - 1929) Salzburg
verh. mit Josef W. Fachlehrer, Salzburg　　V　7

Butz Theresia, geb. 1881 in Obersüssbach,
verh. 1906 mit Edgar W. (1878 - 1950) Reg. Rat in Wien　　W　7

D

Dittel Ottilie, Zossen (1831 - 1913)　　F　9
verh. mit Josef W. geb. 1831 in Zossen, gest. 1903 in Kl. Herrl.

Dittel Wilhelmine, geb. 1848 in Zossen, gest. 1926 Kl. Herrl.
verh. mit Alois W. (1831 - 1910)　　F　10

E

Eschig Ludmilla, geb. 1896 in Zattig
verh. 1919 mit Alois W. geb. 1890 in Zattig   B 12

Ehm Theresia, verh. mit Leo W. Lokführer in Wien   W   6

Engel Amalia (1871 - 1903) Zossen
verh. mit Johann W. (1867 - 1947) Zossen   F 31

F

Fiedler Auguste, geb. in Gross Herrlitz
verh. 1921 mit Josef W. geb. 1890 in Gross Herrlitz   W 17

Fink Agnes, verh. 1904 mit Josef W. Spielleiter in Salzburg V 5

Franziska X, geb. 1899 in Kremsier
verh. 1922 mit Hugo August W. geb. 1898 in Zattig   L 15

Fuchs Maria, verw. Hanke (1816 - 1874) Troppau
verh. mit Josef W. (1813 - 1868) Land. Reg. Rat   5

G

Gebauer Karolina, Zattig
verh. 1809 mit Florian W. (1788 - 1853) Zattig   B   3

Gebauer Klara, Zattig, verh. mit Josef W. (1782)   B   2

Gebauer Aloisia, Zattig, geb. 1857,
verh. mit Eduard W. (1851 - 1918) Zattig   B 16

Gebauer Aloisia, Gross Herrlitz
verh. 1892 mit Emil W. geb. 1867 in Zattig   D   9

Gebauer Lina, verh. mit Anton W. geb. 1868 in Bennisch   V   4

Gebauer Theresia, Zossen (1808 - 1869)
verh. mit Josef W. (1810 - 1840)   F   8

Gelau Anna, geb. 1871 in Troppau
verh. mit Arnold W. (1860 - 1935) Buchdruckerei. Teschen   K   4

Glagowsky Hedwig (1775 - 1820) verh. mit Josef Franz W.   L   7

Glagowsky Johanna (1849 - 1880) Neplachowitz
verh. mit Anton W. geb. 1845 in Neplachowitz   L   9

Glammer Ernestine, Bennisch
verh. mit Anton W. (1838 - 1877) Stadtsekretär Bennisch   V   2

Görlich Hermine, geb. 1892 in Röwersdorf
verh. 1913 mit Dipl. Ing. Gustav W. geb. 1881   F 34

H

Habel Marie,(1843 - 1912) Braunsdorf
verh.1864 mit Adolf W.(1840 - 1922)   F   30

Hampel Beata,geb. in Gross Herrlitz,gest.1923
verh.1893 mit Johann W.Zattig (1862 - 1925)   B   8

Haschik Maria,geb.1895 in Wien
verh.mit Josef W.(1861 - 1929) Privatbeamter in Wien   W   5

Hasenbeck Thekla,Neplachowitz
verh. mit Johann Franz W. geb.1774 in Zossen   W   1

Holik Cäcilia,Lehrerstochter,geb.1789 in Zossen
verh. mit Josef Martin W. (1750 - 1822)   4

Honrich Beate,verh 1922 mit Oskar W.(1893 - 1942)   F   16

J

Januschke Maria Theresia,verh.1809 mit Florian W.Zossen   F   1

Januschke Rosalia Anna,(1745 - 1795)
verh. mit Johann Friedrich W.(1740 - 1778)Fleischer,Lodnitz   L   6

Januschke Sofie,(1871 - 1944) Zossen
verh.1903 mit Johann W. (1867 - 1949)   F   31

Just Anna,geb.1862 in Zattig
verh.1923 mit August W. (1854 - 1935) Zattig   B   11

Just Sofie,Zattig (1868 - 1905)
verh. mit August W. (1854 - 1935) Zattig   B   11

K

Kain Grete,geb.1902 in Troppau
verh.1921 mit Maximilian W. Prokurist,(1887 - 1950)   B   14

Kienel Beatha,geb. 1799 in Zossen,
verh. mit Florian W.(1788 - 1850) Bauer in Zossen Nr.28   F   1

Klein Theresia,Stiebrowitz
verh.1899 mit Franz W.(1836 - 1891)Bauer in Stiebrowitz   B   4

Klepsch Hedwig,geb. 1902
verh.mit Walter W.geb.1891,Direktor der Schicht A.G.   K   8

Klewar Josefa,gest.1914
verh.1888 mit Josef W. (1863 - 1950) Ober Wiegstein   F   11

Kolbe Maria Theresia (1779 - 1810) Zossen
verh.mit Josef Martin W. (1750 - 1822) Zossen Nr.85   4

K

König Eleonora, verh. 1850 mit Johann Nepomuk W. Zattig   B   6

Koschatzky Franziska, geb. Flisch (1861 Gr. Herrlitz)
verh. mit Hubert W. geb. 1885 in Gr. Herrlitz   B   12

Krempny X (1840 - 1880) Neplachowitz
verh. 1860 mit Ignatz W. Lodnitz (1826 - 1879)   L   3

Krischkofsky Franziska, geb. 1871,
verh. mit Karl W., geb. 1870 in Neplachowitz   L   5

Kutschera Karolina, geb. 1877 in Wien
verh. 1905 mit Rudolf W. Privatbeamter in Wien   K   10

L

Langhammer X verh. mit Anton W. geb. 1893, Kloster Neuburg   V   4

Linzl Anna, verh. mit Arnold W. geb. 1865 in Bennisch, Wien   V   3

Ludwig Johanna, gest. 1874 in Friedersdorf
verh. 1848 mit Josef W. Neplachowitz, Ob. Lehrer Deutsch Wagram   W   2

M

Malwek Eleonora, Schönstein,
verh. mit Josef W. Hausbesitzer in Lodnitz, geb. 1786   L   2

Marianne X (1672 - 1747)
verh. mit Hans George W. (1673 - 1644) Zossen Nr. 85   2

Maschke Eleonora geb. 1789 in Zattig, gest. 1861 in Lodnitz   L   1
verh. mit Anselm Sebastian W. (1784 - 1861) Braumeister

Miklos Sophie, verh. mit Roland W. geb. 1918 in Wien   W   7

Mitschke Amalia, verh. mit Josef W. geb. in Stiebrowitz   B   4

O

Olbrich Magdalena, Skrochowitz
verh. 1837 mit Johann W. geb. 1816 in Zossen, Gastwirt Skroch.   SK 1

P

Pausch Gisela, geb. 1899 in Budapest,
verh. 1923 mit August W. geb. 1892 in Zattig, Bankbeamter   B   19

Pecht Franziska, verh. 1842 mit Anselm Sebastian W. (1784-1861) L   1

Philippine X, geb. in Lichten
verh. 1873 mit Karl W. (1851 - 1898) Zossen Nr. 23   K   6

Proksch Josefa (1761 - 1819) Lodnitz
verh. mit Franz Martin W. (1745 - 1814) Brau-meister   K   1

Pruksch Maria Friederike, geb. 1914 in Seesitz-Aussig
verh. 1940 mit Ing. Gustav W. geb. 1914   F   38

Q

Quapil Gisela, geb. 1872 in Wien,
verh. 1892 mit Leo W. geb. 1864 in Geppersdorf, Ob. Offizial   W   6

R

Reimer Elfriede, geb. 1908 in Freudenthal,
verh. 1927 mit Karl W. geb. 1900 in Ober Wiegstein   F   17

Riedel Ida, (1879 - 1945) Aubeln,
verh. 1903 mit Julius W. (1874 - 1954) Zossen, Erbrichter   F   33

Rieger Marie, geb. in Zossen Nr. 33
verh. mit Johann W. (1887 - 1920) Zossen Nr. 23   K   11

S

Sahliger Beatha, Zattig, gest. in Stiebrowitz,
verh. 1832 mit Albert W. geb. 1812 in Zattig, gest. Stiebrow.   B   4

Schabok Helme,
verh. 1916 mit Josef W. Ober Wigstein, geb. 1863 Kl. Herrlitz   F   11

Schlager Marie,
verh. mit Arnold W. Destillateur in Wien, geb. 1865 Dennisch   V   3

Schnürch Josefa, geb. in Zattig,
verh. 1852 mit Josef W. geb. 1815, Bauer in Zattig   B   5

Schnürch X, verh. mit Eduard W. geb. in Zattig, gest. Deitendf.   B   5

Schreiber Agathe (1790 - 1847) Zossen,
verh. mit Karl Daniel W. (1780 - 1856) Zossen Nr. 23   K   1

Schorz Marie, (1859 - 1929) Gross Herrlitz
verh. 1879 mit Johann W. (1856 - 1878) Bauer in Gr. Herrl.   B   12

Seifert Marie, Zossen Nr. 54
verh. mit Rudolf W. (1890 - 1930) Zossen   K   12

Seipel Anna, (1853 - 1893)
verh. mit Karl W. (1851 - 1898) Zossen Nr. 23   K   6

S

Smaye Johanna, Bennisch
verh. mit Vinzens W. geb. 1793 in Zossen Nr. 85   V   1

Springer Theresia, Kl. Herrlitz,
verh. mit Alois W. geb. 1867 Zossen   K   9

Starnec Sophie (1869 - 1895)
verh. mit Josef W. Bennisch, geb. 1872, Spielleiter Salzbg.   V   5

Stegner Hermine (1868 - 1920) Brünn
verh. mit Walter W. (1853 - 1897) Major   K   3

Strack Marina, Aubeln (1717 - 1777)
verh. mit Martin W. (1710 - 1771) Zossen Nr. 85   3

Strack Anna,
verh. mit Arnold W. Wien, Destillateur   V   3

Sübke Johanna Maria Gertrud, geb. 1893 in Sorau
verh. mit Alois W. (1891 - 1920) Fabriksdirektor   F   15

Susanna Elisabeth, Zattig
verh. mit Johann Benedikt W. (1756 - 1805) Bauer in Zattig   B   1

T

Tatzel Wilhelmina, Freihermersdorf
verh. 1900 mit Rudolf (1872 - 1942)   F   32

Teimer Olga,
verh. 1920 mit Artur W. geb. 1890, Kohlenhandlung, Römerstd.   B   13

Trassler Eugenie (1820 - 1903) Troppau
verh. mit Dr. Josef W. (1811 - 1903) Advokat   K   2

Treumann Ella, (1886 - 1917) Riga
verh. 1912 mit Rudolf W., geb. 1889 in Meltsch   F   14

Trakanowitz Elisabeth (1850 - 1894)
verh. mit Ottokar W. (1850 - 1920) Volksschuldirektor   W   3

U

Uwira Veronika (1815 - 1857) Neplachowitz,
verh. mit Franz W. (1809 - 1874) Hausbesitzer   K   8

U — W — Z

Zellerte Maria, Neu Waltersdorf
verh. 1672 mit Georg W.   I

Zezulka Sidonie, geb. 1910 in Mähr. Ostrau,
verh. 1939 mit Hellmuth W. geb. 1917 in Jaransk   F   18

Zimmer Grete, geb. 1889 in Sehndorf,
verh. 1919 mit Rudolf W. geb. 1889 in Meltsch   F   14

3.) Namen der Männer die

gebürtige Weyrich

geheiratet haben.

A

Ackermann Franz, Ing. Wiener Neustadt, später Rio de Janeiro
verh. mit Else W.1881 D.Wagram   W   8

B

Bartel Franz, Bauer in Koschendorf, gest.1940
verh. mit Wilhelmine W.(1875 - 1940) Klein Herrlitz   F   12

Beitel Josef, Bauer in Lichten,
verh.1847 mit Antonia W.geb.1819 in Zossen Nr.23   K   2

Bernhard Ludwig, gef.1914, Gastwirt in Wiener Neustadt
verh. mit Berthlinde W.geb.1883 D.Wagram   W   9

Blaschke Johann, Gutsbeamter in Lobenstein
verh.1802 mit Maria Theresia W.geb.1784 in Zossen   4

D

Dastig Johann, geb.1864, Bauer in Brättersdorf
verh.1887 mit Marie W. geb. 1863 in Zattig   B   7

Dittel Josef, Bauer in Zossen Nr.22
verh.1847 mit Maria Theresia W.(1815 - 1848)Zossen   K   5

Drösler Franz, Bauer, Neudörfel, gest. in Maiwald
verh. mit Sophie W. geb.1900 in Arnsdorf   B   9

F

Frimmel Johann, Dr.jur. Brünn (1907 - 1949)
verh.1943 mit Hermine W. geb.1920 in Ober Hermsdorf   F   40

Fuchs, Bauer in Braunsdorf,
verh. mit Eleonora W. geb.1810 in Zattig   B   3

G

Gebauer Johann, Bauer in Zattig
verh.1850 mit Karolina W. geb.1815 Zossen Nr.28   F   1

Gebauer Josef, Bauer in Leitendorf (1835 - 1905)
verh.1854 mit Josefa W.(1836 - 1894) Zossen Nr.28   F   24

Grund Max, verh. mit Edith W.geb. 1903 in Wien   W   6

Guschguloff Roschko, Sofia, verh.1954 mit Ruth W.Ratkau   F   61

H

Habel Otto (1905 - 1945) Erbrichtereibesitzer Aubeln
verh. mit Herta W. geb. 1913   F   37

Höller, Erbrichtereibesitzer in Milkendorf
verh. mit Anna W. Zossen Nr. 23   K   5

Hustoletz, Privatbeamter in Wien
verh. mit Ella W. geb. 1901 in Wien   W   6

J

Jahn Hans, Fabriksbeamter in Aloisthal
verh. mit Magdalena W. geb. 1899 in Katharein   K   4

Jursitzka Florian, Bauer in Bennisch
verh. mit Josefa W. geb. 1813 in Zossen Nr. 23   K   1

K

Kinzel August, Zossen, Bergbeamter in Tribram
verh. mit Pauline W. geb. 1870 in Neplachowitz   L   9

Koschatzky Otto, geb. 1893, Bauer in Zattig
verh. mit Stephanie W. geb. 1894 in Zattig   B   8

Koschatzky Anton, Kl. Herrlitz
verh. 1849 mit Maria Theresia W. Zossen Nr. 28 (1818 - 1857)   F   1

Krause Rudolf, Privatbeamter in Wien
verh. 1863 mit Paula W. geb. 1834 in Geppersdorf   W   2

Kraus Fred, Magistratsbeamter in Wien
verh. mit Frieda W. geb. in Wien   W   5

Kroner Rudolf, Bankbeamter, geb. 1904 in Johannesthal
verh. 1939 mit Edith W. geb. 1920 in Ratkau   F   14

L

Ludwig Walter, Dipl. Ing. geb. 1882 in Raase
verh. mit Berthlinde W. geb. 1883 in D. Wagram   W   9

M

Mader Franz, geb. 1843 in Weidenau, Inspektor in Wien
verh. mit Thekla W. geb. 1854 in Alt Bürgersdorf   W   4

Michalke Gottfried, Bauer in Glomnitz
verh. mit Eleonora W. geb. 1870 in Zattig   B   1

M

Mitschke Rudolf, geb. 1900, Bauer in Brättersdorf
verh. mit Helene W. geb. 1903 in Freihermersdorf   F   36

Müller Johann, Bauer in Mladetzko
verh. 1810 mit Theresia W. geb. 1783 in Zattig   B   1

Muffe Rudolf, Priv. Beamter Warnsdorf
verh. mit Alice W. geb. 1899 in Wien   W   6

N

Nowak Adolf, Bauer in Alt-Erbersdorf, geb. 1862
verh. mit Marie W. geb. in Zossen Nr. 46   F   64

P

Philipp Franz, Bauer in Bennisch
verh. mit Ludmilla W. Stiebrowitz (1844 - 1911)   B   4

Philipp Hubert, Bauer in Zattig
verh. 1909 mit Klementine W. geb. 1883 in Zattig   B   16

Pichlmayr Kostulus, geb. 1927 in Moosburg
verh. 1948 mit Irmgard W. geb. 1920 Ratkau   F   20

R

Raab Anton, verh. mit Eleonora W. geb. 1820 in Zattig   B   2

Rieger Josef, Zossen Nr. 68
verh. 1843 mit Franziska W. (1820 - 1898) Zossen Nr. 28   F   2

Rummich Georg, Bauer in Lichten
verh. mit Anna Katherina W. geb. 1738 in Zossen   3

Rupprecht Ernst, Oberlehrer Freihermersdorf
verh. 1922 mit Marie W. (1901 - 1937) Freihermersdorf   F   35

S

Sahliger Eduard, Bauer in Alt Erbersdorf
verh. 1852 mit Karolina W. geb. 1833 Zossen Nr. 28   F   21

Schindler Ignatz, Lichtewerden
verh. 1795 mit Karolina W. geb. 1778 in Zossen Nr. 85   4

Schnürch Rudolf, Bauer in Zattig
verh. 1912 mit Hermine Auguste W. geb. 1886 in Zattig   B   11

S

Simmert Andreas, Bauer in Zossen (1703 - 1758)
verh. mit Maria Elisabeth W. geb. 1704 in Zossen   6

U

Unger Anton, Freigärtler Zossen, geb. 1731
verh. 1767 mit Maria Theresia W. (1748 - 1822)   3

W

Wessely, Geometer in Wien
verh. mit Gerda W. geb. 1900 in Deutsch Wagram   W   11

Wolf Josef, Bauer in Zossen, (1703 - 1758)
verh. 1727 mit Anna Theresia W. (1708 - 1758)   A   1

Wölfel Eduard, Dipl. Landwirt, geb. 1902 in Troppau
verh. 1938 mit Gertrud W. geb. 1916 in Röwersdorf   F   39

Z

Zwesken Rudolf, Fliegerleutnant, gef. 1943
verh. 1943 mit Irmgard W. geb. 1920 in Ratkau   F   20

4.) N a c h f a h r e n

der unter

3.) angeführten Personen, deren Ehepartnern und Kinder.

A

Ackermann Walter, geb. 1914 in Rio de Janeiro	W	8
Ackermann Nora, geb. 1917 in Rio de Janeiro	W	8

B

Bartel Elisabeth, geb. 1916 in Koschendorf	F	12
Bartel Wilhelm (1913 - 1932) Koschendorf	F	12
Beer Edith (1914 - 1927) Branitz	S	8
Beer Marie, geb. 1921 in Branitz, verh. mit Hanke	S	8
Beer Helene, geb. 1917 verh. mit Heinrich Paul, Mühlenbesitzer in Branitz	S	9
Bernhard Berthlinde, geb. 1906 in Wiener Neustadt verh. mit Karl Thiel, Wiener Neustadt	W	9

C

Czech Adolf, geb. 1914 in Alt Erbersdorf verh. mit Else Reinhardt-Weil, geb. 1926	F	52
Czech Alfred, geb. 1912 in Alt Erbersdorf verh. mit Maria Weiser, geb. in Sindelfingen	F	51
Czech Anna, geb. 1915 in Alt Erbersdorf	F	22
Czech Bruno, geb. 1909 in Alt Erbersdorf	F	22
Czech Henriette, geb. 1902 in Alt Erbersdorf verh. mit Rudolf Losert, Alt Erbersdorf Nr. 7	F	48
Czech Hilda, geb. 1921 in Alt Erbersdorf	F	22
Czech Ida, geb. 1906 in Alt Erbersdorf verh. mit Karl Januschke	F	50
Czech Jürgen, geb. 1949 in Weil	F	52
Czech Marie, geb. 1904 in Alt Erbersdorf verh. mit Ludwig Losert, Alt Erbersdorf Nr. 8	F	49

D

Dastig Aloisia, 1894 Brättersdorf verh. mit Johann Czech, Bauer in Kunzendorf	B	7
Dastig Anna, geb. 1889 in Brättersdorf verh. mit Friedrich Czernin, Bauer in Keltsch	B	7

D

Dastig Hermine,(1888 - 1916) Brättersdorf	B	7
Dastig Hermine,geb.1900 in Brättersdorf	B	7
Dolp Gerhard,geb.1949	F	60
Dolp Walter,geb.1952	F	60

E

Erbrich Christl,geb.1929 in Raase	S	12
Erbrich Adolf,geb.1940 in Freudenthal	S	12
Erbrich Anna,geb.1937 in Freudenthal	S	12
Erbrich Herbert,geb.1934 in Freudenthal	S	12
Erbrich Rudolf,geb.1931 in Raase	S	12

F

Frimmel Norbert,Stud.Rat,geb.1949 in Hameln	J	40
Frimmel Ursula,geb. und gest.1947 in Hameln	J	40
Fuchs Helma,geb.1914 in Braunsdorf verh. mit Alfred Laske,Bauingenieur	G	7
Fuchs Herta,geb.1920 in Braunsdorf	G	7
Fuchs Ida,geb.1916 in Braunsdorf verh. mit Alfred Neumann,geb.1913,gefallen im 2.W.K.	G	7
Fuchs Otto,geb.1908 in Braunsdorf,Dipl.Ing.	G	7

G

Gebauer:

Adolfine,geb.1924 in Zossen	F	28
Albertine (1856 - 1922) Seitendorf verh. mit Johann Luch (1849 - 1916)	F	25
Albine,geb.1892 in Seitendorf	F	27
Alfred,geb.1896,vermisst im 2.W.K.	F	27

G

Gebauer:

Alois,(1858 - 1910) verh.1886 mit Albertine Gebauer	F	26
Anna,(1895 - 1896) Seitendorf	F	27
August,geb.1870 in Seitendorf,gest.1944 in Troppau verh. mit A.Keschner Oberverwalter	F	29
Hermine,geb.1894 in Seitendorf verh.1923 mit Hermann Losert,Bauer in Bennisch	F	63
Herta,geb.1910 in Meltsch, verh.1939 mit Horst Ing.Schurda,vermisst im 2.W.K.	F	29
Johann (1872 - 1873) Seitendorf	F	24
Josef (1860 - 1869) Seitendorf	F	24
Josef (1864 - 1928) Seitendorf verh.1.mit Wilhelmine Drösler,2.mit Anna Springer	F	27
Josef,geb.u.gest.1891 in Seitendorf	F	27
Julius,geb.u.gest.1863 in Seitendorf	F	24
Julius,(1867 - 1888) Seitendorf	F	24
Karl,geb.u.gest.1874 in Seitendorf	F	24
Leo,geb.1900 in Seitendorf,verh.mit Rosa Engel,Zossen	F	28
Leo,geb.1922 in Zossen	F	28
Marie,geb.1866 in Seitendorf	F	24
Oskar,geb.1887 in Seitendorf,Oberrechnungsrat Wien verh. mit Steffi Kutschera	F	62
Oskar,geb.1922 in Wien,gefallen im 2.W.K.	F	62
Otto,(1902 - 1922) in Seitendorf	F	27
Rosa,geb.1926 in Kamenz	F	28
Trudi,geb.1917 in Wien	F	62
Wilhelmine,geb.1872 in Seitendorf	F	24
Guschguloff Michael,Rudolf	F	61

H

Habel Adolf Horst Konrad, geb. 1938 in Aubeln	F	37
Habel Gerhard, geb. 1935 in Aubeln	F	37

Heinzel:

Alois, geb. 1903 in Seitendorf, verh. 1938 mit Irma Philipp	F	54
Franz, geb. 1910 in Seitendorf, Heizungsingenieur, verh. mit Leopoldine Krolop	F	55
Friederike, geb. 1900 in Seitendorf verh. mit Adolf Unger (1891 - 1949) Baumeister	F	53
Gerda, geb. 1943 in Seitendorf	F	54
Gerhild, geb. 1941 in Seitendorf	F	54
German, geb. 1938 in Seitendorf	F	54
Herta, geb. 1905 in Seitendorf	F	53
Hildegard, geb. 1932 in Seitendorf, Justizangestellte	F	53
Paul, geb. 1901 in Seitendorf, Foestingenieur	F	53
Werner, geb. 1949	F	55
Hirschmüller Gudrun, geb. 1951	F	56

J

Januschke Egon, geb. 1933 in Alt Erbersdorf	F	50
Januschke Ursula, geb. 1947 in Wertingen	F	50
Januschke Maria Theresia (1788 - 1833) Zossen verh. mit Florian Weyrich (1788 - 1850) Zossen	F	1

K

Kaul Dittrich, geb. 1943 in Burg Branitz	S	9
Kaul Herbert, geb. 1941 in Burg Branitz	S	9
Kaul Maria, geb. 1946 in Burg Branitz	F	9
Kohlmeyer Dorit, geb. 1944 in Bennisch	F	66
Kroner Hans Jürgen, geb. 1940 in Neutitschein	F	19

L

Langer Adolf, geb. 1913 in Bennisch, verh. 1950 mit Luzia Franke, Hannover	S	10
Laske Dieter Adolf, geb. 1939 in Jägerndorf	S	10
Laske Max Klaus, geb. 1935 in Braunsdorf	S	13

Losert:

Adolf, geb. 1886, verh. mit Mathilde Krones	F	23
Alfred, geb. 1933 in Alt Erbersdorf	F	48
Anna, geb. 1887 Alt Erbersdorf, verh. mit Raimund Czech	F	22
Anna, geb. 1924 in Alt Erbersdorf	F	49
Anna, geb. 1931 in Alt Erbersdorf	F	48
Brunhilde, geb. 1936 in Alt Erbersdorf	F	49
Edeltraut, geb. 1929 in Alt Erbersdorf	F	48
Egon, geb. 1928 in Alt Erbersdorf	F	49
Elisabeth, geb. 1926 in Alt Erbersdorf	F	48
Erwin, geb. 1933 in Bennisch	F	63
Henriette, geb. 1923 in Alt Erbersdorf	F	23
Henriette, geb. 1926 in Alt Erbersdorf	F	48
Hermann, geb. 1928 in Bennisch	F	63
Ludwig, geb. 1938 in Alt Erbersdorf	F	49
Rudolf, geb. in Alt Erbersdorf, gef. im 2.W.K.	F	21
Rudolfine, geb. 1928 in Alt Erbersdorf	F	48
Luch Hermine, geb. 1878 in Seitendorf verh. 1900 mit Alois Heinzel, Bennisch, Bergingenieur	F	53

M

Mader Franz, geb. 1891 in Rammersdorf, Insp.	W	4
Mader Beata, geb. 1899 in Pöchlarnsdorf N.Ö.	W	4
Mitschke Gerlinde, geb. 1942 in Troppau	F	36
Helene, geb. 1945 in Freihermersdorf	F	36
Mitschke Helmut, geb. 1927 in Freihermersdorf	F	65
Mitschke Irene, geb. 1930 in Freihermersdorf	F	36

N

Nowak:

Alfred, geb. 1894 in Alt Erbersdorf	F	64
Bruno, geb. 1917 in Zossen, verh. mit Ludmilla Jahn	F	58
Christine, geb. 1902 in Alt Erbersdorf	F	64
Christine, geb. 1951	F	59
Elisabeth, geb. 1949	F	59
Erwin, geb. 1900 in Alt Erbersdorf	F	64
Friedrich, geb. 1904 in Alt Erbersdorf	F	64
Helene, geb. 1920 in Zossen	F	57
Hugo, geb. 1920 in Zossen, verh. mit Else Tham	F	59
Ilse, geb. 1934 in Zossen Nr. 46	F	57
Josef, geb. 1890 in Alt Erbersdorf, verh. mit Marie Link	F	57
Marie, geb. 1893 in Alt Erbersdorf	F	64
Ottilie, geb. 1891 in Alt Erbersdorf, verh. m. Joh. Schneider	F	67
Paul, geb. 1924 in Zossen, Ingenieur	F	57
Rosa, geb. 1928 in Zossen Nr. 46, verh. mit Georg Dolp	F	60
Rosa Marie, geb. 1953 in Jungbuch	F	59
Sieglinde, geb. 1953 in Derndorf	F	58
Stefanie, geb. 1897 in Alt Erbersdorf	F	64
Werner, geb. 1940 in Zossen Nr. 46	F	57

P

Pichlmayr Helga, geb. 1948 in Moosburg	F	20

R

Rieger:

Adolf (1856 - 1919) Bennisch, Baumeister u. Civilgeometer	F	7
Adolf, geb. 1876 in Zossen, Privatier	F	4
Adolf, geb. 1885 in Bennisch, Baumeister	F	43
Adolf, geb. 1923, Bauingenieur	F	43

R

Rieger:

Adolf,(1912 - 1932)	F	44
Alfred,geb.1888 in Bennisch,verh.m.Ella Jahnke	F	45
Alois,geb.1881 in Zossen,Bahnbeamter in Wien	F	4
Anna,geb.1911 in Zossen	F	5
Edeltraut,geb.1913	F	44
Gerda,geb.1920 in Bennisch	F	66
Gertrud,geb.1928	F	47
Gustav,Forstdirektor in Reichenstein	F	3
Harald,geb.1927	F	46
Helga,geb.1923	F	45
Herbert,geb.1931	F	47
Ilse,geb.1926	F	45
Johann,geb.u.gest.1856 in Zossen	F	2
Josef,geb.1844 in Zossen	F	3
Josef,geb.1875 in Zossen,verm.im 2.W.K.	F	5
Josef,geb.1898 in Bennisch,Dipl.Ing.	F	47
Julius,(1850 - 1888) Zossen,Bauer u.Schieferdeckermeister	F	4
Lotte,geb.1924 in Bennisch	F	46
Margarete,geb.1886 in Bennisch	F	44
Marie,geb.1878 in Zossen	F	6
Marie,geb.1884 in Bennisch	F	42
Marie,geb.1900 in Zossen Nr.68	F	5
Norbert,geb.1891 in Bennisch	F	46
Oskar,geb.in Mähr.Ostrau,Schieferdeckermeister	F	3
Otto,geb.1905 in Zossen	F	5
Rudolf,(1874 - 1885) Zossen	F	4
Sofie,geb.1853,gst.1854 in Zossen	F	2
Theresia,(1894 - 1895) in Bennisch	F	7
Rupprecht Günther Ernst,geb.1929 in Freihermersdorf	F	35
Ruprecht Isolde,geb.1923 in Freihermersdorf	F	56

S

Sahliger Anna, geb. in Alt Erbersdorf	F	21
Sahliger Marie, geb. in Alt Erbersdorf	F	21
Simmert Franz Anton, geb.1728 in Zossen		6
Simmert Theresia, geb.1734 in Zossen		6
Simmert Friedrich Johann, geb.1731 in Zossen		6
Simmert Johann, (1760 - 1761) Zossen		6
Schneider Bruno, geb.1926 in Podoli b. Troppau	F	67
Schneider Paula, geb.1919 in Alt Erbersdorf	F	68
Schneider Sylvia, geb.1948 in Frankfurt	F	68
Schneider Walter, geb.1913 in Alt Erbersdorf	F	67

Schreiber:

Adolf, (1814 - 1880) Zossen, Erbrichter	S	2
Adolf, geb.1856 in Zossen, gest.1923 in Friedersdorf	S	3
Adolf Franz, (1857 - 1904) Zossen	S	2
Adolf, geb.1898 in Friedersdorf, Dr. Theolog	S	3
Adolf, geb.1932 in Berlin	S	11
Alois, geb.1809 in Zossen Nr.57	S	1
Alois, geb.1843, gefallen 1866 bei Custozza	S	2
Alois, geb.1896 in Friedersdorf	S	6
Aloisia, (1853 - 1883)	S	2
Aloisia, (1893 - 1947)	S	8
Aloisia, geb.1891 in Friedersdorf	S	10
Anna Marie, geb.1827 in Zossen	S	1
Anna, geb.1851 in Zossen	S	2
Anna, geb.1903 in Friedersdorf	S	12
Amalia, (1845 - 1857) Zossen	S	2
August, geb.1901 in Friedersdorf, Dr.Ing.	S	11
Berthold, geb.1936 in Berlin	S	11
Ernst Franz, (1838-1894) Zossen	S	2
Erhard, geb.1939 in Berlin	S	11

S

Schreiber:

Ferdinand (1841 - 1896) Braumeister in Wien	S	2
Ferdinand, geb. 1894 in Friedersdorf	S	5
Franz, (1854 - 1857) Zossen	S	2
Franz (1861 - 1896) Zossen, Erbrichtereibesitzer	S	4
Franz, geb. 1893 in Friedersdorf, Pfarrer	S	3
Franz, geb. ~~1893~~ 1924 in Friedersdorf	S	5
Franziska, geb. 1817 in Zossen	S	1
Gerhard, geb. 1926 in Friedersdorf	S	5
Gisela, geb. 1922 in Wiese	S	6
Helene, geb. 1925 in Friedersdorf	S	6
Karolina (1813 - 1857) Zossen	S	1
Herta, geb. 1933 in Berlin	S	11
Ida, geb. 1889 in Zossen	S	7
Ida, geb. 1927 in Friedersdorf	S	5
Leokadia, geb. 1887 in Zossen, Oberin-Tempelshof	S	4
Maria Theresia, geb. 1883 in Zossen	S	2
Philomena (1849 - 1908)	S	2
Robert, geb. 1819 in Zossen	S	1
Rudolf, geb. 1899 in Friedersdorf, gefallen 1918	S	3
Theresia, geb. u. gest. 1822 in Zossen	S	1
Theresia Philomena, geb. 1847 in Zossen	S	2

T

Thiel Eva, geb. 1936 in Wiener Neustadt	W	12
Thiel Heinz, geb. 1935 in Wiener Neustadt	W	12
Thiel Klaus, geb. 1939 in Wiener Neustadt	W	12

W

Waletzke (Waletschke)

Elisabeth, geb.u.gest.1899 in Skrochowitz	F	6
Emma, (1901 - 1902) Skrochowitz	F	6
Franz, geb.1905 in Roth-Wasser	F	6
Marie, (1903 - 1917) Mähr.Roth-Wasser	F	6
Otto, geb.1900 in Skrochowitz, gefallen im 2.W.K.	F	6
Rudolf, geb.1917	F	6
Wesely Tamara, geb.1933 in Wien	W	11
Wesely Erika, geb.1939 in Wien	W	11

Wolf:

Anton (1733 - 1791) Zossen, Pfarrer	A	1
Anna Marie (1730 - 1793) Zossen	A	1
Anton Andreas, geb.u.gest.1767	A	4
Ignatz Anton, (1764 - 1766) Zossen	A	4
Johann Dominik, geb.1755 in Zossen	A	2
Johanna, geb.1768 in Zossen	A	2
Johanna Ludowika, (1765 - 1766)	A	2
Josef, (1737 - 1787) Zossen	A	4
Josef Ignatz, (1762 - 1766) Zossen	A	4
Maria Barbara, geb.1741 in Zossen	A	1
Maria Barbara, geb.1761 in Zossen	A	3
Maria Brigitta, geb.1771 in Zossen	A	2
Maria Eleonora, geb.1757 in Zossen	A	2
Maria Elisabeth, (1731 - 1752)	A	1
Maria Elisabeth, geb.1766	A	2
Maria Josefa Anna, geb.1769	A	4
Maria Klara, geb.1764	A	4
Maria Theresia, geb.1759	A	2
Klara Maria Anna, geb.1766	A	4
Vinzenz, (1761 - 1762)	A	4
Maria Theresia (1728 - 1789) Zossen	A	2

W

Wölfel Astrid Barbara, geb. 1944 in Troppau   F   39

Wölfel Birgit Christine, geb. 1949 in Wertingen   F   39

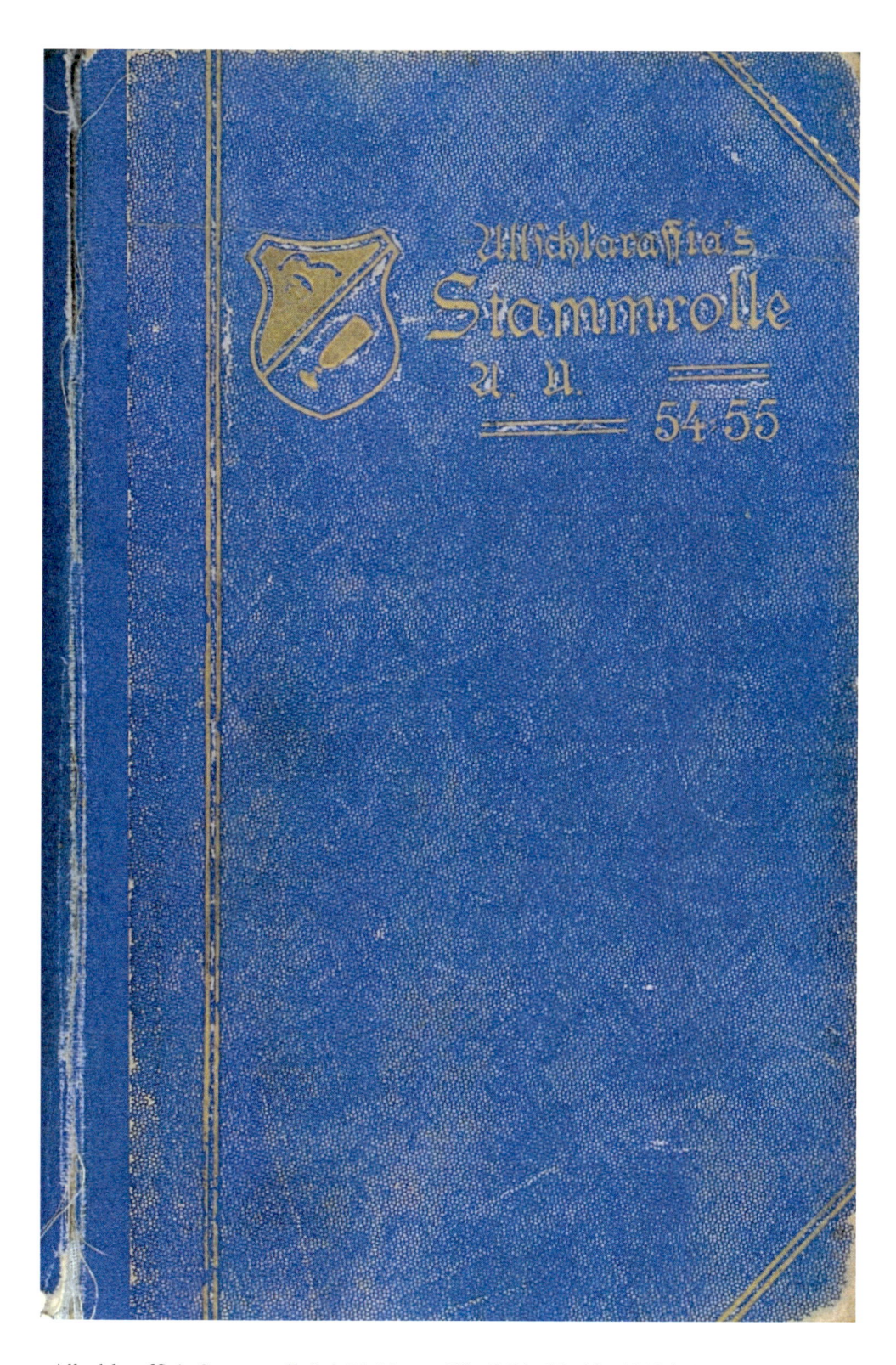

„Allschlaraffia's Stammrolle" A.U. [Anno Uhui] 54–55, d.h. 1913/14

Stammrolle
des
Schlaraffenreyche
des Erdballes.

Anno Uhui 54—55.

PICEA 189

Ediret
von der
Ullmutter Praga.

Redigiret vom Allschlaraffischen Matrikelführer Erbmarschall Ritter Simson.

Verlag der Schlaraffia in Prag.

---

15 59

Allschlaraffias Ehren=Tafel.

Dom IV. Concile
zum Ehrenschlaraffen Allschlaraffia's erkürt:
Weiland Se. Herrlichkeit
Raps der Große.

Dom V. Concile
zu Ehrenschlaraffen Allschlaraffia's erkürt:
Weiland Se. Herrlichkeit
Graf Gleichen der Lindenmüller
Weiland Se. Herrlichkeit
Graf Plato der Griechische Bummler.
Weiland Se. Herrlichkeit
Höllenstein das Tausendguldenkraut.

Dom VII. Concile
zum Ehrenschlaraffen Allschlaraffia's erkürt:
Weiland Se. Herrlichkeit
Comité das Reychskind.

IN ARTE VOLVPTAS

24. Vindobona. (Wien.)

Reychsfarben: Weiß-rot.

Gegründet: 2. des Christmondes 1580. Mutterreych: Praga.
Umbtl. Adr.: Theodor Ziegler, IX./2, Zimmermanngasse 7.
Blitzogr.-Adr. a. Sippgst.: Schlaraffia, I., Börseg. 11.
Burg: Veste „Höllenstein". (I., Börsegasse 11.)
Börsegebäude, T. VIII/3839.
Sippungstag: **Donnerstag**.

Aktive Würdenträger:

Oberschl. Hum der Schlachtenschwammler, Schlafgraf von Wachauf, Freiherr von der Krystalline, Hadschi, O.-R., O.-Schl. d. Ae. (Hoen Mar Ritter von, k. u. k. Oberst d. Generalstabskorps [Kriegsarchiv], XVIII./2, Schindlergasse 41.)

Oberschl. Gsangl vom und zum Herzen, Graf, Erzellenz, Eb., Km., O.-R., O.-Schl. d. J. (Ertl Karl, k. u. k. Major i. R., Generalsekretär der k. k. Gesellschaft vom weißen Kreuz, VII., Zieglergasse 9, Bureau: I., Bräunerstr. 3, T. 4303.)

Oberschl. Ekkehard der Reimeschmied, Graf von Schlagewitz, Erzellenz, Urf., Eb., O.-R., O.-Schl. d. K. (Stoklaska Ottokar Hans, Lyzealdirektor i. R., VIII./2, Josefstädterstr. 80, T. 17760.)

Oberschl. Hell der Nerone, Freiherr von Ka-Länderbank, Se. Intelligenz, O.-R., O.-Schl. o. P. (Schwarz Hugo, k. k. Kommerzialrat, Direktor der Anglo-österr. Bank, I., Zelinkagasse 6 T. 12756.)

Kantzler Frundsberg mit der höheren Bildung, Graf von der Feder, Urf., Eb., Eb.-K., Km., O.-R. (Ziegler Theodor, k. k. Übunasschullehrer am Zivil-Mädchenpensionat, IX./2, Zimmermanngasse 7.)

Reychsmarschall Heißsporn auf und ab Schloßberg, Freiherr von Nummernvoll, Se. Genauigkeit, O.-R. (Bordolo von Boreo Johann Ritter, k. u. k. Oberstleutnant [Ksmstm.], VI., Capistrang. 3.)

Junkermeister Papschele der Entgleiste, Kuhfürst von Liptó, Witzeadmiral, Botschafter 2. Klasse, Eb., O.-R. (Heiß Karl, Inspektor i. R. der niederösterr. Landesbahnen, I., Graben 13, T. 2433/II.)

Reychschatzmeister Celluloisl der Satinierte, Raubgraf von Höllensteingold, Hadschi, O.-R. (Bernatzik Alois, Inhaber der Papierfabriks-Niederlage Karrer & Bernatzik, vorm. Emil Karrer, Hmba.: VII., Burggasse 40, T. 38636/II, Bureau: I., Rathausstr. 7, T. 16040.)

Ceremonienmeister Baumbacher vom Triglav, Reychsfürst, L. V., Eb., Km., O.-R. (Reeh Viktor, k. u. k. Marine-Oberingenieur 1. Kl. i. R., III./1, Linke Bahngasse 13, T. 852/VIII.)

Seßhafte Ritter:

Abakus von der Sturmfeder, Graf, Km. (Puchinger Adolf, k. u. k. Militär-Bauoberrechnungsrat 2. Kl., III./2, Blütengasse 5.)

Abdul-Aha der Pegasüße, Eb. (Glücksmann Heinrich, Schriftsteller, Dramaturg am Deutschen Volkstheater, IX./1, Grüne Torgasse 12, T. 21364.)

87. Oppavia. (Troppau.)

Reychsfarben: Rot-blau-gelb-schwarz.

Gegründet: 20. des Ostermondes 1586. Mutterreych: Linzia.

Amtl. Adr.: Schlaraffia — Troppau.

Blitzogr.-Adr. a. Sippgst.: Schlaraffia — Troppau.

Burg: Schellenburg. (Restauration zum goldenen Hasen, Salzgasse 45.)

Sippungstag: **Dienstag.**

Aktive Würdenträger:

Oberschl. Beisele der Mehlspeiskönig, Graf, O.-R., O.-Schl. d. Ae. (Beran Leo, Dr., k. k. Landesgerichtsrat, Johannesgasse 5.)

Oberschl. Helgo chevalier de Lys, Graf, O.-R., O.-Schl. d. J. (Brabec Eduard, k. k. Professor und k. u. k. Hauptmann i. d. R., Theater- und Musikreferent der „Fr. schles. Presse", Kommende Weg 2, T. 325/IV.)

Oberschl. Schlemm der Bandenführer, Freiherr von Hallodri, O.-R., O.-Schl. d. K. (Karpf Karl, k. k. Hauptmann, Salzgasse 27/29.)

Kantzler Timur der kleine Demosthenes, Khan, Urf., Eb., A., O.-R. (Oertl Heinrich, k. u. k. Oberstleutnant i. R., Bismarckstr. 47.)

Reychsmarschall Lupetto von der Schellenburg, Conte, Eb., Eb.-A., Km., O.-R. (Wolf Isidor, Dr., Rechtsanwalt, Sperrgasse 2, T. 142.)

Junkermeister Check der Liederschreck, R. (Ritter von Rittershain Oswald, Dirigent-Stellvertreter der Kreditanstaltsfiliale, Salzg. 27/29, T. 318/VI.)

Reychsschatzmeister Rosenkreuzer der Mittagszeiger, Baron, Raubgraf, Km., O.-R. (Sonnenblum Ludwig, Kaufmann, Oberring 59, T. 336/VIII.)

Ceremonienmeister Landjäger am Grenzwall, Herr und Landmann, W.A., B., Km., O.-R. (Troger Fritz, Herausgeber und Redakteur der „Fr. schles. Presse", Schloßring 7, T. 117.)

Erb-Würdenträger im Ruhestande:

Erb-Oberschl. Hiddigeigei der Unerschrockene, Graf, Fürst, Herzog, L.D., L.V., L.B., L.W., Urf., Ez., Eb., Eb.-O. i. R., O.-R. (Ziffer Theodor, Dr., Rechtsanwalt, Zwischenmärkten 1, T. 12.)

Erb-Marschall Litho der Graphierte, Graf, Urf., Ez., Eb., Eb.-M. i. R. (Strasilla August, graph. Kunstanstalt, Bismarckstr. 38, T, 9a.)

Erb-Schatzmeister Cambia ohne Maxen, Baron, Urf., Eb., Eb.-Sch. i. R. (Gritzbach Max, Kreditanstaltsbeamter, Radetzkystr. 1.)

Seßhafte Ritter:

Alraun die Regimentstante. (Eppich Adolf, k. u. k. Hauptmann im Inf.-Reg. Nr. 13.)

Anhang I

<u>Die Jahreszeiten</u> in der Gemeinde Zossen - gesehen mit den Augen des akademischen Malers Paul Gebauer (geboren in Zossen am 21.04.1888; verstorben in Harburg/Schwaben am 19.09.1951).

Als Landwirt und Maler hatte Paul Gebauer ein inniges Verhältnis zu seiner schlesischen Heimat und zu deren Menschen.

Sommer in Zossen / Erntezeit

Bildnachweis: aus Wikimedia Commons, dem freien Medienarchiv

Vesper auf dem Felde; 1942
Schlesisches Landesmuseum Troppau

Sommer in Zossen

Erntearbeiten: Das Binden der Getreidegarben durch Frauen. Vor der Kulisse der Zossener bewaldeten Hügel ein Bauer mit Mähmaschine, gezogen von zwei Pferden.

Bildnachweis: aus Wikimedia Commons, dem freien Medienarchiv

„Erntebild", Ende der 1930er Jahre

Sommer in Zossen:

Landleute auf Sensen gestützt blicken Richtung Süden bei hochstehender Sonne. Im Hintergrund ist links oben die Zossener Dorfkirche St. Katharina zu erblicken. Dieses Motiv findet sich auch auf den Postkartenbildern „Gruß aus Zossen". (vergl. S. 44 im Hauptteil!)

Bildnachweis: aus Wikimedia Commons, dem freien Medienarchiv

Paul Gebauer: Landleute vor dem Dorf Zossen. (links oben die Kirche St. Katharina.) Gemälde von 1929 mit dem Titel „Schlesische Bauern". Schlesisches Landesmuseum Troppau.

Herbst in Zossen.

Der Bauer und renommierte Künstler in seinem Zossener Garten bei der Apfelernte. Die Liebe zum Garten und den Stolz auf gesunde Obstbäume teilte Paul Gebauer mit Gustav Weyrich und wohl auch mit meinem Urgroßvater Adolf Weyrich. (vergl. Brief des Urgroßvaters S. 92: Obst solle abgeholt werden.)

Bildnachweis: aus Wikimedia Commons, dem freien Medienarchiv

Selbstbildnis Paul Gebauers bei der Apfelernte. Gemälde 1929.

(Das Bild gilt als verschollen.)

Winter in Zossen

Gemälde Paul Gebauers von 1936 Schlesisches Landesmuseum Troppau. „Bauernhof im Winter".

Bildnachweis: aus Wikimedia Commons, dem freien Medienarchiv

Anmerkung:

Der Verfasser meint folgendes herausgefunden zu haben:

Nach der Anordnung der Wirtschaftsgebäude dürfte es sich um den inneren Wirtschaftshof des Zossener Bauernhofes Nr. 26 handeln. (vergl. Lageplan S. 45 des Hauptteils!) Meine Urgroßmutter Theresia Weyrich stammte aus der Nr. 26 und gehörte zur Familie Gebauer, die seit 1818 im Besitz des Hofes war. (siehe S. 420!)

Anhang J

Vermischtes zu Land u. Leuten der Heimat Gustav Weyrichs.

1.) Im großartigen Sammelband „Mähren und Schlesien in Wort u. Bild", der um 1900 entstanden sein muss, schreibt der in Troppau wirkende Gymnasial-Professor Anton Peter über seine volkskundlichen Forschungsergebnisse. In den Sommerferienmonaten August und September pflegte er auf Wanderungen im westlichen Kronland Schlesien Land und Leute zu beobachten und zu befragen. Den Schlesier und seine Mentalität sieht er als „zwischen dem norddeutschen und dem süddeutschen Wesen" einzuordnen. Insbesonders scheint er die Bewohner des „Oppalandes" recht gut gekannt zu haben. Dies hat ihn zur folgenden <u>Charakterisierung der österreichischen Schlesier</u> gebracht: (a.a.O., S. 550)

> Charakter des Volkes. Bei dem Umstande, daß die Deutschen Schlesiens ursprünglich nicht einem Volksstamme angehören, sondern aus verschiedenen Gegenden Deutschlands in unser Land gekommen sind, möchte vielleicht der Schluß berechtigt erscheinen, daß von einem einheitlichen Volkscharakter nicht gut die Rede sein könne. Allein die gemeinsame Arbeit und die gemeinsamen Schicksale, sowie die gleichen geographischen Verhältnisse des Landes, namentlich die des Oppalandes, welche eine gewisse Abgeschlossenheit im Volksleben bedingen, haben in der Reihe der Jahrhunderte eine Verschmelzung der verschiedenen Elemente bewirkt und einen eigenthümlichen schlesischen Provinzialgeist und Volkscharakter herausgebildet. Sitten und Lebensanschauung befähigen den Schlesier zu der bedeutungsvollen Rolle eines Vermittlers zwischen norddeutschem und süddeutschem Wesen; er ist weder ein kalter, allzu nüchterner Verstandesmensch, noch von überquellendem Gefühl und allzu lebhafter Phantasie. Die Verhältnisse, unter denen er lebt und strebt, haben ihm ein gewisses Mittel dieser Extreme gegeben. Gleich seinem Lande zeichnet sich der Schlesier durch schlichte Gediegenheit und ein gewisses Gleichmaß seiner Entwicklung aus. Stark hervorstechende Eigenthümlichkeiten besitzt er nicht, doch kennzeichnet den rechten Schlesier bei aller Rührigkeit Gelassenheit und Ruhe. Seine Friedensliebe ist bekannt, aber auch sein Rechtsgefühl, seine Ehrlichkeit und Beständigkeit. Rastlos in seinem Bemühen, bescheiden in seinen Ansprüchen ist er mit seinem Lose, das ihm nicht zu leicht gefallen, bald zufrieden. Und empfindet der Gebirgsbewohner auch seine Armuth, so läßt diese ihn doch weder geistig, noch körperlich verkümmern. Selbst die ärmste Familie ist bestrebt, dafür zu sorgen, daß die Kinder reinlich und ordentlich einhergehen. Auch des Armen Ehrgefühl ist so rege, daß er lieber darbt, als vor seinen Mitmenschen sich erniedrigt.

Betrachtet man Leben und Charakter meines Großvaters, lassen sich die von Anton Peters beschriebenen Eigenschaften und Lebenshaltungen tatsächlich erkennen.

Einen besonderen Zug des deutschen Schlesiers bildet sein thatkräftiger Wille, seine zähe Ausdauer; mit jeder neuen Schwierigkeit wächst sein Eifer, wächst seine Kraft. Den kleinsten Vortheil weiß er auszunützen und mit nie abzuschreckender Emsigkeit zu behaupten. Mann, Weib und Kind strengen im Verein ihre besten Kräfte an, um dem Boden den Lebensunterhalt abzuringen. Und so arbeiten nicht nur ein Menschenleben, sondern ganze Generationen an der Verbesserung des Besitzes. Dabei kommt es vor, daß die sorgsame Hausmutter das Bewachen ihres Jüngsten während der Feldarbeit nicht selbst besorgen kann; sie überläßt die Wache über denselben getrost dem treuen Haushunde, während der vorüberfließende Gebirgsbach den kleinen Erdenbürger mittelst einer einfachen Mechanik in den Schlummer wiegt. Durch den Kampf mit der kargen Natur wird die Ausbildung lerneifrig nützt der Schlesier in geschickter, oft findiger Weise die daraus sich ergebenden Vortheile.

(a.a.O., S. 550/551)

Dem Bewohner Österr. Schlesiens wird ein besonderes „österreichisches Vaterlandsbewußtsein" attestiert und seine kriegerische Tapferkeit wird hervorgehoben. Auch diese Züge seiner Landsleute scheint Gustav Weyrich geteilt zu haben.

Da er aber mit allen Kräften des Körpers und des Geistes sein Land sich so zu sagen erobert hat, so hängt auch sein Herz pietätvoll an der Scholle, die ihm dadurch unendlich lieb geworden. Diese Pietät gegen die Heimat hat kräftige Blüten des österreichischen Vaterlandsbewußtseins getrieben. Freudig gab und gibt er Gut und Blut hin, um Land und Reich gegen feindliche Eingriffe von außen zu schützen. Unter den tapfersten Soldaten sehen wir den Schlesier, wenn der Kaiser ruft.

(a.a.O., S. 551)

Als häufig anzutreffende ungute Eigenschaft der bäuerlichen Bevölkerung wird ein gewisser Sarkasmus festgestellt und ein gewisser Hang zur Sparsamkeit des schlesischen Bauern; möglicherweise scheint sich der Autor des Artikels „Das Volksleben der Deutschen" zu scheuen, das Wort Geiz zu gebrauchen.

Bei der angestrengten Arbeit aber, bei dem eifrigen Bemühen, durch Sparsamkeit sein Los zu verbessern, ist der schlesische Landwirth keineswegs ein Knicker. Er liebt es, nach den Anstrengungen des Tages im Dorfwirthshause mit seinesgleichen bei einem Glase Bier oder „Schnaps" sich zu unterhalten oder mit der qualmenden Pfeife im Munde dem Gespräch von Personen gebildeter Stände zuzuhören. Dabei zeichnet ihn eine genügende Dosis Mutterwitz aus, den er bei Herausforderung trocken auf seinen Gegner losläßt. Und so schlagfertig er im Wirthshaus jede Neckerei abzuwehren weiß, ebenso scharf trifft sonst sein Witz jede Schwäche seines Nachbarn oder auch ganzer Gemeinden. Jeder Insasse des Dorfes hat seinen Witz- und Spitznamen, und jede Ortschaft wird in ihren verschiedenen Maßnahmen einer scharfen Kritik unterzogen. Trotz dieses sarkastischen Zuges ist der Schlesier außerordentlich gutmüthig, und schon in der Sprache gibt diese Gutmüthigkeit sich zu erkennen.

(a.a.O., S. 551)

2.) Bauern-Ehepaar im Sonntagsstaat.
Eine bäuerliche Tracht aus dem Kronland Schlesien.
(Gegend um Freiwaldau) (a.a.O., S. 573)

Bauer und Bäuerin aus der Freiwaldauer Gegend.

3.) Das väterliche Wohnhaus meines Großvaters in Zossen war atypisch und es hätte gut in eine städtische Umgebung gepasst. Zur Anlage der fränkischen Bauerngehöfte schreibt Anton Peter: (a.a.O., S. 569)

> Der Bauernhof bildet gewöhnlich ein geschlossenes längliches Viereck. Die Größe der Höfe und Wohnhäuser richtet sich nach dem Umfang des dazu gehörigen Grundbesitzes. Die Anlage der alten schlesischen Bauernhöfe ist, obwohl sie im Einzelnen von einander

Wirthschaftsgebäude aus Böhmischdorf bei Freiwaldau (fränkischer Bau).

> abweichen, der Hauptsache nach fast immer die gleiche. Die Mitte der Straßenfront nimmt das große, zweiflüglige Hofthor ein, dem zur Seite eine kleine einflüglige Pforte für Fußgänger sich befindet. Über dem Eingangsthor gegen die Straße hin ist in einer Nische gewöhnlich das Bild der heiligen Maria oder des heiligen Florian angebracht.

Eingangstore scheinen in Zossen nicht üblich gewesen zu sein. Die fränkische Hofanlage bleibt in den Grundzügen aber bestehen.

> Wenn auch seit den letzten Decennien das Haus des schlesischen Bauern, selbst in höher gelegenen Gebirgsdörfern, im Ziegel- oder Steinbau aufgeführt wird und auch in älteren Häusern infolge von Zubauten und Änderungen das Alterthümliche oft nur noch spärlich durchlugt, so läßt sich doch an den noch vorhandenen alten Gehöften jene ursprüngliche Haus- und Hofanlage nachweisen, wie sie in Franken, Hessen, Thüringen ꝛc. noch üblich ist.

4.) Soziale Verhältnisse auf dem Bauernhof

Zur Wohnstube des Bauern führt Anton Peter aus: (a.a.O., S. 570)

> Die Wohnstube, auch die des Großbauern, ist einfach eingerichtet. Der nicht weit von der Stubenthür auf einem Holzgestelle ruhende mächtige Ofen ist meist aus grün- oder gelbglasirten Kacheln hergestellt. Der Fußboden der Wohnstube ist im ersten Drittel um den Ofen herum mit Stein-, Ziegel- oder Schieferplatten belegt, mitunter auch roh, der übrige Theil gedielt. Als Schmuck der weißgetünchten Wände befinden sich zu beiden Seiten des Crucifixes in der einen Stubenecke um den Tisch Heiligenbilder, einfache Erzeugnisse der Glasmalerei. Nie fehlt auch an der Wand in der Nähe der Thür der thönerne oder zinnerne Weihbrunnkessel. Auch eine Schwarzwälderuhr, der „Seiger", mit bemaltem Zifferblatt ist in jeder noch so ärmlichen Stube zu finden.

Die Unterbringung der männlichen Dienstboten/Knechte war der Pferdestall: (a.a.O., S. 571)

> Aus der Hausflur kommen wir in den Pferdestall. Dieser ist ein länglicher Raum mit einer zweiten Thür nach dem Hofe hin, welche mit einem Querbalken verschließbar ist. In diesem Stalle schlafen auf einem breiten, ziemlich hoch als Bettstätte angelegten Traggestelle, der „Krechze", die männlichen Dienstboten. In dem mit demselben durch eine Thür verbundenen Kuhstall, aus dem ebenfalls eine zweite Thür in den Hof führt, befindet sich außer den zur Bewartung der Kühe nöthigen Geräthschaften die „Hühnerbühne", ein Brettergerüst, zu dem die Hühner vom Hofe aus über eine „Steige" durch eine Öffnung der Mauer Zutritt finden.

Das weibliche Gesinde war in der „Gesindekammer" untergebracht: (a.a.O., S. 571)

> Steigen wir in den Oberstock des Bauernhauses. Dorthin führt, wie schon erwähnt, vom Vorhause aus eine hölzerne steile Treppe. Er theilt seinen Raum in die weite Treppenflur, in die Gesindekammer und in den Rauchfang. In der Treppenflur steht meist die Handmangel. Die Gesindekammer dient als Schlafstätte für das weibliche Gesinde, wenn dasselbe nicht im Kuhstall oder auf dem Backofen schläft. Die Läden der Knechte und Mägde stehen daselbst die Wände entlang. Ein Halbfenster, nach dem Hofraum hin angebracht, läßt das Tageslicht herein. In der guten Stube, einer Einrichtung der neueren Zeit, befinden sich die werthvolleren Sachen und Einrichtungsstücke des Hofbesitzers, voran das Bild des Kaisers und der Kaiserin.
>
> Vom Oberstock aus gelangt man über eine mit einer Fallthür durch ein Anlegeschloß versperrbare Stiege auf den Oberboden, der gegen die Straße zu von dem mit einer Öffnung versehenen Giebel des Hauses abgeschlossen wird. Auf diesem werden die Getreide-, Mehl- und Flachsvorräthe aufbewahrt, aber auch Truhen, Läden, Spinnräder u. a. sind hier untergebracht.

5.) Andere Häuser neben den Bauernhäusern im Dorf:

Das Ausgedinge oder Auszugshaus, das Gärtnerhaus, das Heim des Häuslers:

(a.a.O., S. 572) [vergl. S. 64: Brief Adolf Weyrich v. 1920 und Faksimile S. 93]

> Das Ausgeding- oder Auszugshaus ist im Allgemeinen ebenso angelegt und eingerichtet wie das Bauernhaus, nur ist hier alles in kleinerem Maßstabe. Es hat kein Stockwerk, überhaupt nie mehr als zwei Wohnräume mit einem Gewölbe. Der an das Ausgedinge sich anschließende Schoppen ist an der Seite des Hofes ganz offen, nur Holzsäulen stützen das Dach. Er dient zur Aufbewahrung der Wagen und der Ackergeräthschaften. In seinem Dachraume findet auch ein Theil der Heu- und Strohvorräthe Aufnahme. Die Scheune ist entweder aus Fachwerk aufgeführt oder aus Schrotbalken gezimmert, das Dach mit Stroh gedeckt. Die Einfahrt kann von zwei Seiten vor sich gehen.
>
> Während, wie wir gezeigt, das Bauernhaus mehrere Räume aufzuweisen hat, ist die ganze Anlage des „Gärtlerhauses" viel einfacher. Die Gärtlerstelle umfaßt in der Regel nur ein Gebäude, das in der Straßenfront die Wohnung enthält. Unmittelbar daran schließt sich der Kuhstall und an diesen die kleine Scheune.
>
> Noch beschränkter ist der Häusler in seinem Hause; er besitzt außer den für ihn und und einen Inmann knapp zureichenden zwei Wohnungsräumen, die bisweilen nur zur Noth vor den empfindlichsten Einwirkungen der Kälte, Nässe und Stürme Schutz gewähren, wenn es gut geht, noch einen Stall für eine Kuh und eine Ziege.

Die besondere Leidenschaft meines Großvaters für den Garten entstammt wohl auch einer bäuerlichen Tradition, die Anton Peter beschreibt: (a.a.O., S. 572/573)

> Ein wichtiger Theil des Bauernhofes ist schließlich ein seiner Größe entsprechender Garten. Bei größeren Grundbesitzern theilt er sich in den Obstgarten, zugleich Grasgarten, in den Gemüsegarten und in den Blumengarten. Der erstere namentlich ist dem Besitzer ans Herz gewachsen. Besonderen Werth legt man dem gebackenen Obste bei. Es ist erstaunlich, welche Obstvorräthe man auf dem Boden des schlesischen Landwirthes oft angehäuft findet. Läden und Truhen sind damit angefüllt, so daß durchs ganze Haus der eigenthümliche Geruch des Backobstes zieht. Diese Vorräthe sind neben den Vorräthen an Leinwand und Flachs der Stolz der Hausfrau und zeugen von der Wohlhabenheit des Hauses.
>
> In der Nähe des Obstgartens finden wir den Gemüsegarten. An diesen schließt sich der Blumengarten an, doch ist dieser häufig abgesondert an der Giebelseite des Hauses, welche der Straße zugekehrt liegt. Er fehlt selten bei der Hütte der Armen, nie bei dem wohnlichen Hause des reicheren Bauern.

6.)   Landschaftliche Schilderung Westschlesiens

(gleichfalls aus der Feder des K.K. Gymnasialprofessors Anton Peter, in Mähren u. Schlesien, a.a.O., S. 485 - 516)

[Kurze Beschreibung Jauernigs und Umgebung, sowie des Ortes Ober-Hermsdorf (S. 486/487)

Unter den Höhen des Reichensteiner Gebirgszuges bemerken wir den 339 Meter hohen Johannesberg, gekrönt von der dominirenden Sommerresidenz der Fürstbischöfe von Breslau, derzeit des edlen und erleuchteten Cardinals Dr. Georg Kopp. Herrlich ist der Anblick, wenn wir den alterthümlichen Schloßbau und seine Umgebung von den nahen gegen Nordost ziehenden Hügeln aus betrachten. Das Gebirge erscheint da als ein imponirendes, nach Süden abgegrenztes Amphitheater, dessen Flügel östlich bis über Zuckmantel, westlich über Weißwasser hinausreichen, während im Vordergrunde Schloß Johannesberg auf die blühenden Fluren und ungezählten Ortschaften zu seinen Füßen niederschaut.

Von dem unterhalb des Johannesberges befindlichen Städtchen Jauernig gelangen wir bald zur österreichischen Landesgrenze. Der uns umgebende Landstrich verräth durch seine traulichen, gartenumgrünten Häuschen und wohlgepflegten Ackergründe den Fleiß und den Wohlstand einer arbeitsamen Bevölkerung. Wir passiren das industrielle Barzdorf, östlich davon Ober-Hermsdorf mit einer landwirthschaftlichen Mittelschule und endlich

Schloß Johannesberg.

das freundliche Weidenau am klaren Weidenbach. In dem heiteren, von diesem Bächlein durchzogenen Thale, etwa neun Kilometer aufwärts, zeigt sich das alte Städtchen Friedeberg, überragt vom steilen „Gotthausberg", dessen Granitstirn ein weithin sichtbares Kirchlein trägt.

7.) Entwicklung der Landwirtschaft

Die Autoren Rudolf Ritter von Walder und G. Micklitz würdigen Ober-Hermsdorf im Werk „Mähren u. Schlesien" durch ein Bild und eine Erwähnung. (a.a.O., S. 653)

Landwirthschaftliche Lehranstalt in Ober-Hermsdorf.

Volkswirthschaftliches Leben.

Landwirthschaft und Viehzucht.

Schlesien, obgleich eines der kleinsten Kronländer der österreichisch-ungarischen Monarchie, bietet doch ein so vielgestaltiges Bodenrelief und ein so mannigfach wechselndes Vegetationsbild, wie es auf gleich engem Flächenraume kaum wieder in einem Theile unseres großen, an Landschaftstypen so reichen Vaterlandes zu finden ist.

(a.a.O., S. 656)

Für die Vermittlung und Verbreitung landwirthschaftlichen Fachwissens ist durch zwei landwirthschaftliche Landeslehranstalten, die Mittelschule in Ober-Hermsdorf und die Winterschule in Troppau, gesorgt.

Allgemein findet man gut construirte Ackerwerkzeuge und Culturgeräthe; neben den schon lange verbreiteten Häcksel- und Dreschmaschinen mehren sich in neuerer Zeit auch Drillmaschinen und Getreidemäher beim bäuerlichen Grundbesitze.

(a.a.O., S. 654)

Westschlesien ist zum weitaus größeren Theile Berg- und Waldland; beiläufig ein Viertel nur gehört der Hügelformation und der Ebene an.

Die Productionsbedingungen für die Landwirthschaft sind im Allgemeinen nicht günstig. Abgesehen von dem für die Agricultur wenig geeigneten Bodenrelief machen langwährende Winter in den Hochlagen und die zumeist herrschenden Nord- und Nordostwinde, gegen welche das Land ganz offen liegt, das Klima rauh, in den günstigen Lagen des Flachlandes kaum gemäßigt.

(a.a.O., S. 655/656)

Nach den verschiedenen Höhenlagen sind drei Zonen, die des Hochgebirges, des Mittelgebirges, des Hügel- und Flachlandes zu unterscheiden. In ersterer ist die Landwirthschaft vorwiegend durch den kleinen und mittleren Besitzstand vertreten, Boden und Klima ermöglichen nur den Anbau von Sommerkorn, Hafer, Kartoffeln, Klee und anderem Grünfutter. Die Bewirthschaftung ist schwer und wenig lohnend; in den steilen Lehnen waren Ackerung und Düngung ebenso mühsam als die Einbringung der Ernte. In solchen Gegenden vermag der Kleingrundbesitzer sich und seine Familie durch den bloßen Ertrag der Landwirthschaft nur selten zu ernähren; er trachtet daher seinen Erwerb durch den Betrieb einer Hausindustrie oder durch Lohnarbeit zu ergänzen. Er findet auch reichlich Beschäftigung in den Forsten der umliegenden Domänen. Auch die Besitzer größerer Bauerngüter sind darauf angewiesen, nebenbei Lohnfuhrwerk oder Productenhandel zu betreiben. Die landtäflichen Güter im Hochgebirge bestehen zumeist aus Forsten; die Feldwirthschaft ist hier von ganz untergeordneter Bedeutung.

Anders ist es im Mittelgebirge, wo der Betrieb der Landwirthschaft ungleich stärker hervortritt. Hier finden wir auch noch die sogenannten „Erbrichtereien" mit 60 bis 80 Hektar Feld- und Waldland, welche meist mit gewerblichen Gerechtsamen ausgestattet waren, die freilich durch die Gewerbefreiheit ganz oder theilweise verloren gegangen sind. Die Feldfrüchte dieser Zone sind Korn, Gerste, Hafer, Kartoffel, Klee und Flachs, sogar der Zuckerrübenbau bringt vom Hügelland gegen das Mittelgebirge vor. Der Anbau von Flachs, welcher auf mittelgroßen Gütern und Gehöften ziemlich ausgedehnt war, ist durch die russische Concurrenz stark zurückgedrängt worden. Durch den recht ansehnlichen Wiesenstand werden die wirthschaftlichen Verhältnisse günstig beeinflußt.

Das Hügel- und Flachland hat ungleich günstigere Productionsbedingungen für den landwirthschaftlichen Betrieb; gemäßigteres Klima, längere Wachsthumsperiode und fruchtbare Böden sind die Vorzüge dieses Landstrichs. Die Zuckerrübe tritt hier in ihre Rechte und erobert sich jährlich größere Flächen, so daß sie die anderen Hackfrüchte, vornehmlich die Kartoffel, welche häufig nur noch für den Hausbedarf gebaut wird, immer mehr verdrängt; dagegen wird der Rapsbau eingeschränkt, weil er wegen der Concurrenz der Erdöle sich nur wenig rentirt. Die Fechsungen der Hauptfrüchte dieser Zone bewegen sich innerhalb folgender Grenzen:

Weizen	13 — 30 Hektoliter	Ertrag pro Hektar	
Korn	18 — 32	"	" " "
Gerste	23 — 40	"	" " "
Hafer	27 — 50	"	" " "
Kartoffel	100 — 175 Metercentner	"	" " "
Zuckerrübe	250 — 360	"	" " "
Klee als Heu gerechnet	25 — 50	"	" " "

Anhang K

Die Alterskohorte Ing. Gustav Weyrichs in Lebensberichten.

Die Lebensgeschichten dreier Zeitgenossen meines Großvaters finden sich im „Goldenen Buch der Gemeinde Zossen" von Julius Weyrich wieder. Julius Weyrich, der ältere Bruder meines Großvaters, hat sie zusammengetragen.

Da diese Berichte nach Inhalt und wertenden Äußerungen viel über die Alterskohorte Ing. Gustav Weyrichs verraten, seien sie hier wiedergegeben.

Text A (S. 487/488) bietet eine zeitgenössische Würdigung des künstlerischen Werkes von Paul Gebauer, der im Hauptteil des Buches - auf den Seiten 48 und 230 - erwähnt wird.

Text B (S. 488) gibt Hintergrundwissen zum Zossener Anwesen des Bauern und akademischen Malers Paul Gebauer.

Text C (S. 489) gibt den Lebenslauf Alois Gebauers wieder, der recht aufschlussreich für die Lebenserfahrungen der Alterskohorte meines Großvaters ist. Der fürsterzbischöfliche Forstrat hat sich im Jahr der Pensionierung Gustav Weyrichs mit diesem verabredet (siehe Hauptteil des Buches, S. 179), um den Zossener Niedergarten neu anzulegen.

Julius Weyrich, der Verfasser der Biographie, ist wie bereits festgestellt etwas nachlässig im Hinblick auf den militärischen Teil der Lebensläufe. Ein Reserveoffizier der Artillerietruppe des gemeinsamen Heeres namens Alois Gebauer lässt sich in den einschlägigen Schematismen nicht finden - wohl aber weist der Schematismus der K.K. Landwehr von 1916 Gebauer als Oberleutnant der Landwehr-Artillerie mit Beförderungsdatum vom 1. Mai 1915 auf.

Im Text D (S. 490) wird das Leben des erfolgreichen Baumeisters und Bauunternehmers Adolf Rieger dargestellt. Der Autor Julius Weyrich ist nicht nur von der beruflichen Tüchtigkeit Riegers beeindruckt, sondern vor allem von den Charaktereigenschaften und der Haltung Adolf Riegers sen. . Der Sohn, Adolf Rieger jun., führte das Bauunternehmen in der alten Heimat erfolgreich fort. Sein Brief an Gustav Weyrich aus dem Jahre 1952 (siehe Hauptteil, S. 209) schildert die Nöte des Bauunternehmers nach der Vertreibung 1946 und die Schwierigkeiten des Überlebens in der neuen Heimat. Baumeister Adolf Rieger sen. hatte 1919 im Todesjahr den Zusammenbruch der K. und K. Monarchie noch erleben müssen; sein Sohn erlebte die Vertreibung und das Ende des väterlichen Betriebes.

Text A (Goldenes Buch, a.a.O., S. 21/22)

```
       P a u l   G e b a u e r ,
------------------------------------

       akad. Maler, ist der Sohn einer alten Großbauernfamilie
aus dem niederen tälerreichen Bergland zwischen Troppau und
Jägerndorf. In ihm ruht die tiefe Sehnsucht nach der großen
Synthese des weiten breiten Wandbildes, des Freskos. Paul Ge-
bauer ist eine der interessantesten Erscheinungen der modernen
schlesischen Malerei, anscheinend sehr kompliziert und weit aus-
holend, nach allen Möglichkeiten greifend und dabei doch im
ganzen unendlich einfach, jedenfalls aber versinnbildlicht er
ein typisch schlesisches Künstlerschicksal. Deutscher, schle-
sischer Bauer im innersten Wesen, etwas breit und schwer, immer
aber sebstbewußt auf der eigenen, alten, ererbten und von ihm
bearbeiteten Scholle stehend, unverrückbar mit ihr durch zahl-
```

lose geheimnisvolle Fäden verbunden, kraftvoll, derb zugreifend wird die Malerei sein zweites Handwerk, von der er besessen ist, die sein ganzes Wesen durchdringt und regiert. Er war auf der Wiener Akademie, dann kam er zu dem großen Farbenzauberer in Dresden, Gotthard Kühl, bei dem er das Metier gründlich erlernte. In den langen Kriegsjahren wurde er mit seiner Batterie von einer Front zu der anderen geworfen und hat sich nach der Rückkehr erst allmählich in der Heimat wiedergefunden. Er malt alles, was er sieht, was um ihn ist und um ihn vorgeht, mit der gleichen Leidenschaft, bis in die Fingerspitzen rein malerisch auffassend und wiedergebend. Sein Dresdener Impressionismus hielt nicht lange stand, das rein Artistische trat in den Hintergrund gegenüber der vereinfachenden Synthese, die sich gebieterisch und unaufhaltsam bei ihm durchrang. Sein impressionistischer Expressionismus läßt ihn jetzt die altvertraute, heimische Natur in tiefer Symbolik, auf Grundakkorde vereinfacht, schauen und wiedergeben, ob er ein Porträt oder eine Landschaft ohne - oder mit menschlicher Belebung malt. Gebauer ist noch jung und sein kraftvolles, gesundes malerisches Talent verspricht reiche Entwicklungsmöglichkeiten.

(Dr. Braun-Troppau, im Schles. Jahrbuch für deutsche Kulturarbeit, 1929/30 2.Jahrgang, Seite 73 und 74.)

„Gebauer, ein Meister des Porträts und raffinierter Raumausnützung, (siehe z.B. die vielen Köpfe im engen Rahmen des Familienbildes) zeigt in der Charakteristik seiner Modelle nicht nur die seherische Art des Psychologen, sondern auch die ordnende des Gestalters. Auch die Landschaft gewinnt unter seiner Linienführung sprechenden Ausdruck. (Winterlicher Maskenzug.)"
Jägerndorfer Bezirkszeitung Nr.52 per 1933 anläßlich der Ausstellung während der schles. Kulturwoche.

Text B (Goldenes Buch, a.a.O., S. 10/11)

B a u e r n g u t, H.Nr. 21.

Ein stattlicher Besitz, zu den größten, schönsten und ertragreichsten der Gemeinde gehörend. Er ist auch ein alter Familienbesitz. 1708 war Kienel Johann Besitzer dieses Bauerngutes, das 1799 an Bolek Josef, einen Schwager des Kienel Philipp, über ging. Gegenwärtiger Besitzer ist der akademische Maler Gebauer Paul, ein Enkel des Bolek Josef. Im Jahre 1892 wurden die während des 30-jährigen Krieges vom Gutsbesitzer Taroul eingezogenen „Hintenhinaus-Felder" der Bauerngüter Nr.22 und 23 käuflich erworben und dem Besitze Nr.21 zugeschrieben.

Text C (Goldenes Buch, a.a.O., S. 20/21)

Alois Gebauer,

    Ingenieur und fürsterzbischöflicher Forstrat in Buchbergsthal bei Würbenthal, wurde im Jahre 1880 in Zossen im Hause Nr. 26, als jüngster Sohn des langjährigen und verdienstvollen Bürgermeisters mit gleichem Namen, geboren. Ing. Gebauer trat nach dem Besuche der zweiklassigen Volksschule in die Staatsoberrealschule in Troppau, wo er auch maturierte, ein und besuchte dann nach kurzem Aufenthalte an der Wiener technischen Hochschule, die Hochschule für Bodenkultur in Wien, und zwar die forstwirtschaftliche Abteilung. 1903 absolvierte Ing. Gebauer diese Hochschule und diente hierauf als Einjährig-Freiwilliger beim Feldkanonenregiment Nr.2 in Olmütz. Im Jahre 1905 trat Ing. Gebauer in den praktischen Forstdienst bei der Verwaltung der Güter des Breslauer Fürstbistums, damals österreichischen Anteiles, ein. Zunächst diente er bei der Forsteinrichtung in Jauernig, machte dann als Forstassistent Revierdienst bei der Revierverwaltung in Setzdorf, kam dann wieder zur Forsteinrichtung nach Jauernig, von wo er am 1. August 1914 zur Kriegsdienstleistung einrückte.

    Den Weltkrieg machte Ing. Gebauer zur Gänze mit und zwar drei Jahre an der Front und ein Jahr im Hinterland. Er machte dabei mit: Bewegungskämpfe in Polen im Jahre 1914, Stellungskämpfe am Dunajec bei Tarnov, Offensive bei Gorlice und Vormarsch bis Brestlitovsk. Hierauf beteiligte sich seine Batterie, 12 cm Kanonen, an den Kämpfen in Ostgalizien bis Oktober 1915. Von hier kam die Batterie, nach Erhalt von 10 cm modernen Weitfeuergeschützen, an den Isonzo bei Görz, wo die vierte Isonzo-Offensive mitgemacht wurde. Hierauf ging es im Monat März 1916 nach Südtirol zur Offensive von Finoccio. Im Juni ging es wieder nach Norden, wo die Kämpfe in den Styrsümpfen mitgemacht wurden. Im November 1916 kam Ing. Gebauer ins Hinterland und zwar wurde er in Wolfsthal bei Heinburg verwendet und kam zur Ersatzbatterie nach Olmütz, dann nach Budapest und Wien und schließlich nach Arad, wo er als Oberleutnant das Kommando einer 15 cm Haubitzbatterie übernahm und mit Ende 1917 an die französische Front abging, wo er mit seiner Batterie vor Verdun eingesetzt wurde. Im Frühjahr 1918 kam Ing. Gebauer wieder an die Tiroler Front und machte mit seiner Batterie die Offensive 1918 bei Assiago in einer Stellung in bosco de gallio bis nach dem Mißglücken dieser großartig angelegten kriegerischen Operation, mit. Hierauf kam Ing. Gebauer wieder an die französische Front und zwar kämpfte er mit seiner Batterie bei Cambrai im Verbande der deutschen Armee. Er machte hierauf die Rückzugskämpfe im Verbande der deutschen Armee mit und schloß also den Krieg an der französischen Front.

    An Kriegsauszeichnungen erhielt Ing. Gebauer, dessen militärische Charge beim Zusammenbruch des Weltkrieges Oberleutnant war,: Signum laudis, Bronze mit Schwertern, Signum laudis, Silber mit Schwertern, Militärverdienstkreuz mit den Schwertern III.Kl., das Karl-Truppenkreuz und das eiserne Kreuz II.Kl.

    Nach dem Kriege kehrte Ing. Gebauer in seine Zivilstellung zurück und kam im Jahre 1920 als Oberförster nach Thomasdorf, im Jahre 1927 als Forstmeister nach Buchbergsthal und bekleidet heute den Rang eines fürsterzbischöflichen Forstrates. Gleichzeitig ist Ing. Gebauer als Zivilingenieur für das Forstwesen und Zivilgeometer autorisiert, welche Autorisationen er aber nur im Rahmen seiner Dienstleistung als fürsterzbischöflicher Beamter ausübt.

Text D (Goldenes Buch, a.a.O., S. 27)

Adolf Rieger.

Baumeister, geboren am 15. Juli 1856 in Zossen Nr. 68. Er besuchte die Staatsoberrealschule in Troppau und mußte die Studien nach Absolvierung der IV. Klasse unterbrechen, da infolge Ablebens seines Vaters keine Mittel mehr zum Weiterstudium gegeben waren. Er sollte mithin im Elternhause verbleiben, um dort mitzuarbeiten. Doch sein Streben nach Weiterbildung erlahmte trotz des genannten Todesfalles nicht und er ging als Baupraktikant nach Ostrau, wo er sich die Baugewerbepraxis aneignete. Hier etwas Geld erspart, bezog er hierauf die Baugewerbeschule in Zittau, Sachsen, die er nach dreijährigem Studium mit bestem Erfolg verließ. Wiederum wandte er sich nachher nach Ostrau und legte im Jahre 1879 die Baumeisterprüfung ab. Im gleichen Jahre kam er nach Bennisch, wo er sich, 23 Jahre alt, als selbständiger Baumeister niederließ. Im Jahre 1886 legte er die Prüfung eines behördl. autor. Zivil-Geometers ab und unterhielt auch in diesem Fach jahrelang ein Filialbüro in Mährisch Ostrau. Im Jahre 1905 erweiterte er durch Eröffnung einer Filiale in Niklasdorf, sowie im Jahre 1910 in Jägerndorf sein Arbeitsfeld. Letztere wurde aber im Kriege wegen Mangel an Beschäftigung und entsprechenden Beamten für immer aufgelassen. Rieger erbaute eine Dampfsäge mit mechanischer Holzverarbeitung, eine Dampfziegelei und ein Schotterwerk in Bennisch.

Baumeister Rieger war ein edler Mensch mit treudeutscher Gesinnung. Ob seines offenen Wesens, das keine Hintergedanken kannte, und seines ehrlichen Charakters erwarb er sich das größte Vertrauen aller Bevölkerungsschichten. Rieger war ein Mann des Wortes, besaß vorzügliche Charaktereigenschaften und war überall ein gern gesehener Gast und Gesellschafter. Aus kleinen Anfängen herausarbeitend hinterließ er bei seinem Tode ein Unternehmen, das in der Branche wohl eines der größten in Schlesien darstellt. Eiserner, unendlicher Fleiß, treue Pflichterfüllung und strengste Gewissenhaftigkeit hat dies alles zu Wege gebracht.

Außer 23 Bez.-Straßenstrecken (ca 100 km) und 8 Betonbrücken, darunter die große Oppabrücke Lobenstein-Branitz, erbaute Baumeister Rieger 14 Schulen, 13 staatliche und öffentliche Gebäude, rekonstruierte 4 Kirchen, erbaute 4 neue Kirchen, darunter die große und schöne Kirche in Niklasdorf, 2 Brauereien, 6 Spiritusbrennereien, 3 Molkereien und führte mehrere Industriebauten auf, darunter das Gaswerk in Hotzenplotz, und schuf viele andere stattliche Bauten.

Am 15. März 1919 starb Baumeister Rieger, der seiner Heimatsgemeinde über alles liebte, 63 Jahre alt, an den Folgen einer Arterienverkalkung. Am 1. Jänner 1919 übernahm sein Sohn Adolf, ebenfalls Baumeister, das Unternehmen, welches er nach den Grundsätzen seines Vaters weiterführt.

Anhang L

Memorandum der ältesten Tochter Gustav und Hermine Weyrichs über ihre neunmonatige Lagerhaft bei Prag von Mai 1945 bis Januar 1946. (vergl. S. 200 des Hauptteils des Buches)

Die Kümmernisse meiner Großeltern G. u. H. Weyrich wuchsen 1945/46 immer mehr an. Die unerwartete Lagerhaft der Tochter Gertrud Wölfel, geb. Weyrich, wurde immer bedrückender, da man keine Nachrichten darüber erhielt. Hätten die Großeltern allerdings um die Einzelheiten der Lagerhaft gewusst, von denen Tante Trude berichtet hat, wären sie sicher noch bedrückter gewesen als sie ohnehin schon waren.

Die schlimmen Erlebnisse und Erfahrungen, die 1945/46 auf Tante Trude zukamen, sind für die Generation des Verfassers kaum vorstellbar und für nachfolgende Generationen schier unbegreiflich.

Meine Tante Trude hat ein ganzes Leben lang über ihre Lagerhaft geschwiegen, um uns Kinder nicht unnötig mit Greuelgeschichten zu belasten. Auf Drängen ihrer Kinder, vor allem der älteren Tochter Astrid, war sie schließlich bereit, ihre Erinnerungen möglichst genau und wahrheitsgetreu zu Papier zu bringen. Dies tat meine Tante Trude dann auch in ihrem 84sten Lebensjahr, etwa drei Jahre vor ihrem Tod, am 17. Juni 2000. Merkwürdigerweise geschah dies am 51sten Geburtstag des Verfassers der Biographie ihres Vaters Gustav Weyrich.

Seit ich mich erinnern kann, habe ich meine Tante Trude geliebt und nur Gutes von ihr erfahren. Durch ihre ererbte und vielleicht anerzogene Zähigkeit, sowie durch ihr lutherisch geprägtes Gottvertrauen, konnte sie die Drangsale der Lagerhaft überstehen. Vielleicht hätte ein außenstehender Beobachter die Haltung Tante Trudes auch als eine Form des Fatalismus deuten können.

Die Lagerhaft und der Blick in die Abgründe des Menschen konnten meiner Tante Trude weder das Vertrauen auf Gottes Güte noch ihre Menschlichkeit rauben. Gegen ihre Peiniger hegte sie keinen Groll; sie verabscheute allerdings Gesellschaften, die schlimme Zwangsmaßnahmen gegen Menschen verhängen. Bis zu ihrem Lebensende war sie ein hilfsbereiter und erstaunlich selbstloser Mensch voller Güte.

Im bereits fortgeschrittenen Alter hatte sie mit meiner Cousine Birgit das Land ihrer Kindheit, Jugend und ersten Ehejahre bereist, ohne Groll gegen die neuen Bewohner des Landes ihrer Vorfahren zu hegen.

Als sie im Mai 2003 in ihrem 88sten Lebensjahr verstarb, sang die Gemeinde bei der Beerdigung in Münster/Westfalen den Choral: „So nimm denn meine Hände und führe mich...".

Der Bericht meiner Tante Trude lautet: (siehe S. 492-493)

Gertrud Wölfel
Ketteler-Ort 12
48167 Münster

Münster, den 17.06.2000

früher Olmützer Straße 52
Troppau/Ostsudetenland
Geb. 30.01.1916 in Röwersdorf, Kreis Jägerndorf / Ostsudetenland

Mein Aufenthalt im Zwangsarbeitslager Panenské Břežany bei Idolena Voda unweit von Prag von Mai 1945 bis Januar 1946.

Vorgeschichte: Wir (alle Deutschen) wurden in Prag aus dem Zug geholt, mußten unsere Ausweise abgeben, dann durch die Stadt (unterwegs beschimpft) auf einen Kasernenhof getrieben. Dort mußten wir stundenlang stehen, von Russen bewacht. Am späten Nachmittag kamen wir in einen Kohlenkeller, an dessen Wänden lauter Blutflecke waren.
Wir wurden wiederholt durchsucht, mir wurde alles weggenommen, sogar die Schuhe mußte ich ausziehen und meine Filz-Winterstiefel anziehen.
Darin mußte ich die ganzen 8 Monate, die ich im Lager war, arbeiten.
Wir übernachteten in einer großen Halle auf Zementboden und wurden am nächsten Tag wieder ein Stück durch die Stadt getrieben, bis wir schließlich auf einen großen Lastwagen geladen wurden. Wir wurden zusammengedrückt, daß man kaum atmen konnte. Im Lager angekommen, fiel beim Öffnen der Klappe jemand ohnmächtig aus dem Wagen. Wir wurden in einer Holzbaracke untergebracht. Sie war völlig leer, an den Wänden entlang war Stroh gestreut, unsere Lagerstätte für einige Monate. Kein Tisch, keine Sitzgelegenheit. Wir, etwa 80 Menschen, Zivilisten, Soldaten, Frauen u. Kinder jeden Alters. Es gab nicht einmal Eßgeschirr, ich ergatterte eine Konservendose, die ich mir sauber machte. Irgendwie kam ich auch in den Besitz eines Eßlöffels. Die Ernährung war völlig unzureichend, ganz wenig Brot am Morgen für den ganzen Tag, jeden Mittag Wassersuppe. Damit wir sonst kein Wasser trinken konnten, wurde es desinfiziert durch einen Zusatz. Das Brot war öfters angeschimmelt, wir rösteten es dann auf der heißen Herdplatte, um es überhaupt genießen zu können. Es gab einen kleinen Wachraum mit einem Waschbecken für alle. Das WC war ein Holzhäuschen, das 30-40m vom Lager entfernt war, die sanitären Verhältnisse waren unbeschreiblich. Die Folge waren viele Erkrankungen, besonders Ruhr. Wir waren in 3 Räumen zusammengepfercht, die Fenster waren mit Holzlatten vernagelt, es konnte nur durch die immer offenstehende Tür zum gewöhnlich total verschmutzen Gang gelüftet werden. Die Luft war oftmals durch die Hitze und die vielen Ausdünstungen so schlecht, daß ich mir beim Betreten des Raumes die Nase zuhalten musste, um mich nicht zu übergeben. Die Folge all dieser Zustände war Ungeziefer aller Art in rauhen Mengen. In unserem Raum starben 4 Menschen, 2 Frauen, die eine blind, und zwei Männer. Sie wurden einfach auf Wagen geworfen und am Friedhof in .... verscharrt. Wenn man von der Arbeit kam waren sie einfach weg. In Panenské Břežany gab es zwei Schlösser, es waren die der beiden Reichsprotektoren Franck und Heydrich. Das „Francksche" Schloß lag auf einer Anhöhe, das „Heydrich-Schloß" unten. In beiden Schlössern hausten Russen. Unsere Baracke lag in der Mitte der beiden Schlösser. Die arbeitsfähigen Lagerleute wurden in 3 Gruppen geteilt. Arbeit bei den Russen, in der Landwirtschaft und im Garten. Ich kam zur Landwirtschaft, wovon ich keine Ahnung hatte. Die Arbeitszeit war von 6h morgens bis 12h mittags, und von 13h bis 18h. Man war gewöhnlich völlig erschöpft und fiel erst einmal auf das Stroh, bevor man sich die Wassersuppe holte. Nach Wochen bekamen wir etwas mehr Brot und einmal ganz wenig Zucker, viel später dann täglich 6 Eßlöffel Milch und Getreidekörner. Ich weiß nicht mehr, war es September oder Oktober, da kamen wir aus der Baracke heraus und wurden aufgeteilt. Ich kam mit einigen anderen in ein Gebäude auf dem Wirtschaftshof- Tür an Tür mit den Russen. Das bedeutete tagsüber Arbeit und nachts sich verstecken. Das war ein unhaltbarer Zustand und wir bekamen schließlich eine Wache von russischen Soldaten in unser Zimmer, die die ganze Nacht auf- und abging. Im Zimmer waren zwei Stockbetten und ich hatte Glück – ich konnte in einem oben schlafen. Inzwischen ging es mir auch besser, weil mir eine Lagerkollegin – es war ein Tschechin aus Jägerndorf, die einen deutschen Offizier geheiratet hatte- beim Verlassen des Lagers ihre Trainingshose und eine Decke überlassen hatte. Bisher hatte ich ja nur meinen Mantel, mit dem ich

mich zudecken konnte, ganz gleich ob er vom Regen durchnäßt war oder nicht. Die Arbeit war hart und schonungslos. Einmal in den acht Monaten bekam ich ein Mittagessen, Semmelknödel und Tomatensauce. Ich mußte bei einem Bauern in der Kartoffelernte helfen und die Bäuerin gab mir das Essen. Am 4. November 45- ein denkwürdiger Tag- zogen die Russen ab und wir lebten dann ruhiger. Am Heiligen Abend mußten wir bei klirrender Kälte Mist bereiten- die verteilten Häufchen am Feld waren steinhart gefroren- wie alle mit bloßen Händen usw.. Es ließe sich noch vieles berichten. Am 29. oder 30. Januar 1946 - man hatte ja die Orientierung fast verloren- wurde ich entlassen. Ich mußte mein „N" vom Mantel entfernen, fuhr morgens mit dem Bus nach Prag und von dort mit dem Zug nach Troppau. Unsere Wohnung- handgearbeitete Kirschholzmöbel- war völlig ausgeräumt. Ich fuhr daher weiter nach Zossen, wo sich auf unserem Familienbesitz – 300 Jahre in ununterbrochener Folge –meine kleine Tochter Astrid , gerade ein Jahr alt, meine Eltern und meine Schwester vorfand und dort bis zur Aussiedlung im Juni 1946 lebte.

gez. Gertrud Wölfel

N. S. Kurz meine Erkrankung im Lager:
 Mir war eines Morgens so schlecht, daß ich unserem Bewacher sagte, ich könne auf keinen Fall am Feld arbeiten. Er schickte mich ins Schloß zum Saubermachen bei den Russen. Ich sagte der Wache, daß ich dazu nichts habe.Daraufhin brach er von einem Baum einen Ast ab und gab mir ihn in die Hand. Ich konnte mich kaum auf den Füßen halten und sagte der Wache, daß ich krank bin. Er sah mich an und schickte mich sofort ins Lager. Dort fiel ich ins Stroh und lag da einige Tage mit Hochfieber und war überhaupt nicht ansprechbar. Mein Körper hatte noch Widerstandskraft und ich erholte mich wieder. An der Flurwand entlang und dann von Baum zu Baum erreichte ich das W. L. Sobald das Fieber gesunken war, ging es wieder zur Feldarbeit. Ich kroch auf den Knien über das Feld. Später bekam ich eine schwere Furunkulose, allein an der Hüfte 13 schmerzhafte Geschwüre, weitere am ganzen Körper. Am Schlüsselbein ein besonders schlimmes. Unser Bewacher rief mich in seinen Wachraum, zog sein Taschenmesser heraus und wollte die Furunkel aufschneiden. Dagegen wehrte ich mich ganz energisch. Schließlich führte er mich zu einer russischen Sanitäterin, die sich sehr menschlich zeigte, das Geschwür aufschnitt, säuberte und verband. Welche Wohltat! Die jeweils zurückgebliebenen Schrammen brauchten Jahre, bis sie verwachsen waren. Im Lager gab es weder einen Arzt noch Medikamente. Eine Frau und ein Mann wurden in ein Prager Krankenhaus gebracht, wo beide verstarben .Außerdem verstarb noch ein Kleinkind im Lager. Von den dauernden schweren Erkältungen usw. will ich gar nicht sprechen.

Vor- u. Nachfahren Gustav u. Hermine Weyrich.

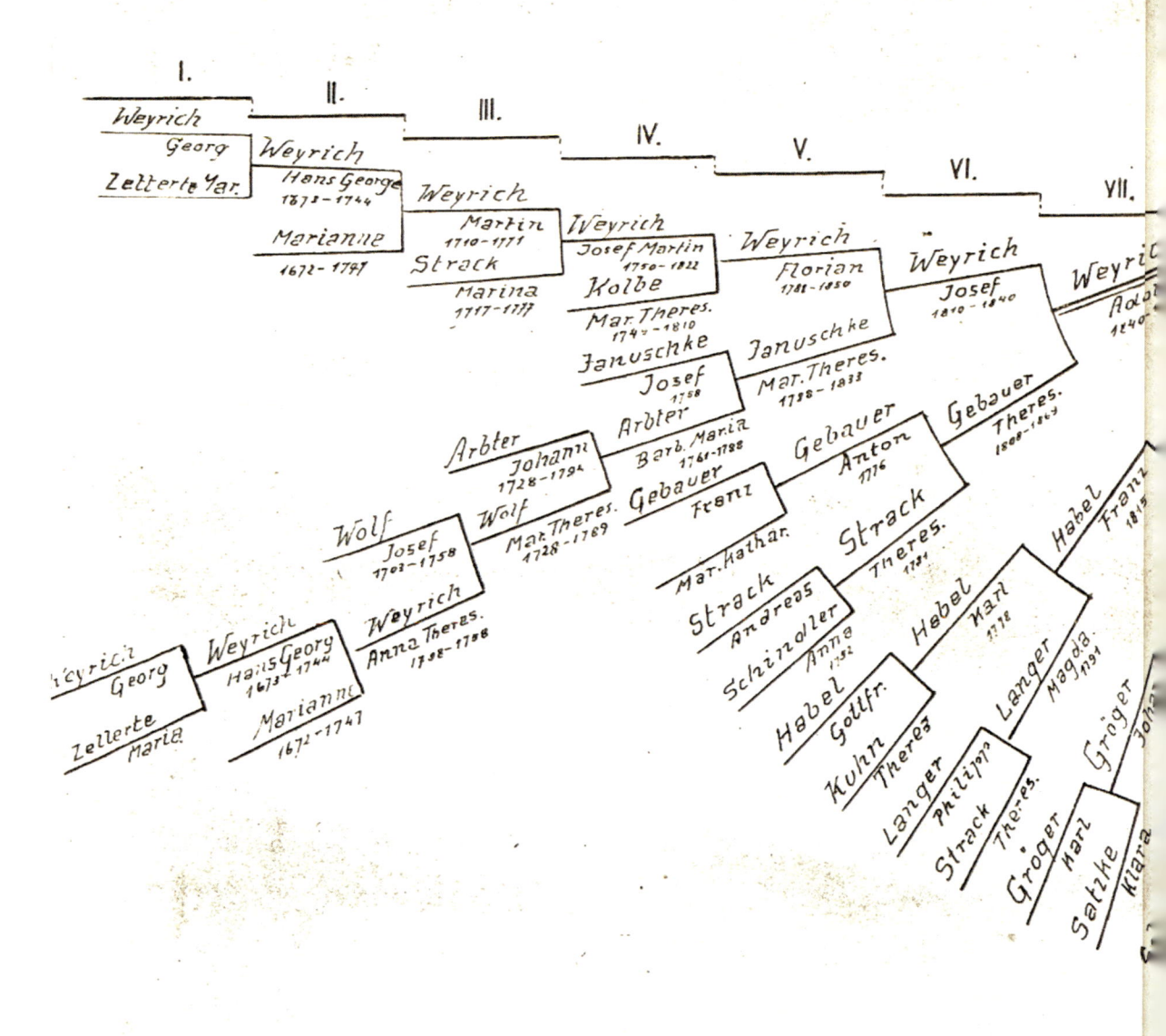

Stammbaum „Vor- und Nachfahren von Gustav und Hermine Weyrich"